친절한 단계별 예제로 내공을 쌓는

파워포인트 2019

지은이 **김지연** jykim629@daejin.ac.kr

인하대학교에서 공학박사 학위를 받았고 대우정보시스템㈜, LG전자㈜에 근무하면서 그룹전산화와 공정관리시스템, 이동통신시스템 개발 업무를 수행했습니다. University of North Texas에서 방문 연구원으로 무선통신 분야를 연구하였고, 현재는 대진대학교에 재직하고 있습니다. 저서로는 『엑셀 2019』, 『엑셀과 파워포인트 2019』, 『파워포인트 2016』, 『액세스 2019로 배우는 데이터베이스 기초와 실습』, 『문제해결을 위한 컴퓨팅 사고와 파이썬』 등이 있습니다.

친절한 단계별 예제로 내공을 쌓는 **파워포인트 2019**

초판발행 2023년 1월 1일

지은이 김지연 / **펴낸이** 김태헌

펴낸곳 한빛아카데미㈜ / **주소** 서울시 서대문구 연희로2길 62 한빛아카데미㈜ 2층

전화 02-336-7112 / **팩스** 02-336-7199

등록 2013년 1월 14일 제2017-000063호 / **ISBN** 979-11-5664-639-6 93000

책임편집 김성무 / **기획** 정서린 / **편집** 안비단, 이수희

디자인 표지 고충열, 박정화 내지 박정화 / **전산편집** 박종희 / **제작** 박성우, 김정우

영업 김태진, 김성삼, 이정훈, 임현기, 이성훈, 김주성 / **마케팅** 길진철, 김호철, 주희

이 책에 대한 의견이나 오탈자 및 잘못된 내용에 대한 수정 정보는 아래 이메일로 알려주십시오.

잘못된 책은 구입하신 서점에서 교환해 드립니다. 책값은 뒤표지에 표시되어 있습니다.

홈페이지 www.hanbit.co.kr / 이메일 question@hanbit.co.kr

Published by HANBIT Academy, Inc. Printed in Korea

친절한 단계별 예제로 내공을 쌓는

파워포인트 2019

김지연 지음

한빛아카데미
Hanbit Academy, Inc.

정확하게 이해하고 알맞게 활용하여 발표에 날개를 다는 파워포인트 2019

업무 효율을 위해 발표 자료 없이 회의를 진행하는 기업이 있습니다. 이는 회의 전 자료를 작성하는 데에 너무 많은 시간과 공이 들기 때문이라고 합니다. 그러나 주장을 펼치거나 정보를 공유할 때 타인에게 명확하게 설명하고 이해시키려면 전달할 내용을 어떤 형태로든 시각화해 보여주어야 합니다. 기획이나 공동 작업에서 정보를 공유할 때는 물론이고 각종 보고서를 작성할 때나 연구 결과를 발표할 때에도 전달력과 설득력이 높은 문서를 작성하는 역량이 중요합니다. 필요한 자료를 파악하고 목적에 알맞은 문서를 원하는 형식으로 간편하게 만들 수 있다면 어떤 분야에서든 효과적인 의사소통이 가능할 것입니다.

다양한 문서 작성 프로그램이 있지만, 그중에서도 마이크로소프트의 파워포인트는 쉽고 빠르게 원하는 모양의 자료를 만들 수 있어서 활용도가 무척 높고 편리합니다. 파워포인트는 프레젠테이션을 위해 만들어진 프로그램으로, 정보 전달력과 설득력을 높여주는 다양한 시청각 효과를 지원합니다. 도형이나 차트뿐 아니라 그림이나 동영상 등 멀티미디어 자료를 활용할 수 있습니다. 파워포인트 안에서 멀티미디어 편집이나 화면 녹화가 가능하여 별도의 프로그램을 사용할 필요가 없으며, 애니메이션과 화면 전환 등 여러 가지 동적 효과를 설정할 수도 있습니다. 또한, 주제별로 미리 만들어진 디자인 테마를 온라인으로 검색해 사용하도록 지원하고 있어서 적절한 디자인을 직접 설계하기 어려운 경우에도 근사한 발표 자료를 손쉽게 만들 수 있습니다. 파워포인트 2019부터는 슬라이드에 아이콘이나 3D 모델을 삽입하고 회전과 애니메이션 효과 등을 설정하여 입체적이고 창의적인 시각 효과를 더할 수 있습니다.

파워포인트에는 사용하기 쉬운 기능들이 계속 추가되고 있지만, 익숙한 몇 가지 방식으로만 문서를 작성하는 사용자들도 많습니다. 그러나 다양한 기능을 정확히 알고 용도에 맞게 잘 활용하면 작업 효율과 결과물의 완성도를 훨씬 더 높일 수 있으므로, 여러 가지 기능을 정확히 이해하고 활용 방법을 익혀 두어야 합니다. 이 책의 목표는 파워포인트의 다양한 기능을 활용할 수 있도록 기본기를 충실하게 다지는 것입니다. 이를 통해 작업의 효율성을 높일 뿐 아니라 목적과 용도에 알맞게 문서를 작성할 수 있습니다.

이 책은 파워포인트를 처음 다루는 사람도 쉽게 접근할 수 있도록 기초부터 실무 기능까지 기본적인 내용과 활용 방법을 함께 소개합니다. 파워포인트의 기능에 대한 설명과 이해를 돕는 기본예제를 먼저 다루고, 학습 내용을 정리하고 부가적인 기능까지 실습할 수 있는 종합예제를 제공하여 다양한 형태의 문서를 만들어볼 수 있습니다. 또한, 각 장에서 학습한 내용을 스스로 점검하는 연습문제를 제시합니다. 문제를 직접 풀어보면서 반복 학습의 효과를 얻고, 습득한 지식을 주어진 문제 해결에 적용하는 응용력까지 기를 수 있습니다.

책에서 다루는 예제는 파워포인트 2019 기반입니다. 파워포인트 2019에서는 3D 모델과 모핑 전환 효과, 확대/축소를 이용한 슬라이드 이동과 시각적 효과를 높이는 벡터 그래픽 지원 등의 기능이 새로 추가되었습니다. 이러한 몇 가지 기능을 제외하면 그 이전 버전을 사용해도 제시된 예제들을 충분히 실습할 수 있으며, 최근 많이 사용하는 클라우드 서비스 방식의 마이크로소프트 365를 구독하더라도 기본 메뉴와 핵심 기능은 크게 다르지 않으므로 버전에 관계없이 실습이 대부분 가능합니다.

이 책을 통해 파워포인트의 활용법을 익히고 응용력을 향상하여 필요한 영역에 사용하고 목표하는 일에 만족스러운 결과를 얻기를 바랍니다. 책이 나오기까지 지원해주신 한빛아카데미㈜의 모든 분들과 세심하게 도와주신 안비단 님께 감사의 마음을 전합니다.

지은이 **김지연**

실습 자료

실습에 필요한 자료는 다음 주소에서 내려받을 수 있습니다.

http://www.hanbit.co.kr/src/4639

연습문제 해답 안내

이 책은 대학 강의용 교재로 개발되었으므로 연습문제 해답을 제공하지 않습니다.

이 책의 구성요소

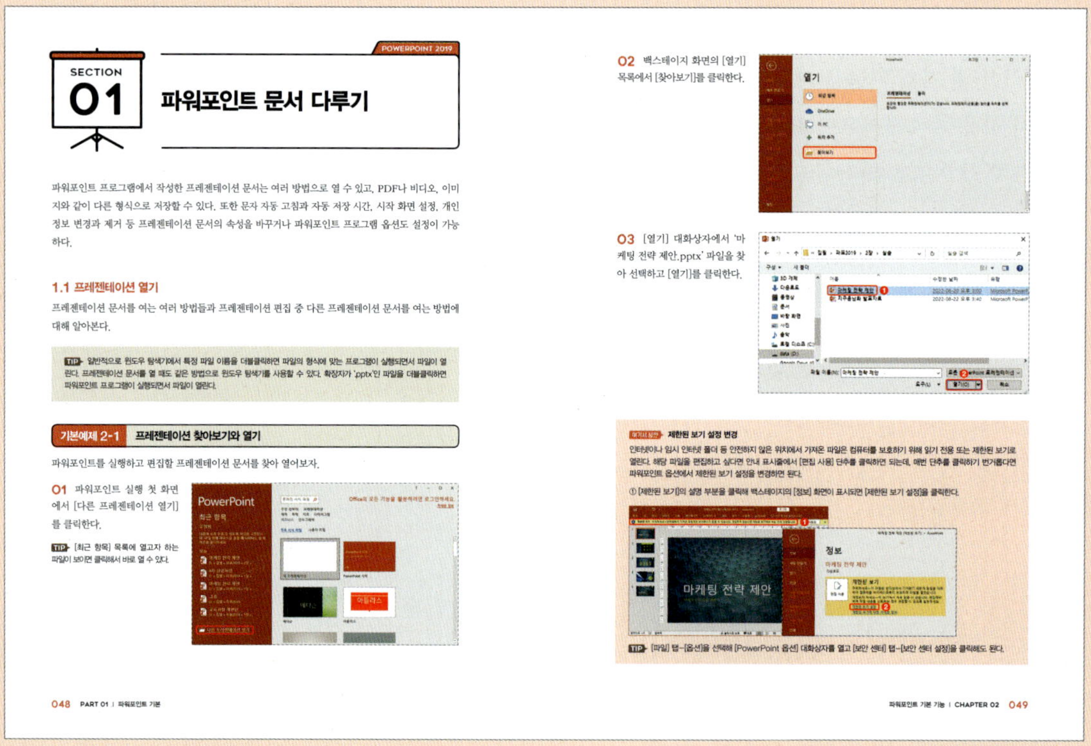

핵심 기능 소개

파워포인트의 핵심 기능을 소개합니다. 예제를 통해 다시 학습할 수 있으니 가벼운 마음으로 읽어 보세요.

기본예제

예제로 파워포인트의 기본 기능과 활용 방법을 학습합니다. 설명과 그림을 차근차근 따라해보세요.

TIP/여기서 잠깐

예제를 따라할 때 알아 두면 좋은 내용입니다. 실무 활용 팁도 얻을 수 있으니 꼼꼼히 살펴보세요.

강의 보조 자료

한빛아카데미 홈페이지에서 '교수회원'으로 가입하신 분은 인증 후 교수용 강의 보조 자료를 제공받을 수 있습니다. 한빛아카데미 홈페이지 상단의 [교수전용공간] 메뉴를 클릭하세요.

http://www.hanbit.co.kr/academy

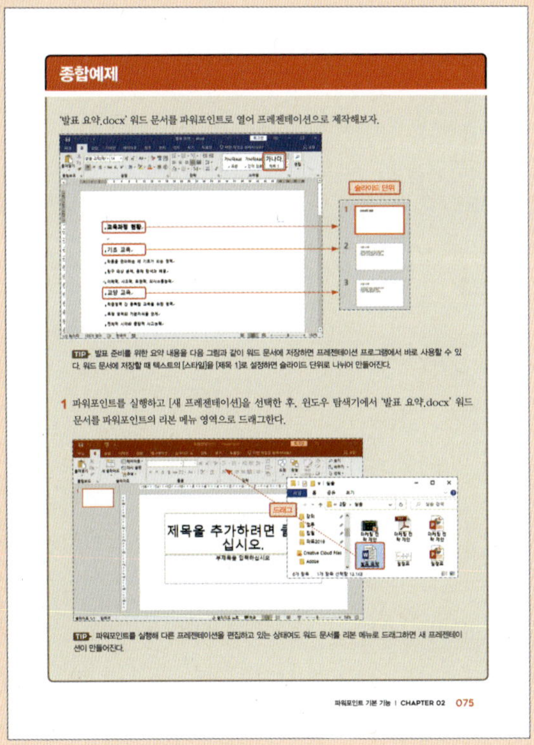

종합예제

'발표 요약.docx' 워드 문서를 파워포인트로 열어 프레젠테이션으로 제작해보자.

TIP 발표 준비를 위한 요약 내용을 다음 그림과 같이 워드 문서에 저장하면 프레젠테이션 프로그램에서 바로 사용할 수 있다. 워드 문서에 저장할 때 텍스트의 [스타일]을 [제목 1]로 설정하면 슬라이드 단위로 나뉘어 만들어진다.

1 파워포인트를 실행하고 [새 프레젠테이션]을 선택한 후, 윈도우 탐색기에서 '발표 요약.docx' 워드 문서를 파워포인트의 리본 메뉴 영역으로 드래그한다.

TIP 파워포인트를 실행해 다른 프레젠테이션을 편집하고 있는 상태여도 워드 문서를 리본 메뉴로 드래그하면 새 프레젠테이션이 만들어진다.

파워포인트 기본 기능 | CHAPTER 02 075

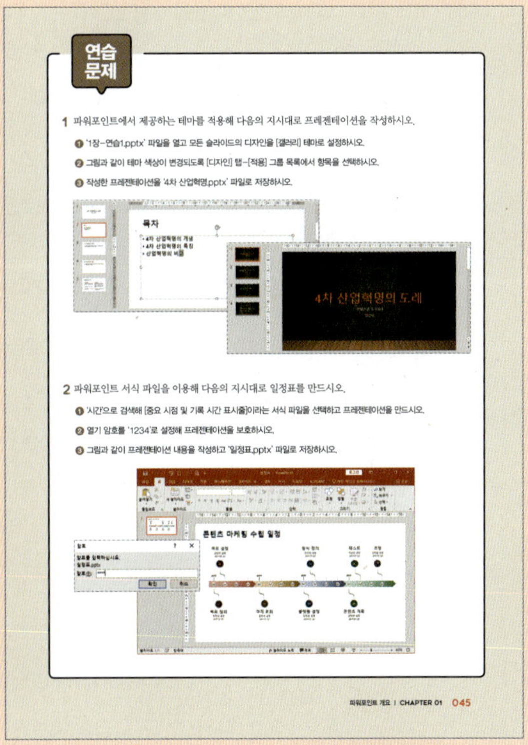

연습문제

1 파워포인트에서 제공하는 테마를 적용해 다음의 지시대로 프레젠테이션을 작성하시오.

❶ '1장-연습1.pptx' 파일을 열고 모든 슬라이드의 디자인을 [갤러리] 테마로 설정하시오.

❷ 그림과 같이 테마 색상이 변경되도록 [디자인] 탭-[적용] 그룹 목록에서 항목을 선택하시오.

❸ 작성한 프레젠테이션을 '4차 산업혁명.pptx' 파일로 저장하시오.

2 파워포인트 서식 파일을 이용해 다음의 지시대로 일정표를 만드시오.

❶ '시간'으로 검색해 [중요 시점 및 기록 시간 표시줄]이라는 서식 파일을 선택하고 프레젠테이션을 만드시오.

❷ 열기 암호를 '1234'로 설정해 프레젠테이션을 보호하시오.

❸ 그림과 같이 프레젠테이션 내용을 작성하고 '일정표.pptx' 파일로 저장하시오.

파워포인트 개요 | CHAPTER 01 045

종합예제

각 CHAPTER에서 배운 내용에 추가 기능을 적용해 만든 종합예제입니다. 파워포인트의 기본 기능을 빠르게 공부하고 싶거나 배운 내용을 복습하려는 학습자, 수업 중 과제가 필요한 강의자에게 유용합니다.

연습문제

각 CHAPTER의 핵심 내용을 제대로 이해했는지 확인할 수 있는 연습문제입니다. 예시 화면을 보고 어떻게 만들면 될지 구상한 후 상세 항목을 따라 실습하면 파워포인트 활용 능력을 키울 수 있습니다.

머리말 • 004

이 책의 사용 설명서 • 006

PART 01 파워포인트 기본

CHAPTER 01 파워포인트 개요

01 파워포인트 소개 • 020

1.1 파워포인트의 특징 • 020

1.2 파워포인트 2019의 새로운 기능 • 021

02 프레젠테이션 과정 살펴보기 • 023

2.1 프레젠테이션 기획 • 023

2.2 슬라이드 제작 • 024

2.3 프레젠테이션 발표 • 026

03 파워포인트 시작하기 • 027

3.1 서식 파일 활용 • 027

기본예제 1-1 서식 파일로 프레젠테이션 만들기 • 027

기본예제 1-2 파일 저장하고 닫기 • 030

3.2 파워포인트 화면과 메뉴 구성 • 033

기본예제 1-3 빠른 실행 도구 모음에 메뉴 추가하기 • 034

종합예제 / 연습문제 • 038

CHAPTER 02 파워포인트 기본 기능

01 파워포인트 문서 다루기 • 048

1.1 프레젠테이션 열기 • 048

기본예제 2-1 프레젠테이션 찾아보기와 열기 • 048

기본예제 2-2 프레젠테이션 편집 상태에서 다른 프레젠테이션 열기 • 050

1.2 파일 내보내기 • 051

기본예제 2-3 프레젠테이션을 PDF 형식으로 저장하기 • 051

기본예제 2-4 프레젠테이션을 비디오 형식으로 저장하기 • 053

기본예제 2-5 프레젠테이션을 그림 형식으로 저장하기 • 055

1.3 문서 속성과 파워포인트 옵션 설정 • 057

기본예제 2-6 프레젠테이션 문서 검사와 복구하기 • 057

기본예제 2-7 문서 속성 변경하기 • 059

기본예제 2-8 파워포인트 옵션 설정하기 • 062

02 슬라이드와 구역 다루기 • 065

2.1 슬라이드 설정 • 065

기본예제 2-9 슬라이드 순서와 크기 조절하기 • 065

기본예제 2-10 슬라이드 복제와 추가, 삭제하기 • 068

기본예제 2-11 슬라이드 레이아웃과 크기 변경하기 • 070

2.2 구역 설정 • 073

기본예제 2-12 구역 설정과 제거하기 • 073

종합예제 / 연습문제 • 075

CHAPTER 03 텍스트 활용

01 텍스트 다루기 • 084

1.1 개체 틀 활용 • 084

기본예제 3-1 제목 슬라이드 만들기 • 084

기본예제 3-2 번호 매기기와 줄 간격 설정하기 • 086

기본예제 3-3 글머리 기호와 수준 변경하기 • 088

1.2 텍스트 상자 활용 • 091

기본예제 3-4 텍스트 상자 삽입하기 • 091

기본예제 3-5 서식 복사와 한자 입력하기 • 093

기본예제 3-6 기호와 수식 입력하기 • 096

02 워드아트 활용하기 • 100

2.1 워드아트 스타일 서식 • 100

기본예제 3-7 워드아트 스타일 설정하기 • 100

기본예제 3-8 워드아트 개체 삽입하기 • 103

종합예제 / 연습문제 • 105

CHAPTER 04 도형 활용

01 도형 다루기 • 116

1.1 도형 삽입과 편집 • 116

기본예제 4-1 도형 삽입하기 • 116

기본예제 4-2 도형의 위치와 크기 변경하기 • 119

기본예제 4-3 도형 복제와 삭제하기 • 121

기본예제 4-4 도형 회전과 모양 변경하기 • 124

기본예제 4-5 도형 병합하기 • 126

1.2 아이콘 및 3D 모델 삽입과 편집 • 128

기본예제 4-6 아이콘과 3D 모델 활용하기 • 128

1.3 정렬과 그룹 • 131

기본예제 4-7 슬라이드 내 개체 순서 변경과 정렬하기 • 131

기본예제 4-8 슬라이드 내 도형 그룹 지정하기 • 133

02 도형 서식 설정하기 • 136

2.1 도형 서식 설정 • 136

기본예제 4-9 스타일 도구 활용하기 • 136

기본예제 4-10 서식 작업 창 활용하기 • 138

2.2 도형 효과와 서식 복사 • 140

기본예제 4-11 효과 설정과 서식 복사하기 • 140

종합예제 / 연습문제 • 143

CHAPTER 05 스마트아트 활용

01 스마트아트 만들기 • 154

1.1 스마트아트 생성과 변환 • 154

기본예제 5-1 스마트아트 만들기 • 154

기본예제 5-2 스마트아트 도형 추가하고 삭제하기 • 156

기본예제 5-3 스마트아트 변환하기 • 159

1.2 스마트아트 디자인과 서식 설정 • 160

기본예제 5-4 스마트아트 스타일과 색 설정하기 • 160

기본예제 5-5 스마트아트 도형 서식 설정하기 • 162

02 스마트아트 활용하기 • 164

2.1 스마트아트 레이아웃의 종류 • 164

2.2 다양한 스마트아트 레이아웃 활용 • 165

기본예제 5-6 프로세스형 스마트아트 활용하기 • 165

기본예제 5-7 계층 구조형 스마트아트 활용하기 • 167

기본예제 5-8 그림 스마트아트 활용하기 • 171

종합예제 / 연습문제 • 174

CHAPTER 06 표 활용

01 표 만들기 • 186

1.1 표 구성 형식 • 186

1.2 다양한 표 삽입 • 187

기본예제 6-1 개체 선택 단추와 표 도구 이용하기 • 187

기본예제 6-2 표 그리기 도구 이용하기 • 189

기본예제 6-3 엑셀 데이터로 표 만들기 • 190

02 표 도구 활용하기 • 192

2.1 표 레이아웃 조정 • 192

기본예제 6-4 표 크기와 위치 조절하기 • 192

기본예제 6-5 행과 열 추가하고 삭제하기 • 194

기본예제 6-6 셀을 병합하고 분할하기 • 195

기본예제 6-7 셀 크기 조절하기 • 197

기본예제 6-8 셀 맞춤과 여백 설정하기 • 199

2.2 표 디자인 변경 • 200

기본예제 6-9 표 옵션과 스타일 설정하기 • 201

기본예제 6-10 음영과 테두리 설정하기 • 202

기본예제 6-11 셀 입체 효과와 표 전체 배경 설정하기 • 204

종합예제 / 연습문제 • 207

CHAPTER 07 차트 활용

01 차트 만들기 • 216

1.1 차트의 종류 • 216

1.2 차트 삽입과 데이터 입력 • 219

기본예제 7-1 차트 삽입하기 • 219

기본예제 7-2 차트 데이터 편집하기 • 221

02 차트 도구 활용하기 • 224

2.1 차트 요소 • 224

2.2 차트 서식 설정 • 225

기본예제 7-3 차트 종류와 차트 스타일 변경하기 • 226

기본예제 7-4 차트 요소 변경하기 • 228

기본예제 7-5 차트 요소의 서식 설정하기 • 229

기본예제 7-6 축과 데이터 계열 서식 설정하기 • 231

기본예제 7-7 꺾은선형 그래프 서식과 배경 서식 설정하기 • 234

기본예제 7-8 3차원 차트의 서식 설정하기 • 237

종합예제 / 연습문제 • 241

CHAPTER 08 그림 활용

01 그림 삽입과 편집하기 • 252

1.1 그림 삽입 • 252

기본예제 8-1 다양한 방법으로 그림 삽입하기 • 252

기본예제 8-2 온라인 검색과 스크린샷으로 그림 삽입하기 • 254

1.2 그림 효과와 그림 편집 • 257

기본예제 8-3 그림 배경 제거와 투명한 색 설정하기 • 257

기본예제 8-4 그림 수정과 색, 효과 설정하기 • 259

1.3 그림 크기 조정 • 262

기본예제 8-5 개체 회전과 자르기 • 263

02 그림 활용하기 • 266

2.1 투명도 효과 • 266

기본예제 8-6 그림의 투명도 조절하기 • 266

2.2 그라데이션 효과 • 268

기본예제 8-7 그라데이션 효과 활용하기 • 268

2.3 사진 앨범 제작 • 271

기본예제 8-8 그림으로 사진 앨범 만들기 • 271

종합예제 / 연습문제 • 275

PART 02 파워포인트 활용

CHAPTER 09 멀티미디어 활용

01 오디오 활용하기 • 288

1.1 오디오 삽입 • 288

기본예제 9-1 슬라이드에 오디오 파일 삽입하기 • 288

1.2 오디오 편집 • 291

기본예제 9-2 오디오 편집과 배경 음악 설정하기 • 291

02 비디오 활용하기 • 295

2.1 비디오 삽입과 편집 • 295

기본예제 9-3 슬라이드에 비디오 파일 삽입하기 • 296

기본예제 9-4 비디오 캡션 삽입하기 • 299

기본예제 9-5 비디오 편집하기 • 300

2.2 화면 녹화와 온라인 비디오 활용 • 303

기본예제 9-6 화면 녹화하기 • 303

기본예제 9-7 온라인 비디오 활용하기 • 305

종합예제 / 연습문제 • 308

CHAPTER 10 애니메이션 활용

01 애니메이션 설정하기 • 320

1.1 애니메이션의 종류와 설정 • 320

기본예제 10-1 애니메이션 설정하기와 지우기 • 321

1.2 애니메이션 효과 옵션 • 325

기본예제 10-2 효과 옵션과 애니메이션 복사하기 • 326

02 애니메이션 활용하기 • 328

2.1 애니메이션 창 • 328

기본예제 10-3 애니메이션 창에서 옵션 설정하기 • 329

기본예제 10-4 애니메이션 반복 재생과 색 변경하기 • 331

2.2 애니메이션 추가 • 333

기본예제 10-5 하나의 개체에 여러 애니메이션 설정하기 • 333

2.3 트리거 활용 • 336

기본예제 10-6 트리거로 애니메이션 실행하기 • 336

종합예제 / 연습문제 • 340

CHAPTER 11 링크와 화면 전환

01 링크 활용하기 • 350

1.1 하이퍼링크 활용 • 350

기본예제 11-1 하이퍼링크로 웹사이트 연결하기 • 350

기본예제 11-2 하이퍼링크로 다른 문서 열기 • 353

기본예제 11-3 링크된 다른 슬라이드로 이동하기 • 355

1.2 확대/축소와 실행 도구 활용 • 356

기본예제 11-4 슬라이드에 확대/축소 설정하기 • 357

기본예제 11-5 실행 도구로 쇼 마침과 슬라이드 이동 설정하기 • 359

02 화면 전환 활용하기 • 362

2.1 전환 효과 설정 • 362

기본예제 11-6 슬라이드에 전환 효과 설정하기 • 363

2.2 전환 효과 속성 변경 • 364

기본예제 11-7 전환 효과 속성 변경하기 • 364

종합예제 / 연습문제 • 367

CHAPTER 12 슬라이드 쇼와 인쇄

01 슬라이드 쇼 진행하기 • 378

1.1 슬라이드 쇼 도구 활용 • 378

기본예제 12-1 슬라이드 쇼 시작하기 • 379

기본예제 12-2 예행 연습 활용하기 • 383

기본예제 12-3 슬라이드 쇼 녹화 활용하기 • 384

1.2 슬라이드 숨기기와 쇼 재구성 • 387

기본예제 12-4 슬라이드 숨기기와 슬라이드 쇼 재구성하기 • 387

02 인쇄 옵션 설정하기 • 390

2.1 인쇄 설정 • 390

기본예제 12-5 인쇄 옵션을 설정하고 미리 보기로 확인하기 • 391

기본예제 12-6 원하는 범위의 슬라이드만 인쇄하기 • 393

종합예제 / 연습문제 • 396

CHAPTER 13 마스터 활용

01 슬라이드 마스터 활용하기 • 406

1.1 슬라이드 마스터와 레이아웃 • 406

기본예제 13-1 레이아웃 추가하고 삭제하기 • 407

1.2 슬라이드 마스터와 레이아웃 편집 • 410

기본예제 13-2 슬라이드 마스터 편집하기 • 411

기본예제 13-3 레이아웃 편집과 개체 틀 삽입하기 • 413

02 유인물 마스터 활용하기 • 419

2.1 유인물 마스터 도구 • 419

기본예제 13-4 유인물 마스터로 인쇄 형식 설정하기 • 419

종합예제 / 연습문제 • 425

찾아보기 • 439

PART

01

파워포인트 기본

POWERPOINT 2019

CHAPTER 01

파워포인트 개요

01 파워포인트 소개

02 프레젠테이션 과정 살펴보기

03 파워포인트 시작하기

종합예제

연습문제

학습목표

- 파워포인트의 특징과 기능을 이해한다.
- 프레젠테이션 제작 과정을 단계별로 설명할 수 있다.
- 서식 파일을 이용해 프레젠테이션을 만들고 저장할 수 있다.

SECTION 01 파워포인트 소개

마이크로소프트 오피스 제품군에 포함된 파워포인트는 프레젠테이션(Presentation)을 위한 프로그램이다. 프레젠테이션이란 청중에게 정보를 제공하거나 설득하는 대화 기법의 하나로, 특정 정보를 청중에게 발표하는 전체 과정을 의미한다. 즉, 파워포인트는 청중 앞에서 발표하거나 필요한 정보를 제공할 때 사용하는 소프트웨어로, 강연이나 상품 홍보, 공동 작업 시 정보 공유 등 다양한 방식으로 활용된다.

1.1 파워포인트의 특징

프레젠테이션은 다수의 사람과 주고받는 커뮤니케이션이므로 일방적 전달이 아닌 상호 작용으로 이루어져야 한다. 또한, 효과적인 전달을 위해 텍스트뿐 아니라 그래픽, 오디오, 비디오 등 다양한 형태의 자료와 멀티미디어를 활용해 가독성과 시각적 효과를 높이고, 상대방이 쉽게 이해할 수 있도록 내용을 작성하는 것이 좋다.

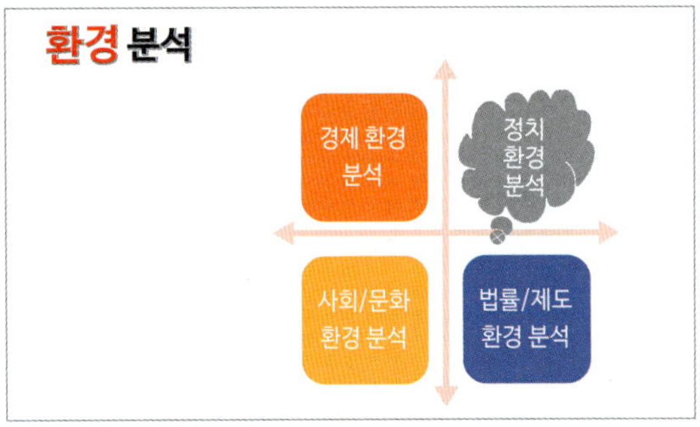

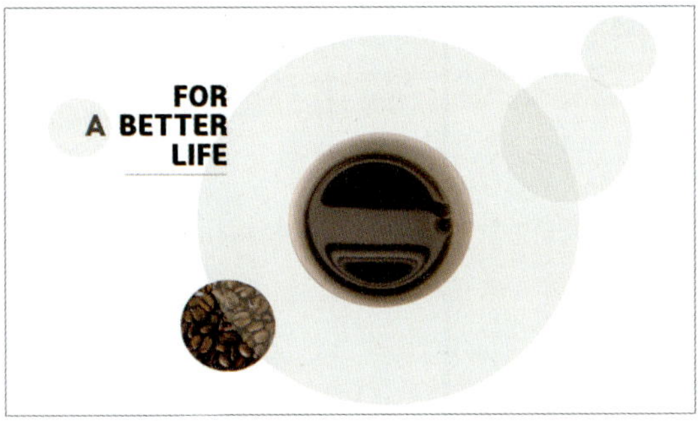

▲ 다양한 형태의 자료를 이용한 프레젠테이션의 예

파워포인트를 사용하면 프레젠테이션의 목적에 적합한 자료를 쉽고 간편하게 만들 수 있다. 파워포인트의 다양한 도구를 이용해 프레젠테이션에 사용할 슬라이드에 텍스트나 차트, 멀티미디어 등 여러 종류의 정보를 포함할 수 있기 때문이다. 이렇게 만든 자료를 발표 현장, 화상 교육 등에서 빔프로젝터나 대형 화면을 이용해 슬라이드 쇼로 보여주면 청중에게 더욱 효과적으로 메시지를 전달할 수 있다.

정보 공유를 목적으로 하는 공동 작업에서는 구성원 간 작업 내용을 공유하거나 편집할 수 있도록 설정하는 기능, 권한이 없는 사용자에게는 공유되지 않도록 하는 기능 등을 활용해 작업 효율을 높이고 정보 보안을 지킬 수 있다.

1.2 파워포인트 2019의 새로운 기능

마이크로소프트에서는 빠르고 쉽게 프레젠테이션을 만들고 편집하는 데 필요한 도구를 꾸준히 추가 제공하고 있다. 이 책에서 사용할 파워포인트 2019에 새로 추가된 기능은 다음과 같다.

- **모핑 전환**: 슬라이드를 전환하는 방법 중 하나로, 부드러운 느낌의 애니메이션을 만들 수 있는 모핑(Morphing) 전환을 제공한다. 모핑 전환을 사용하면 형체가 다른 텍스트나 이미지로 서서히 변화하는 것을 표현할 수 있다.
- **확대/축소**: 발표를 진행하는 동안 프레젠테이션의 특정 슬라이드나 구역 등을 원하는 순서대로 보여줄 수 있다. 또한 방문 페이지와 같이 프레젠테이션의 조각을 요약해 보여주고 다른 슬라이드로 이동할 수 있다. 확대/축소 기능을 이용하면 흐름을 방해하지 않고 원하는 순서대로 슬라이드를 자유롭게 이동시킬 수 있어서 프레젠테이션을 더욱 동적으로 만들 수 있고 사용자 지정 탐색을 할 수 있게 된다.
- **텍스트 형광펜**: 다양한 형광펜 색을 제공하며, 프레젠테이션에서 텍스트의 특정 영역을 강조할 수 있다. 마우스를 이용하면 강조하려는 텍스트를 선택할 때 떨어져 있는 여러 부분을 간편하게 선택할 수도 있다.
- **시각적 효과를 위한 벡터 그래픽**: 슬라이드에 SVG(Scalable Vector Graphic) 이미지를 삽입하고 편집해, 선명하고 보기 좋은 콘텐츠를 만들 수 있다. SVG 이미지는 색을 변경하거나 크기를 조정하더라도 화질 저하가 일어나지 않는다. 파워포인트에서는 필터가 적용되는 SVG 파일을 지원한다.
- **3D 모델**: 3D 모델을 사용해 프레젠테이션에 시각적이고 창의적인 효과를 더할 수 있다. 슬라이드에 360°로 회전할 수 있는 3D 모델을 삽입하고 모핑 전환을 적용하면 영화 같은 애니메이션을 만들 수 있다.
- **손쉬운 배경 제거**: 슬라이드에 사진을 활용할 때 사진의 배경을 쉽게 제거할 수 있다. 파워포인트에서 배경 영역을 자동으로 감지하므로 사진 둘레에 직사각형을 따로 그릴 필요가 없다. 유지하거나 제거할 영역은 자유 곡선으로 표시할 수 있다.
- **4K로 내보내기**: 프레젠테이션을 비디오로 저장할 때 4K 해상도(Ultra HD)를 선택할 수 있다.
- **녹음/녹화 기능**: 프레젠테이션을 비디오로 녹화하거나 내레이션을 오디오로 녹음할 수 있고, 펜이나 형광펜 입력 동작을 기록하거나 비디오 현재 상태를 캡처할 수 있다.
- **사용자 지정 가능한 휴대용 펜 집합**: 터치를 지원하는 장치에서 손가락 또는 디지털 펜, 마우스로 간편하게 글을 쓸 수 있다. 또한 그림을 그릴 때 입력에 사용할 개인 펜이나 형광펜, 연필 집합을 선택해 둔 채 사용할 수 있다.
- **잉크 효과와 잉크 그리기용 세그먼트 지우개**: 펜 설정 옵션에서 금속 펜과 다양한 잉크 효과(무지개, 은하계, 용암, 바다, 골드, 실버 등)를 제공하므로 아이디어를 멋지게 표현할 수 있다. 또한 잉크 그리기

를 깔끔하게 정리할 때 정밀한 제어를 위해 세그먼트 지우개를 사용할 수 있다. 세그먼트 지우개는 잉크를 지워서 다른 선과 교차하는 위치로 되돌린다.

- **직선 그리기를 위한 직선 가장자리**: 터치를 지원하는 장치에서 눈금자를 이용해 직선을 그리거나 여러 개의 개체를 정렬할 수 있다. 수평이나 수직 외에도 원하는 방향 어디로든 각도를 설정해 눈금자를 놓을 수 있다.
- **깔때기형 차트 및 2D 지도 차트**: 여러 단계의 값을 가로 막대로 표시할 때 값이 점차 감소하는 형태로 그리려면 깔때기형 차트를 이용하면 된다. 또한 지도 차트를 이용하면 여러 지역의 값을 비교하기 쉽게 나타낼 수 있다.
- **디지털 펜을 사용한 슬라이드 쇼 진행**: 블루투스를 지원하는 디지털 펜을 사용하면 컴퓨터에서 최대 9m 떨어진 곳까지 무선으로 원격 제어할 수 있어 발표하는 동안 자유롭게 이동할 수 있다.

SECTION 02 프레젠테이션 과정 살펴보기

프레젠테이션은 청중에게 제공할 특정 정보를 준비하고 구성해 전달하는 과정 전체를 의미한다. 프레젠테이션이 이루어지는 과정은 크게 ❶ 대상을 파악하고 주제를 정한 뒤 프레젠테이션을 기획하는 단계, ❷ 수집한 자료로 슬라이드를 제작하는 단계, ❸ 작성한 슬라이드를 이용해 프레젠테이션을 발표하는 단계로 나눌 수 있다. SECTION 02에서는 파워포인트를 사용하기에 앞서 효과적인 프레젠테이션 작성을 위해 알아야 할 기본 개념을 살펴본다. 프레젠테이션 제작 과정과 단계별로 이루어지는 세부 작업, 고려할 사항에 대해 알아볼 것이다.

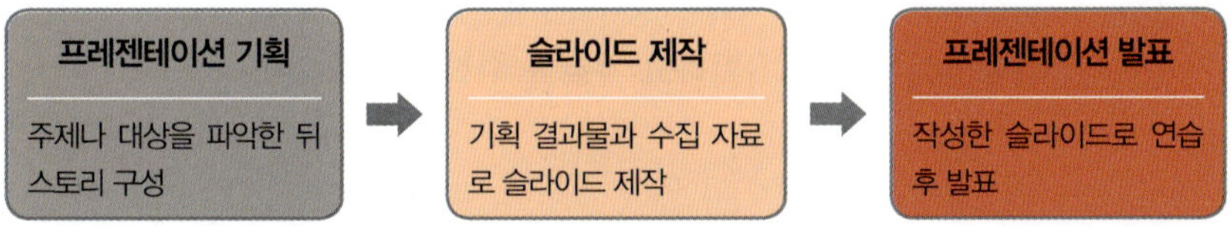

▲ 프레젠테이션 전체 과정

2.1 프레젠테이션 기획

프레젠테이션 기획 과정에서는 발표하고자 하는 주제와 발표 대상을 먼저 파악한 후 스토리를 구성하고 슬라이드에 입력할 주요 내용을 요약한다. 다른 일들과 마찬가지로 프레젠테이션 또한 기획 과정의 설계가 어떻게 이루어지는지에 따라 작업 결과의 성패가 달라진다. 무엇을 발표할 것인지, 대상이 누구인지, 어떻게 이야기를 풀어갈 것인지를 기획 과정에서 충분히 검토하지 않으면 이후 제작 단계에서 아무리 많은 시간을 들여 슬라이드 디자인을 완성해도 사막에 모래성을 쌓는 것이나 다름없는 결과를 가져올 것이다.

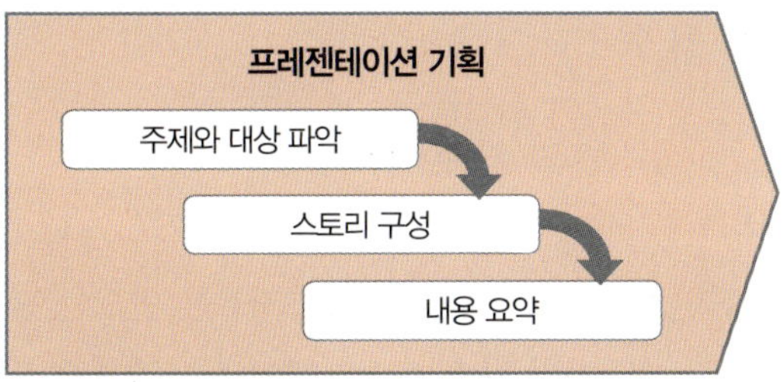

▲ 프레젠테이션 기획 과정

2.1.1 주제 파악

같은 주제라도 시점이나 대상에 따라 다양하게 해석하고 접근할 수 있어 프레젠테이션의 흐름과 결론도 달라질 수 있다는 점을 유의해야 한다. 예를 들어, '자기소개'라는 주제로 프레젠테이션을 한다면 자신의 성격이나 취미 활동에 대해 발표할 수도 있고 경력과 업무 능력에 대해 발표할 수도 있다. 전체 주제를 파악해 방향을 올바르게 설정했다면 세부적으로 설명해야 할 하위 주제를 적절히 분류해 스토리 구성과 슬라이드 제작에 적용하면 된다.

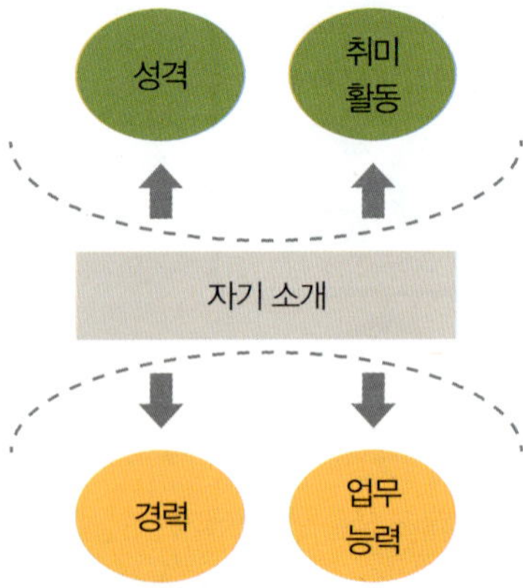

▲ 주제와 방향 설정 예시

2.1.2 대상 파악

발표 대상의 성별, 나이, 종교, 국가, 경험, 직업 등에 따라 가치관이나 성향, 환경 등에 차이가 있을 수 있다. 즉, 같은 내용을 전달하더라도 대상에 따라 상호 작용이나 이해도, 혹은 공감 여부가 완전히 달라질 수 있다. 청중의 성별과 나이, 혹은 관련 경험이나 직업 유무에 따라 어떤 정보가 필요한지, 어떤 예를 들어 설명하는 게 좋은지 등 관점을 달리해 내용을 기획하고 자료를 수집해야 한다.

2.1.3 스토리 구성

발표의 흐름을 결정하는 스토리는 뉴스나 글쓰기의 진행 구조와 같이 서론, 본론, 결론의 형식을 따르는 것이 좋다. 서론에서는 청중의 호기심을 자극할 수 있는 주제와 배경 등을 언급하고, 본론에서는 생각을 논리적으로 전개해 결론에 도달하도록 구성한다. 정해진 발표 시간과 청중의 집중도를 염두에 두고 이야기를 풀듯 핵심 정보를 구성해야 한다.

2.1.4 내용 요약

스토리를 구성했으면 내용을 요약하고 간략하게 도식화해 슬라이드 제작의 기초 자료를 만들어야 한다. 기획 단계에서는 컴퓨터를 사용하지 않아도 되고, 상황에 따라 노트, 메모지, 보드(Board) 등을 선택해 사용할 수 있다. 기획의 결과물이 정확하고 구체적일수록 다음 작업을 더욱 효율적으로 진행할 수 있다. 특히 여러 사람이 공동으로 작업하는 대형 프로젝트나 사업계획서 준비 작업 등을 할 때는 기획과 제작 단계의 업무를 분리하므로 해당 작업이 더욱 중요한 자료가 될 수 있다.

2.2 슬라이드 제작

프레젠테이션 기획 단계에서 만든 내용 요약 결과물과 수집한 자료 등을 이용해 발표 자료를 만드는 단계이다. 이때 프레젠테이션에 사용할 프로그램을 정해야 하는데, 여러 가지 프레젠테이션 프로그램 중 발표 목적, 장소, 상황에 따라 적당한 것을 선택한다. 파워포인트는 현재 가장 널리 사용되고 있는 프레젠테이션 프로그램이다. 다양한 형식의 슬라이드를 제공할 뿐만 아니라 멀티미디어 및 애니메이션 기능을 활용해 역동적인 발표 자료를 제작할 수 있다는 장점이 있다.

슬라이드를 제작할 때는 다음 사항에 유의한다.

- 중요한 메시지만 담아 간결하게 요약한다. 청중에게 하고 싶은 이야기와 전달하고 싶은 정보가 아무리 많아도 정해진 발표 시간 내에 설명해야 할 가장 핵심적인 내용만 선별한다.
- 텍스트의 크기와 색상은 읽기 쉬운 것으로 정한다.
- 그림이나 도형을 활용해 이해하기 쉽고 보기 좋게 만든다.
- 텍스트나 이미지와 같은 슬라이드를 구성하는 요소 간의 연관성과 크기 등을 고려해서 효과적으로 배치할 수 있는 레이아웃을 잡는다.
- 발표 순서에 따라 슬라이드를 배치한다.
- 주제 혹은 소재가 세 가지를 넘지 않아야 청중에게 메시지를 효과적으로 전달할 수 있다.
- 텍스트에 너무 많은 색을 사용하지 않는다. 지나치게 다양한 색을 사용하면 전문성이 약해 보이는 역효과를 줄 수 있으므로 가급적 세 가지 이내로 활용한다. 색 조합 사이트(http://color.adobe.com/ko/create/color-wheel)의 색상 규칙을 참고해 유사색 등을 활용해도 좋다.
- 슬라이드에서 반복되는 요소는 단축키를 사용하거나 콘텐츠를 재활용해 효율적으로 작업한다.

여기서 잠깐 **키노트와 프레지**

대부분의 문서 작성 프로그램에서 프레젠테이션 기능을 제공하지만, 파워포인트와 같은 프레젠테이션 전용 프로그램도 있다. 키노트(Keynote)와 프레지(Prezi)도 대표적인 프레젠테이션 전용 프로그램이다.

- **키노트**: 애플이 개발한 키노트는 초보자도 쉽게 제작할 수 있는 iOS 기기 전용 프레젠테이션 도구이다. 높은 해상도의 테마와 다중 화면 지원 기능, 다양한 형식의 파일로 내보내기 등이 장점이다.

©support.apple.com

- **프레지**: 클라우드 기반의 프레젠테이션 도구이다. 웹에서 사용할 수 있고 공동 작업이 가능하며, 프로그램을 설치해 오프라인으로 작업할 수도 있다. 슬라이드를 하나씩 제작하고 넘기는 일반적인 제작 방식과 달리, 하나의 화면에 발표할 내용을 모두 담고 줌인-줌아웃 기능을 수행해 특정 내용을 강조하거나 순서대로 움직이게 하는 탁월한 애니메이션 처리가 장점이다.

©prezi.com

2.3 프레젠테이션 발표

프레젠테이션의 마지막 단계는 청중과의 커뮤니케이션, 즉 발표 과정이다. 제작한 슬라이드를 활용해 청중에게 잘 전달하고 설득하는 것이 프레젠테이션의 목표라 할 수 있다. 준비 부족으로 발표를 미흡하게 하거나 발표 자료 제작에 많은 시간과 노력을 들였어도 내용 전달이 명확하지 않으면 프레젠테이션 과정 전체가 의미 없는 일이 되어버릴 수 있다.

일반적으로 발표를 할 때 고려할 사항은 다음과 같다(출처 : 아이디어충전소).

- **청중 분석(3P 분석)**: People(나이, 성별, 지식 수준 등을 파악하고 의사 결정권자가 있으면 미리 확인), Purpose(청중이 듣고 싶어하는 욕구, Needs에 집중), Place(발표 장소와 환경을 고려)를 분석한다.
- **처음과 끝을 강조**: 초두 효과(먼저 제시된 정보가 나중에 알게 되는 정보보다 더 강력한 영향을 미치는 현상)와 최신 효과(가장 최근의 정보를 더 잘 기억하는 현상)를 염두에 둔다.
- **시각 자료 활용**: 청중은 귀로 들은 내용은 20%만 기억하고 귀로 들으며 눈으로 본 것은 40%를 기억하며 듣고 보고 직접 경험한 것은 80%를 기억한다.
- **정해진 시간 엄수**: 시간은 청중과의 약속이므로 정해진 시간을 지키는 것은 신뢰의 문제라고 할 수 있다. 발표 시간이 길어지면 청중의 집중도가 떨어질 수 있으므로 정해진 발표 시간을 초과하지 않도록 주의한다.
- **시선 처리**: 발표 전에 미리 청중들을 살펴보며 시선을 두기에 가장 편안한 사람을 파악해 놓고 그들을 보면서 발표를 시작한다.
- **끊임없는 연습**: "어~"나 "저기"와 같은 불필요한 말을 반복하는 습관은 신뢰감을 떨어뜨리므로 연습을 통해 언급을 줄이도록 한다. 좋지 않은 습관이나 단점을 객관적으로 파악하려면 발표하는 모습을 촬영해 확인하는 것도 좋다.

SECTION 03 파워포인트 시작하기

SECTION 02에서 설명한 프레젠테이션 과정 중 슬라이드 제작 단계에서는 파워포인트와 같은 프레젠테이션 프로그램을 사용해 발표할 문서를 만든다. SECTION 03에서는 파워포인트의 서식 파일을 이용해 간편하게 프레젠테이션을 만들고 저장하는 방법을 알아보기로 한다. 파워포인트로 만든 프레젠테이션은 하나 이상의 슬라이드로 구성되며 확장자가 '.pptx'인 파일 형식으로 저장된다.

3.1 서식 파일 활용

파워포인트에서는 용도에 따라 슬라이드에 다양한 디자인을 적용한 서식 파일을 다운로드할 수 있다. 서식 파일을 이용하면 디자인 서식이 미리 설정된 슬라이드들로 구성된 프로젠테이션이 자동으로 만들어진다. 각 슬라이드에 필요한 내용을 입력하거나 수정하는 식으로 간편하게 제작할 수 있다.

기본예제 1-1 서식 파일로 프레젠테이션 만들기

파워포인트에서 제공하는 여러 서식 파일 중에서 비즈니스용 서식을 활용해 프레젠테이션을 만들어 보자.

01 파워포인트 프로그램을 실행하고 시작 화면의 [추천 검색어] 중 '비즈니스'를 선택한다.

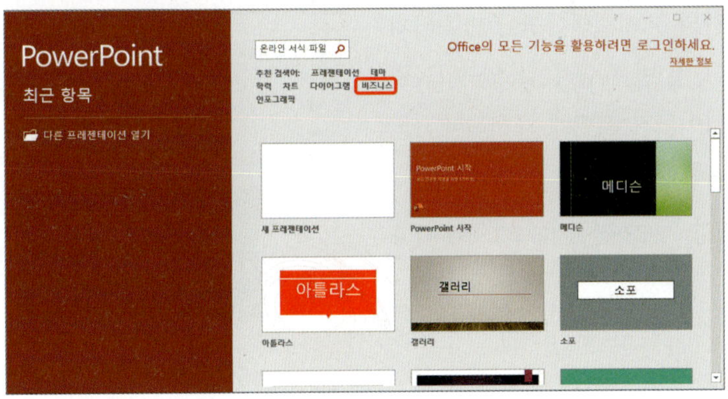

TIP [추천 검색어]는 컴퓨터가 인터넷에 연결되어 있어야 나타난다.

02 비즈니스용 서식 파일 목록을 아래로 스크롤해 [디지털 디자인]을 선택한다.

TIP 목록에 있는 다른 디자인 서식을 선택해도 된다.

03 [디지털 디자인] 대화상자가 열리면 [만들기]를 클릭한다.

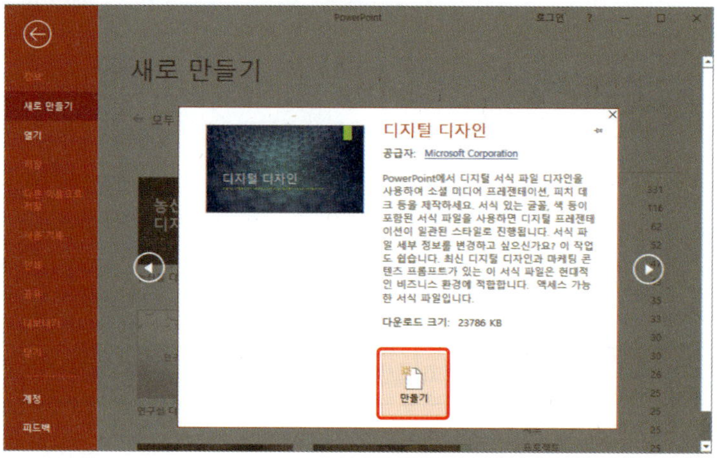

04 여러 개의 슬라이드가 포함된 프레젠테이션이 만들어지고 첫 번째 슬라이드인 제목 슬라이드가 화면에 표시된다. [도움말] 창은 닫는다.

TIP 만들어진 슬라이드의 제목이나 내용을 필요에 따라 수정한다.

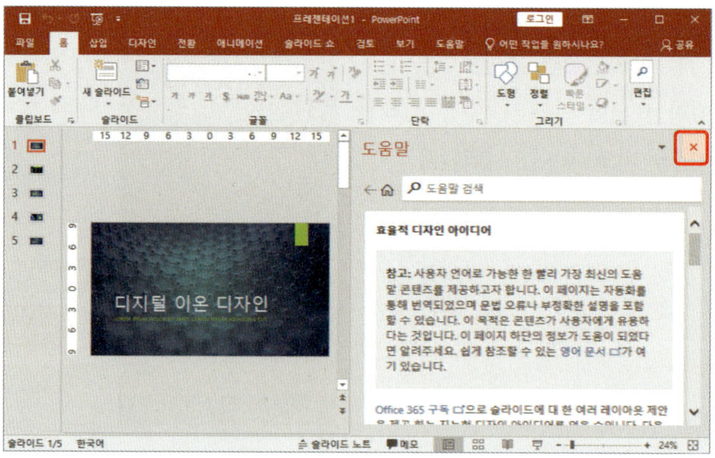

05 슬라이드의 제목과 부제목을 클릭해 각각 수정한다. 제목은 *마케팅 전략 제안*으로, 부제목은 *마케팅 전략 수립 과정*으로 한다.

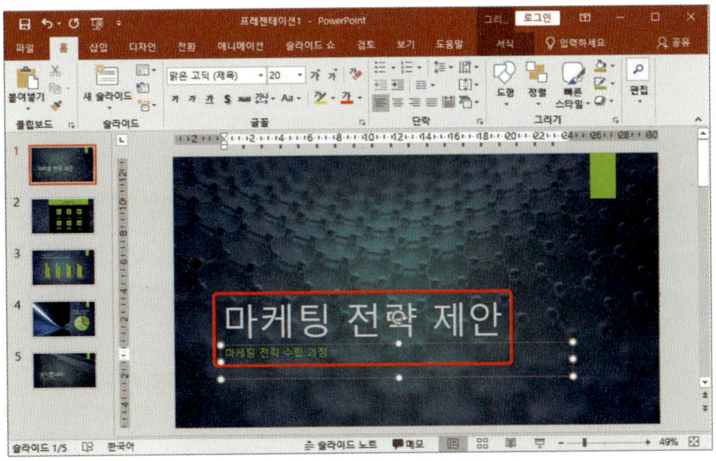

여기서 잠깐 **서식 파일이 검색되지 않는 경우**

온라인 서식 파일이 검색되지 않는다면 예제 소스로 제공되는 서식 파일을 다운로드하고 다음과 같이 사용자 지정 서식 파일로 설정해 사용한다.

① 실습 자료로 제공하는 '디지털 디자인.thmx' 서식 파일을 다운로드해 '내 PC\문서\사용자 지정 Office 서식 파일'(C:\Users\user\Documents\사용자 지정 Office 서식 파일) 폴더에 저장한다. 폴더 구조가 다르면 원하는 폴더에 저장해도 된다.

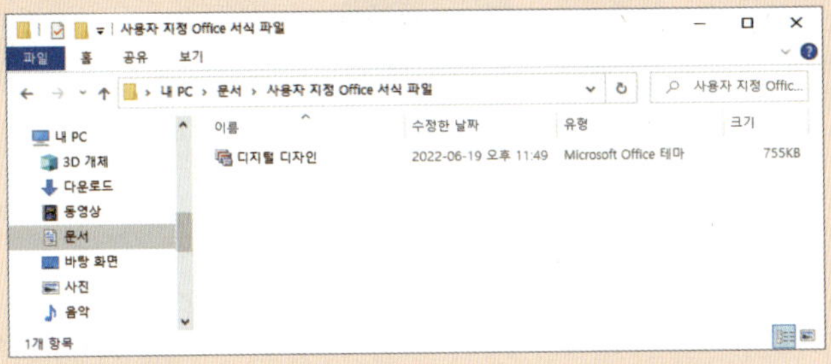

② 파워포인트에서 [파일] 탭-[옵션]을 선택한다.

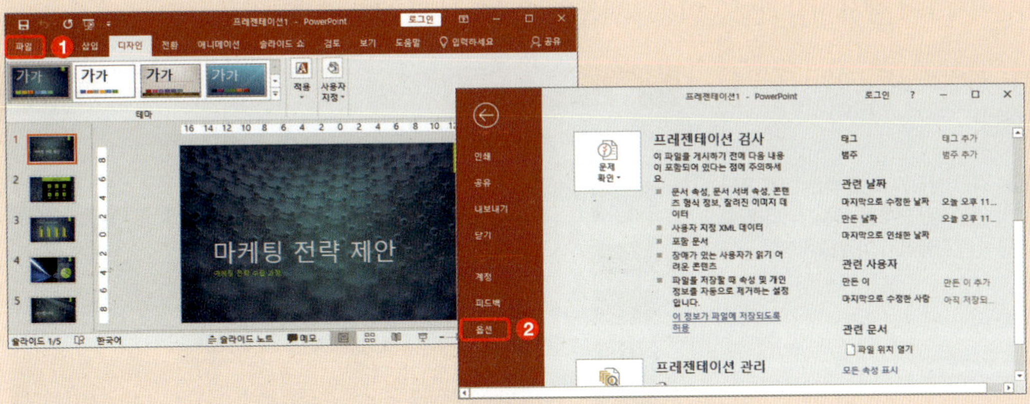

③ [PowerPoint 옵션] 대화상자의 [저장] 탭에서 [프레젠테이션 저장] 그룹의 [기본 개인 서식 파일 위치]를 ①단계에서 서식 파일을 저장한 폴더로 설정하고 [확인]을 클릭한다.

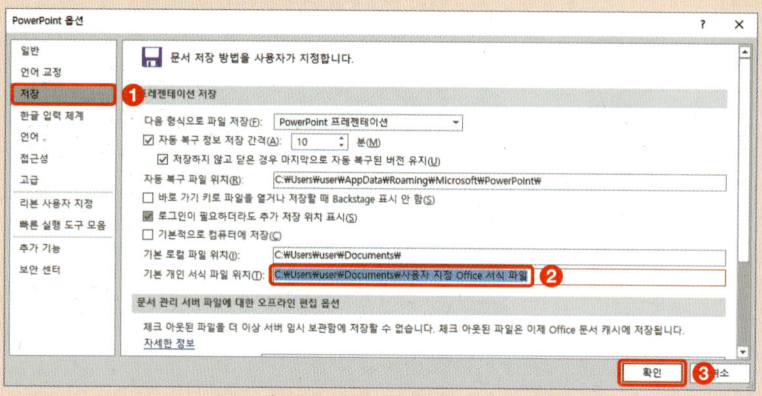

④ 파워포인트의 [파일] 탭–[새로 만들기]를 눌러 [사용자 지정]–[사용자 지정 Office 서식 파일] 폴더를 선택하면 '디지털 디자인' 서식 파일을 사용할 수 있다.

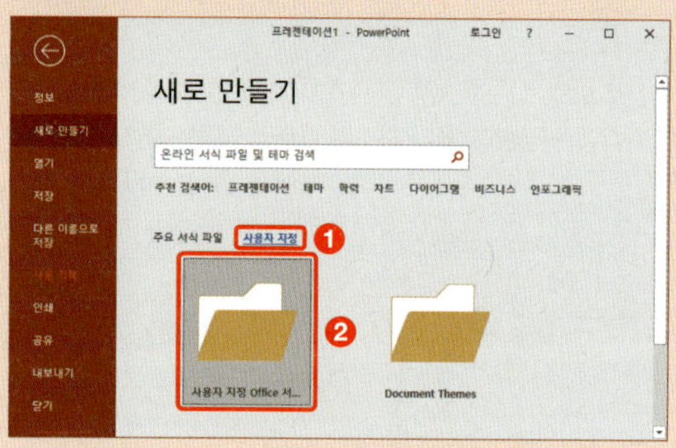

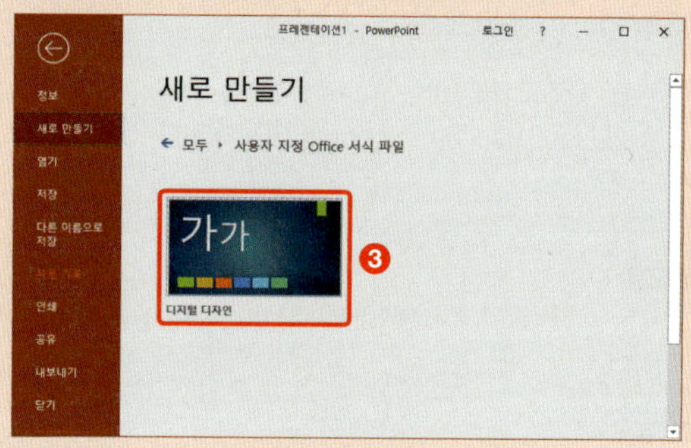

기본예제 1-2 파일 저장하고 닫기

[기본예제 1–1]에서 서식 파일을 이용해 만든 프레젠테이션을 저장해보자.

01 파워포인트 [파일] 탭을 클릭한다.

TIP 화면 상단에 있는 빠른 실행 도구 모음의 [저장] 단추를 클릭하거나 단축키 Ctrl+S를 눌러서 파일을 저장할 수도 있다.

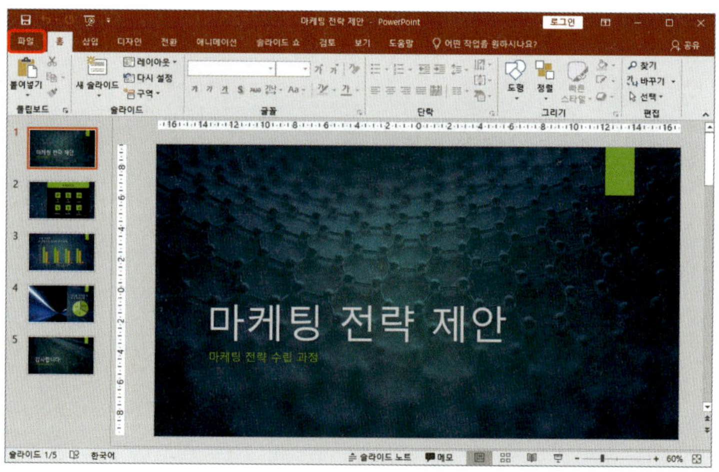

02 파워포인트의 실행 첫 화면인 백스테이지(Backstage)의 [다른 이름으로 저장]이 실행된다. 파일을 저장할 위치는 [찾아보기]를 클릭해 선택한다.

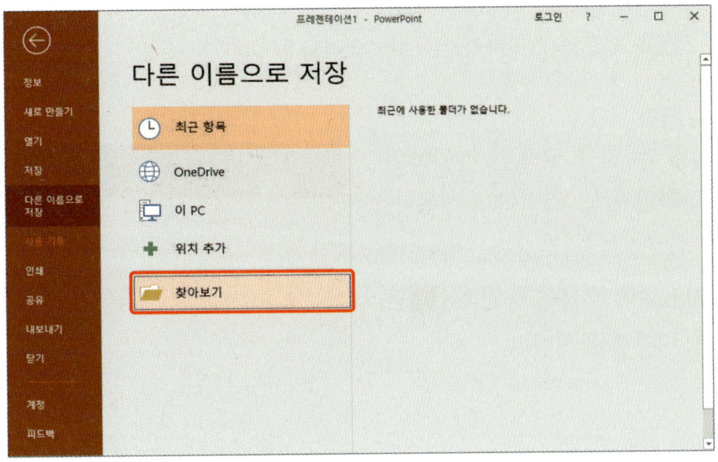

03 [다른 이름으로 저장] 대화상자에서 저장할 위치를 선택하고, [파일 이름]에 *마케팅 전략 제안*이라고 입력한 후 [저장]을 클릭한다.

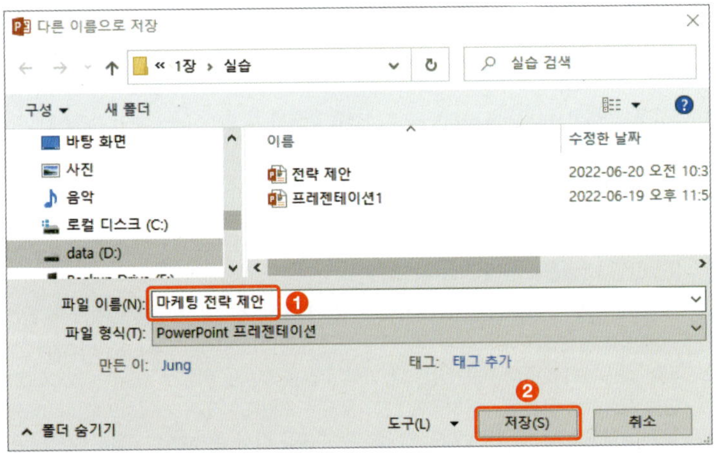

04 화면 상단에 저장한 파일 이름이 표시된다. [파일] 탭–[닫기]를 선택해 프레젠테이션 파일을 닫는다.

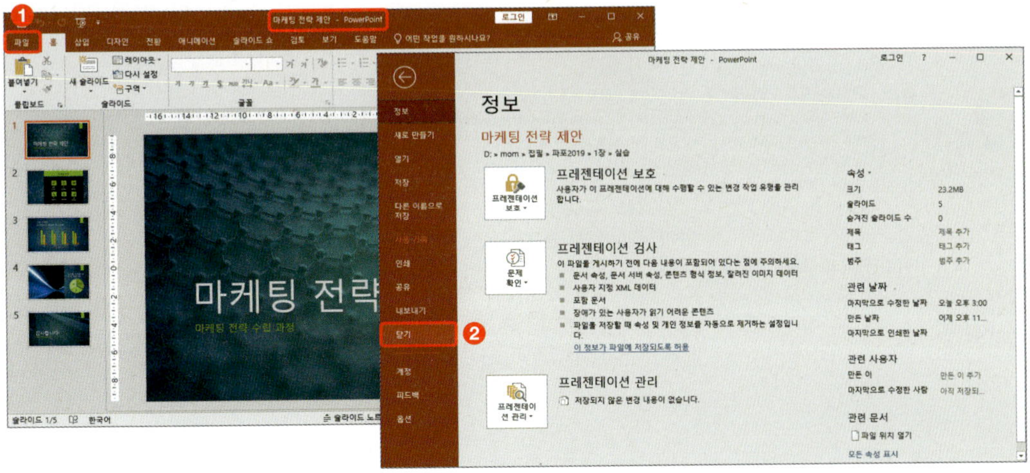

TIP 파일 닫기는 단축키 Ctrl+F4를 이용해도 된다.

05 파일을 닫으면 파워포인트 화면에 빈 영역이 표시된다. 파워포인트 프로그램을 종료하려면 화면 오른쪽 상단의 [× 닫기] 단추를 클릭한다.

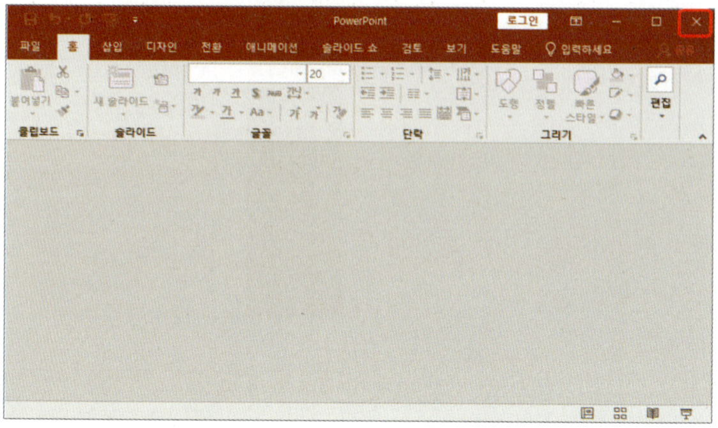

TIP 단축키 Alt+F4를 눌러도 프로그램을 종료할 수 있다. 여러 개의 프레젠테이션 파일이 열려 있을 때 이 단축키를 사용하면 모든 파일이 닫힌 후 파워포인트 프로그램이 종료된다.

여기서 잠깐 **글꼴을 함께 저장하는 경우**

파워포인트에서 제공하는 기본 글꼴을 사용하지 않고 새로운 글꼴을 설치해 프레젠테이션을 만드는 경우가 종종 있다. 이때 주의해야 할 점은 발표에 사용할 컴퓨터에 해당 글꼴이 설치되어 있지 않으면 글꼴 깨짐 현상이 나타난다는 것이다. 시간이 제한되어 있는 발표 현장에서는 컴퓨터에 미리 글꼴을 설치할 여유가 없을 수 있으므로, 이를 대비해 글꼴을 프레젠테이션 파일에 함께 저장하는 옵션을 사용하도록 한다. 글꼴을 포함해 파일을 저장하도록 설정하면 다른 컴퓨터에서 파일을 열더라도 글꼴을 새로 설치하지 않아도 된다. 다만 이 옵션은 파일을 다시 열 때는 유지되지 않으므로 저장할 때 옵션을 재설정해야 한다.

① [파일] 탭–[옵션]을 선택해 [PowerPoint 옵션] 대화상자가 열리면 [저장] 탭을 클릭한다.

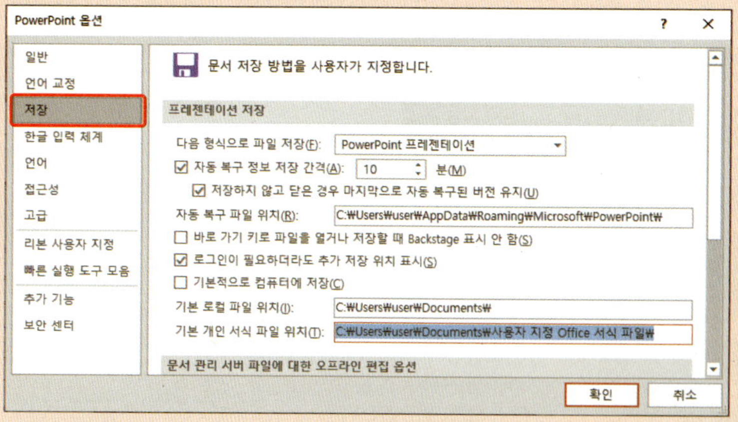

② [파일의 글꼴 포함]에 체크한 후 하단의 두 가지 옵션 중 하나를 선택하고 [확인]을 클릭한다. [프레젠테이션에 사용되는 문자만 포함]을 선택하면 읽기 전용으로 열리지만 파일 크기와 저장 시간을 줄일 수 있다.

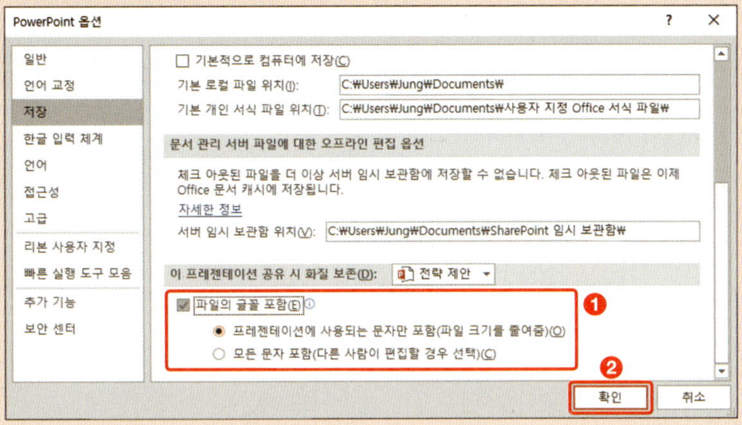

3.2 파워포인트 화면과 메뉴 구성

파워포인트 프로그램을 잘 사용하려면 메뉴와 각종 도구 구성을 미리 알아 두어야 한다. 파워포인트 화면은 다음 그림과 같이 빠른 실행 도구 모음과 제목 표시줄, 리본 메뉴, 슬라이드 보기 창, 슬라이드 창, 작업 표시줄로 이루어져 있다.

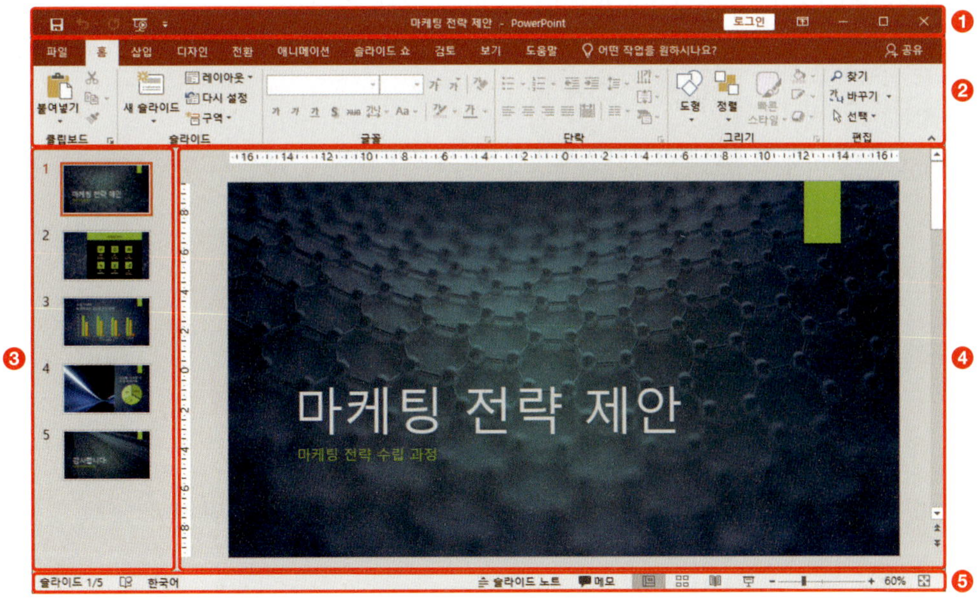

❶ **빠른 실행 도구 모음과 제목 표시줄**: 화면 가장 상단 왼쪽에 있는 빠른 실행 도구 모음은 자주 사용하는 메뉴를 모아놓고 간편하게 실행할 수 있도록 하는 기능으로 즐겨찾기와 같다. 가운데에 있는 제목 표

시줄에는 작업 중인 프레젠테이션의 파일 이름이 표시된다. 오른쪽에는 리본 메뉴 표시 옵션과 파워포인트 창 최소화/최대화/닫기 단추가 있다.

❷ **리본 메뉴**: 파워포인트에서 메뉴를 유형별로 묶어 탭 형식으로 제공하는 것으로, 특정 탭을 클릭하면 해당 메뉴의 세부 도구가 표시된다. 리본 메뉴를 고정시킨 채 사용해도 되고 편집 공간을 넓게 사용하고 싶다면 리본 메뉴를 축소해도 된다.

❸ **슬라이드 보기 창**: 슬라이드 보기 창에서는 모든 슬라이드 상태를 미리보기로 확인할 수 있다. 슬라이드의 순서를 변경하거나 추가 및 삭제하는 작업도 간편하게 할 수 있다.

❹ **슬라이드 창**: 슬라이드 창에서는 슬라이드 보기 창에서 선택한 특정 슬라이드에 텍스트를 입력하거나 도형, 그림을 삽입하고 속성을 설정하는 등 편집 작업을 진행할 수 있다.

❺ **작업 표시줄**: 화면 가장 하단에 위치한 작업 표시줄에는 전체 슬라이드 개수나 현재 선택한 슬라이드 번호 등 작업 상태가 표시된다. 슬라이드 보기 형식을 변경하거나 화면 확대/축소, 현재 창 크기에 맞추기 기능도 단추를 클릭해 바로 실행할 수 있다.

기본예제 1-3 빠른 실행 도구 모음에 메뉴 추가하기

빠른 실행 도구는 파워포인트 화면에서 프레젠테이션 제목과 함께 가장 상단에 표시된다. 파워포인트에서 제공하는 메뉴 중 자주 사용하는 기능을 등록해두고 빠르게 사용할 수 있도록 하기 위한 기능이다. 빠른 실행 도구 모음에 필요한 기능을 추가하고 사용하는 방법을 알아보자.

01 파워포인트를 실행하고 시작 화면의 [최근 항목] 목록에서 [기본예제 1-1]에서 만든 '마케팅 전략 제안.pptx' 파일을 선택한다.

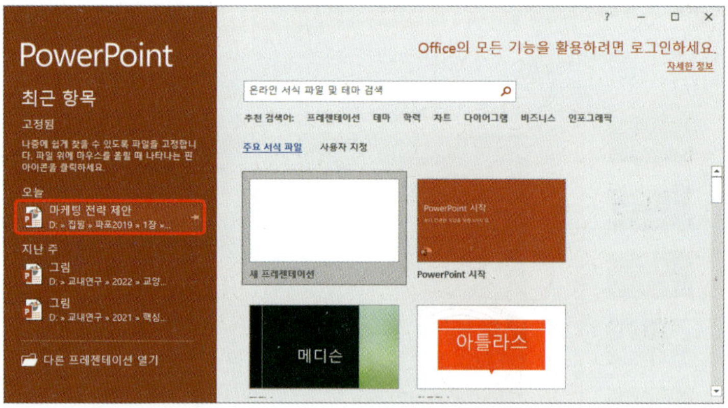

TIP 파워포인트가 이미 실행 중이라면 [파일] 탭-[열기]를 클릭한 뒤 [최근 항목]이나 [찾아보기]에서 파일을 선택하면 된다.

02 화면 상단에서 [빠른 실행 도구 모음 사용자 지정] 단추를 클릭하고 목록이 나타나면 [새로 만들기]를 선택한다.

TIP 리본 메뉴에서 빠른 실행 도구 모음에 추가하고 싶은 기능이 있다면 해당 부분을 마우스 오른쪽 단추로 클릭해 단축 메뉴로 추가하면 된다.

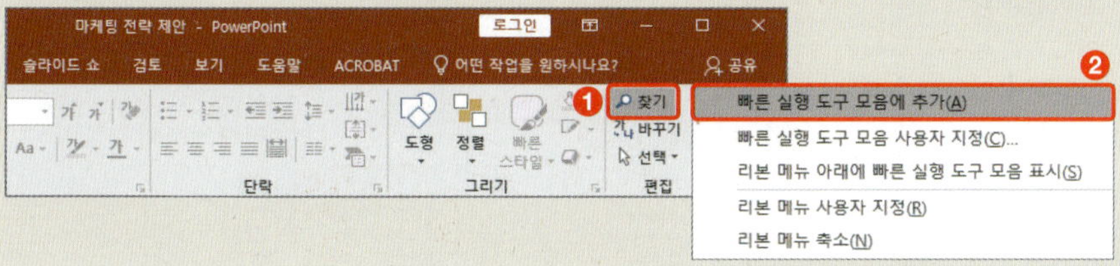

03 자주 사용하는 여러 도구를 빠른 실행 도구 모음에 한번에 추가하려면 [빠른 실행 도구 모음 사용자 지정] 단추를 클릭하고 목록에서 [기타 명령]을 선택한다.

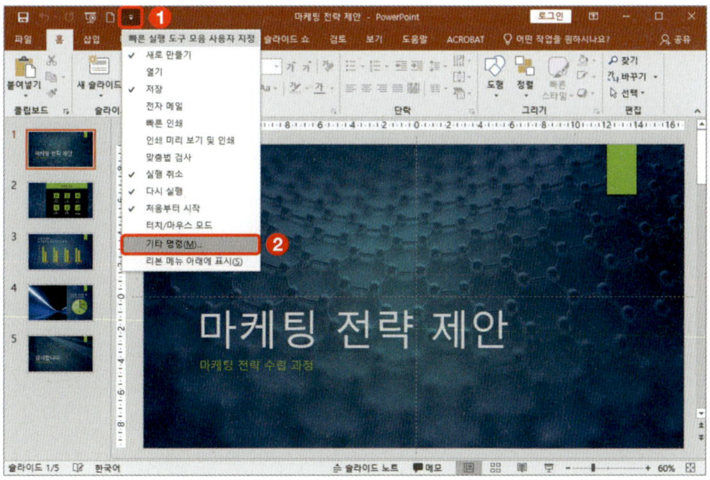

04 [PowerPoint 옵션] 대화 상자의 [빠른 실행 도구 모음 사용자 지정] 화면이 열린다. [명령 선택] 목록에서 [많이 사용하는 명령]–[글꼴 색]을 선택하고 [추가]를 클릭한다.

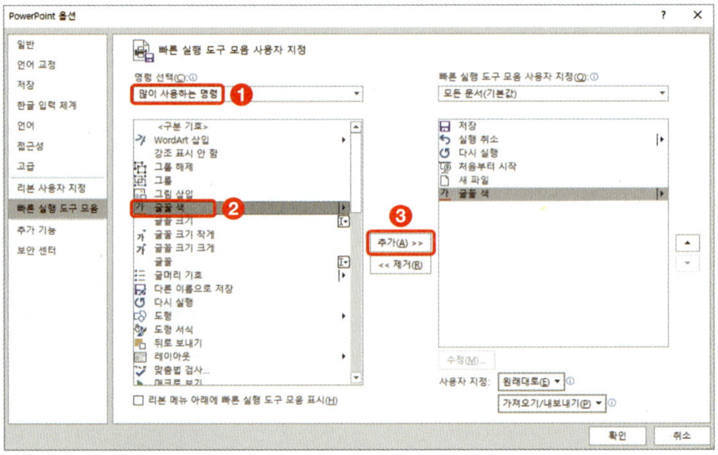

05 단계 **04**와 같은 방법으로 [인쇄 미리 보기 및 인쇄]도 빠른 실행 도구 모음에 추가한다.

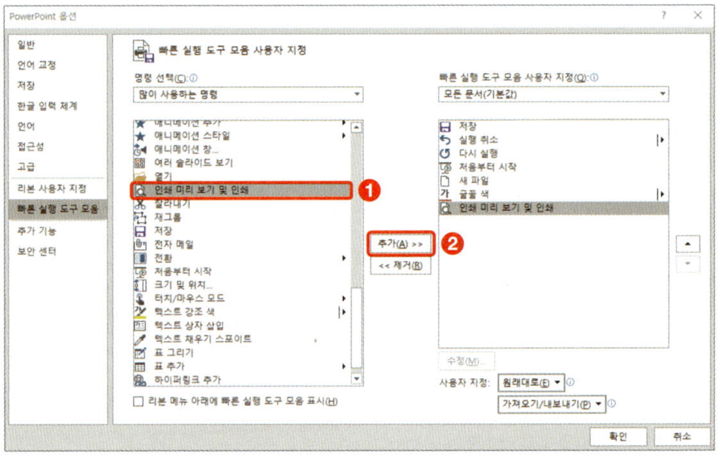

06 자주 사용하는 메뉴를 더 간편하게 선택하기 위해 [리본 메뉴 아래에 빠른 실행 도구 모음 표시]를 체크하고 [확인]을 클릭한다.

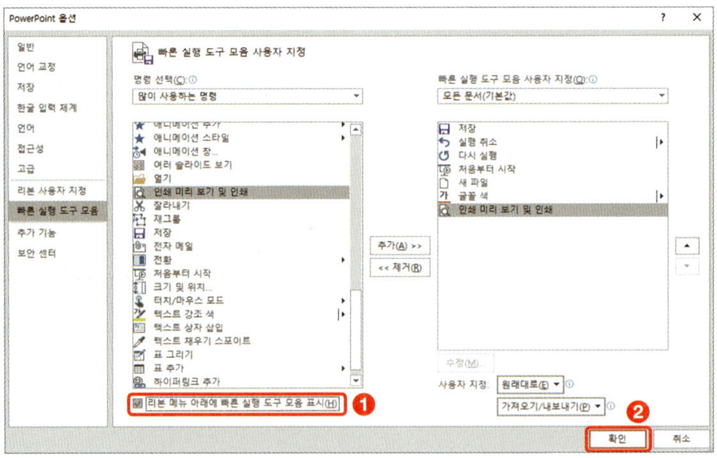

07 앞서 편집한 실행 도구 모음이 리본 메뉴 아래에 표시된다. 화면 우측 끝의 [^ 리본 메뉴 축소] 단추를 클릭하면 자주 사용하는 메뉴만 표시되어 편집 화면 공간을 더 넓게 사용할 수 있다.

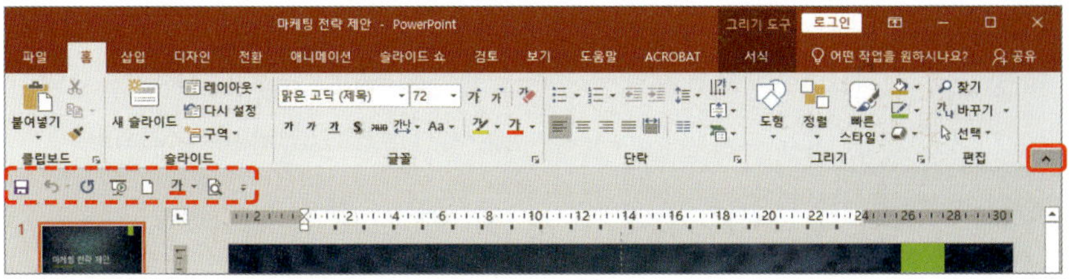

TIP 리본 메뉴를 원래 있던 자리로 돌려놓으려면 임의의 메뉴 탭을 선택하고 화면 우측 끝의 [리본 메뉴 고정] 단추를 클릭하면 된다. 리본 메뉴를 축소하거나 고정하는 단축키인 Ctrl+F1을 눌러도 된다.

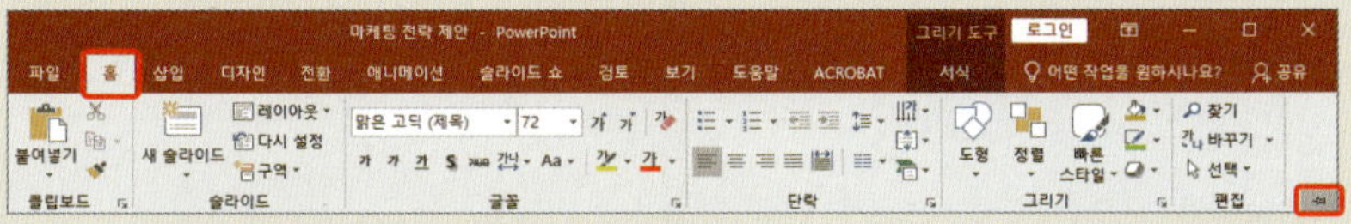

08 Alt 키를 누르면 빠른 실행 도구 모음의 단축 번호가 표시된다. 다음 그림과 같이 단축 번호가 표시됐을 때 Alt와 5 키를 차례로 누르면 새 프레젠테이션을 작성할 수 있다.

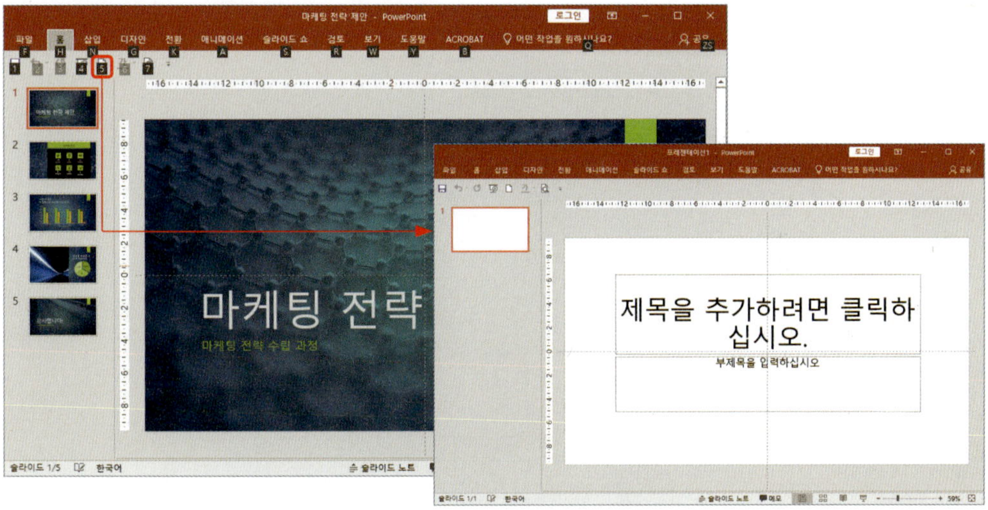

TIP 빠른 실행 도구 모음에 추가한 메뉴를 제거하려면 빠른 실행 도구 모음에서 해당 메뉴를 마우스 오른쪽으로 클릭하고 단축 메뉴에서 [빠른 실행 도구 모음에서 제거]를 선택하면 된다. [리본 메뉴 위에 빠른 실행 도구 모음 표시]를 선택하면 도구 모음이 기본 위치에 배치된다.

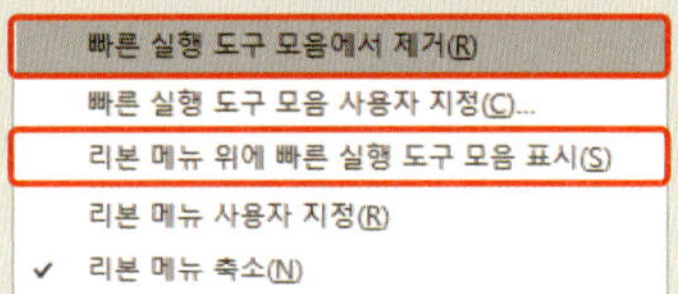

종합예제

지구온난화의 원인과 대처 방안을 주제로 하는 프레젠테이션 자료를 제작해보자. 발표 내용을 요약한 텍스트 파일과 파워포인트에서 제공하는 테마 디자인을 이용해 발표 자료를 간편하게 만들어본다.

TIP 프레젠테이션 기획 단계에서는 발표할 주제를 분석해 스토리에 맞게 요약한다. 이때 요약 내용을 다음 그림과 같이 텍스트 파일로 저장하면 슬라이드 개요로 바로 활용할 수 있다. 텍스트 파일에 입력된 줄바꿈(Enter)과 들여쓰기(Tab)로 슬라이드의 단위와 세부 항목을 구분한다. 실습을 위해 제공된 '지구온난화 요약.txt' 파일을 다운로드해 사용해보자.

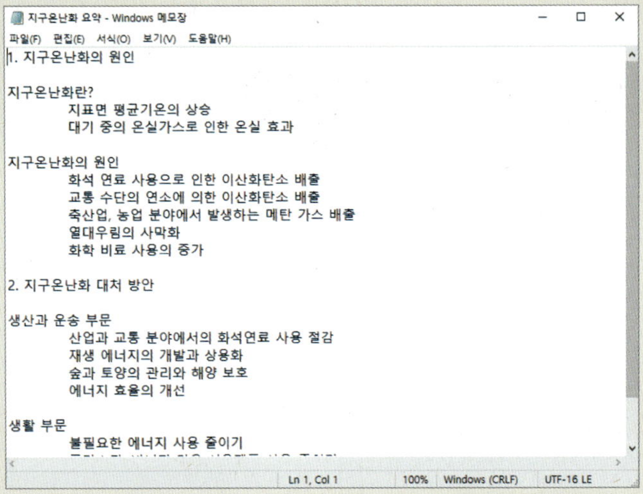

TIP 텍스트 파일을 직접 만들어 오피스 프로그램에서 사용하려면 텍스트 파일을 저장할 때 한글 인코딩 방식을 'UTF-16 LE'로 선택해야 한다.

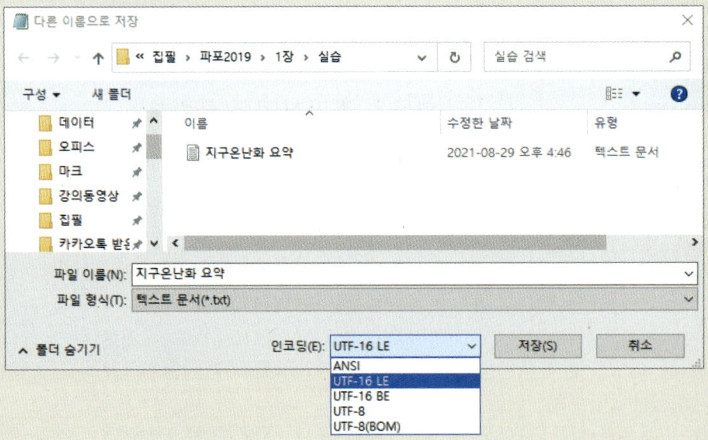

1 파워포인트를 실행하고 [새 프레젠테이션]을 선택한다.

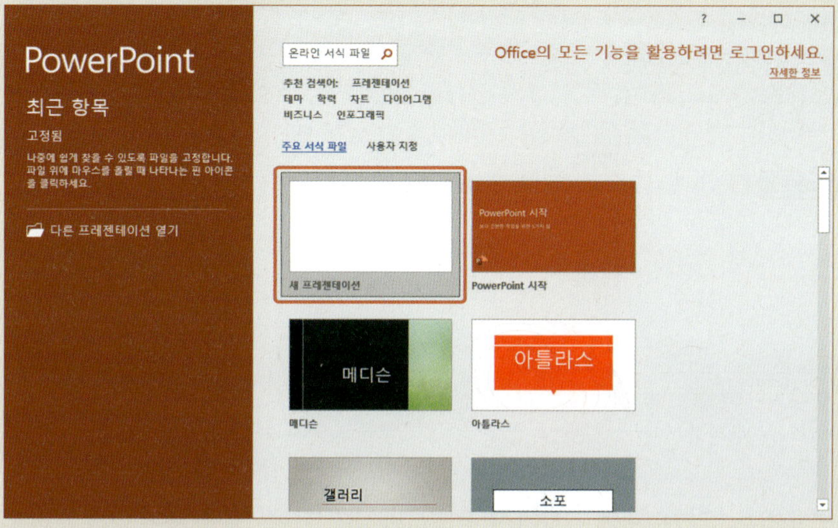

2 [홈] 탭–[슬라이드] 그룹–[새 슬라이드] 목록에서 [슬라이드 개요]를 선택한다.

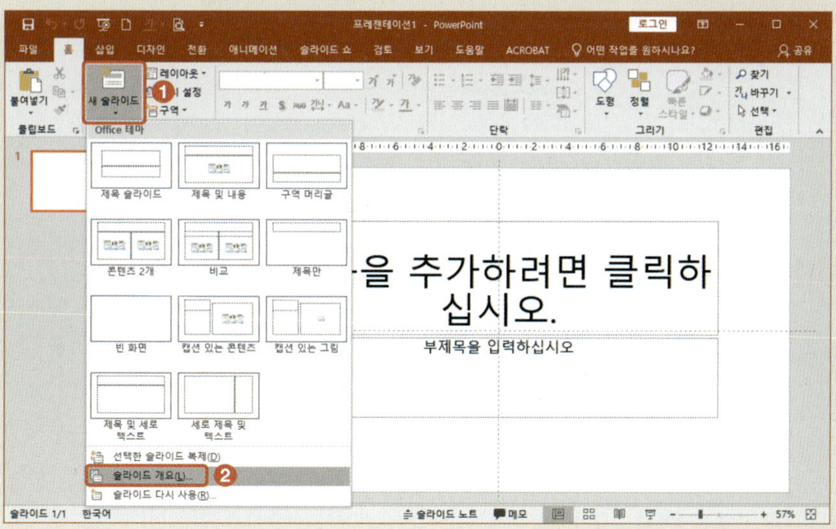

종합예제

3 [개요 삽입] 대화상자가 열리면 발표 내용을 요약한 '지구온난화_요약.txt' 파일을 선택한 뒤 [삽입]을 클릭한다.

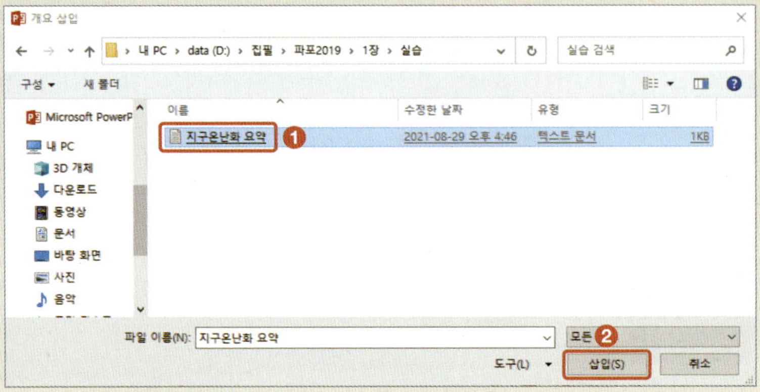

4 [보기] 탭-[프레젠테이션 보기] 그룹-[개요 보기]를 클릭하면 텍스트 파일의 내용이 여러 개의 슬라이드로 나뉘어 삽입된 것을 확인할 수 있다.

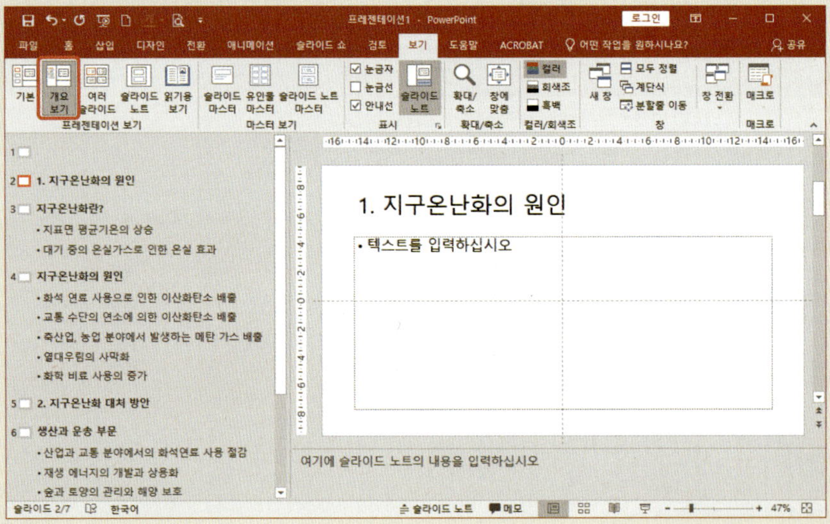

TIP 작업 표시줄에서 [기본] 단추를 클릭해 개요 보기로 전환해도 된다. [기본] 단추를 다시 클릭하면 기본 보기로 되돌아간다.

5 작업 표시줄의 [기본] 단추를 클릭해 기본 보기로 모양을 바꾸고, [디자인] 탭–[테마] 그룹의 목록에서 [줄무늬]를 선택한다.

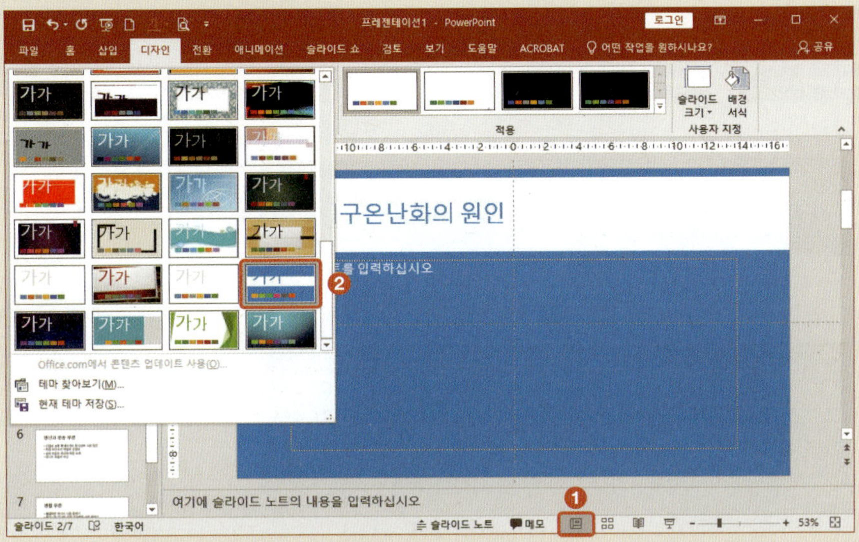

6 [디자인] 탭–[적용] 그룹의 목록에서 3번째 항목을 선택해 테마의 색상을 변경한다.

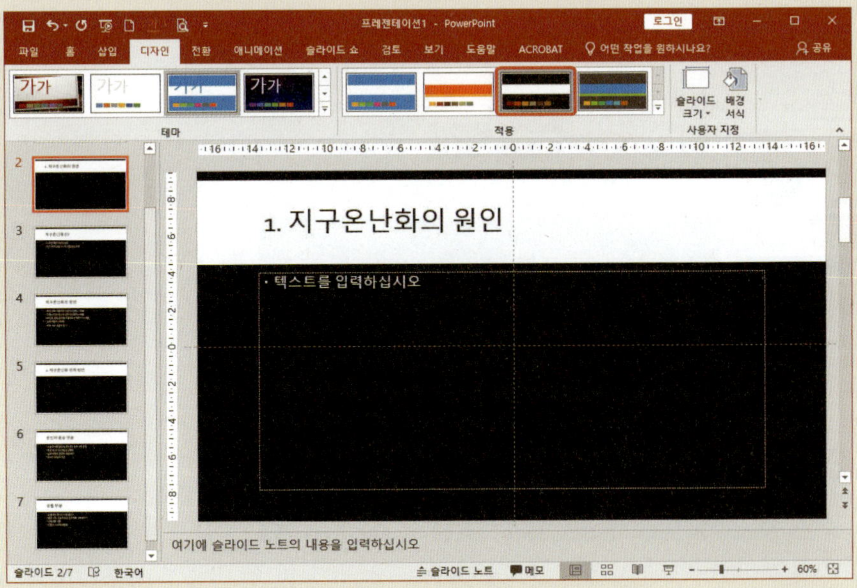

종합예제

7 슬라이드 1을 선택하고 프레젠테이션의 제목과 부제목을 각각 *지구온난화의 원인과 대책*, *환경에너지관리팀*으로 입력한다.

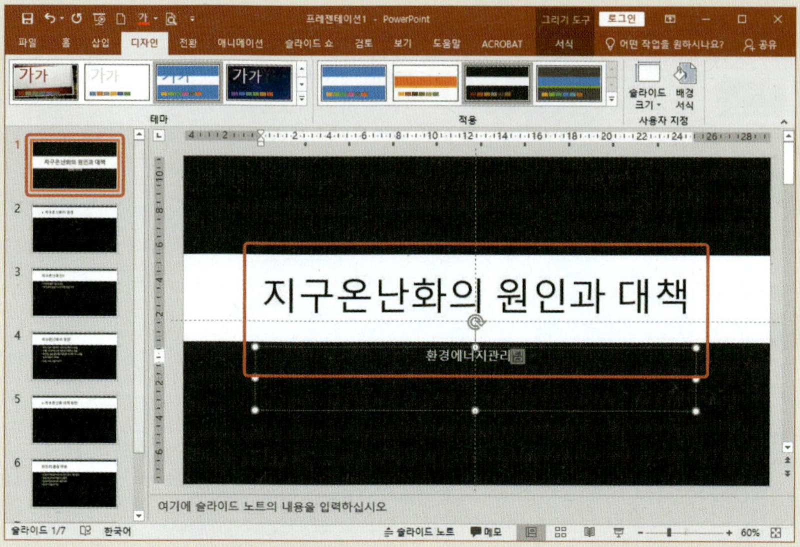

8 [디자인] 탭–[테마] 그룹의 목록에서 [어린이 테마]를 찾아 마우스 오른쪽으로 클릭하고 [선택한 슬라이드에 적용]을 선택한다.

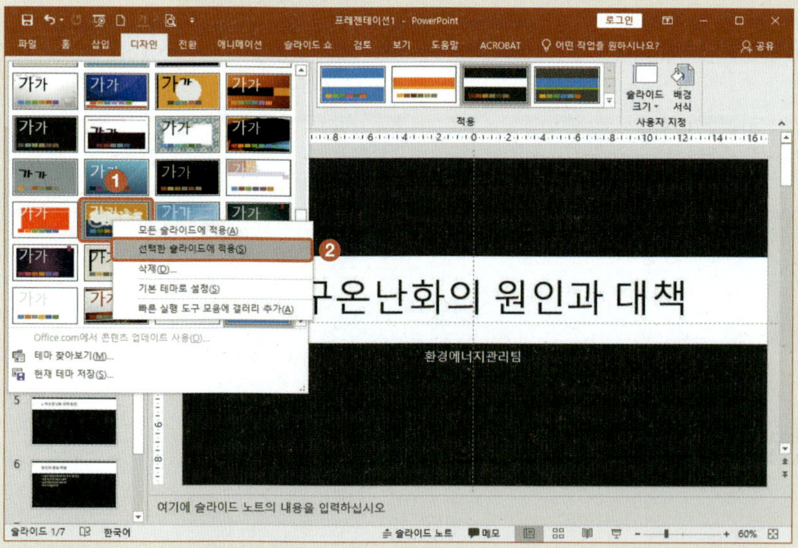

TIP 테마를 변경할 때 마우스 왼쪽으로 테마를 클릭하면 [모든 슬라이드에 적용]이 기본으로 선택되어 모든 슬라이드의 디자인이 변경된다.

9 빠른 실행 도구 모음에서 [저장] 단추를 클릭해 [다른 이름으로 저장] 화면이 보이면 [찾아보기]를 눌러 파일을 저장하고 싶은 폴더를 선택한다.

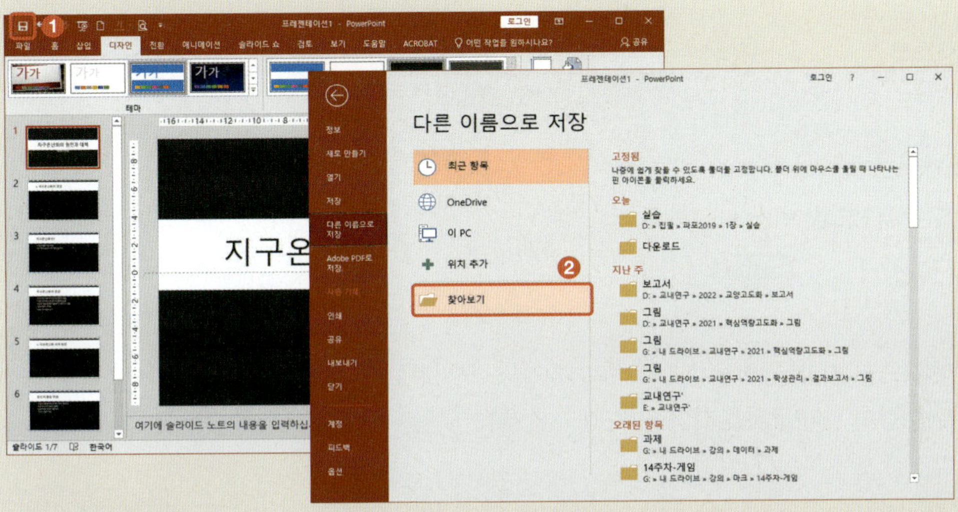

TIP 프레젠테이션을 처음 저장할 때는 파일 이름과 위치를 정해야 하므로 백스테이지 메뉴의 [다른 이름으로 저장]이 실행된다. 이미 저장한 파일의 위치나 이름을 바꾸지 않고 내용만 변경해 저장하는 경우 [저장] 단추를 클릭하면 대화상자가 열리지 않고 바로 저장된다.

10 [다른 이름으로 저장] 대화상자가 나타나면 [파일 이름]은 *지구온난화 발표자료*라고 입력한 다음, [도구] 목록에서 [일반 옵션]을 선택한다.

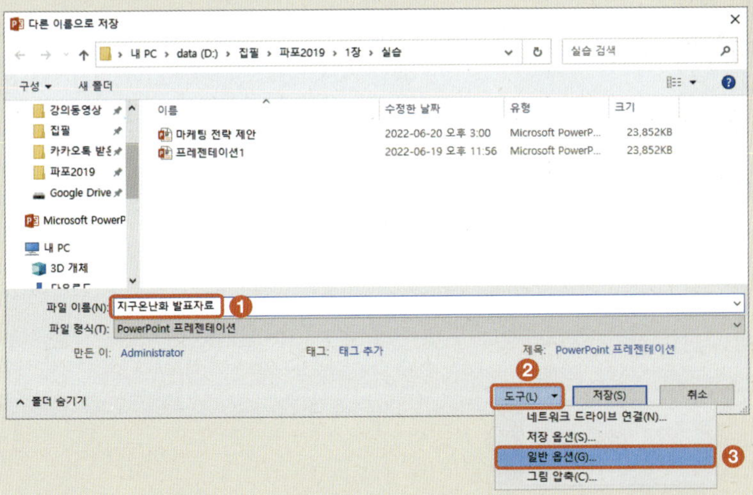

종합예제

11 [일반 옵션] 대화상자가 열리면 [열기 암호]에 암호(예: 1234)를 입력하고 [확인]을 클릭한다. [암호 확인] 대화상자가 열리면 앞서 적었던 암호를 다시 입력하고 [확인]을 클릭한다.

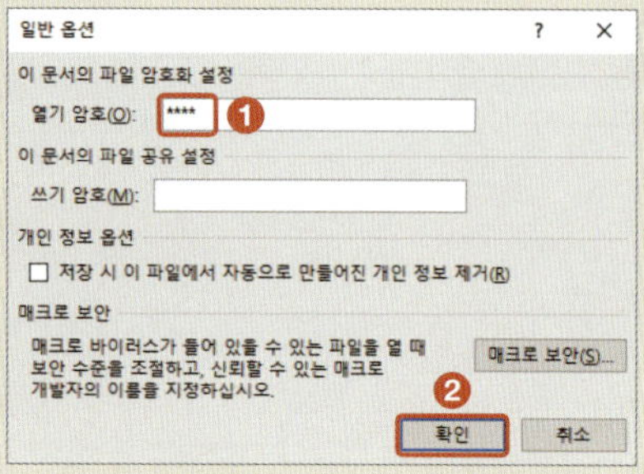

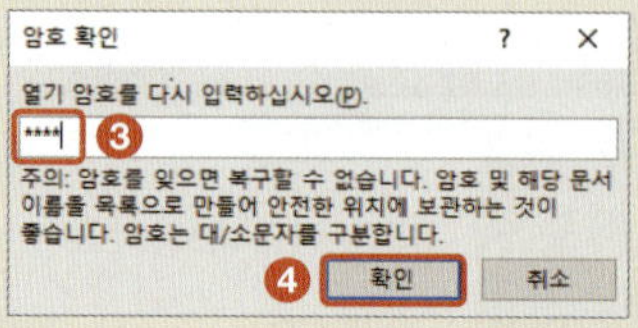

12 [다른 이름으로 저장] 대화상자로 돌아와 [저장]을 클릭하고 편집 화면으로 돌아간다. 제목 표시줄에 파일 이름이 나타난 것을 확인할 수 있으며, [파일] 탭을 선택하면 [프레젠테이션 보호] 항목에서 암호 설정 정보를 확인할 수 있다.

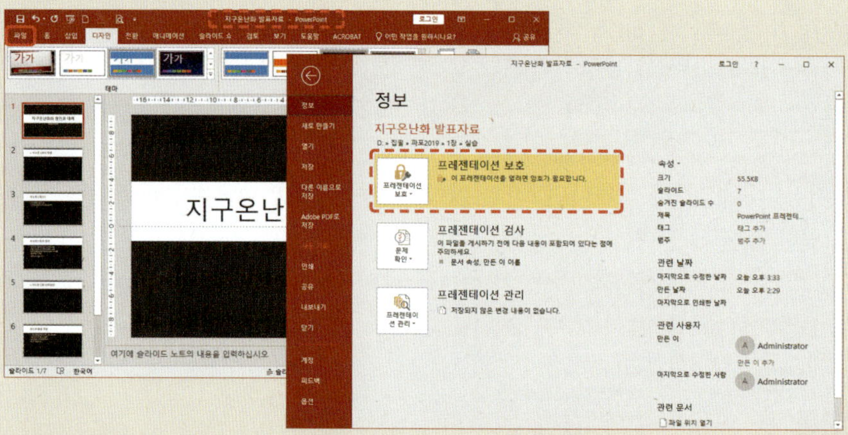

TIP 암호 설정을 취소하려면 [프레젠테이션 보호]–[암호 설정]을 선택한 후 [문서 암호화] 대화상자에서 암호를 지우고 [확인]을 클릭하면 된다.

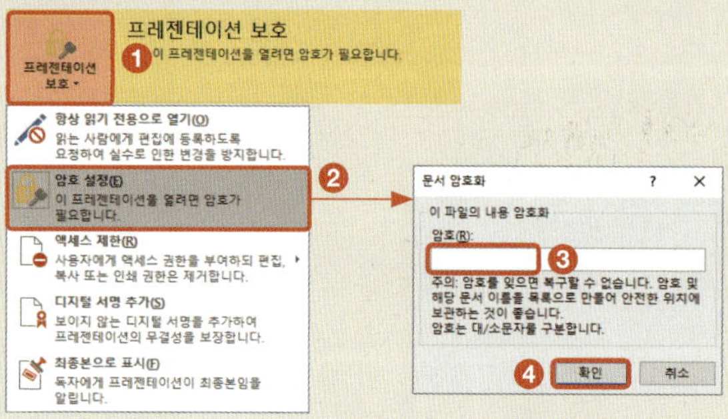

연습 문제

1 파워포인트에서 제공하는 테마를 적용해 다음의 지시대로 프레젠테이션을 작성하시오.

❶ '1장-연습1.pptx' 파일을 열고 모든 슬라이드의 디자인을 [갤러리] 테마로 설정하시오.

❷ 그림과 같이 테마 색상이 변경되도록 [디자인] 탭-[적용] 그룹 목록에서 항목을 선택하시오.

❸ 작성한 프레젠테이션을 '4차 산업혁명.pptx' 파일로 저장하시오.

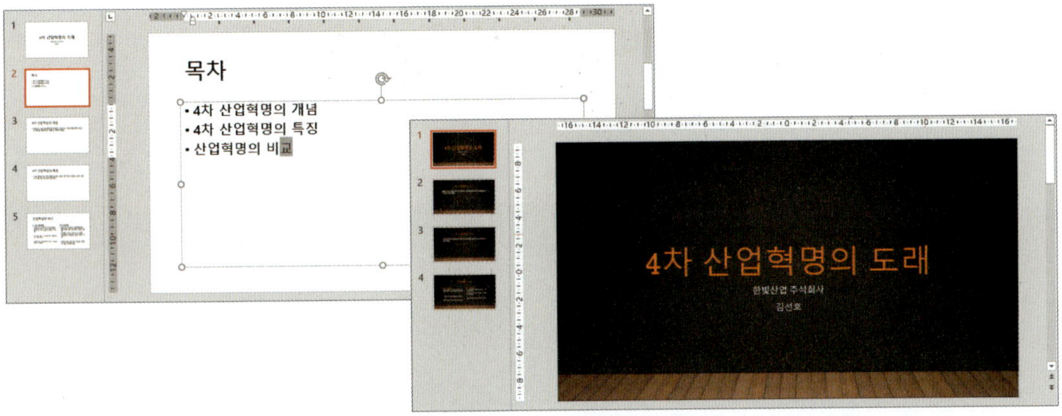

2 파워포인트 서식 파일을 이용해 다음의 지시대로 일정표를 만드시오.

❶ '시간'으로 검색해 [중요 시점 및 기록 시간 표시줄]이라는 서식 파일을 선택하고 프레젠테이션을 만드시오.

❷ 열기 암호를 '1234'로 설정해 프레젠테이션을 보호하시오.

❸ 그림과 같이 프레젠테이션 내용을 작성하고 '일정표.pptx' 파일로 저장하시오.

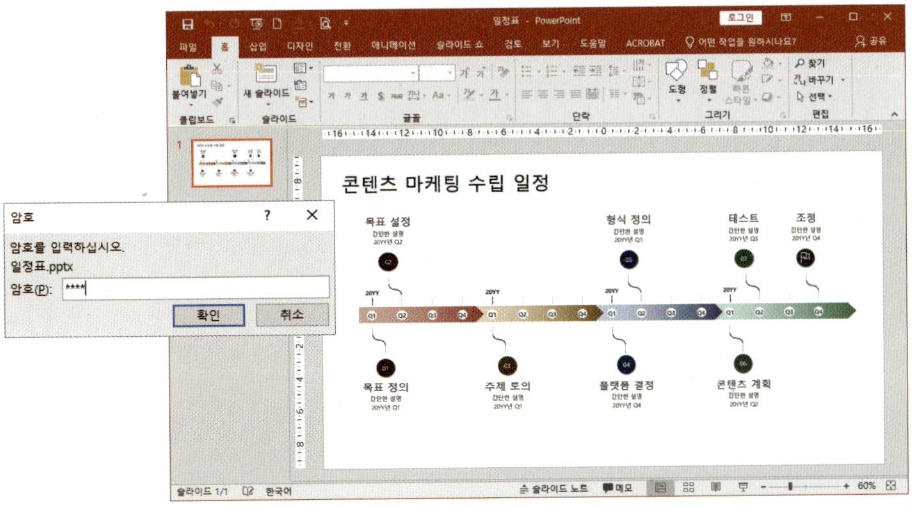

3 제공되는 텍스트 파일을 이용해 다음의 지시대로 프레젠테이션을 작성하시오.

❶ '교육과정.txt' 파일에 저장된 내용을 슬라이드 개요로 하는 새 프레젠테이션을 작성하시오.

❷ 프레젠테이션의 디자인을 [틀] 테마로 설정하고, 슬라이드 1에 제목과 부제목을 그림과 같이 입력하시오.

❸ 프레젠테이션을 '교육과정 개편안.pptx' 파일로 저장하시오.

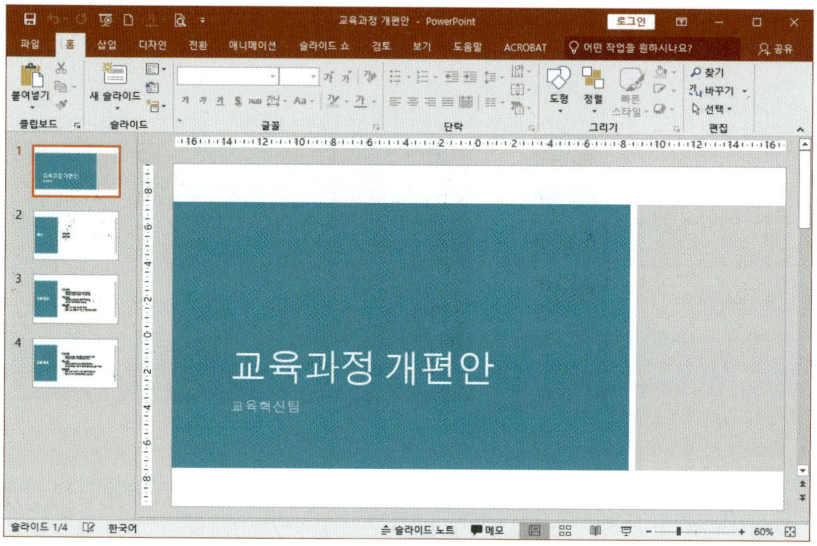

CHAPTER 02

파워포인트 기본 기능

01 파워포인트 문서 다루기

02 슬라이드와 구역 다루기

종합예제

연습문제

학습목표

- 파워포인트 문서를 다른 형식으로 저장하고 옵션을 설정할 수 있다.
- 구역을 설정하고 다양한 도구로 슬라이드를 다룰 수 있다.

SECTION 01 파워포인트 문서 다루기

파워포인트 프로그램에서 작성한 프레젠테이션 문서는 여러 방법으로 열 수 있고, PDF나 비디오, 이미지와 같이 다른 형식으로 저장할 수 있다. 또한 문자 자동 고침과 자동 저장 시간, 시작 화면 설정, 개인 정보 변경과 제거 등 프레젠테이션 문서의 속성을 바꾸거나 파워포인트 프로그램 옵션도 설정이 가능하다.

1.1 프레젠테이션 열기

프레젠테이션 문서를 여는 여러 방법들과 프레젠테이션 편집 중 다른 프레젠테이션 문서를 여는 방법에 대해 알아본다.

> **TIP** 일반적으로 윈도우 탐색기에서 특정 파일 이름을 더블클릭하면 파일의 형식에 맞는 프로그램이 실행되면서 파일이 열린다. 프레젠테이션 문서를 열 때도 같은 방법으로 윈도우 탐색기를 사용할 수 있다. 확장자가 '.pptx'인 파일을 더블클릭하면 파워포인트 프로그램이 실행되면서 파일이 열린다.

기본예제 2-1 프레젠테이션 찾아보기와 열기

파워포인트를 실행하고 편집할 프레젠테이션 문서를 찾아 열어보자.

01 파워포인트 실행 첫 화면에서 [다른 프레젠테이션 열기]를 클릭한다.

TIP [최근 항목] 목록에 열고자 하는 파일이 보이면 클릭해서 바로 열 수 있다.

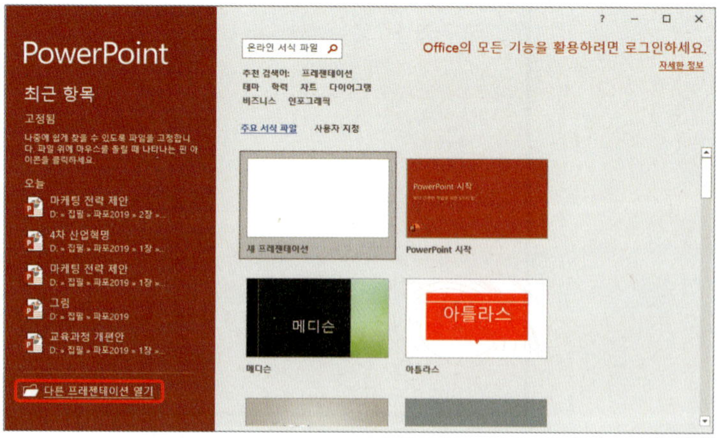

02 백스테이지 화면의 [열기] 목록에서 [찾아보기]를 클릭한다.

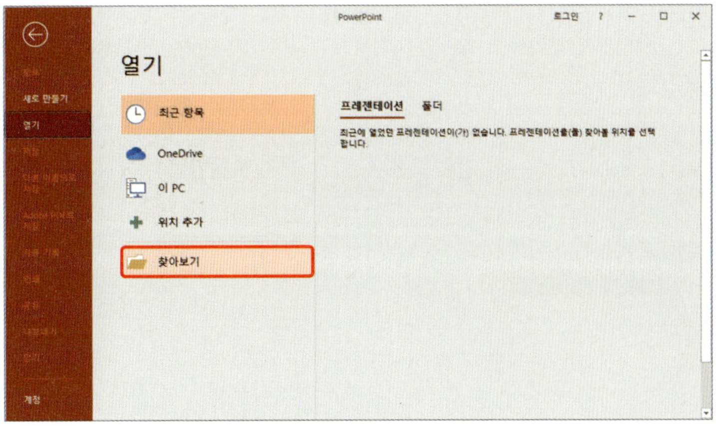

03 [열기] 대화상자에서 '마케팅 전략 제안.pptx' 파일을 찾아 선택하고 [열기]를 클릭한다.

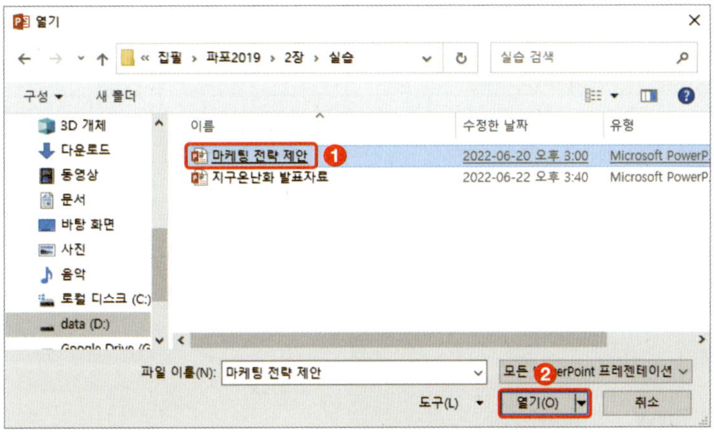

여기서 잠깐 **제한된 보기 설정 변경**

인터넷이나 임시 인터넷 폴더 등 안전하지 않은 위치에서 가져온 파일은 컴퓨터를 보호하기 위해 읽기 전용 또는 제한된 보기로 열린다. 해당 파일을 편집하고 싶다면 안내 표시줄에서 [편집 사용] 단추를 클릭하면 되는데, 매번 단추를 클릭하기 번거롭다면 파워포인트 옵션에서 제한된 보기 설정을 변경하면 된다.

① [제한된 보기]의 설명 부분을 클릭해 백스테이지의 [정보] 화면이 표시되면 [제한된 보기 설정]을 클릭한다.

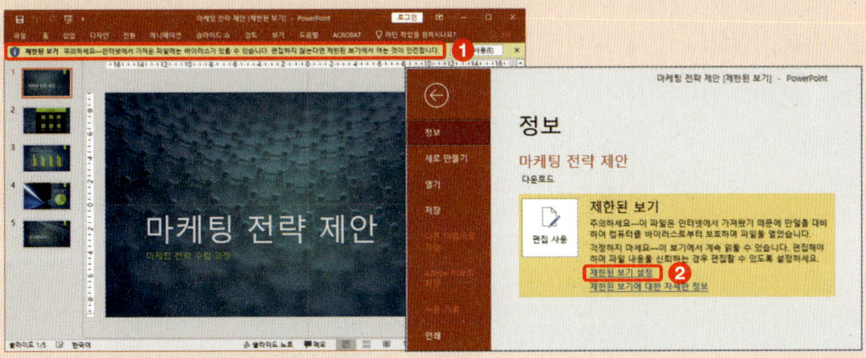

TIP [파일] 탭–[옵션]을 선택해 [PowerPoint 옵션] 대화상자를 열고 [보안 센터] 탭–[보안 센터 설정]을 클릭해도 된다.

② [보안 센터] 대화상자가 열리면 [제한된 보기] 목록에서 원하는 항목의 체크를 해제한 뒤 [확인]을 클릭한다.

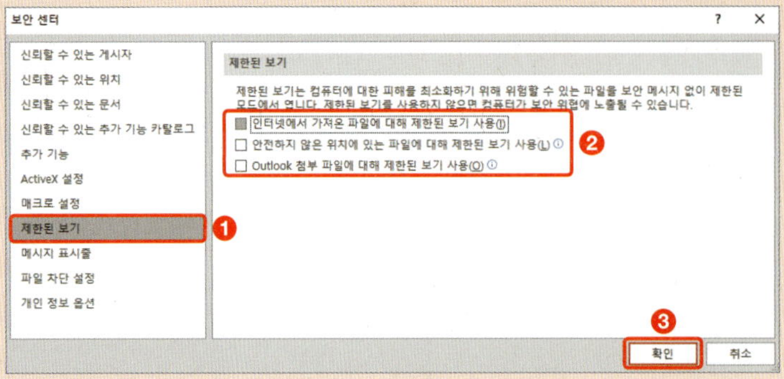

기본예제 2-2 프레젠테이션 편집 상태에서 다른 프레젠테이션 열기

프레젠테이션을 이미 편집하고 있는 상태에서 다른 프레젠테이션 문서를 열어보자.

01 [파일] 탭–[열기]를 선택하고 [찾아보기]를 클릭한다.

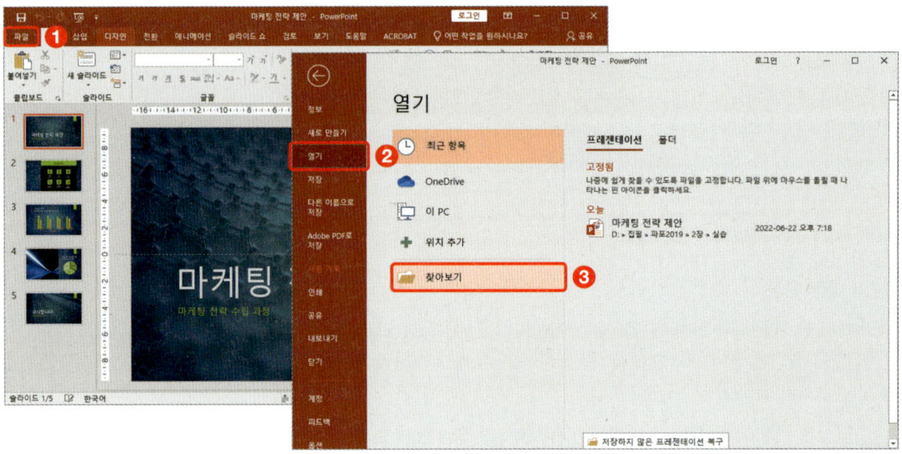

02 [열기] 대화상자에서 '지구온난화 발표자료.pptx' 파일을 선택하고 [열기]를 클릭한다.

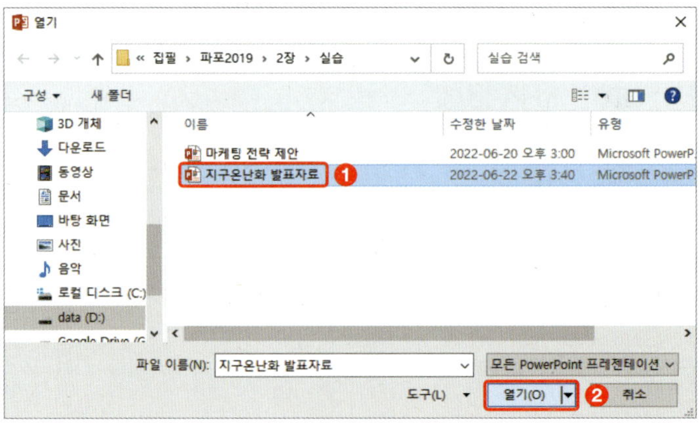

여기서 잠깐 **윈도우 탐색기에서 리본 메뉴로 드래그해 열기**

[기본예제 2-2]의 단계 01~02 대신 윈도우 탐색기 내에서 열고 싶은 파일을 드래그해 파워포인트 프로그램의 리본 메뉴로 가져다 놓아도 된다.

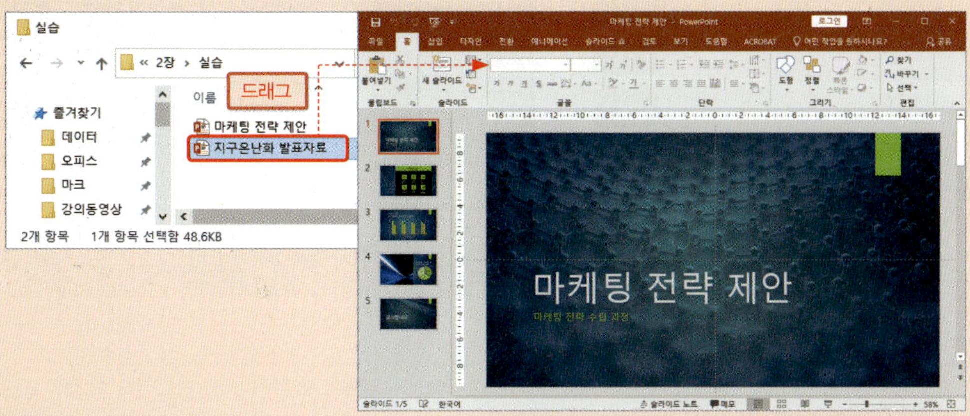

03 파워포인트 창이 하나 더 만들어지면서 선택한 문서가 열린다.

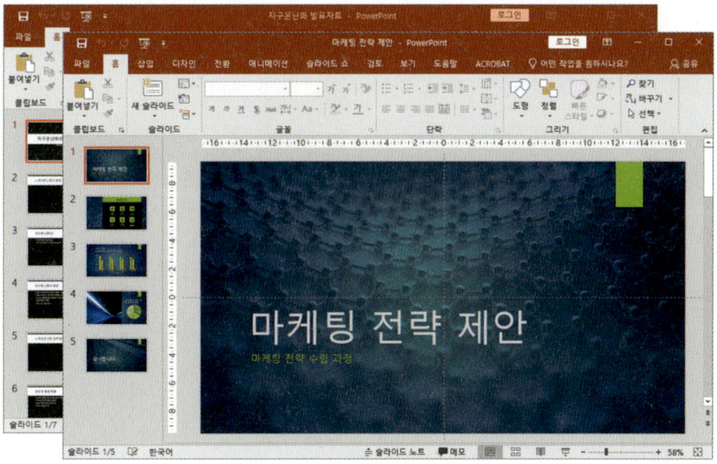

1.2 파일 내보내기

파일 내보내기를 이용하면 파워포인트에서 만든 프레젠테이션 문서를 PDF나 비디오, 이미지 등 다른 형식의 파일로 저장할 수 있다.

기본예제 2-3 프레젠테이션을 PDF 형식으로 저장하기

프레젠테이션을 PDF(Portable Document Format) 파일로 변환하면 운영체제가 다르거나 파워포인트 프로그램이 설치되어 있지 않은 컴퓨터에서도 문서의 내용을 확인할 수 있다. 파워포인트 문서를 PDF 형식으로 저장해보자.

01 '마케팅 전략 제안.pptx' 파일을 열고 [파일] 탭을 클릭한다.

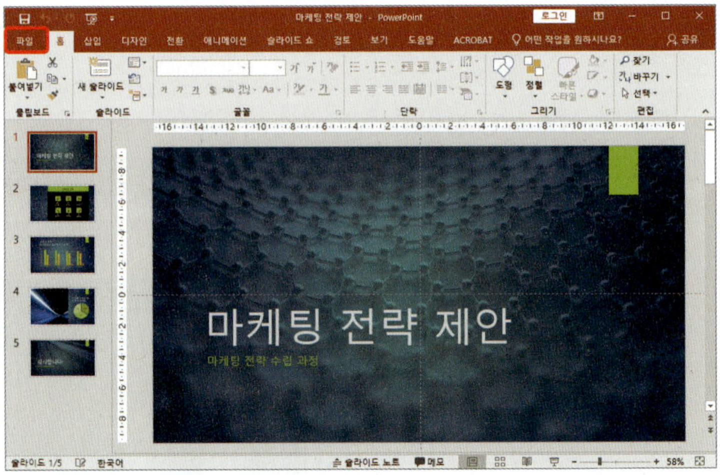

TIP 이전 실습에서 만든 파일을 열어도 되고, 예제 소스로 제공하는 파일을 다운로드해 실습에 이용해도 된다. 이 책의 모든 예제에 해당되는 사항이니 참고하도록 한다.

02 [내보내기]를 선택한 후 목록에서 [PDF/XPS 문서 만들기]를 선택하고 [PDF/XPS 만들기] 단추를 클릭한다.

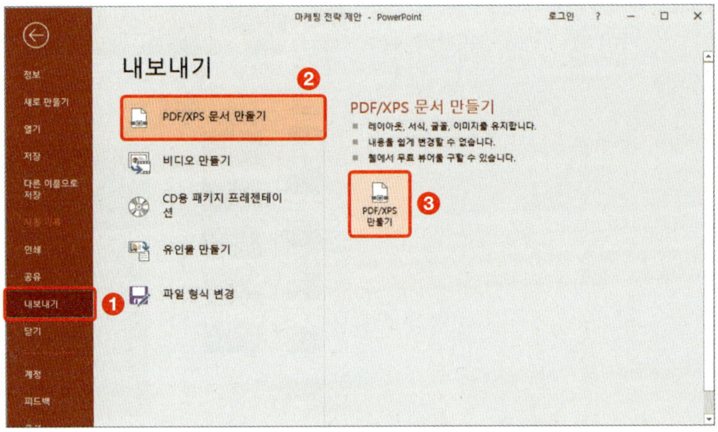

03 [PDF 또는 XPS로 게시] 대화상자가 열리면 파일을 저장할 위치를 설정하고 [파일 이름]에 *마케팅 전략 제안*이라고 입력한다. [게시 후 파일 열기]에 체크한 후 [게시]를 클릭한다.

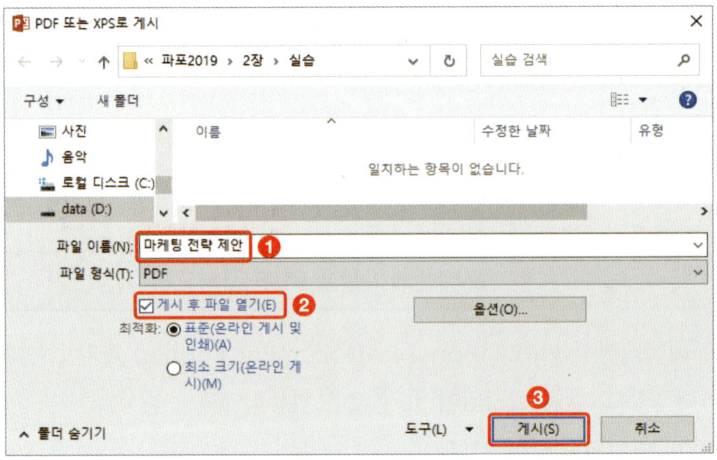

04 변환이 종료되면 새로 만들어진 PDF 문서가 화면에 나타난다.

기본예제 2-4 프레젠테이션을 비디오 형식으로 저장하기

이번에는 파워포인트 문서를 비디오 파일로 저장해보자.

01 '마케팅 전략 제안.pptx' 파일을 열고 [파일] 탭을 클릭한다.

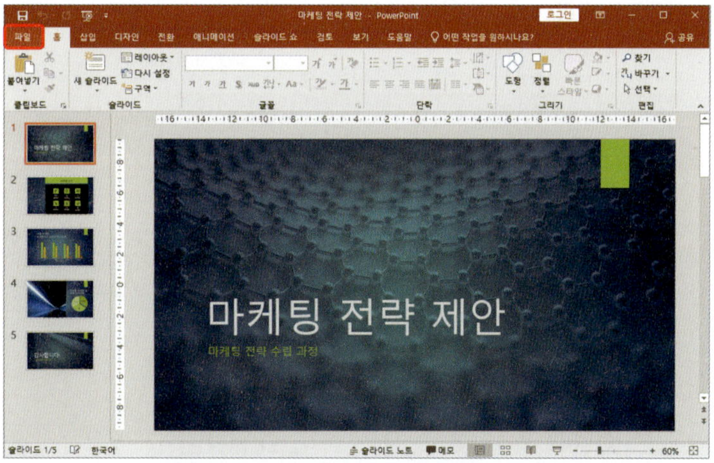

02 [내보내기]를 선택하고 목록에서 [비디오 만들기]를 클릭한다.

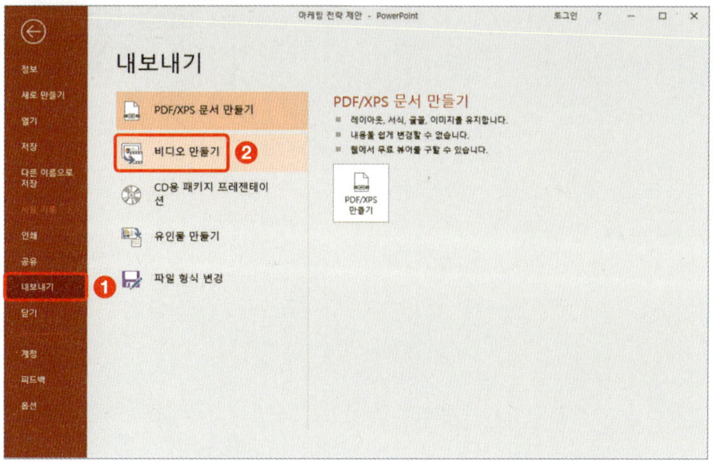

03 [각 슬라이드에 걸린 시간(초)]을 *03.00*으로 변경하고 [비디오 만들기] 단추를 클릭한다.

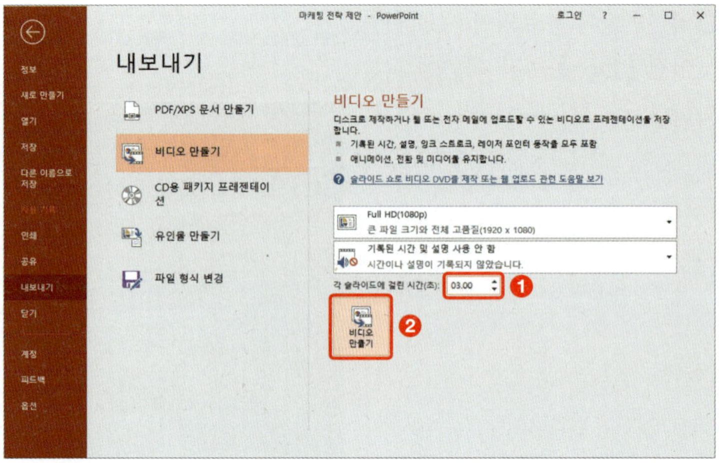

여기서 잠깐 **시간 및 설명 기록**

비디오 파일을 만들 때 [시간 및 설명 기록]을 선택하면 슬라이드 쇼가 바로 실행되면서 프레젠테이션을 녹음하거나 녹화할 수 있다. 설명이나 포인터의 움직임, 애니메이션 시간 등을 저장할 수 있으며 저장된 기록은 비디오 파일로 만들어진다.

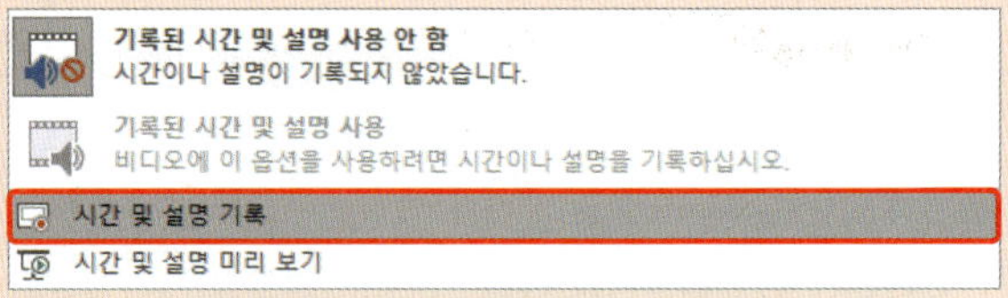

04 [다른 이름으로 저장] 대화상자가 열리면 [파일 이름]은 *마케팅 전략 제안*으로 입력하고, [파일 형식]은 [MPEG-4 비디오]를 선택한 후 [저장]을 클릭한다.

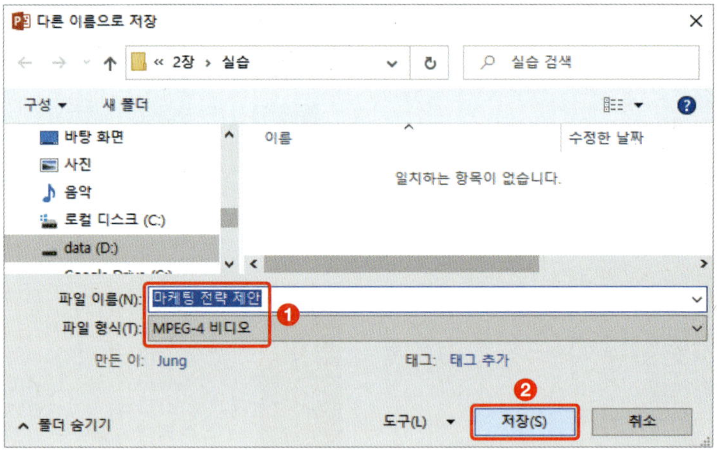

05 새로 만들어진 비디오 파일을 탐색기에서 찾아 더블클릭하면 비디오가 재생된다.

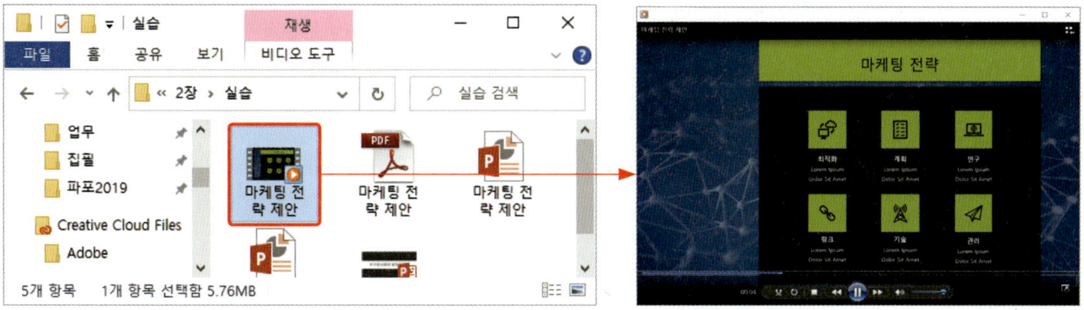

기본예제 2-5 프레젠테이션을 그림 형식으로 저장하기

파워포인트 문서를 그림 형식으로 저장해보자.

01 '일정표.pptx' 파일을 열고 [파일] 탭을 선택한다.

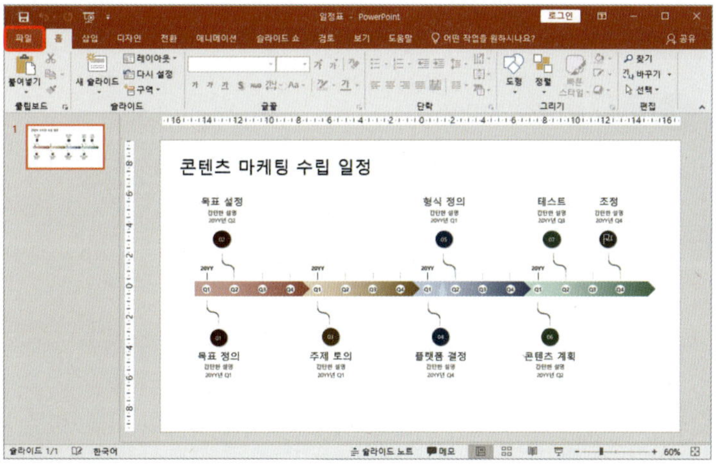

02 [내보내기]를 선택한 후 목록에서 [파일 형식 변경]–[JPEG 파일 교환 형식]을 선택하고 [다른 이름으로 저장]을 클릭한다.

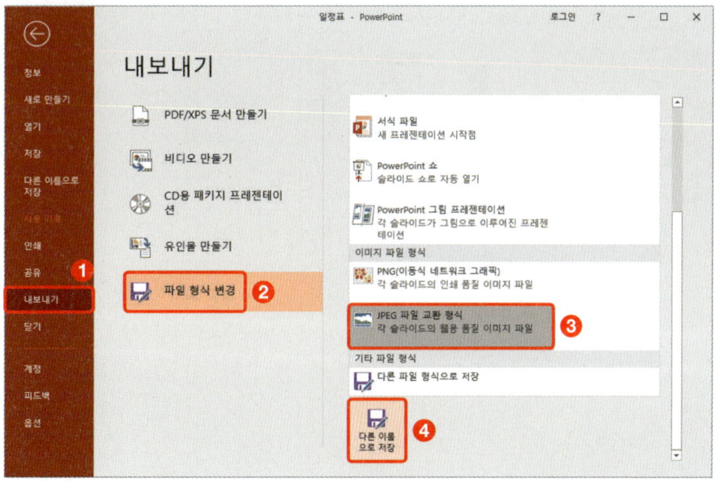

03 [다른 이름으로 저장] 대화상자가 열리면 [파일 이름]에 *일정표*를 입력하고 [저장]을 클릭한다.

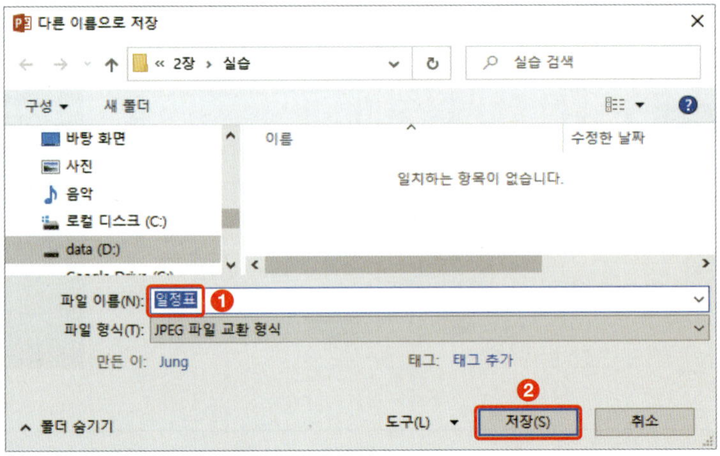

04 [Microsoft PowerPoint] 대화상자가 열리면 프레젠테이션에서 현재 슬라이드만 그림으로 저장하기 위해 [현재 슬라이드만]을 클릭한다.

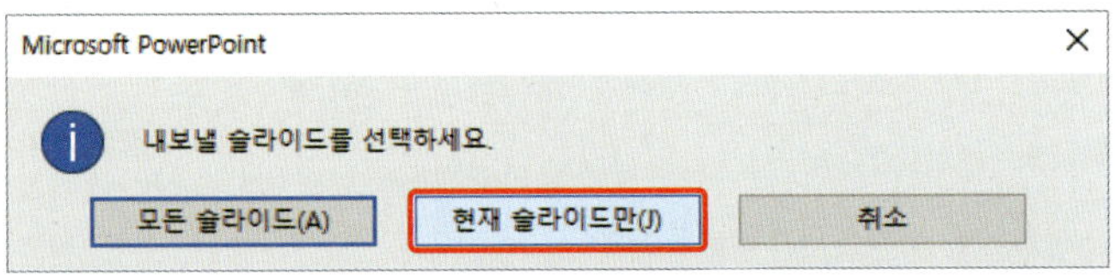

TIP 내보낼 슬라이드로 [모든 슬라이드]를 선택하면 프레젠테이션 이름('일정표.pptx')과 같은 이름의 폴더('일정표' 폴더)가 생성된다. 해당 폴더 안에는 전체 슬라이드가 그림 형식으로 각각 저장된다. 반면 [현재 슬라이드만]을 선택하면 폴더 생성 없이 그림 파일 하나만 저장된다.

05 저장된 그림 파일을 더블클릭해서 제대로 작업이 이루어졌는지 확인한다.

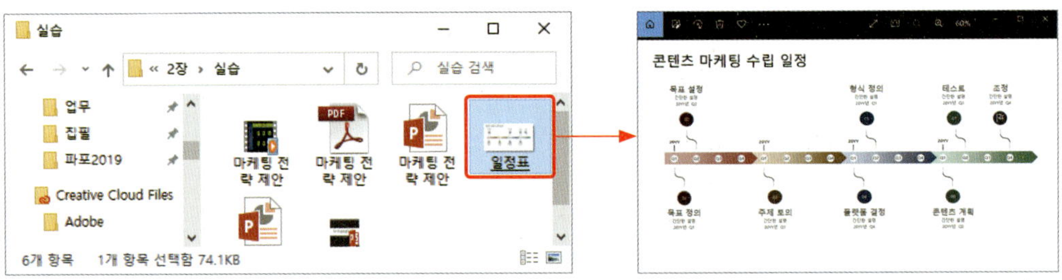

1.3 문서 속성과 파워포인트 옵션 설정

프레젠테이션 문서 속성과 파워포인트 옵션으로 제공되는 프레젠테이션 검사와 복구, 한/영 자동 고침, 자동 저장 간격 설정, 시작 화면 설정 등의 기능을 이용하면 프레젠테이션 문서를 더 효율적으로 관리할 수 있다.

기본예제 2-6 프레젠테이션 문서 검사와 복구하기

다른 사람과 문서를 공유할 때 숨겨진 속성이나 개인 정보를 검사하고 불필요한 정보를 제거하는 방법을 알아보자. 또한 시스템 오류 등의 이유로 작업 내용이 저장되지 않은 프레젠테이션을 복구하는 방법에 대해서도 알아보자.

01 '마케팅 전략 제안.pptx' 파일을 열고 [파일] 탭–[정보]를 선택한다. [정보] 화면에서 [프레젠테이션 검사]의 [문제 확인] 목록을 열고 [문서 검사]를 선택한다.

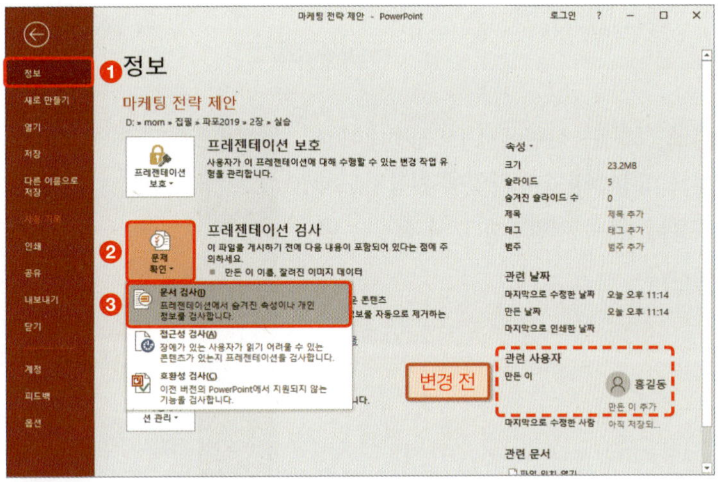

02 [문서 검사] 대화상자가 열리면 [검사]를 클릭한다.

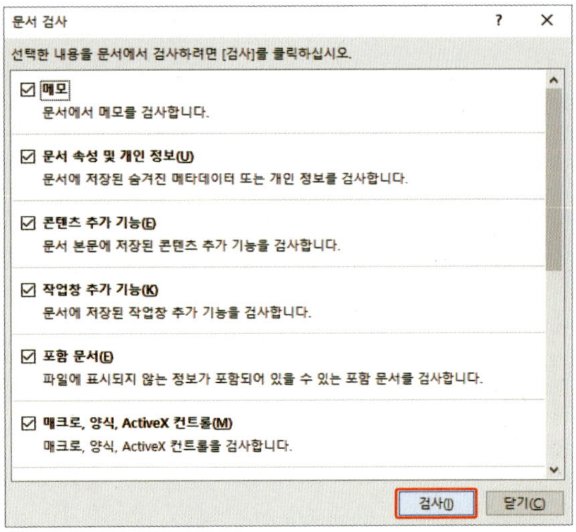

03 [문서 검사] 대화상자에 검사 결과가 표시되면 [문서 속성 및 개인 정보] 항목과 [사용자 지정 XML 데이터] 항목의 [모두 제거]를 차례로 선택한 후 [닫기]를 클릭한다.

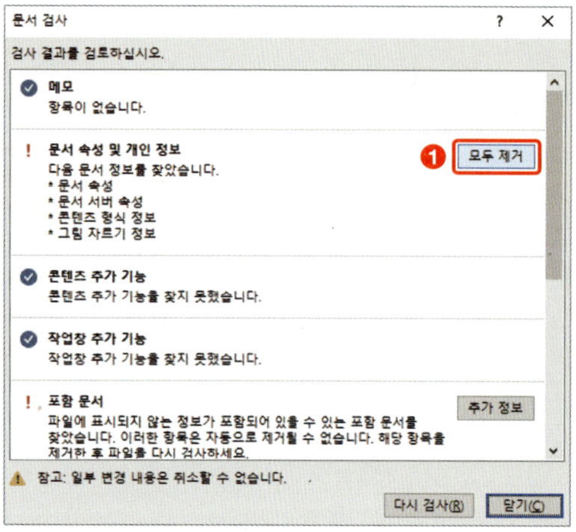

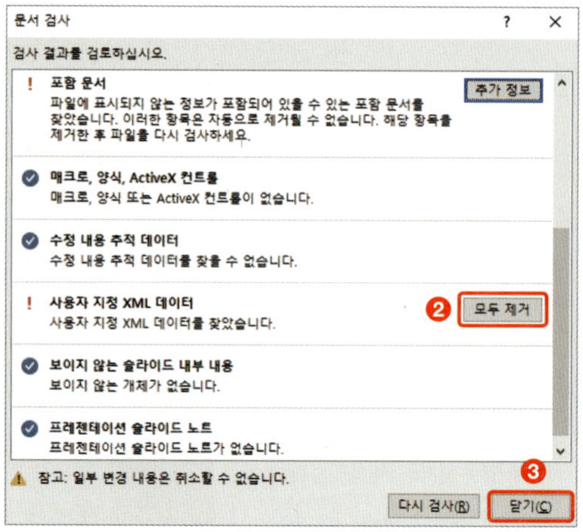

04 [정보] 화면에서 [프레젠테이션 검사]의 [이 정보가 파일에 저장되도록 허용]을 클릭해 변경된 문서 속성을 반영한다.

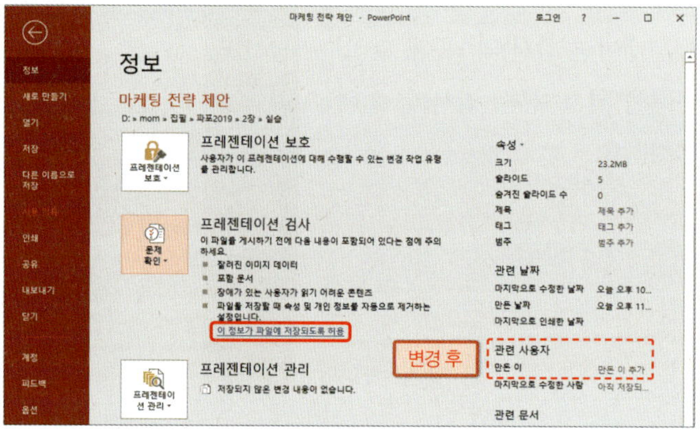

05 내용이 제대로 저장되지 않은 파일을 복구하려면 [정보] 화면에서 [프레젠테이션 관리] 목록의 [저장되지 않은 프레젠테이션 복구]를 선택한다. [열기] 대화상자에서 복구할 파일이 있으면 선택하고 [열기]를 클릭하면 된다.

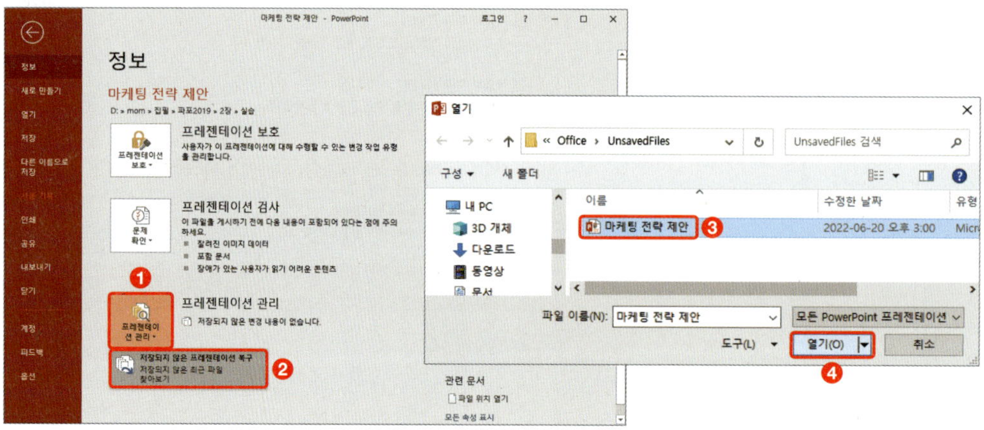

여기서 잠깐 **파일 복원하기**

작업 중인 내용을 저장하기 전에 프로그램이 예기치 않게 닫힌 경우, 프레젠테이션 파일을 다시 열면 저장 시간별 버전이나 저장하지 않은 항목이 목록으로 표시된다. 목록에 있는 각 버전의 [▼ 옵션] 단추를 클릭하면 문서의 내용을 검토하거나 파일을 저장하기 위한 메뉴를 사용할 수 있다.

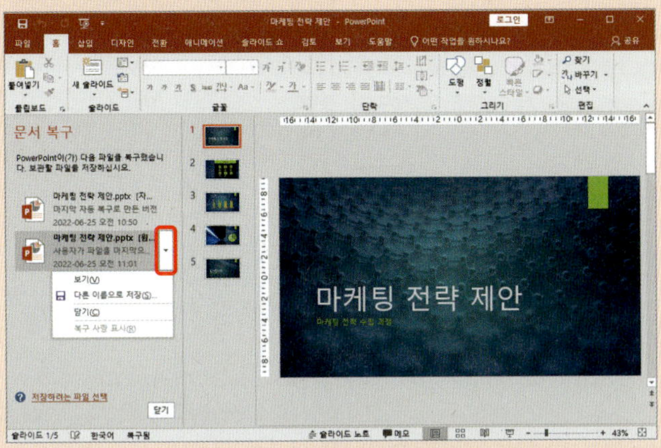

기본예제 2-7 문서 속성 변경하기

프레젠테이션 문서의 제목, 주제, 만든 이 등의 속성을 원하는 값으로 변경해보자.

01 '마케팅 전략 제안.pptx' 파일을 열고 [파일] 탭–[정보]를 선택한다. [정보] 화면에서 [속성]–[고급 속성]을 선택한다.

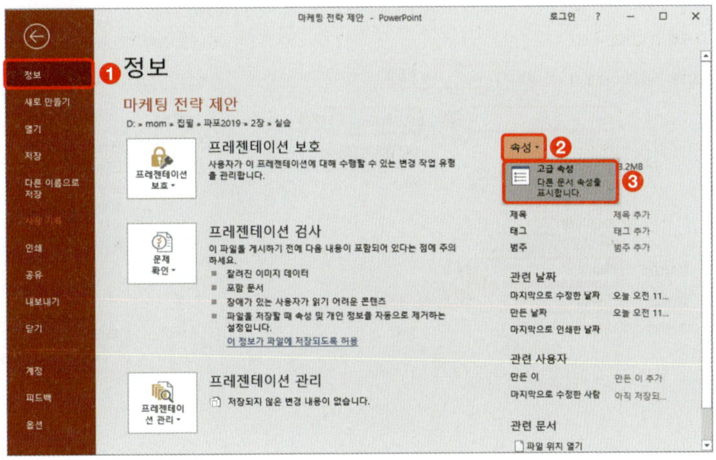

02 [마케팅 전략 제안 속성] 대화상자의 [요약] 탭에서 각 속성의 값을 입력한다.

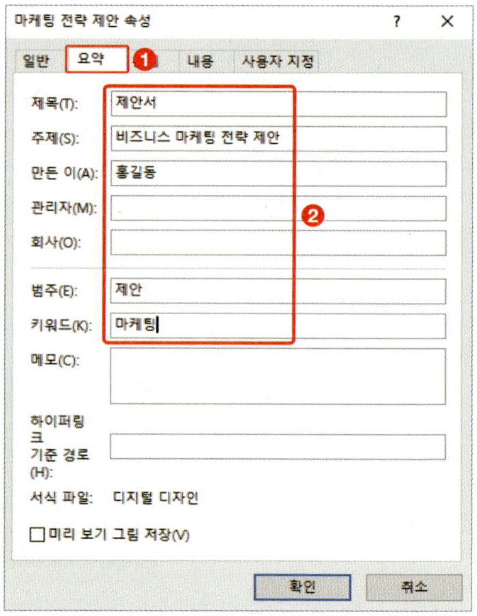

TIP [제목]은 *제안서*, [주제]는 *비즈니스 마케팅 전략 제안*, [만든 이]는 *홍길동*, [범주]는 *제안*, [키워드]는 *마케팅*으로 입력한다.

03 [사용자 지정] 탭으로 넘어가 [이름]은 [부서], [형식]은 [텍스트]를 선택하고, [값]에는 *기획부*를 입력한 후 [추가]를 클릭한다.

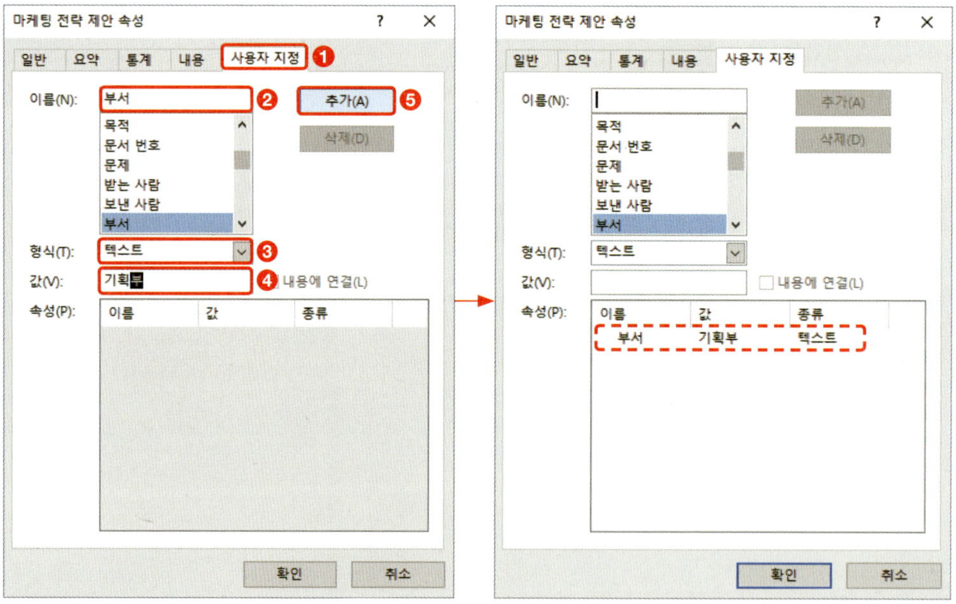

TIP 문서의 기본적인 속성 외에 필요한 항목이 있으면 [사용자 지정] 탭에서 원하는 항목을 직접 선택하고 값을 입력하면 된다. [이름] 목록에 원하는 항목이 없다면 직접 입력해서 새로운 항목을 만들어도 된다.

04 단계 **03**과 같은 방법으로 [이름]은 [참조], [형식]은 [텍스트]를 선택하고, [값]에는 *영업부*를 입력한 후 [추가]를 클릭한다. 사용자 지정 속성 추가 작업이 끝나면 [확인]을 클릭한다.

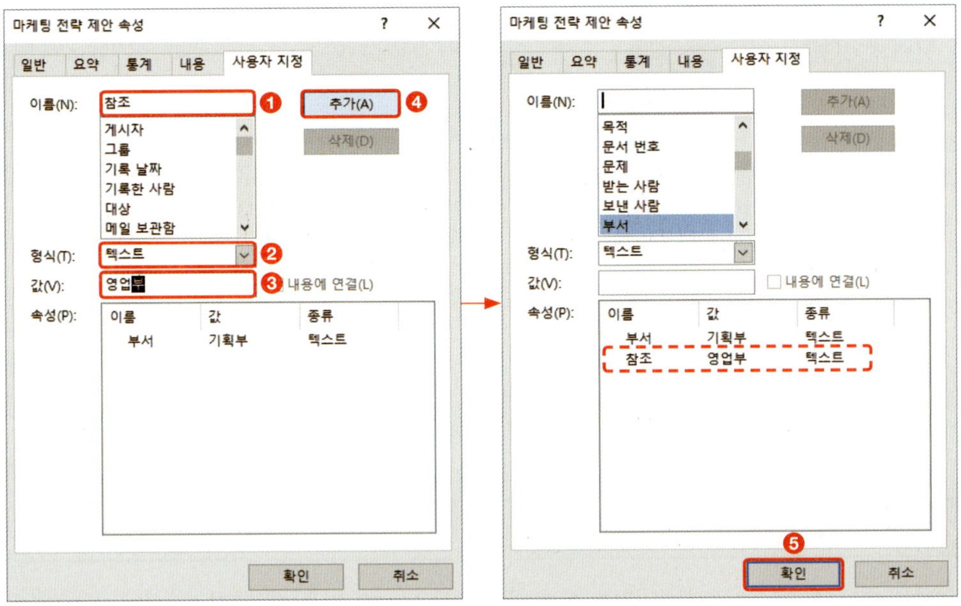

TIP 추가한 사용자 지정 속성을 수정하려면 [이름] 목록에서 원하는 항목을 선택한 후 [형식]이나 [값]을 바꾸고 [수정]을 클릭한다. 삭제하려면 [속성] 목록에서 원하는 항목을 선택하고 [삭제]를 클릭한다.

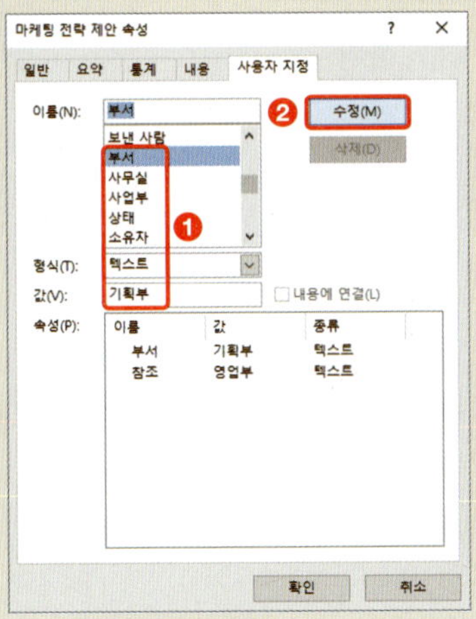

▲ 사용자 지정 속성 수정

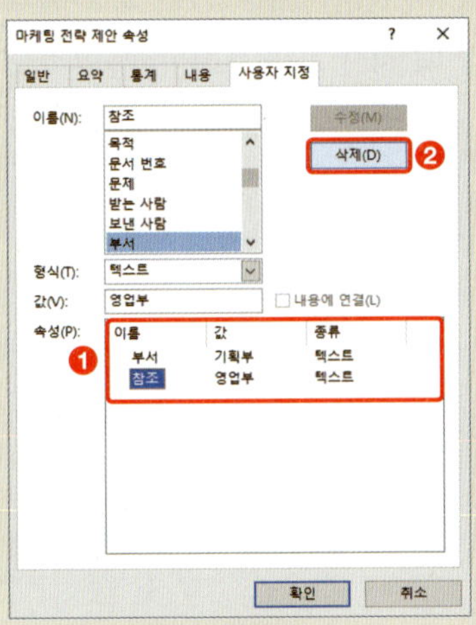

▲ 사용자 지정 속성 삭제

05 [정보] 화면의 [속성]이 설정한 값으로 변경된 것을 확인한다. [이 정보가 파일에 저장되도록 허용]을 선택해 변경된 속성이 파일을 저장할 때 함께 저장되도록 한다.

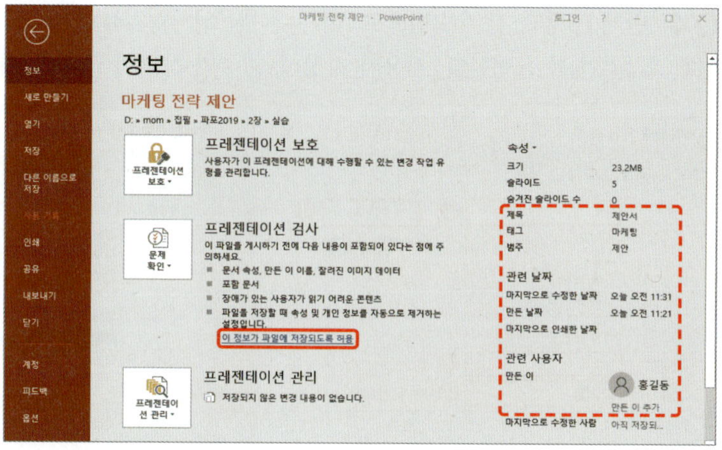

TIP 단계 02에서 [요약] 탭에 입력한 [키워드]는 [정보] 화면에서 [태그] 항목으로 표시된다.

기본예제 2-8 파워포인트 옵션 설정하기

파워포인트 옵션을 이용해 프로그램 실행 화면 표시 방법, 자동 고침, 자동 저장 간격, 실행 취소 최대 횟수 등을 설정해보자.

01 [파일] 탭–[옵션]을 선택해 [PowerPoint 옵션] 대화상자가 열리면 [일반] 탭의 [시작 옵션] 그룹에서 [이 응용 프로그램을 시작할 때 시작 화면 표시] 항목의 체크를 해제한다.

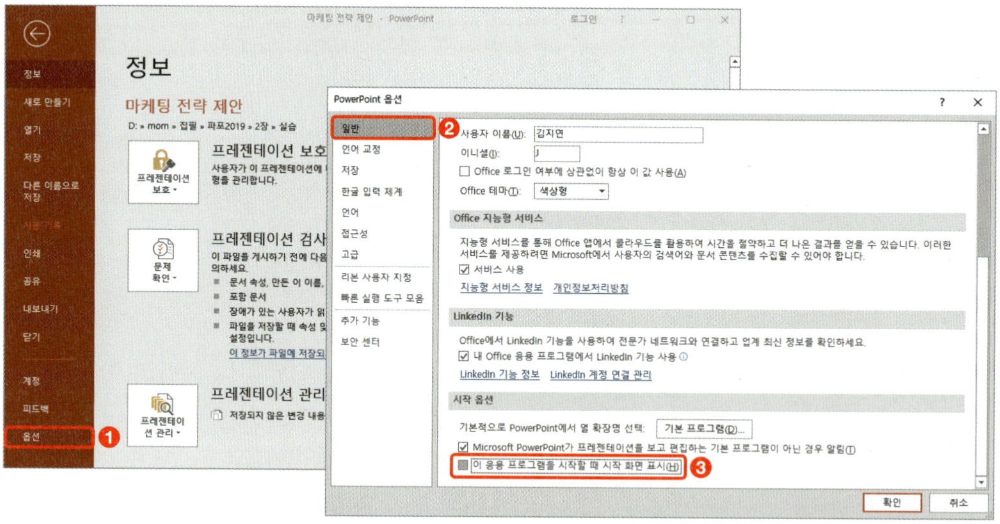

TIP 파워포인트 프로그램을 시작할 때 테마 선택 화면이 나타나지 않고 새 프레젠테이션 편집 화면이 바로 표시되도록 하는 옵션이다.

02 [언어 교정] 탭을 선택해 이동하고 [자동 고침 옵션]을 클릭한다. [자동 고침] 대화상자가 열리면 [한/영 자동 고침] 항목의 체크를 해제한다.

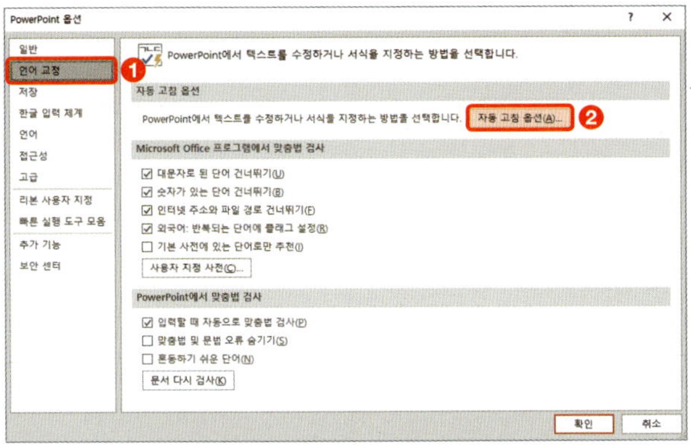

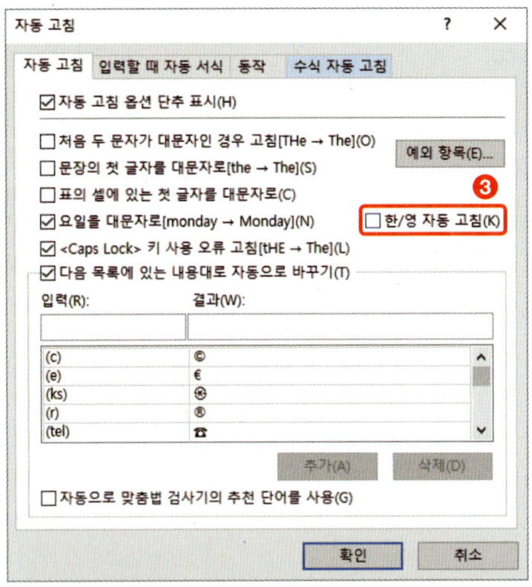

TIP [한/영 자동 고침] 항목이 선택되어 있으면 텍스트를 입력할 때 한/영 변환이 불필요하게 발생하는 경우가 많다. 그래도 자동 고침이 필요할 때가 더 많다면 필요에 따라 옵션을 바꾸면 된다.

03 또한 [자동 고침] 대화상자에서 [입력]에 ...을, [결과]에는 ㄱ을 입력하고 한자 키를 눌러 · 으로 바꾼다. [추가]를 클릭해 입력한 값을 자동 고침 목록에 추가한 후 [확인]을 클릭한다.

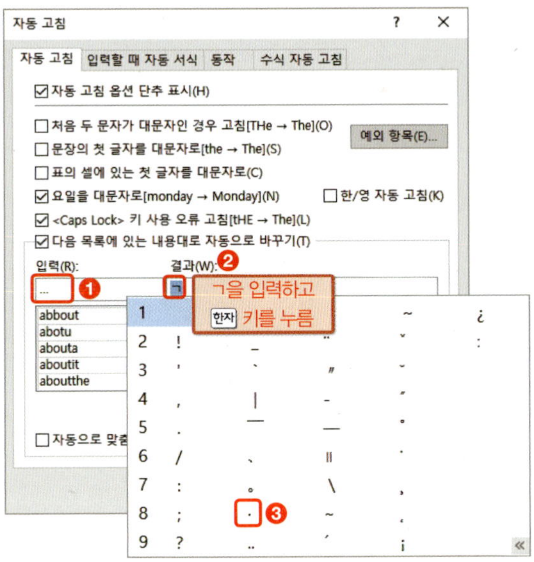

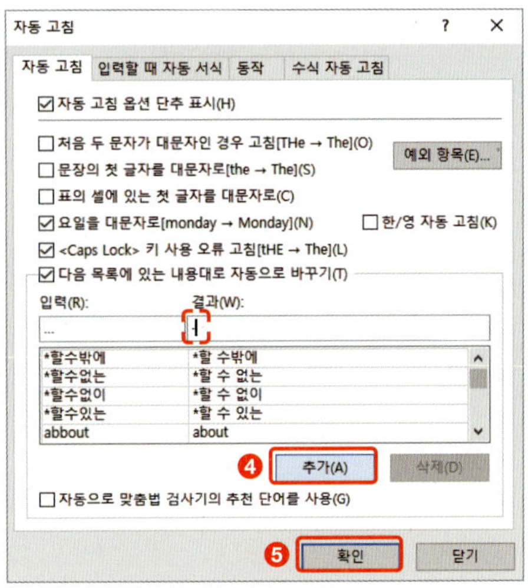

TIP 이렇게 설정해두면 슬라이드에 · 기호를 입력할 때 [삽입] 탭–[기호]를 눌러 매번 찾지 않아도 된다. ...으로 입력하기만 하면 · 기호로 자동 변환된다. 자동 고침 목록에 자주 사용하는 기호를 등록해 두면 입력 작업이 한결 수월해진다.

04 이번에는 [저장] 탭을 선택하고 [프레젠테이션 저장] 그룹의 [자동 복구 정보 저장 간격]을 [20]분으로 변경한다.

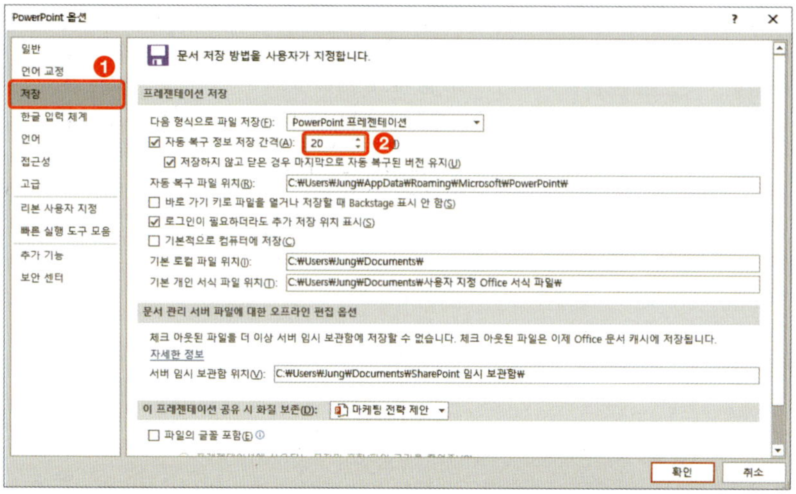

TIP 프로그램 작동이 갑자기 멈추거나 정전 등의 예기치 못한 상황이 발생했을 때를 대비해 작업 내용이 자동으로 저장되는 시간 간격을 설정한다.

05 마지막으로 [고급] 탭을 선택하고 [편집 옵션] 그룹에서 [실행 취소 최대 횟수]를 [50]으로 변경한 후 [확인]을 클릭한다.

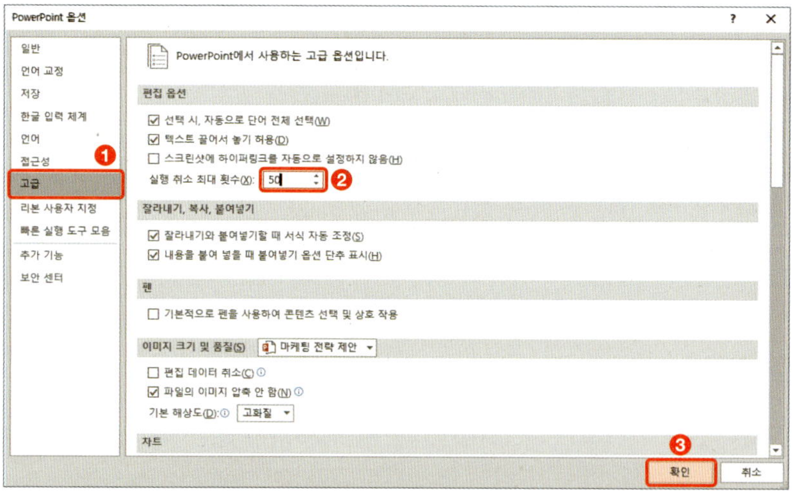

TIP 작업 내용에 대한 실행 취소 횟수는 최대 150회까지 설정할 수 있다.

SECTION 02

슬라이드와 구역 다루기

스토리가 있는 프레젠테이션은 일반적으로 여러 개의 슬라이드로 구성되며 슬라이드의 내용을 구분해 구역을 다르게 나눌 수 있다. 파워포인트에서 제공하는 다양한 도구를 이용해 슬라이드를 다루는 방법과 슬라이드 구역을 설정하는 방법을 알아보자.

2.1 슬라이드 설정

슬라이드 내용을 편집하기에 앞서 슬라이드의 보기 모양과 크기 조절, 슬라이드 레이아웃과 디자인 설정, 슬라이드 복사와 이동, 삽입/삭제 등 슬라이드를 다루는 도구들에 대해 알아본다.

기본예제 2-9 슬라이드의 순서와 크기 조절하기

작업 표시줄에 있는 프레젠테이션 보기 모양과 크기 조절 기능을 이용해 슬라이드의 선택과 이동, 크기 변경 등 슬라이드를 다루는 방법에 대해 알아보자.

01 '마케팅 전략 제안.pptx' 파일을 열고 작업 표시줄에서 [여러 슬라이드] 단추를 클릭한다.

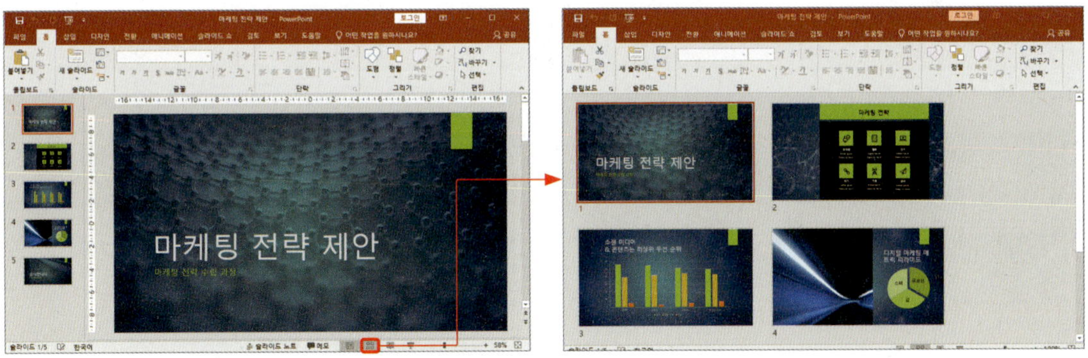

TIP [보기] 탭–[프레젠테이션 보기] 그룹–[여러 슬라이드] 단추를 클릭해도 된다. 여러 슬라이드 보기 화면에서는 슬라이드 여러 장을 한눈에 모두 볼 수 있어, 순서를 바꾸거나 삭제하는 등 적절한 위치에 재배치하고 프레젠테이션의 구성을 변경할 때 유용하다.

02 화면 하단 오른쪽의 [확대/축소] 조절 막대를 드래그해 전체 슬라이드가 표시되도록 보기 모양을 설정하고, 슬라이드 3을 드래그해 슬라이드 1 뒤로 이동시킨다.

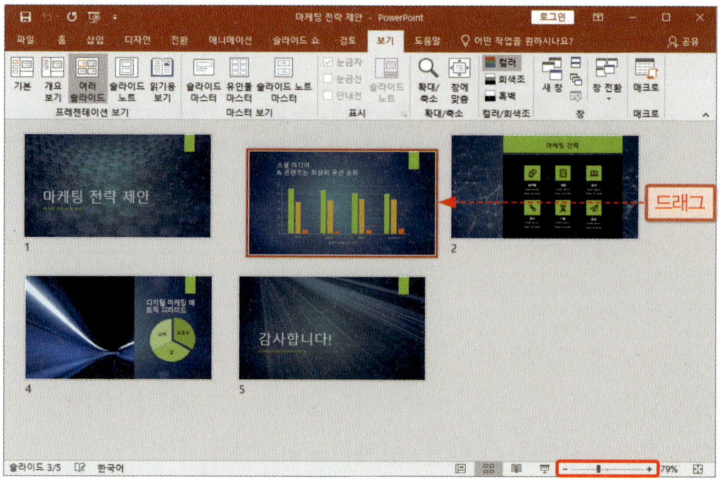

TIP 기본 보기의 슬라이드 보기 창에서 슬라이드를 선택한 뒤 원하는 위치로 드래그해도 된다.

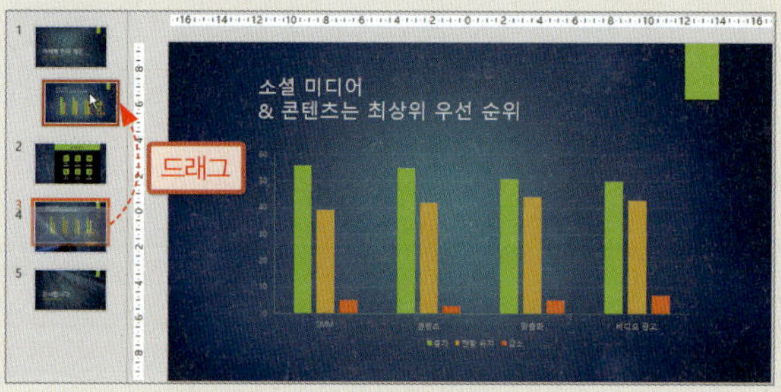

03 Ctrl 키를 누른 채로 슬라이드 2와 슬라이드 4를 함께 선택한 뒤 드래그해 원하는 위치로 이동시켜본다.

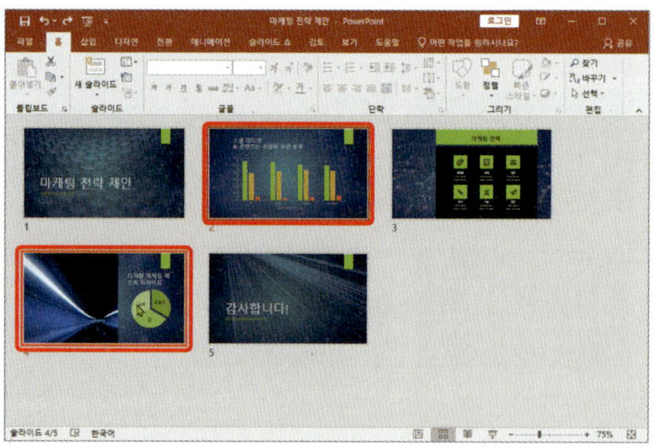

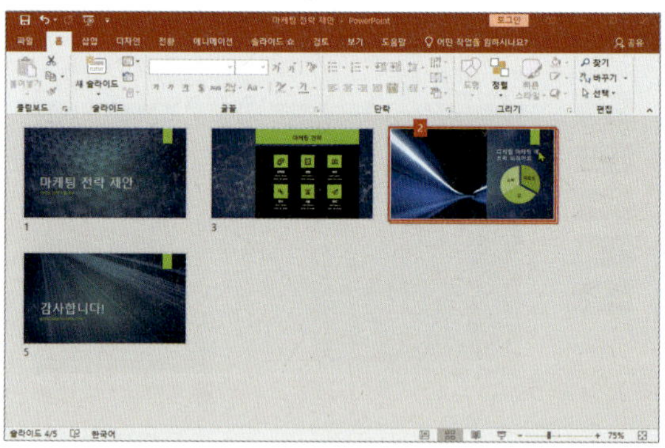

TIP 슬라이드 2를 선택하고 Shift 키를 누른 채 슬라이드 4를 선택하면 연속된 범위인 슬라이드 2~4가 모두 선택된다.

04 작업 표시줄에서 [읽기용 보기] 단추를 클릭하면 발표 화면에 실행되는 슬라이드의 모양을 확인할 수 있다.

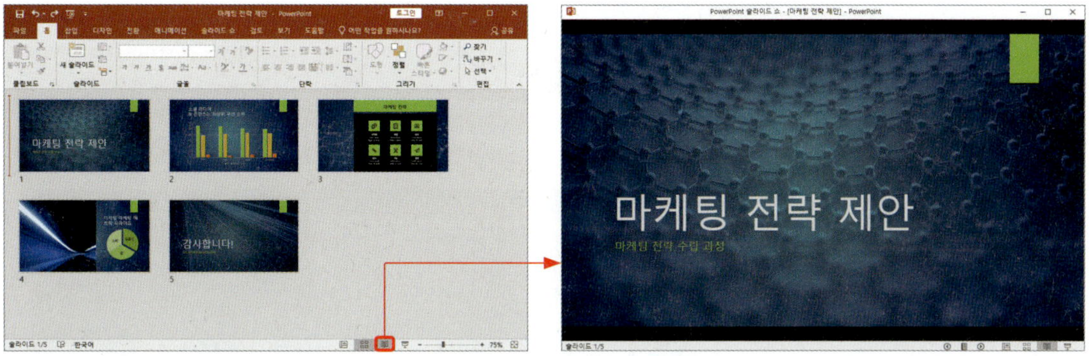

> **TIP** [슬라이드 쇼]와는 달리, [읽기용 보기] 화면에서는 파워포인트의 창 크기를 전체 화면으로 확대시키지 않고 설정한 화면 전환이나 애니메이션 등이 진행되는 과정을 볼 수 있다.

05 작업 표시줄에서 [기본] 단추를 클릭해 기본 보기 화면으로 전환한다. [확대/축소] 조절 막대나 [+ 확대], [- 축소] 단추를 이용해 슬라이드 크기를 조절해 본다.

06 작업 표시줄 맨 오른쪽에 있는 [자동 크기 조정] 단추를 클릭하면 현재 창 크기에 맞게 슬라이드 크기를 자동으로 조정할 수 있다.

기본예제 2-10 슬라이드 복제와 추가, 삭제하기

슬라이드 보기 창에서 슬라이드의 복사 및 복제, 추가 및 삭제 작업을 진행해보자.

01 '마케팅 전략 제안.pptx' 파일을 연다. 슬라이드 보기 창에서 슬라이드 2를 선택한 후 [홈] 탭–[클립보드] 그룹–[복사] 목록의 [복사]를 선택한다.

TIP 슬라이드를 마우스 오른쪽으로 클릭해 단축 메뉴에서 [복사]를 선택하거나 단축키 Ctrl+C를 눌러도 된다.

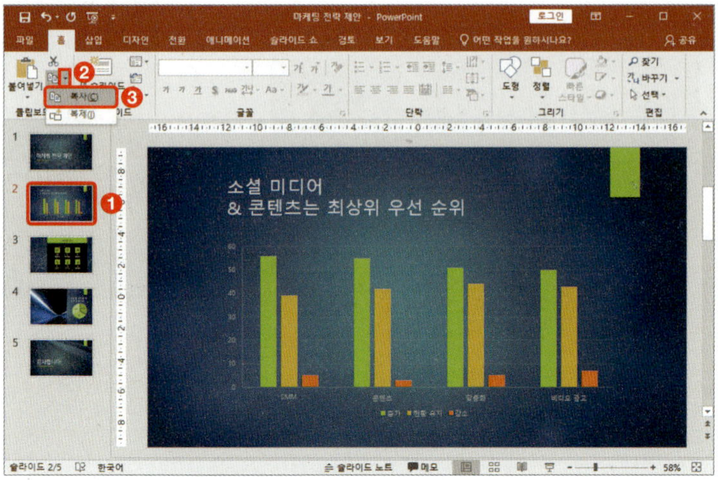

02 슬라이드 보기 창에서 슬라이드 4와 5 사이를 클릭해 복사할 위치를 선택하고 [홈] 탭–[클립보드] 그룹의 [붙여넣기]를 클릭한다.

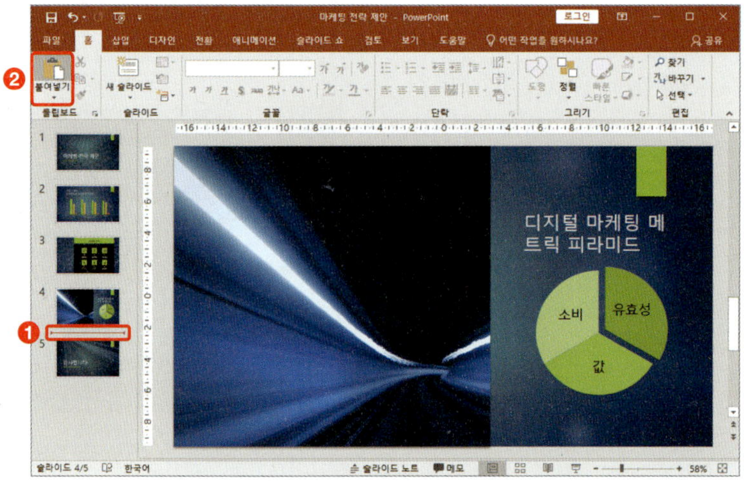

TIP 마우스 오른쪽으로 클릭해 [붙여넣기]를 선택하거나 단축키 Ctrl+V를 눌러도 된다.

여기서 잠깐 **붙여넣기 옵션**

❶ **대상 테마 사용:** 편집 중인 프레젠테이션의 테마를 사용하고 내용만 붙여넣는다.

❷ **원본 서식 사용:** 원본 프레젠테이션의 테마도 함께 붙여넣는다.

❸ **그림:** 슬라이드를 그림으로 붙여넣는다.

03 슬라이드 보기 창에서 슬라이드 3을 마우스 오른쪽으로 클릭해 [슬라이드 복제]를 선택한다. 선택한 슬라이드의 바로 아래에 복제된 슬라이드가 삽입된다.

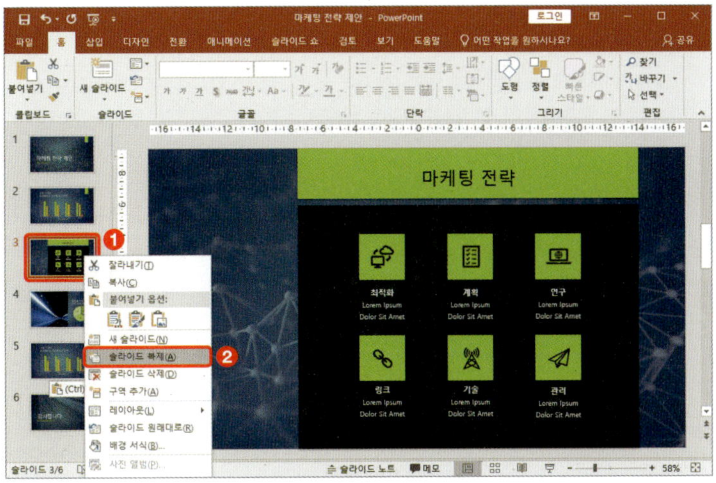

TIP 단축키 Ctrl+D를 누르거나 [홈] 탭–[클립보드] 그룹–[복사] 목록에서 [복제]를 선택해도 된다.

여기서 잠깐 **마우스로 슬라이드 복제하기**

마우스를 이용해 슬라이드를 복제할 수도 있다. 슬라이드 보기 창에서 슬라이드 3을 마우스 왼쪽으로 클릭한 뒤 Ctrl 키를 누른 상태에서 원하는 위치로 드래그하면 슬라이드가 복제된다.

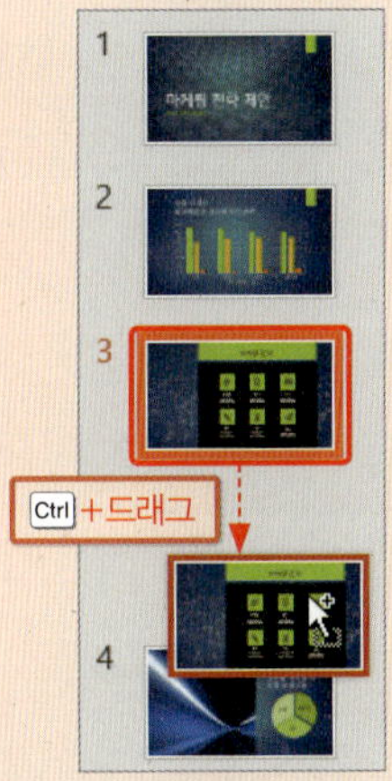

04 슬라이드를 새로 추가하려면 [홈] 탭–[슬라이드] 그룹–[새 슬라이드] 목록에서 필요한 슬라이드 레이아웃을 선택하면 된다. 현재 선택되어 있는 슬라이드의 아래에 새 슬라이드가 삽입된다.

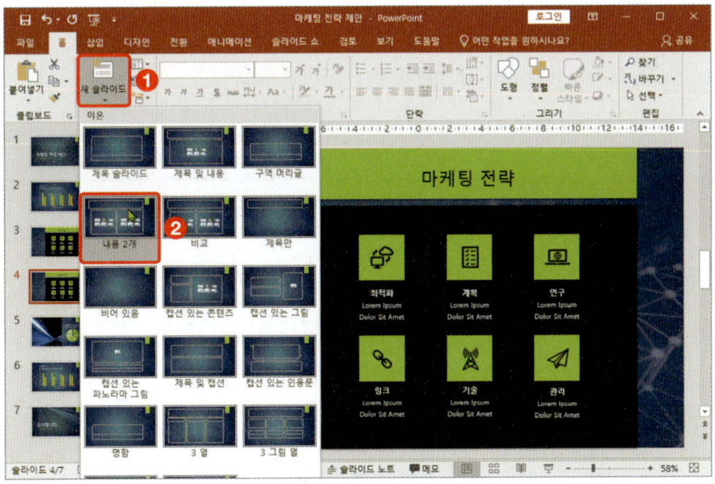

TIP 슬라이드 보기 창에서 슬라이드를 하나 선택하고 Enter 키를 누르면 선택한 슬라이드와 같은 레이아웃의 새 슬라이드가 추가된다.

여기서 잠깐 **슬라이드 레이아웃**

슬라이드는 제목이나 본문 텍스트, 표, 차트 등 여러 요소로 구성된다. 파워포인트에서는 이 요소들을 각기 다른 모양으로 배치한 여러 가지 레이아웃을 제공한다.

05 작업에 필요하지 않은 슬라이드를 삭제하려면 해당 슬라이드를 마우스 오른쪽으로 클릭해 [슬라이드 삭제]를 선택한다.

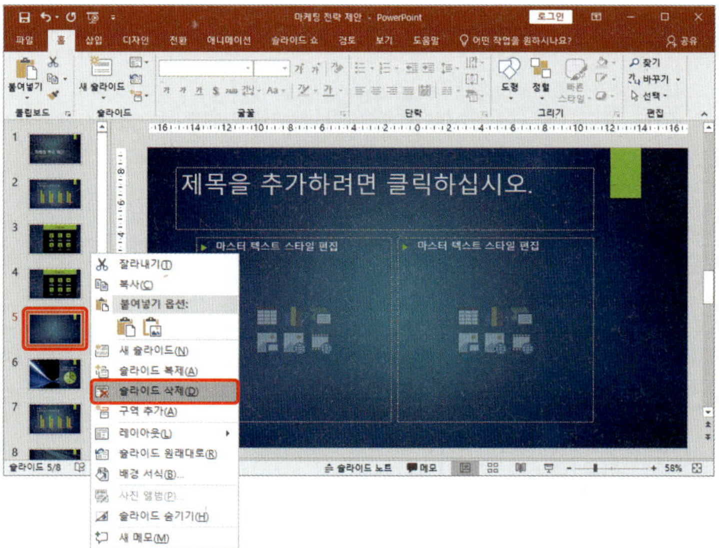

TIP 삭제할 슬라이드를 선택하고 Delete 키를 눌러도 된다.

기본예제 2-11 슬라이드 레이아웃과 크기 변경하기

새 슬라이드를 삽입할 때 레이아웃을 선택하거나 기존 슬라이드의 레이아웃을 변경할 수 있다. 슬라이드 레이아웃을 변경하고 슬라이드 크기를 설정해보자.

01 레이아웃을 변경할 슬라이드를 선택하고 [홈] 탭–[슬라이드] 그룹–[레이아웃] 목록에서 원하는 레이아웃을 선택한다.

02 슬라이드 크기를 변경하기 위해 [디자인] 탭–[사용자 지정] 그룹–[슬라이드 크기]–[표준(4:3)]을 선택한다.

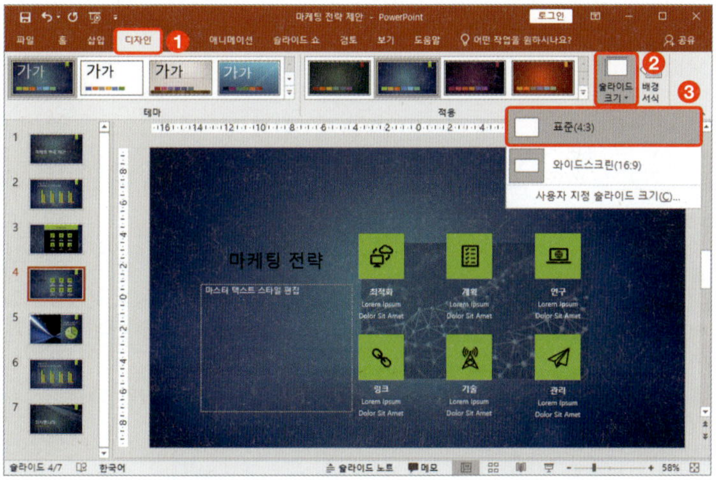

03 [Microsoft PowerPoint] 대화상자가 나타나면 슬라이드 크기에 맞게 콘텐츠를 조정하는 방법으로 [맞춤 확인]을 선택한다.

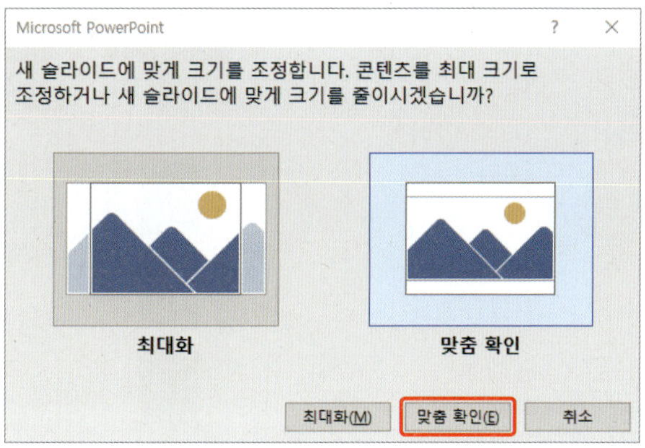

TIP [최대화] 옵션을 선택하면 콘텐츠가 잘리는 부분이 생기고, [맞춤 확인] 옵션을 선택하면 콘텐츠가 슬라이드 크기에 알맞게 축소된다.

04 슬라이드 모양을 세로로 설정하고 싶다면 [디자인] 탭–[사용자 지정] 그룹–[슬라이드 크기]–[사용자 지정 슬라이드 크기]를 선택한다.

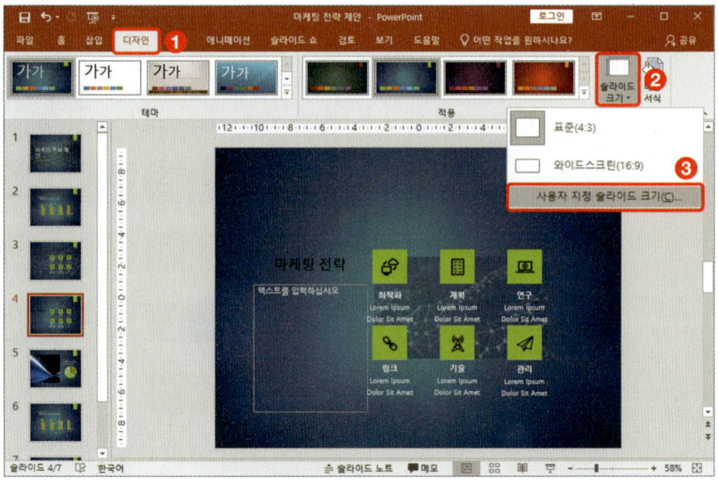

05 [슬라이드 크기] 대화상자가 나타나면 [방향]–[슬라이드]를 [세로]로 선택하고 [확인]을 클릭한다. [Microsoft PowerPoint] 대화상자에서 [맞춤 확인]을 선택한다.

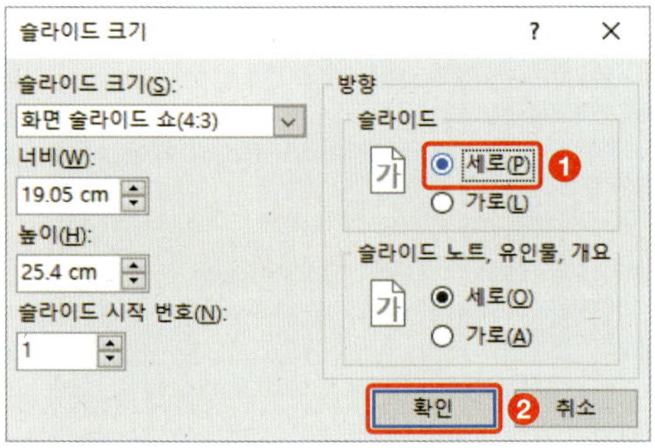

06 실행 화면에서 세로 방향으로 콘텐츠 크기가 조정된 슬라이드를 볼 수 있다.

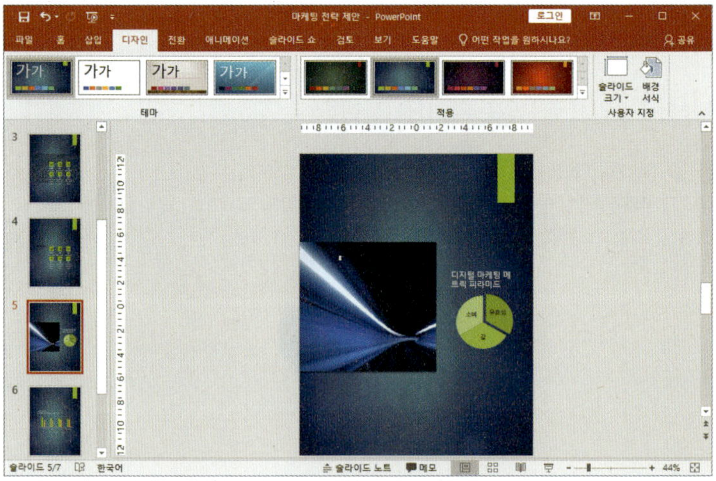

2.2 구역 설정

컴퓨터에 파일을 저장할 때 폴더를 만들어 관리하듯이, 파워포인트에서는 구역 설정 기능을 활용해 슬라이드를 주제나 내용에 따라 그룹화할 수 있다. 파워포인트에서 구역을 설정하거나 제거하는 방법에 대해 알아보자.

기본예제 2-12 구역 설정과 제거하기

구역 설정 기능을 이용해 슬라이드를 서론, 본론, 결론으로 분류해보자.

01 '마케팅 전략 제안.pptx' 파일의 슬라이드 1을 선택하고 [홈] 탭–[슬라이드] 그룹–[구역]–[구역 추가]를 선택한다.

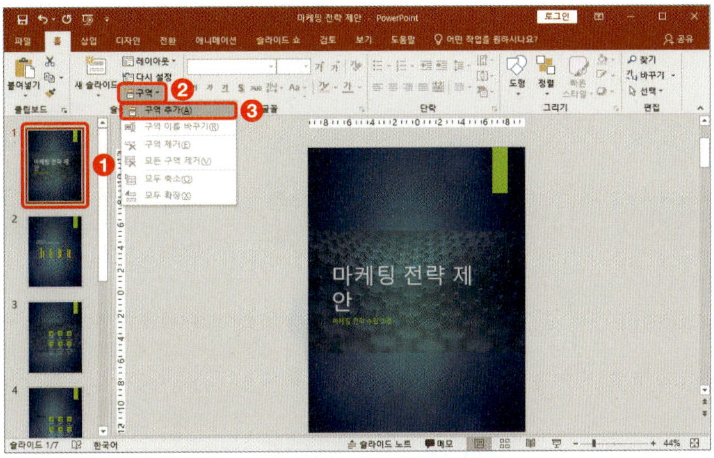

02 슬라이드 보기 창에 '제목 없는 구역'이 만들어진다. 다시 [홈] 탭–[슬라이드] 그룹–[구역]–[구역 이름 바꾸기]를 클릭하면 [구역 이름 바꾸기] 대화상자가 나타난다. [구역 이름]에 *서론*이라고 입력하고 [이름 바꾸기]를 클릭한다.

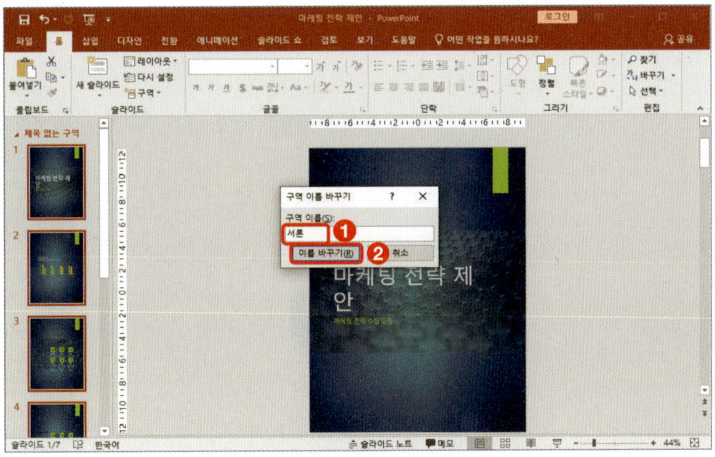

TIP 슬라이드 보기 창의 구역 이름 앞 [◢] 또는 [▶] 단추를 클릭하면 해당 구역에 포함된 슬라이드를 숨기거나 펼칠 수 있다. 또, 구역 이름을 선택하면 구역에 속한 모든 슬라이드를 선택할 수 있다.

여기서 잠깐 ▸ 필요한 구역만 인쇄하기

구역을 만든 프레젠테이션은 인쇄 옵션을 설정해 구역별로 인쇄할 수 있다. [파일] 탭–[인쇄]를 선택하고 [설정] 항목의 [모든 슬라이드 인쇄] 목록에서 인쇄할 구역을 선택하면 된다.

03 이번엔 슬라이드 4를 선택하고 단계 **01~02**를 반복해 '본론' 구역을 추가해본다.

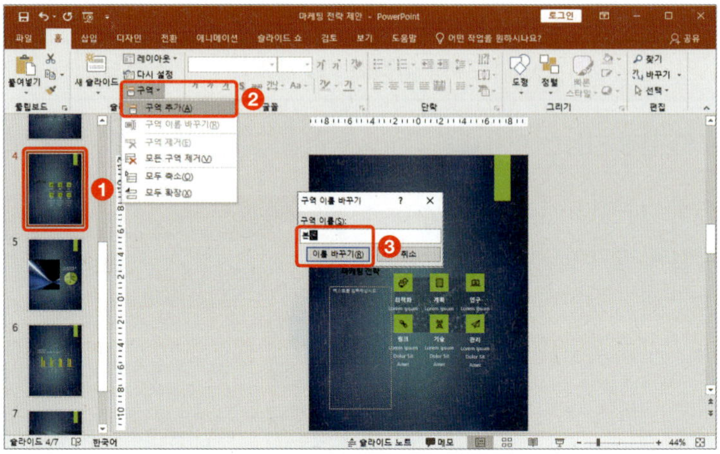

04 마지막 슬라이드를 선택해 '결론' 구역도 추가한다.

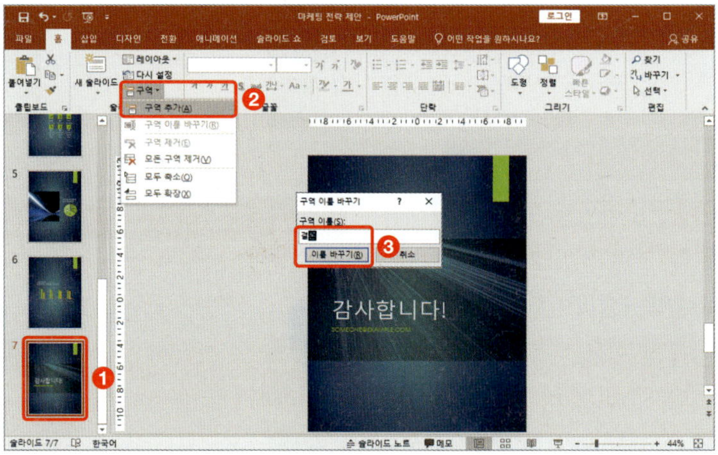

TIP ▸ 슬라이드 보기 창에서 슬라이드를 이동시키는 것처럼 구역 이름을 드래그해 구역의 순서를 바꿀 수 있으며, 다른 구역에 있는 슬라이드를 이동시켜 구역을 바꿀 수도 있다.

05 구역을 제거하려면 제거할 구역 이름을 마우스 오른쪽으로 클릭한 뒤 [구역 제거]를 선택한다.

TIP ▸ [구역 제거]를 선택하면 구역 구분만 없어지고 포함된 슬라이드는 그대로 남지만, [구역 및 슬라이드 제거]를 선택하면 해당 구역에 포함된 슬라이드까지 모두 제거된다.

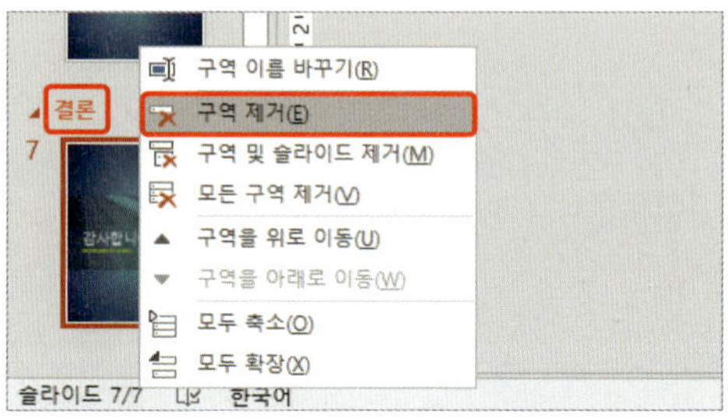

종합예제

'발표 요약.docx' 워드 문서를 파워포인트로 열어 프레젠테이션으로 제작해보자.

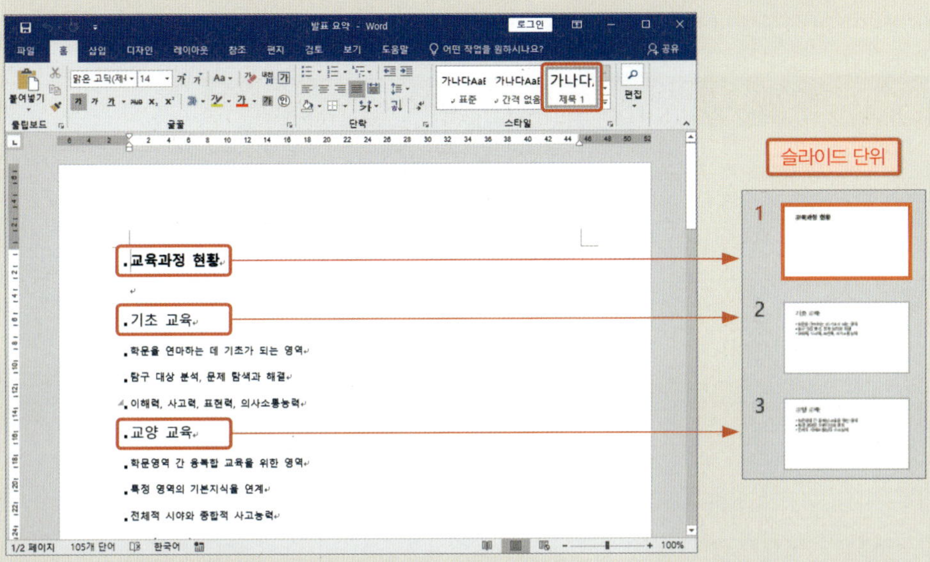

TIP 발표 준비를 위한 요약 내용을 다음 그림과 같이 워드 문서에 저장하면 프레젠테이션 프로그램에서 바로 사용할 수 있다. 워드 문서에 저장할 때 텍스트의 [스타일]을 [제목 1]로 설정하면 슬라이드 단위로 나뉘어 만들어진다.

1 파워포인트를 실행하고 [새 프레젠테이션]을 선택한 후, 윈도우 탐색기에서 '발표 요약.docx' 워드 문서를 파워포인트의 리본 메뉴 영역으로 드래그한다.

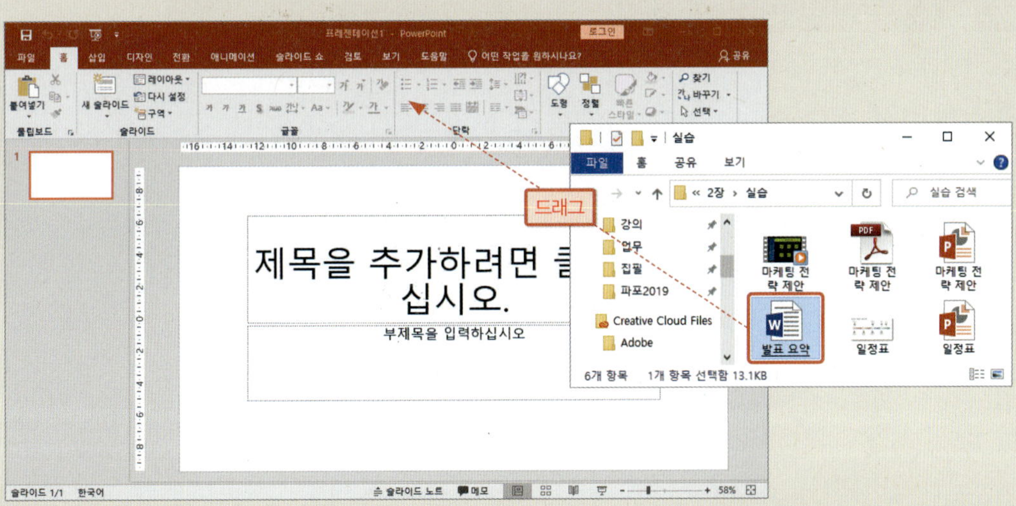

TIP 파워포인트를 실행해 다른 프레젠테이션을 편집하고 있는 상태여도 워드 문서를 리본 메뉴로 드래그하면 새 프레젠테이션이 만들어진다.

종합예제

2 제목 슬라이드를 삽입하기 위해 슬라이드 보기 창에서 슬라이드 1 위쪽을 클릭하고 [홈] 탭–[슬라이드] 그룹–[새 슬라이드] 목록에서 [제목 슬라이드]를 선택한다.

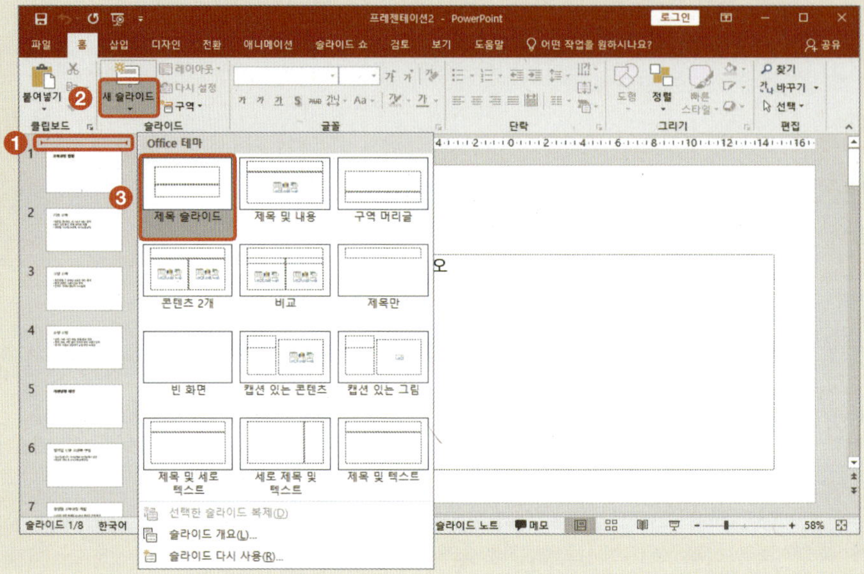

3 삽입된 제목 슬라이드의 제목에 *기초교육과정 분석*, 부제목에 *교육과정 운영위원회*를 입력한다.

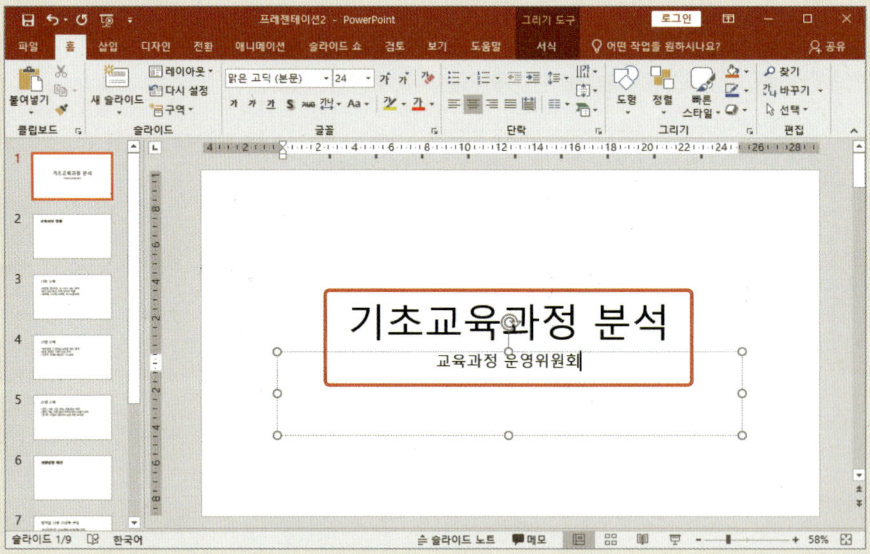

4 슬라이드 2와 6을 함께 선택하고 [홈] 탭–[슬라이드] 그룹–[레이아웃] 목록에서 [구역 머리글]을 클릭한다.

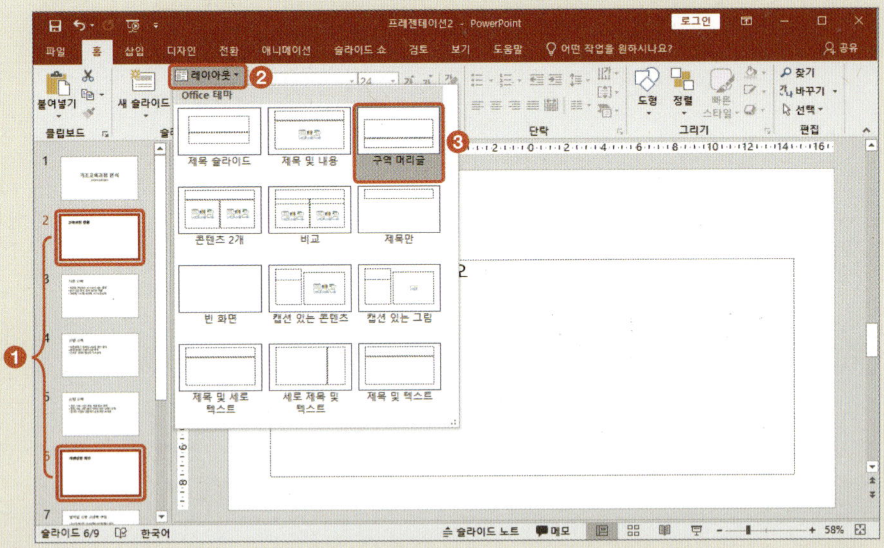

TIP Ctrl 키를 누른 채 각각의 슬라이드를 클릭하면 여러 개의 슬라이드를 함께 선택할 수 있다.

5 구역을 설정하기 위해 슬라이드 2를 선택하고 [홈] 탭–[슬라이드] 그룹–[구역]–[구역 추가]를 클릭한다.

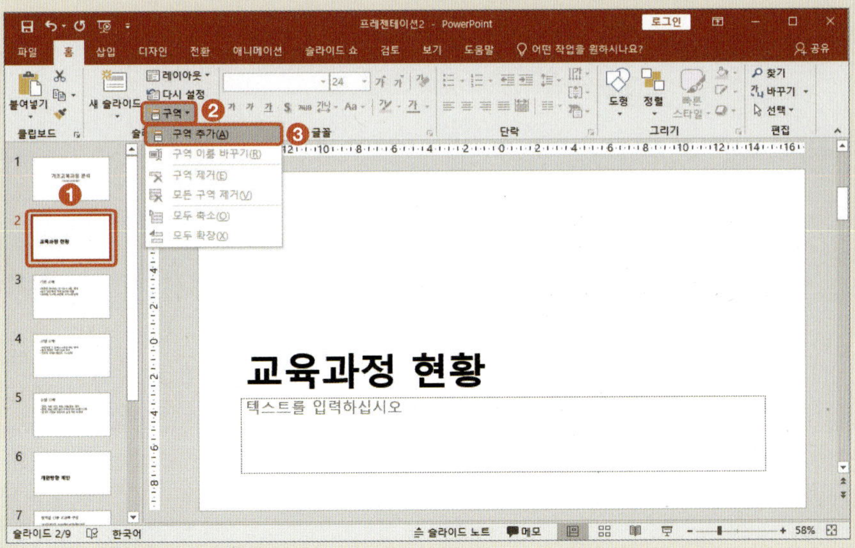

종합예제

6 [구역 이름 바꾸기] 대화상자에서 [구역 이름]을 *교육현황*으로 입력하고 [이름 바꾸기]를 클릭한다.

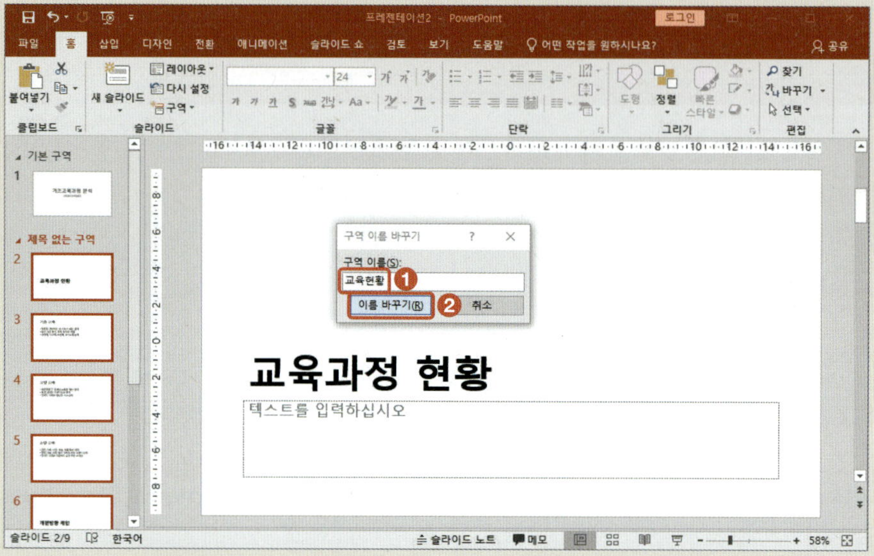

7 슬라이드 6을 선택하고 단계 **5**~**6**과 같은 방법으로 '개편제안' 구역을 추가한다.

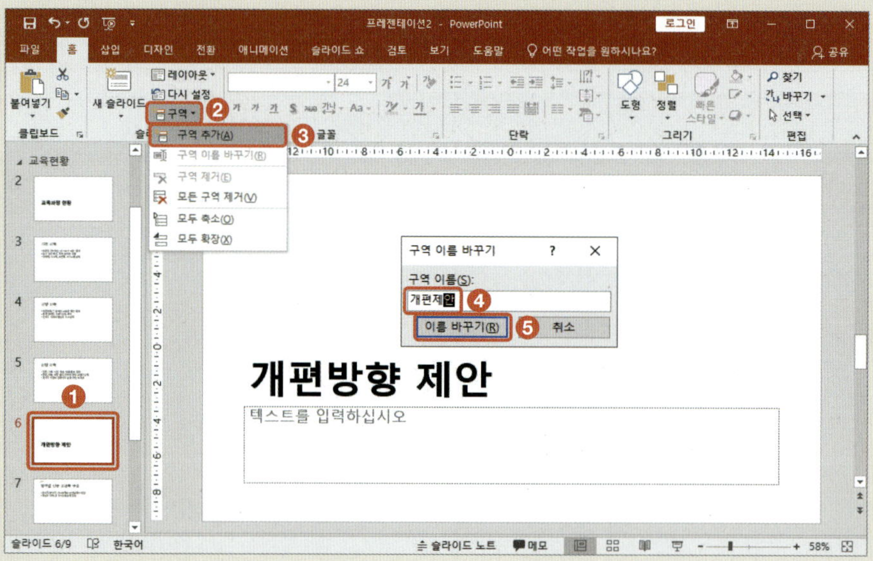

8 이번엔 [디자인] 탭–[테마] 그룹의 목록에서 [틀] 테마를 찾아 마우스 오른쪽으로 클릭한 뒤 [모든 슬라이드에 적용]을 선택한다.

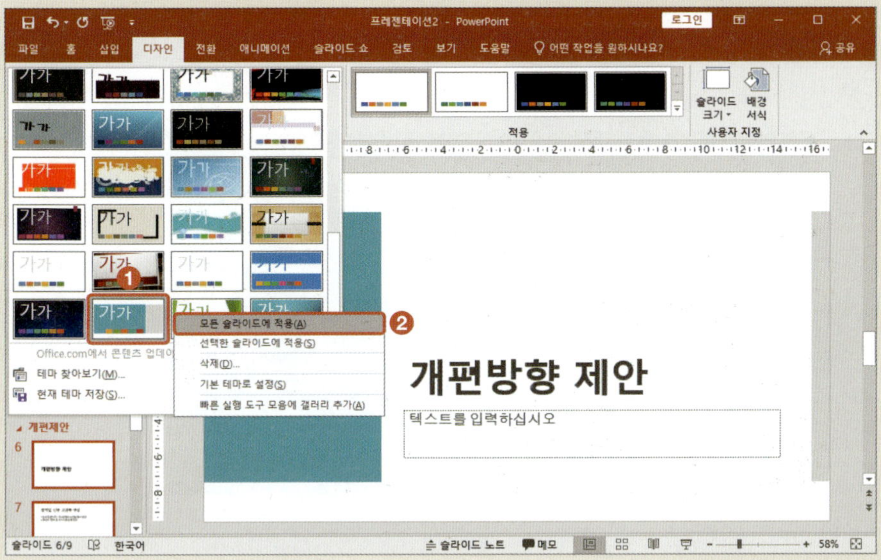

9 '개편제안' 구역 이름을 클릭해 구역에 포함된 슬라이드를 모두 선택하고 [디자인] 탭–[테마] 그룹에서 [이온] 테마를 찾아 클릭한다.

종합예제

10 작성한 프레젠테이션을 저장하기 위해 빠른 실행 도구 모음의 [저장] 단추를 클릭한다.

11 [다른 이름으로 저장] 화면에서 [찾아보기]를 클릭한다. [다른 이름으로 저장] 대화상자가 나타나면 저장할 폴더를 선택한다. [파일 이름]에 *기초교육과정 분석*을 입력한 후 [저장]을 클릭한다.

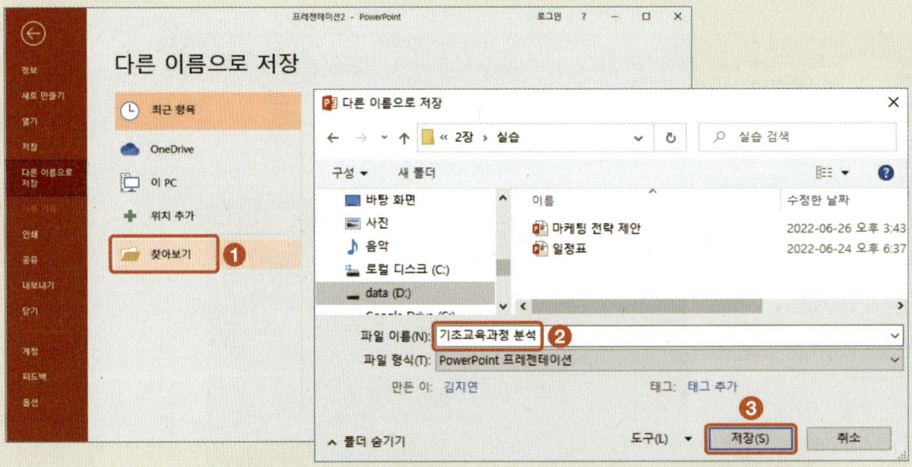

연습문제

1 다음의 지시대로 프레젠테이션을 작성하시오.

❶ '4차 산업혁명.pptx' 파일을 열고 슬라이드 1 뒤에 [제목 및 내용] 레이아웃으로 새 슬라이드를 추가한 뒤 그림과 같이 목차를 입력하시오.

❷ 슬라이드 1의 디자인은 [슬라이스] 테마로, 나머지 슬라이드는 모두 [줄무늬] 테마로 설정하시오.

❸ 슬라이드 3, 4의 레이아웃을 [줄무늬] 테마-[캡션있는 그림]으로 설정하시오.

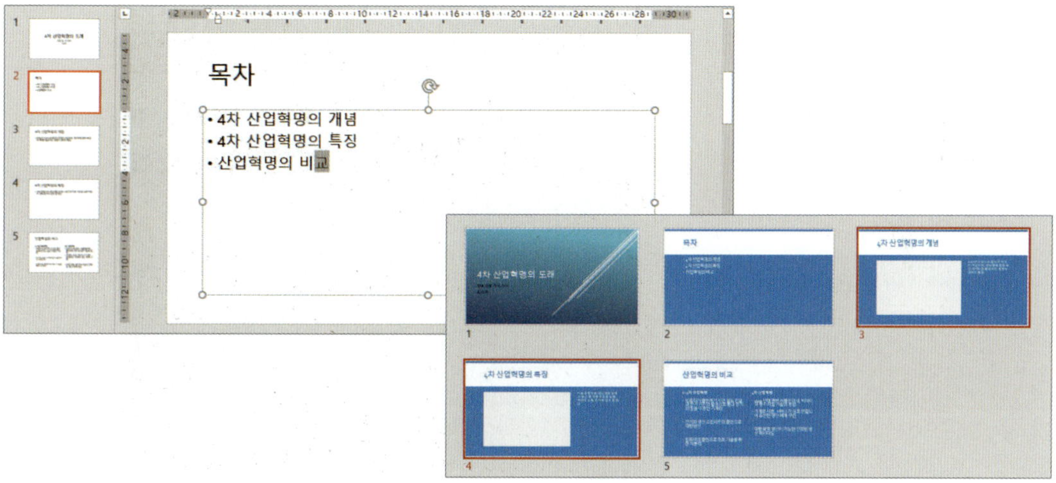

2 다음의 지시대로 프레젠테이션을 작성하시오.

❶ '2장-연습2.pptx' 파일을 열고 구역을 추가하시오. 슬라이드 1, 2는 '도입' 구역으로, 슬라이드 3~6은 '본론' 구역으로 설정하시오.

❷ 슬라이드 2의 레이아웃을 [구역 머리글]로 변경하시오.

❸ 모든 슬라이드에 [그물] 테마를 적용하시오.

3 연습문제 **2**에서 작성한 프레젠테이션을 이용해 다음의 지시대로 편집하고 저장하시오.

❶ 문서 속성의 [제목]은 핀테크 동향 분석, [만든 이]는 이지영, [태그]와 [범주]는 핀테크로 각각 변경하시오.

❷ [내보내기] 메뉴를 이용해 해당 프레젠테이션을 PDF 문서로 변환하시오. 이때 파일 이름은 '핀테크 동향 분석.pdf'로 설정해 저장하시오.

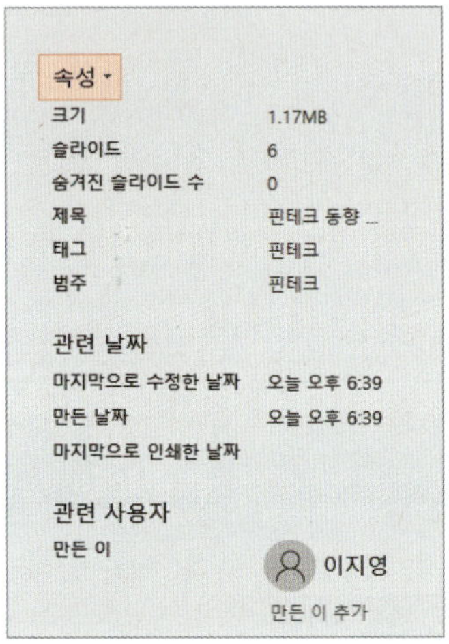

CHAPTER 03

텍스트 활용

01 텍스트 다루기

02 워드아트 활용하기

종합예제

연습문제

학습목표

- 입력한 텍스트에 서식을 설정할 수 있다.
- 워드아트 기능을 활용해 텍스트 효과를 설정할 수 있다.

SECTION 01

텍스트 다루기

파워포인트에서 슬라이드를 제작할 때 가장 많이 사용하는 정보 형태는 텍스트이다. 텍스트는 슬라이드의 개체 틀이나 텍스트 상자 또는 도형 등을 삽입해 입력할 수 있다. 전달할 내용의 가독성을 높이기 위해 텍스트의 양이나 글꼴, 단락 서식 등을 목적에 맞게 디자인하는 것이 중요하다. 여기서는 문자, 기호, 한자 등 여러 형식의 텍스트를 입력하고 글꼴이나 단락의 서식을 설정하는 방법을 알아본다.

1.1 개체 틀 활용

슬라이드에서 텍스트를 입력할 수 있는 개체 틀은 레이아웃에 따라 위치와 크기가 달라진다. 제목이나 본문 개체 틀에 텍스트를 입력하면 디자인 테마에 따라 미리 설정된 서식대로 글꼴 크기, 색상, 글머리 기호 등이 표시된다.

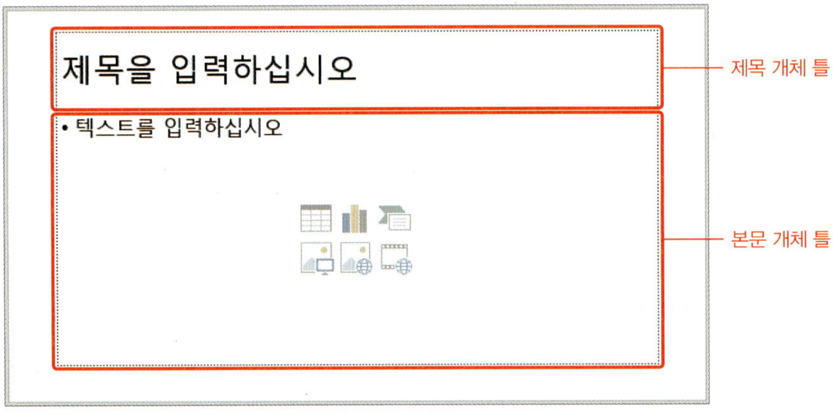

TIP 본문 개체 틀은 텍스트뿐 아니라 표나 차트 등 다른 개체를 삽입할 때도 사용할 수 있으며, 개체 틀이 필요 없다면 삭제해도 된다.

기본예제 3-1 제목 슬라이드 만들기

디자인 테마나 서식 파일을 설정하지 않고 새 프레젠테이션 파일을 만들어본다. 그리고 제목 슬라이드에 텍스트를 입력한 다음 글꼴 크기나 글꼴 색 등의 서식을 설정해보자.

01 파워포인트를 실행하고 첫 화면에서 [새 프레젠테이션]을 선택한다.

TIP 서식 파일이나 디자인 테마를 선택하지 않고 새 프레젠테이션을 만들면 기본적으로 'Office 테마'가 적용된다.

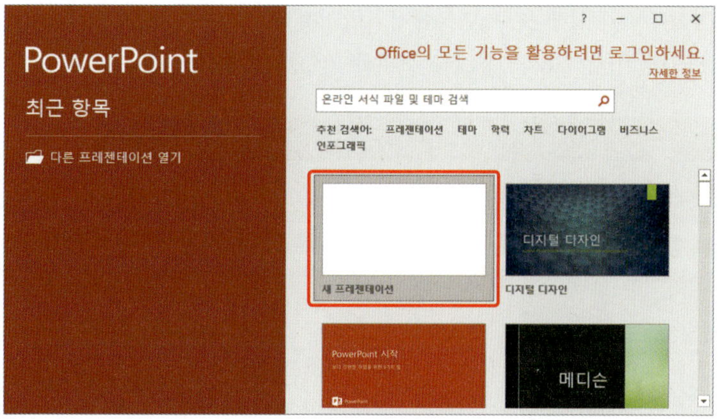

02 제목 슬라이드에서 제목 개체 틀을 선택하고 *교육 기획안*을 입력한 다음, 부제목 개체 틀에는 *인력자원팀*을 입력한다.

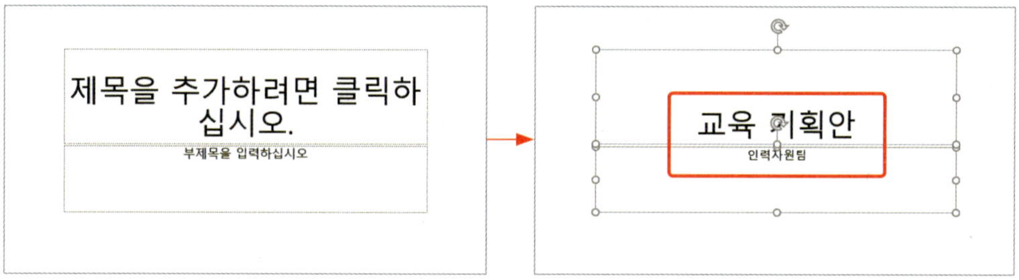

TIP 제목을 입력한 다음 부제목 개체 틀을 선택하려면 마우스로 해당 틀을 클릭하거나 또는 다음 순서의 개체를 선택하는 단축키인 Ctrl+Enter를 누르면 된다.

03 부제목 개체 틀을 선택하고 [홈] 탭-[글꼴] 그룹에서 [글꼴 크기]를 [28]로 설정한다.

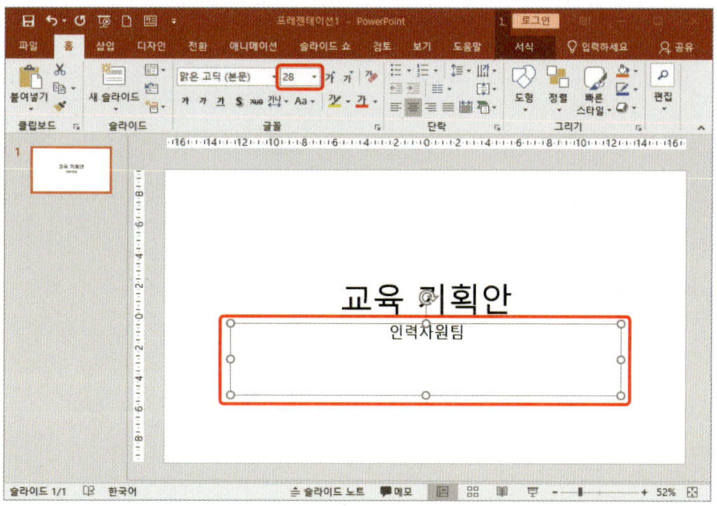

TIP 입력한 텍스트의 일부만 서식을 변경할 경우, 텍스트를 마우스로 드래그해 범위를 설정한 후 서식을 설정하면 된다.

04 빠른 실행 도구 모음에서 [저장] 단추를 클릭한다. [다른 이름으로 저장] 대화상자가 나타나면 [찾아보기]로 원하는 폴더를 선택한 뒤 '교육 기획안.pptx' 이름으로 저장한다.

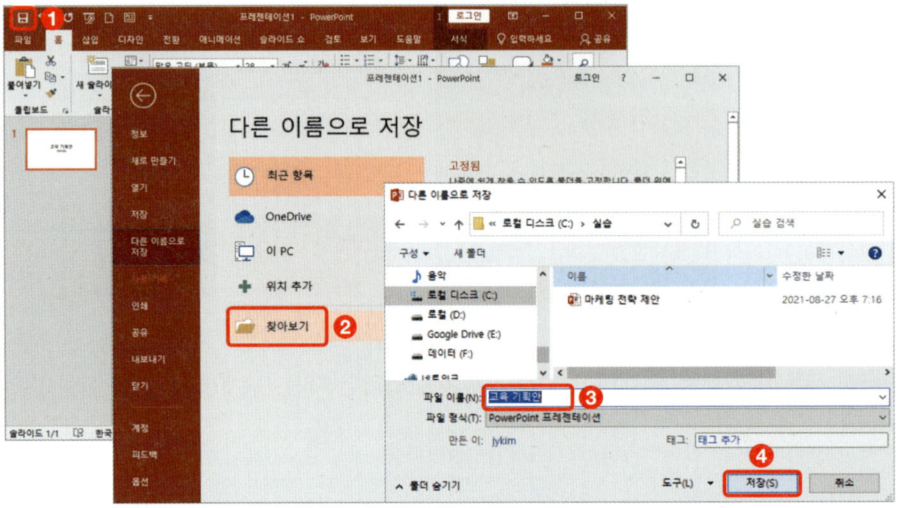

기본예제 3-2 번호 매기기와 줄 간격 설정하기

[기본예제 3-1]에서 작성한 '교육 기획안.pptx' 파일에 슬라이드를 추가한 다음 텍스트를 입력하고 번호 매기기와 줄 간격 설정하기를 수행해보자.

01 '교육 기획안.pptx' 파일을 열고 [홈] 탭–[슬라이드] 그룹–[새 슬라이드] 목록에서 [제목 및 내용]을 선택한다.

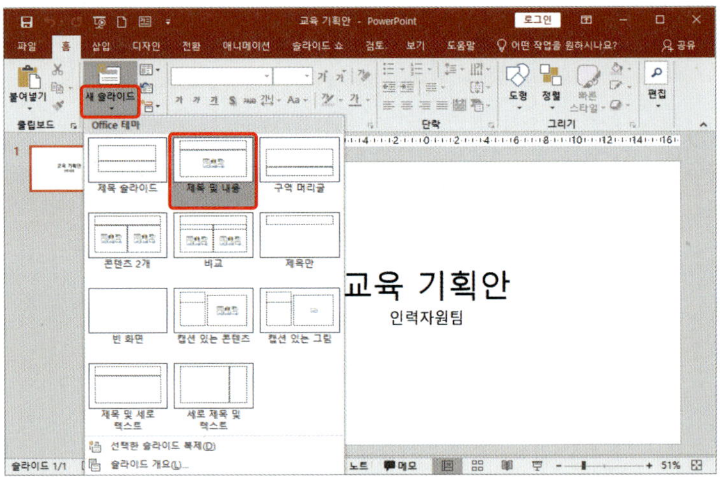

02 다음 그림과 같이 제목 개체 틀과 본문 개체 틀에 텍스트를 입력한다.

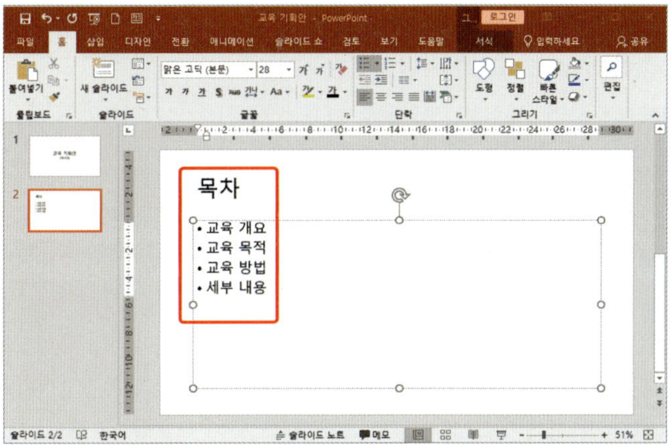

> **TIP** 본문 개체 틀에 텍스트를 입력할 때 Enter 키를 눌러 다음 줄로 이동하면 'Office 테마'에 미리 설정된 글머리 기호 서식이 자동으로 표시된다.

03 입력을 마쳤으면, 번호를 매길 텍스트를 드래그해 설정한다. [홈] 탭-[단락] 그룹-[☰ 글 머리 기호] 목록에서 [글머리 기호 및 번호 매기기]를 선택한다.

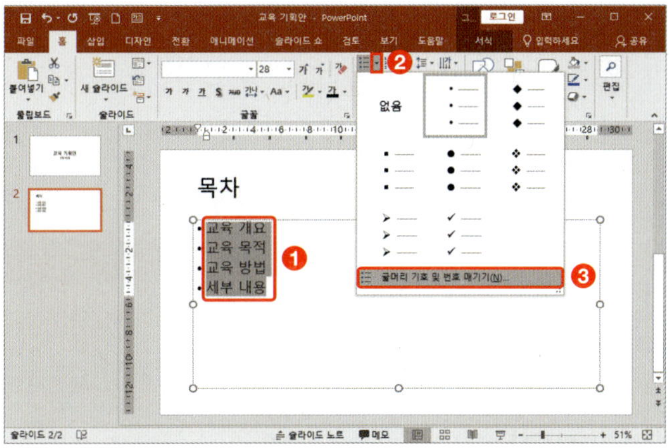

> **TIP** 입력한 텍스트 전체에 번호 매기기를 설정하고 싶다면 개체 틀을 클릭하면 된다.

04 [글머리 기호 및 번호 매기기] 대화상자의 [번호 매기기] 탭에서 [Ⅰ. Ⅱ. Ⅲ.] 서식을 선택하고 [텍스트 크기]는 [120], [색]은 [파랑]을 지정한 다음 [확인]을 클릭한다.

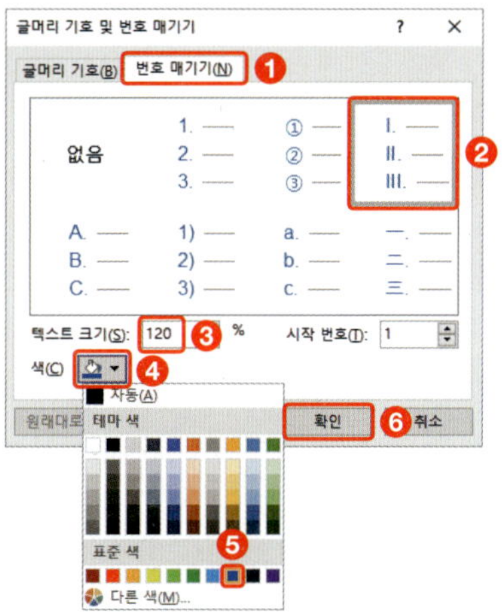

05 텍스트가 드래그되어 있는 상태에서 [홈] 탭–[단락] 그룹–[줄 간격]을 선택한 뒤 목록에서 [2.0]을 클릭한다.

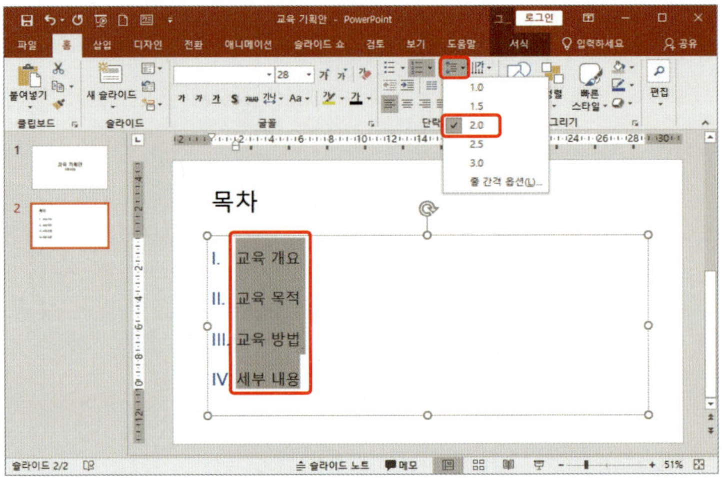

기본예제 3-3 글머리 기호와 수준 변경하기

텍스트를 요약할 때는 [기본예제 3–2]와 같이 번호 매기기를 사용해 목록으로 표시하기도 하지만, 순서가 중요하지 않을 때는 글머리 기호를 주로 사용한다. 목록 하위에 세부 목록이 필요한 경우에는 수준을 늘려 들여쓰기할 수 있으며 목록 수준에 따라 글꼴이나 글머리 기호의 크기 혹은 모양을 다르게 설정할 수 있다.

01 새 슬라이드를 추가하기 위해 슬라이드 보기 창에서 마지막 슬라이드를 선택하고 [홈] 탭–[슬라이드] 그룹–[새 슬라이드]를 클릭한다.

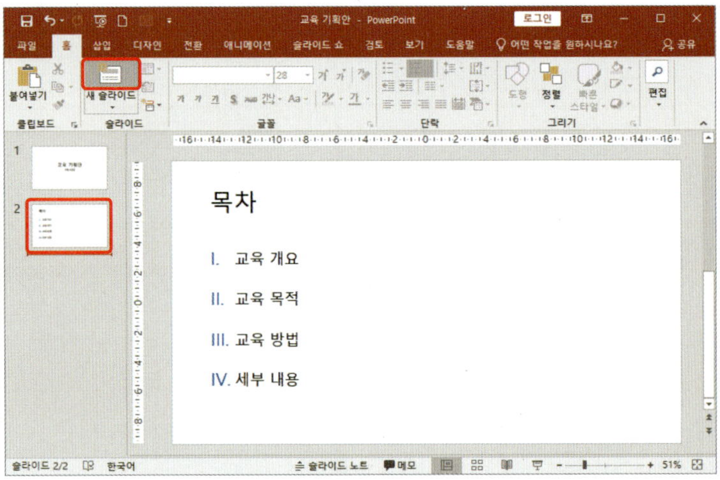

02 추가된 슬라이드의 제목 개체 틀에 *교육 개요*를 입력하고, 본문 개체 틀에는 *교육 목적*을 입력한 다음 Enter 키를 누른다.

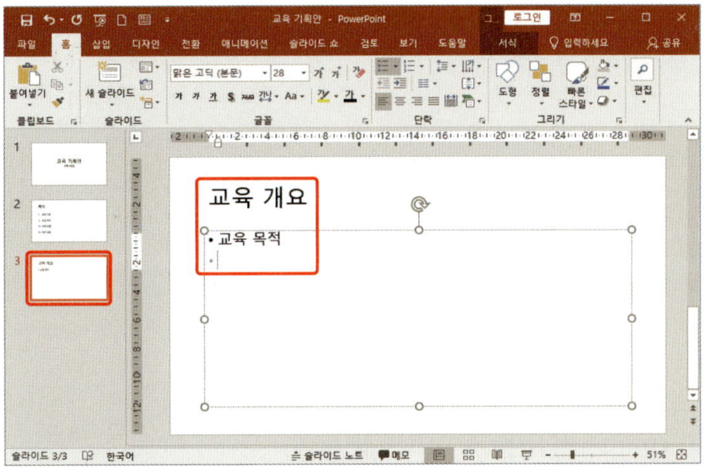

TIP 텍스트를 입력할 때 Enter 키를 누르면 새로운 단락이 만들어진다. 각 단락에 글머리 기호나 번호 매기기, 줄 간격 등을 설정할 수 있다. 단락을 구분하지 않고 텍스트를 여러 줄로 나누어 입력할 경우에는 단축키 Shift+Enter를 사용한다.

03 다음 단락의 시작 위치에서 [홈] 탭–[단락] 그룹–[목록 수준 늘림] 단추를 클릭한다. 그림과 같이 내용을 입력하고 Enter 키를 누른다.

TIP [목록 수준 늘림] 단추를 클릭하는 대신 단락 시작 위치에서 Tab 키를 눌러도 된다.

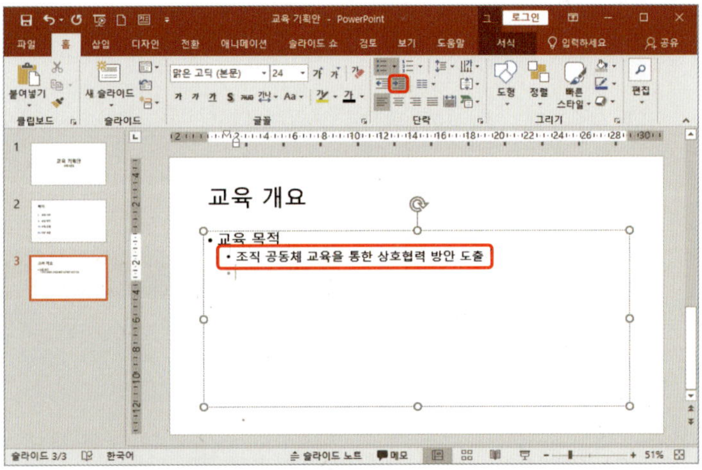

04 다음 단락의 시작 위치에서 [홈] 탭–[단락] 그룹–[목록 수준 줄임] 단추를 클릭해 앞 단계로 이동한 후, 텍스트로 *교육 대상*을 입력하고 Enter 키를 누른다.

TIP [목록 수준 줄임] 단추를 클릭하는 대신 단락 시작 위치에서 단축키 Shift+Tab을 눌러도 된다.

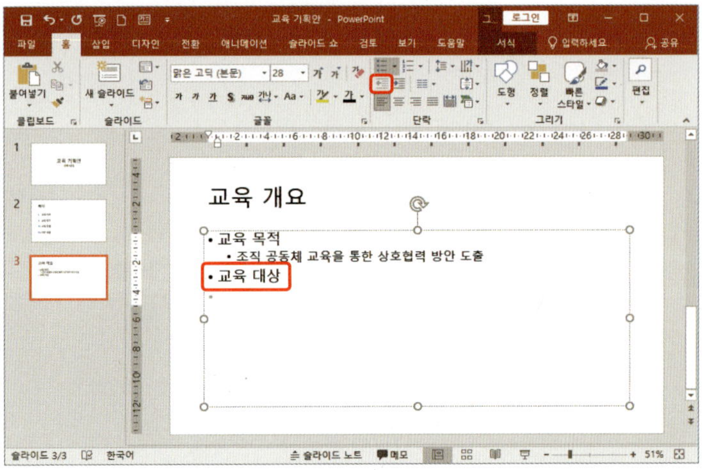

05 단계 **03~04**를 반복해 다음 그림과 같이 내용을 입력한다.

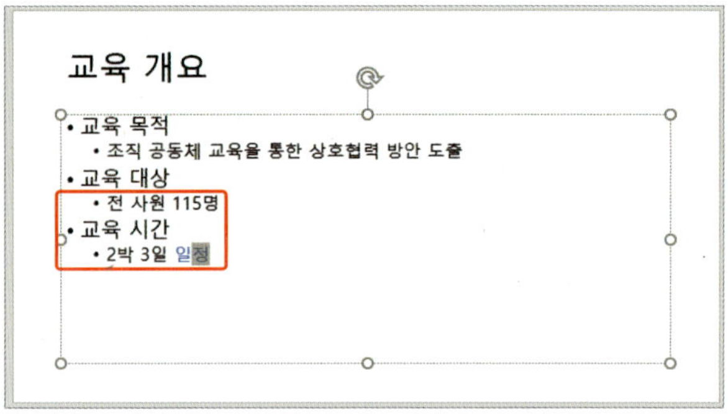

06 '2박 3일 일정' 텍스트 뒤에 커서를 두고 단축키 Shift+Enter를 누르면 줄 바꿈이 되고, 다음 줄에 이어서 텍스트를 입력할 수 있다. 이 경우에는 글머리 기호가 표시되지 않는다.

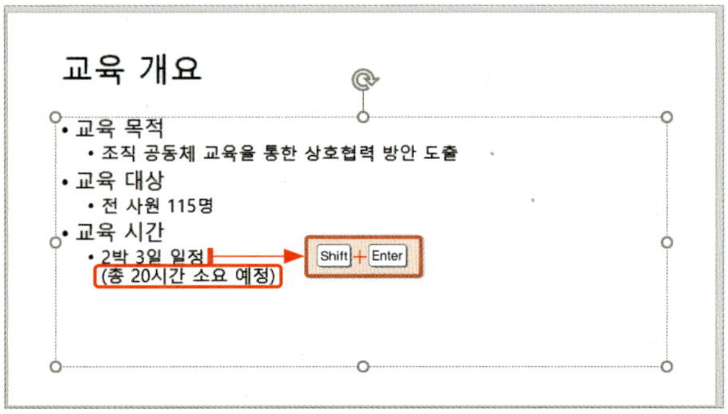

TIP 문장이 길면 개체 틀이나 텍스트 상자의 크기에 따라 자동으로 줄이 넘어가지만, 단축키 Shift+Enter를 이용하면 원하는 위치에서 줄을 바꿀 수 있다.

07 줄 간격을 변경하려면 다음 그림과 같이 텍스트를 드래그해 선택하고 [홈] 탭–[단락] 그룹–[줄 간격] 목록에서 [1.5]를 선택한다.

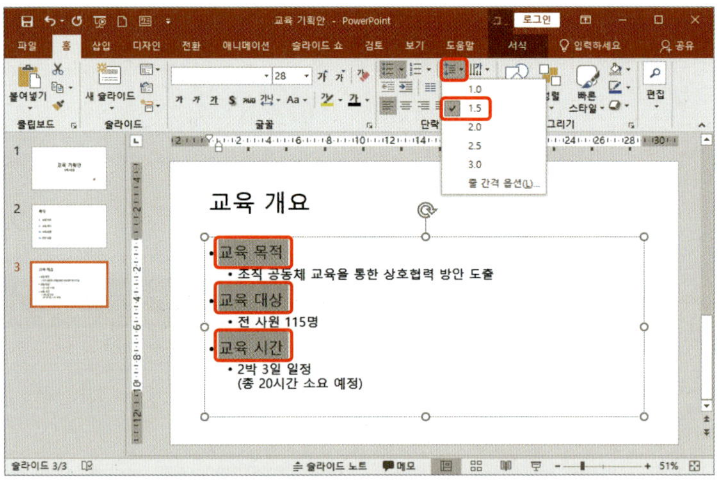

TIP 불연속적인 텍스트 여러 개를 한꺼번에 선택하려면 Ctrl 키를 누른 상태에서 마우스로 드래그해야 한다. 설정을 변경하려는 텍스트가 한 단락 전체라면 텍스트를 드래그해 모두 선택하지 않고 단락 내 임의의 위치에 마우스를 두기만 해도 된다.

1.2 텍스트 상자 활용

임의의 위치에 텍스트를 배치하려면 텍스트 상자를 활용하면 된다. 텍스트 상자를 슬라이드에 삽입해 텍스트를 입력하는 방법과 서식을 설정하거나 기호, 한자, 수식 등을 입력하는 방법을 알아보기로 한다.

기본예제 3-4 텍스트 상자 삽입하기

텍스트 상자를 이용해 텍스트를 입력할 때는 슬라이드에 텍스트 상자를 먼저 삽입해야 한다. 삽입된 텍스트 상자는 개체 틀처럼 글머리 기호 등의 서식이 정해져 있지 않으므로 필요한 경우 직접 설정해야 한다. 텍스트 상자를 삽입하고 내용을 입력해보자.

01 '교육 기획안.pptx' 프레젠테이션의 마지막 슬라이드를 클릭한 뒤 [홈] 탭–[슬라이드] 그룹–[새 슬라이드] 목록에서 [제목만]을 선택해 새 슬라이드를 추가한다.

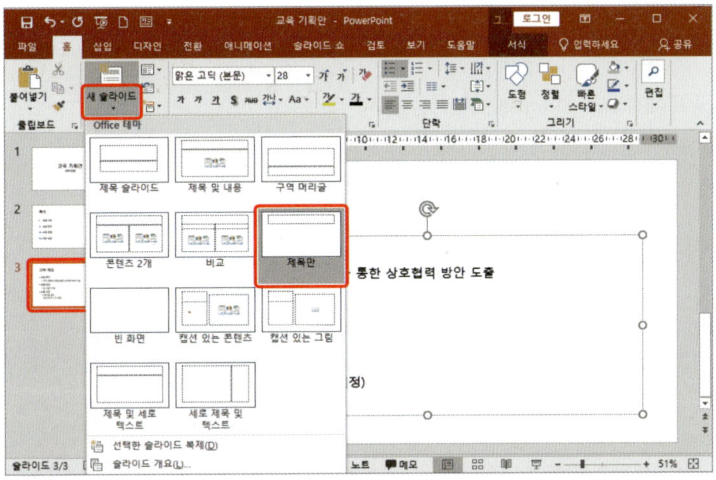

02 제목 개체 틀에 *교육 목적과 방법*을 입력하고 [삽입] 탭–[텍스트] 그룹–[텍스트 상자] 목록에서 [가로 텍스트 상자 그리기]를 선택한다. 슬라이드 창에서 텍스트 상자를 삽입할 위치를 찾아 마우스로 클릭하고 *교육 목적*이라고 입력한 다음 Esc 키를 누른다.

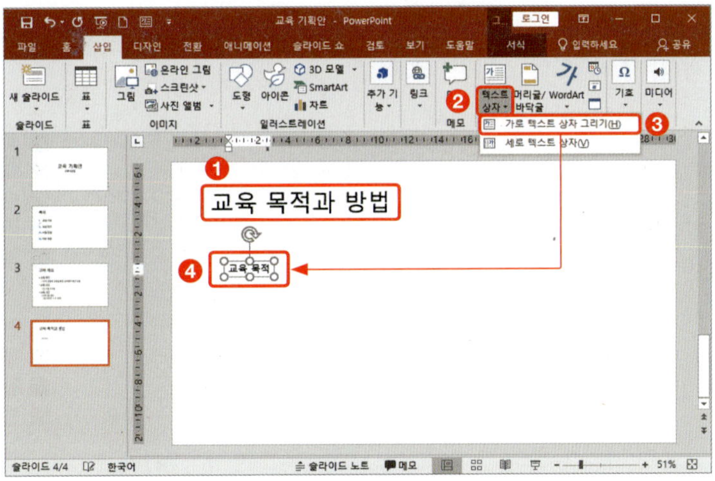

TIP 텍스트 상자를 클릭한 뒤 마우스로 드래그하면 원하는 크기로 조절할 수 있다.

03 텍스트 상자를 선택하고 [홈] 탭-[글꼴] 그룹-[글꼴]은 [HY중고딕], [굵게]로, [글꼴 크기]는 [24]로 설정한다. 텍스트 상자를 마우스 오른쪽 단추로 클릭하면 나타나는 목록 중 [도형 서식]을 선택한다.

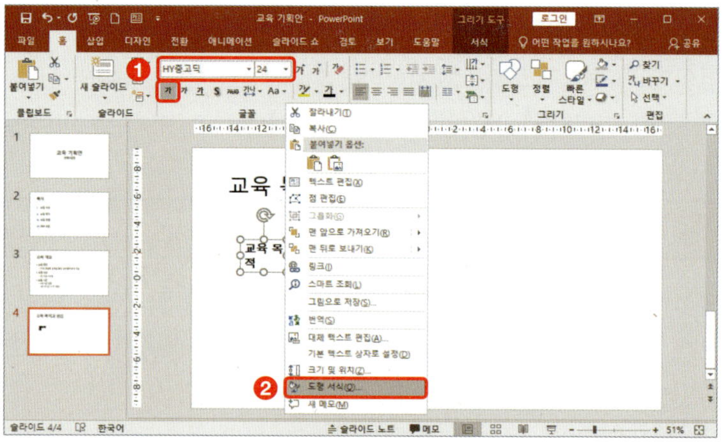

04 [도형 서식] 작업 창이 오른쪽에 나타나면 [텍스트 옵션]-[텍스트 상자] 탭의 [세로 맞춤]을 [정가운데]로 설정하고, [자동 맞춤 안 함]을 클릭한다. 설정이 끝나면 [도형 서식] 작업 창을 닫는다.

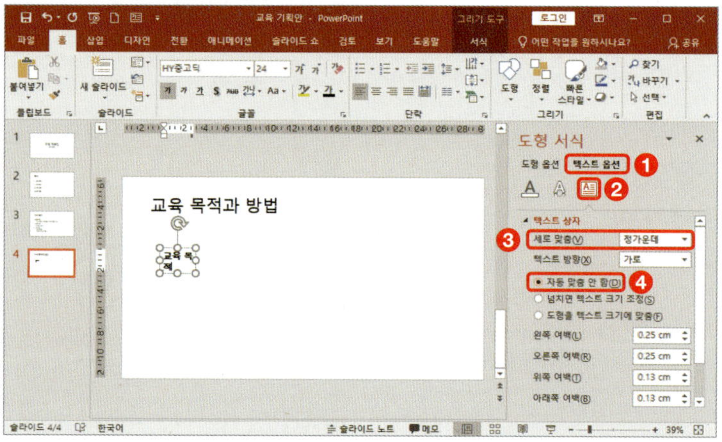

05 이번에는 [그리기 도구]-[서식] 탭의 [도형 스타일] 그룹-[자세히] 단추를 클릭해 [테마 스타일] 중 [색 채우기 -파랑, 강조 1]을 선택한다.

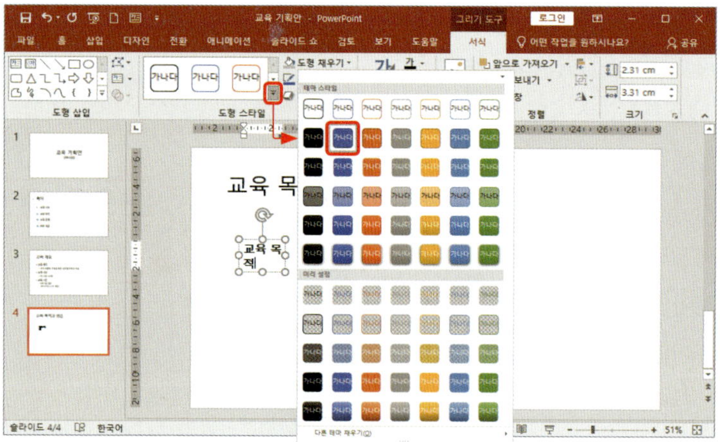

06 텍스트 상자의 크기를 그림과 같이 조절한다. 텍스트 상자를 단축키 Ctrl+D로 복제한 후 복제된 텍스트 상자의 텍스트를 *교육 방법*으로 수정하고 아래쪽에 배치한다.

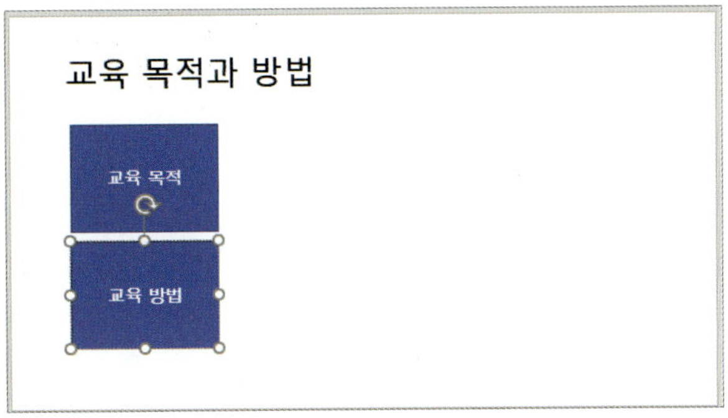

기본예제 3-5 서식 복사와 한자 입력하기

텍스트 상자에서도 개체 틀과 같이 글머리 기호를 설정할 수 있고, 설정된 서식을 다른 텍스트에 복사할 수도 있다. 또 입력한 한글을 한자로 변환할 수 있다. 텍스트 상자에 글머리 기호와 단락을 설정하고 한글을 한자로 변환하는 방법을 알아보자.

01 [기본예제 3-4]에서 만든 '교육 기획안' 프레젠테이션의 마지막 슬라이드를 선택한다. [삽입] 탭-[텍스트] 그룹-[텍스트 상자]를 클릭하고 슬라이드 창에 드래그해 텍스트 상자를 삽입한다.

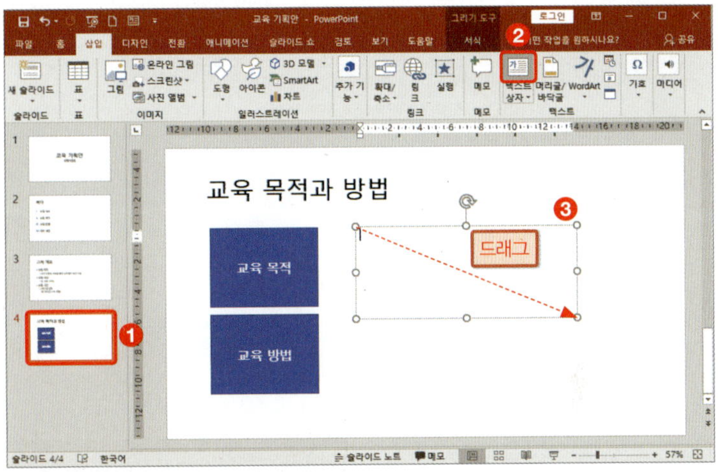

02 텍스트 상자에 *변화의 필요성 인식, 구성원 간 단결력 강화, 유기적이고 도전적인 조직문화 함양*을 입력한다. 텍스트 상자를 선택한 뒤 [홈] 탭-[글꼴] 그룹에서 [글꼴]은 [맑은 고딕]으로, [글꼴 크기]는 [24]로 설정한다.

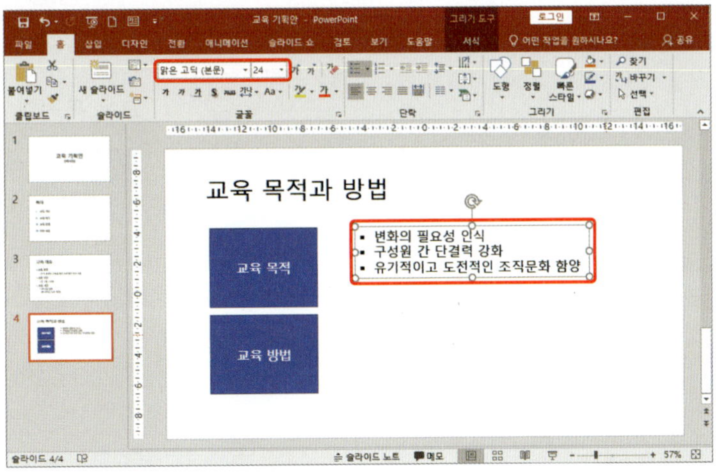

03 [홈] 탭–[단락] 그룹–[☰ 글머리 기호] 목록에서 [속이 찬 정사각형 글머리 기호]를 선택한다. [↕☰ 줄 간격] 목록에서는 [1.5]를 선택한다.

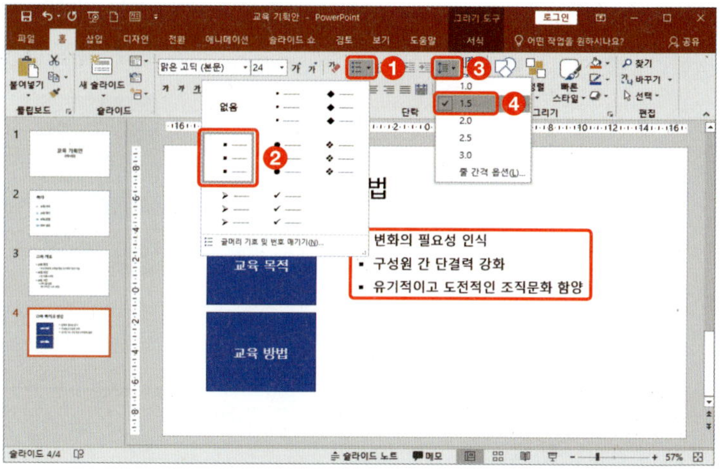

여기서 잠깐 **줄 간격과 단락 간격 설정**

[↕☰ 줄 간격] 목록에서 [줄 간격 옵션]을 선택하면 [단락] 대화상자가 나타난다. 해당 창에서의 [줄 간격]은 단락 내 문장 간격을 설정할 때, [단락 앞]과 [단락 뒤]는 단락 간 간격을 설정할 때 사용한다. 간격을 설정하면 텍스트 가독성이 높아지고 각 단락을 명확하게 구분할 수 있다.

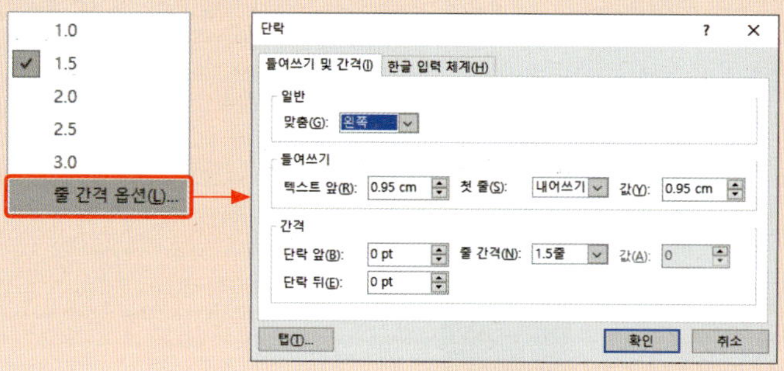

04 텍스트 상자를 하나 더 삽입하고 *외부강사 초빙특강, 소통과 팀워크 강의, 팀별 토의 및 발표*를 입력한다.

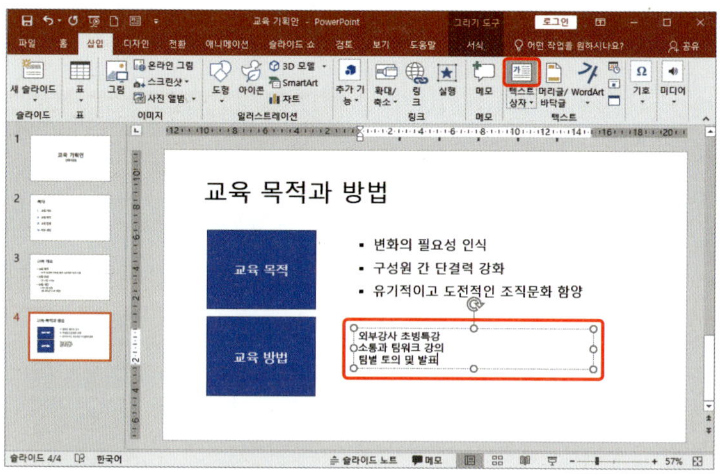

05 단계 **03**에서 완성한 위쪽 텍스트 상자를 선택하고 [홈] 탭 –[클립보드] 그룹–[서식 복사] 단추를 클릭한다.

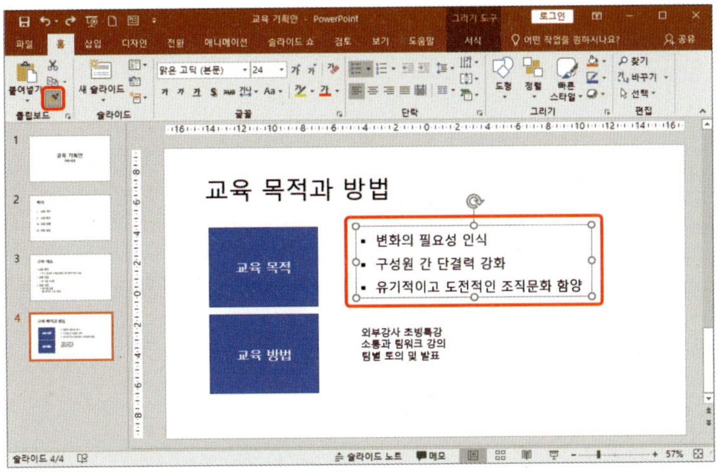

06 마우스 포인터가 [ ] 모양으로 바뀌면 단계 **04**에서 만든 아래쪽 텍스트 상자를 클릭한다.

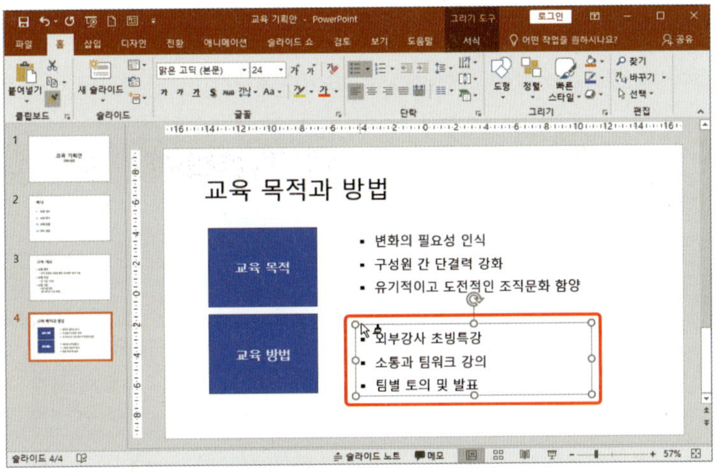

TIP 단계 **05~06**과 같이 서식 복사 기능을 이용하는 대신 위쪽 텍스트 상자를 복제한 후 내용을 수정해도 된다.

07 이번에는 한글을 한자로 변환해본다. 텍스트 상자 내 단어 '변화'를 마우스로 드래그해 선택하고 [검토] 탭 –[언어] 그룹–[한글/한자 변환]을 클릭하면 [한글/한자 변환] 대화상자에 등록된 단어가 표시된다. [變化]를 선택하고 [입력 형태]는 [한글(漢字)]로 한 뒤 [변환]을 클릭한다.

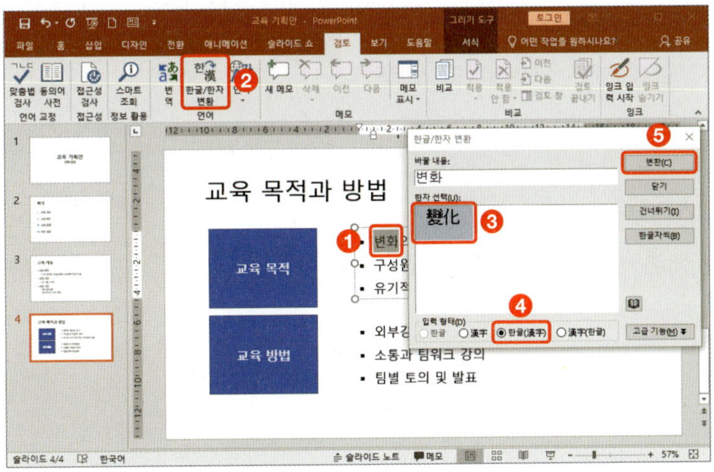

TIP 원하는 글자나 단어의 뒤에 마우스 커서를 두고 [한자] 키를 눌러 목록에서 변환할 한자를 선택해도 된다.

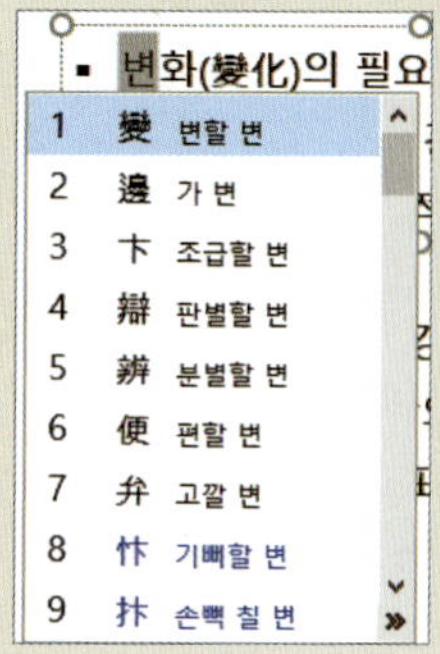

기본예제 3-6 기호와 수식 입력하기

개체 틀이나 텍스트 상자에 기호를 입력할 수도 있다. 수식은 개체 틀이나 텍스트 상자 대신 수식 도구를 이용해 슬라이드에 삽입한다. 슬라이드에 기호를 입력하고 수식을 삽입해보자.

01 '교육 기획안' 프레젠테이션에서 마지막 슬라이드를 선택한다. [홈] 탭–[슬라이드] 그룹–[새 슬라이드] 목록을 클릭하고 [제목만]을 선택한다.

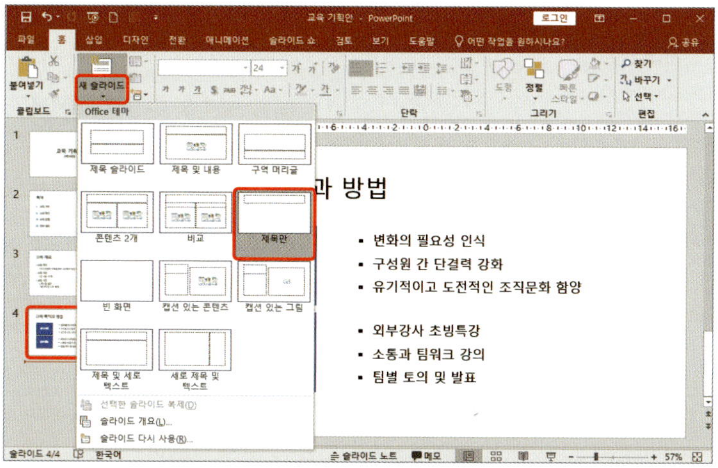

02 새 슬라이드의 제목 개체 틀에 *세부 내용*이라고 입력한다. [삽입] 탭–[텍스트] 그룹–[텍스트 상자]를 선택하고 슬라이드 창에서 드래그해 텍스트 상자를 삽입한다.

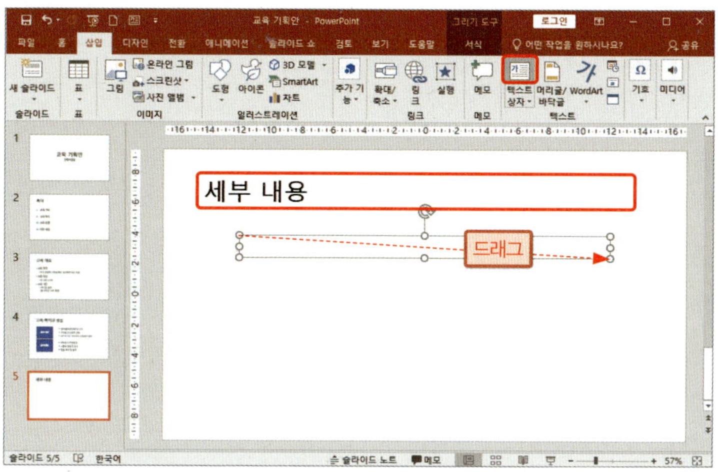

03 텍스트 상자에 *Open Change Challenge*라고 입력하고, [홈] 탭–[클립보드] 그룹–[서식 복사] 단추를 이용해 '교육 목적과 방법' 슬라이드에서 만든 텍스트 상자의 서식을 복사한다.

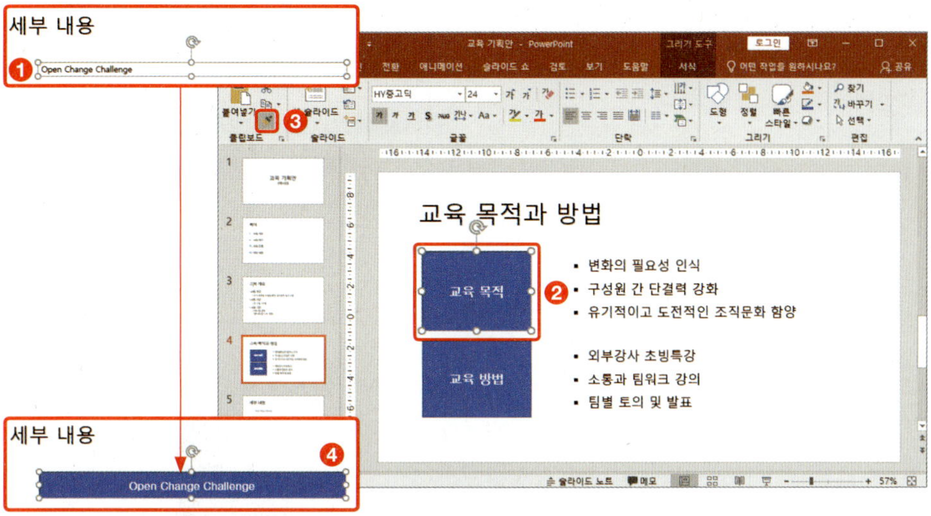

04 'Open'이라는 단어 뒤에 마우스 커서를 두고 [삽입] 탭–[기호] 그룹–[기호]를 선택한다.

05 [기호] 대화상자의 [하위 집합]–[도형 기호] 목록을 클릭하고 [▶]를 선택한다. [삽입]을 클릭해 텍스트 상자에 기호를 삽입한다.

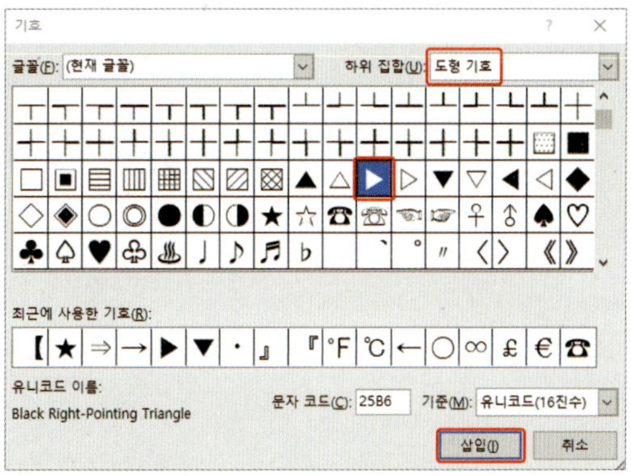

06 'Change' 단어 뒤에도 동일한 기호를 삽입할 것이다. 이번에는 단어 뒤에 마우스 커서를 두고 한글 자음 ㅁ을 입력한 후 한자 키를 눌러 기호를 선택한다.

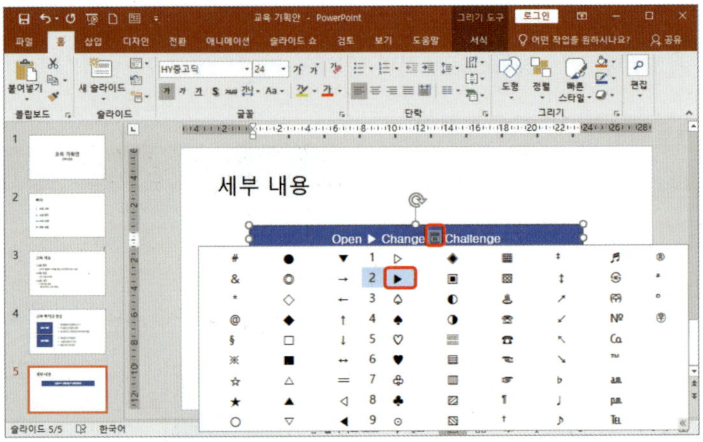

> **TIP** 자주 사용하는 기호는 [파일] 탭-[옵션]에서 자동 고침 목록에 등록하면 간편하게 삽입할 수 있다. 가령 ==>나 -->를 입력하면 각각 ➔와 → 기호로 자동 변환된다.

07 이번에는 슬라이드의 빈 영역을 클릭하여 [삽입] 탭-[기호] 그룹-[수식]을 선택해 수식 입력 상자를 만든다. [수식 도구]-[디자인]의 [기호]와 [구조] 그룹에서 필요한 항목을 찾아 다음 그림과 같이 작성한다.

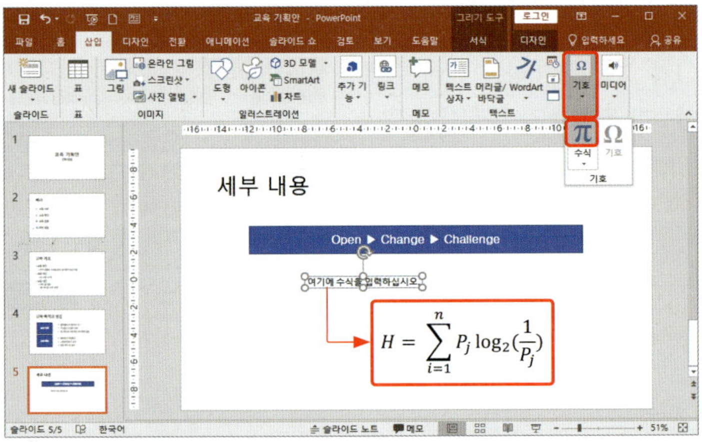

08 작성된 수식을 선택하고 [홈] 탭-[글꼴] 그룹에서 [글꼴 크기]를 [28]로 설정한다.

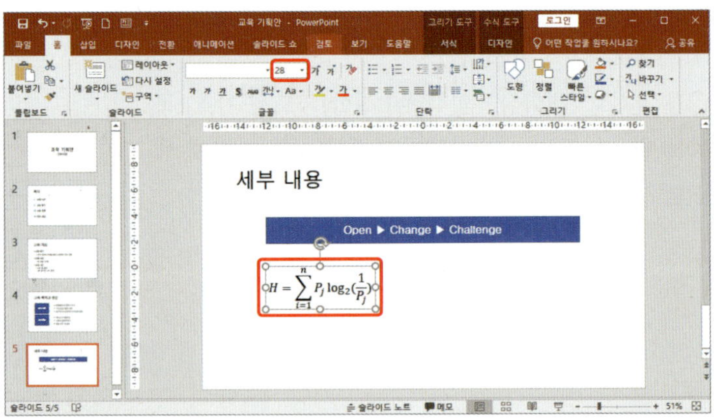

> **TIP** 수식을 선택하면 [수식 도구]가 나타난다. 작성한 수식을 수정하려면 [수식 도구]-[디자인] 탭에 있는 여러 가지 항목을 이용하면 된다.

09 수식을 하나 더 입력하기 위해 [삽입] 탭–[기호] 그룹–[수식] 목록에서 [잉크 수식]을 선택한다.

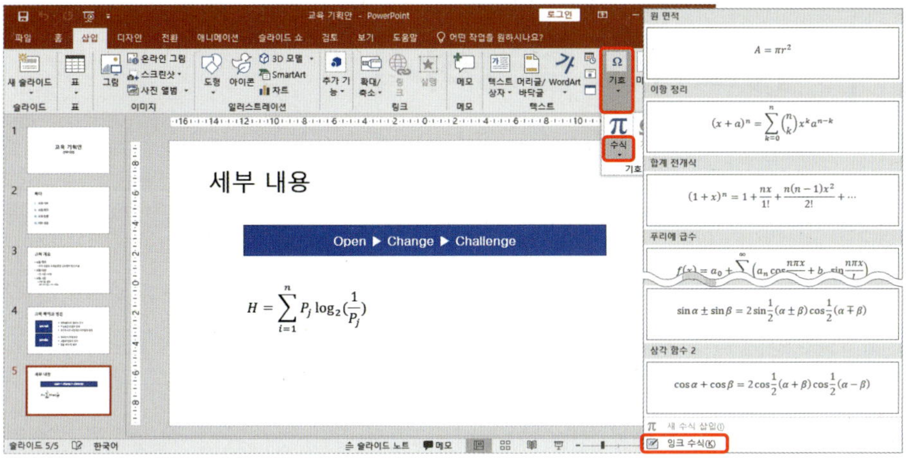

TIP [잉크 수식]은 파워포인트 2016부터 지원되는 기능이다. 터치펜이나 마우스를 이용해 직접 수식을 그려 입력할 수 있다.

10 [수학 식 입력 컨트롤] 창이 나타나면 터치펜이나 마우스를 이용해 수학식 입력란에 수식을 작성하고 [삽입]을 클릭한다.

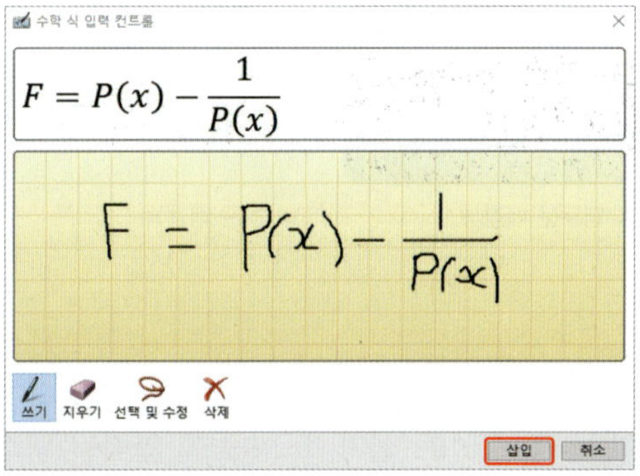

11 입력된 수식을 드래그해 원하는 곳으로 이동시키고 [홈] 탭–[글꼴] 그룹에서 [글꼴 크기]를 [28]로 설정한다.

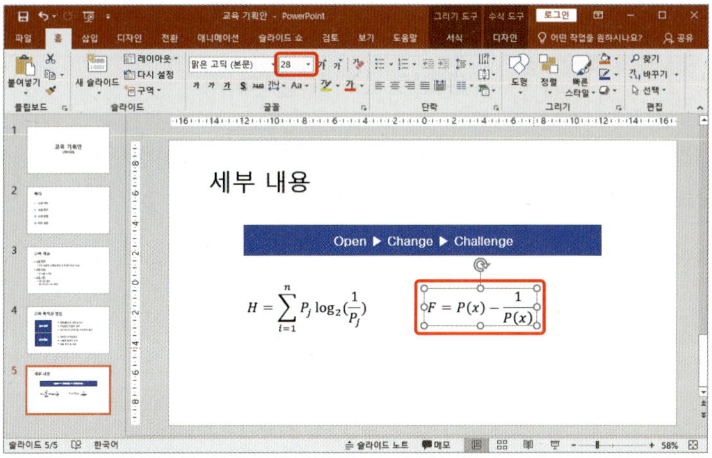

SECTION 02

워드아트 활용하기

워드아트(WordArt)는 텍스트를 꾸미는 기능이다. 워드아트를 이용하면 채우기 색이나 윤곽선의 서식 설정, 다양한 효과 및 변환으로 텍스트를 강조할 수 있어 제목이나 핵심이 되는 텍스트에 주로 활용한다. 청중에게 제공하는 텍스트 정보는 가독성이 가장 중요하다. 그러므로 슬라이드 배경색이 어두운지 밝은지에 따라 텍스트가 두드러지도록 서식을 설정해야 한다. 그림자나 반사, 변환 등 텍스트 효과를 잘 활용하면 좋은 프레젠테이션을 만들 수 있지만, 과도한 효과는 오히려 가독성을 떨어뜨릴 수 있으니 유의한다.

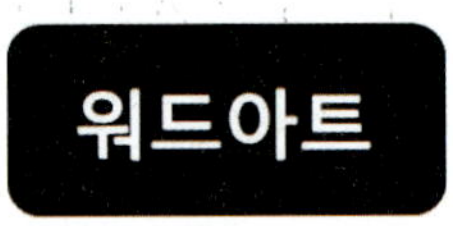

▲ 어두운 배경색

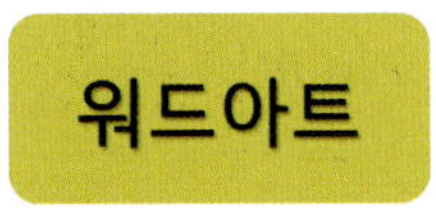

▲ 밝은 배경색

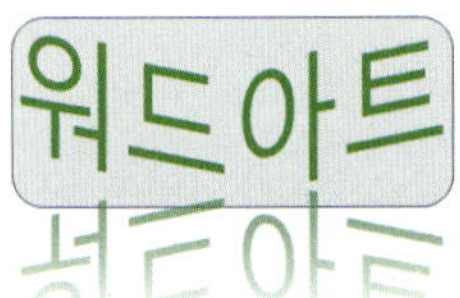

▲ 반사와 변환 효과

2.1 워드아트 스타일 서식

개체 틀, 텍스트 상자, 도형 등에 입력된 텍스트에 워드아트 스타일을 적용할 수 있고 워드아트 개체를 슬라이드에 직접 삽입할 수도 있다. 두 가지 방법을 모두 알아보자.

기본예제 3-7 워드아트 스타일 설정하기

'교육 기획안' 프레젠테이션에 디자인 테마를 먼저 설정하고, 제목 슬라이드의 텍스트를 워드아트 스타일로 설정해보자.

01 '교육 기획안.pptx' 파일을 열고 [디자인] 탭–[테마] 그룹의 목록 중 [보기] 테마를 선택한다.

02 [디자인] 탭–[적용] 그룹에서 세 번째 항목을 선택하고 [▾자세히] 단추를 클릭해 [색]–[Office]로 설정한다.

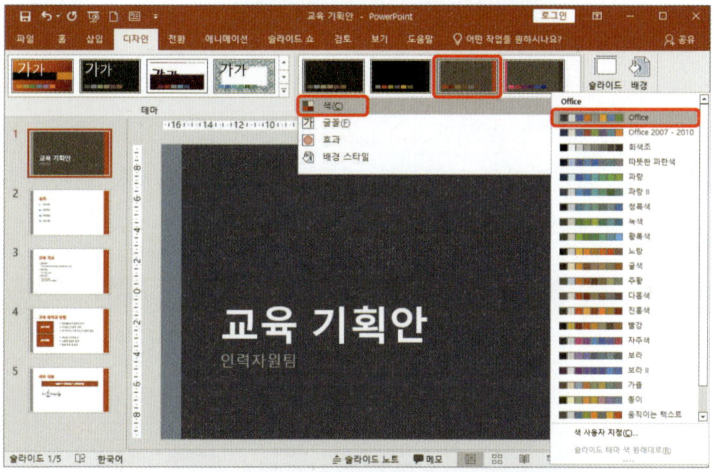

03 제목 슬라이드에서 부제목 개체 틀을 선택한다. [그리기 도구]의 [서식] 탭–[WordArt 스타일] 그룹–[빠른 스타일] 목록에서 [채우기:흰색, 윤곽선: 파랑, 강조색 5, 그림자]를 선택한다.

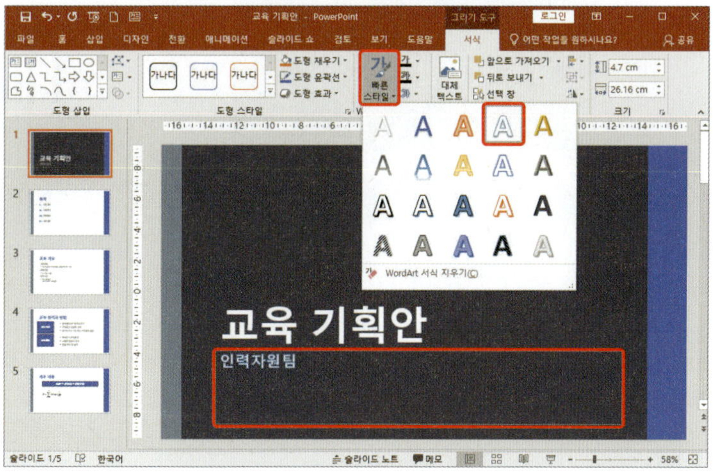

04 이번에는 제목 개체 틀을 선택하고 [그리기 도구]의 [서식] 탭–[WordArt 스타일] 그룹–[가 ▾ 텍스트 효과] 목록에서 [그림자]–[원근감]–[오른쪽 아래]를 선택한다.

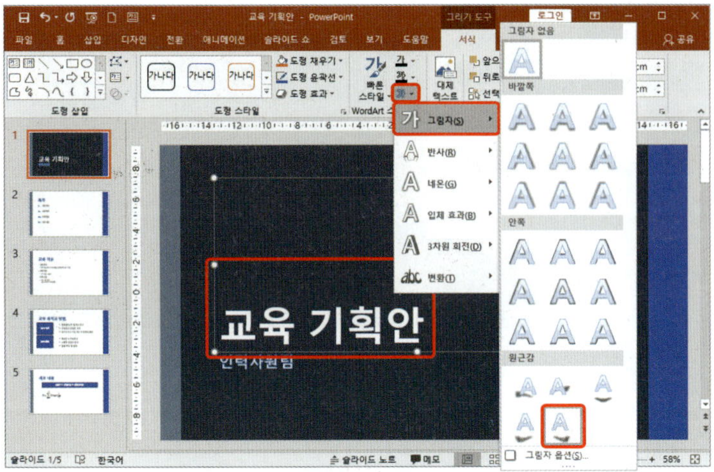

05 제목 개체 틀을 선택하고 [그리기 도구]의 [서식] 탭–[WordArt 스타일] 그룹의 [대화상자 표시] 단추를 클릭한다. [도형 서식] 작업 창이 나타나면 [텍스트 옵션]–[텍스트 효과] 탭–[그림자]–[색]을 [밝은 회색, 텍스트 2]로 설정하고 작업 창을 닫는다.

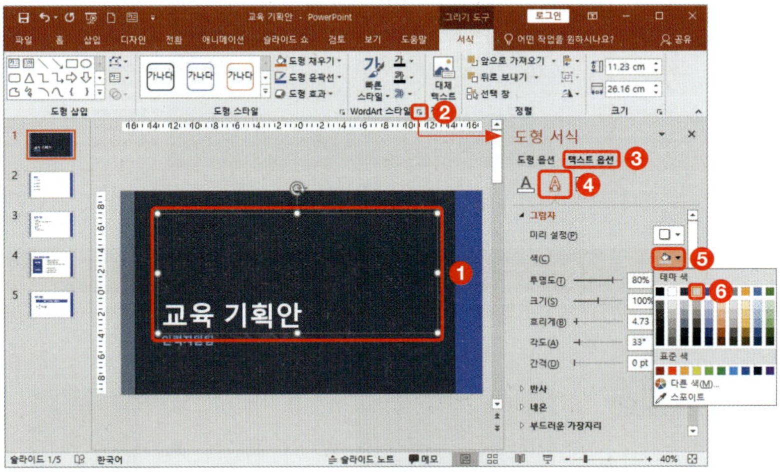

기본예제 3-8 워드아트 개체 삽입하기

슬라이드에 원하는 스타일의 워드아트 개체를 삽입하고 서식을 설정해보자.

01 '교육 기획안' 프레젠테이션의 슬라이드 1을 클릭하고 [삽입] 탭–[텍스트] 그룹–[WordArt]를 선택한다. [채우기 : 흰색, 윤곽선 : 파랑, 강조색 5, 그림자]를 선택한다.

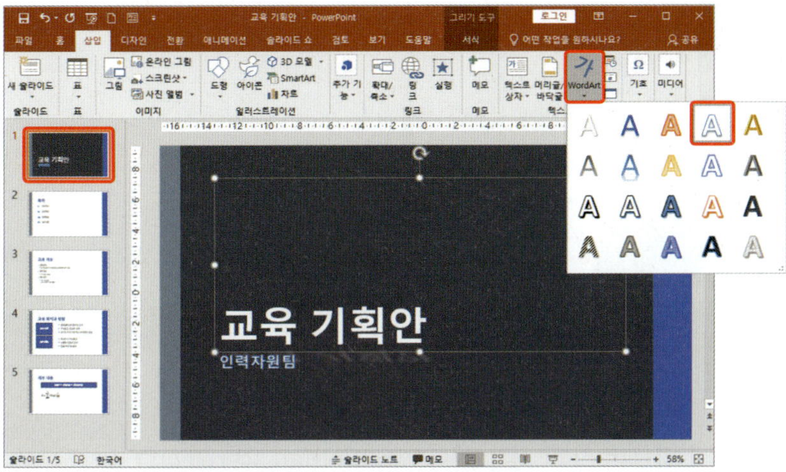

02 삽입된 워드아트에 *사내실무교육5회차*라고 입력한다. 숫자 5 앞에 커서를 두고 단축키 Shift + Enter를 눌러 줄바꿈한다. 워드아트 상자를 마우스로 드래그해 위치를 이동시킨 후 [홈] 탭–[글꼴] 그룹에서 [글꼴 크기]를 [36]으로 설정한다.

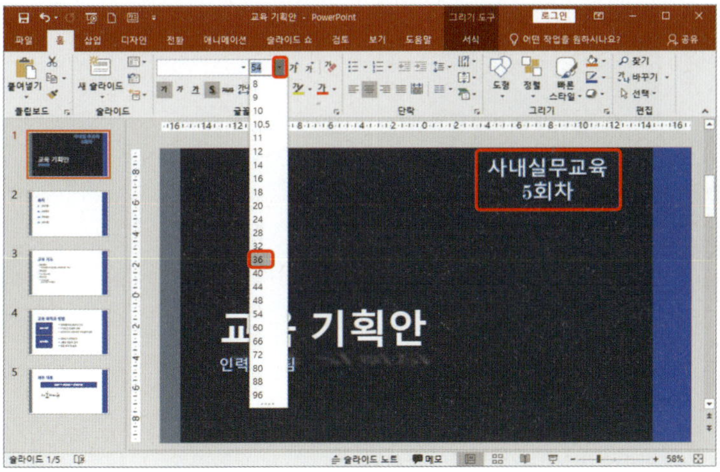

03 워드아트 상자를 선택하고 [그리기 도구]의 [서식] 탭–[WordArt 스타일] 그룹–[가 ▾ 텍스트 효과] 목록에서 [변환]–[휘기]의 [팽창 : 위쪽]을 선택한다.

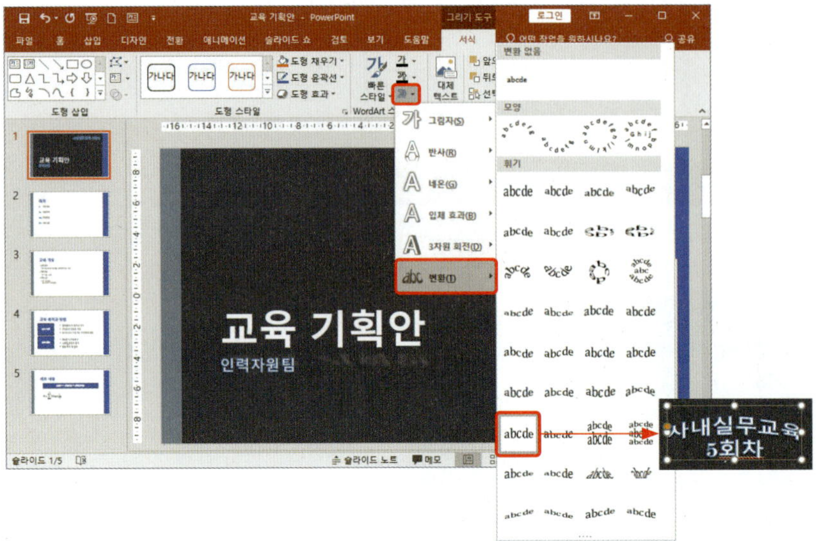

04 '5회차' 단어만 마우스로 드래그한 뒤 [그리기 도구]의 [서식] 탭–[WordArt 스타일] 그룹–[▾ 빠른 스타일] 목록에서 [채우기:흰색, 윤곽선:주황, 강조색 2, 진한 그림자:주황, 강조색 2]를 선택한다.

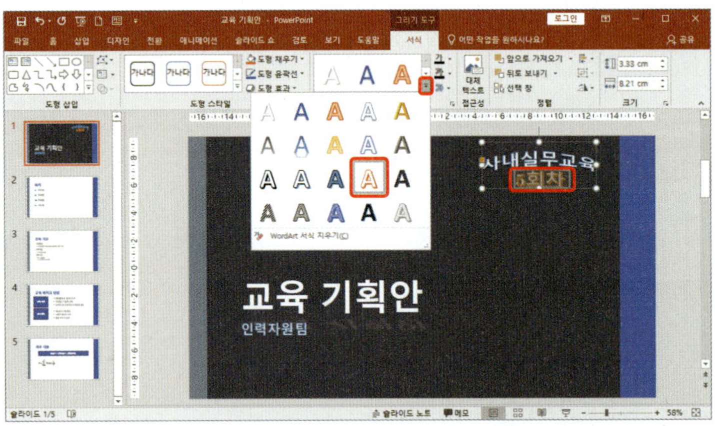

종합예제

파워포인트의 텍스트 관련 기능과 워드아트 도구를 활용해 다음과 같은 내용으로 프레젠테이션을 만들어보자.

1 파워포인트를 실행하고 '갤러리' 테마를 찾아 [만들기]를 선택한다.

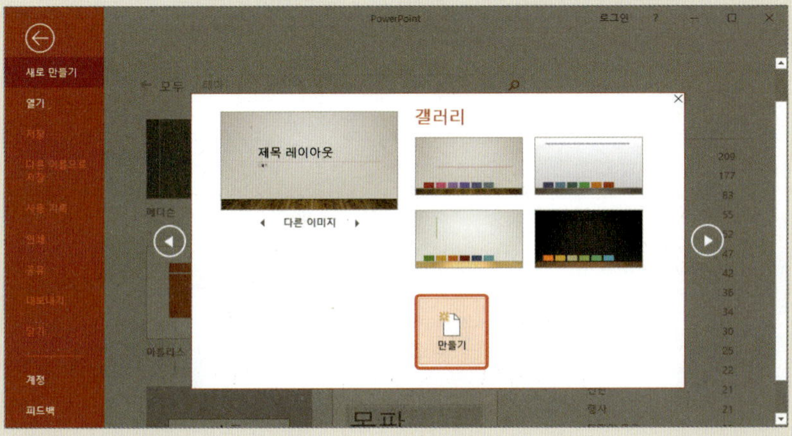

2 테마가 적용된 제목 슬라이드가 만들어지면 제목과 부제목을 그림과 같이 입력하고 부제목의 [글꼴 크기]를 [24]로 변경한다.

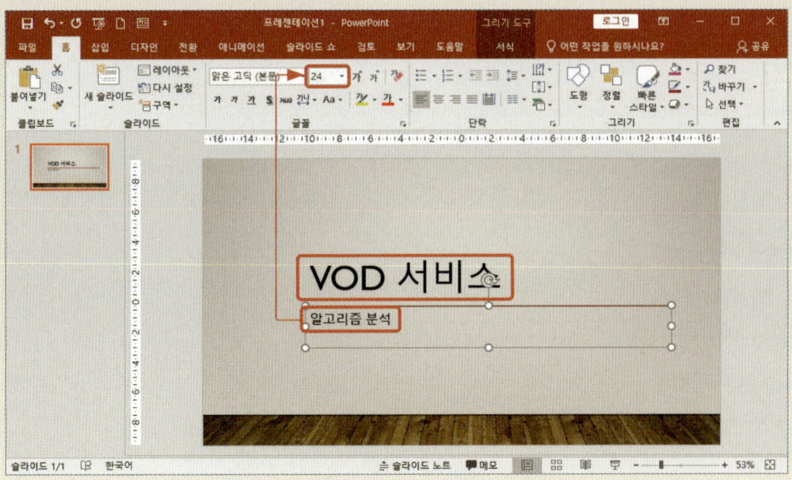

종합예제

3 [홈] 탭–[슬라이드] 그룹–[새 슬라이드] 목록에서 [제목 및 내용]을 선택해 슬라이드를 추가하고 제목은 *차례*, 내용은 *VOD(Video On Demand) 서비스*, *알고리즘의 분석*이라고 입력한다. 내용에는 [홈] 탭–[단락] 그룹–[번호 매기기] 목록–[A. B. C.]를 설정한다.

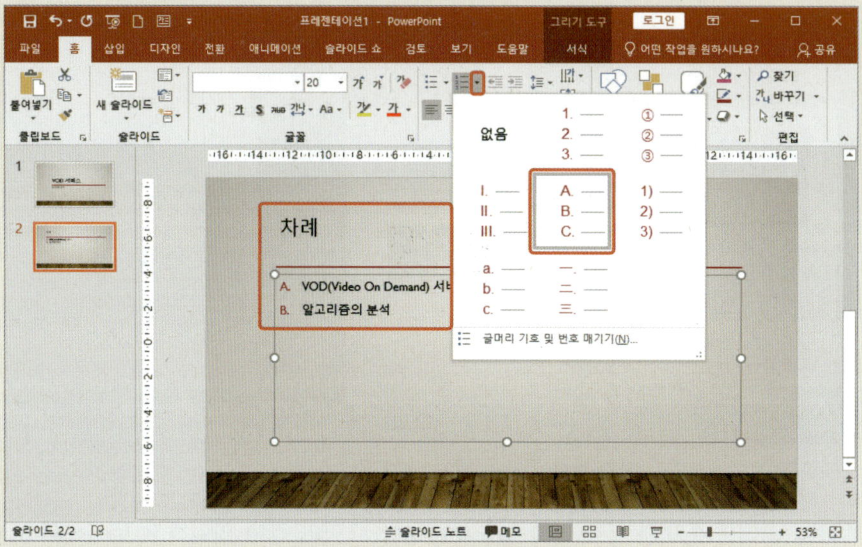

4 [홈] 탭–[슬라이드] 그룹–[새 슬라이드] 목록에서 [콘텐츠 2개]를 선택해 슬라이드를 추가한다.

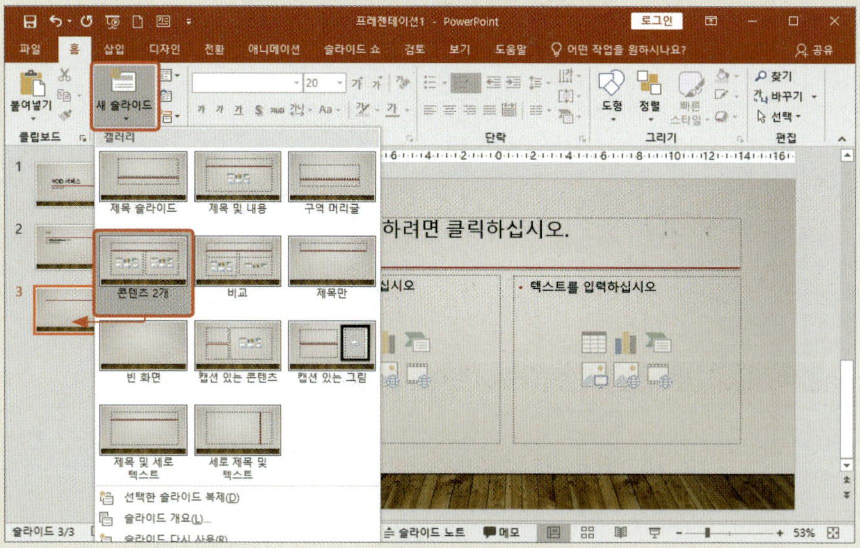

5 슬라이드 3의 제목을 *VOD 서비스*로 입력하고 슬라이드 내 왼쪽 텍스트 개체 틀에 다음 그림과 같이 텍스트를 입력한다. [홈] 탭–[단락] 그룹–[글머리 기호] 목록–[글머리 기호 및 번호 매기기]를 클릭해 다음 그림과 같이 설정하고 [확인]을 클릭한다.

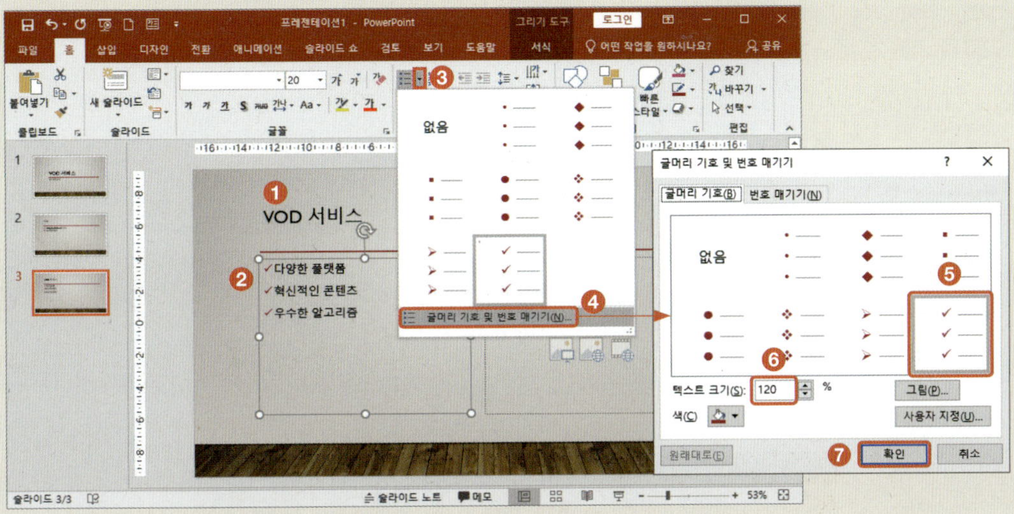

6 오른쪽 텍스트 개체 틀에도 다음 그림과 같이 텍스트를 입력한다. [홈] 탭–[단락] 그룹–[글머리 기호]를 클릭해 글머리 기호를 해제한다. [줄 간격]을 선택해 [1.0]으로 설정한 다음, 입력한 텍스트의 길이에 맞게 개체 틀의 크기를 조절한다.

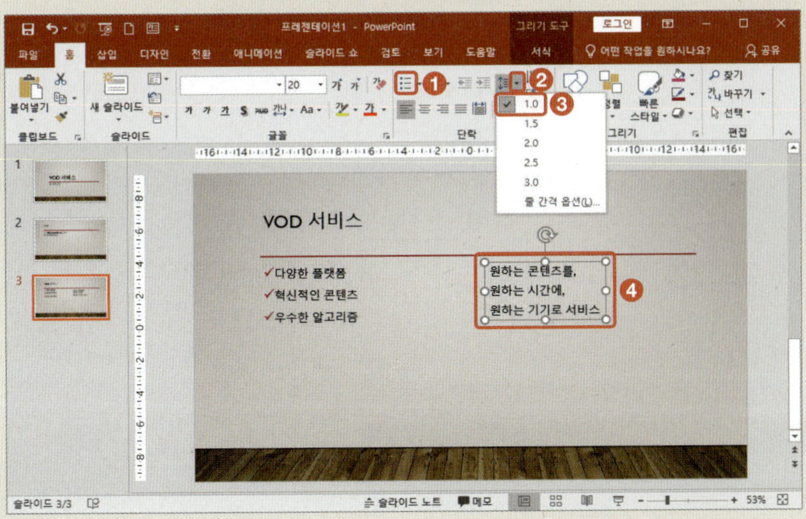

종합예제

7 Ctrl 키를 누른 상태에서 오른쪽 텍스트 개체 틀의 텍스트를 드래그해 그림과 같이 선택한다. [그리기 도구]의 [서식] 탭–[WordArt 스타일] 그룹–[빠른 스타일] 목록에서 [채우기 : 빨강, 강조색 1, 그림자]를 선택한다.

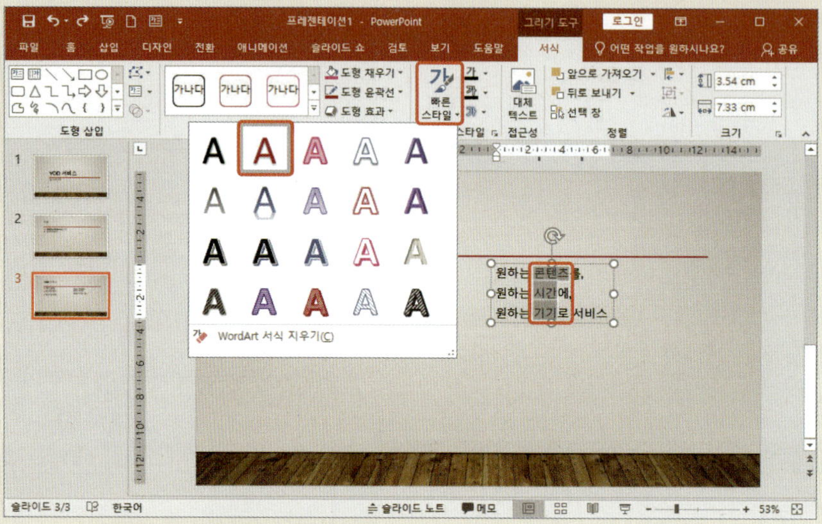

8 오른쪽 텍스트 개체 틀을 선택하고 [그리기 도구]–[서식] 탭–[WordArt 스타일] 그룹–[가 텍스트 효과] 목록에서 [변환]–[휘기]의 [팽창]을 선택한다.

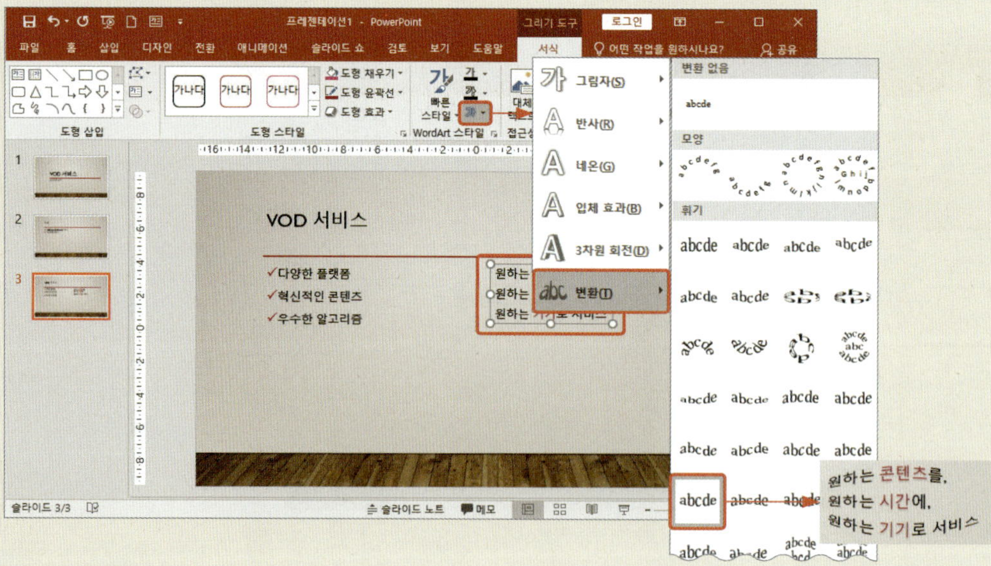

9 [홈] 탭–[슬라이드] 그룹–[새 슬라이드] 목록에서 [비교]를 선택해 슬라이드를 추가한다.

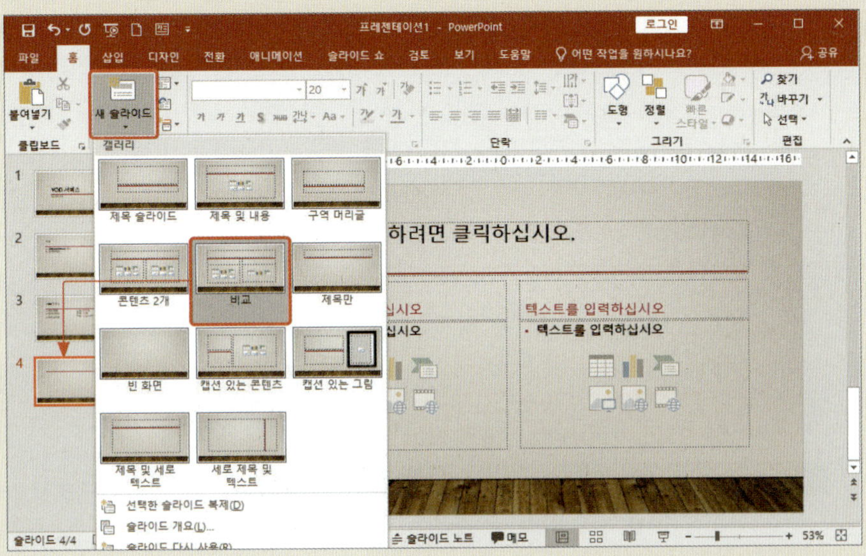

10 새로 추가한 슬라이드에 다음 그림과 같이 텍스트를 입력하고, 슬라이드의 빈 영역을 클릭한 상태에서 [삽입] 탭–[기호] 그룹–[수식]을 선택한다.

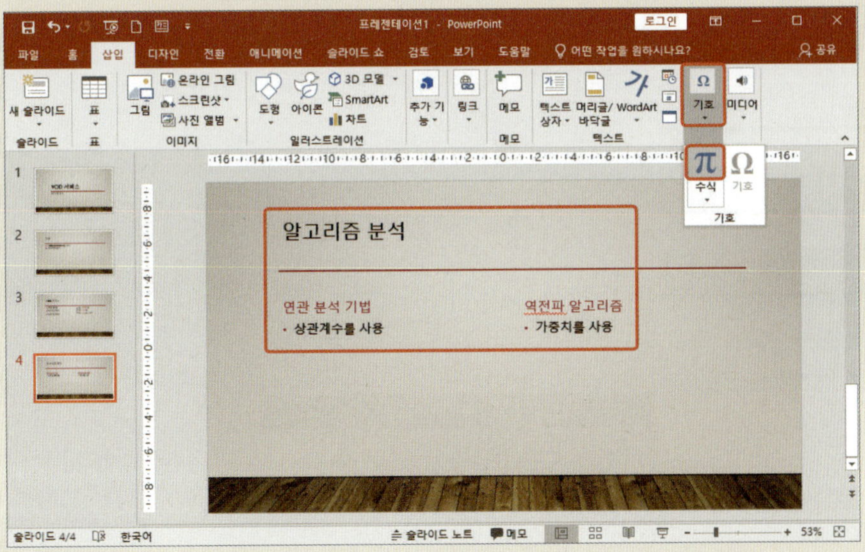

종합예제

11 다음 그림과 같이 수식을 입력하고 [글꼴 크기]는 [28]로 설정한다.

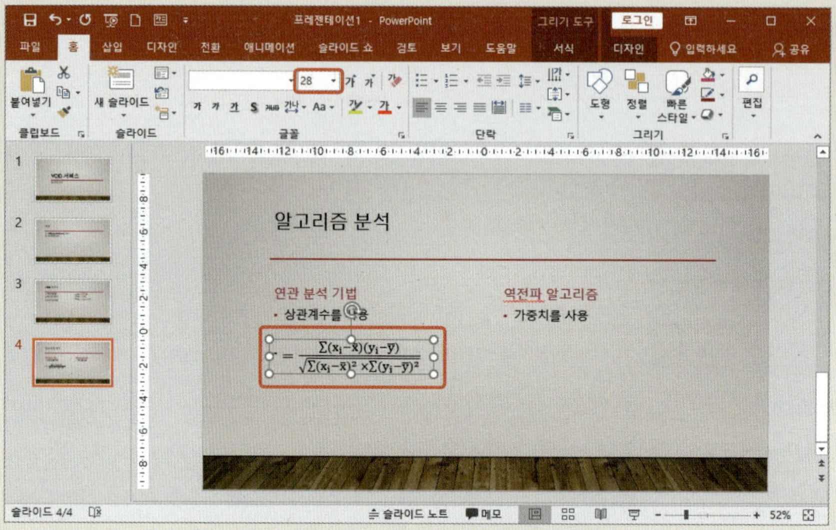

12 [홈] 탭–[슬라이드] 그룹–[새 슬라이드] 목록에서 [빈 화면]을 선택해 슬라이드를 추가한다.

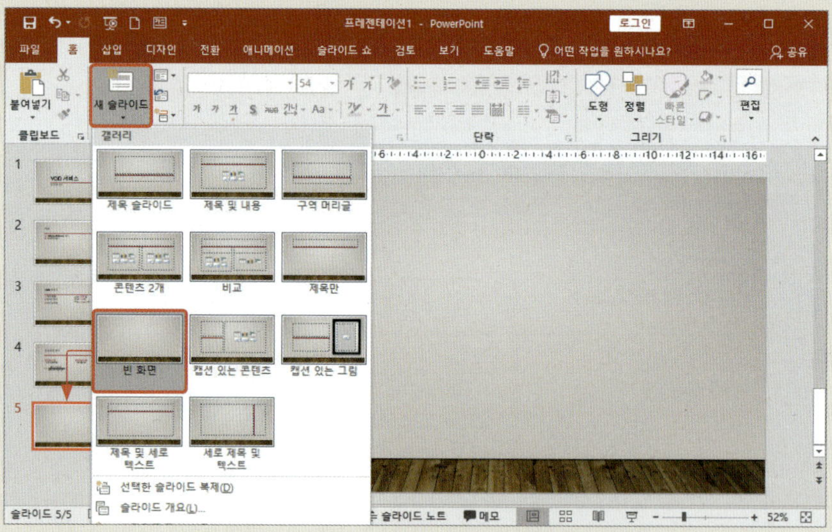

13 [그리기 도구]-[서식] 탭-[WordArt 스타일] 그룹-[빠른 스타일]을 클릭해 [무늬 채우기 : 빨강, 강조색 1, 50%, 진한 그림자 : 빨강, 강조색 1]을 선택한 다음 *NETFLIX*를 입력한다.

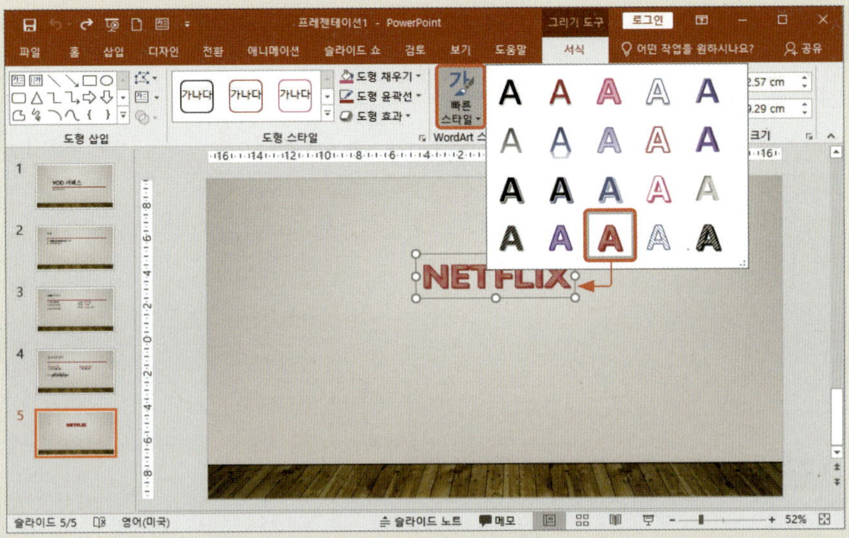

14 삽입한 워드아트 개체를 선택하고 [그리기 도구]의 [서식] 탭-[WordArt 스타일] 그룹-[가 - 텍스트 효과] 목록에서 [그림자]-[원근감]-[오른쪽 아래]를 선택한다.

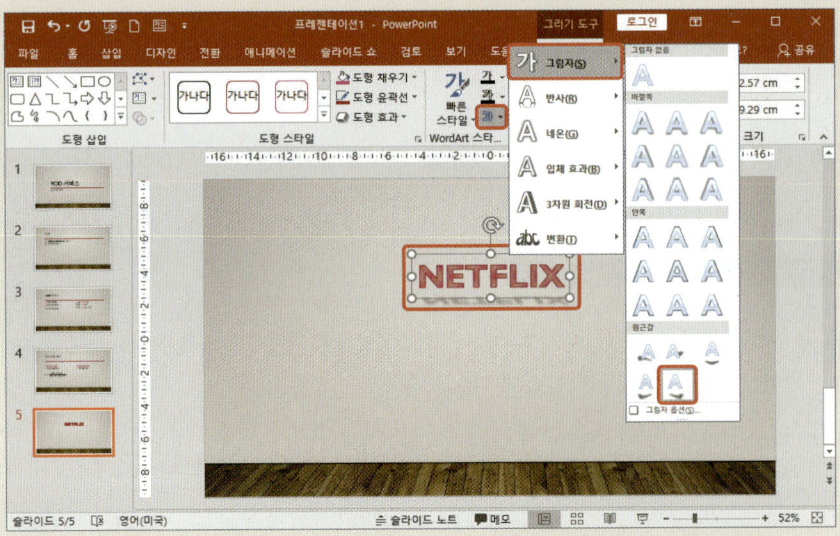

종합예제

15 다시 워드아트 개체를 선택하고 [그리기 도구]의 [서식] 탭-[WordArt 스타일] 그룹-[가 ▾ 텍스트 효과] 목록에서 [변환]-[휘기]의 [수축]을 선택한다.

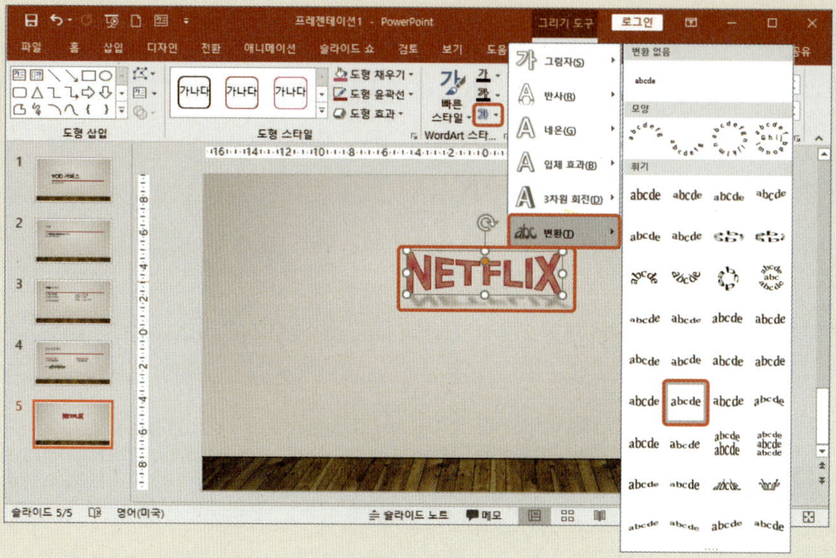

16 다음 그림과 같이 슬라이드에 워드아트 개체를 2개 더 삽입한다. 완성된 프레젠테이션은 '3장-종합.pptx' 이름으로 저장한다.

❶ [빠른 스타일]-[채우기:검정, 텍스트 색 1, 윤곽선:흰색, 배경색 1, 진한 그림자:흰색, 배경색 1]

❷ [텍스트 효과]-[변환]-[휘기]-[페이드:오른쪽]

❶ [빠른 스타일]-[채우기:남색, 강조색 5, 윤곽선:흰색, 배경색 1, 진한 그림자:남색, 강조색 5]

❷ [글꼴 크기]-[66]

❸ [텍스트 효과]-[입체 효과]-[둥글게]

❹ [텍스트 효과]-[네온]-[네온:5pt, 청회색, 강조색 6]

연습문제

1 다음의 지시대로 프레젠테이션을 작성하시오.

❶ '3장-연습.pptx' 파일을 열고 슬라이드 크기를 '표준(4:3)'으로 설정하시오. 슬라이드 크기 설정은 [디자인] 탭-[사용자 지정] 그룹의 [슬라이드 크기] 목록을 이용하시오.

❷ 프레젠테이션의 디자인은 [기본] 테마로 하고, [적용] 그룹의 [색상]은 [청록색]으로 설정하시오.

2 연습문제 **1**에서 작성한 '3장-연습.pptx' 파일을 열고 다음의 지시대로 수정하시오.

❶ 슬라이드 2에만 [틀] 테마로 디자인을 설정하시오. 개별 슬라이드 테마를 설정하는 방법은 CHAPTER 02를 참고하시오.

❷ 슬라이드 2의 글머리 기호를 번호 매기기(번호 색 : 빨강)로 설정하시오.

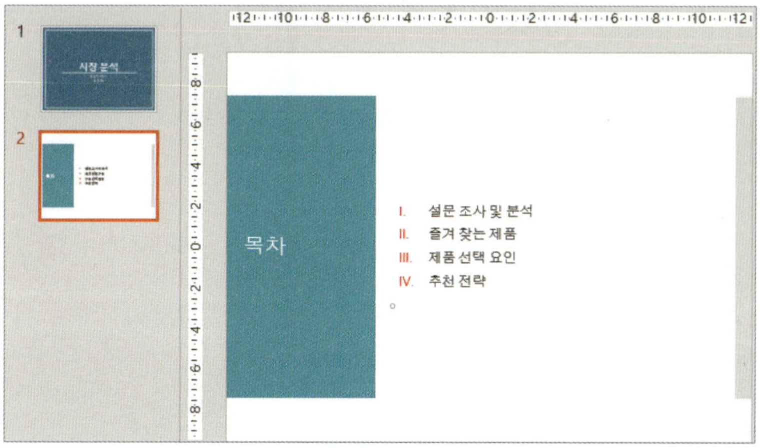

3 연습문제 **2**에서 작성한 '3장-연습.pptx' 파일에 슬라이드를 추가하고 다음의 지시대로 작성하시오.

❶ 슬라이드 3을 [기본] 테마의 [제목 및 내용] 레이아웃으로 추가하시오.

❷ 그림과 같이 내용을 입력하고 글머리 번호를 설정한 뒤 수식을 삽입하시오.

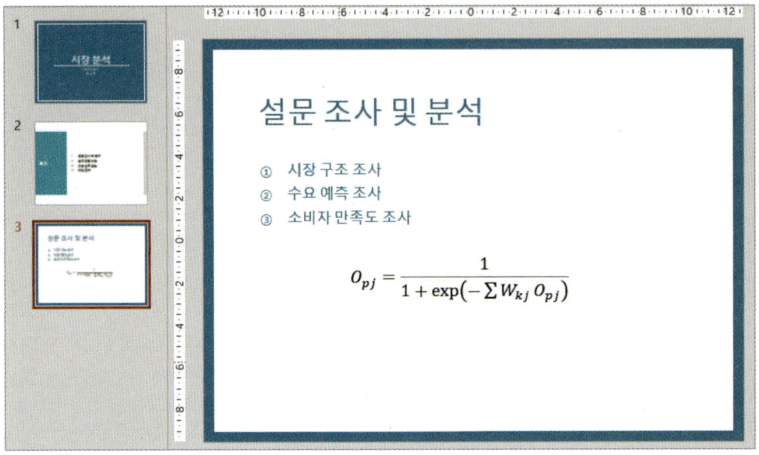

4 연습문제 **3**에서 작성한 '3장-연습.pptx' 파일에 슬라이드를 추가하고 다음의 지시대로 작성하시오.

❶ 슬라이드 4를 [기본] 테마의 [세로 제목 및 텍스트] 레이아웃으로 추가하시오.

❷ 본문 개체 틀의 [텍스트 방향]은 [가로]로, [줄 간격]은 [2.5]로 설정하고 그림과 같이 내용을 입력하시오.

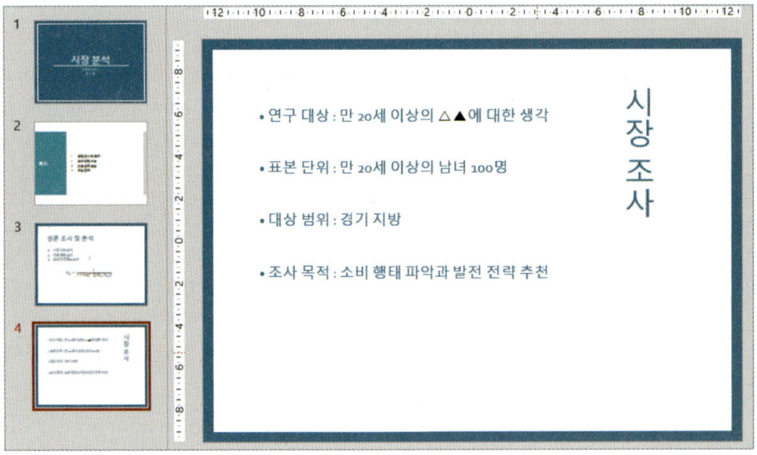

CHAPTER 04

도형 활용

01 도형 다루기

02 도형 서식 설정하기

종합예제

연습문제

학습목표

- 도형을 삽입하고 복제, 모양 변경, 맞춤 설정을 할 수 있다.
- 도형에 서식이나 효과를 설정할 수 있다.

SECTION 01

도형 다루기

프레젠테이션을 제작할 때 전달하고자 하는 내용을 텍스트로만 나열하지 않고 도형을 만들어 시각화하면 정보 전달 효과를 높일 수 있다. 파워포인트 2019에서는 도형뿐 아니라 아이콘이나 3D 모델을 슬라이드에 활용할 수 있어서 더욱 다양하고 실감 나는 발표 자료를 만들 수 있다. 파워포인트에서 제공하는 도형과 아이콘, 3D 모델을 슬라이드에 삽입하고 모양을 변형하거나 서식을 설정하는 방법에 대해 알아본다.

1.1 도형 삽입과 편집

파워포인트에서 사용할 수 있는 도형은 텍스트 상자를 비롯해 원이나 삼각형 등의 기본 도형, 화살표, 자유형으로 직접 그린 도형 등이 있다. 도형을 삽입하고 편집할 때 마우스를 사용하는 경우가 많은데, Ctrl 키나 Shift 키를 함께 사용하면 작업 효율을 높일 수 있다. 도형을 삽입하고 위치나 크기를 조절하는 방법과 자주 활용되는 몇 가지 단축키에 대해 학습해보자.

기본예제 4-1 도형 삽입하기

슬라이드에 여러 방법으로 다양한 도형을 삽입해보고 도형에 텍스트를 입력해보자.

01 파워포인트를 실행해 [새 프레젠테이션]을 만들고, [홈] 탭–[슬라이드] 그룹–[레이아웃] 목록에서 [빈 화면]을 선택한다.

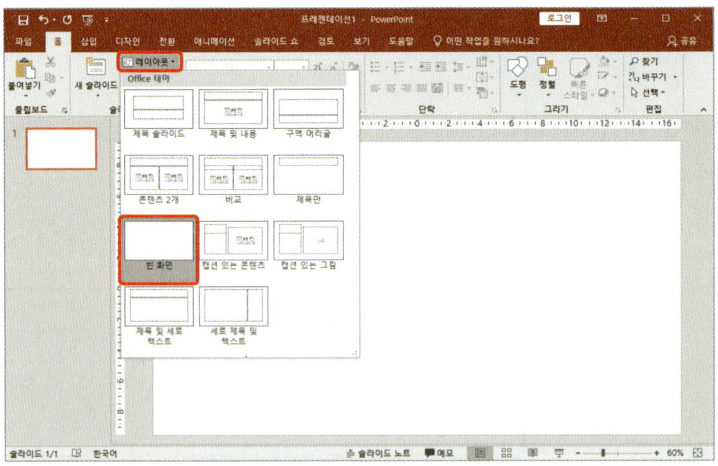

02 [삽입] 탭–[일러스트레이션] 그룹–[도형] 목록에서 [기본 도형]–[타원]을 선택한다.

TIP [홈] 탭–[그리기] 그룹에 있는 [도형]을 클릭해 적용해도 된다.

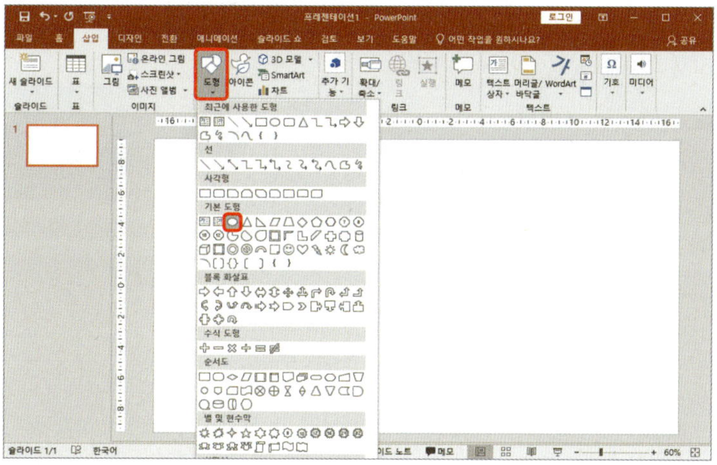

03 슬라이드 내 타원 모양 도형을 넣을 위치를 클릭하고 마우스를 드래그해 원하는 크기로 그린다.

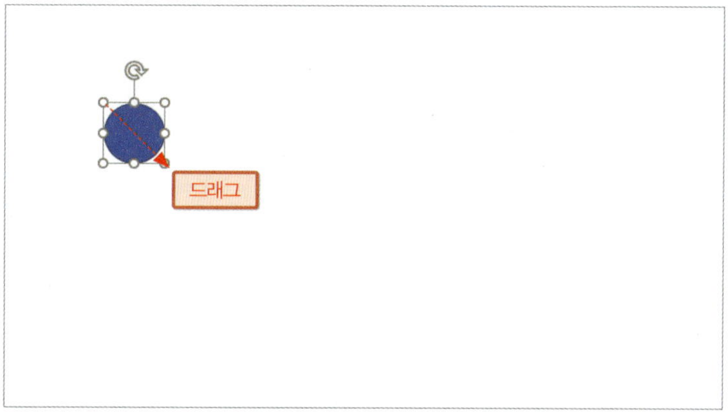

TIP 타원 모양 도형을 넣을 위치를 마우스로 클릭하기만 해도 되는데, 이 경우에는 정해진 크기로 삽입된다.

04 이번에는 [삽입] 탭–[일러스트레이션] 그룹–[도형] 목록에서 [사각형]–[직사각형]을 선택한다.

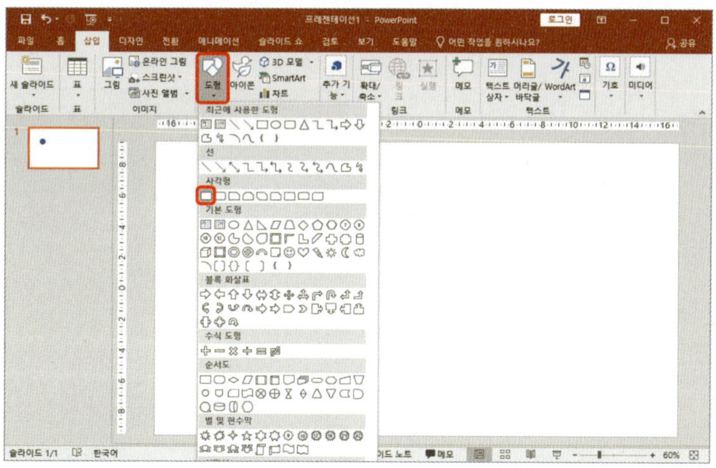

05 Ctrl 키를 누른 상태에서 직사각형을 넣을 위치에 마우스를 드래그해 그린다.

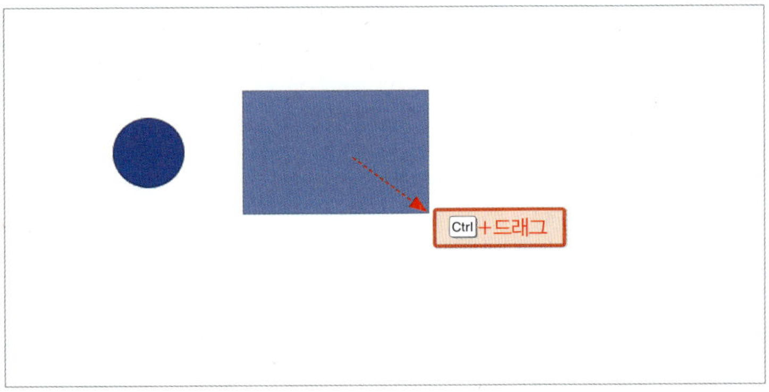

TIP Ctrl 키를 누르고 도형을 그리면 마우스를 클릭한 위치가 도형의 중심이 된다.

06 이번에는 [삽입] 탭–[일러스트레이션] 그룹–[도형] 목록에서 [사각형]–[둥근 모서리]를 선택하고 Shift 키를 누른 채 마우스로 드래그해 그린다.

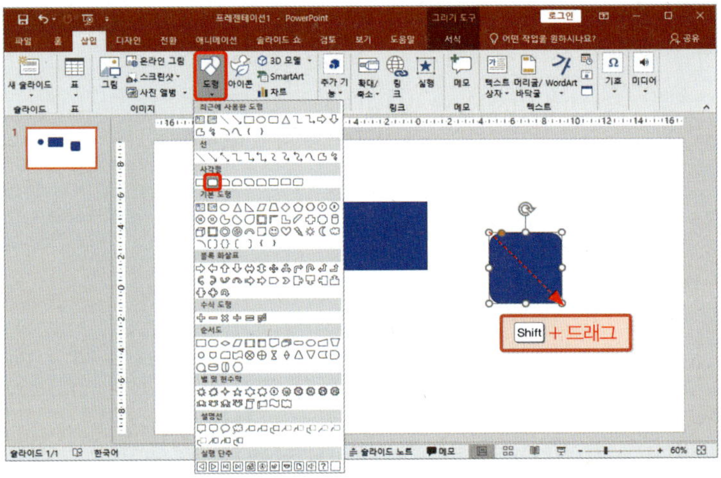

TIP Shift 키를 누른 채 드래그하면 가로, 세로 비율이 같은 도형이 그려진다.

07 [삽입] 탭–[일러스트레이션] 그룹–[도형] 목록에서 [선]–[직선]을 선택하고 Shift 키를 누른 채 마우스를 드래그해 대각선을 그린다.

TIP Shift 키를 누른 채 선을 그리면 수직선, 수평선, 45° 방향의 선을 그릴 수 있다.

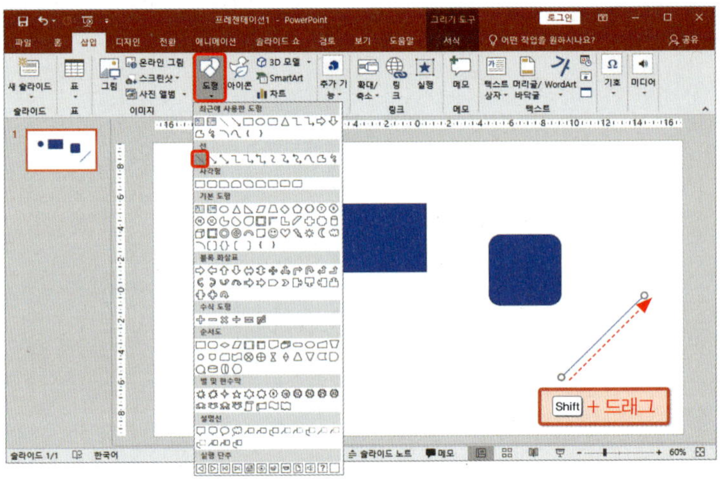

08 그림과 같이 텍스트를 입력할 도형을 선택하고 *환경*이라고 입력한다. 도형이 선택된 상태에서 [홈] 탭 –[글꼴] 그룹으로 들어가 [글꼴 크기]를 [40]으로 변경한다.

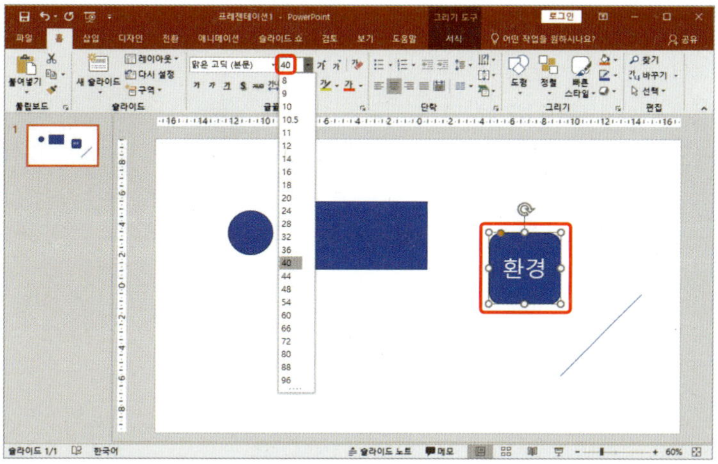

TIP 마우스 오른쪽으로 도형을 클릭해 바로 가기 메뉴에서 [텍스트 편집]을 선택해도 된다.

기본예제 4-2 도형의 위치와 크기 변경하기

슬라이드에 삽입한 도형을 선택해 크기나 위치를 변경해보자.

01 슬라이드 내 여러 도형이 포함되도록 마우스로 드래그하면 범위 내의 도형이 모두 선택된다.

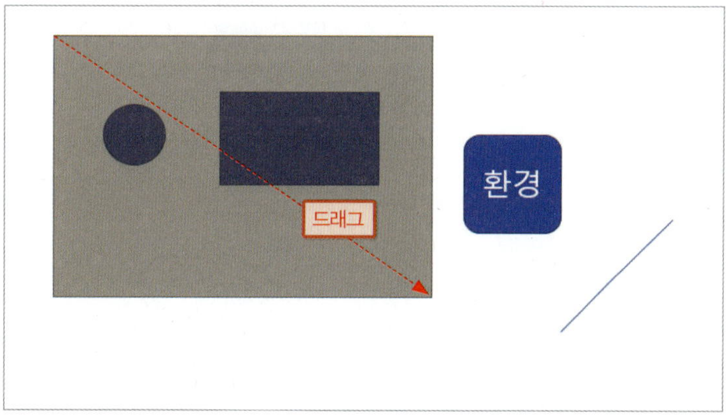

TIP Shift 키나 Ctrl 키를 누른 채 범위에 포함시킬 도형을 각각 클릭해도 된다.

02 여러 도형이 선택된 상태에서 Shift 키를 누르고 일부 범위를 마우스로 드래그하면 드래그한 범위가 선택 해제된다.

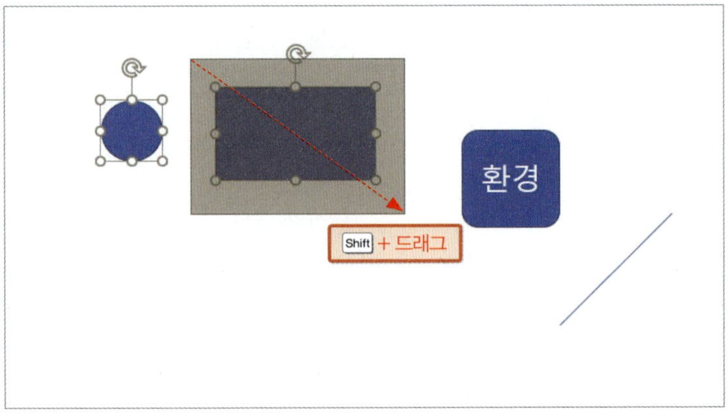

> **TIP** Shift 키나 Ctrl 키를 누른 채 도형을 하나씩 클릭해도 선택 해제할 수 있다. 모든 도형을 선택 해제시키고 싶다면 슬라이드 내 빈 영역을 클릭하면 된다.

03 도형을 선택하고 마우스로 드래그하면 도형의 위치를 이동시킬 수 있다.

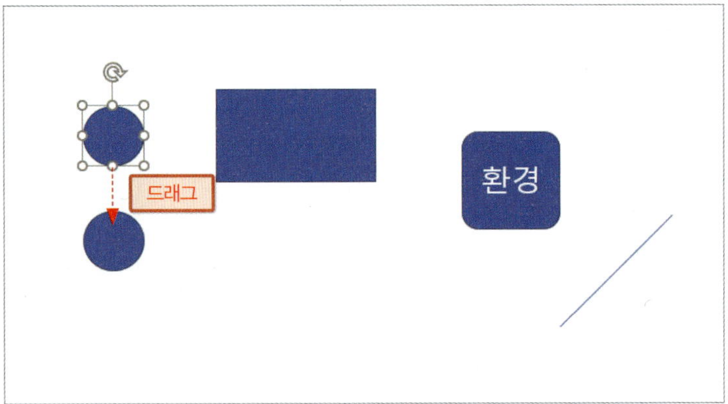

> **TIP** 도형을 선택하고 방향키 ←, ↑, →, ↓를 눌러도 위치를 이동시킬 수 있다. Ctrl 키와 방향키를 함께 누르면 도형의 위치를 좀 더 미세하게 조정할 수 있다.

04 도형을 선택하고 크기 조절점을 마우스로 드래그하면 도형의 크기를 변경할 수 있다.

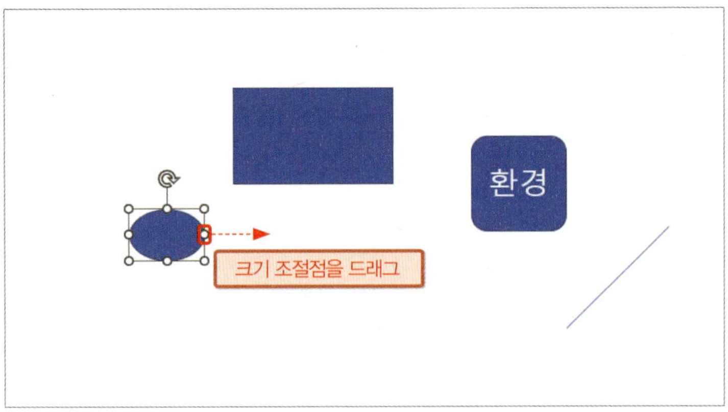

TIP Shift 키를 누르고 대각선 방향으로 크기 조절점을 드래그하면 좌우 비율을 같게 유지할 수 있다. Ctrl 키를 누르고 크기 조절점을 드래그하면 도형의 중심을 유지한 채 크기를 조절할 수 있다. 단축키 Ctrl+Shift를 누른 채 도형 모서리의 크기 조절점을 드래그하면 도형의 중심과 비율을 유지하면서 크기를 조절할 수 있다.

여기서 잠깐 **스마트 가이드와 눈금 설정**

스마트 가이드는 도형을 이동시킬 때 화면에 표시되어 위치 설정에 도움을 주는 빨간색의 파선이다. 스마트 가이드 외에도 눈금자, 눈금선, 안내선 같은 표시 기능이 있다. 개체를 이동시키거나 크기를 조절할 때, 또는 다른 개체와 크기나 위치를 맞출 때 유용하다. [보기] 탭-[표시] 그룹에서 해당 기능에 체크해 사용할 수 있다. [눈금 설정] 단추를 클릭하면 나타나는 [눈금 및 안내선] 대화상자에서 더 상세한 설정도 가능하다.

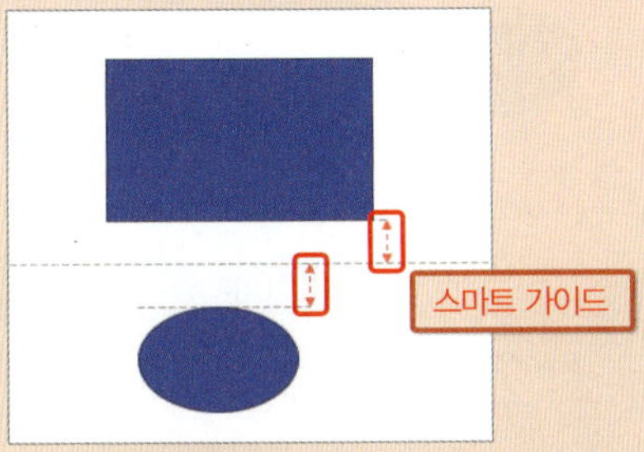

▲ 스마트 가이드

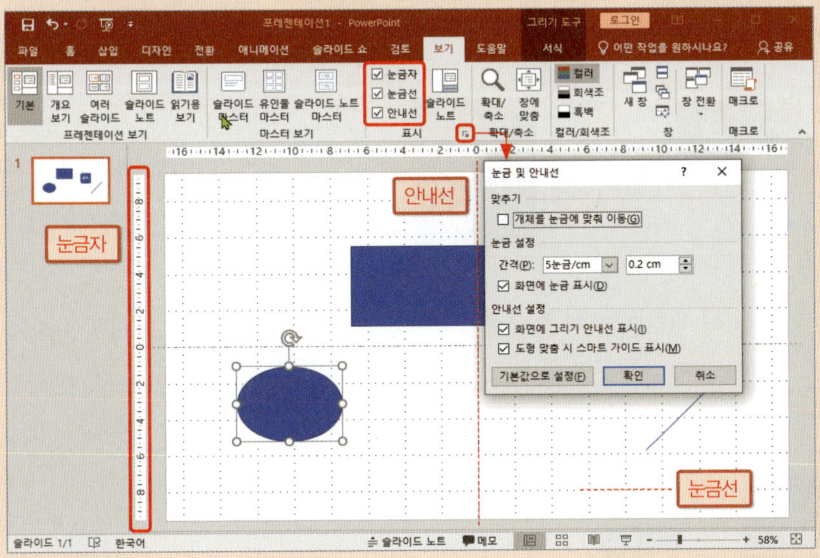

▲ 눈금 설정

기본예제 4-3 도형 복제와 삭제하기

슬라이드에 삽입된 도형을 같은 모양으로 복제하거나 삭제해보자.

01 슬라이드 내 타원 모양 도형을 선택하고 [홈] 탭-[클립보드] 그룹-[복사] 목록에서 [복제]를 선택한다.

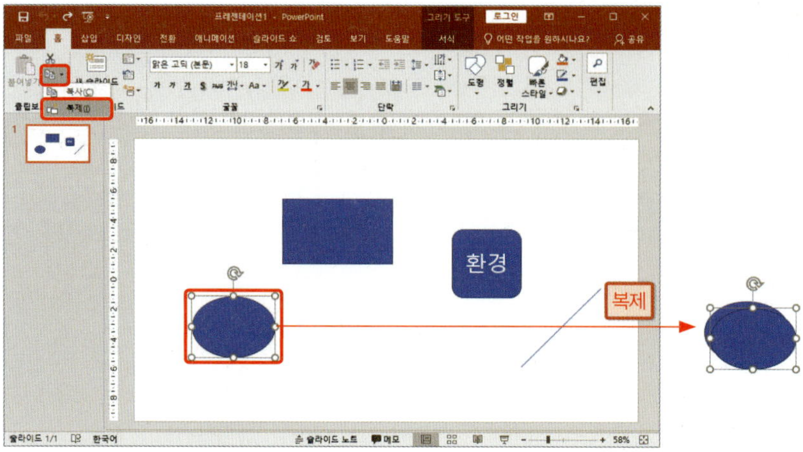

> **TIP** Ctrl 키를 누른 채로 도형을 드래그해 복제할 수도 있다.

02 이번에는 직사각형 모양 도형을 선택하고 단축키 Ctrl+D를 눌러 복제한 다음, 복제한 도형을 드래그해 위치를 이동시킨다.

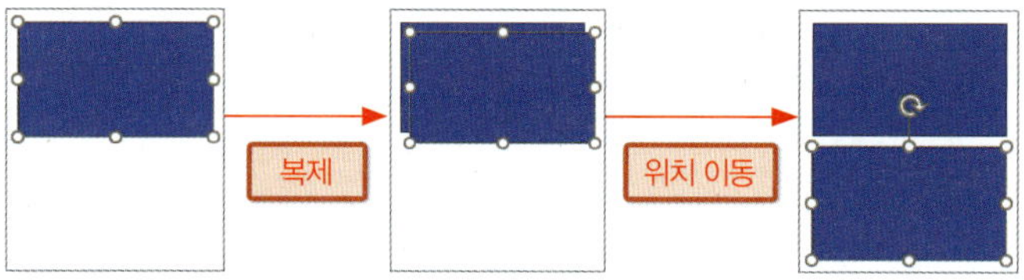

03 단축키 Ctrl+D를 한 번 더 누르면 단계 **02**에서 이동한 거리만큼 간격을 두고 도형이 하나 더 복제된다.

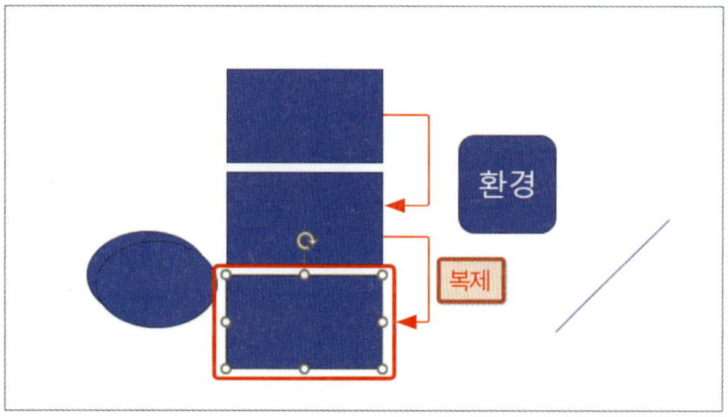

> **TIP** 단계 02와 03은 연속하여 수행해야 한다. 복제와 이동 사이에 다른 작업을 수행하면 도형이 같은 간격으로 복제되지 않는다.

04 이번엔 모서리가 둥근 사각형 모양 도형을 선택하고 단축키 Ctrl+Shift를 누른 채 드래그해보자. 수평 또는 수직 방향으로 도형이 복제된다.

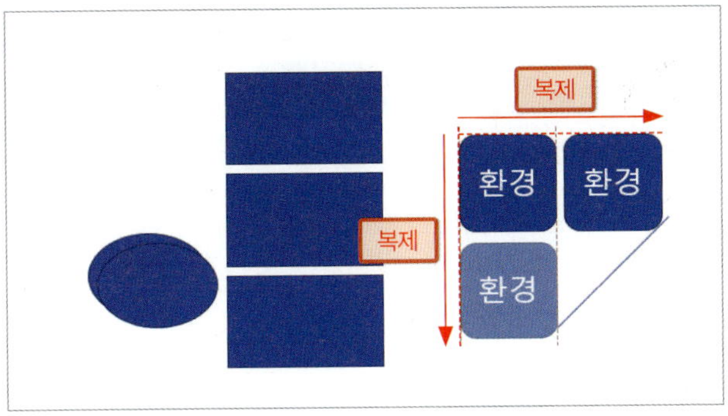

05 마우스로 전체 범위를 드래그해 모든 도형을 선택하고 Delete 키를 누르면 도형이 모두 삭제된다.

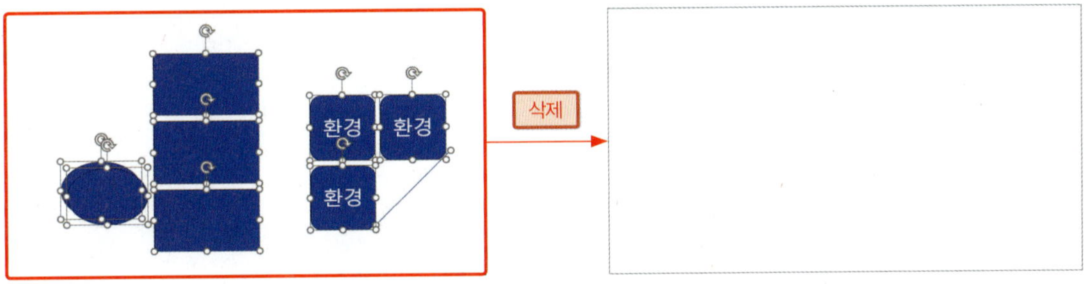

TIP 도형을 마우스 오른쪽으로 클릭해 바로 가기 메뉴에서 [잘라내기]를 선택해도 삭제가 가능하다. 슬라이드에 있는 모든 도형을 선택하려면 단축키 Ctrl+A를 누르면 된다.

여기서 잠깐 **그리기 잠금 모드**

같은 모양의 도형을 반복해서 그릴 때 도형을 복제하는 대신 그리기 잠금 모드를 이용해도 된다. [삽입] 탭–[일러스트레이션] 그룹–[도형] 목록에서 삽입하고 싶은 도형을 마우스 오른쪽으로 클릭해 [그리기 잠금 모드]를 선택하면 똑같은 도형을 필요한 만큼 계속 그릴 수 있다. 그리기 잠금 모드를 해제하고 싶다면 Esc 키를 누르면 된다.

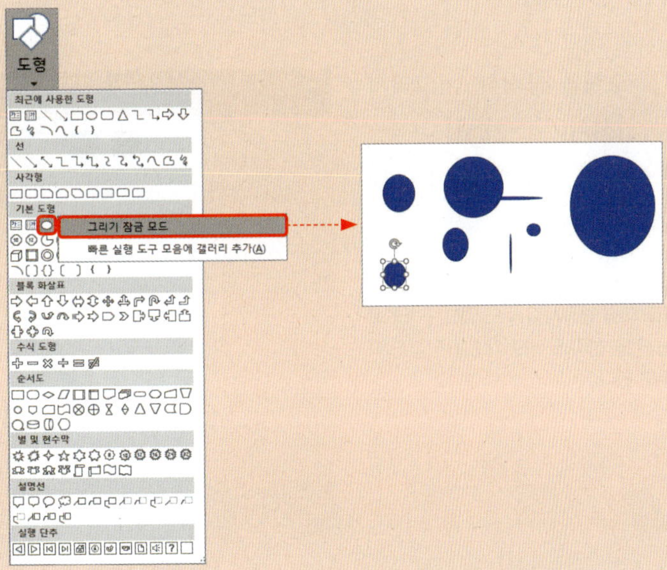

기본예제 4-4 도형 회전과 모양 변경하기

슬라이드에 있는 도형을 다른 모양으로 변경하거나 회전시켜 여러 가지 형태로 바꿔보자.

01 [삽입] 탭-[일러스트레이션] 그룹-[도형] 목록에서 [기본 도형]-[직각 삼각형]을 선택하고 슬라이드에 마우스를 드래그해 삽입한다.

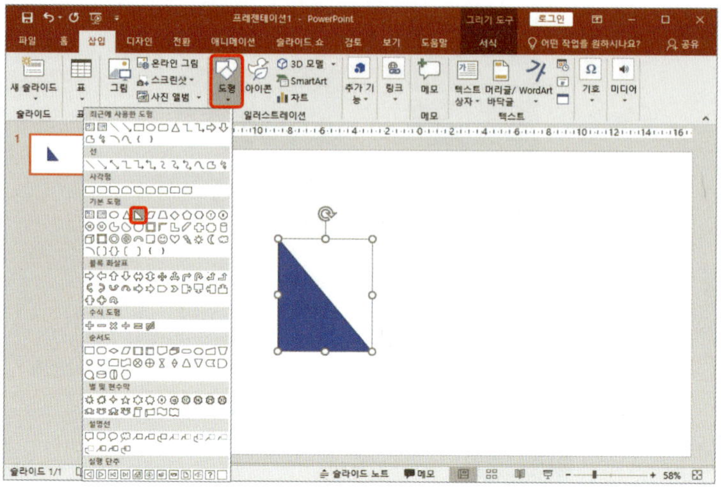

02 도형을 클릭하면 도형 위쪽에 회전 핸들이 나타난다. 회전 핸들을 마우스로 드래그하면 도형을 회전시킬 수 있다.

TIP Alt 키와 방향키 ←, ↑, →, ↓를 함께 누르면 도형이 15°씩 회전한다.

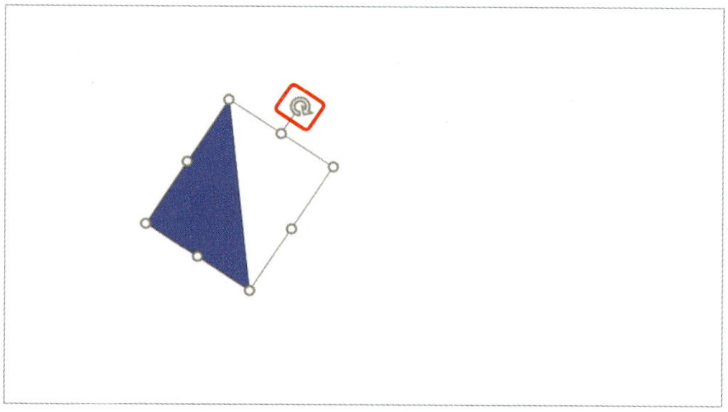

03 도형을 클릭하고 [그리기 도구]-[서식] 탭-[정렬] 그룹-[회전] 목록에서 [좌우 대칭]을 선택한다.

TIP [상하 대칭]을 선택해 도형 모양을 상하로 대칭 변형시킬 수도 있고, [기타 회전 옵션]을 선택해 회전 각도를 직접 입력할 수도 있다.

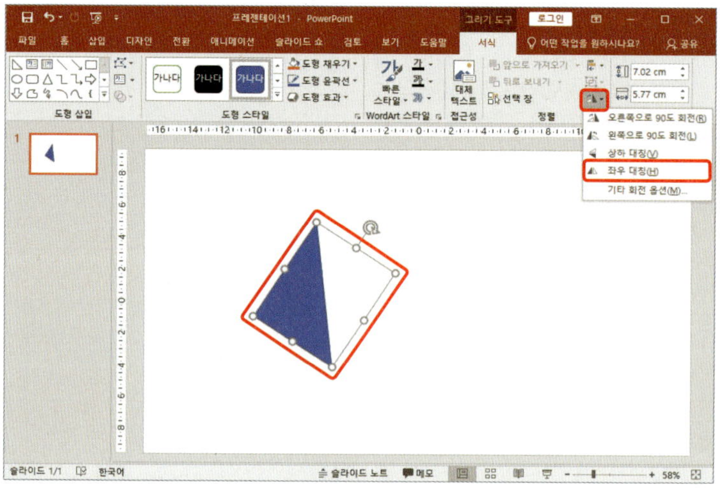

04 다시 도형을 클릭하고 [그리기 도구]-[서식] 탭-[도형 삽입] 그룹에서 [도형 편집]-[도형 모양 변경]-[블록 화살표]의 [화살표:왼쪽]을 선택한다.

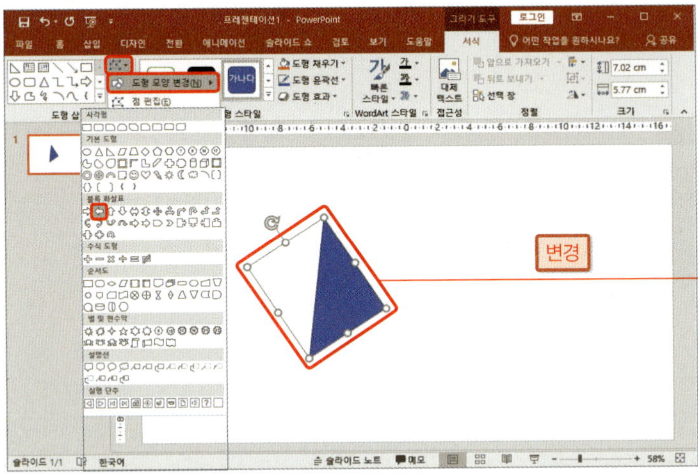

TIP 선택한 도형의 크기나 회전 각도 등은 바뀌지 않고 모양만 변경된다.

05 이번엔 화살표 모양을 클릭하고 [그리기 도구]-[서식] 탭-[도형 삽입] 그룹-[도형 편집]-[점 편집]을 선택한다. 도형 조절점을 마우스로 드래그해 원하는 형태로 변경한 다음 Esc 키를 눌러 편집을 끝낸다.

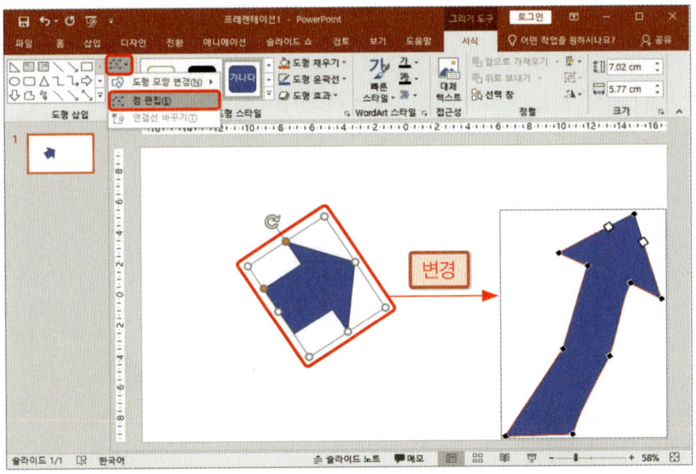

TIP 도형의 점이나 세그먼트(연결선)를 마우스로 드래그하거나 클릭해서 모양을 편집할 수도 있지만, 점이나 세그먼트를 마우스 오른쪽으로 클릭해 편집 메뉴를 이용할 수도 있다. 또한 점 편집을 끝낼 때는 도형의 바깥 영역을 마우스로 클릭하면 된다.

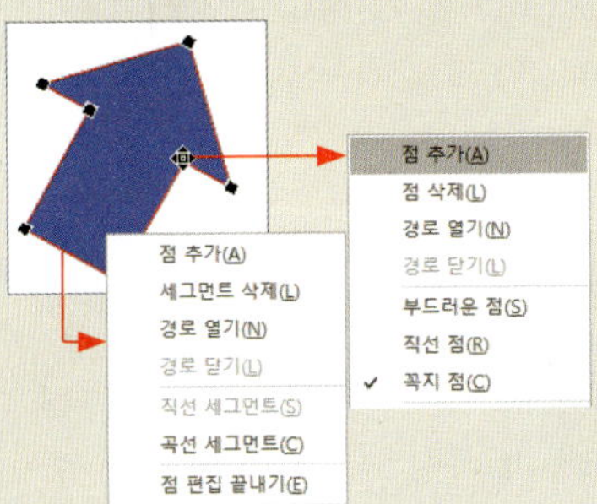

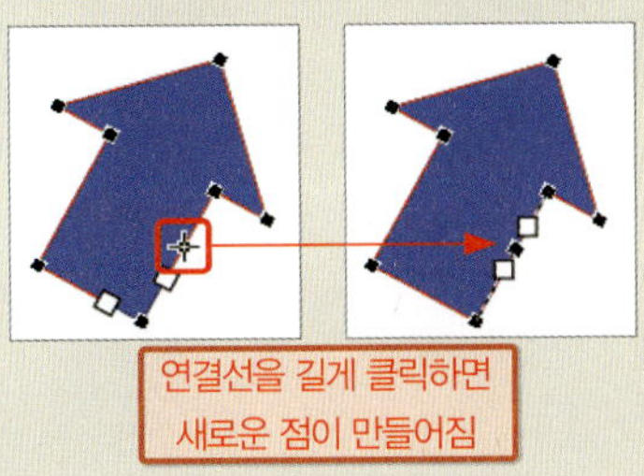

여기서 잠깐 **자유형 도형 그리기**

파워포인트에서 제공하는 여러 도형 중 [자유형]을 이용하면 사용자가 원하는 모양의 도형을 직접 그릴 수 있다. 시작 위치를 마우스로 클릭한 채 드래그하면 드래그한 모양 그대로 선이 그려지고, 한 점을 클릭한 후 다음 위치를 클릭하면 직선이 그려진다. 직선을 그릴 때 Shift 키를 누른 채 클릭하면 15° 단위로 직선과 대각선을 그릴 수 있다. 도형 그리기를 종료하려면 Esc 키를 누르거나 마지막 위치에서 더블클릭하면 된다.

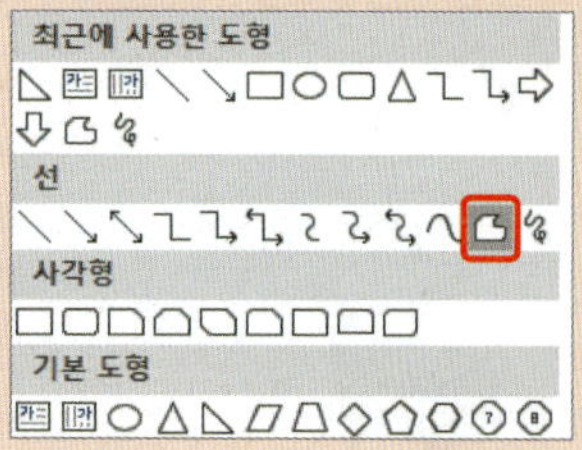

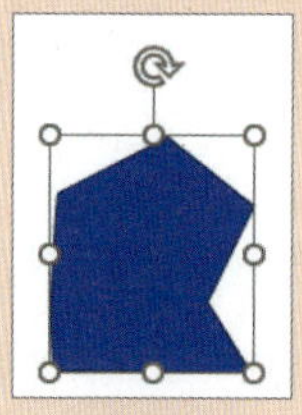

기본예제 4-5 도형 병합하기

이번엔 여러 개의 도형을 병합하거나 결합 또는 교차해 새로운 모양의 도형을 만들어보자.

01 [삽입] 탭–[일러스트레이션] 그룹–[도형] 목록에서 [기본 도형]–[타원]과 [사각형]–[직사각형]을 클릭해 슬라이드에 삽입하고 겹치도록 배치한다.

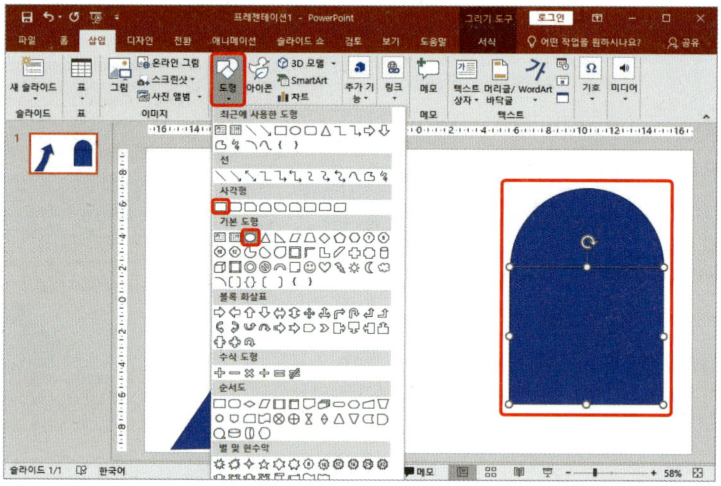

02 타원 모양 도형을 먼저 선택하고 Shift 키를 누른 상태에서 직사각형 모양 도형을 클릭해 두 도형을 모두 선택한다. [그리기 도구]의 [서식] 탭–[도형 삽입] 그룹–[◎ 도형 병합] 목록에서 [빼기]를 선택한다.

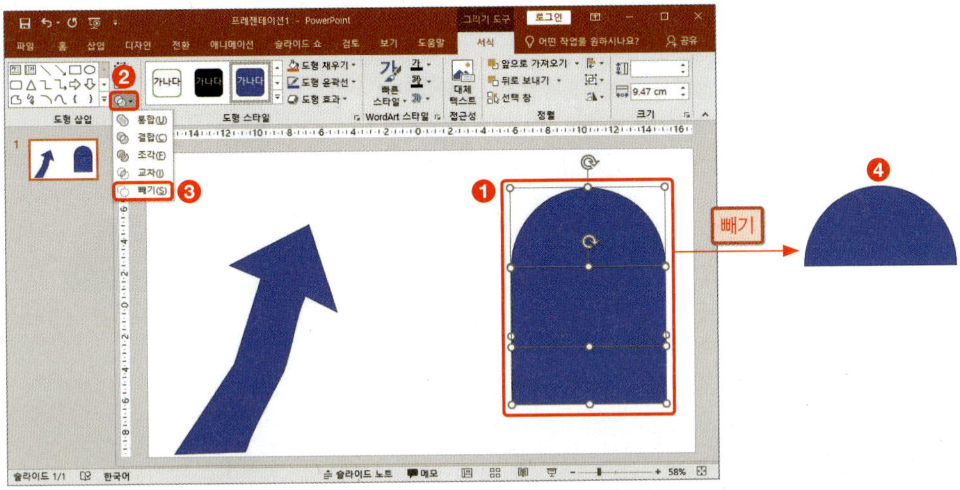

TIP 직사각형 모양 도형을 먼저 선택하고 타원 모양 도형을 클릭한 뒤 [빼기]를 적용하면 다음과 같은 모양이 된다.

03 [삽입] 탭–[일러스트레이션] 그룹–[도형] 목록에서 [기본 도형]–[타원], [이등변 삼각형]을 클릭해 슬라이드에 삽입하고 겹치도록 배치한다.

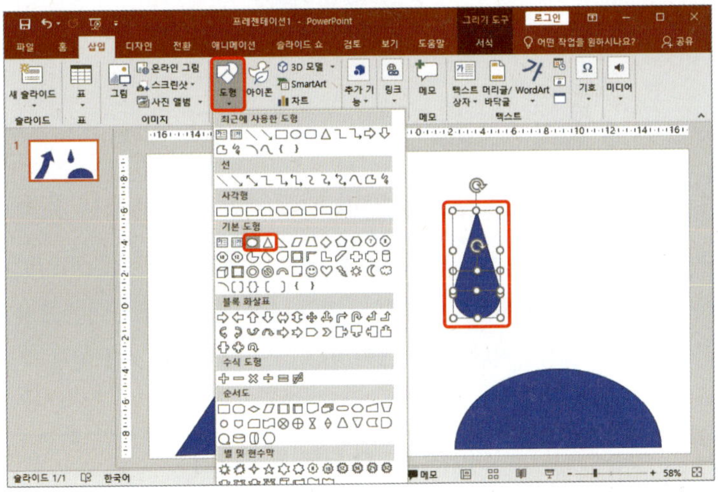

04 두 도형을 모두 선택하고 [그리기 도구]의 [서식] 탭–[도형 삽입] 그룹–[도형 병합] 목록에서 [통합]을 선택한다.

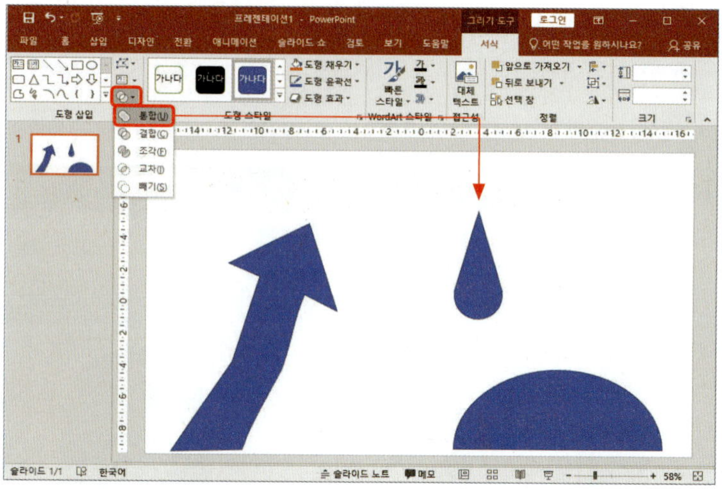

여기서 잠깐 **도형 병합 옵션**

[도형 병합] 목록에서 선택할 수 있는 옵션은 각각 다음과 같은 효과를 낸다.

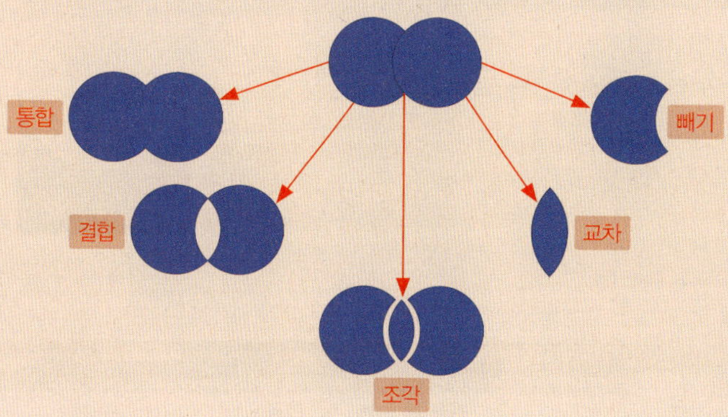

1.2 아이콘 및 3D 모델 삽입과 편집

파워포인트 2019에서는 아이콘 또는 벡터 그래픽 이미지(SVG, Scalable Vector Graphic), 3D 모델을 프레젠테이션에 활용할 수 있다. 또한 다양한 모양의 아이콘이나 3D 모델을 슬라이드에 삽입하고 원하는 색으로 설정하거나 회전, 크기 변경, 스타일 설정 등을 이용해 여러 가지 형태로 바꿀 수 있다.

기본예제 4-6 아이콘과 3D 모델 활용하기

슬라이드에 원하는 모양의 아이콘과 3D 모델을 찾아 삽입해보자.

01 [삽입] 탭-[일러스트레이션] 그룹의 [아이콘]을 클릭한다.

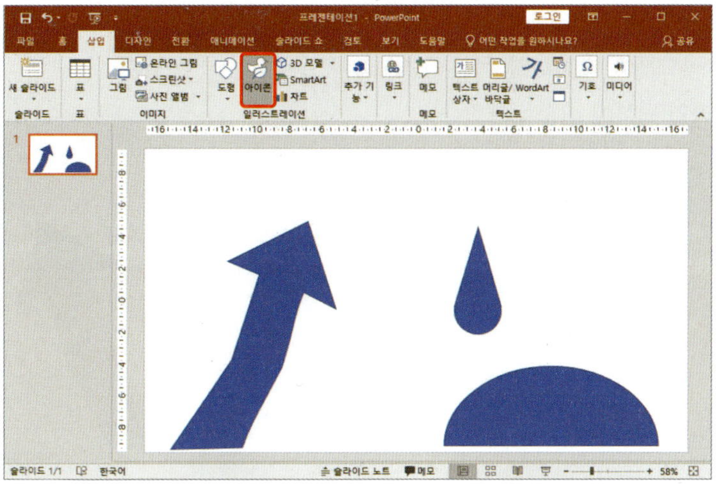

02 [아이콘 삽입] 대화상자가 나타나면 [건물] 목록에서 필요한 아이콘을 선택하고 [삽입]을 클릭한다.

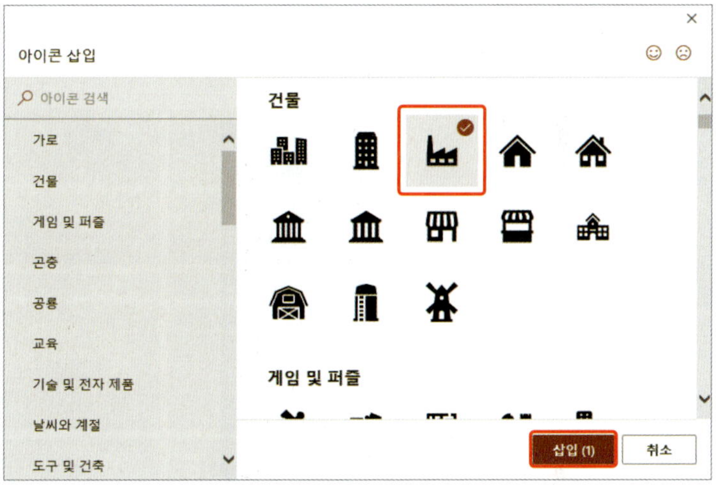

03 슬라이드에 삽입된 건물 그래픽 개체의 크기와 위치를 조정한다.

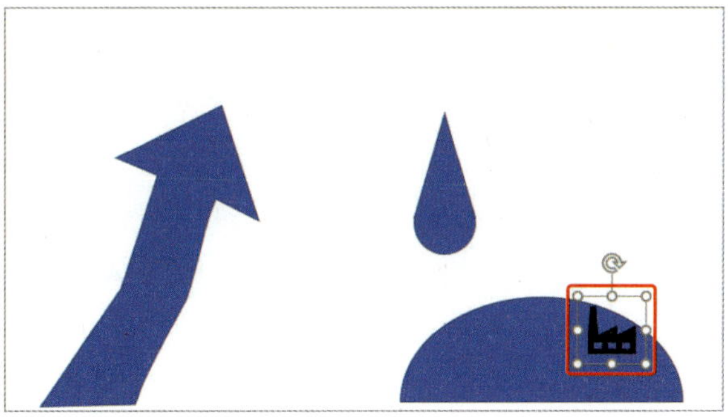

04 [삽입] 탭-[일러스트레이션] 그룹의 [3D 모델] 목록 중 [온라인 원본에서]를 선택한다.

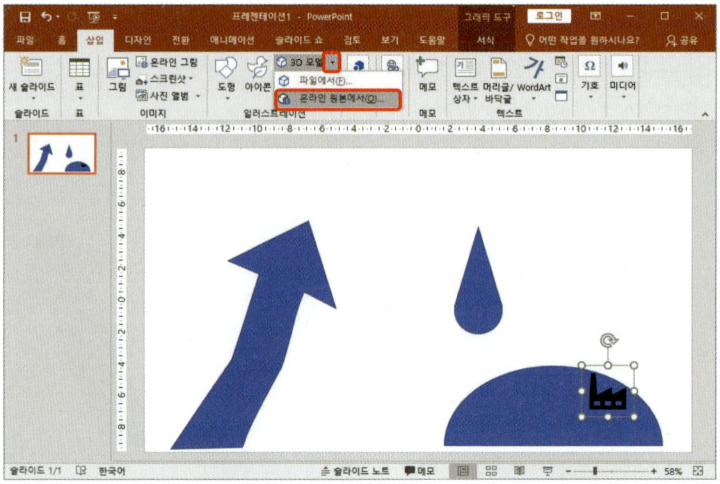

05 [온라인 3D 모델] 대화상자가 나타나면 목록 중 [Chemistry]를 선택한다.

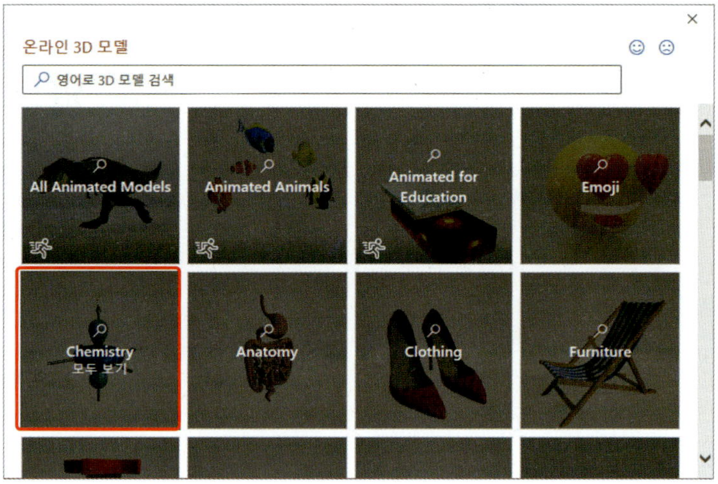

06 [Chemistry] 항목 내에서 원하는 모양의 3D 모델을 모두 선택한 후 [삽입]을 클릭한다.

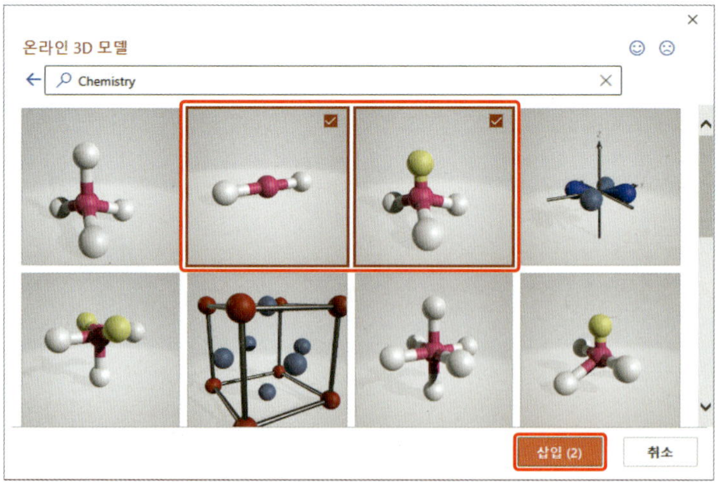

07 슬라이드에 삽입된 3D 모델을 마우스로 클릭하면 3D 회전 핸들이 나타난다. 마우스를 드래그하여 기울이거나 회전시켜보고, 크기와 위치를 조정해본다.

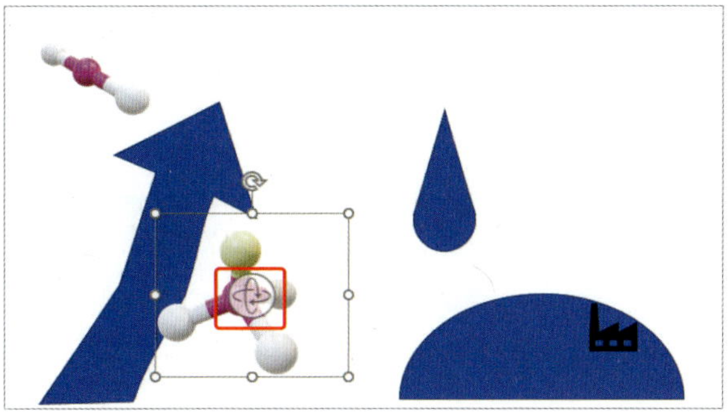

1.3 정렬과 그룹

슬라이드에 도형이나 그래픽 개체를 여러 개 삽입하면 먼저 삽입한 개체일수록 뒤에 표시된다. 이때 개체를 앞이나 뒤로 보내 순서를 변경하거나, 기준을 정해 여러 개체를 맞춤 정렬할 수 있다. 또, 슬라이드에 삽입된 여러 개체를 그룹으로 묶으면 크기를 조정하거나 이동 또는 복제할 때 하나의 개체처럼 다룰 수 있어 편리하다.

기본예제 4-7 슬라이드 내 개체 순서 변경과 정렬하기

슬라이드에 삽입된 여러 개체가 표시되는 순서를 변경하고 기준을 정해 정렬하는 방법을 알아보자.

01 슬라이드 내 물방울 모양 도형을 선택하고 단축키 Ctrl+D를 눌러 복제한다.

TIP 슬라이드에는 개체를 삽입한 순서대로 배치되어, 가장 마지막에 삽입한 개체가 맨 앞에 온다.

02 복제한 도형의 크기를 작게 조정해 배치하고, [그리기 도구]의 [서식] 탭-[정렬] 그룹-[뒤로 보내기] 목록에서 [맨 뒤로 보내기]를 클릭한다.

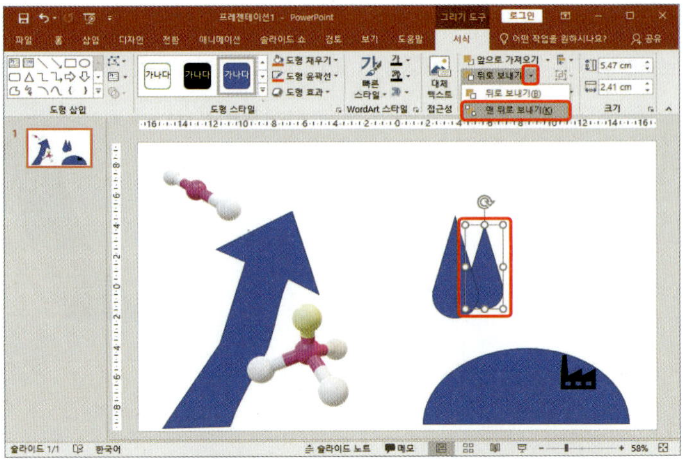

03 이번에는 물방울 모양 도형을 모두 선택하고 [그리기 도구]의 [서식] 탭-[정렬] 그룹-[개체 맞춤] 목록에서 [중간 맞춤]을 선택한다.

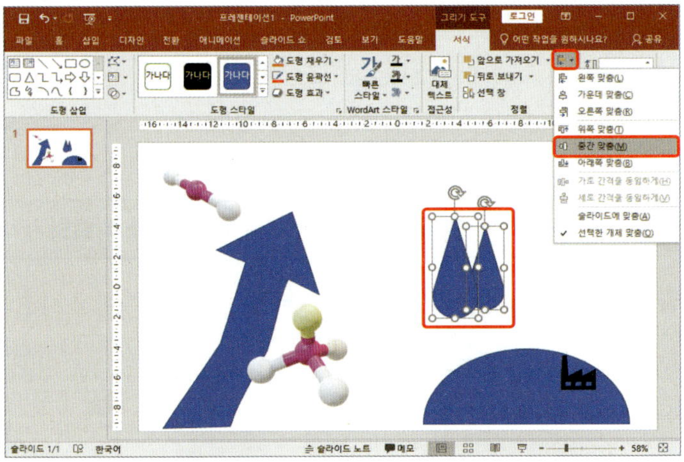

TIP [개체 맞춤] 목록 아래쪽의 [선택한 개체 맞춤] 대신 [슬라이드에 맞춤]에 체크하고 [중간 맞춤]을 설정하면 슬라이드의 세로 폭을 기준으로 물방울 모양 도형들이 중간 위치에 배치된다.

04 슬라이드 내 건물 그래픽 개체를 단축키 Ctrl+D로 복제하고 크기를 작게 조정해 배치한다. 복제한 도형을 마우스 오른쪽으로 클릭해 [맨 뒤로 보내기] 메뉴-[뒤로 보내기]를 선택한다.

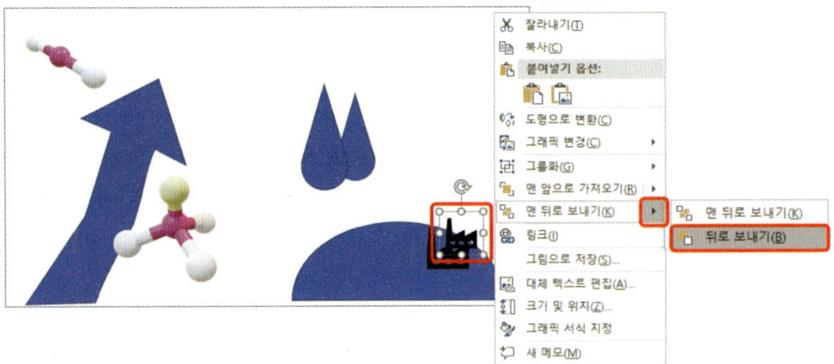

TIP 건물 그래픽 개체를 맨 뒤로 보내면 반원형 도형에 가려진 채 표시된다.

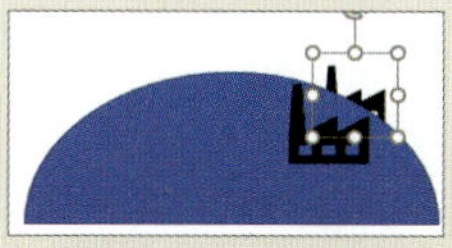

여기서 잠깐 **그래픽 개체의 순서 보기**

[그래픽 도구]의 [정렬] 탭–[선택 창]을 클릭하면 슬라이드에 있는 모든 그래픽 개체의 종류와 순서를 볼 수 있다. [선택] 작업 창에서 개체 이름을 드래그해 배치 순서를 바꿀 수도 있다.

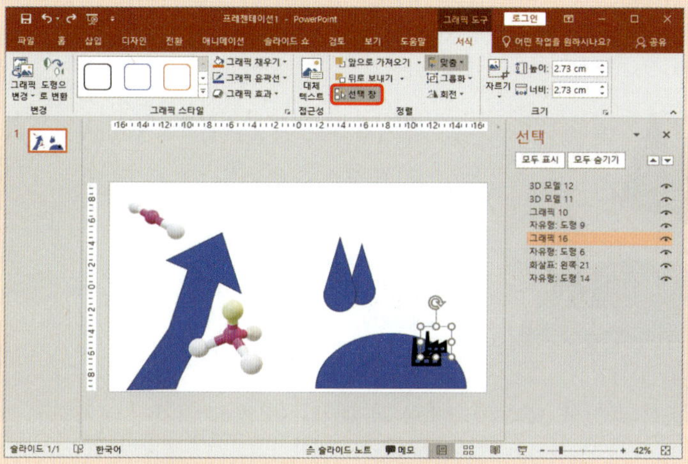

기본예제 4-8 슬라이드 내 도형 그룹 지정하기

슬라이드에 있는 여러 도형을 다루기 쉽게 하나의 개체처럼 묶어 그룹으로 설정하는 방법을 알아보자.

01 물방울 모양 도형을 드래그하여 모두 선택하고 마우스 오른쪽을 클릭한다. [그룹화] 메뉴–[그룹]을 선택한다.

TIP 그룹으로 묶을 도형을 모두 선택한 뒤 단축키 Ctrl+G를 눌러도 된다. 또한 [홈] 탭–[그리기] 그룹–[정렬]–[그룹]을 선택하거나, [그리기 도구]–[서식] 탭–[정렬] 그룹–[그룹화]–[그룹]을 선택해도 된다.

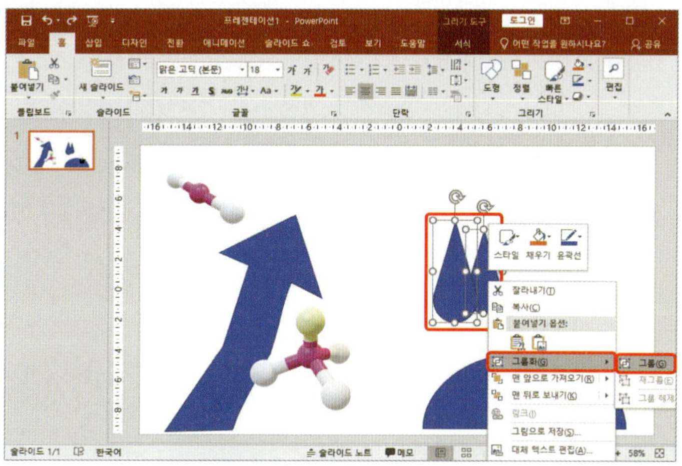

02 그룹화된 도형이 하나의 개체처럼 슬라이드에 표시된다. 이때 크기 조절점을 마우스로 드래그하면 두 도형 간 간격 변화 없이 크기를 조절할 수 있다.

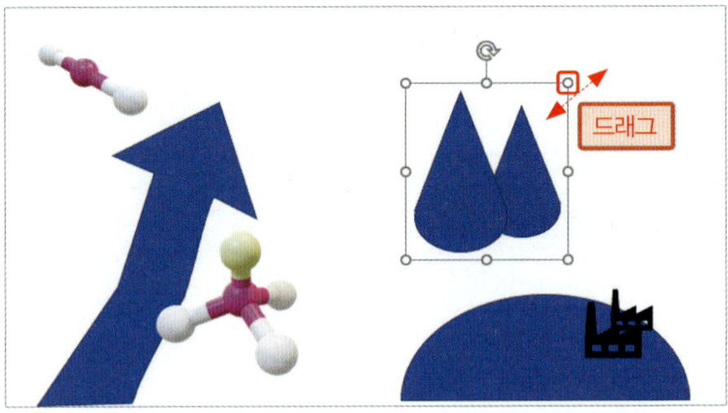

03 이번엔 건물 그래픽 개체를 모두 선택하고 단축키 Ctrl+G를 눌러 그룹으로 만든다.

04 단축키 Ctrl+D를 이용해 그룹화된 건물 그래픽 개체를 복제한다. 적절한 위치에 배치하고 크기와 간격을 조정한다.

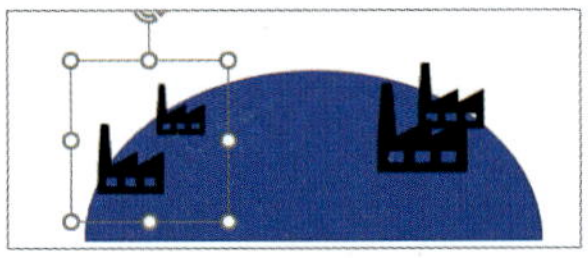

TIP 그룹화된 개체를 클릭하면 그룹 전체가 선택되어 복제나 이동 같은 그룹 단위 작업을 편리하게 수행할 수 있다. 그룹 내의 특정 개체만 선택하려면 먼저 그룹을 선택한 후 해당 개체를 한 번 더 클릭한다. 그러면 크기나 위치 변경, 텍스트나 서식 등을 따로 설정할 수 있다.

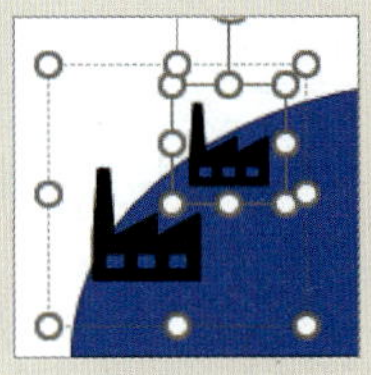

05 그룹을 해제하려면 그룹화된 도형을 마우스 오른쪽으로 클릭하고 [그룹화] 메뉴–[그룹 해제]를 선택하면 된다.

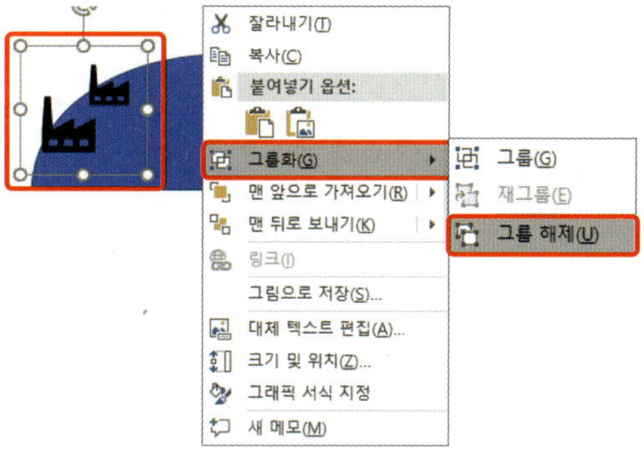

TIP 그룹 해제 단축키인 Ctrl+Shift+G를 눌러도 된다. 또는 [홈] 탭–[그리기] 그룹–[정렬]–[그룹 해제]를 선택하거나 [그리기 도구]–[서식] 탭–[정렬] 그룹–[그룹화]–[그룹 해제]를 선택해도 된다.

여기서 잠깐 **그룹화된 도형의 특징**

도형을 그룹화하면 복제나 이동뿐 아니라 크기를 조절하거나 회전할 때 편리하다. 그룹화하지 않은 도형을 모두 선택해 크기를 조절하면 도형 간격이 원래 모양대로 유지되지 않는다.

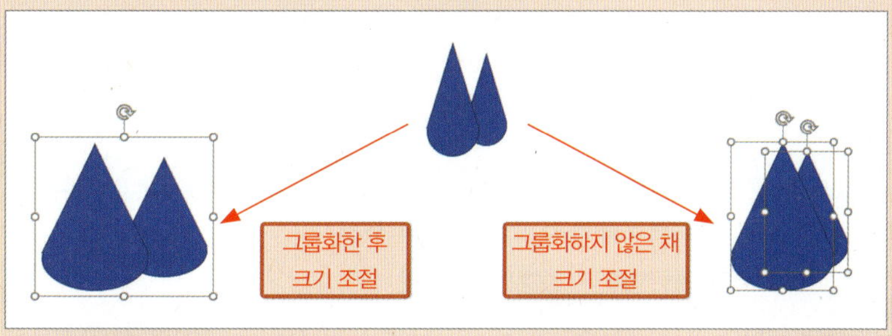

SECTION 02

도형 서식 설정하기

슬라이드에 삽입된 도형이나 아이콘 등의 서식은 [그리기 도구]-[서식] 탭이나 [도형 서식] 작업 창의 메뉴를 이용해 설정할 수 있다. 채우기 색이나 윤곽선 종류, 색이나 그림자, 입체 효과 등 다양한 효과를 설정하는 방법에 대해 알아본다.

2.1 도형 서식 설정

파워포인트에서 미리 설정해 제공하는 빠른 스타일을 이용하면 도형이나 그래픽의 채우기, 윤곽선, 텍스트 모양, 효과 등을 간편하고 빠르게 설정할 수 있다. 도형이나 그래픽 개체의 서식 작업 창을 이용하면 도형에 설정된 서식을 변경하거나 세밀하게 조정할 수 있다.

TIP 도형을 마우스 오른쪽으로 클릭한 뒤 목록에서 [도형 서식]을 선택하거나(①) [그리기 도구]-[서식] 탭-[도형 스타일] 그룹-[도형 서식] 단추를 클릭하면(②), 슬라이드 오른쪽에 [도형 서식] 작업 창이 표시된다.

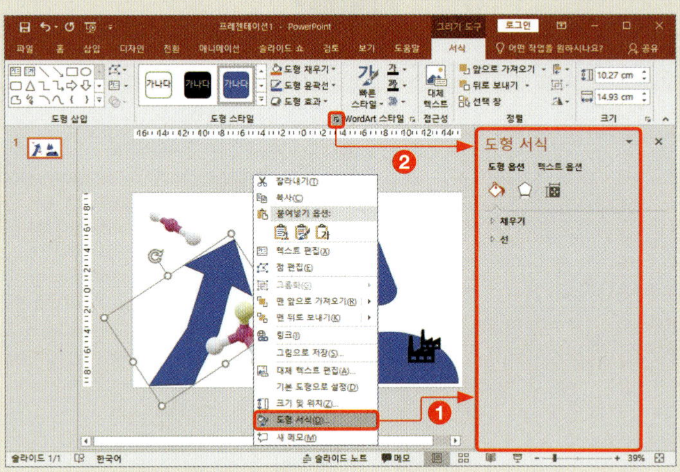

기본예제 4-9 스타일 도구 활용하기

[도형 스타일]이나 [그래픽 스타일] 그룹에 있는 도구들을 이용해 도형이나 그래픽 개체에 간편하게 서식을 설정해보자.

01 슬라이드 내 화살표 도형을 선택하고 [그리기 도구]의 [서식] 탭–[도형 스타일] 그룹–[자세히] 단추를 클릭해 [미리 설정]–[반투명–회색, 강조 3, 윤곽선 없음]을 선택한다.

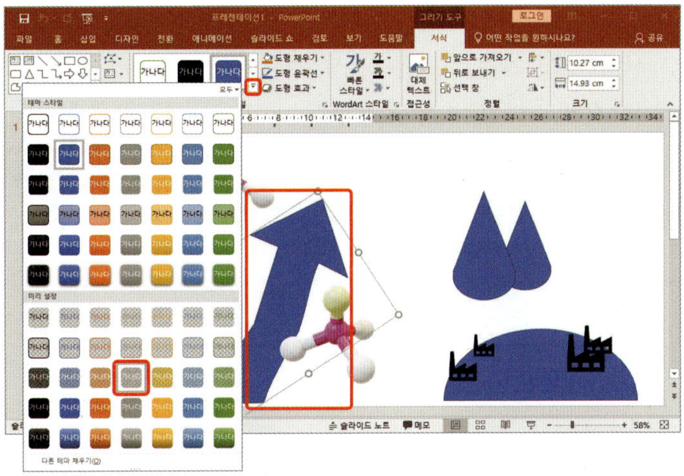

TIP 도형을 마우스 오른쪽으로 클릭하면 미니 도구 모음이 열린다. 여기서 [스타일]을 클릭해도 도형 스타일을 설정할 수 있다.

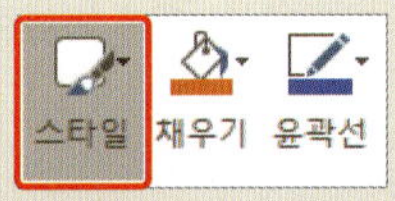

02 이번엔 그룹화된 물방울 모양 도형을 선택하고 [그리기 도구]의 [서식] 탭–[도형 스타일] 그룹–[자세히] 단추를 클릭해 [미리 설정]–[반투명–주황, 강조 2, 윤곽선 없음]을 선택한다.

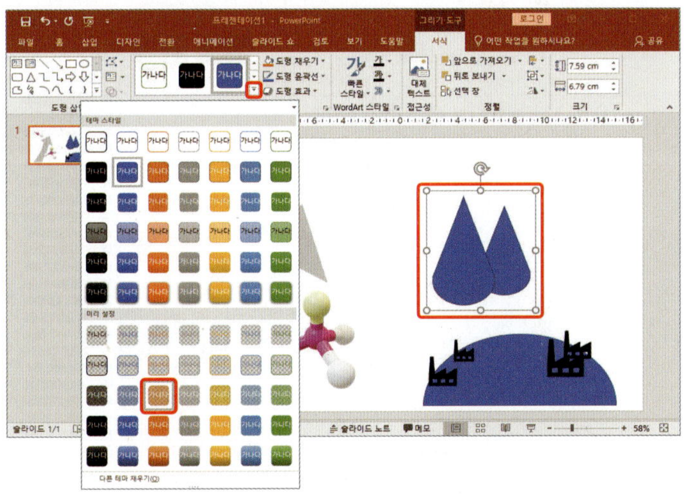

03 다시 물방울 모양 도형을 하나씩 선택하고 각 도형에 *지구*와 *온난화*를 입력한다. [글꼴 크기]는 [20]으로 하고 [굵게]도 함께 설정한다.

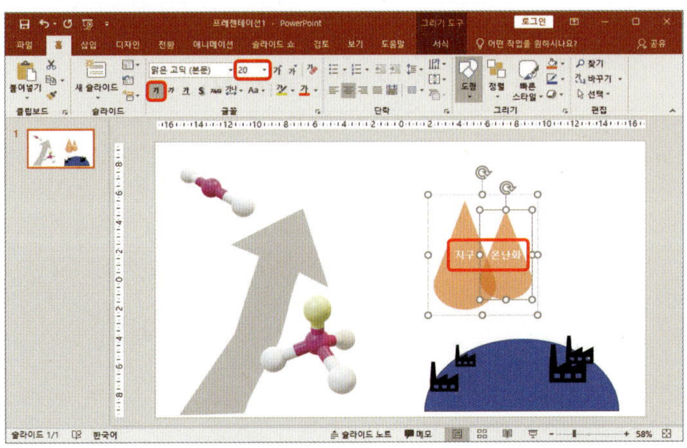

04 그룹화된 건물 그래픽 개체를 선택하고 [그래픽 도구]–[서식] 탭–[그래픽 스타일] 그룹–[그래픽 윤곽선] 목록에서 [테마 색]–[흰색, 배경 1]을 선택한다.

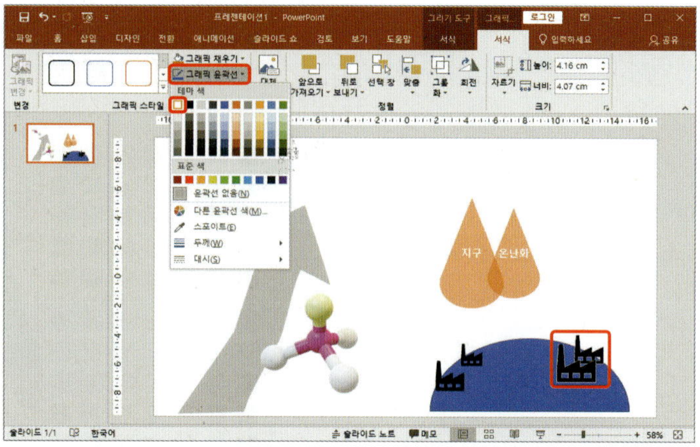

여기서 잠깐 **테마 색 변경하기**

채우기나 윤곽선의 색상을 선택할 때 메뉴에 표시되는 [테마 색] 조합은 프레젠테이션 디자인 테마를 따른다. 색상 조합을 다르게 바꾸려면 [디자인] 탭–[적용] 그룹의 [자세히] 단추를 클릭한 뒤 [색] 목록에서 선택하면 된다. 테마 색을 변경하면 모든 슬라이드의 색이 바뀌므로 주의해서 적용한다.

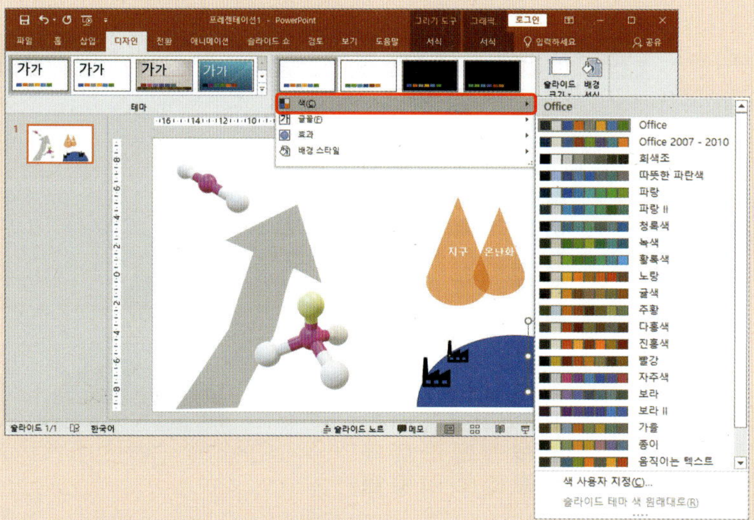

기본예제 4-10 서식 작업 창 활용하기

[도형 서식] 작업 창을 이용해 도형에 다양한 서식 옵션을 설정해보자.

01 슬라이드 내 반원 모양 도형을 선택하고 [그리기 도구]–[서식] 탭–[도형 스타일] 그룹의 [도형 서식] 단추를 클릭해 서식 작업 창을 연다.

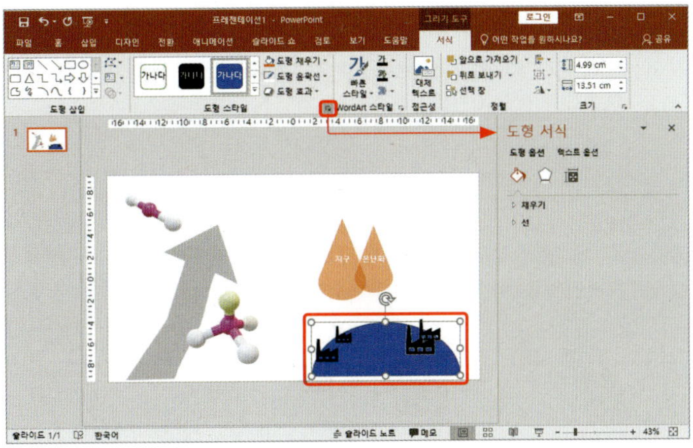

02 [도형 서식] 작업 창의 [도형 옵션]–[채우기 및 선] 탭에서 [채우기]를 [그라데이션 채우기]로 선택하고, [그라데이션 미리 설정]은 [밝은 그라데이션–강조 1], [종류]는 [방사형], [방향]은 [가운데에서]로 설정한다.

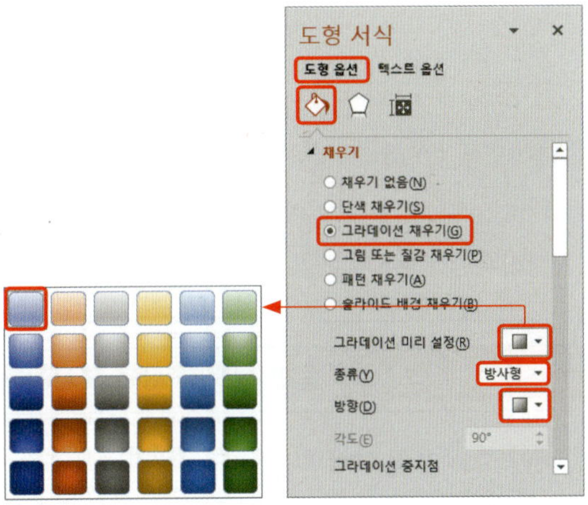

03 [도형 서식] 작업 창을 아래로 스크롤해 그라데이션의 [위치]는 [25%]로 설정하고, [선]은 [선 없음]에 체크한다.

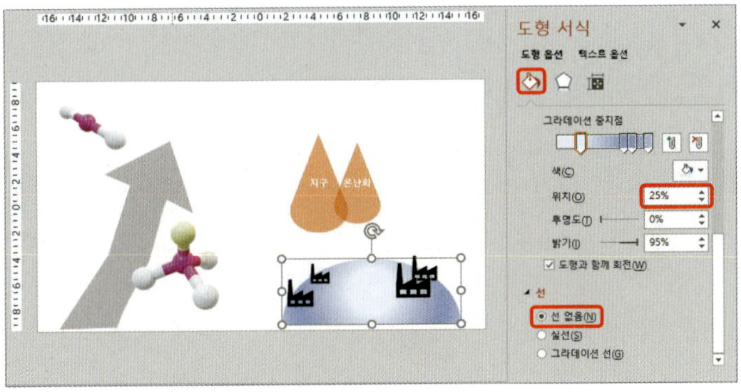

TIP 아래쪽의 메뉴로 이동할 때 작업 창을 스크롤하는 대신 항목을 한 번 더 클릭해 앞선 메뉴를 접어도 된다.

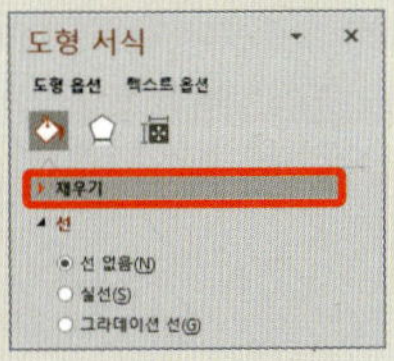

04 건물 그래픽 개체를 클릭하면 [도형 서식] 작업 창이 [그래픽 서식 지정] 작업 창으로 바뀐다. 여기서는 [채우기 및 선] 탭으로 들어가 [채우기]-[색]은 [빨강], [투명도]는 [50%]로 설정한다.

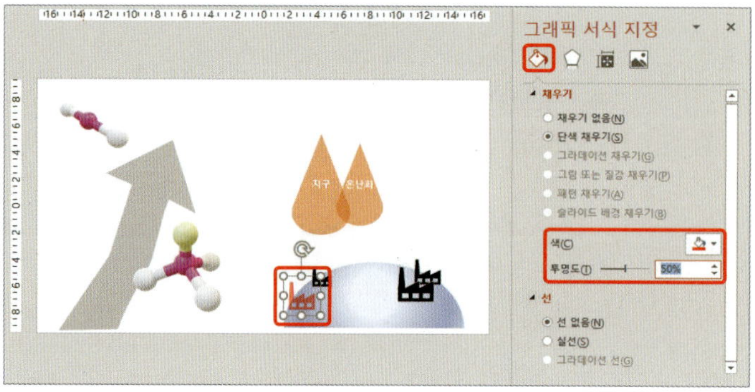

2.2 도형 효과와 서식 복사

슬라이드에 삽입한 도형에 그림자나 입체 효과 등 다양한 효과를 설정하면 프레젠테이션의 시각적 효과를 더욱 높일 수 있다. 또한 설정한 서식이나 효과 옵션을 다른 개체에 적용할 때 똑같은 작업을 반복하는 대신 서식 복사 기능을 사용하면 편리하게 작업을 할 수 있다.

기본예제 4-11 효과 설정과 서식 복사하기

슬라이드 내 여러 모양의 도형에 그림자나 3차원 서식 같은 효과 옵션을 설정해보자. 설정한 서식과 효과 옵션은 서식 복사 도구를 사용해 다른 도형에 똑같이 적용할 수 있다.

01 물방울 모양 도형 그룹을 선택하고 [도형 서식] 작업 창의 [도형 옵션]-[효과] 탭에서 [그림자] 항목의 [미리 설정] 목록을 열고 [원근감]의 [아래]를 선택한다.

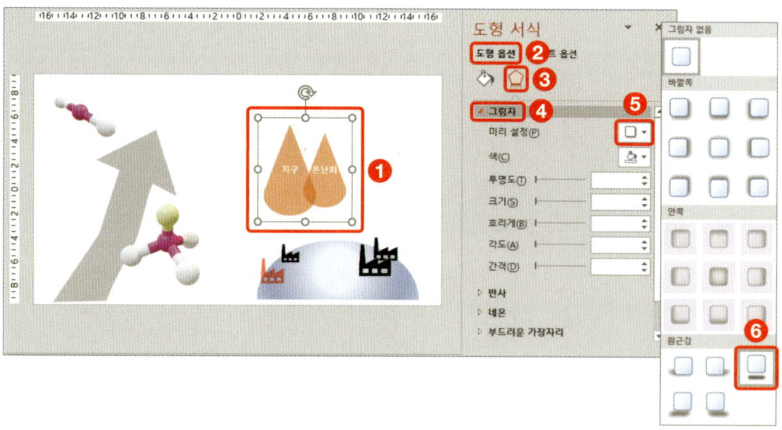

02 설정된 [그림자] 항목에서 [각도]는 [30°], [간격]은 [10pt]로 수정한다.

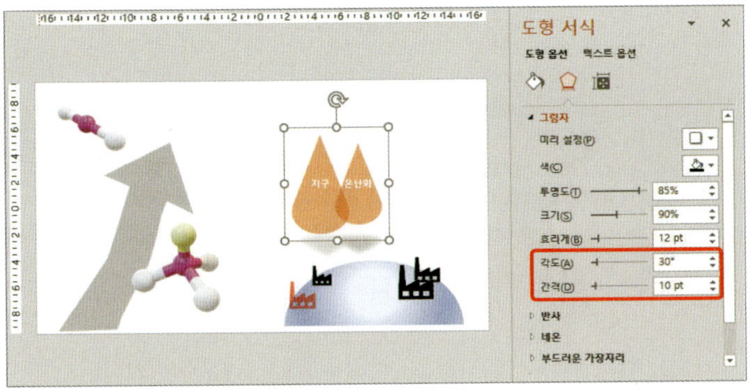

TIP 그림자 색, 투명도, 간격 등을 조정해 그림자를 자연스럽게 표현할 수 있다.

03 이번엔 [3차원 서식] 항목을 열고 [위쪽 입체] 목록에서 [입체 효과]–[둥글게]를 선택한다. [위쪽 입체]의 [너비]는 [30pt], [높이]는 [20pt]로 수정한다.

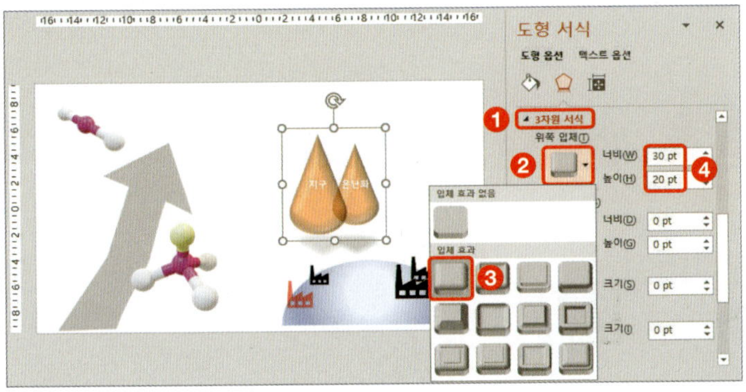

04 [3차원 서식] 항목에서 [조명]의 [각도]는 [210°]로 설정한다.

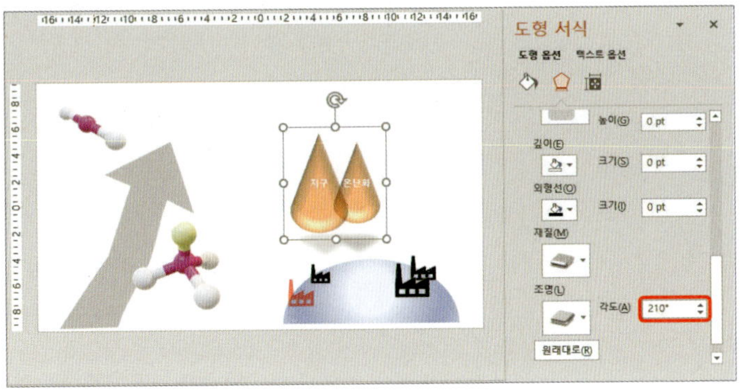

05 슬라이드 내 반원 모양 도형을 선택하고 [홈] 탭–[클립보드] 그룹–[서식 복사]를 클릭한다.

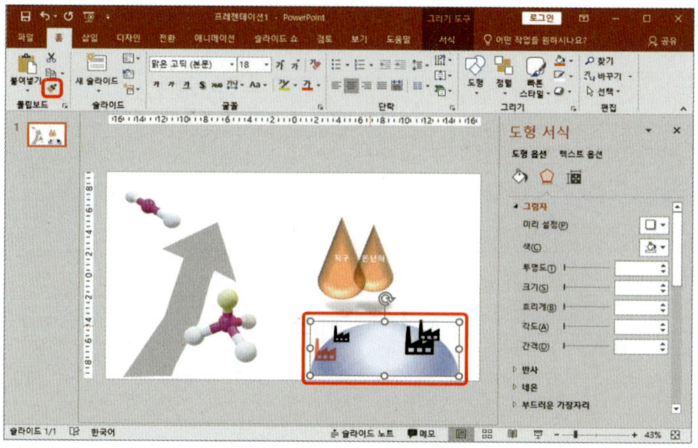

TIP [서식 복사]를 더블클릭하면 클립보드에 복사해둔 도형 서식을 반복 사용할 수 있어 적용할 도형이 여러 개일 때 편리하다.

06 마우스 포인터가 [ ] 모양으로 바뀌면 복사한 서식을 적용할 화살표 모양 도형을 클릭한다.

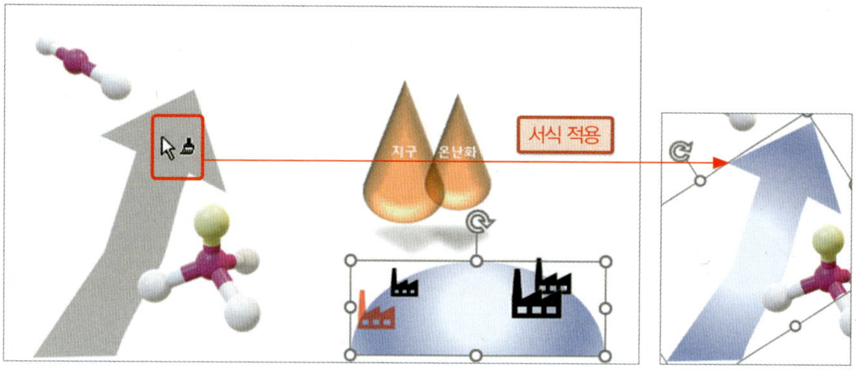

종합예제

파워포인트의 도형을 활용하여 다음 그림과 같은 프레젠테이션을 만들어보자.

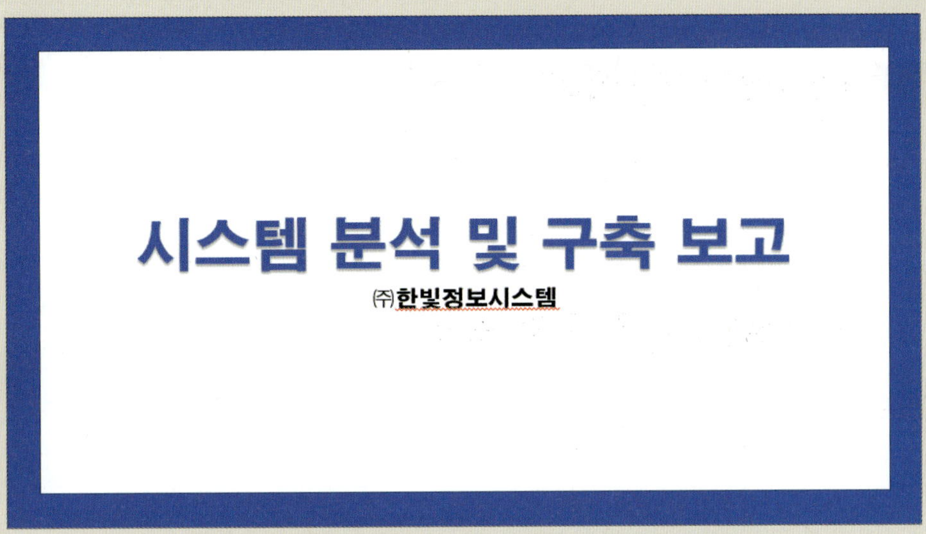

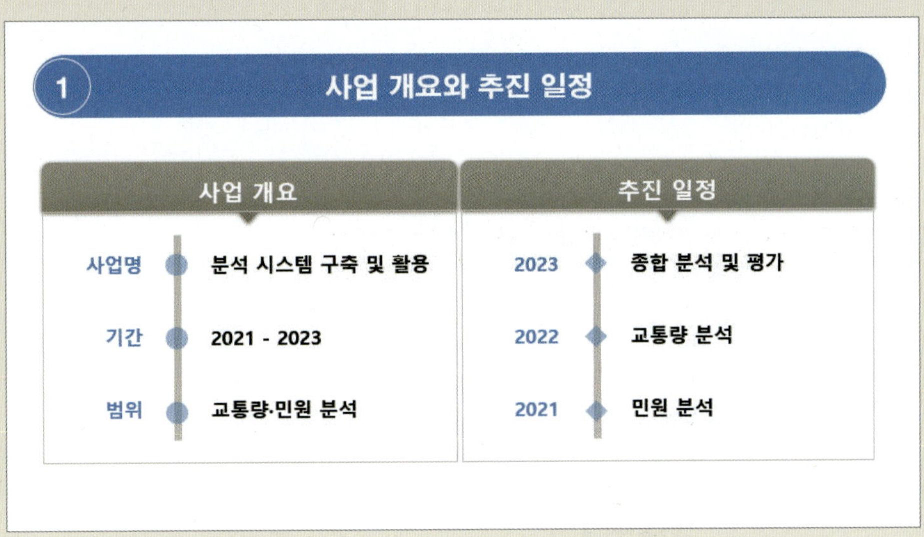

종합예제

1 파워포인트를 실행하고 [새 프레젠테이션]을 선택한다. 제목 슬라이드에 다음 그림과 같이 제목과 부제목을 입력한다.

2 [홈] 탭–[글꼴] 그룹에서 제목과 부제목의 [글꼴]을 [HY견고딕]으로 설정한다. 제목은 [그리기 도구]의 [서식] 탭–[WordArt 스타일] 그룹–[빠른 스타일] 목록에서 [채우기: 파랑, 강조색 1, 그림자]로 설정한다.

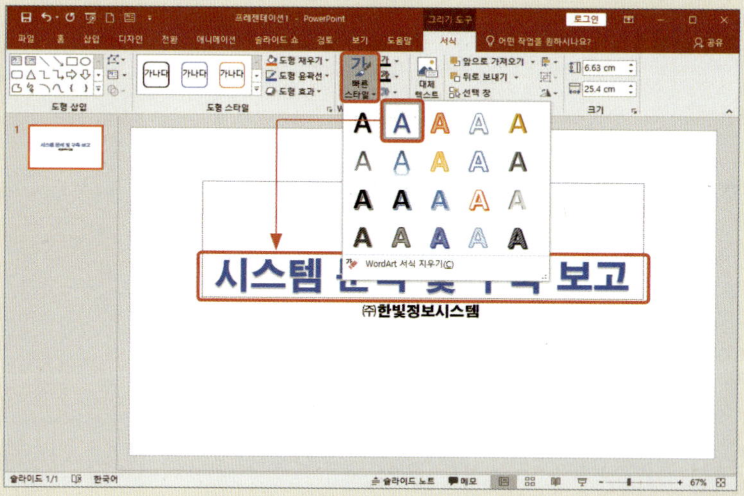

3 [삽입] 탭–[일러스트레이션] 그룹–[도형] 목록에서 [기본 도형]–[액자]를 선택한다. 제목 슬라이드에서 마우스를 넓게 드래그해 슬라이드와 같은 크기의 액자 도형을 삽입한다.

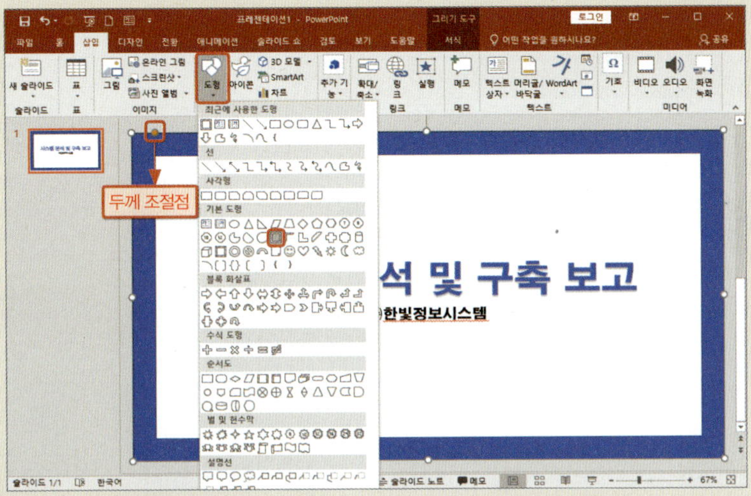

TIP 액자의 노란색 조절점을 마우스로 드래그하면 액자 두께를 조절할 수 있다.

4 슬라이드 1 아래에 [빈 화면] 레이아웃으로 새 슬라이드를 추가한다. [삽입] 탭–[일러스트레이션] 그룹–[도형] 목록에서 [사각형]–[둥근 모서리]와 [타원]을 삽입하고 그림과 같이 배치한다. 도형 2개를 모두 선택하고 [그리기 도구]의 [서식] 탭–[도형 스타일] 그룹–[▾자세히] 단추를 클릭해 [테마 스타일]의 [밝은 색 1 윤곽선, 색 채우기–파랑, 강조 5]를 선택한다.

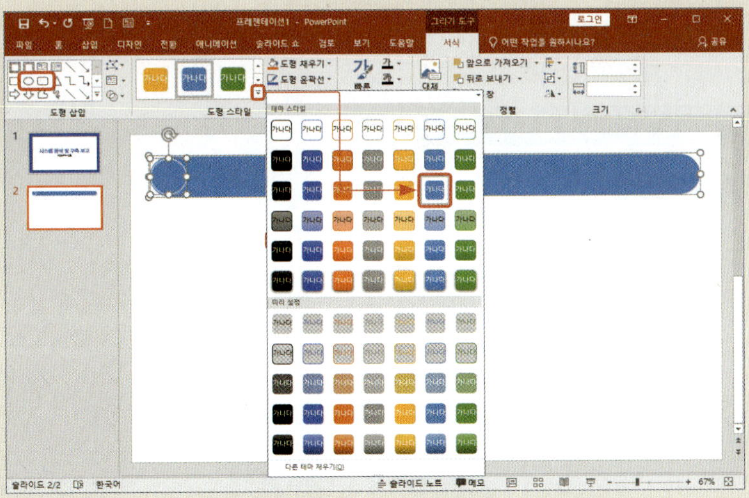

TIP 사각형 모양 도형의 노란색 조절점을 드래그해 가장자리 모양을 둥글게 변형할 수 있다.

종합예제

5 타원 모양 도형과 사각형 모양 도형에 그림과 같이 각각의 내용을 입력하고 [홈] 탭-[글꼴] 그룹에서 [글꼴]-[HY견고딕], [글꼴 크기]-[28]을 설정한다. 두 도형을 모두 선택하고 마우스 오른쪽을 클릭해 그룹으로 설정한다.

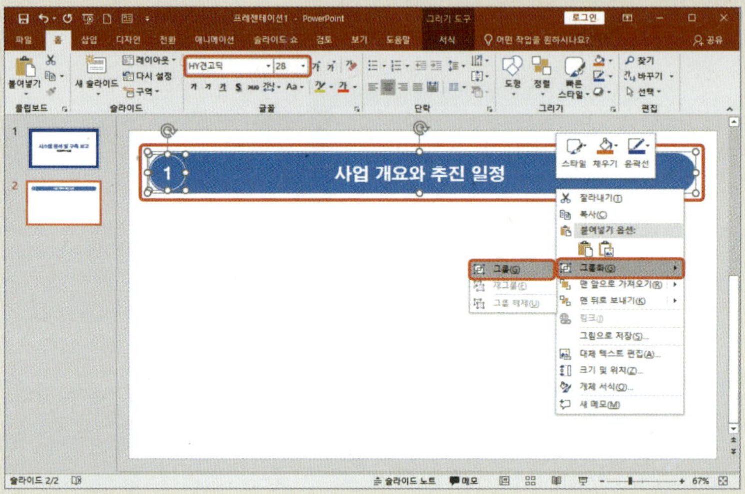

6 이번엔 [삽입] 탭-[일러스트레이션] 그룹-[도형] 목록에서 [사각형]-[사각형: 둥근 위쪽 모서리]와 [기본 도형]-[이등변 삼각형]을 삽입해 그림과 같이 겹치도록 배치한다. 두 도형을 모두 선택한 다음 [그리기 도구]의 [서식] 탭-[도형 삽입]-[◎ 도형 병합]-[통합]을 선택한다.

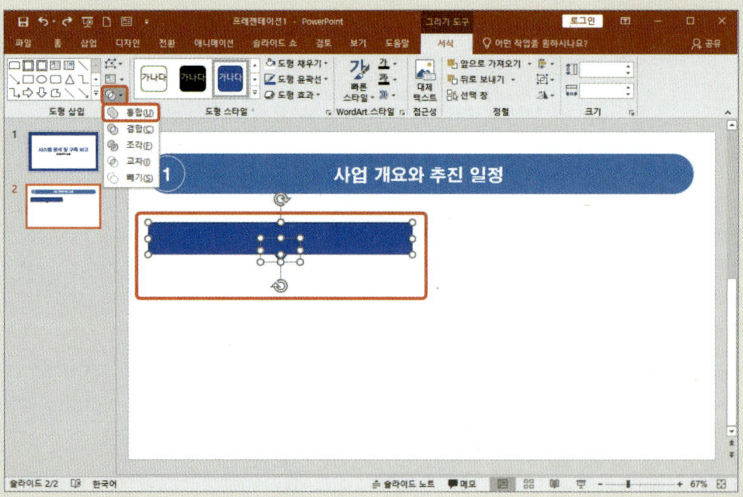

TIP 이등변 삼각형 모양 도형은 180° 회전시키거나 [상하 대칭]으로 설정해 밑변이 위로 가게 한다. 두 도형을 병합할 때는 사각형 모양 도형을 먼저 선택한 후 삼각형 모양 도형을 선택해야 텍스트를 입력하기 좋다.

7 그림과 같이 내용을 입력하고 [글꼴]은 [맑은 고딕], [글꼴 크기]는 [24]로 설정한다. [그리기 도구]의 [서식] 탭–[도형 스타일] 그룹–[자세히] 단추를 클릭해 [테마 스타일]–[강한 효과–회색, 강조 3]을 선택한다.

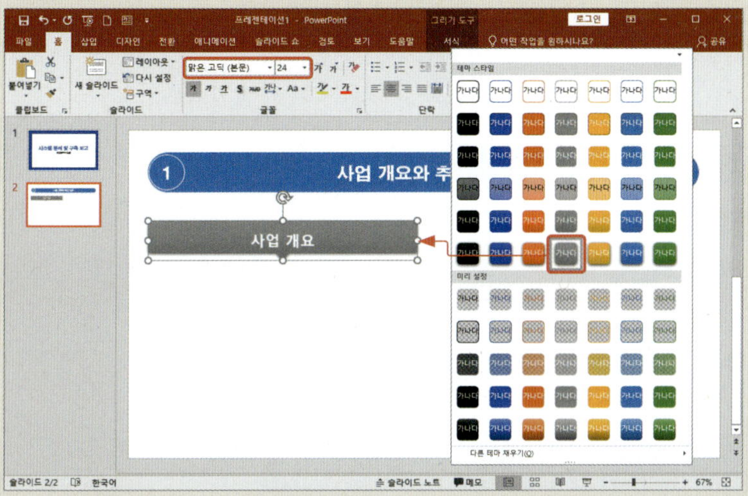

8 [삽입] 탭–[일러스트레이션] 그룹–[도형] 목록에서 [사각형]–[직사각형]을 클릭해 그림과 같이 삽입하고 [그리기 도구]의 [서식] 탭–[도형 스타일] 그룹에서 [도형 채우기]–[채우기 없음], [도형 윤곽선]–[밝은 회색]으로 설정한다.

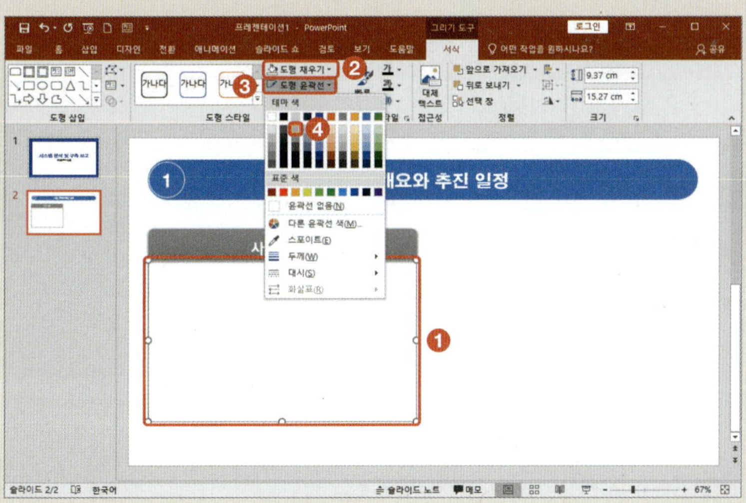

종합예제

9 직사각형 모양 도형 안에 [가로 텍스트 상자]를 6개 삽입하고 그림과 같이 내용을 각각 입력한다. 텍스트 상자의 [글꼴]은 [맑은 고딕], [굵게], [글꼴 크기]는 [20]으로 설정하고 '사업명', '기간', '범위' 텍스트 상자의 [글꼴 색]은 [파랑, 강조 5]로 한다.

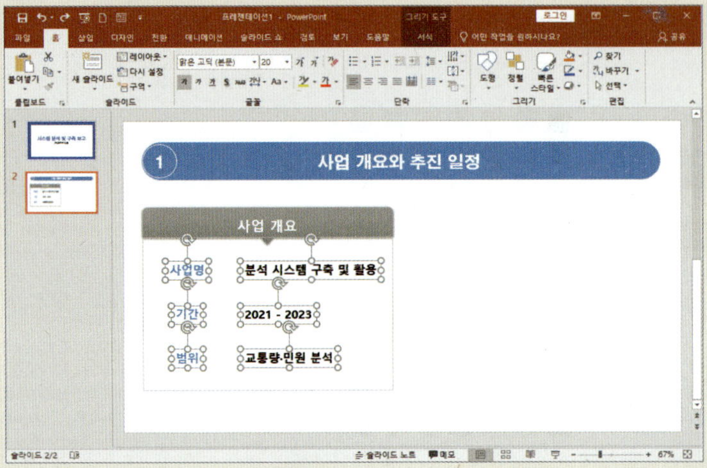

TIP [홈] 탭–[그리기] 그룹의 [정렬]–[맞춤] 기능을 이용해 텍스트 상자의 세로 간격과 좌우 배치를 보기 좋게 설정한다.

10 이번엔 [삽입] 탭–[일러스트레이션] 그룹–[도형] 목록에서 [선]–[선], [기본 도형]–[타원]을 삽입한다. 두 도형을 모두 선택한 다음 [홈] 탭–[그리기] 그룹–[정렬] 목록에서 [맞춤]–[가운데 맞춤]을 설정한다.

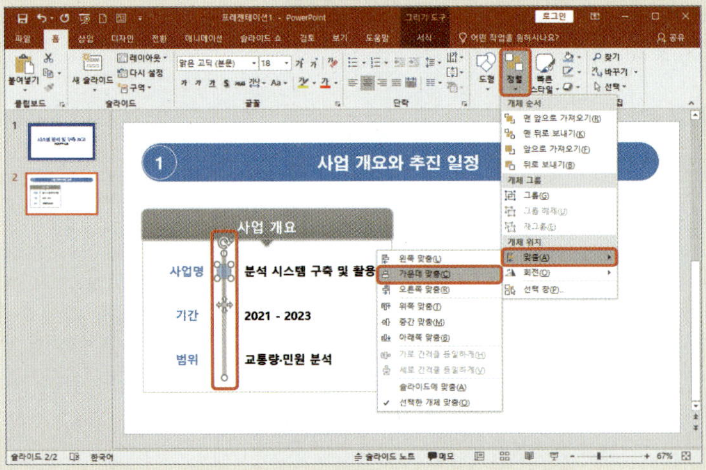

TIP 선 모양 도형의 [도형 윤곽선]은 [밝은 회색]으로, [두께]는 [8pt]로 한다. 타원 모양 도형은 [그리기 도구]의 [도형 스타일] 목록에서 [반투명–파랑, 강조 5, 윤곽선 없음]으로 설정한다.

11 타원 모양 도형을 복제해서 그림과 같이 아래쪽에 더 배치한다. 만들어 둔 도형과 텍스트 상자를 모두 선택한 뒤 마우스 오른쪽을 클릭하고 [그룹화]–[그룹]을 선택한다.

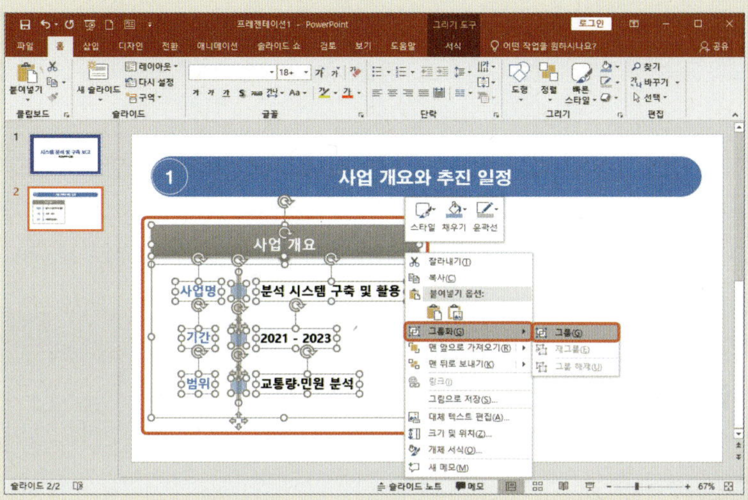

12 그룹화된 도형을 오른쪽에 복제하고 그림과 같이 내용을 수정한다. 타원 모양 도형 3개를 선택하고 [그리기 도구]의 [서식] 탭–[도형 삽입] 그룹–[도형 편집] 목록에서 [도형 모양 변경]–[기본 도형]– [다이아몬드]를 선택한다.

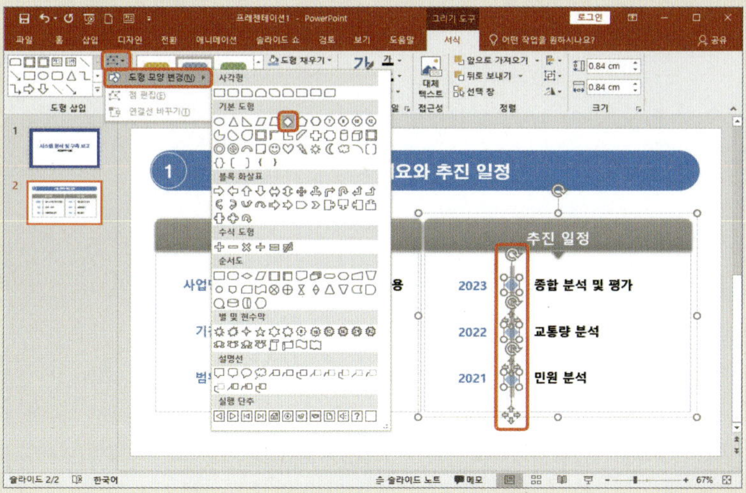

TIP Shift 키나 Ctrl 키를 누른 상태에서 마우스로 도형을 클릭하면 여러 개를 같이 선택할 수 있다.

연습문제

1 다음의 지시대로 도형을 이용해 슬라이드를 작성하시오.

❶ [빈 화면] 레이아웃의 슬라이드에 텍스트 상자를 추가하고, 제목을 입력하시오. [글꼴]은 [HY헤드라인M], [글꼴 크기]는 [40]으로 설정하시오.

❷ [선]을 제목 아래에 삽입하고 [도형 윤곽선]의 [색상]은 [회색, 강조 3], [두께]는 [6pt], [도형 효과]의 [그림자]는 [오프셋: 오른쪽 아래]로 설정하시오.

❸ [타원]과 [모서리가 둥근 직사각형] 도형을 삽입해 내용을 입력하고 그룹으로 묶으시오. [타원]은 [글꼴]-[HY헤드라인M], [글꼴 크기]-[32], [도형 스타일]-[그라데이션 채우기-검정, 어둡게 1, 윤곽선 없음]으로 설정하시오. [모서리가 둥근 직사각형]은 [글꼴]-[맑은 고딕], [굵게], [글꼴 크기]-[32], [도형 스타일]-[미세 효과-황금색, 강조 4]로 설정하시오.

❹ 그룹으로 묶은 ❸번의 도형을 복제해서 슬라이드의 가운데 부분에 오도록 맞춤 설정하고, 내용을 모두 입력하시오.

2 다음의 지시대로 도형과 아이콘을 활용해 슬라이드를 작성하시오.

❶ [모서리가 둥근 직사각형] 도형을 삽입하고 [도형 스타일]은 [색 채우기-검정, 어둡게 1, 윤곽선 없음]으로 설정하시오. 도형의 텍스트로 *거점대학*을 입력하고 [글꼴]은 [HY견고딕], [글꼴 크기]는 [28]로 설정하시오.

❷ [모서리가 둥근 직사각형] 도형을 하나 더 삽입하고 [도형 스타일]은 [보통 효과-회색, 강조 3]으로 설정하시오. 도형의 텍스트에는 *클라우드 기반 공용 LMS*를 입력하고 [글꼴]은 [HY견고딕], [글꼴 크기]는 [20]으로 설정하시오.

❸ 건물 모양의 아이콘을 삽입하고 [그래픽 스타일]은 [색 채우기-강조 3, 윤곽선 없음]으로 설정하시오. 아이콘을 복제하여 그림과 같이 슬라이드에 배치하고, 아래쪽 아이콘 4개는 [가로 간격을 동일하게]로 맞춤 설정하시오.

❹ [화살표: 위쪽] 도형을 삽입하고 [그라데이션 채우기]를 설정하시오. [그라데이션 미리 설정]에서 [밝은 그라데이션-강조 3]을 선택하고 [선형 위쪽]으로 방향을 설정하시오. [점 편집] 도구를 사용해 화살표 모양 도형을 변형하고 그림과 같이 [모서리가 둥근 직사각형] 도형 뒤로 배치하시오.

❺ [연결선: 꺾임] 선을 삽입하고 그림과 같이 도형과 건물을 연결하시오. 선의 [색]은 [흰색, 배경 1, 50% 더 어둡게], [너비]는 [5pt], [겹선 종류]는 [이중]으로 설정하시오.

❻ 모든 도형과 아이콘을 그룹으로 묶으시오.

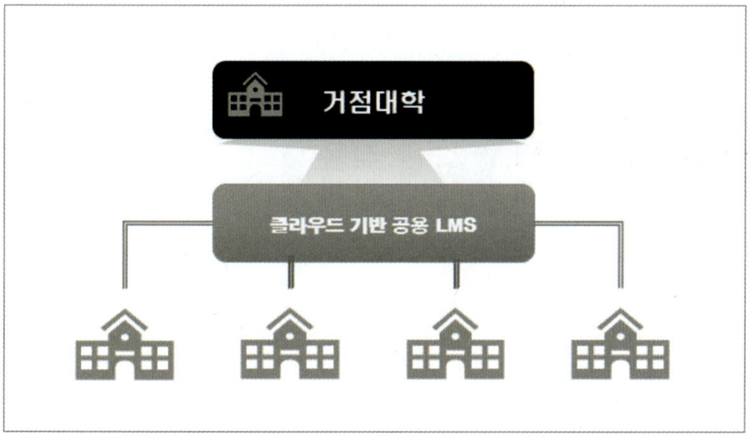

3 다음의 지시대로 도형을 삽입해 슬라이드를 작성하시오.

❶ [대각선 방향의 모서리가 둥근 사각형] 도형을 삽입하고 제목에 *진행 과정*이라고 입력한 후 [도형 채우기]는 [파랑, 강조 5], [글꼴]은 [HY견고딕], [글꼴 크기]는 [36]으로 설정하시오.

❷ [선] 도형을 삽입하고 [도형 윤곽선]은 [파랑, 강조 1], [두께]는 [6pt]로 설정하시오.

❸ [아래쪽 화살표] 도형을 삽입하고 [도형 서식] 작업 창에서 [채우기]는 [그라데이션 채우기], [그라데이션 미리 설정]–[밝은 그라데이션–강조 1], [방향]–[선형 위쪽], [선]은 [선 없음]으로 설정하고 [점 편집]을 이용해 모양을 수정하시오.

❹ [타원] 도형을 삽입하고 텍스트로 *준비 단계*를 입력한 후 [도형 서식] 작업 창에서 [채우기]는 [단색 채우기], [색]–[흰색, 배경 1], [선]은 [그라데이션 선], [그라데이션 미리 설정]–[가운데 그라데이션–강조 5], [너비]–[25pt]로 설정하시오. [글꼴]은 [HY견고딕], [글꼴 크기]는 [36], [글꼴 색]은 [검정, 텍스트 1]로 설정하시오.

❺ [오른쪽 화살표] 도형을 삽입하고 [도형 스타일]을 [색 채우기–파랑, 강조 1]로 설정하시오.

❻ [타원] 도형을 3개, [오른쪽 화살표] 도형을 2개 복제하시오. [중간 맞춤]과 [가로 간격을 동일하게]를 설정해 정렬한 후 그림과 같이 내용을 수정하시오.

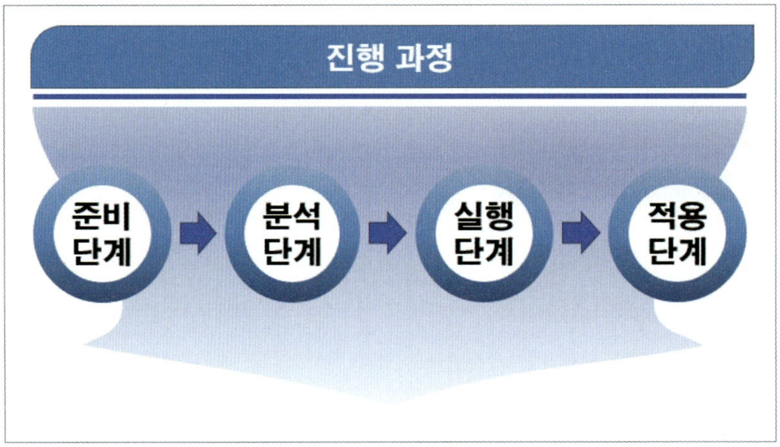

CHAPTER 05

스마트아트 활용

01 스마트아트 만들기

02 스마트아트 활용하기

종합예제

연습문제

학습목표

- 스마트아트를 용도에 맞게 적절한 모양으로 만들 수 있다.
- 다양한 종류의 스마트아트를 슬라이드에 활용할 수 있다.

SECTION 01 스마트아트 만들기

정보의 효과적인 전달을 목표로 하는 프레젠테이션에서는 도형을 이용한 도식화 작업이 많이 이루어진다. 서술형 문장을 구조적으로 풀어서 도식화하면 설명을 많이 하지 않아도 필요한 내용을 직관적으로 전달할 수 있다. 스마트아트(SmartArt)는 정보를 도식화하여 시각적인 효과를 높이기 위한 도구이다. 파워포인트에서는 필요한 모양을 골라 사용할 수 있도록 다양한 레이아웃을 제공한다. 목차를 구성할 때처럼 정보를 순서대로 나열하는 목록형이나 조직도와 같은 계층 정보를 표현하는 계층 구조형 등 여러 종류의 스마트아트를 활용해 프레젠테이션을 만들어본다.

1.1 스마트아트 생성과 변환

파워포인트에서 스마트아트를 생성하는 방법은 두 가지이다. 텍스트로 입력된 정보를 스마트아트로 변환시키는 방법과, 도형을 그릴 때처럼 원하는 모양의 스마트아트를 먼저 삽입한 뒤 텍스트를 입력하는 방법이다. 완성된 스마트아트는 다시 텍스트로 변환시키거나 그룹화된 도형으로 변환시킬 수 있다.

기본예제 5-1 스마트아트 만들기

스마트아트 중 관계형 스마트아트를 슬라이드에 삽입하고 텍스트를 입력해보자.

01 파워포인트를 실행하고 새 프레젠테이션의 첫 번째 슬라이드를 [제목 및 내용] 레이아웃으로 변경한다.

TIP [홈] 탭–[슬라이드] 그룹–[슬라이드 레이아웃] 목록에서 [제목 및 내용]을 선택한다.

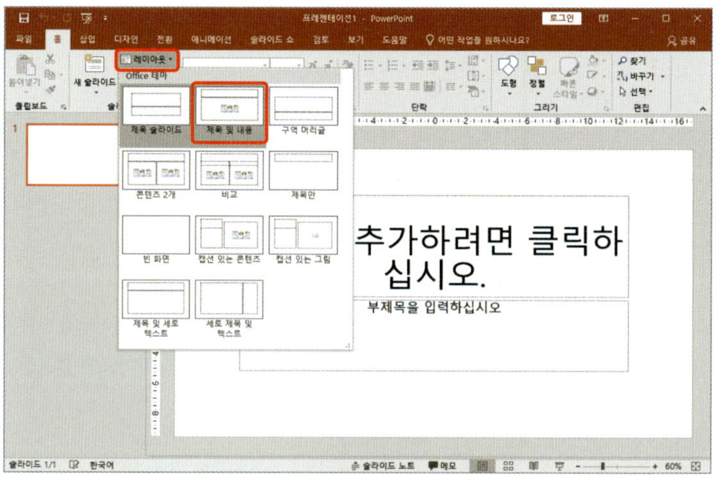

02 슬라이드의 제목에 *관계형*이라고 입력하고 본문 개체 틀에 있는 [SmartArt 그래픽 삽입] 단추를 클릭한다.

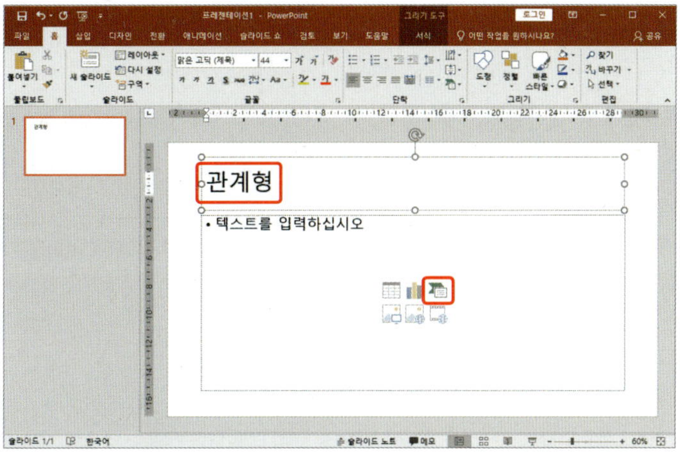

TIP [삽입] 탭–[일러스트레이션] 그룹에서 [SmartArt]를 클릭해도 된다.

03 [SmartArt 그래픽 선택] 대화상자가 나타나면 [관계형] 형식에서 [기본 벤형]을 선택하고 [확인]을 클릭한다.

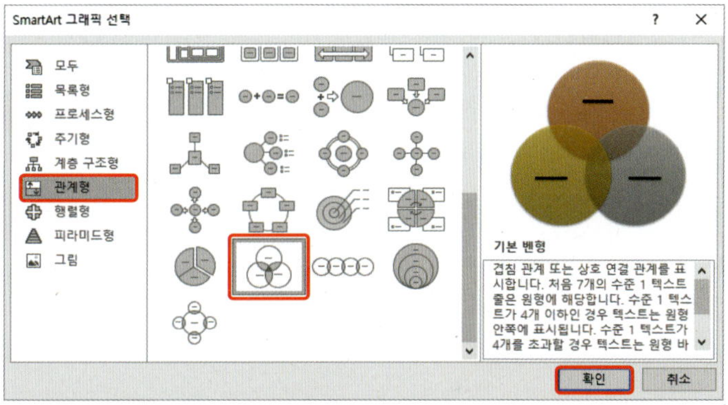

04 슬라이드에 스마트아트가 삽입되면 내용을 입력하기 위해 스마트아트 왼쪽에 있는 [< 텍스트 창] 단추를 클릭한다.

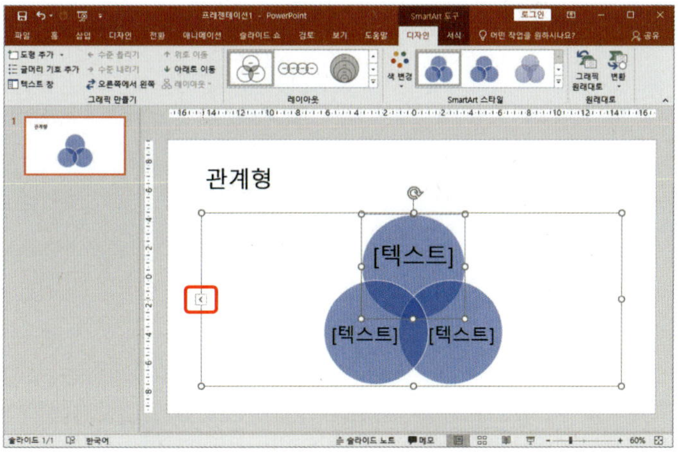

TIP [SmartArt 도구]–[디자인] 탭–[그래픽 만들기] 그룹–[텍스트 창]을 클릭해도 된다. 또는 텍스트 입력 창 대신 도형을 마우스로 선택하고 내용을 직접 입력해도 된다.

05 스마트아트의 텍스트 창에 *사막화, 해수면 상승, 기후 변화*를 차례로 입력한다. 텍스트를 적을 때 다음 항목으로 이동하고 싶다면 방향키 ↓를 누르면 된다.

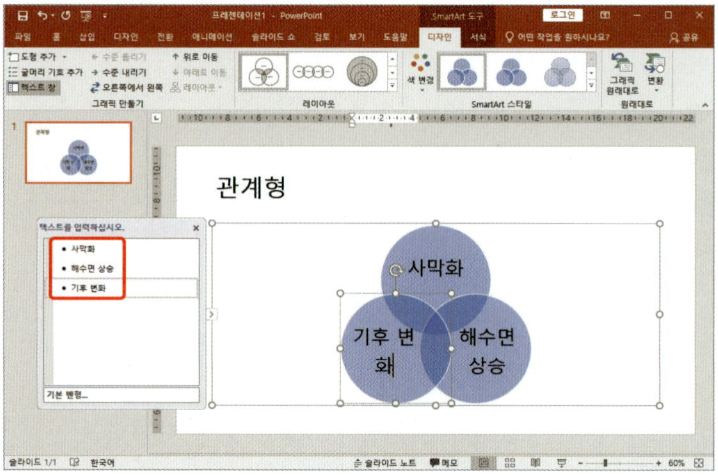

기본예제 5-2 스마트아트 도형 추가하고 삭제하기

스마트아트의 도형을 추가하거나 삭제하고 순서를 바꿔보자.

01 '사막화' 도형을 선택하고 [SmartArt 도구]–[디자인] 탭–[그래픽 만들기] 그룹–[도형 추가] 목록에서 [뒤에 도형 추가]를 선택한다.

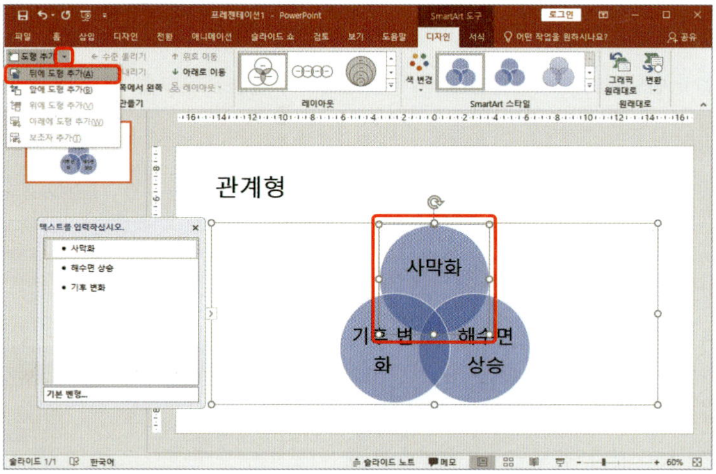

TIP 텍스트 창의 '사막화' 텍스트 마지막 글자 뒤에 커서를 두고 Enter 키를 눌러도 도형이 추가된다.

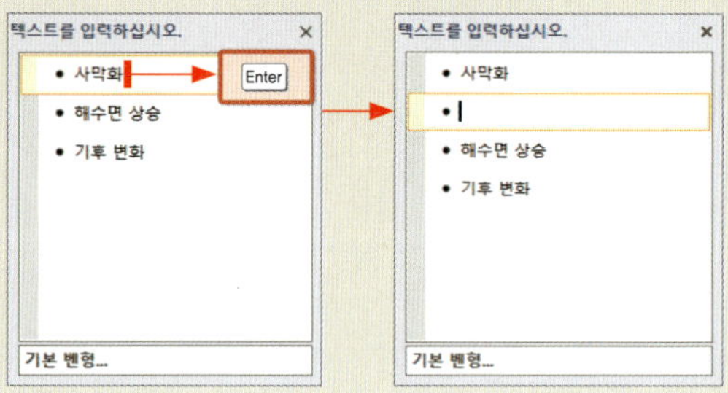

02 추가된 도형에 텍스트를 *식량 부족*이라고 입력한다. [SmartArt 도구]–[디자인] 탭–[그래픽 만들기] 그룹–[위로 이동]을 클릭해 도형의 위치를 바꾼다.

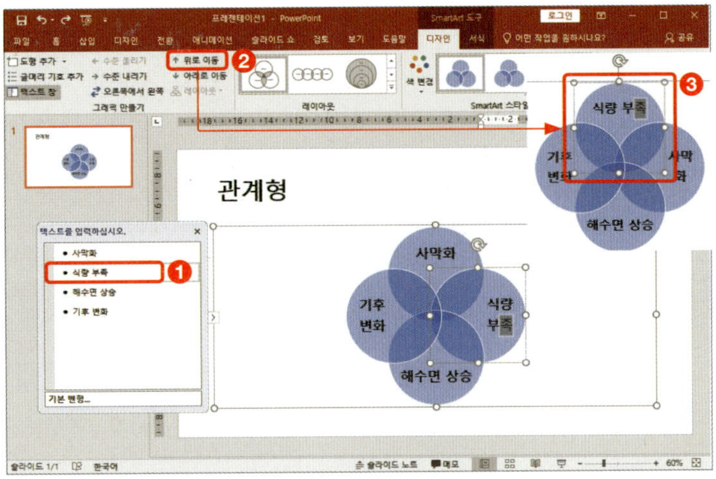

03 이번에는 '사막화' 도형을 선택하고 [SmartArt 도구]–[디자인] 탭–[그래픽 만들기] 그룹–[수준 내리기]를 클릭해 목록 수준을 내린다. '식량 부족'의 하위 항목으로 들어간다.

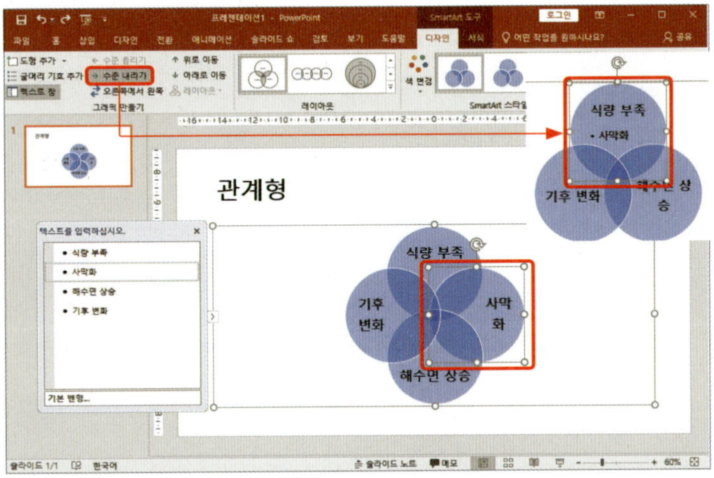

TIP 텍스트 창에서 '사막화' 텍스트 맨 앞에 커서를 두고 Tab 키를 눌러도 목록 수준이 내려간다.

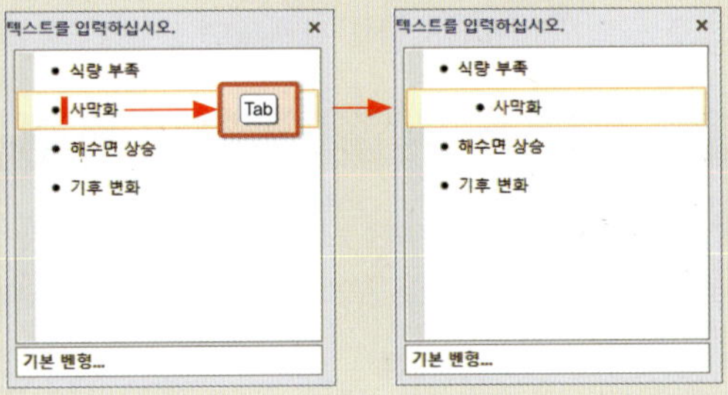

04 '사막화' 텍스트를 선택하고 [SmartArt 도구]–[디자인] 탭–[그래픽 만들기] 그룹–[수준 올리기]를 클릭하면 원래의 목록 수준으로 바뀐다.

TIP 텍스트 창에서 '사막화' 텍스트 맨 앞에 커서를 두고 단축키 Shift+Tab을 눌러도 된다.

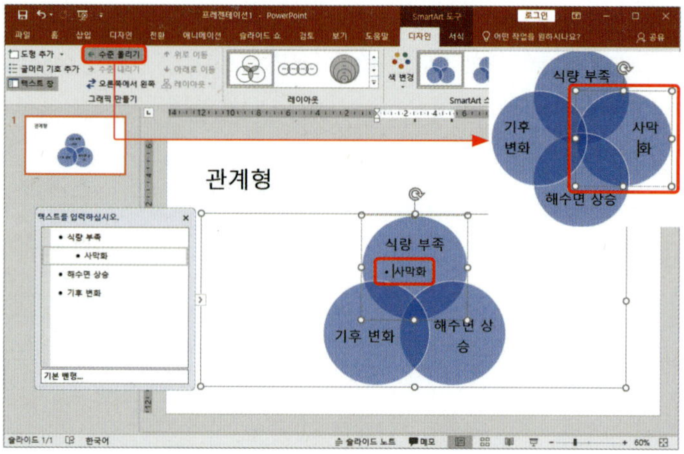

05 이번에는 [SmartArt 도구]–[디자인] 탭–[그래픽 만들기] 그룹–[오른쪽에서 왼쪽]을 클릭해 도형의 좌우 배치를 변경해본다.

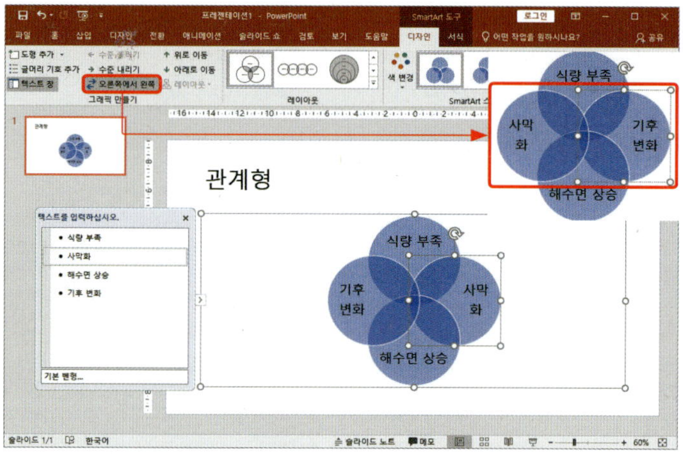

06 [오른쪽에서 왼쪽]을 한 번 더 클릭해 도형을 원래대로 배치한다. '식량 부족' 도형을 마우스 오른쪽으로 클릭해 [잘라내기]를 선택하면 도형이 삭제된다.

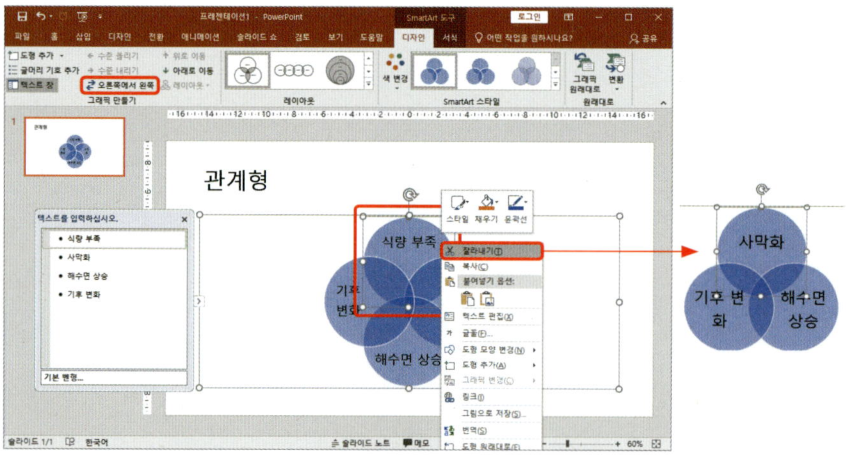

TIP 삭제할 도형을 선택하고 Delete 키를 눌러도 된다.

기본예제 5-3 스마트아트 변환하기

스마트아트에 입력한 내용은 텍스트 상자로 변환시킬 수 있고, 스마트아트 개체를 하나의 도형으로 변환시킬 수도 있다. 스마트아트를 텍스트나 도형으로 변환시켜보자.

01 슬라이드에 만들어져 있는 스마트아트를 선택하고 [SmartArt 도구]–[디자인] 탭–[원래대로] 그룹–[변환] 목록에서 [텍스트로 변환]을 선택한다.

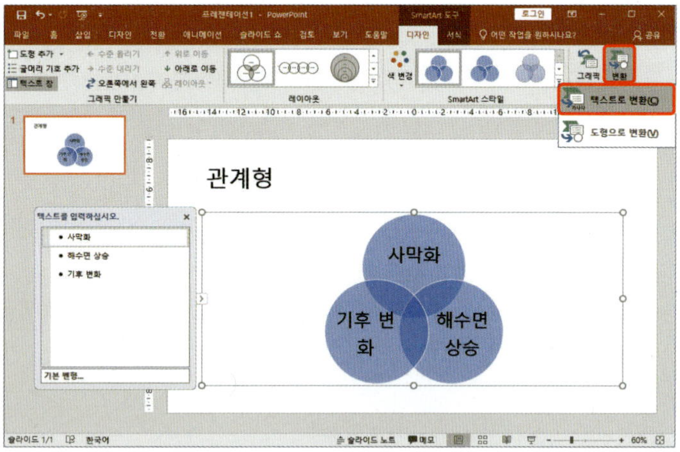

02 스마트아트가 있던 위치에 텍스트 상자가 만들어지고 내용이 표시된다. 다시 스마트아트로 변환하려면 텍스트 상자를 선택하고 [홈] 탭–[단락] 그룹–[SmartArt로 변환] 목록에서 원하는 모양을 선택하면 된다. 이번에는 [기본 주기형]으로 변환시켜본다.

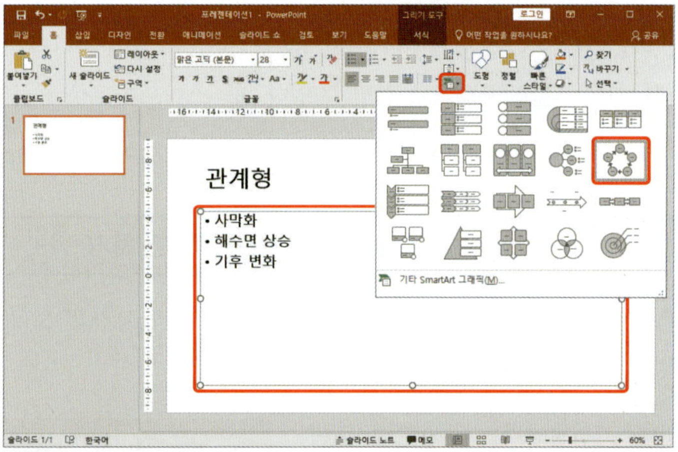

03 텍스트가 다시 스마트아트로 변환된다. 스마트아트를 선택한 상태로 [SmartArt 도구]–[디자인] 탭–[원래대로] 그룹–[변환] 목록에서 [도형으로 변환]을 선택한다.

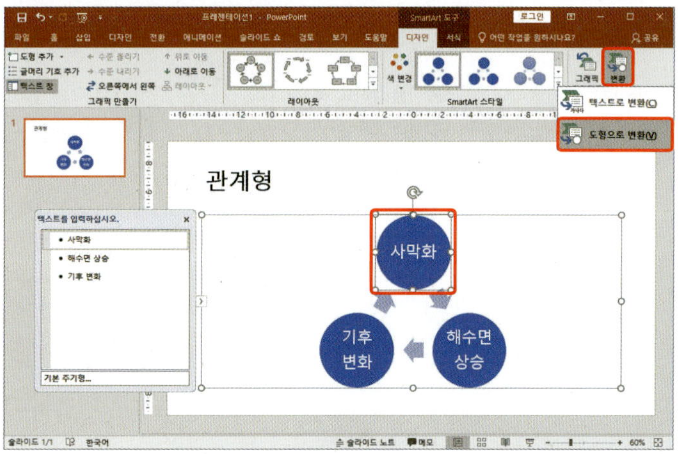

04 스마트아트가 그룹화된 하나의 도형으로 변환되어 메뉴에는 [SmartArt 도구] 대신 [그리기 도구]가 표시된다.

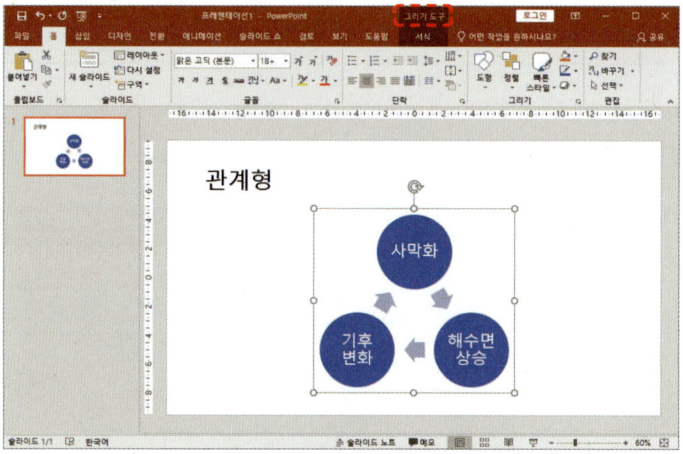

TIP 한번 변환된 도형을 다시 스마트아트로 바꾸는 메뉴는 없다. [되돌리기] 단추를 클릭하거나 단축키 Ctrl+Z를 이용해 변환 작업을 취소해야 한다.

1.2 스마트아트 디자인과 서식 설정

스마트아트는 다양한 레이아웃을 적용할 수 있을 뿐만 아니라 여러 가지 스타일과 색을 설정해 프레젠테이션에 적합한 모양으로 꾸밀 수 있다. 또, 스마트아트를 구성하는 각 도형의 모양을 바꾸거나 채우기 색, 윤곽선, 텍스트 효과 등을 설정해 기본으로 제공되는 서식을 변경할 수도 있다.

기본예제 5-4 스마트아트 스타일과 색 설정하기

슬라이드에 텍스트를 입력한 후 스마트아트로 변환시키고, SmartArt 도구를 이용해 스타일과 색을 설정해보자.

01 프레젠테이션에 [제목 및 내용] 슬라이드를 하나 추가하고 다음 그림과 같이 제목과 내용을 입력한다.

TIP [홈] 탭–[슬라이드] 그룹–[슬라이드 레이아웃] 목록에서 [제목 및 내용]을 선택하면 된다.

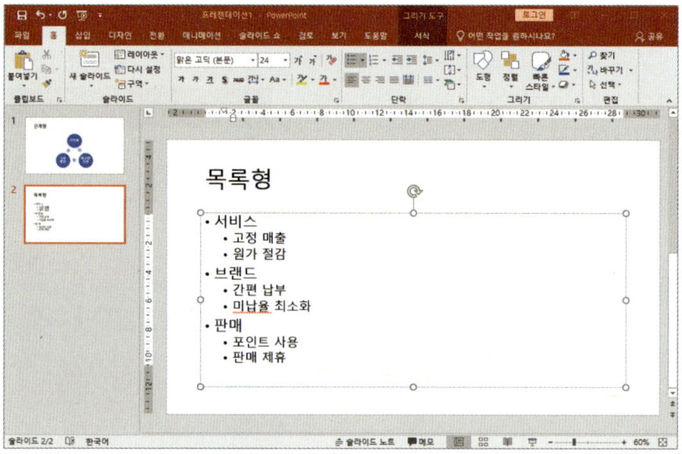

02 본문 개체 틀을 선택하고 [홈] 탭–[단락] 그룹–[SmartArt로 변환] 목록에서 [세로 갈매기형 수장 목록형]을 선택한다.

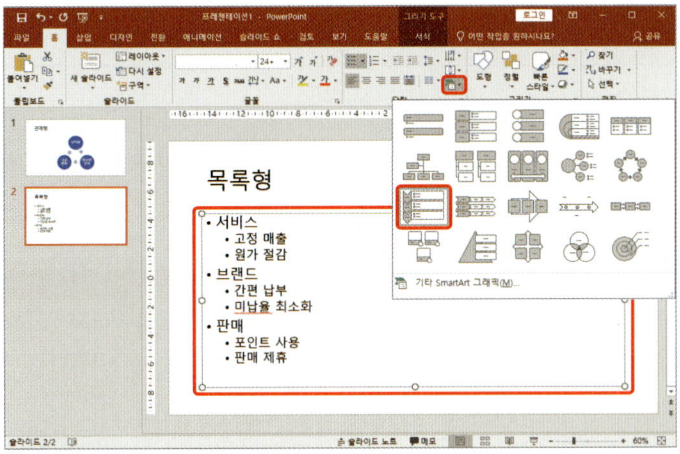

03 스마트아트의 텍스트 창은 닫고 [SmartArt 도구]–[디자인] 탭–[SmartArt 스타일] 그룹–[색 변경] 목록에서 [기본 테마 색]–[어두운 색 1 윤곽선]을 선택한다.

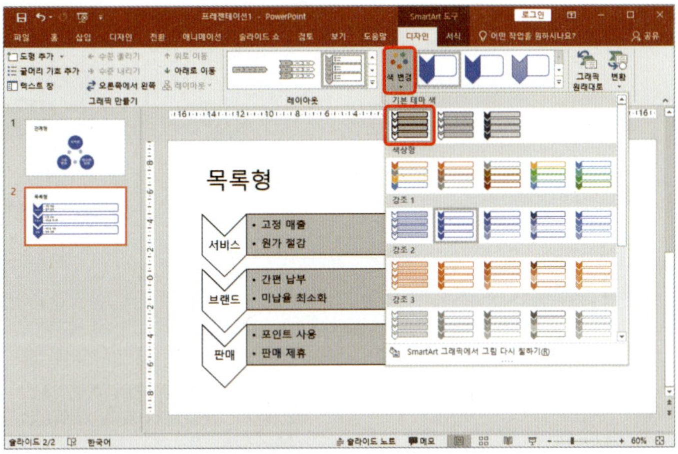

04 [SmartArt 도구]–[디자인] 탭–[SmartArt 스타일] 그룹의 [자세히] 단추를 클릭하고 [3차원]의 [일몰]을 선택한다.

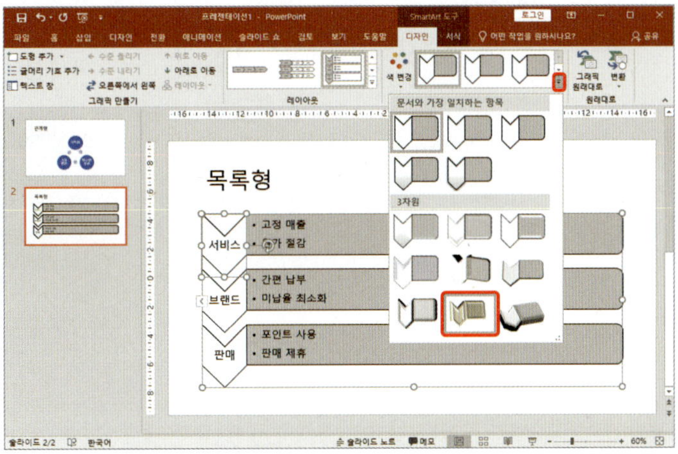

TIP 선택한 색상이나 스타일을 원래대로 되돌리려면 [SmartArt 도구]의 [디자인] 탭–[원래대로] 그룹–[그래픽 원래대로]를 클릭하면 된다.

기본예제 5-5 스마트아트 도형 서식 설정하기

스마트아트를 구성하고 있는 각 도형은 [SmartArt 도구]의 [서식] 탭에서 제공하는 도구들을 이용해 일반적인 도형처럼 모양이나 스타일 등의 서식을 바꿀 수 있다. 이번에는 스마트아트를 구성하는 도형의 서식을 설정해보자.

01 '브랜드' 도형을 선택하고 [SmartArt 도구]의 [서식] 탭–[도형] 그룹–[도형 모양 변경] 목록에서 [기본 도형]–[타원]을 선택한다.

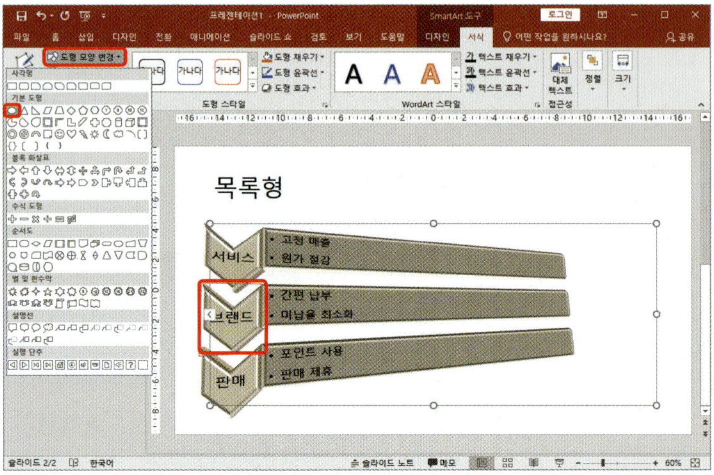

TIP 스마트아트를 구성하고 있는 각 도형을 선택하려면 스마트아트를 먼저 클릭한 후 해당 도형을 클릭하면 된다.

02 '브랜드' 도형을 선택한 상태에서 [SmartArt 도구]–[서식] 탭–[도형] 그룹–[크게]를 클릭해 도형 크기를 변경한다.

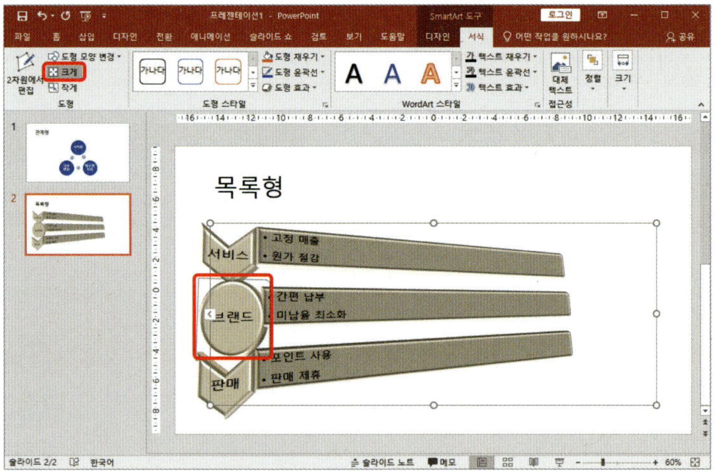

03 '브랜드' 도형을 선택하고 [SmartArt 도구]-[서식] 탭-[도형 스타일] 그룹-[도형 채우기] 목록에서 [표준 색]-[주황]을 선택한다.

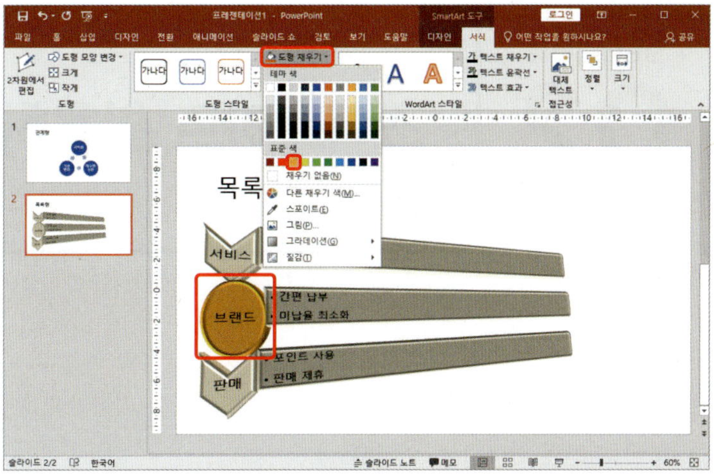

04 다시 '브랜드' 도형을 선택하고 [SmartArt 도구]-[서식] 탭- [WordArt 스타일] 그룹-[텍스트 채우기]에서 [흰색, 배경 1]을 선택해 텍스트 색을 바꾼다.

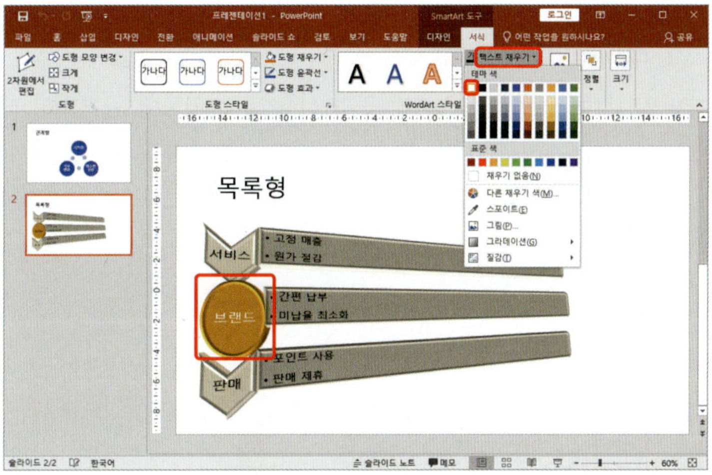

SECTION 02

스마트아트 활용하기

파워포인트에서 제공하는 스마트아트 레이아웃 종류로는 목록형, 프로세스형, 주기형, 계층 구조형, 관계형, 행렬형, 피라미드형 및 그림이 있다. 스마트아트 레이아웃 종류의 용도를 알아보고 내용에 어울리는 스마트아트를 선택해서 활용해본다.

2.1 스마트아트 레이아웃의 종류

파워포인트에서는 상황에 따라 골라 사용할 수 있도록 규격화된 레이아웃을 몇 가지 제공한다. [삽입] 탭–[일러스트레이션] 그룹–[SmartArt]를 클릭하면 [SmartArt 그래픽 선택] 대화상자가 나타나는데, 각각의 형식을 클릭하면 다양한 레이아웃이 보인다. 이 중 가장 알맞은 모양을 골라 삽입하면 된다. 형식에 대한 설명은 다음과 같다.

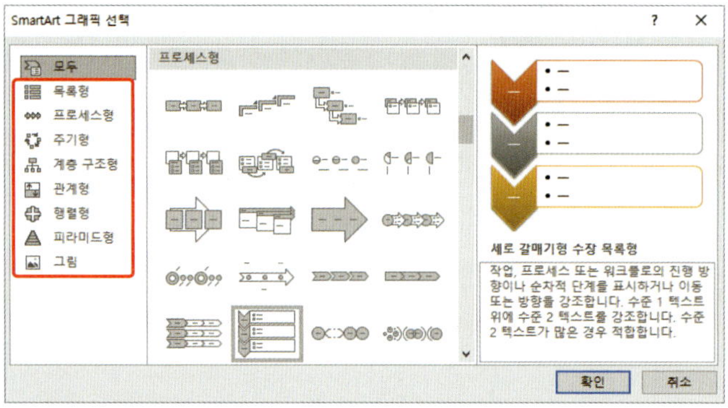

- **목록형**: 순서가 없는 정보를 표시할 때 주로 사용한다.
- **프로세스형**: 프로세스나 단계를 표시할 때 사용하며 순서도를 만들 때도 유용하다.
- **주기형**: 연속적인 프로세스를 표시할 때 사용한다.
- **계층 구조형**: 조직도나 의사결정 트리와 같이 계층별로 나뉜 형태로 구성된 정보를 표시할 때 사용한다.
- **관계형**: 연결 관계를 표시할 때 사용한다.
- **행렬형**: 부분과 전체의 관계를 표시할 때 사용한다.
- **피라미드형**: 상대적인 관계를 표시할 때 사용하며, 가장 큰 구성 요소를 맨 위나 맨 아래에 둔다.
- **그림**: 그림을 사용해 콘텐츠를 표현하거나 강조할 때 사용한다.

2.2 다양한 스마트아트 레이아웃 활용

스마트아트 레이아웃을 선택할 때는 자료의 구조와 관계를 먼저 파악한 뒤 이를 가장 잘 표현할 수 있는 모양을 골라야 한다. 예를 들어 목차를 만들 때는 목록형이, 조직도를 만들 때는 계층 구조형이, 작업 과정을 설명할 때는 프로세스형이 적합하다. 각 레이아웃의 특징을 살려 적절하게 활용하면 시각화 효과를 높일 수 있다. 프로세스형 스마트아트, 계층 구조형 스마트아트, 그림 스마트아트를 만들어보면서 다양한 레이아웃을 활용하는 방법을 알아본다.

기본예제 5-6 프로세스형 스마트아트 활용하기

순서가 있는 프로세스의 작업 단계나 진행 방향, 시간 표시 막대, 순차적 단계를 표시할 때 주로 사용하는 프로세스형 스마트아트를 슬라이드에 삽입해보자.

01 프레젠테이션에 [제목 및 내용] 슬라이드를 하나 더 추가하고 다음 그림과 같이 제목과 내용을 입력한다.

TIP [홈] 탭–[슬라이드] 그룹–[슬라이드 레이아웃] 목록에서 [제목 및 내용]을 선택하면 된다.

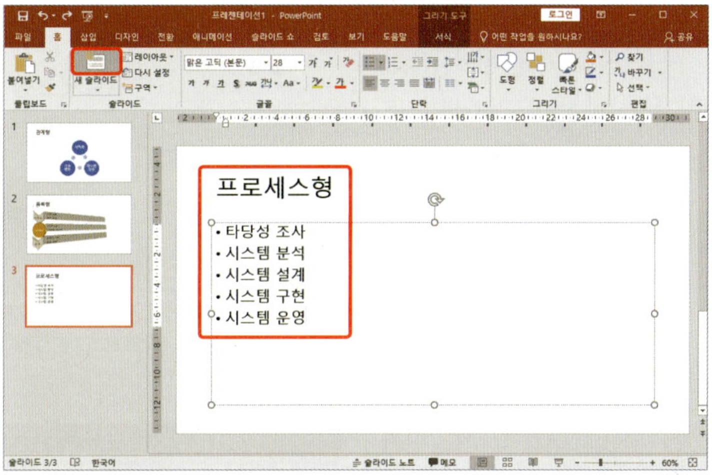

02 본문 개체 틀을 선택하고 [홈] 탭–[단락] 그룹–[SmartArt로 변환] 목록에서 [기타 SmartArt 그래픽]을 선택한다.

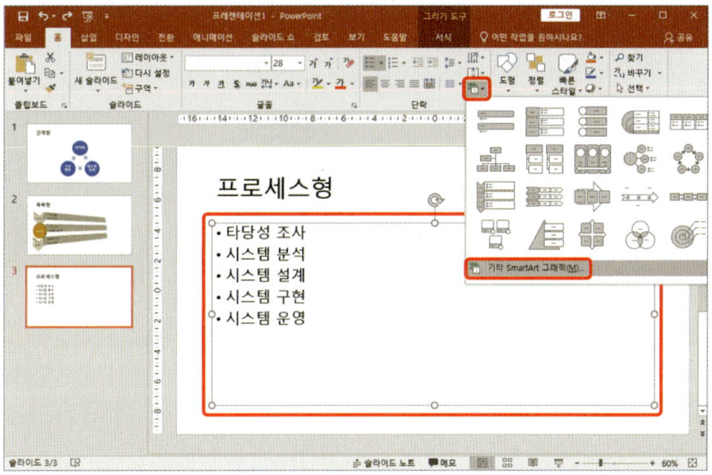

03 [SmartArt 그래픽 선택] 대화상자가 나타나면 [프로세스형] 목록의 [연속 블록 프로세스형]을 선택하고 [확인]을 클릭한다.

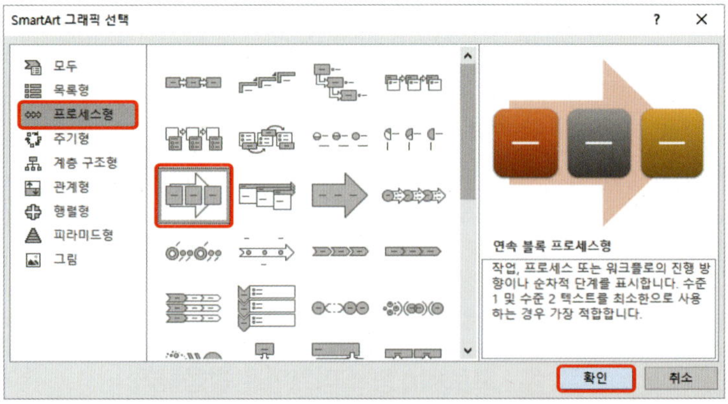

04 스마트아트를 선택한 상태에서 [SmartArt 도구]-[디자인] 탭-[SmartArt 스타일] 그룹-[색 변경] 목록에서 [색상형]-[색상형 범위-강조색 3 또는 4]를 선택한다.

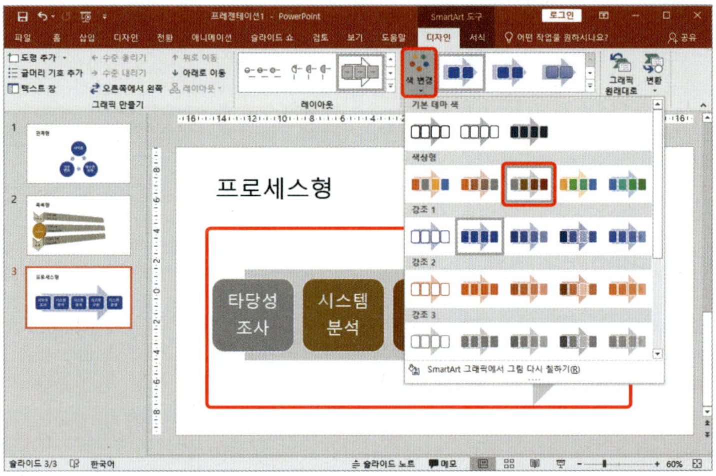

05 [SmartArt 도구]-[디자인] 탭-[SmartArt 스타일] 그룹의 [자세히] 단추를 클릭하고 [3차원]-[조감도]를 선택한다.

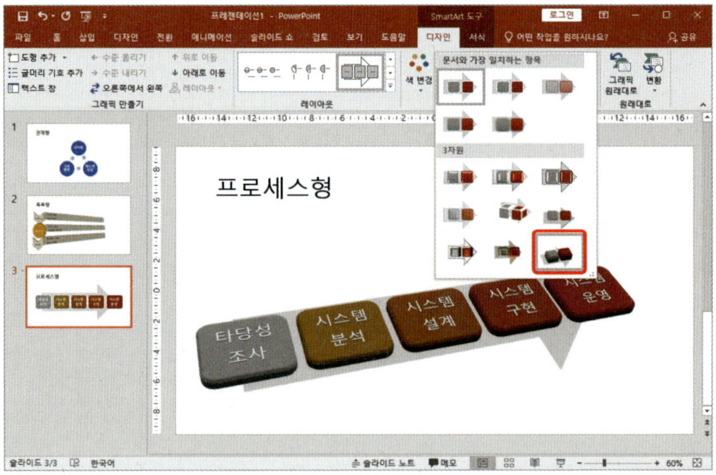

06 [SmartArt 도구]–[서식] 탭–[도형 스타일] 그룹–[도형 서식] 단추를 클릭해 [도형 서식] 작업 창을 열고 [도형 옵션]–[효과] 탭을 클릭한다.

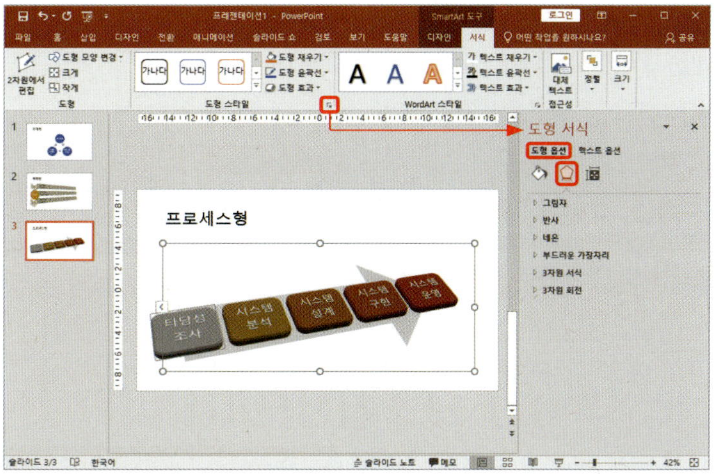

07 [3차원 회전] 항목을 열고 [X 회전]은 [340°], [Y 회전]은 [330°], [Z 회전]은 [15°], [원근감]은 [25°]로 수정한 후 [텍스트 3차원 회전 안 함]을 체크해 텍스트의 가독성을 높인다.

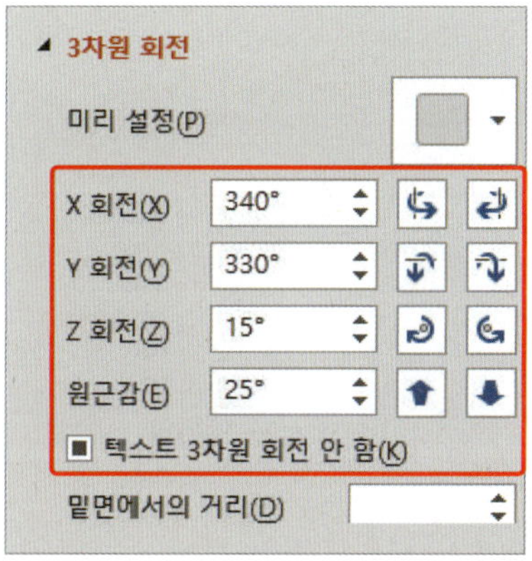

기본예제 5-7 계층 구조형 스마트아트 활용하기

가로나 세로로 진행되는 계층 관계를 보여주기 위한 계층 구조형 스마트아트는 조직도형, 표 계층 구조형, 레이블 계층 구조형 등이 있다. 여기서는 조직의 계층 정보나 보고 관계를 나타내는 조직도형 스마트아트를 만들어보자.

01 프레젠테이션에 [제목 및 내용] 슬라이드를 하나 더 추가하고 제목을 *계층 구조형*이라고 입력한 후 [삽입] 탭–[일러스트레이션] 그룹–[SmartArt]를 클릭한다.

TIP [홈] 탭–[슬라이드] 그룹–[슬라이드 레이아웃] 목록에서 [제목 및 내용]을 선택하면 된다.

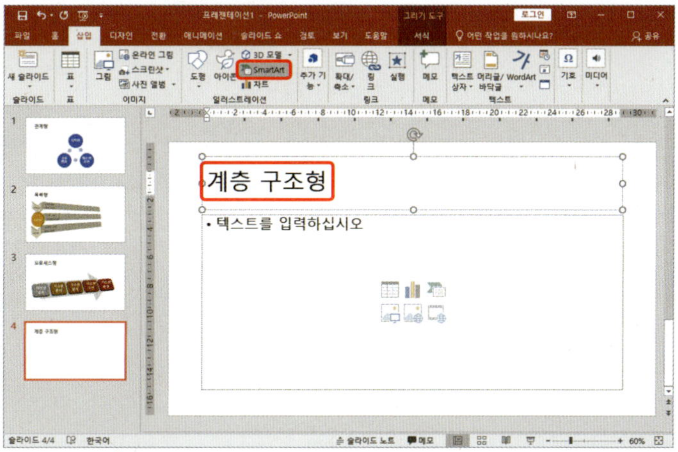

02 [SmartArt 그래픽 선택] 대화상자가 나타나면 [계층 구조형] 목록의 [조직도형]을 선택하고 [확인]을 클릭한다.

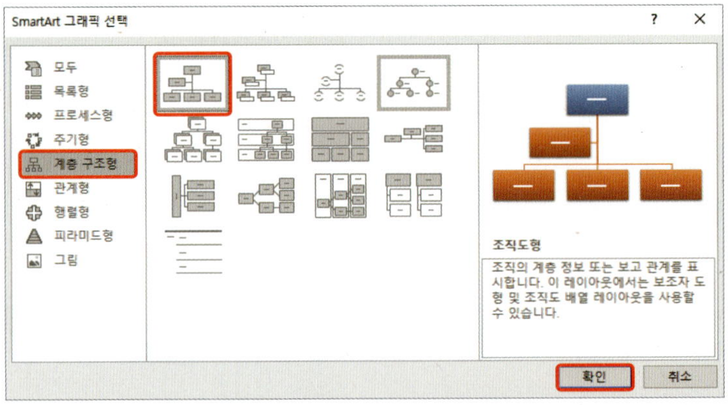

03 슬라이드에 삽입된 스마트아트에 다음 그림과 같이 내용을 입력한다.

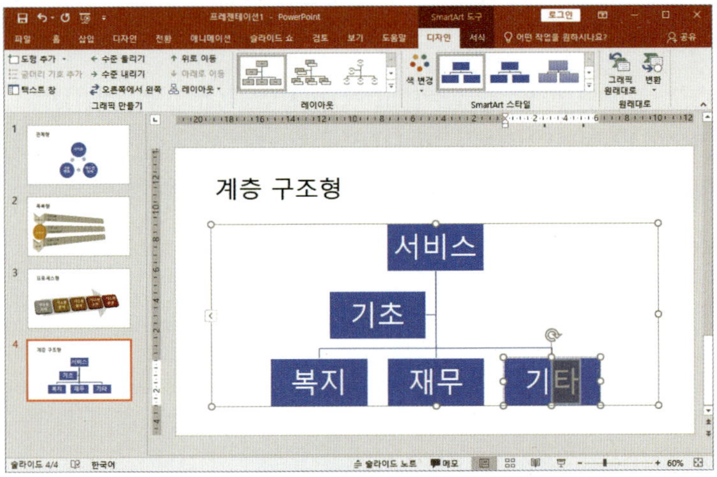

04 '복지' 도형을 클릭하고 [SmartArt 도구]–[디자인] 탭–[그래픽 만들기] 그룹–[도형 추가] 목록에서 [아래에 도형 추가]를 선택한다.

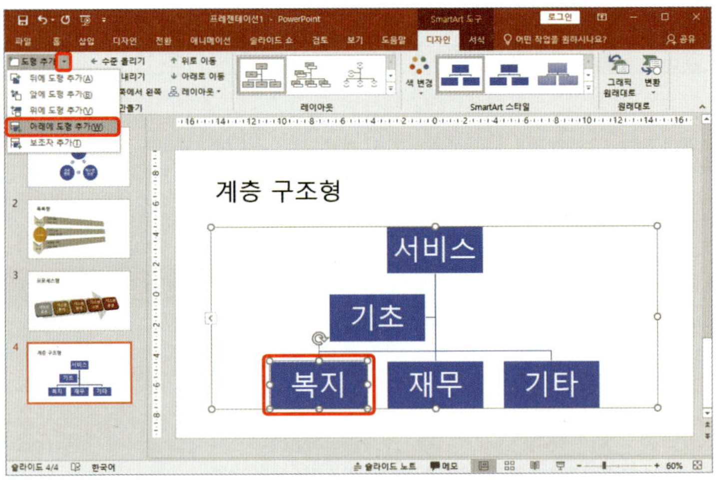

05 추가된 도형의 텍스트로 *의료*라고 입력한 후 [SmartArt 도구]–[디자인] 탭–[그래픽 만들기] 그룹–[도형 추가] 목록에서 [뒤에 도형 추가]를 선택한다.

TIP 선택한 도형과 동일한 수준의 도형을 연속으로 추가하려면 [도형 추가]를 클릭하면 된다.

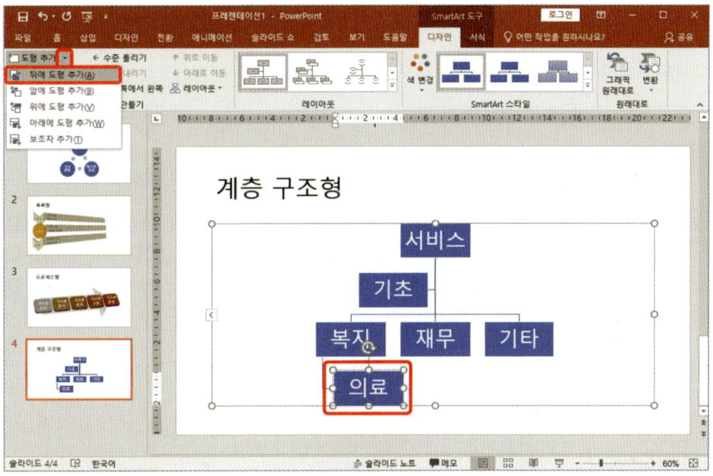

06 추가된 도형의 텍스트로 *주거*라고 입력한다. 같은 방법으로 '재무' 도형 아래에 도형을 2개 추가하고 텍스트를 *보험*과 *지출*로 입력한다.

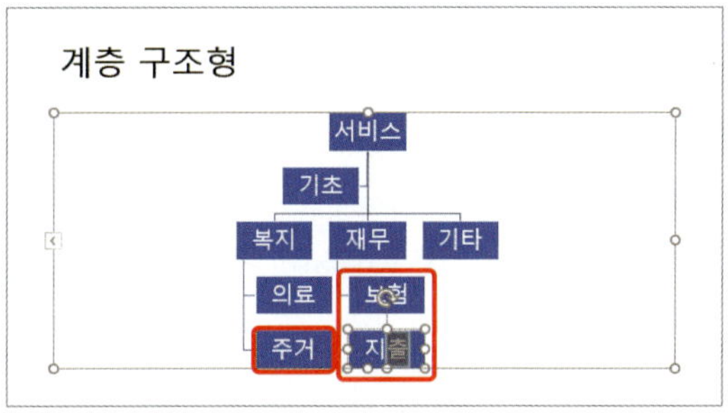

TIP 텍스트 창에서 Enter 키나 Tab 키를 이용해도 도형을 추가할 수 있다. 같은 수준의 도형을 추가할 때는 Enter 키를 누르면 되고, 수준을 내리거나 올릴 때는 각각 Tab 키나 단축키 Shift+Tab을 누르면 된다.

07 마지막으로 '기타' 도형을 선택하고 [SmartArt 도구]–[디자인] 탭–[그래픽 만들기] 그룹–[도형 추가] 목록에서 [아래에 도형 추가]를 선택한다. [도형 추가]를 두 번 더 클릭해 도형을 추가하고 각 도형에 텍스트를 *여가*, *법률*, *교육*이라고 입력한다.

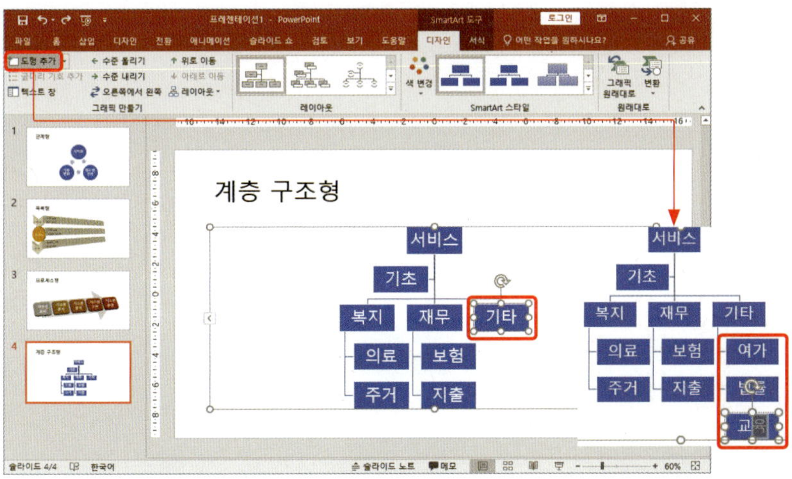

08 '기타' 도형을 선택하고 [SmartArt 도구]–[디자인] 탭–[그래픽 만들기] 그룹–[레이아웃]–[양쪽 균등 배열]을 선택한다.

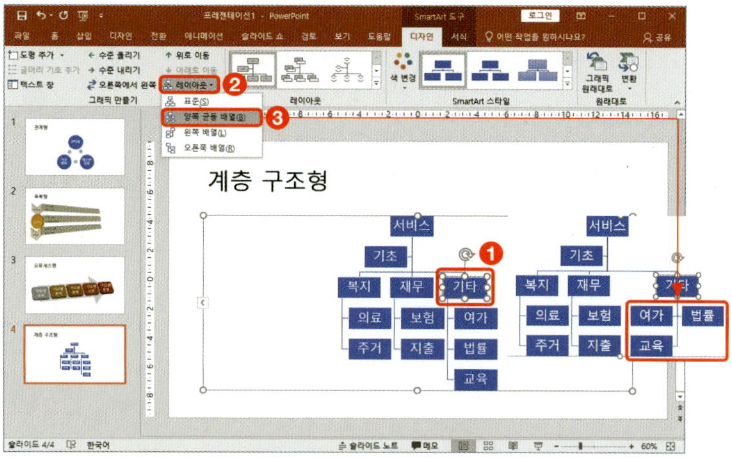

09 이제 스마트아트 전체를 선택한 상태에서 [SmartArt 도구]–[디자인] 탭–[SmartArt 스타일] 그룹–[색 변경] 목록에서 [색상형]의 [색상형–강조색]을 선택한다.

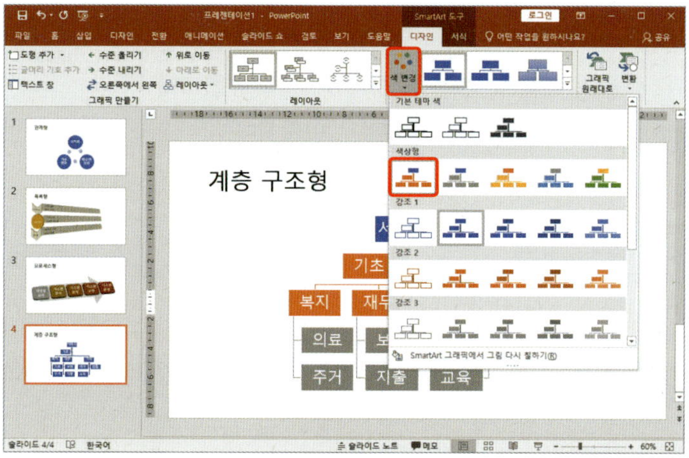

10 Shift 키를 누른 상태에서 제일 하위 수준인 스마트아트 도형들('의료', '주거', '보험', '지출', '여가', '법률', '교육')을 다중 선택하고, [SmartArt 도구]–[서식] 탭–[도형] 그룹–[도형 모양 변경] 목록에서 [기본 도형]의 [사각형:빗면]을 선택한다.

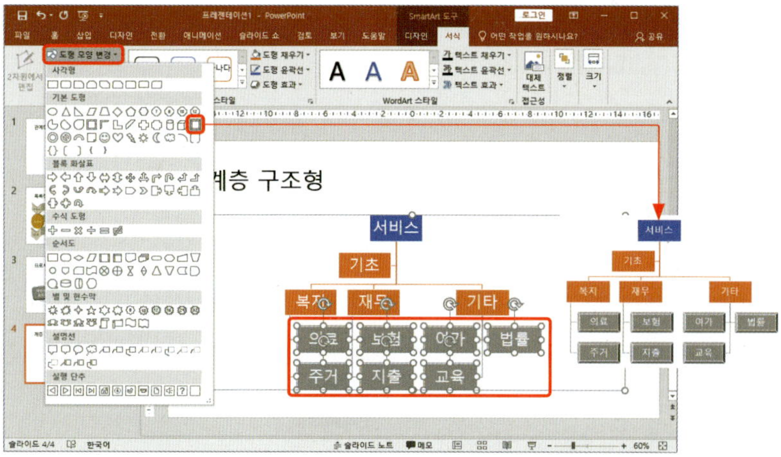

기본예제 5-8 그림 스마트아트 활용하기

그림 스마트아트는 프로세스형이나 목록형 같은 레이아웃에 텍스트뿐 아니라 사진이나 그림도 표시할 수 있는 형태이다. 강조하려는 내용과 관련된 그림을 삽입해 그림 스마트아트를 만들어보자.

01 프레젠테이션에 [제목 및 내용] 슬라이드를 하나 더 추가하고 다음 그림과 같이 제목과 내용을 입력한다.

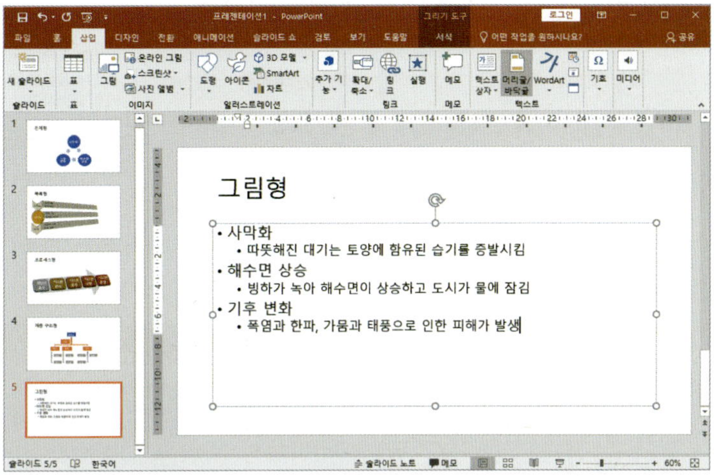

TIP [홈] 탭–[슬라이드] 그룹–[슬라이드 레이아웃] 목록에서 [제목 및 내용]을 선택하면 된다.

02 슬라이드에서 본문 개체 틀을 선택하고 [홈] 탭–[단락] 그룹–[SmartArt로 변환] 목록에서 [그림 강조 벤딩 목록형]을 선택한다.

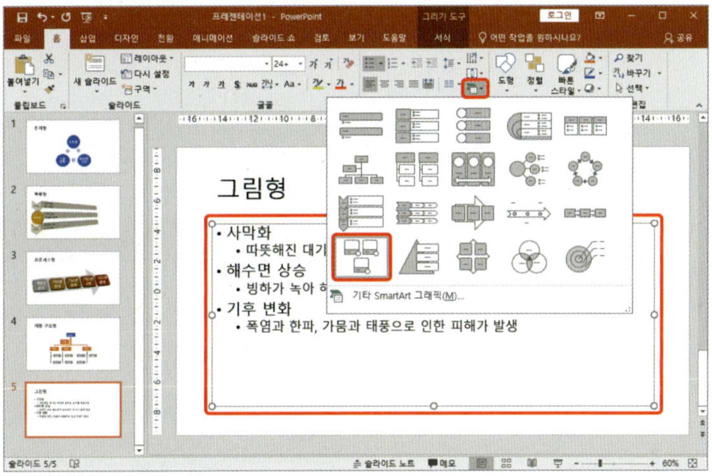

03 [SmartArt 도구]–[디자인] 탭–[SmartArt 스타일] 그룹–[색 변경] 목록에서 [색상형]–[색상형 범위–강조색 3 또는 4]를 선택한다.

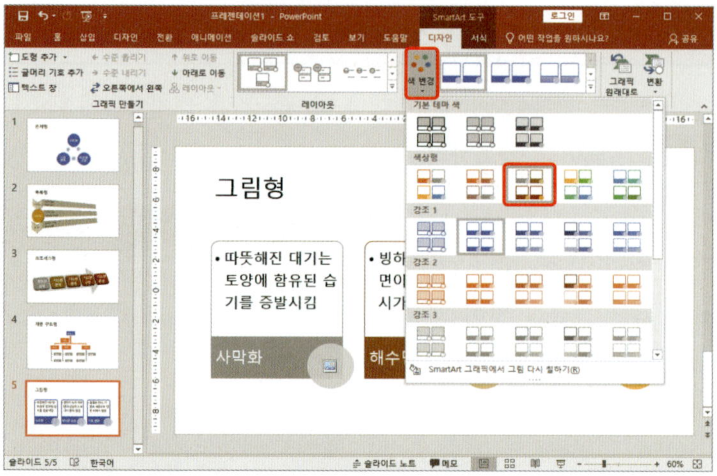

04 이번에는 [SmartArt 도구]–[디자인] 탭–[SmartArt 스타일] 그룹의 [자세히] 단추를 클릭해 목록에서 [문서와 가장 일치하는 항목]–[강한 효과]를 선택한다.

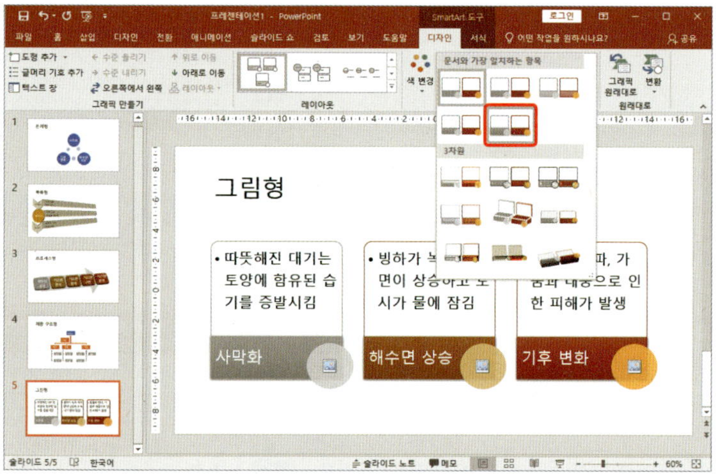

05 '사막화' 도형의 그림 틀을 클릭해 [그림 삽입] 대화상자가 나타나면 [아이콘에서]를 선택한다.

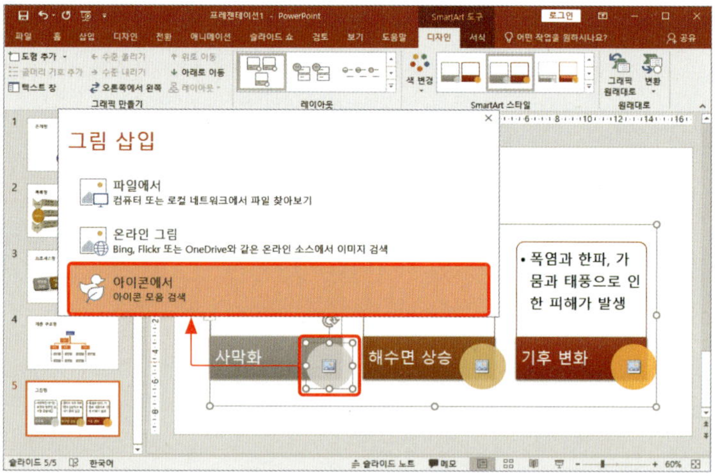

06 [아이콘 삽입] 창의 검색란에 *사막*을 입력하면 검색 결과가 표시된다. 필요한 모양의 아이콘을 선택한 후 [삽입]을 클릭한다.

07 단계 **05~06**과 같은 방법으로 '해수면 상승'과 '기후 변화' 도형의 그림 틀에도 아이콘을 삽입한다.

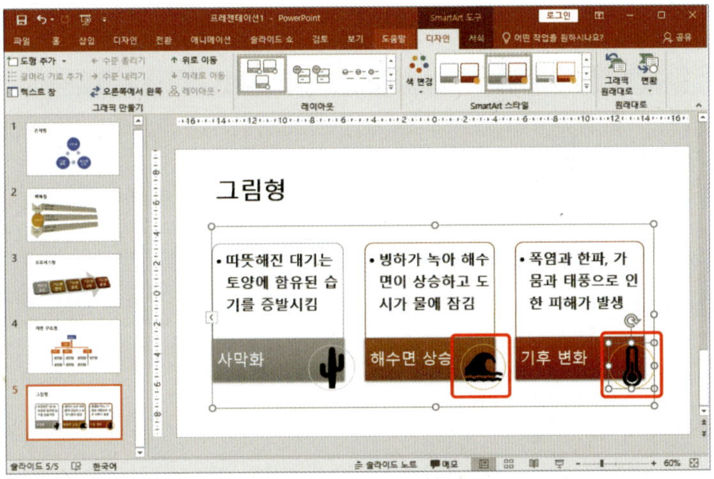

TIP 검색란에 각각 *바다*와 *온도*를 입력해 아이콘을 찾는다.

종합예제

이 장에서 학습한 스마트아트를 활용해 다음과 같이 슬라이드를 만들어보자.

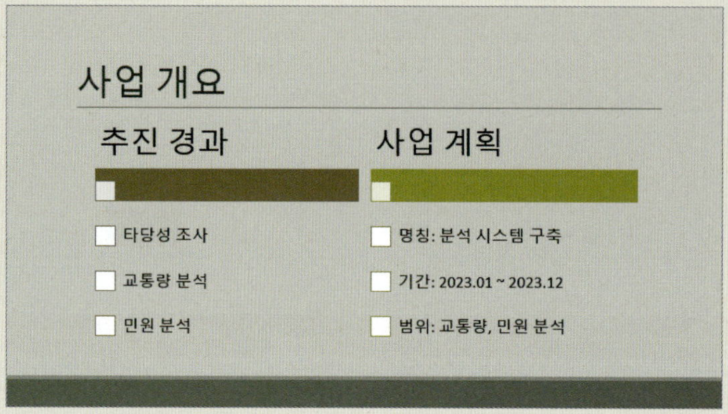

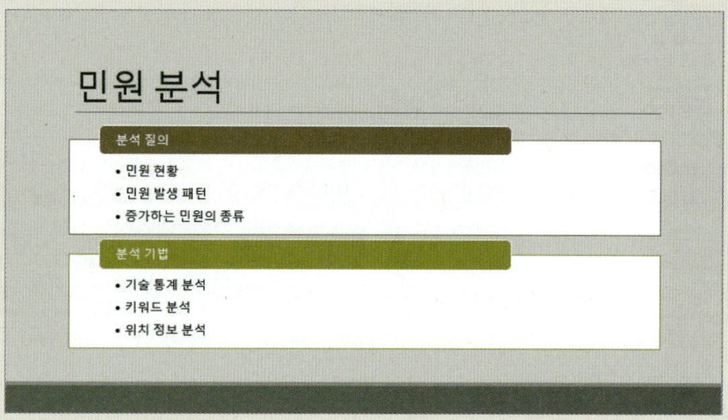

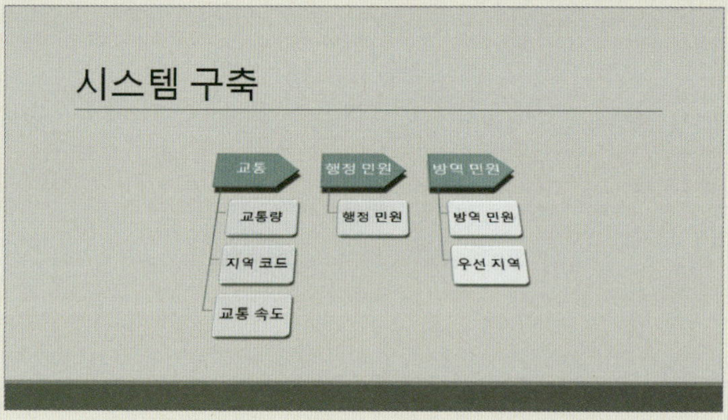

1 파워포인트를 실행하고 [새 프레젠테이션]을 선택한다. [디자인] 탭–[테마] 그룹에서 [자세히] 단추를 클릭해 [추억] 테마를 선택하고 [적용] 그룹에서 세 번째 항목을 선택한다.

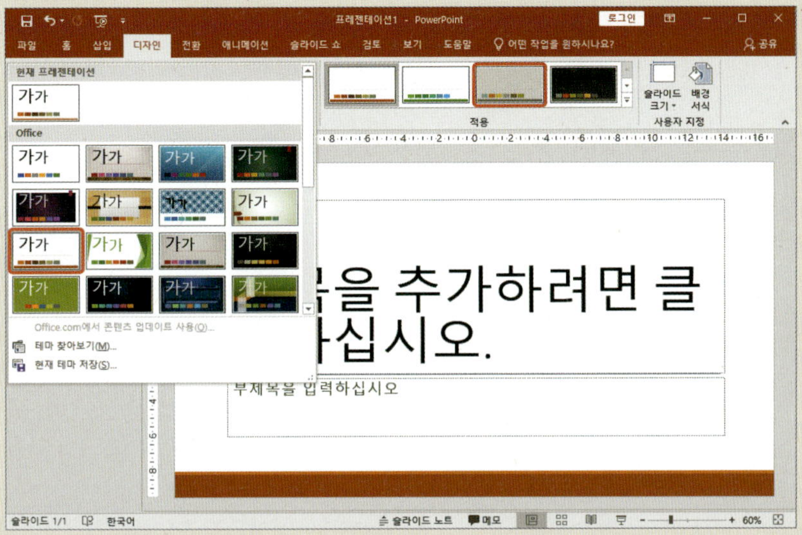

2 [홈] 탭–[슬라이드] 그룹–[슬라이드 레이아웃] 목록에서 [제목 및 내용]을 선택해 슬라이드의 레이아웃을 변경한다. 제목 개체 틀에는 *사업 개요*라고 입력한다.

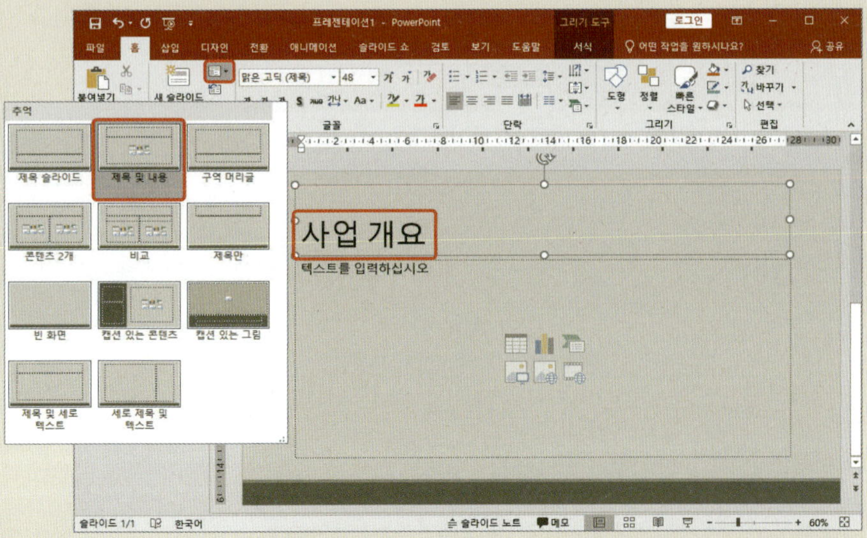

종합예제

3 본문 개체 틀에 있는 [SmartArt 그래픽 삽입] 단추를 클릭한다. [SmartArt 그래픽 선택] 대화상자가 나타나면 [목록형] 목록에서 [사각형 강조 목록형]을 선택하고 [확인]을 클릭한다.

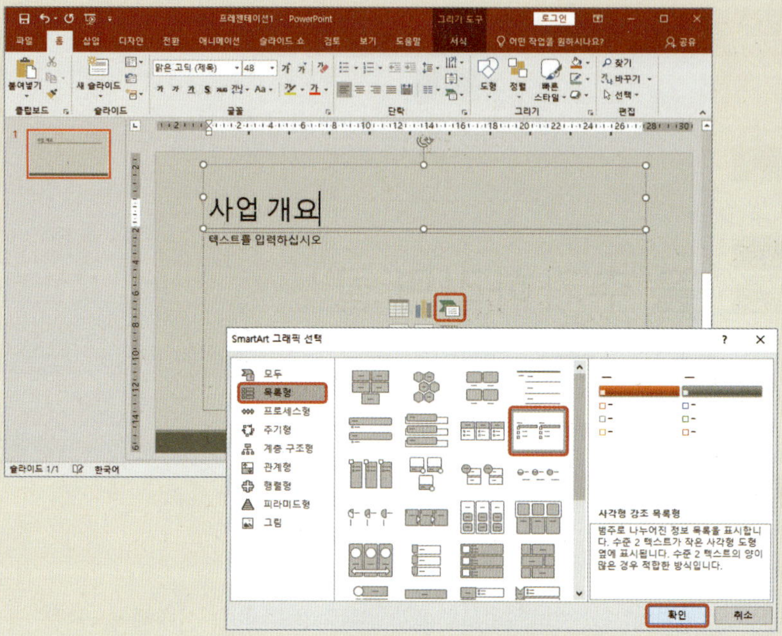

4 텍스트 창을 이용해 다음 그림과 같이 내용을 입력한다.

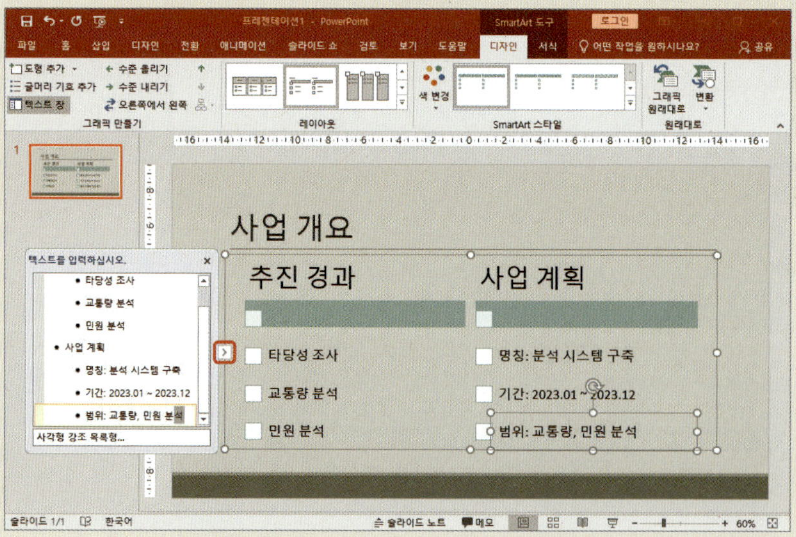

5 텍스트 창을 닫고, [SmartArt 도구]-[디자인] 탭-[SmartArt 스타일] 그룹-[색 변경] 목록에서 [색상형]의 [색상형 범위-강조색 5 또는 6]을 선택한다.

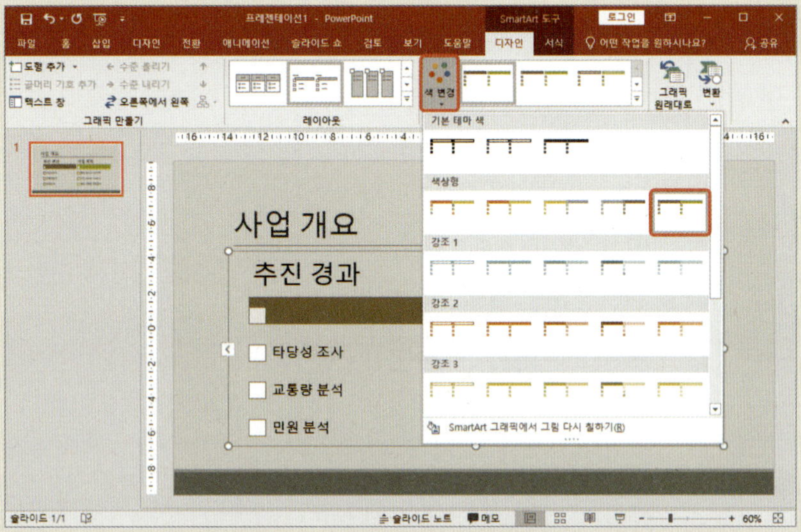

6 [제목 및 내용] 슬라이드를 프레젠테이션에 추가하고 다음 그림과 같이 제목과 내용을 입력한다.

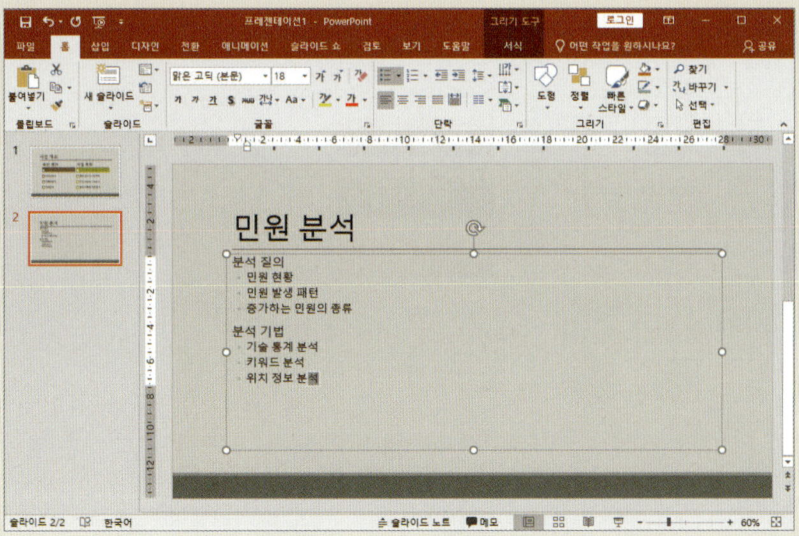

종합예제

7 본문 개체 틀을 선택하고 [홈] 탭–[단락] 그룹–[SmartArt로 변환]–[기타 SmartArt 그래픽]을 클릭한다.

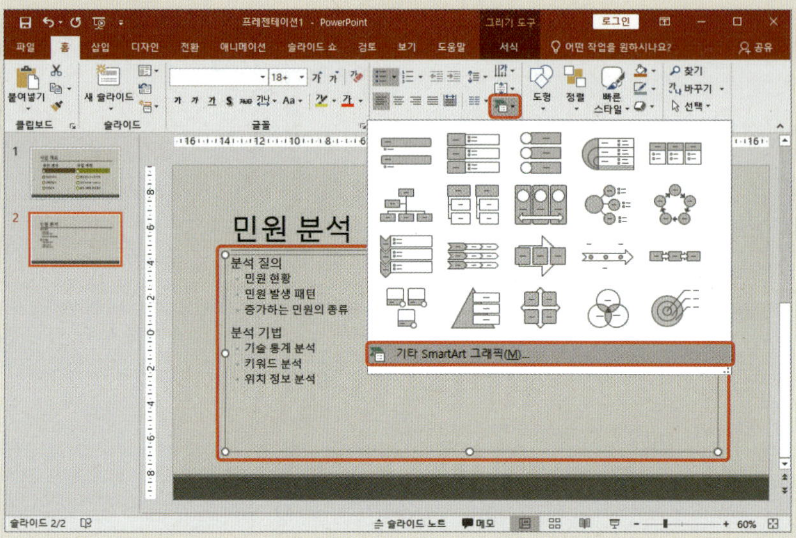

8 [SmartArt 그래픽 선택] 대화상자가 나타나면 [목록형] 목록에서 [세로 상자 목록형]을 선택하고 [확인]을 클릭한다.

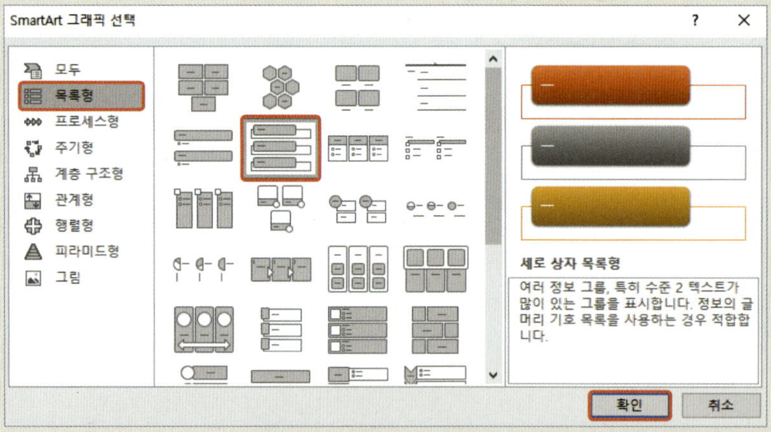

9 스마트아트를 선택한 상태에서 [SmartArt 도구]–[디자인] 탭–[SmartArt 스타일] 그룹–[색 변경] 목록 중 [색상형]–[색상형 범위–강조색 5 또는 6]을 선택한다.

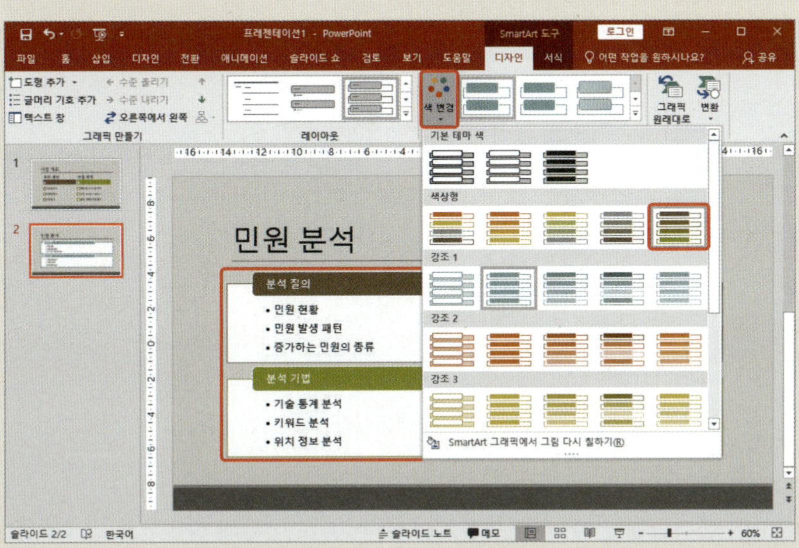

10 프레젠테이션에 [제목 및 내용] 슬라이드를 하나 더 추가한다. 제목 텍스트로 *시스템 구축*을 입력하고 본문 개체 틀에 있는 [SmartArt 그래픽 삽입] 단추를 클릭한다.

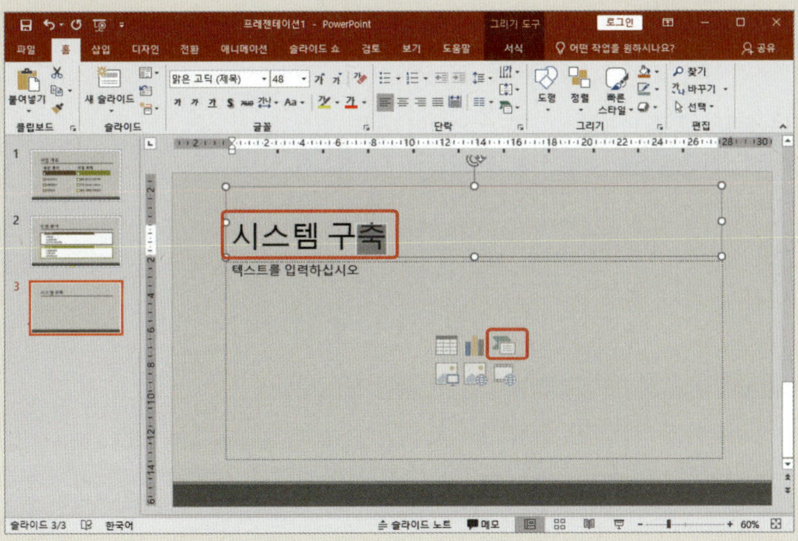

종합예제

11 [SmartArt 그래픽 선택] 대화상자가 나타나면 [계층 구조형] 목록에서 [계층 구조 목록형]을 선택하고 [확인]을 클릭한다.

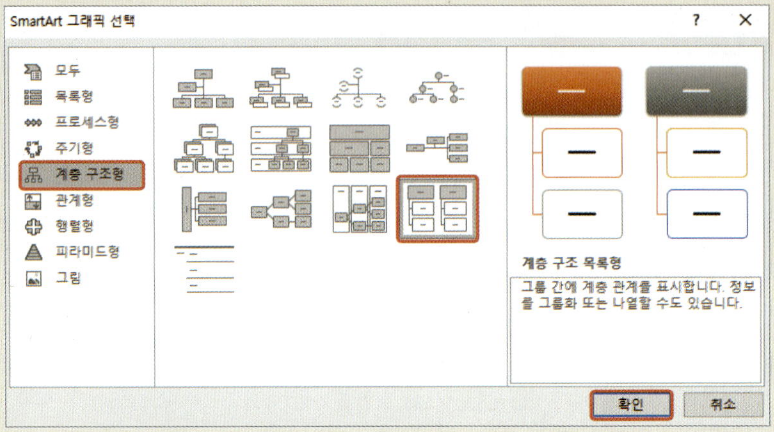

12 [SmartArt 도구]-[디자인] 탭-[그래픽 만들기] 그룹-[도형 추가]를 이용해 다음 그림과 같이 스마트아트를 만들고 내용을 입력한다.

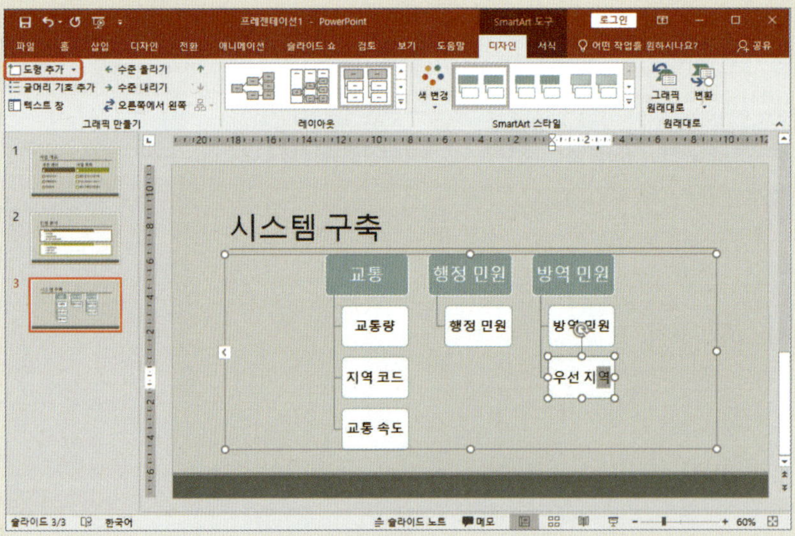

13 [SmartArt 도구]-[디자인] 탭-[SmartArt 스타일] 그룹의 [▾ 자세히] 단추를 클릭하고 [3차원]-[평면]을 선택한다.

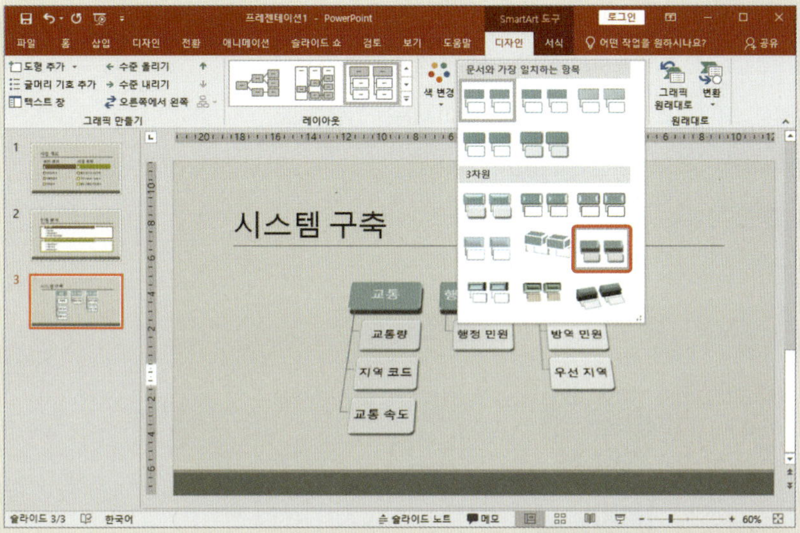

14 Shift 키를 누른 상태에서 '교통', '행정 민원', '방역 민원' 도형을 다중 선택한다. [SmartArt 도구]-[서식] 탭-[도형] 그룹-[도형 모양 변경] 목록에서 [블록 화살표]-[화살표:오각형]을 클릭해 모양을 변경한다.

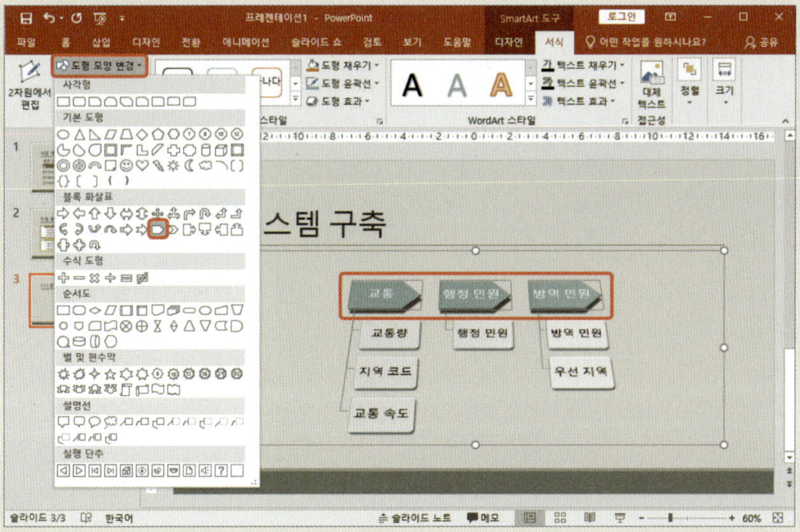

연습문제

1 스마트아트를 활용해 다음과 같이 슬라이드를 작성하시오.

❶ [제목 및 내용] 레이아웃을 슬라이드에 적용하고, 제목은 *환경 분석*이라고 입력하시오.

❷ 제목은 [WordArt 스타일]의 목록에서 [채우기 : 검정, 텍스트 색 1, 윤곽선 : 흰색, 배경색 1, 진한 그림자 : 흰색, 배경 1]로 설정하시오. '환경' 텍스트만 [글꼴 크기]를 [48], [글꼴 색]을 [빨강]으로 변경하시오.

❸ 본문 개체 틀에 [눈금 행렬형] 스마트아트를 삽입하고 그림과 같이 내용을 입력하시오.

❹ 스마트아트의 [색 변경]은 [색상형 - 강조색]으로, [SmartArt 스타일]은 [3차원]-[광택 처리]로 설정하시오.

❺ '정치 환경 분석' 도형의 모양을 [구름 모양 설명선]으로 변경하시오.

2 스마트아트를 활용해 다음과 같이 슬라이드를 작성하시오.

❶ [제목 및 내용] 레이아웃을 슬라이드에 적용하고, 제목에는 *컴퓨터 활용의 변화*라고 입력하시오.

❷ 제목은 [WordArt 스타일]의 목록에서 [그라데이션 채우기 : 파랑, 강조색 5, 반사]로 설정하시오.

❸ 본문 개체 틀에 그림과 같이 내용을 입력하고 [오름차순 화살표 프로세스형] 스마트아트로 변환하시오.

❹ 스마트아트의 [색 변경]은 [색 채우기-강조 1]로, [SmartArt 스타일]은 [흰색 윤곽선]으로 설정하시오.

❺ '개인' 화살표 도형의 [도형 채우기]를 [검정, 텍스트 1]로 변경하시오.

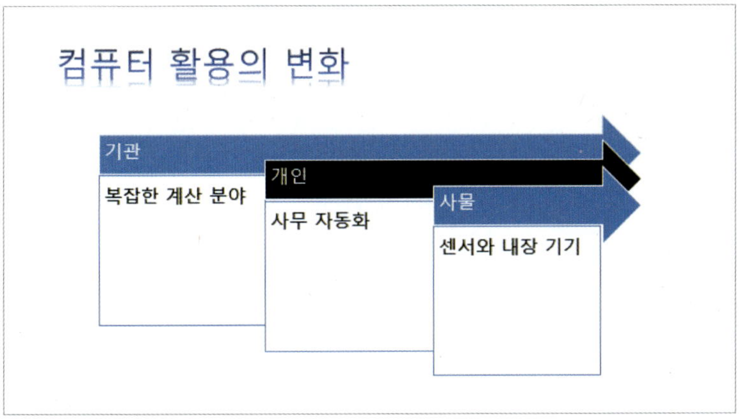

3 스마트아트를 활용해 다음과 같이 슬라이드를 작성하시오.

❶ [제목 및 내용] 레이아웃을 슬라이드에 적용하고, 제목에는 *시스템 구축*이라고 입력하시오.

❷ [계층 구조 목록형] 스마트아트를 삽입하고, 그림과 같이 내용을 입력하시오.

❸ 스마트아트의 [색 변경]은 [색 채우기-강조 1]로, [SmartArt 스타일]은 [평면]으로 설정하시오.

❹ 슬라이드의 [디자인]은 [아틀라스] 테마로 설정하시오.

CHAPTER 06

표 활용

01 표 만들기

02 표 도구 활용하기

종합예제

연습문제

학습목표

- 표를 사용하여 내용을 요약하고 자료를 구성할 수 있다.
- 다양한 표 도구 기능을 활용하여 표를 편집할 수 있다.

SECTION 01

표 만들기

표는 숫자 데이터나 텍스트를 알아보기 쉽게 표현할 때 유용하다. 데이터를 종류별로 구분해 표로 정리하면 의미를 파악하기 쉽고 비교가 잘 된다. 표 안에는 숫자나 텍스트를 입력할 수 있을 뿐만 아니라 다양한 스타일과 서식도 설정할 수 있어 프레젠테이션의 정보 전달력을 높일 수 있다.

1.1 표 구성 형식

표(Table)는 사각형 모양의 셀(Cell)이 하나 이상 모여서 이루어지고, 다음 그림과 같이 열과 행 방향으로 셀 순서가 정해진다. 표를 만들려면 먼저 열과 행이 몇 개나 필요한지 계산해야 한다.

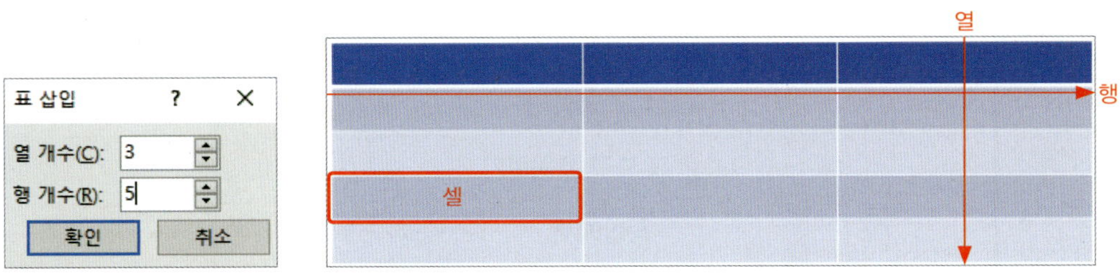

▲ 표 삽입 시 열과 행 정하기

다음과 같은 과정으로 표를 만들면 효율적이다.

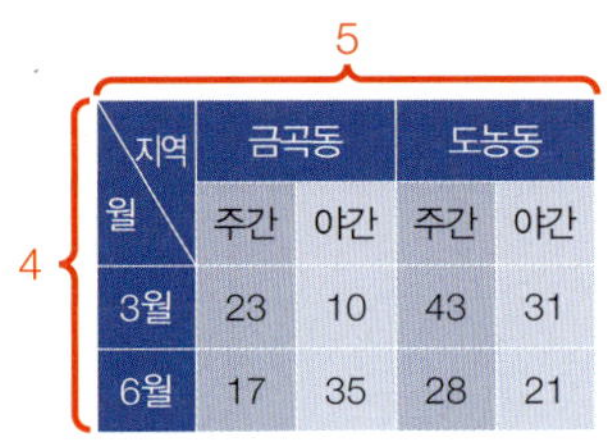

▲ 표 만들기

1. 먼저 표의 열과 행 개수를 계산한다. 병합이 필요한 셀 모양을 염두에 두고 계산하는 것이 좋다. 일반적으로 셀을 적게 만들어 분할하기보다 많이 만들어 병합하는 것이 더 편리하다.
2. 표를 삽입하고, 셀을 적절히 병합하여 원하는 형태로 만든다.
3. 표에 내용을 입력한다.
4. 셀 크기를 조절해 전체 표를 완성하고 테두리를 편집한다.
5. 스타일과 옵션, 서식을 설정하여 표를 꾸민다.

1.2 다양한 표 삽입

표 삽입 단추나 표 그리기 도구 등 다양한 방법을 이용해 표를 만들어본다.

기본예제 6-1 개체 선택 단추와 표 도구 이용하기

프레젠테이션 본문으로 주로 사용하는 '제목 및 내용' 슬라이드에는 글이나 그림 등 콘텐츠를 입력할 수 있는 개체 틀이 있다. 개체 틀 가운데에 있는 [표 삽입] 단추나 [삽입] 탭의 [표] 메뉴를 이용하여 슬라이드에 표를 삽입해보자.

01 새 프레젠테이션을 만들고 [홈] 탭–[슬라이드] 그룹–[레이아웃] 목록에서 [제목 및 내용]을 선택해 슬라이드의 레이아웃을 변경한다.

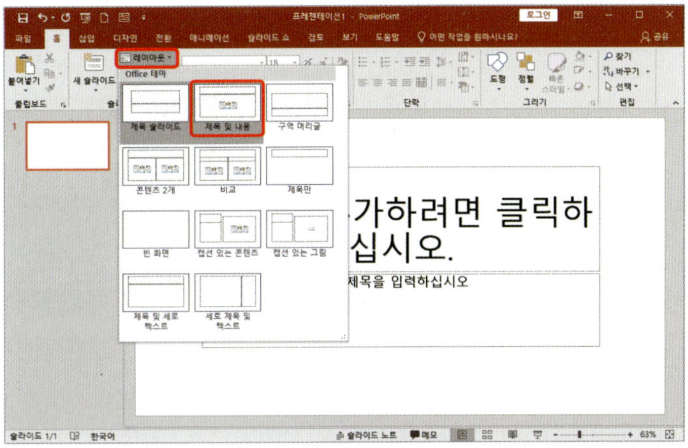

02 본문 개체 틀 가운데에 있는 개체 선택 단추 중 [표 삽입] 단추를 클릭한다.

TIP [삽입] 탭–[표] 그룹의 [표 삽입]을 클릭해도 된다.

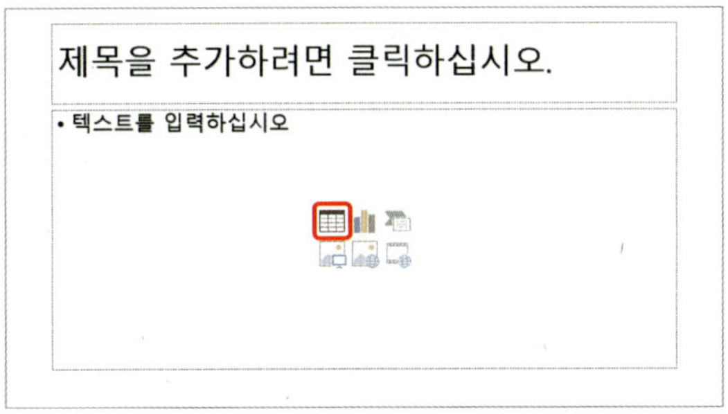

03 [표 삽입] 대화상자가 열리면 열 개수를 *5*로, 행 개수를 *4*로 입력하고 [확인]을 클릭한다.

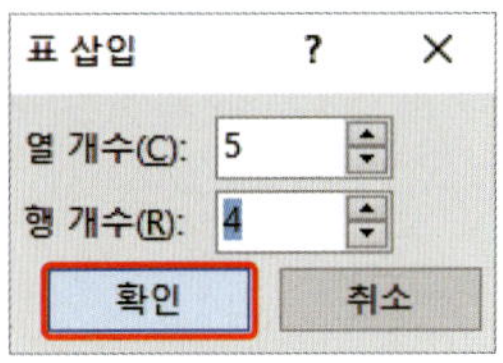

04 입력한 열과 행의 개수에 맞게 표가 만들어진다.

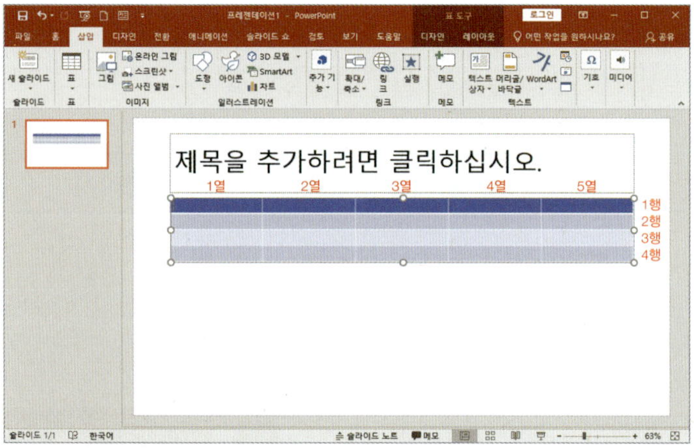

05 표를 선택한 상태에서는 [표 도구] 메뉴를 사용할 수 있다. 표를 삭제하려면 [표 도구]의 [레이아웃] 탭–[행 및 열] 그룹–[삭제]를 클릭하고 [표 삭제]를 선택하면 된다.

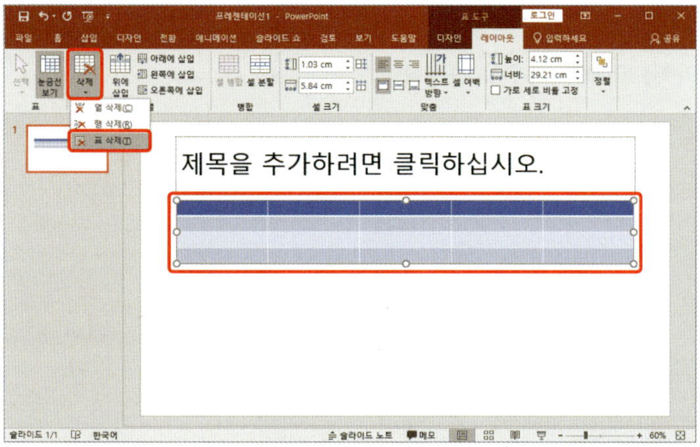

06 표 모양을 미리 확인하면서 삽입하고 싶다면 [삽입] 탭–[표] 그룹–[표]를 클릭한다. [표 삽입] 창에서 마우스를 이용해 3×4 크기의 표를 만들어 클릭한다.

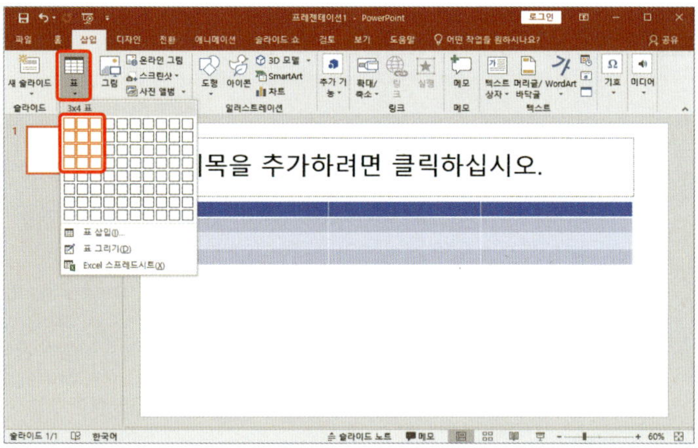

기본예제 6-2 표 그리기 도구 이용하기

[삽입] 탭–[표] 그룹–[표] 목록 중에서 [표 그리기]는 마우스를 이용하여 도형을 그리듯이 표를 만들고 자유롭게 셀을 분할하거나 병합할 수 있는 기능이다. 표 그리기 도구를 이용하여 표를 삽입하고 테두리도 설정해보자.

01 [삽입] 탭–[표] 그룹–[표] 목록에서 [표 그리기]를 선택한다.

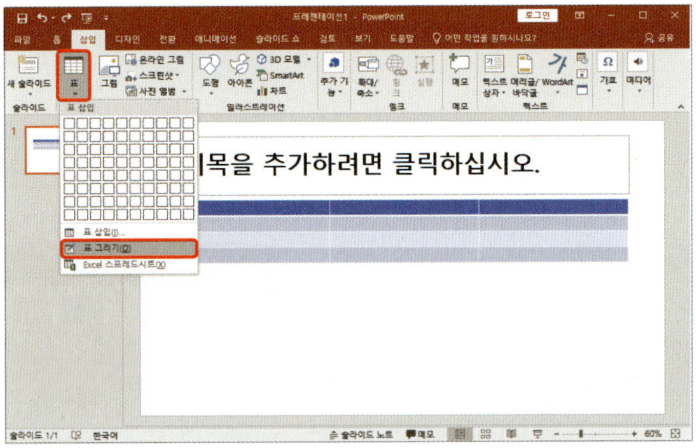

02 슬라이드 내에 마우스를 드래그해 큰 사각형을 그리면 1×1 크기인 표의 바깥쪽 테두리가 만들어진다.

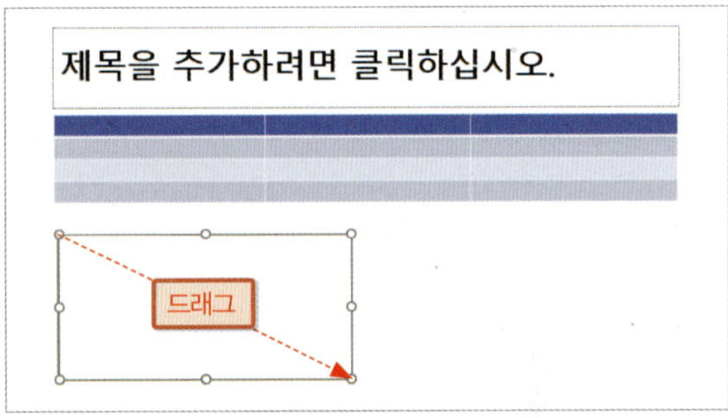

03 표를 선택한 상태에서 [표 도구]의 [디자인] 탭–[테두리 그리기] 그룹–[표 그리기]를 선택한다. 마우스 포인터가 연필 모양으로 바뀌면 표 내부에 선을 그려 셀을 분할할 수 있다.

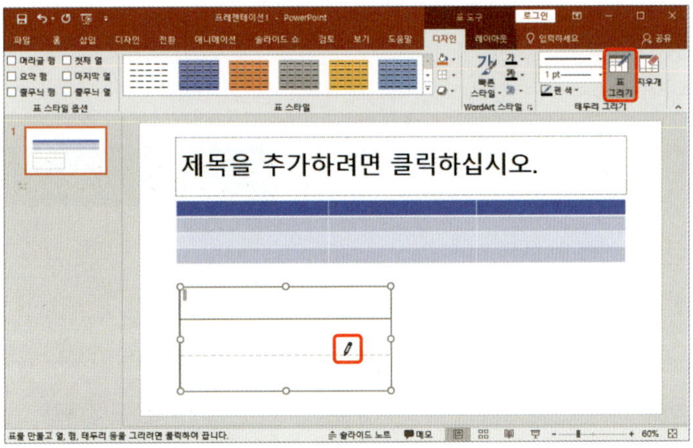

04 [표 도구]의 [디자인] 탭–[테두리 그리기] 그룹에서 [펜 스타일], [펜 두께], [펜 색]을 먼저 설정하면 펜으로 그릴 때 바로 적용된다.

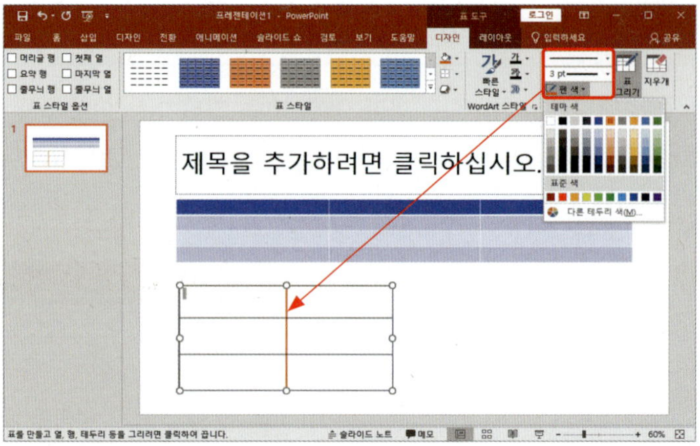

05 분할한 셀을 병합시키려면 [지우개]로 선을 지우면 된다. [표 도구]의 [디자인] 탭–[테두리 그리기] 그룹–[지우개]를 선택하고 마우스 포인터가 지우개 모양으로 바뀌면 지우려는 선을 클릭한다.

TIP Esc 키를 눌러 [표 그리기]와 [지우개] 작업을 종료한다.

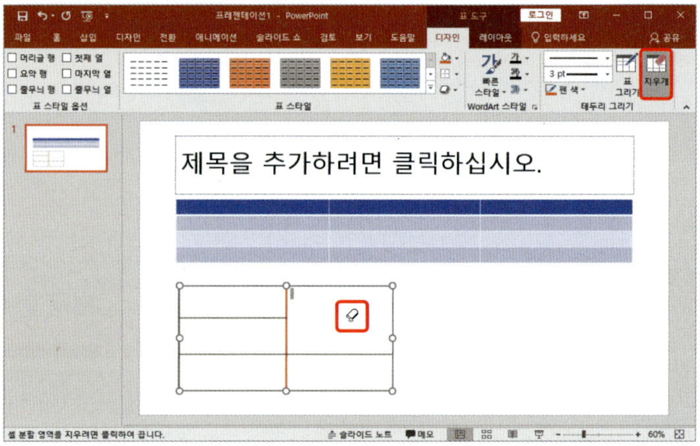

기본예제 6-3 엑셀 데이터로 표 만들기

엑셀 스프레드시트에 저장해 둔 데이터를 파워포인트 슬라이드로 가져와 표로 만들 수 있다. 수식이나 함수로 계산되거나 엑셀 서식이 설정된 데이터를 그대로 가져와 적용할 수 있어 편리하다. 이번엔 엑셀 데이터를 파워포인트 슬라이드에 표로 삽입해보자.

01 우선 슬라이드에 가져올 데이터가 저장되어 있는 엑셀 파일을 연다. 필요한 부분을 마우스로 드래그한 뒤 단축키 Ctrl+C를 눌러 복사한다.

TIP 예제 소스로 제공하는 '과목.xlsx' 파일을 다운로드하여 사용한다.

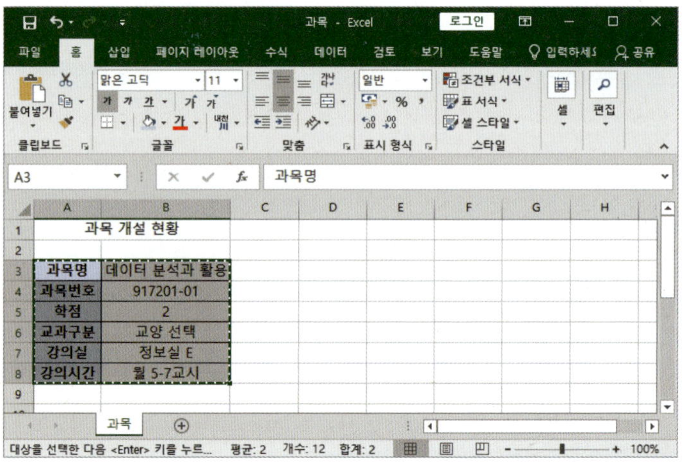

02 데이터를 삽입할 파워포인트 슬라이드를 선택하고 단축키 Ctrl+V를 누르면 복사한 데이터가 표로 삽입된다. 표 오른쪽 하단에 떠 있는 [붙여넣기 옵션] 목록에서 [원본 서식 유지]를 선택하면 엑셀에서 작성한 셀 서식이 유지된다.

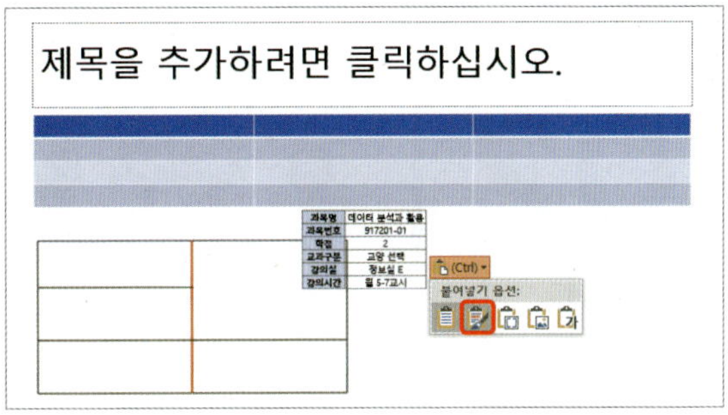

03 표의 크기 조절점을 이용하여 크기를 조절하고 위치를 이동시킨다. 표의 바깥쪽 테두리 선 위에 마우스를 올려놓고 드래그하면 원하는 위치로 표를 이동시킬 수 있다. [홈] 탭-[글꼴] 그룹에서 [글꼴 크기]는 [16]으로 변경한다.

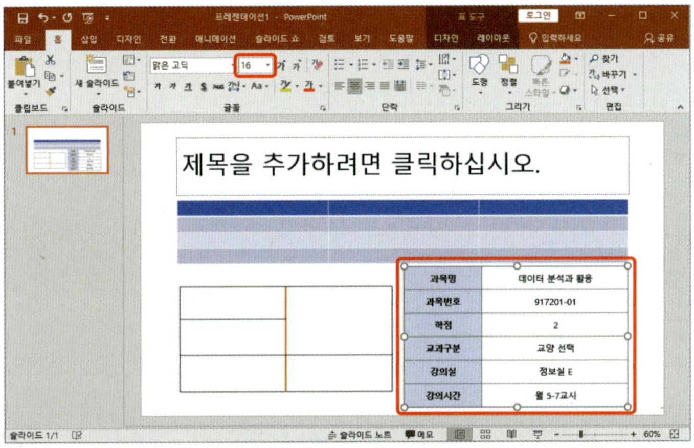

TIP [삽입] 탭-[표] 그룹-[표] 목록에서 [Excel 스프레드 시트]를 선택하면 엑셀 창이 슬라이드 안에 만들어진다. 이렇게 하면 데이터 입력이나 함수 계산 등 엑셀 기능을 파워포인트 슬라이드에서 바로 연결하여 사용할 수 있다.

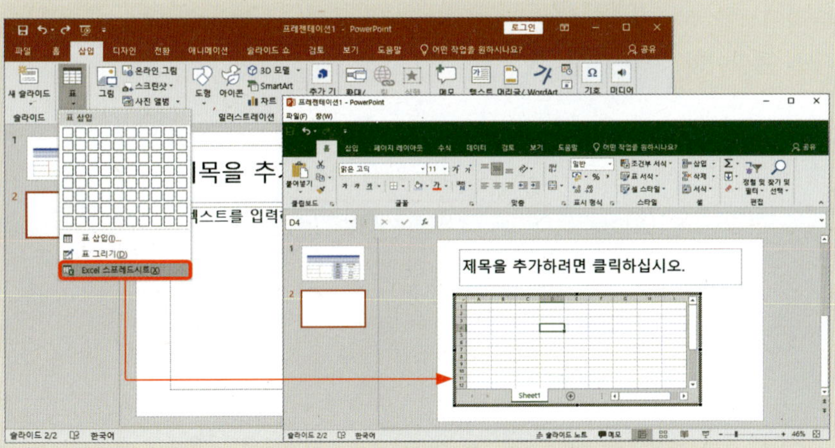

SECTION 02 표 도구 활용하기

슬라이드에 삽입된 표는 전체 크기나 위치뿐 아니라 셀 크기 설정, 셀에 입력된 데이터 맞춤 설정, 셀 병합 또는 분할 등 레이아웃을 조정할 수 있다. 또한 표 스타일이나 옵션, 효과 등 표 도구를 이용해 시각적으로 보기 좋게 표 디자인을 설정할 수 있다.

2.1 표 레이아웃 조정

[표 도구]의 [레이아웃] 탭에 있는 메뉴를 이용하면 셀 크기나 여백 조절, 텍스트 맞춤, 행과 열의 추가 또는 삭제, 셀 병합과 분할 등의 작업을 수행할 수 있다.

기본예제 6-4 표 크기와 위치 조절하기

슬라이드에 표를 삽입하고 표 전체의 크기와 위치를 조절해보자.

01 [제목 및 내용] 슬라이드를 추가하고 제목에 *과목 개설 현황*이라고 입력한다.

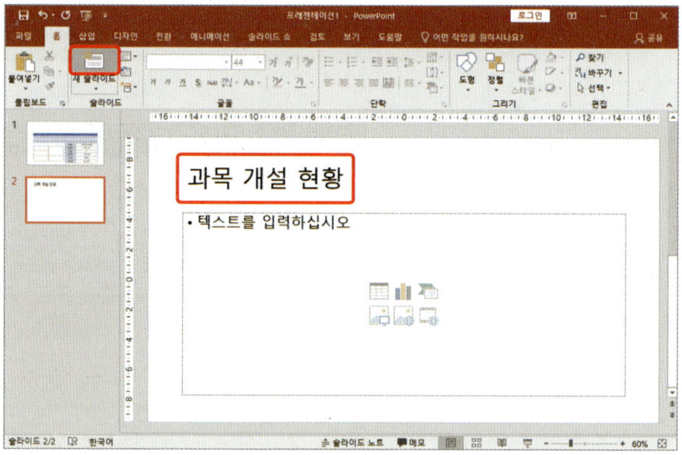

02 본문 개체 틀 가운데에 있는 [표 삽입] 단추를 클릭한다. [표 삽입] 대화상자가 나타나면 열 개수를 *3*, 행 개수를 *4*로 입력하고 [확인]을 클릭한다.

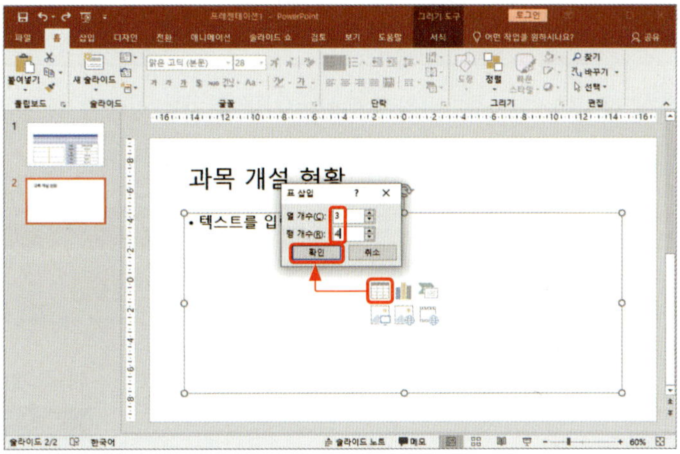

03 삽입된 표를 선택했을 때 나타나는 상하좌우 · 대각선 방향의 크기 조절점을 드래그하여 표의 전체 크기를 조절한다.

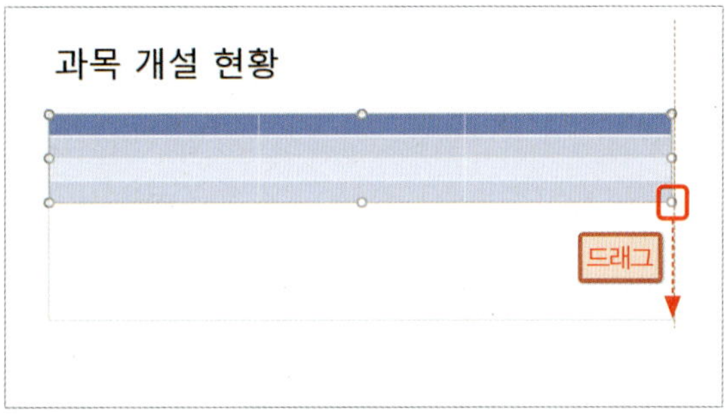

> **TIP** 표의 전체 크기를 변경하면 표를 구성하는 모든 셀의 크기도 같은 비율로 커지거나 작아진다. 표 크기는 [표 도구]–[레이아웃] 탭–[표 크기] 그룹에서 [높이]와 [너비] 값을 직접 입력해 설정해도 된다.

04 표의 바깥쪽 테두리 선 위에 마우스를 두고 드래그하면 표를 원하는 위치로 이동시킬 수 있다.

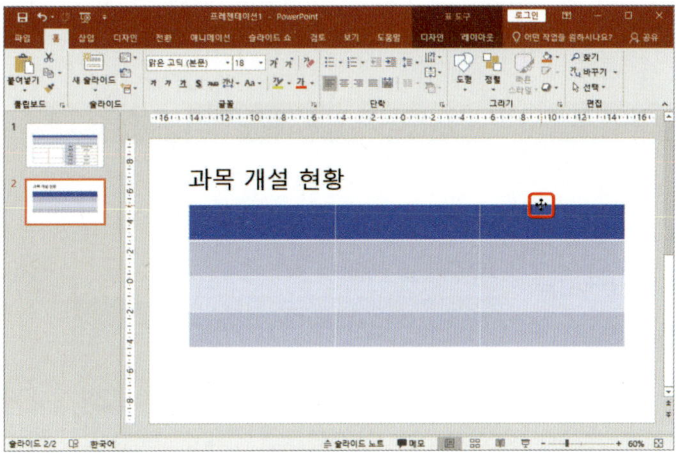

기본예제 6-5 행과 열 추가하고 삭제하기

표에 행이나 열을 추가하려면 우선 추가할 위치를 선택한 후 [표 도구]–[레이아웃] 탭에 있는 메뉴를 이용하면 된다. 이를 활용해 표에 행과 열을 추가해보자.

01 표의 마지막 열 중 임의의 셀 한 곳에 커서를 두고 [표 도구]–[레이아웃] 탭–[행 및 열] 그룹–[오른쪽에 삽입]을 클릭해 열을 추가한다.

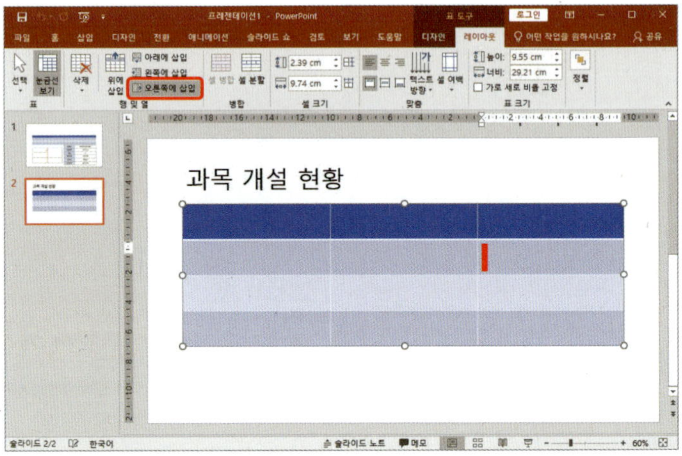

TIP 셀을 마우스 오른쪽으로 클릭하면 나타나는 미니 도구 모음에서 [삽입]–[오른쪽에 열 삽입]을 선택해도 된다.

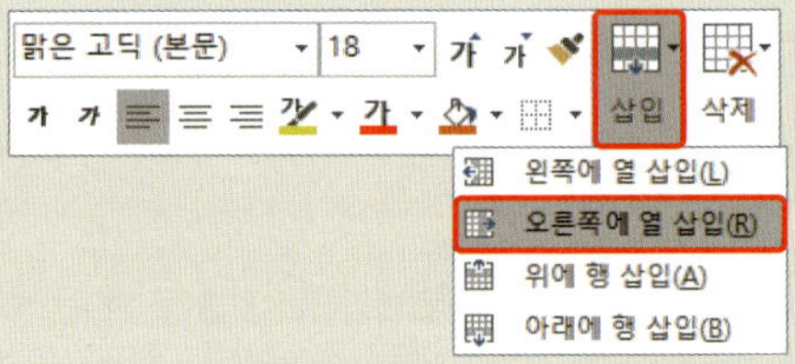

02 표의 3~4행을 마우스로 드래그하여 선택하고 [표 도구]–[레이아웃] 탭–[행 및 열] 그룹–[아래에 삽입]을 클릭해 선택한 범위만큼 행을 추가한다.

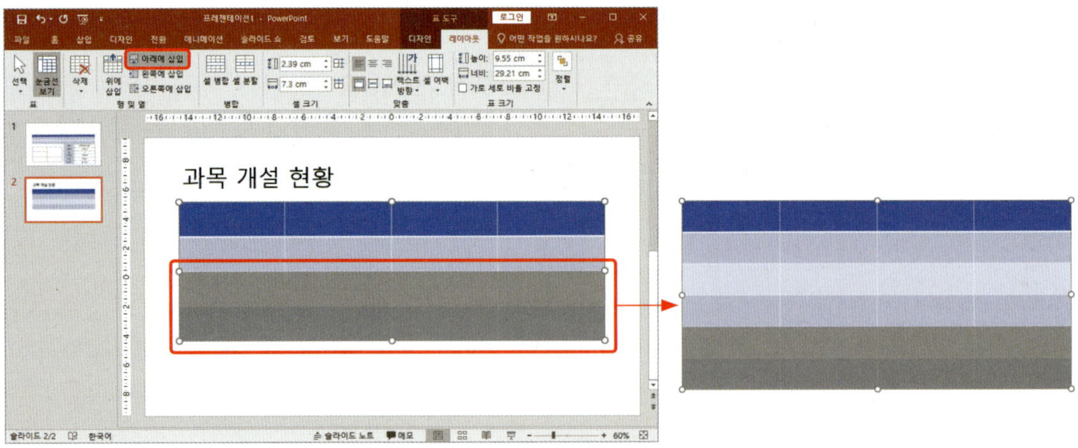

03 임의의 셀에 커서를 두고 [표 도구]–[레이아웃] 탭–[행 및 열] 그룹–[삭제]–[행 삭제]를 클릭하면 커서가 놓여 있던 행이 삭제된다.

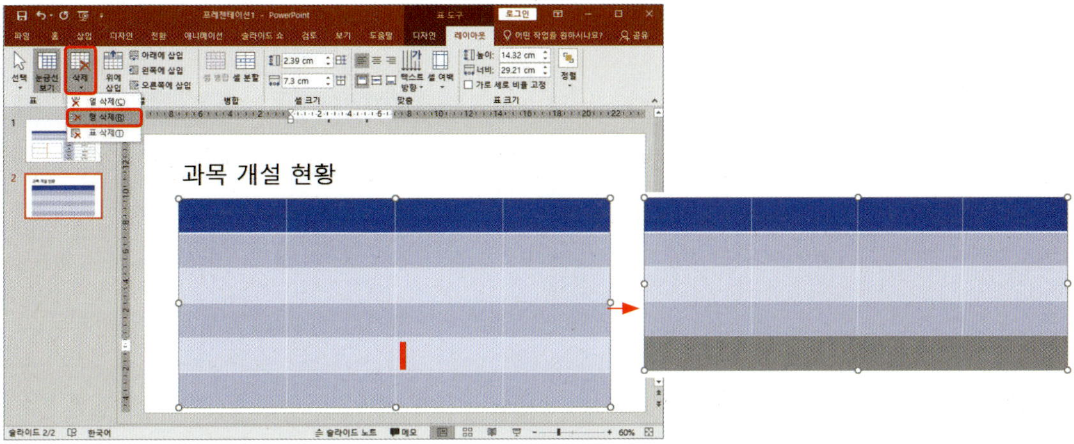

04 표 3~4열의 임의의 두 셀을 마우스로 드래그해 선택하고 마우스 오른쪽으로 클릭한다. 미니 도구 모음이 나타나면 [삭제]–[열 삭제]를 선택한다. 앞서 선택한 두 셀이 포함된 열이 모두 삭제된다.

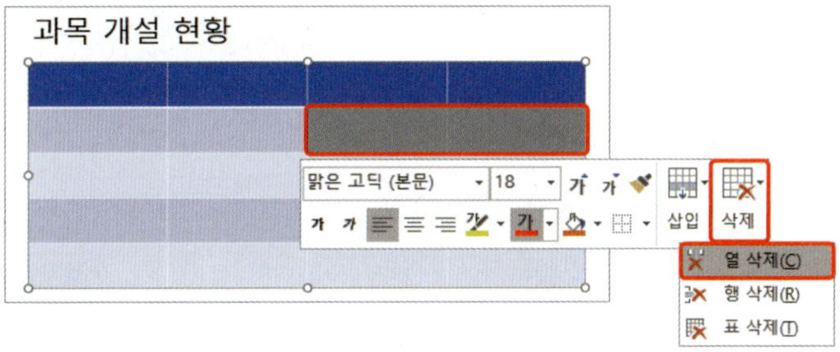

기본예제 6-6 셀을 병합하고 분할하기

표에 입력할 내용에 따라 여러 셀을 하나로 병합하거나 하나의 셀을 여러 개로 분할해야 할 때가 있다. 이번엔 셀을 병합하고 분할하는 방법에 대해 알아보자.

01 병합하고 싶은 셀들을 마우스로 드래그해 선택하고 [표 도구]–[레이아웃] 탭–[병합] 그룹–[셀 병합]을 클릭한다.

TIP 여러 셀을 선택했을 때만 [셀 병합] 메뉴가 활성화된다.

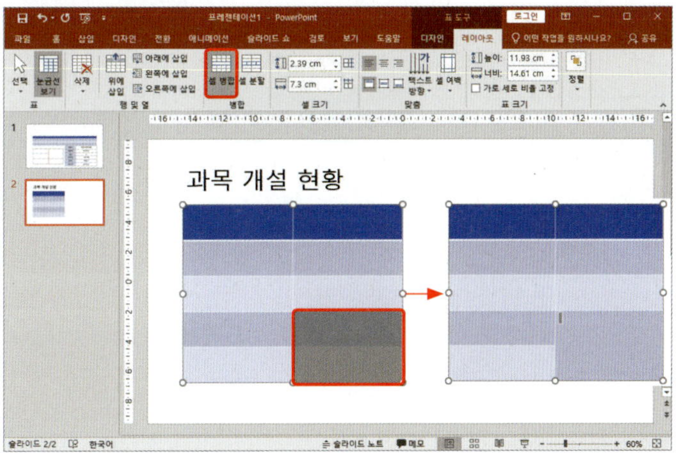

02 [지우개] 메뉴를 사용해 셀을 병합할 수도 있다. [표 도구]-[디자인] 탭-[테두리 그리기] 그룹의 [지우개]를 클릭한다. 마우스 포인터가 지우개 모양으로 변하면 셀 테두리를 클릭해 셀을 병합한다.

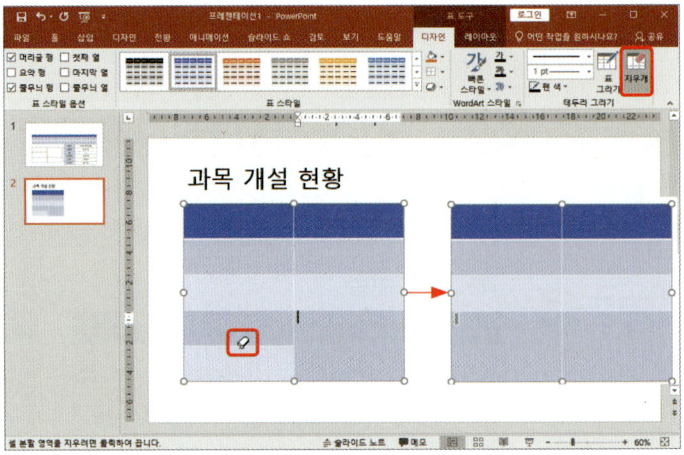

TIP [지우개] 기능을 종료하려면 Esc 키를 누르거나 표 범위 바깥쪽을 클릭하면 된다.

03 이번엔 셀을 분할해보자. 셀을 분할하려면 분할하고 싶은 셀을 먼저 선택해야 하는데, 하나 이상의 셀이나 표 전체를 선택해도 된다. 표 전체를 선택하고 [표 도구]-[레이아웃] 탭-[병합] 그룹-[셀 분할]을 클릭한다.

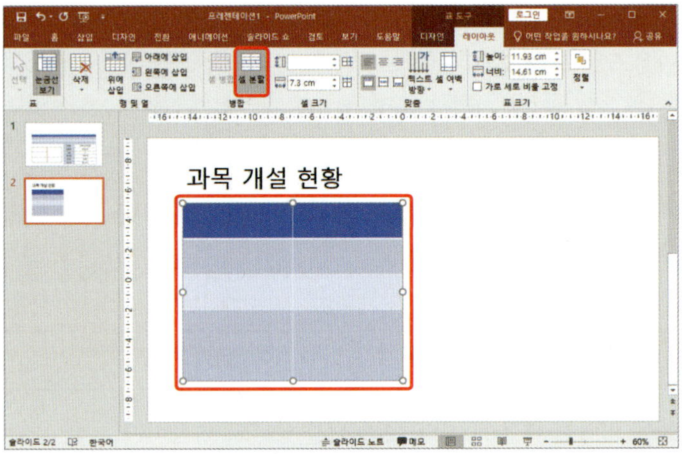

04 [셀 분할] 대화상자가 나타나면 열 개수에 *2*, 행 개수에 *1*을 입력하고 [확인]을 클릭한다.

05 표에서 임의의 셀을 클릭하거나 드래그하여 셀 범위를 선택한 후 [셀 분할] 기능을 사용해 원하는 모양의 표를 만들 수도 있다.

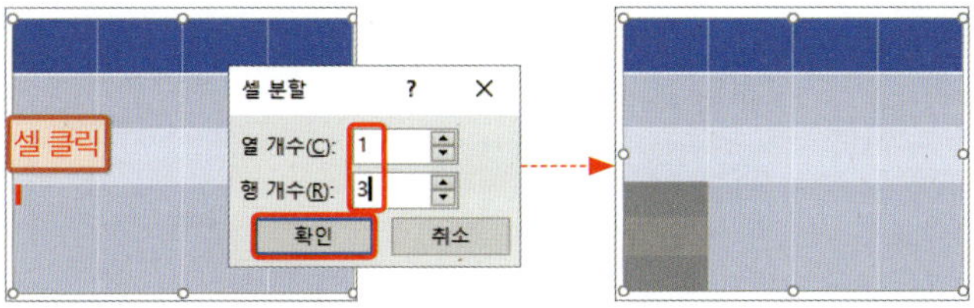

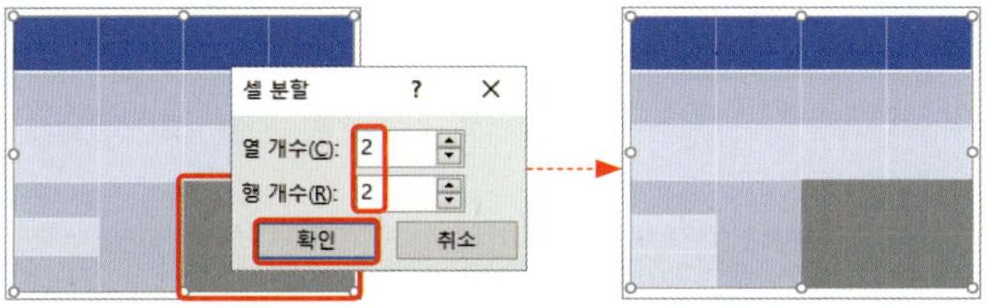

여기서 잠깐 **[표 그리기]를 이용한 셀 분할**

[기본예제 6-2]에서 사용한 [표 그리기] 기능으로 셀을 분할할 수도 있다. 표가 선택된 상태에서 [표 도구]–[디자인] 탭–[테두리 그리기] 그룹–[표 그리기]를 클릭한 후 가로나 세로 방향으로 마우스를 드래그하면 해당 셀이 분할된다.

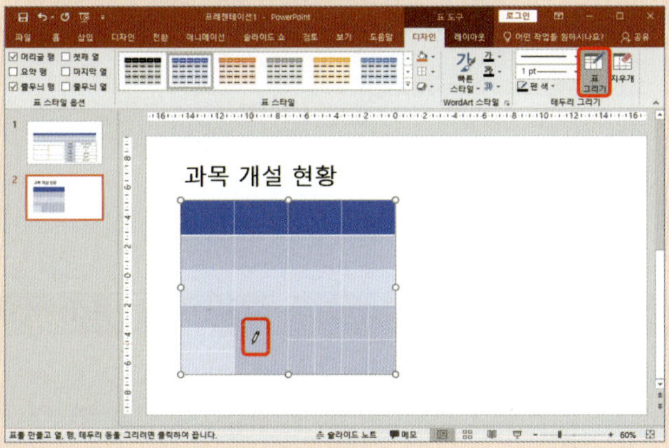

기본예제 6-7 셀 크기 조절하기

표 전체의 크기를 조절하면 모든 셀이 표 크기에 비례해 자동으로 조절된다. 하지만 특정 셀만 크기를 변경해야 할 때도 있다. 표 전체 또는 선택한 셀의 너비와 높이를 설정해 셀 크기를 바꿔보자.

01 표를 선택하고 크기 조절점을 마우스로 드래그해 표의 전체 크기를 조절한다.

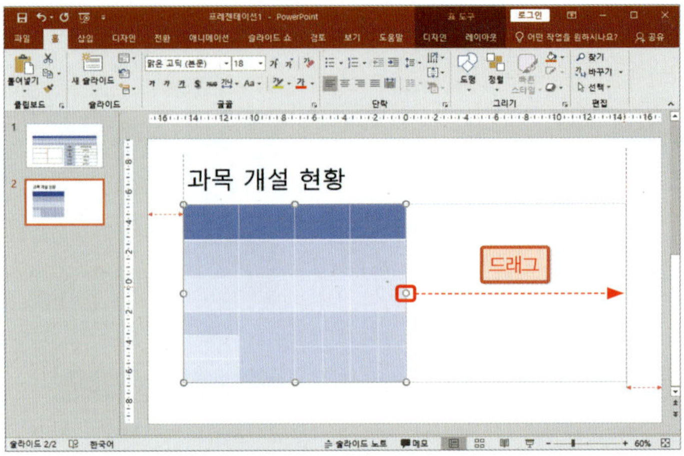

02 셀 사이 테두리에 마우스를 올려두고 드래그하면 특정 행이나 열의 너비와 높이를 조절할 수 있다.

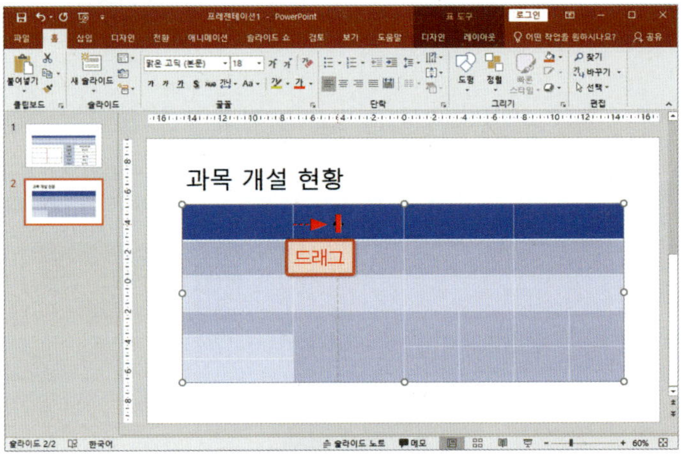

03 표 1행 중 임의의 셀에 커서를 두고 [표 도구]–[레이아웃] 탭–[셀 크기] 그룹에서 [높이]에는 *3*, [너비]에는 *4*를 입력한다.

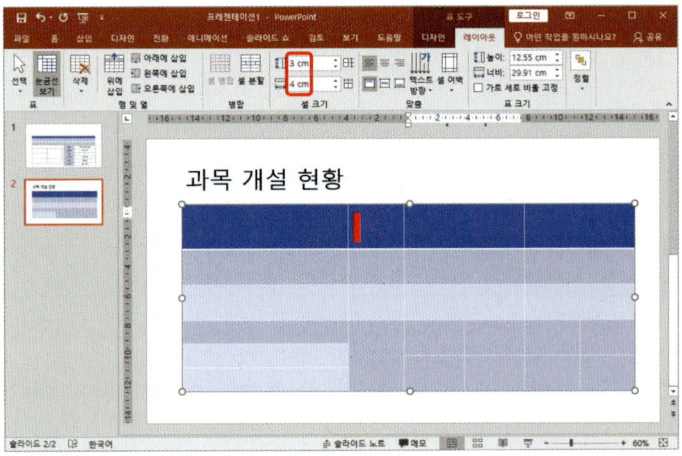

04 이번에는 표 전체를 선택하고 [표 도구]–[레이아웃] 탭–[셀 크기] 그룹에서 [田 행 높이를 같게]와 [田 열 너비를 같게]를 클릭해 표의 모든 셀 높이와 너비를 균등하게 맞춘다.

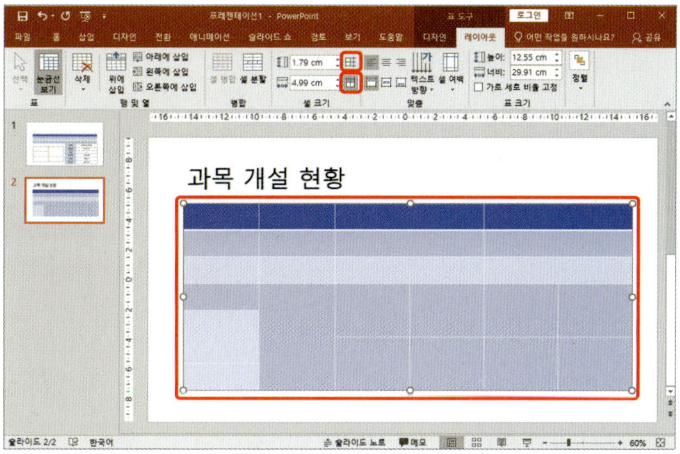

기본예제 6-8 셀 맞춤과 여백 설정하기

표에 내용을 입력한 후에는 셀 맞춤을 설정하거나 텍스트 방향을 지정하고, 글의 양에 따라 셀 여백을 조절할 수 있다. 셀 맞춤과 셀 여백 설정 방법에 대해 알아보자.

01 4×5 크기의 표를 만들어 전체 크기를 조절하고 다음 그림과 같이 셀을 병합한 다음 내용을 입력한다.

02 표에 입력한 텍스트의 글꼴 크기를 변경하기 위해 표 전체를 선택한 뒤 [홈] 탭–[글꼴] 그룹–[가 글꼴 크기 크게]를 클릭한다.

TIP 셀을 마우스로 드래그해 원하는 범위를 선택한 다음 설정해도 된다.

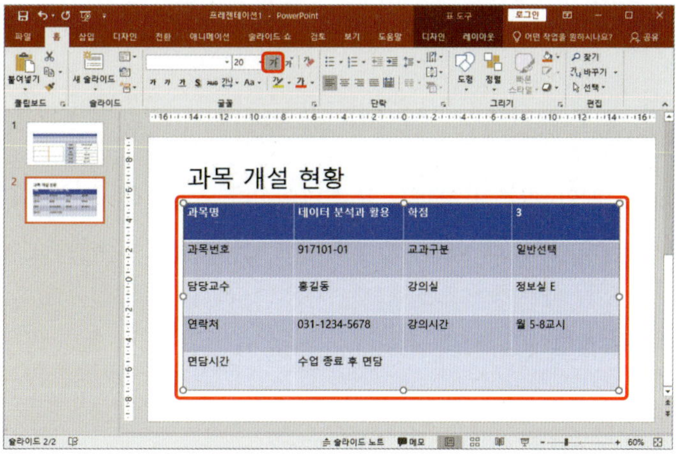

03 표 안의 텍스트를 정렬하기 위해 [표 도구]–[레이아웃] 탭–[맞춤] 그룹에서 [☰ 가운데 맞춤]과 [⊟ 세로 가운데 맞춤]을 클릭한다.

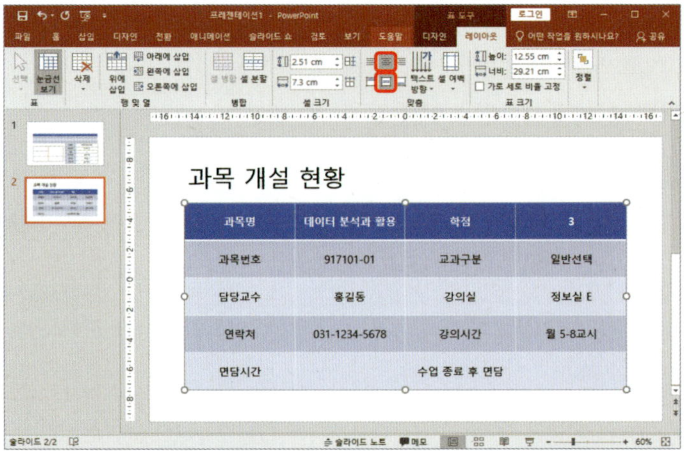

04 [표 도구]의 [레이아웃] 탭–[맞춤] 그룹–[셀 여백]–[넓게]를 선택해 셀 여백을 조정한다.

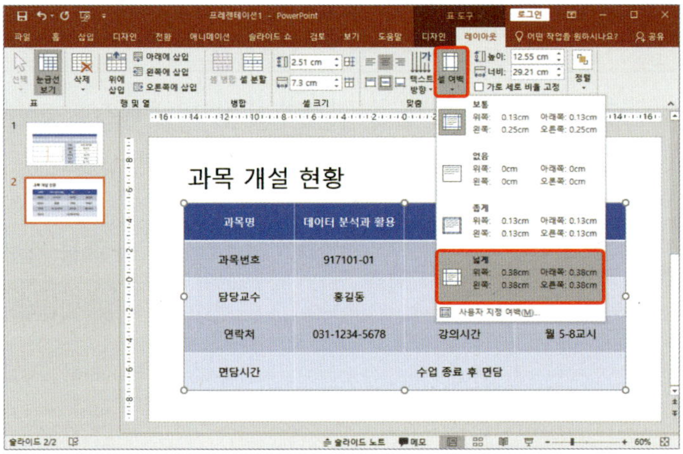

TIP 표에 입력할 텍스트의 양이 많을 때는 글꼴 크기를 줄여 셀 크기에 맞출 수도 있지만 셀 여백을 좁게 설정하는 것도 하나의 방법이다.

2.2 표 디자인 변경

[표 도구]의 [디자인] 탭에는 표 스타일이나 음영, 테두리, 그 외 여러 가지 효과를 적용할 수 있는 다양한 도구가 있다. 표 스타일은 프레젠테이션의 테마 색과 관련된 다양한 서식 조합으로 구성되어 있으며, 표를 만들 때 자동으로 설정되는 기본 스타일을 지정할 수 있다. 다양한 도구를 사용해 표 디자인을 변경하는 방법에 대해 알아본다.

기본예제 6-9 표 옵션과 스타일 설정하기

표 디자인을 설정하는 가장 간단하고 효과적인 방법은 [표 도구]에서 제공하는 표 옵션과 표 스타일을 이용하는 것이다. 입력된 내용에 따라 알맞은 옵션을 설정하면 표를 더 명확하게 표현할 수 있고, 다양한 모양이 제공되는 표 스타일을 이용하면 간편하게 서식을 설정할 수 있다. 표 옵션과 표 스타일로 표 디자인을 변경해 보자.

01 표 전체를 선택하고 [표 도구]의 [디자인] 탭-[표 스타일 옵션] 그룹에서 [줄무늬 열] 항목만 선택한다.

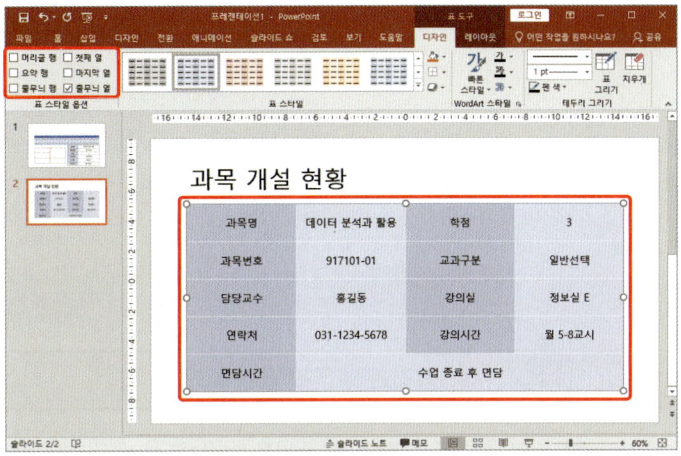

TIP '과목 개설 현황' 표는 홀수 열에 필드 이름이 있고 짝수 열에 내용이 입력되어 있으므로, 구분하기 좋게 [줄무늬 열] 옵션을 설정한다.

02 [표 도구]의 [디자인] 탭-[표 스타일] 그룹에서 [자세히] 단추를 클릭하고 [밝은 스타일 3 - 강조 3]을 선택한다.

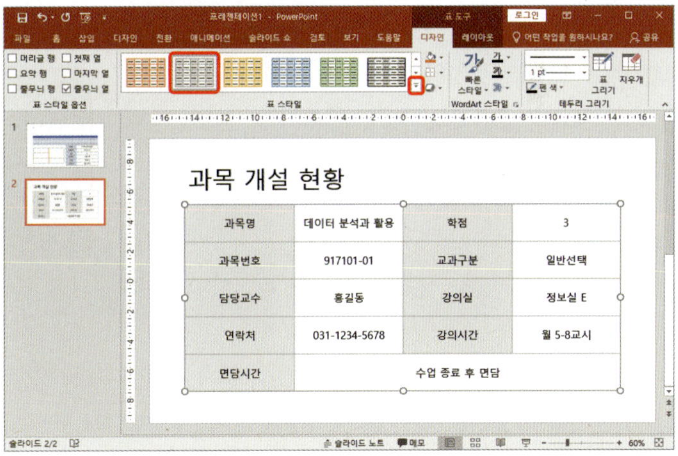

TIP [표 스타일] 목록에서 [표 지우기]를 선택하면 설정한 스타일이 해제되고 기본 스타일로 변경된다.

03 표의 1열을 선택하고 [홈] 탭-[글꼴] 그룹에서 [굵게]를 설정한다. 3열에도 동일하게 적용한다.

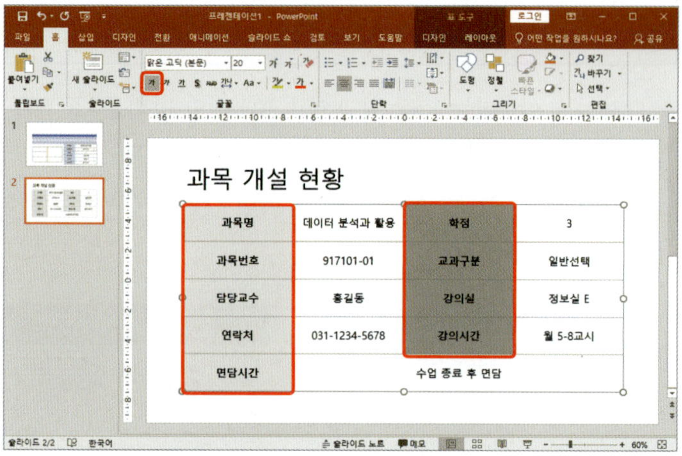

TIP 파워포인트의 표에서 셀을 드래그하여 한꺼번에 선택할 때는 연속적인 셀만 가능하므로, 1열과 3열을 동시에 선택할 수 없다.

기본예제 6-10 음영과 테두리 설정하기

[표 도구]의 음영과 테두리 그리기 옵션을 이용해 셀 테두리와 음영 색을 설정해보자.

01 표의 모든 셀을 마우스로 드래그해 선택한다. [표 도구]의 [디자인] 탭-[테두리 그리기] 그룹에서 [펜 두께]는 [3pt], [펜 색]은 [회색, 강조 3]으로 설정한다. 다음으로 [표 스타일] 그룹에서 [▾ 테두리]-[바깥쪽 테두리]를 선택한다.

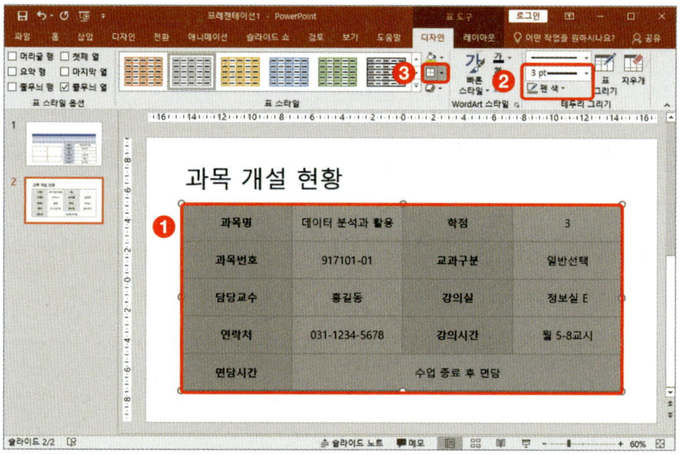

02 음영을 변경하고 싶은 셀에 커서를 두고 [표 도구]의 [디자인] 탭–[표 스타일] 그룹–[음영] 목록에서 [표준 색]–[노랑]을 선택한다.

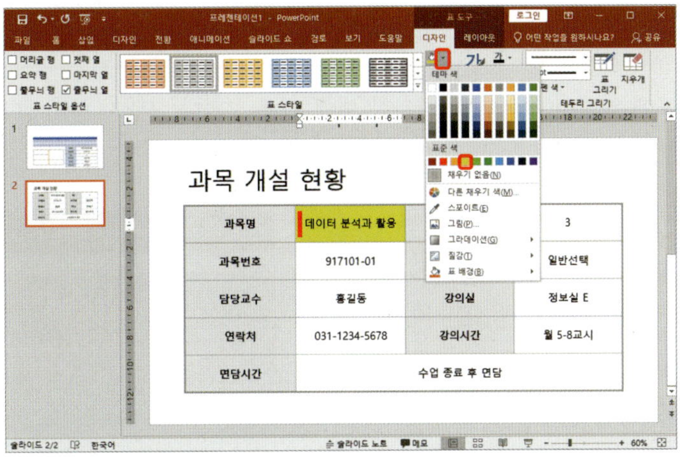

TIP 음영은 셀 단위로 설정되므로 하나 이상의 셀을 먼저 선택한다. 표 전체를 선택한 경우 모든 셀이 설정한 색상이나 그림으로 채워진다.

03 테두리를 변경하고 싶은 셀을 선택하고 [표 도구]의 [디자인] 탭–[테두리 그리기] 그룹에서 [펜 스타일]은 [점선] 모양, [펜 색]은 [빨강]으로 설정한다.

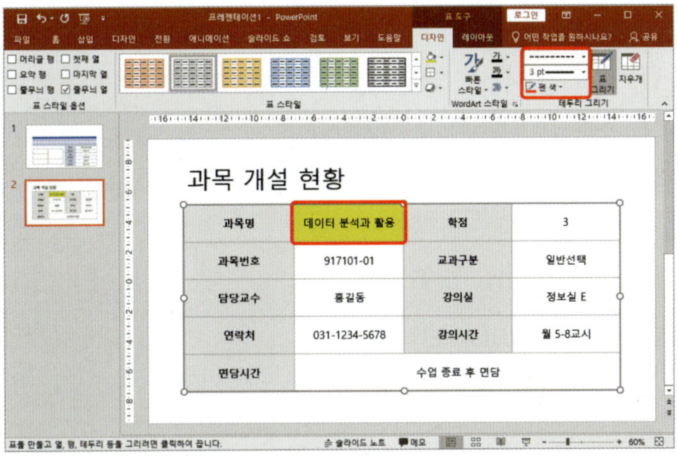

04 [표 도구]의 [디자인] 탭–[표 스타일] 그룹의 [테두리] 목록에서 [바깥쪽 테두리]를 선택하면 설정이 적용된다.

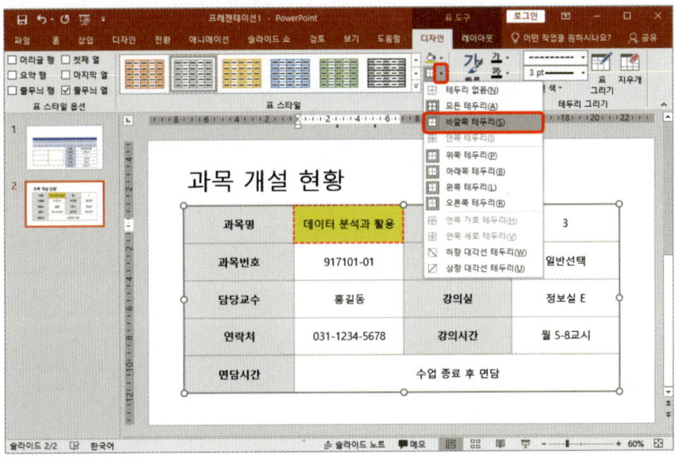

기본예제 6-11 셀 입체 효과와 표 전체 배경 설정하기

표에 입력된 데이터 중 강조할 셀에 입체 효과나 그림자 등의 효과를 적용하고 표 전체의 배경을 그림으로 설정해보자.

01 입체 효과를 설정하고 싶은 셀을 선택하고 [표 도구]의 [디자인] 탭–[표 스타일] 그룹–[효과] 목록에서 [셀 입체 효과]–[입체 효과]– [둥글게]를 선택한다.

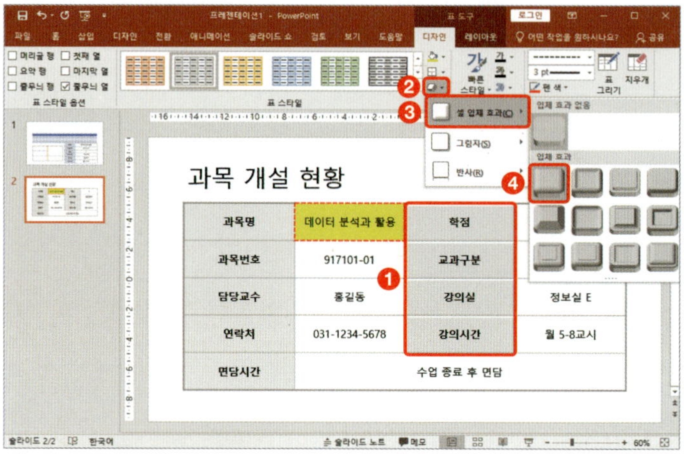

02 임의의 셀이나 표 전체를 선택한 상태에서 [표 도구]의 [디자인] 탭–[표 스타일] 그룹–[효과] 목록에서 [그림자]–[바깥쪽]–[오프셋 : 오른쪽 아래]를 선택한다.

TIP [그림자]와 [반사] 효과는 셀 하나만 선택한 상태에서 설정해도 표 전체에 적용된다.

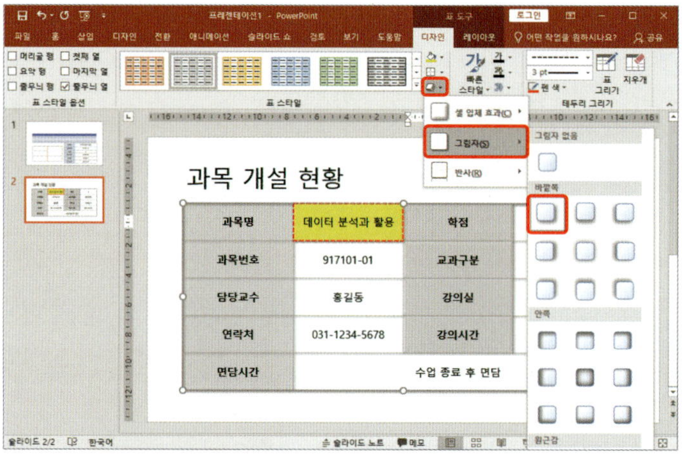

03 이번엔 표 전체에 그림을 하나 넣어 배경으로 설정해보자. [표 도구]의 [디자인] 탭–[표 스타일] 그룹–[음영] 목록에서 [표 배경]–[그림]을 선택한다.

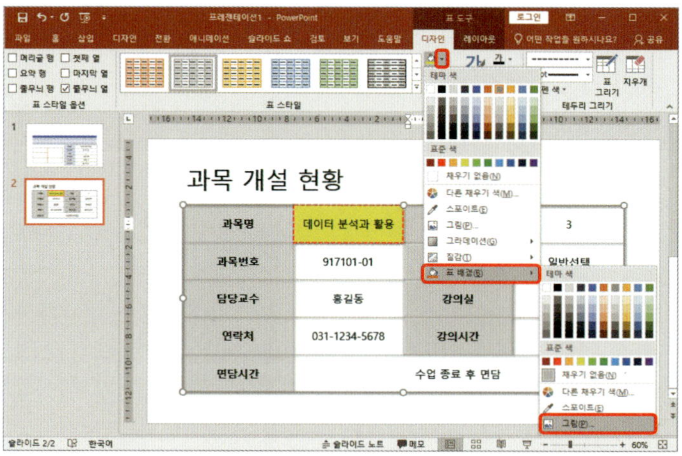

04 [그림 삽입] 대화상자가 나타나면 [온라인 그림]을 선택한다.

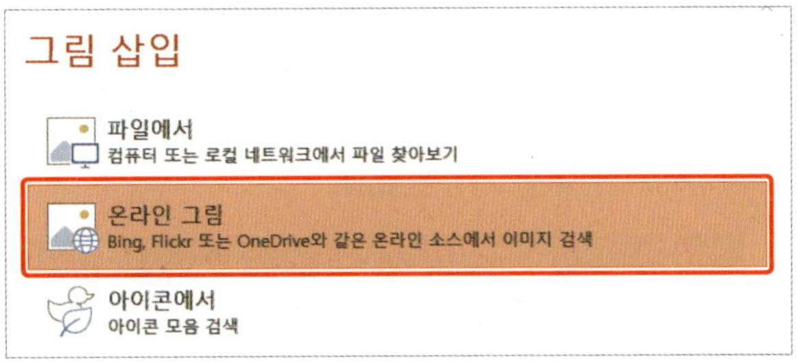

05 검색란에 *모니터*를 입력하고 Enter 키를 누른다. 검색 결과가 화면에 표시되면 원하는 그림을 선택하고 [삽입]을 클릭한다.

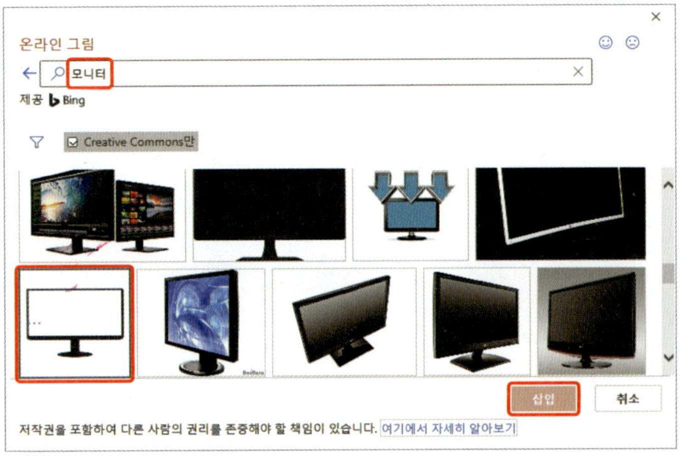

06 설정한 그림이 표의 배경으로 나타난다.

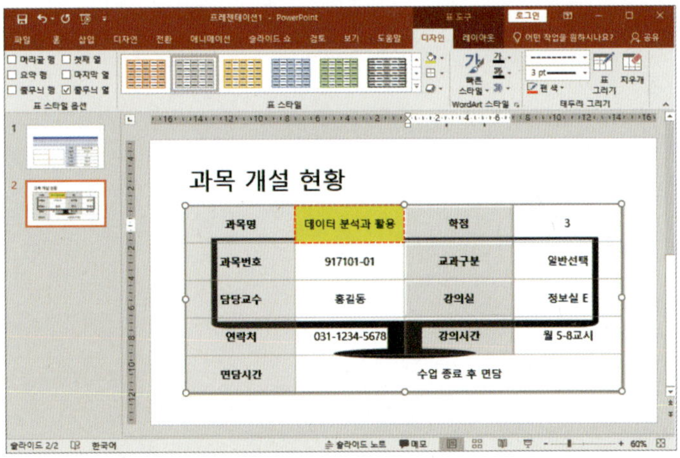

TIP 음영이 먼저 설정된 셀에는 배경 그림이 표시되지 않는다. 해당 셀의 [음영]을 [채우기 없음]으로 변경해야 음영 설정 여부와 상관없이 표 전체에 배경 그림이 나타난다.

여기서 잠깐 **각 셀 배경에 그림을 설정하는 경우**

각 셀의 배경에 그림을 넣으려면 [표 도구]의 [디자인] 탭–[표 스타일] 그룹–[음영] 목록에서 [그림]을 선택하면 된다. 선택된 셀마다 같은 배경 그림이 설정된다.

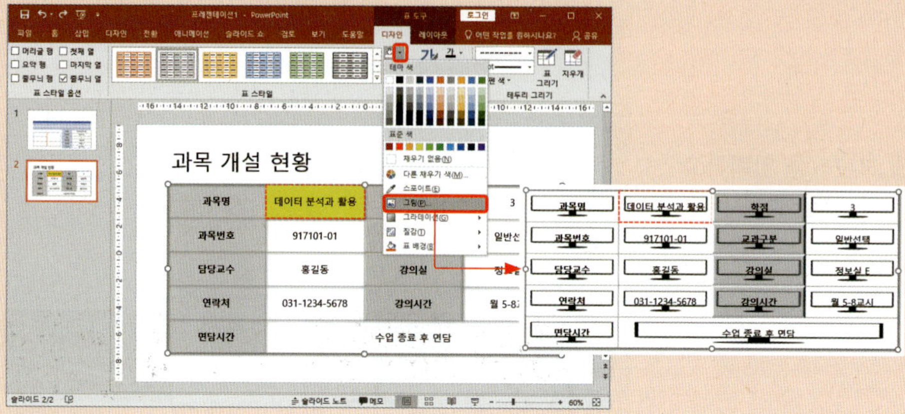

종합예제

표와 스마트아트를 활용해 다음과 같은 슬라이드를 만들어보자.

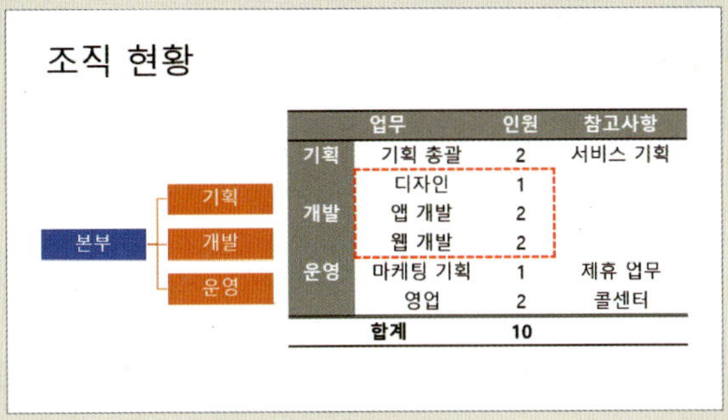

1 파워포인트를 실행해 [새 프레젠테이션]을 만들고, 첫 번째 슬라이드의 레이아웃을 [콘텐츠 2개]로 변경한다.

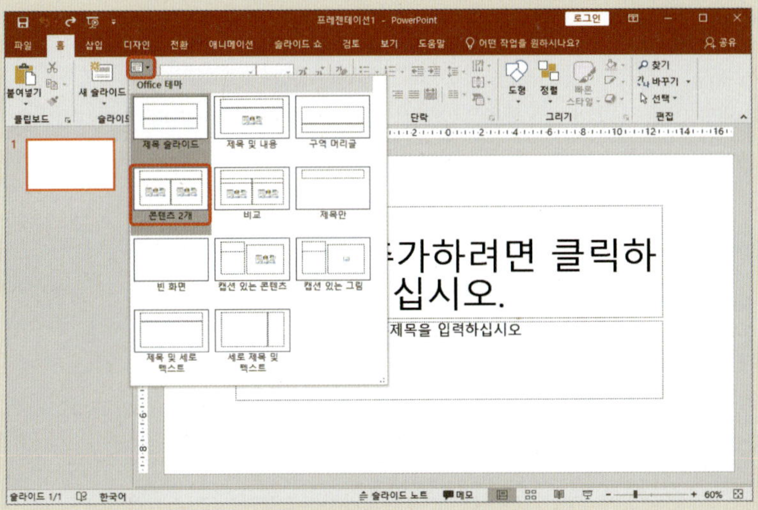

종합예제

2 제목에 *조직 현황*을 입력하고, 왼쪽 개체 틀의 [SmartArt 그래픽 삽입] 단추를 클릭한다.

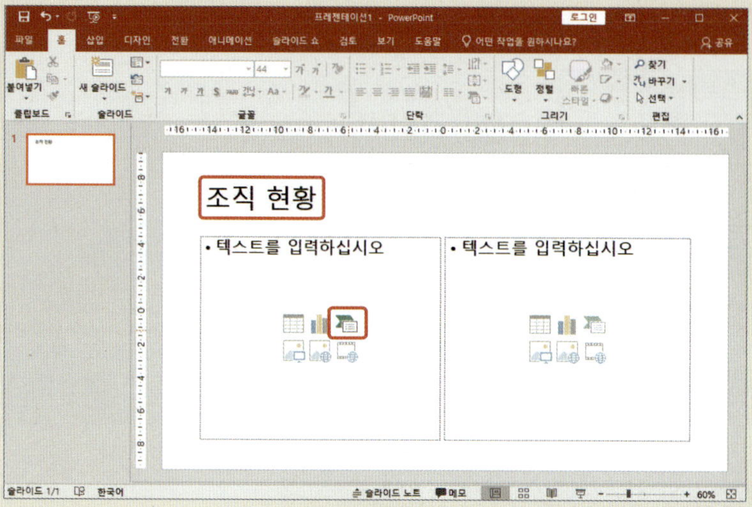

3 [SmartArt 그래픽 선택] 대화상자가 나타나면 [계층 구조형] 목록의 [가로 조직도형]을 선택하고 [확인]을 클릭한다.

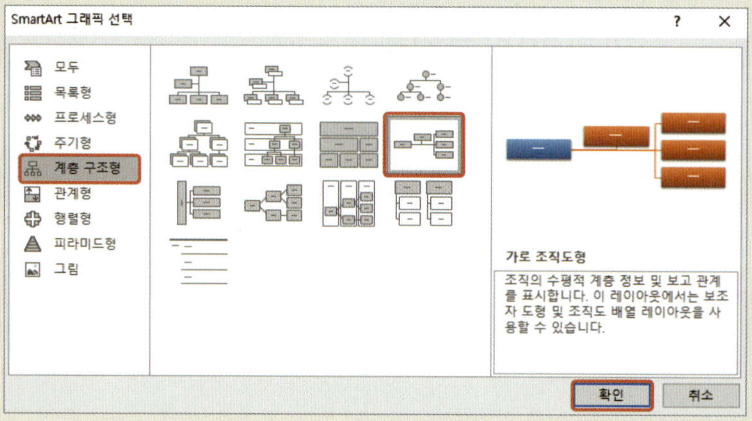

4 다음 그림과 같이 스마트아트에 내용을 입력하고, 스마트아트와 오른쪽 개체 틀의 크기를 조절한다.

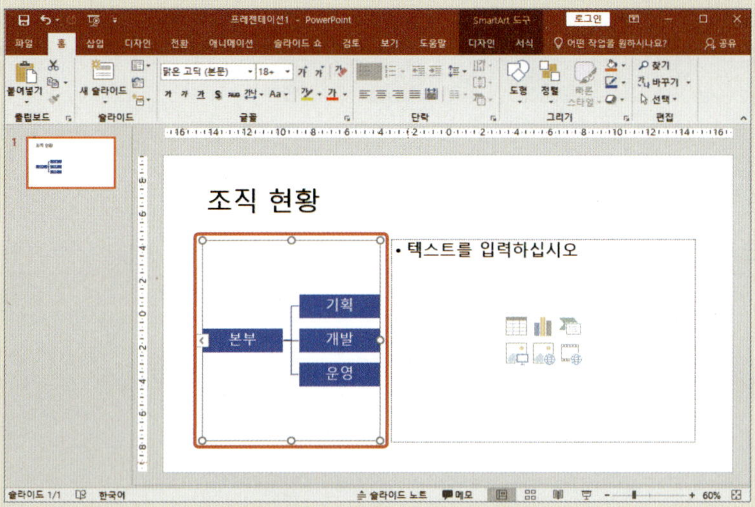

5 [SmartArt 도구]의 [디자인] 탭–[SmartArt 스타일] 그룹–[색 변경] 목록에서 [색상형]–[강조색]을 선택한다.

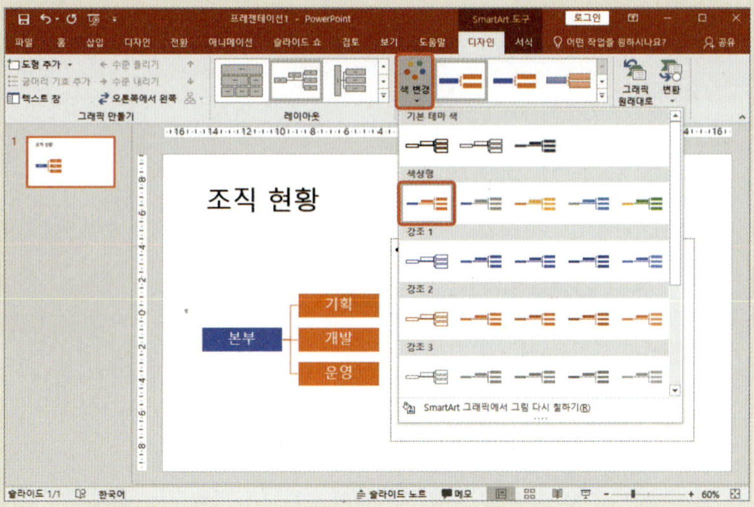

종합예제

6 오른쪽 개체 틀의 [표 삽입] 단추를 클릭해 [표 삽입] 대화상자를 연다. [열 개수]에는 *4*, [행 개수]에는 *8*을 입력한 후 [확인]을 클릭한다.

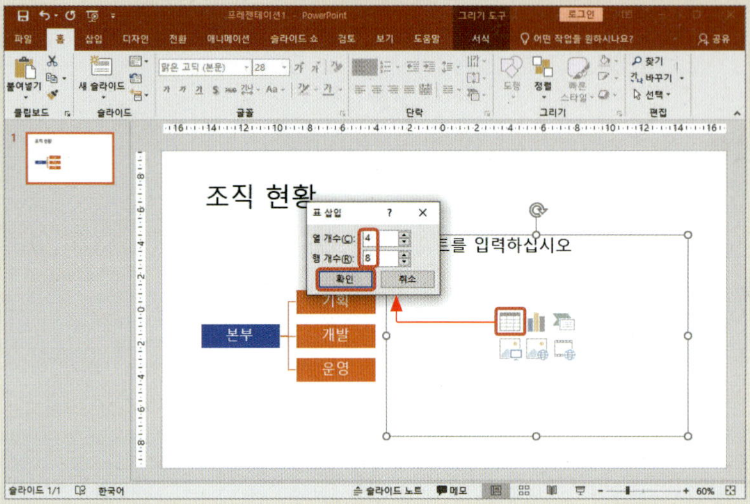

7 삽입된 표에 다음 그림과 같이 텍스트를 입력하고 [홈] 탭-[글꼴] 그룹에서 [글꼴 크기]를 [24]로 설정한다.

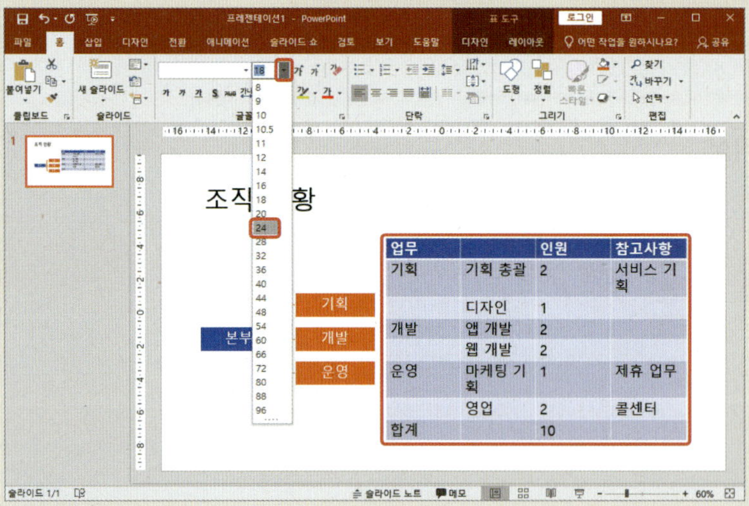

8 [표 도구]의 [레이아웃] 탭-[병합] 그룹-[셀 병합]을 이용해 다음 그림과 같이 표 모양을 변경하고 셀 테두리를 마우스로 드래그해 텍스트 길이에 맞게 셀 너비를 조절한다. 그다음 [셀 크기] 그룹-[행 높이를 같게]를 설정하고, [맞춤] 그룹-[가운데 맞춤]과 [세로 가운데 맞춤]을 이용해 텍스트를 정렬한다.

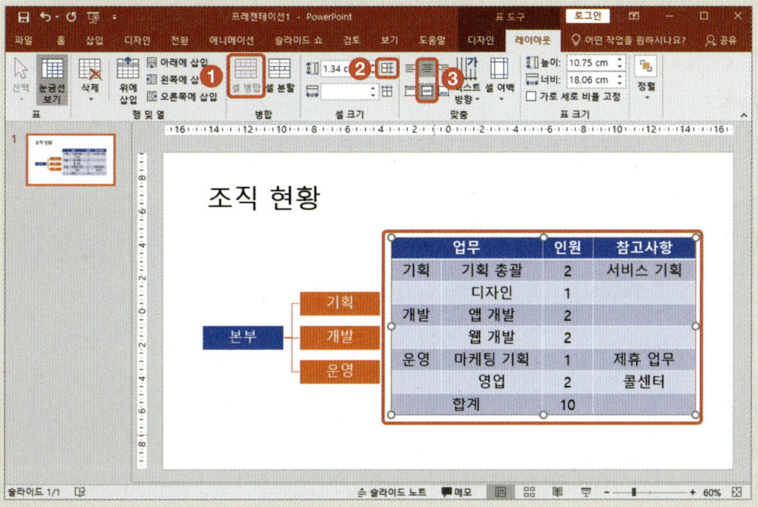

9 [표 도구]의 [디자인] 탭-[표 스타일 옵션] 그룹에서 [머리글 행], [첫째 열], [요약 행]을 선택한다.

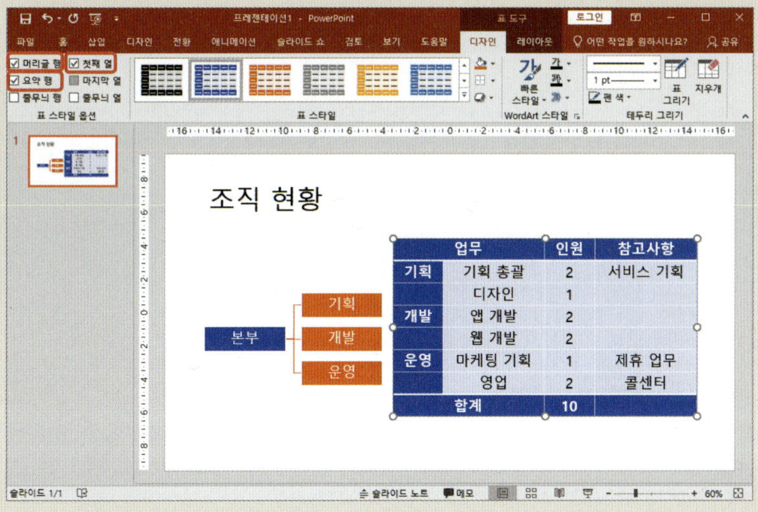

종합예제

10 [표 도구]의 [디자인] 탭–[표 스타일] 그룹의 [자세히] 단추를 클릭하고 [보통 스타일 3–강조 3]을 선택한다.

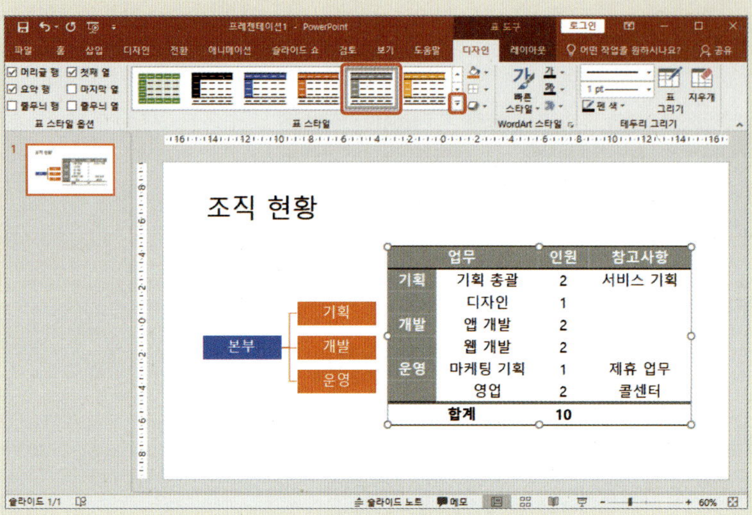

11 이번엔 강조할 셀을 마우스로 드래그해 선택하고 [표 도구]의 [디자인] 탭–[테두리 그리기] 그룹에서 [펜 스타일]은 [점선], [펜 두께]는 [3pt], [펜 색]은 [빨강]으로 설정한다. [표 스타일] 그룹의 [테두리] 목록에서 [바깥쪽 테두리]를 선택한다.

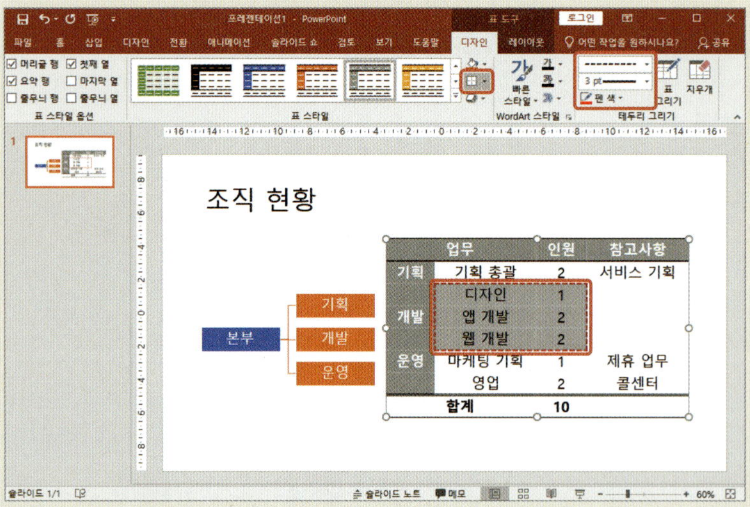

연습문제

1 다음의 지시대로 슬라이드에 표를 작성하시오.

❶ [콘텐츠 2개] 레이아웃의 슬라이드를 추가하고 제목을 입력하시오.

❷ 제목 텍스트의 [글꼴]은 [HY헤드라인M], [글꼴 크기]는 [40], 단락은 [가운데 맞춤]으로 설정하시오.

❸ 제목 개체 틀의 모양을 [대각선 방향의 모서리가 잘린 사각형]으로 변경하고, 도형 채우기 색은 [밝은 회색, 배경 2]로 설정하시오.

❹ 표의 크기를 계산하여 삽입하고 텍스트를 모두 입력한 후 [글꼴]은 [맑은 고딕 (본문)], [글꼴 크기]는 [24]로 설정하시오.

❺ 각 표의 1행('기존', '변경')과 마지막 행('합계')을 다음 그림과 같은 모양으로 셀 병합하시오.

❻ 모든 셀의 크기는 [행 높이를 같게], [열 너비를 같게]로 설정하고, [가운데 맞춤], [세로 가운데 맞춤]을 적용하시오.

❼ 표 스타일 옵션은 [머리글 행]과 [요약 행]으로 설정하고, 왼쪽 표 스타일은 [보통 스타일 2-강조 3], 오른쪽 표 스타일은 [보통 스타일 2-강조 1]로 설정하시오.

❽ 각 표의 제목('구분', '시간', '대수') 행에 음영을 설정하고 오른쪽 표의 '야간', '심야' 행에는 음영과 바깥쪽 테두리를 설정하시오.

기존			변경		
구분	시간	대수	구분	시간	대수
주간	9시~18시	21	주간	9시~18시	21
야간	9시~23시	15	야간	6시~23시	15
심야	-		심야	24시간	5
합계		36	합계		41

2 다음의 지시대로 슬라이드에 표를 작성하시오.

❶ 슬라이드의 레이아웃을 [빈 화면]으로 적용하고, 25×6 크기의 표를 삽입하시오.

❷ 표 1열의 너비는 [8.5cm]로 하고, 나머지 열의 너비는 모두 [1cm]로 설정하시오.

❸ 표 1행의 '개월'(1, 2, 3, …, 12) 부분을 셀 병합하시오.

❹ 표의 내용을 모두 입력하고 [글꼴 크기]는 [24]로 설정하시오.

❺ 표 전체에 [세로 가운데 맞춤]을 설정하고, '개월'(1, 2, 3, …, 12) 셀들에는 [가운데 맞춤]을 설정하시오.

❻ 표 스타일 옵션은 [머리글 행], [첫째 열], [줄무늬 행]으로 설정하고, 표 스타일은 [보통 스타일 2]로 설정하시오.

❼ 표에 [하향 대각선 테두리]와 [음영]을 설정하시오.

개월 계획	1	2	3	4	5	6	7	8	9	10	11	12
서버 구축												
솔루션 개발 및 연동												
전용 앱 개발												
개발 QA												
기능 개선												

3 다음의 지시대로 슬라이드에 표를 작성하시오.

❶ 슬라이드의 레이아웃을 [제목 및 내용]으로 적용하고 제목을 입력하시오.

❷ 3×3 크기의 표를 삽입하고, 1행 각 셀의 배경에 아이콘('사막', '바다', '기후'로 검색)이 들어가도록 설정하시오.

❸ 표의 2행과 3행에 그림과 같이 내용을 입력하고 [음영]은 [채우기 없음]으로 설정하시오.

❹ 표의 2행 텍스트는 [글꼴 크기]를 [24], [글꼴 색]을 [빨강]으로 하고 [가운데 맞춤]을 설정하시오.

❺ 표의 3행 텍스트는 [글꼴 크기]를 [20], [글머리 기호]를 [속이 찬 정사각형 글머리 기호]로 설정하시오.

❻ 표 스타일 옵션의 선택은 모두 해제하고, 그림과 같이 2행과 3행 사이에만 셀 테두리를 설정하시오.

지구온난화 현상

사막화	해수면 상승	기후 변화
▪ 따뜻해진 대기는 토양에 함유된 습기를 증발시킴	▪ 빙하가 녹아 해수면이 상승하고 도시가 물에 잠김	▪ 폭염과 한파, 가뭄과 태풍으로 인한 피해가 발생

CHAPTER 07

차트 활용

01 차트 만들기

02 차트 도구 활용하기

종합예제

연습문제

학습목표

- 차트의 종류를 알고 차트를 이용해 슬라이드를 작성할 수 있다.
- 다양한 차트 도구를 활용하여 차트를 편집할 수 있다.

SECTION 01

차트 만들기

차트는 숫자 데이터를 그래프로 표시하고 데이터 레이블이나 범례 등 여러 가지 구성 요소를 활용해 수치 변화를 알아보기 쉽게 표현한 시각화 도구이다. 파워포인트에서는 다양한 종류의 차트를 사용해 프레젠테이션 효과를 높일 수 있다. 데이터의 유형과 표현 의도를 파악해 전달하고자 하는 정보를 정확히 비교 및 분석할 수 있는 차트를 선택하면 된다.

1.1 차트의 종류

파워포인트에서 제공하는 차트 종류는 세로 막대형, 가로 막대형, 꺾은선형, 원형 등 17가지이다. 나타내고자 하는 데이터 유형에 알맞게 선택하면 된다. 각 차트의 특징과 주로 활용되는 분야를 요약하면 다음과 같다.

- **세로 막대형**: 일정 기간의 데이터 변화를 표시하거나 여러 항목의 데이터를 함께 표시하여 각 항목을 비교할 수 있다.

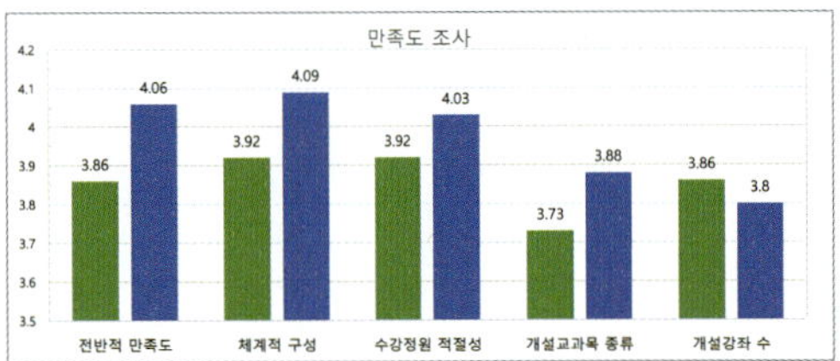

- **꺾은선형**: 일정 기간의 데이터 추세나 데이터 변화를 표시할 수 있다.

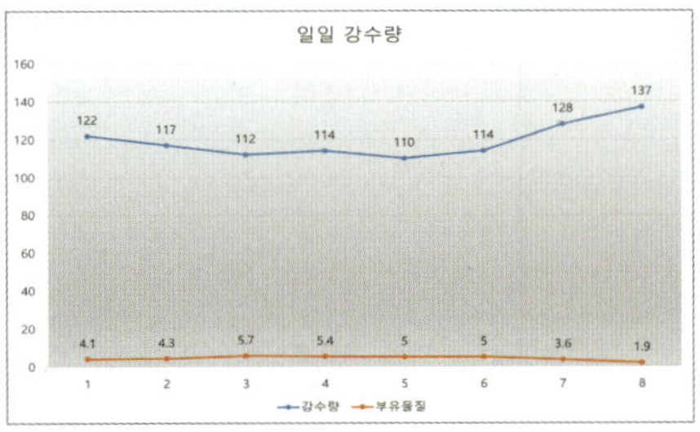

- **원형**: 데이터의 합계 비율을 표시하는 차트로, 하나의 데이터 계열만 강조할 때 유용하다.

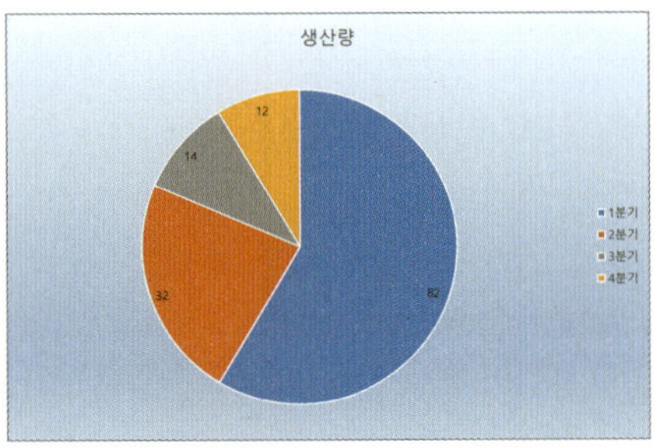

- **가로 막대형**: 축 레이블이 길거나 차트로 표시하는 값이 기간일 때 유용하다.

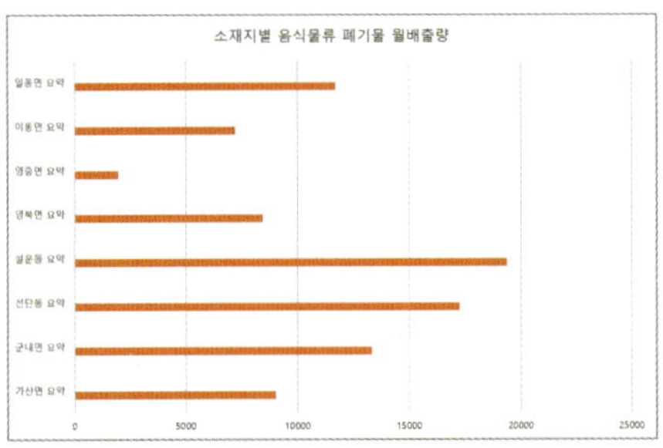

- **영역형:** 시간에 따른 변화를 보여주거나, 개별 값과 총합의 관계 변화를 확인할 때 유용하다.

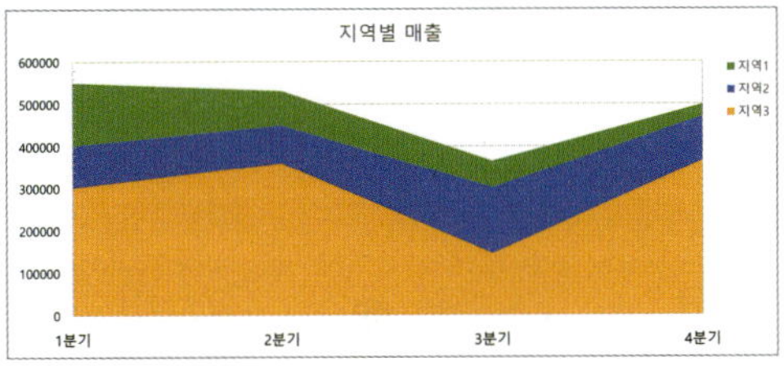

- **주식형:** 주가 변동이나 기온 변화와 같이 일정 기간 증감하는 데이터 변화를 표시할 수 있다.

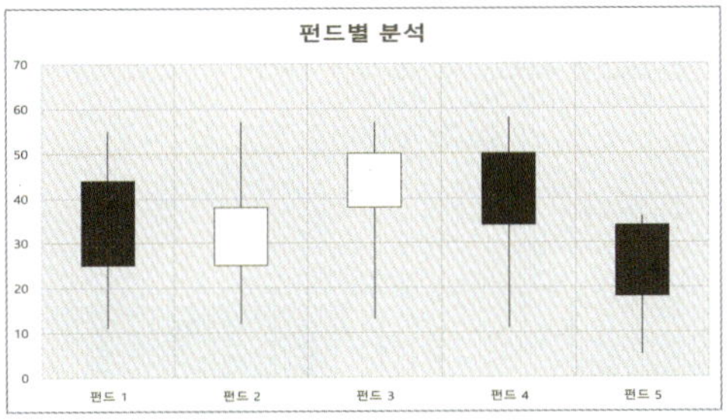

- **표면형:** 같은 값의 범위를 색과 무늬로 표시하여 두 데이터 집합에서 최적의 조합을 찾을 수 있다.

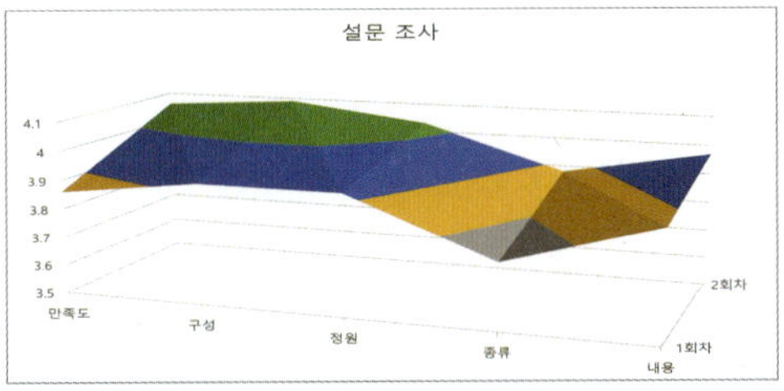

- **트리맵:** 데이터를 계층 구조로 표시하는 차트로, 서로 다른 데이터 계열 안에서 비율을 비교할 때 유용하다.

- **분산형 및 거품형:** 두 숫자 그룹을 하나의 xy 좌표 계열로 그리는 차트로, 데이터의 불규칙한 간격이나 묶음을 표시할 수 있다. 거품형은 분산형 차트에 데이터 요소를 하나 더 추가하여 거품의 크기로 그 값을 표시한다.

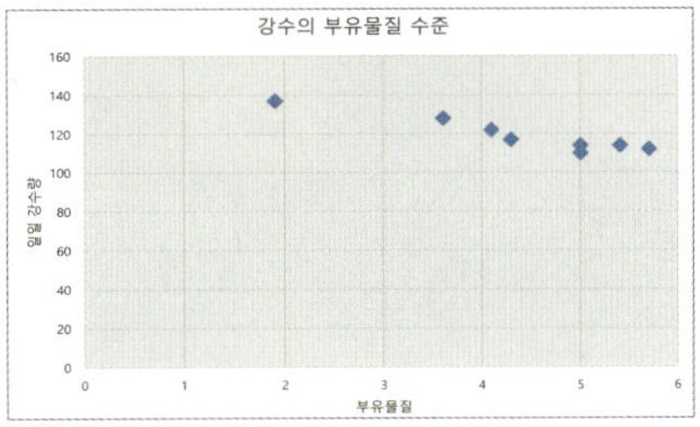

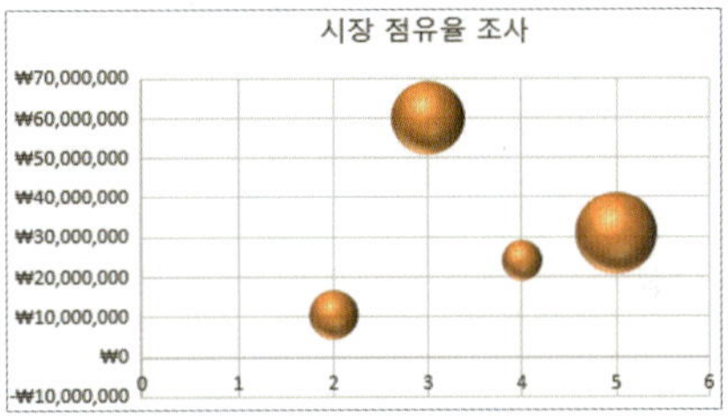

- **방사형:** 여러 데이터 계열의 값을 집계하고 한 차트에 나타내어 서로 비교할 때 유용하다.

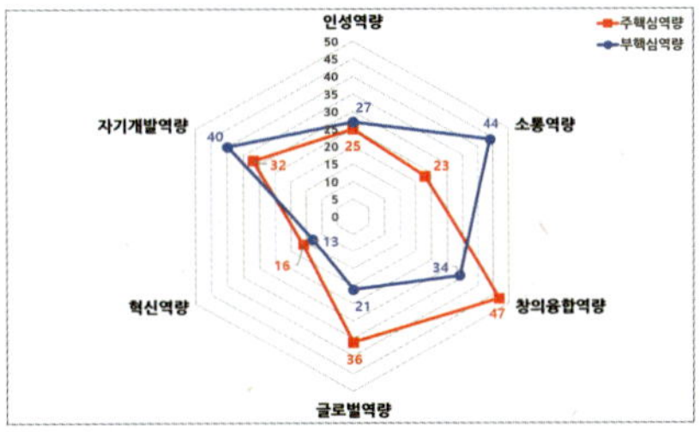

- **선버스트:** 계층 구조의 데이터를 여러 수준의 고리로 표시하는 차트로, 각 고리의 구성 요소를 나타내야 할 때 유용하다.

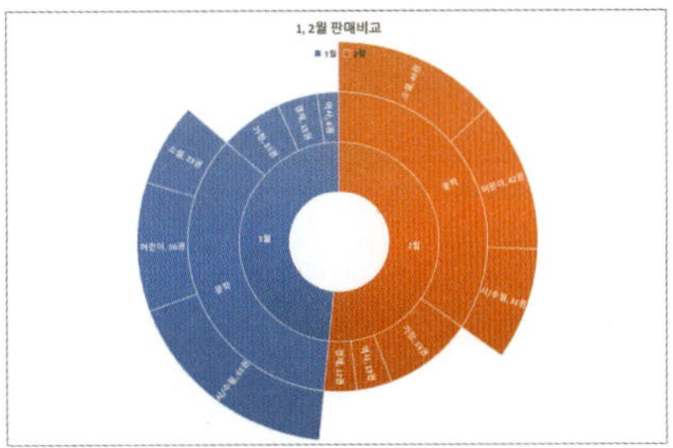

- **히스토그램**: 데이터의 분포와 빈도를 표시하는 차트로, 계급 구간을 변경해 데이터를 세부적으로 분석할 수 있다.

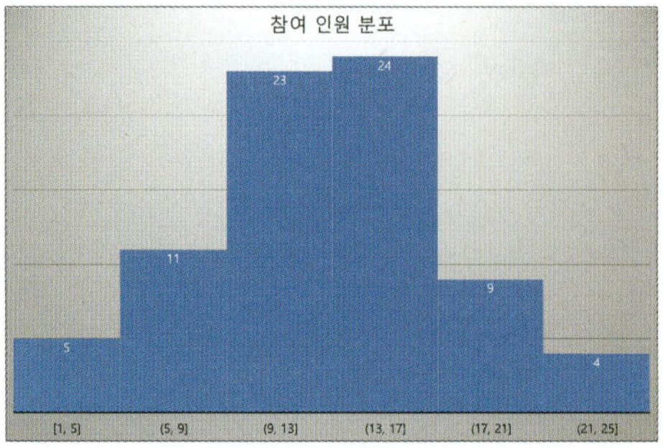

- **상자 수염 그림**: 데이터 분포를 사분위수로 표시하는 차트로, 평균값 및 이상값을 강조할 때 유용하다.

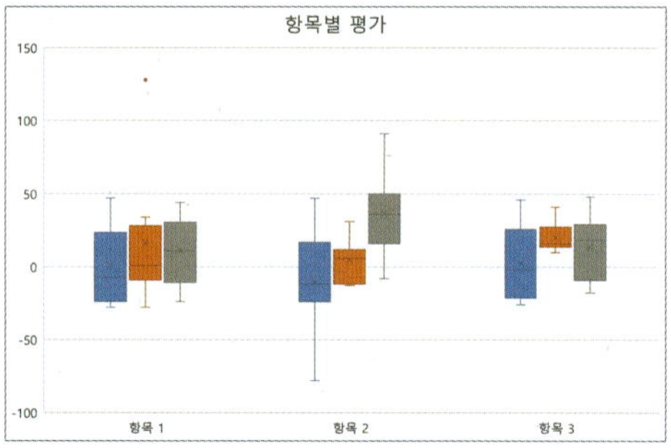

- **폭포**: 양수와 음수를 색이 다른 막대로 표시하는 차트로, 재무 데이터의 누계와 값의 변화에 따른 영향을 표시할 때 유용하다.

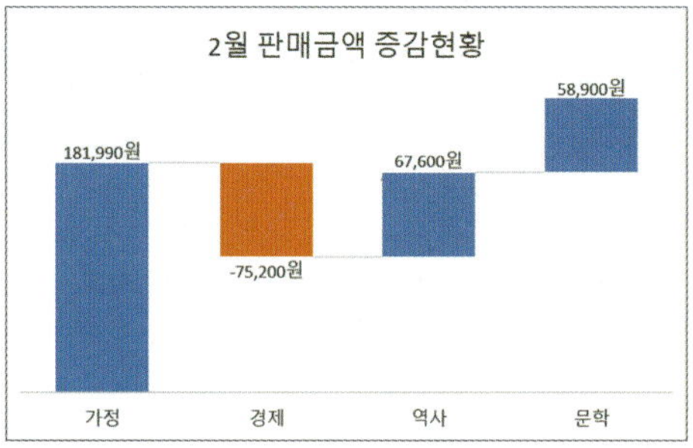

- **유입경로형 차트**: 깔때기형 차트라고도 하며, 프로세스에 따라 여러 단계로 감소하는 값을 표시할 수 있다.

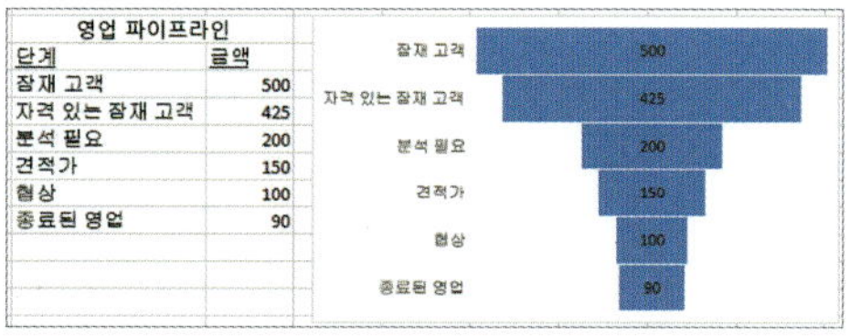

- **콤보**: 광범위한 데이터인 경우에 두 종류 이상의 차트를 결합하여 보조 축과 함께 표시할 수 있다.

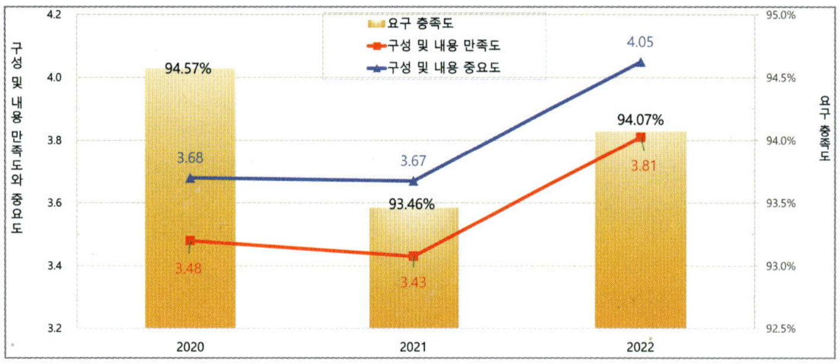

1.2 차트 삽입과 데이터 입력

프레젠테이션에 사용할 데이터 유형에 따라 적합한 차트를 선택해 슬라이드에 삽입하고 데이터를 입력한다. 데이터를 입력하거나 편집할 때는 엑셀 프로그램이 실행되는데 파워포인트의 표처럼 사용하면 된다.

기본예제 7-1 차트 삽입하기

슬라이드에 차트를 삽입하려면 [삽입] 탭의 메뉴를 이용하거나 본문 개체 틀의 [차트 삽입] 단추를 클릭해야 한다. 용도에 알맞은 차트를 선택하고 슬라이드에 삽입해보자.

01 파워포인트를 실행해 [새 프레젠테이션]을 선택한다. [홈] 탭–[슬라이드] 그룹–[슬라이드 레이아웃] 목록에서 [제목 및 내용]을 선택한다.

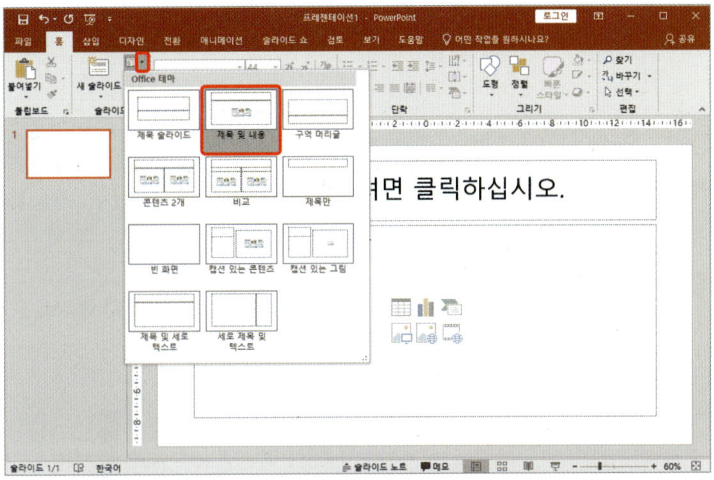

02 제목을 *인구 분석*이라고 입력하고 본문 개체 틀의 [차트 삽입] 단추를 클릭한다.

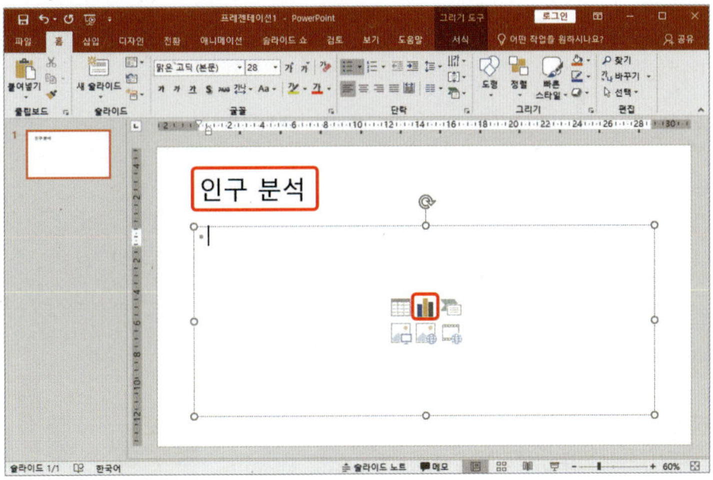

03 [차트 삽입] 대화상자가 나타나면 [세로 막대형] 형식에서 [묶은 세로 막대형]을 선택하고 [확인]을 클릭한다.

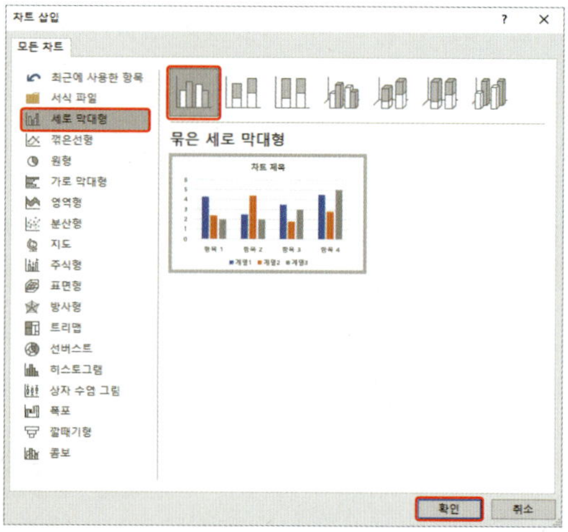

04 슬라이드에 차트가 만들어지고 엑셀 창이 표시된다. 데이터를 편집하기 위한 엑셀 창은 [☒닫기] 단추를 클릭해 닫는다.

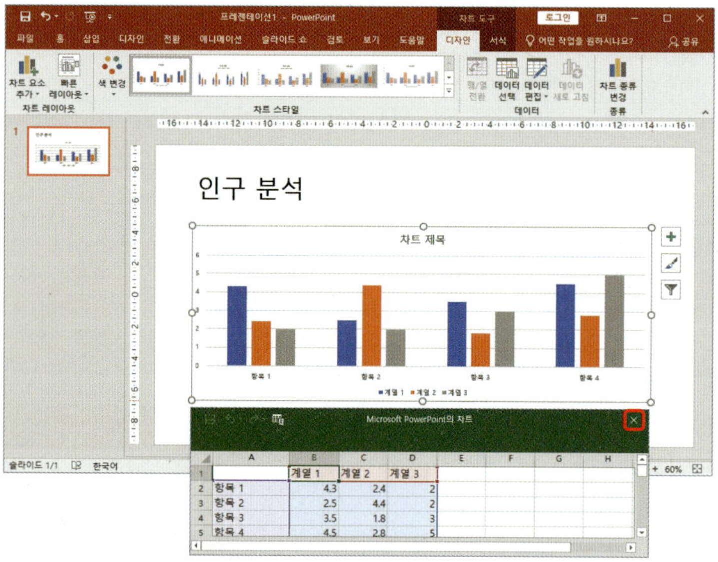

05 차트를 선택했을 때 표시되는 크기 조절점과 차트 경계선을 마우스로 드래그해 차트 크기나 위치를 조절할 수 있다.

TIP 삽입된 차트를 삭제하려면 차트를 선택한 상태에서 Delete 키를 누르면 된다.

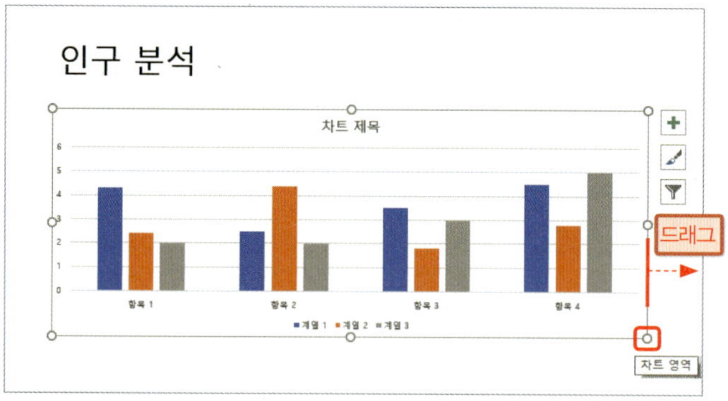

기본예제 7-2 차트 데이터 편집하기

슬라이드에 차트를 삽입하면 미리 입력된 예제 데이터가 차트에 표시된다. [차트 도구]의 [디자인] 탭-[데이터] 그룹의 [데이터 편집]이나 [데이터 선택] 메뉴를 이용해 원하는 형태로 데이터를 편집할 수 있고, [차트 필터] 단추를 이용해 차트에 표시할 데이터를 선택할 수도 있다.

01 차트를 클릭하고 [차트 도구]의 [디자인] 탭-[데이터] 그룹-[데이터 편집]을 선택한다.

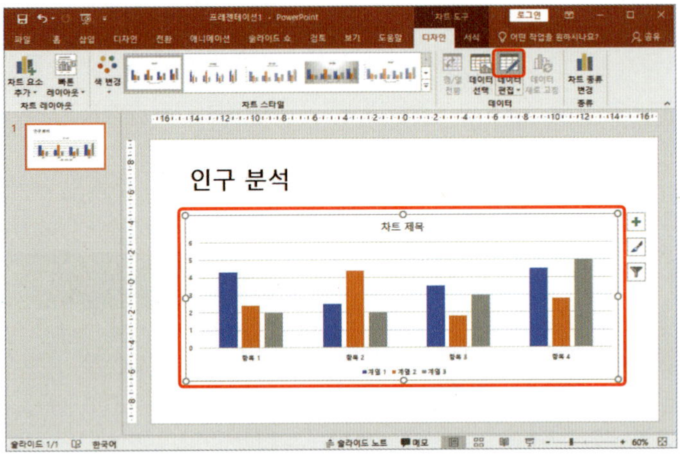

02 데이터가 담긴 엑셀 창이 나타나면 '항목 4' 데이터는 삭제하고 데이터 영역을 표시하는 파란색 조절점을 마우스로 드래그해 범위를 변경한다. 다음 그림과 같이 데이터를 입력한 후 [닫기] 단추를 클릭한다.

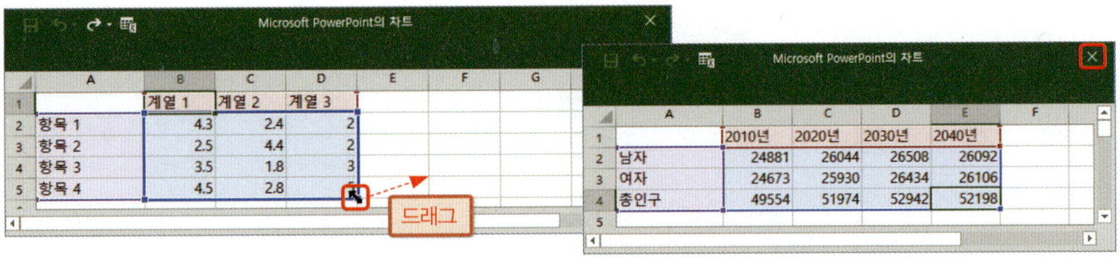

TIP 엑셀 창에서 데이터를 입력할 때 다음 셀로 이동하려면 Enter 나 Tab 키를 누른다. 파워포인트의 표에 데이터를 입력할 때처럼 방향키 ←↑→↓를 이용해도 된다.

03 입력한 데이터의 행/열 방향을 바꾸려면 [차트 도구]의 [디자인] 탭–[데이터] 그룹–[데이터 선택]을 클릭한다.

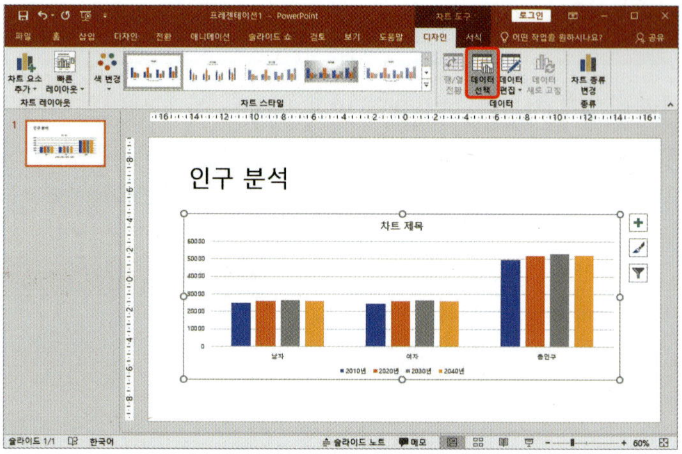

04 엑셀 창과 함께 [데이터 원본 선택] 대화상자가 나타나면 [행/열 전환] 단추를 클릭하고 [확인]을 선택한다.

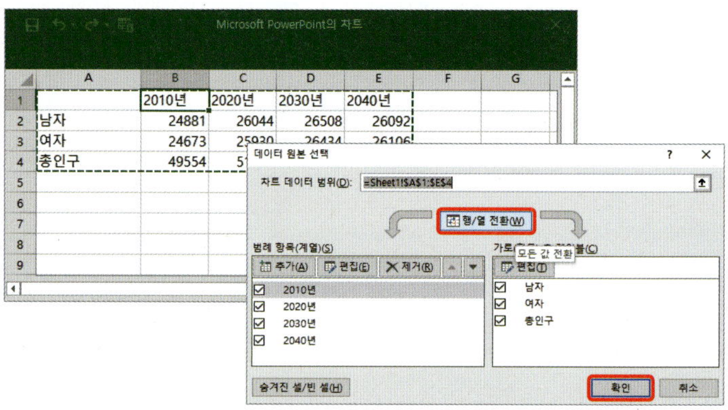

05 데이터를 직접 수정하지 않고도 차트의 행과 열이 전환된 모양으로 표시된다. 엑셀 창의 [닫기] 단추를 클릭해 창을 닫는다.

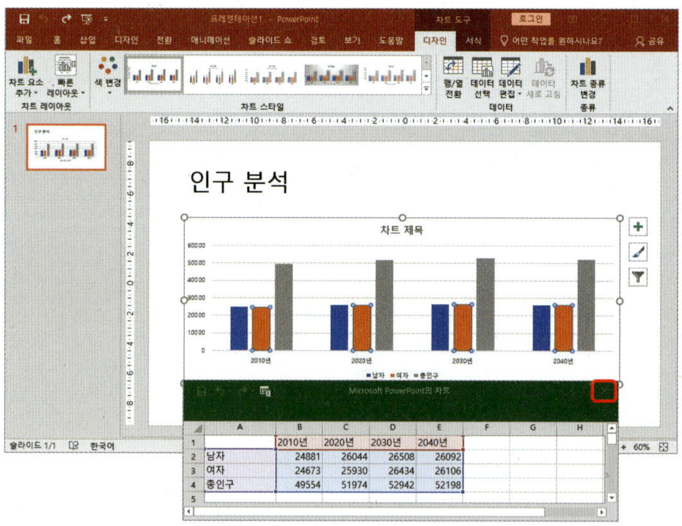

06 차트를 클릭했을 때 오른쪽에 나타나는 단추 목록 중 [차트 필터]를 선택한다. 차트 필터의 [범주] 목록에서 '2040년'에 체크되어 있는 것을 해제하고 [적용]을 클릭한다.

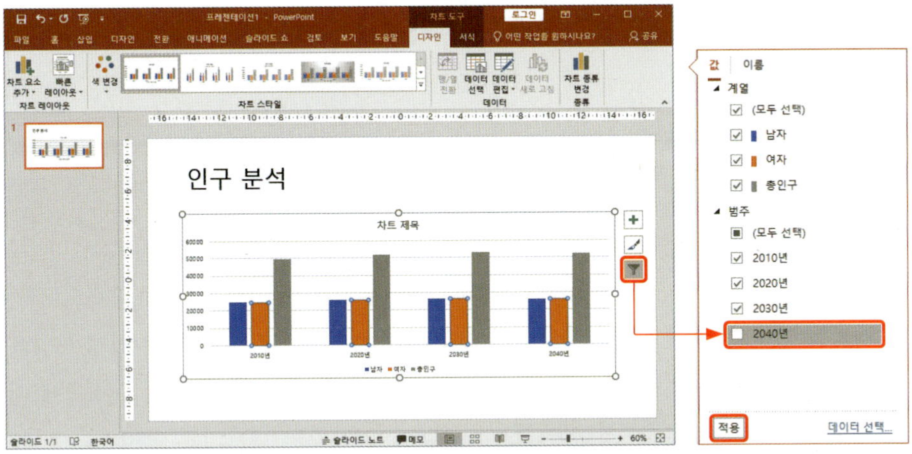

07 차트에는 '2040년' 데이터가 표시되지 않는다. [차트 도구]의 [디자인] 탭-[데이터] 그룹-[데이터 편집]을 클릭해 데이터를 확인해 보면 '2040년' 데이터는 그대로 남아 있으므로 필요한 경우 필터를 해제하면 된다.

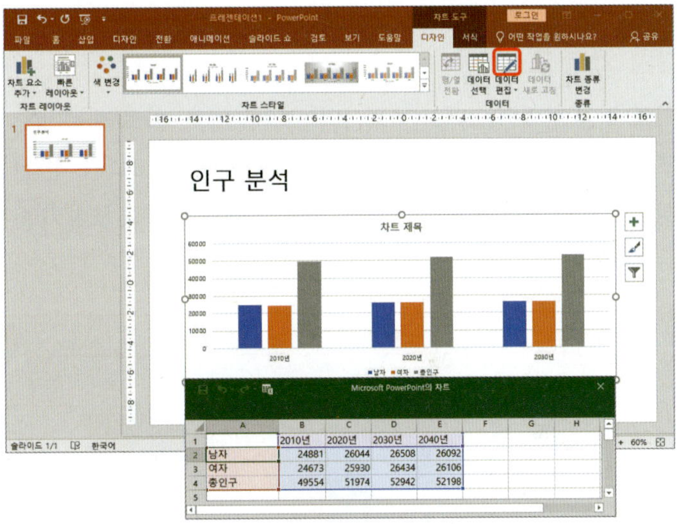

여기서 잠깐 **데이터 필터링**

[차트 필터] 단추를 이용해 데이터를 필터링하면 그래프에 표시되지 않는데, 다음과 같이 [차트 데이터 범위]를 변경해 필터링할 수도 있다. [차트 도구]의 [디자인] 탭-[데이터] 그룹-[데이터 선택]을 클릭하면 엑셀 창이 나타나는데, 편집할 범위를 마우스로 드래그해 선택한다. 선택한 데이터는 [데이터 원본 선택] 대화상자의 [차트 데이터 범위]에 자동으로 표시된다.

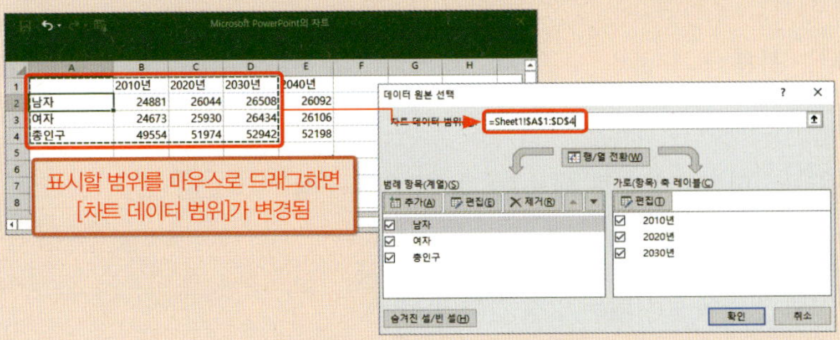

SECTION 02

차트 도구 활용하기

파워포인트의 차트 도구를 활용하면 다양한 스타일의 차트를 손쉽게 만들고 보기 좋게 꾸밀 수 있다. 사용자가 직접 차트 서식을 설정하는 경우, 차트 구성 요소를 구분할 수 있으면 차트를 더 효과적으로 만들 수 있다. 가령, 불필요한 차트 구성 요소를 제거하거나 정보를 더 효과적으로 표시할 수 있게 모양을 바꾸는 식으로 각 구성 요소마다 세부 서식을 설정할 수 있다. 차트를 구성하는 여러 가지 요소들에 대해 알아보고 원하는 모양으로 설정해보자.

2.1 차트 요소

차트 영역 안에는 그래프가 표시되는 그림 영역, 차트 제목, 축, 범례 등 여러 요소가 담겨 있다. 원하는 모양의 차트를 효과적으로 만들려면 차트의 구성 요소를 정확히 파악하고 각 요소의 속성을 설정하는 방법에 대해 알아두는 것이 좋다. 차트의 종류에 따라 구성 요소가 달라지긴 하지만, 일반적으로 포함되는 차트 요소는 다음과 같다.

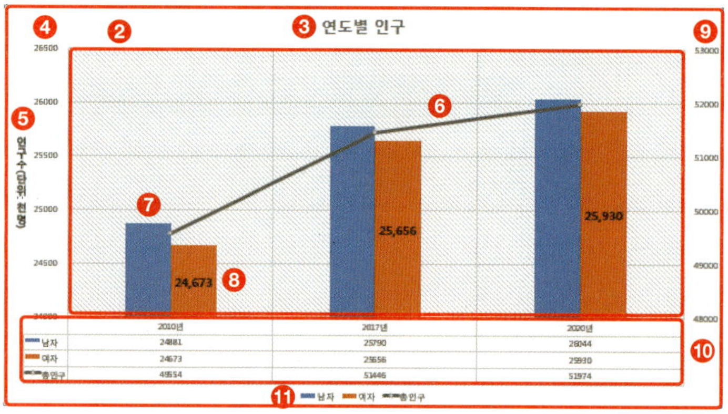

❶ **차트 영역**: 차트 전체의 배경

❷ **그림 영역**: 그래프가 표시되는 부분

❸ **차트 제목**: 차트 내용을 대표하는 제목

❹ **축**: 그래프의 값이나 항목을 표시하는 부분으로 세로축, 가로축으로 구성

❺ **축 제목**: 축에 표시되는 값의 의미나 단위를 표시

❻ **눈금선**: 축 값을 기준으로 그림 영역에 표시되는 일정 간격의 선

❼ **데이터 계열/요소**: 막대나 선, 원형 조각 등 그래프를 표시하는 도형

❽ **데이터 레이블**: 그래프에 사용된 데이터 값

❾ **보조 축**: 기본 축의 값 범위와 다른 범위의 데이터 계열 값을 표시하는 축

❿ **데이터 테이블**: 차트 데이터로 사용된 모든 값을 표시

⓫ **범례**: 그래프의 데이터 계열이 어떤 값을 의미하는지 표시

2.2 차트 서식 설정

차트 구성 요소의 서식을 설정하려면 서식 작업 창에서 각 요소별 속성에 대해 필요한 부분을 변경해야 한다. 서식 작업 창을 화면에 나타내는 방법으로는 차트 구성 요소를 선택하고 마우스 오른쪽을 클릭하거나(❶), [차트 도구]의 [서식] 탭을 이용하거나(❷), 차트 구성 요소를 더블클릭하면(❸) 된다.

❶ **방법 1**: 차트의 구성 요소를 선택하고 마우스 오른쪽을 클릭해 메뉴에서 관련 서식 작업 창 항목을 클릭한다.

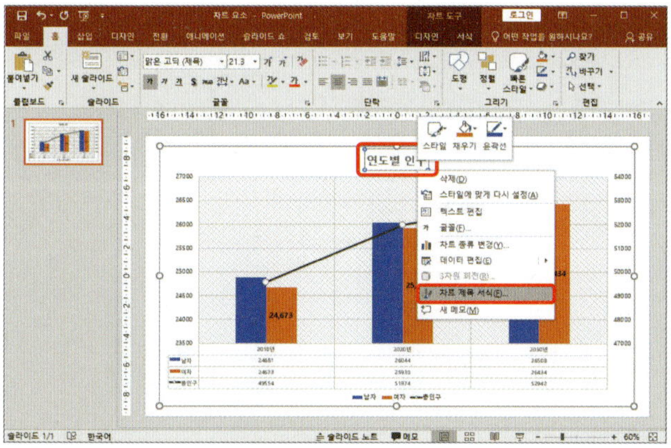

❷ **방법 2**: 차트를 선택하고 [차트 도구]의 [서식] 탭–[현재 선택 영역] 그룹–[차트 요소] 목록에서 서식을 설정할 구성 요소를 선택한 후 [선택 영역 서식]을 클릭한다.

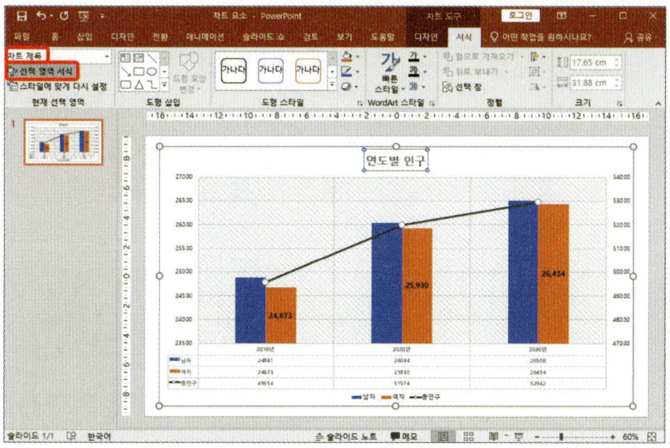

❸ **방법 3**: 차트의 구성 요소를 더블클릭한다.

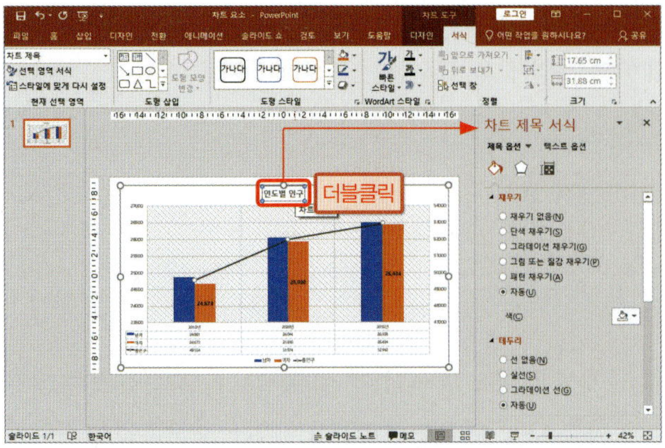

기본예제 7-3 차트 종류와 차트 스타일 변경하기

차트 도구를 이용해 차트 종류와 레이아웃, 차트 스타일과 색상을 간편하게 변경해보자.

01 차트를 선택하고 [차트 도구]의 [디자인] 탭–[종류] 그룹–[차트 종류 변경]을 클릭한다.

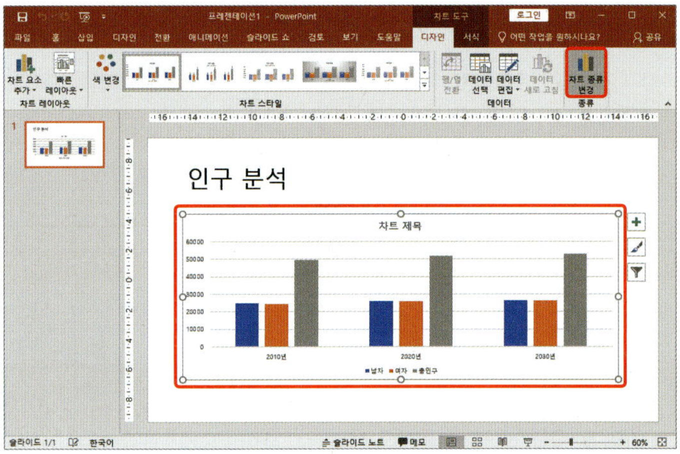

02 [차트 종류 변경] 대화상자의 [콤보] 형식에서 [사용자 지정 조합]을 선택한다. 계열 목록에서 '총인구'의 차트 종류를 [표식이 있는 꺾은선형]으로 바꾸고 [보조 축]에 체크한 후 [확인]을 클릭한다.

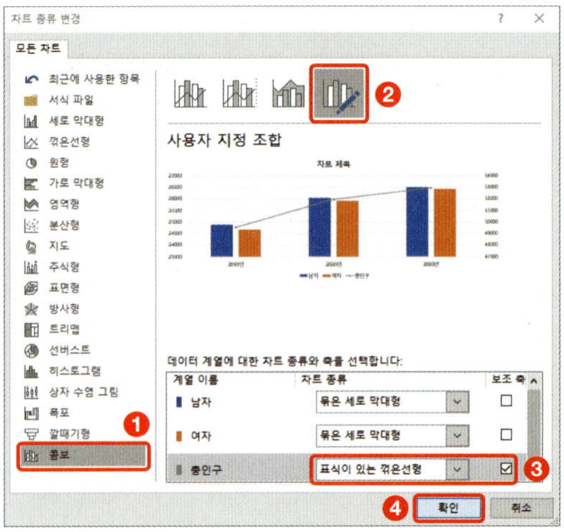

03 [차트 도구]의 [디자인] 탭–[차트 레이아웃] 그룹–[빠른 레이아웃] 목록에서 [레이아웃 5]를 선택한다.

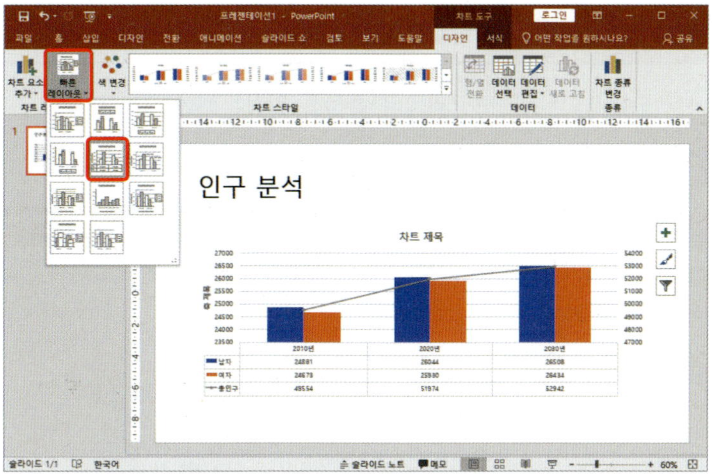

04 [차트 도구]의 [디자인] 탭–[차트 스타일] 그룹–[색 변경] 목록에서 [색상형]의 [다양한 색상표 4]를 선택한다.

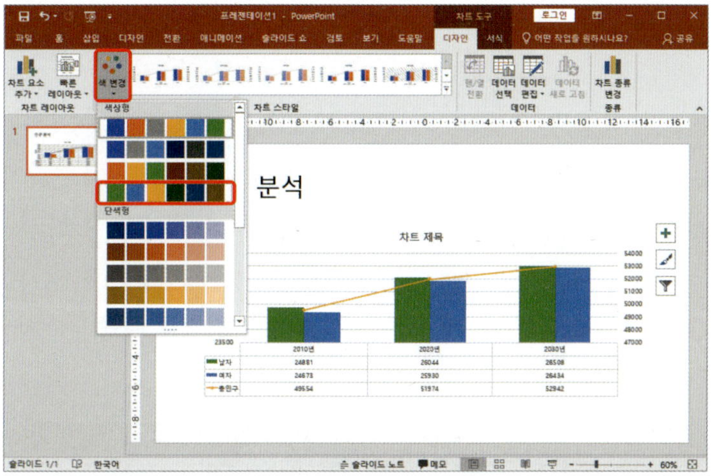

05 [차트 도구]의 [디자인] 탭–[차트 스타일] 그룹에서 [스타일 5]를 선택한다.

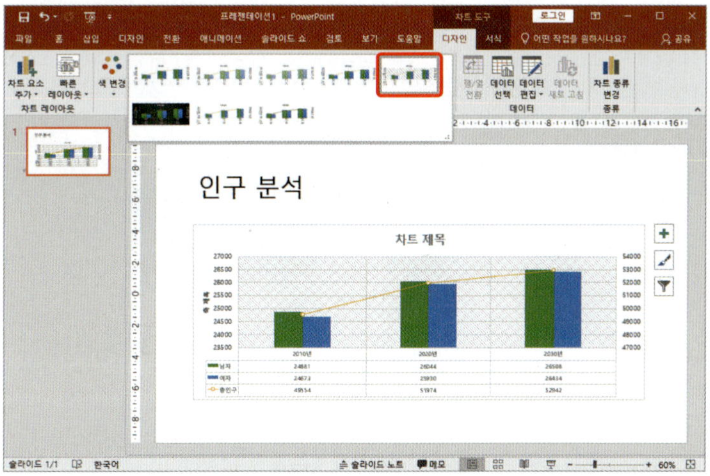

기본예제 7-4 차트 요소 변경하기

차트에 표시되는 요소의 위치나 속성을 원하는 모양으로 바꾸고, 차트에 표시되지 않은 요소를 추가하는 방법도 알아보자.

01 [차트 도구]의 [디자인] 탭–[차트 레이아웃] 그룹–[차트 요소 추가] 목록에서 [데이터 테이블]–[없음]을 선택한다.

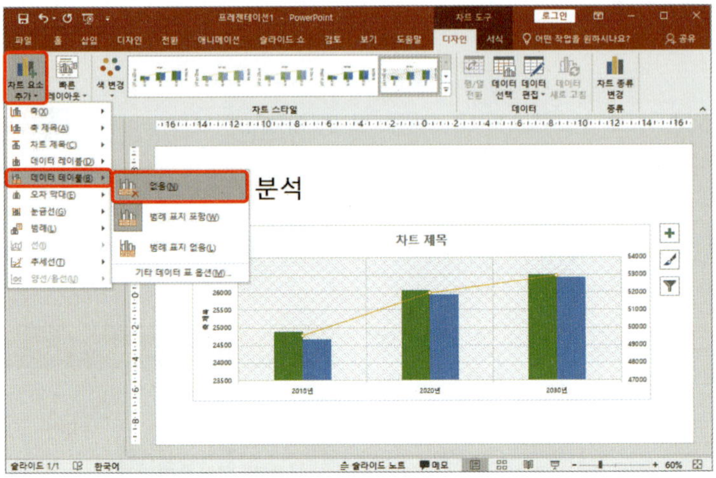

TIP 차트 구성 요소에서 데이터 테이블을 제외하면 그래프를 더 자세히 볼 수 있다.

02 차트를 클릭했을 때 오른쪽에 나타나는 단추 목록 중 [+ 차트 요소] 단추를 클릭하고 [범례]–[위쪽]을 선택한다.

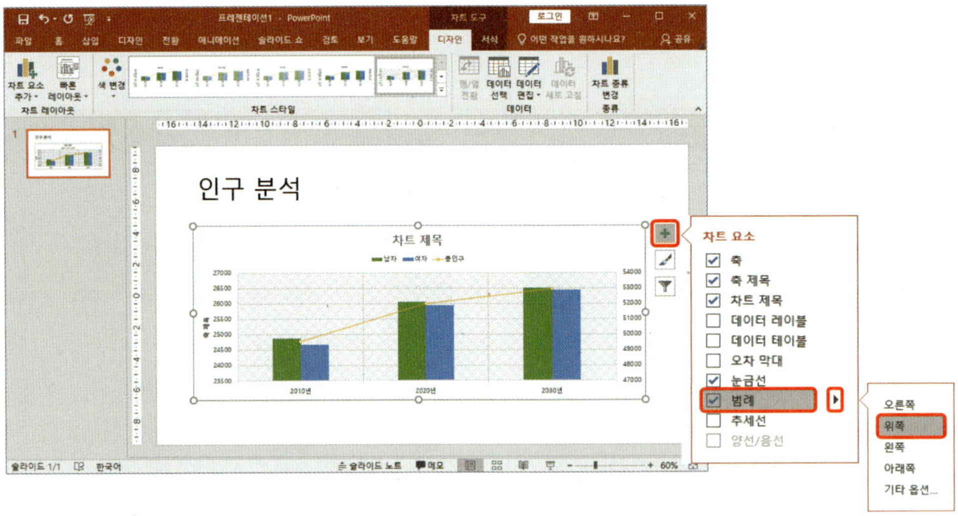

TIP [+ 차트 요소] 단추를 통해 원하는 항목을 추가 또는 해제하거나 옵션을 따로 설정할 수 있다. 선택을 해제한 요소는 차트에 표시되지 않는다.

03 다시 [+차트 요소] 단추를 클릭한 뒤 [데이터 레이블]-[가운데 맞춤]을 선택한다.

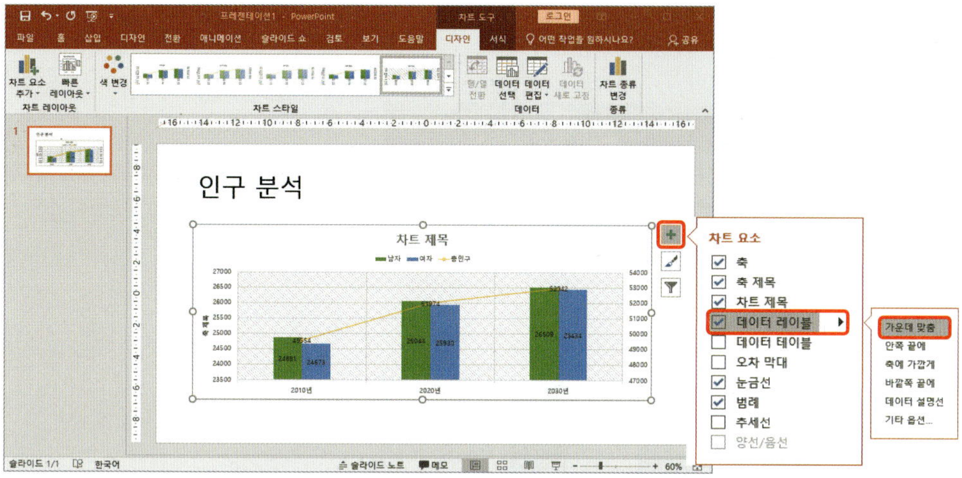

> **TIP** [+차트 요소] 단추를 한 번 더 클릭하면 차트 요소 목록이 화면에서 사라진다.

04 '총인구'를 표시하는 꺾은 선형 그래프를 클릭하고 [차트 도구]의 [디자인] 탭-[차트 레이아웃] 그룹-[차트 요소 추가] 목록에서 [데이터 레이블]-[데이터 설명선]과 [위쪽]을 차례로 선택한다.

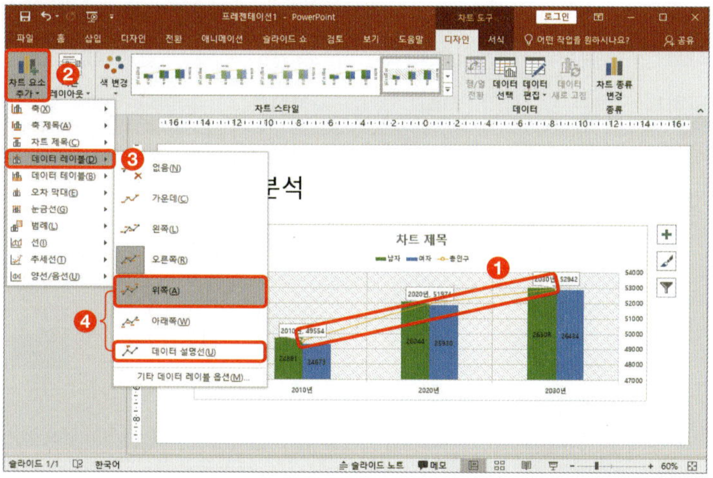

기본예제 7-5 차트 요소의 서식 설정하기

차트에 표시되는 모든 요소는 각각의 특성에 맞게 서식을 설정할 수 있다. 서식을 적절히 설정하면 전달력이 높아져 효과적인 차트를 만들 수 있다. 차트 요소의 서식을 다양하게 설정해보자.

01 차트 내 '차트 제목'을 선택하고 *연도별 인구 비교*라고 수정한다. [차트 도구]의 [서식] 탭–[WordArt 스타일] 그룹–[가 ▾ 텍스트 효과] 목록에서 [네온]–[네온 변형]–[네온: 5pt, 황금색, 강조색 4]로 설정한다.

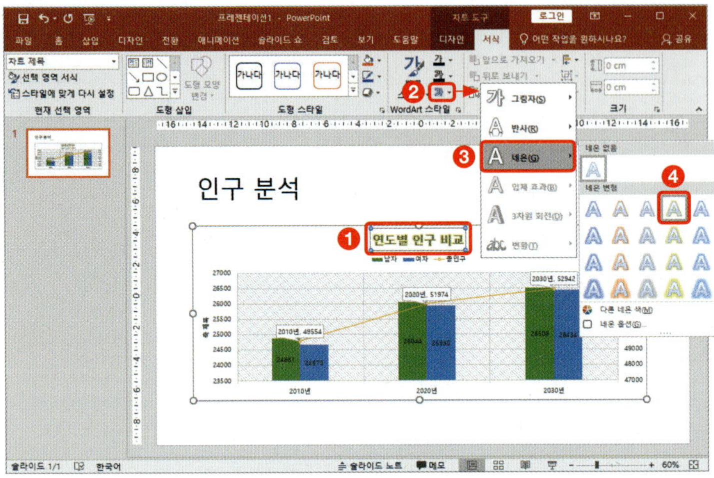

02 차트 내 '축 제목'을 선택하고 *인구수(단위: 천명)*으로 수정한다. [차트 도구]의 [서식] 탭–[현재 선택 영역] 그룹–[선택 영역 서식]을 클릭한다.

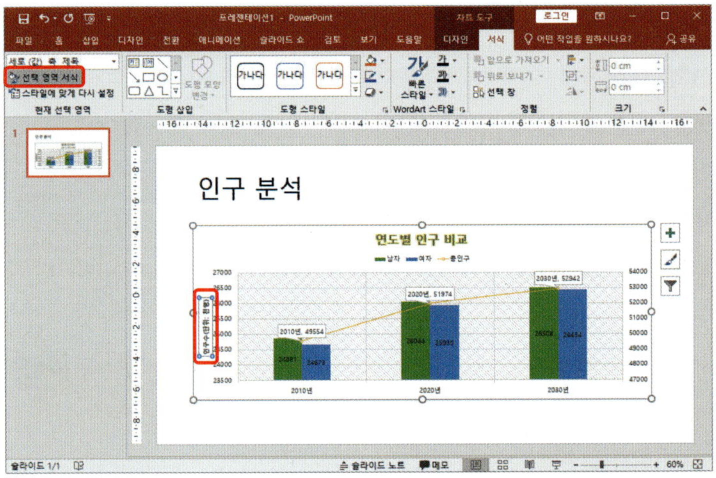

03 [축 제목 서식] 작업 창이 나타나면 [텍스트 옵션]–[텍스트 상자] 탭을 선택하고 [텍스트 상자]–[텍스트 방향]–[스택형]으로 설정한다.

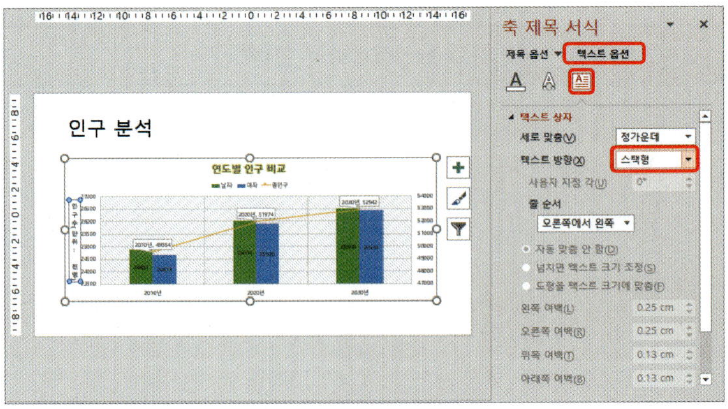

04 이번엔 차트 내 '범례'를 더블클릭해 [범례 서식] 작업 창을 연다. [범례 옵션]의 [범례 옵션] 탭을 선택한다. [범례 옵션]–[범례를 차트와 겹치지 않게 표시]에 체크되어 있던 것을 해제한다.

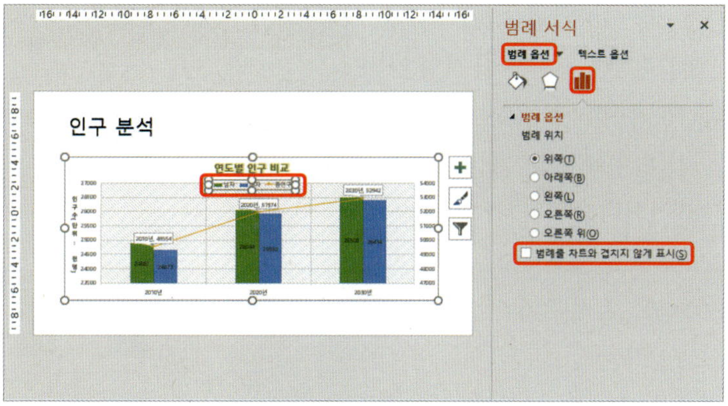

TIP [범례를 차트와 겹치지 않게 표시]를 선택하면 범례가 차트 영역 내에 자리를 차지하므로 그래프가 표시되는 그림 영역이 상대적으로 작아진다.

05 '데이터 레이블' 중 하나를 클릭하고 [홈] 탭–[글꼴] 그룹에서 [글꼴 크기]는 [16], [글꼴 색]은 [흰색, 배경 1], [굵게]로 변경한다. [데이터 레이블 서식] 작업 창에서 [레이블 옵션]을 선택하고 [레이블 옵션] 탭–[표시 형식]–[범주]를 [숫자]로 설정한다.

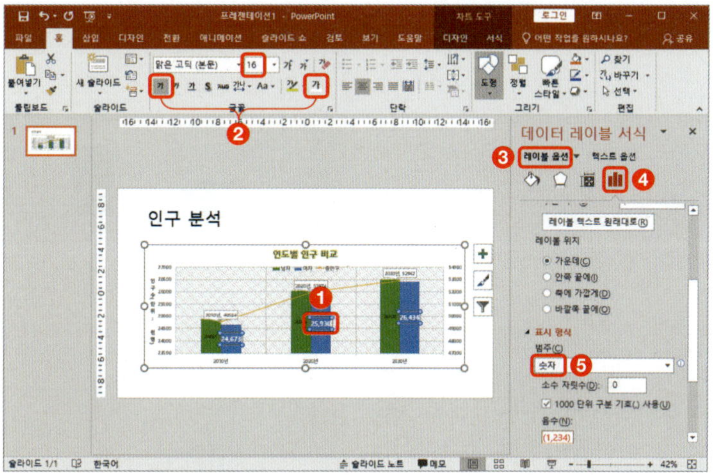

TIP 데이터 레이블 중 하나만 클릭해도 해당 계열의 데이터 레이블이 모두 선택된다. 특정 데이터 레이블만 선택하려면 한 번 더 클릭한다.

기본예제 7-6 축과 데이터 계열 서식 설정하기

차트의 그림 영역에 나타나는 그래프는 축 서식 설정에 따라 비교나 분석이 더 편리해질 수 있다. 축의 최소값, 최대값, 눈금 단위 등 여러 축 서식과, 막대나 선의 채우기 색 등 데이터 계열 서식을 설정해보자.

01 차트에서 [세로 (값) 축]을 더블클릭한다. [축 서식] 작업 창의 [축 옵션]–[축 옵션] 탭– [축 옵션] 항목에서 [경계]의 [최소값]과 [최대값]을 각각 *24000*, *26400*으로 입력하고, [단위]의 [기본]과 [보조]를 각각 *600*, *300*으로 입력한다.

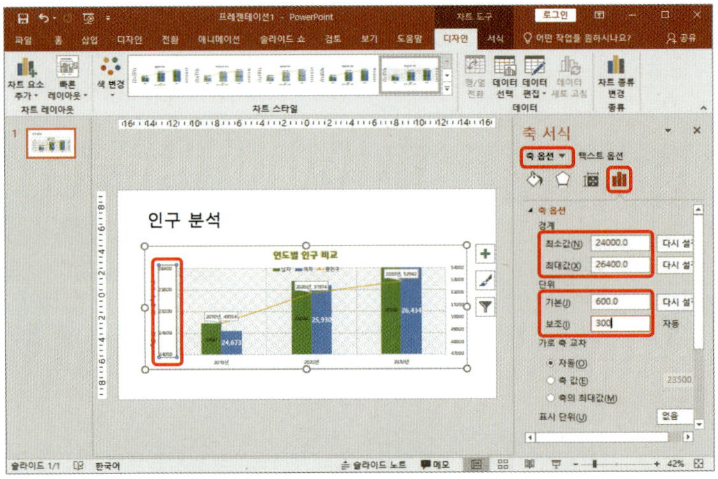

02 [눈금] 항목으로 넘어가 [보조 눈금]을 [교차]로 설정한다.

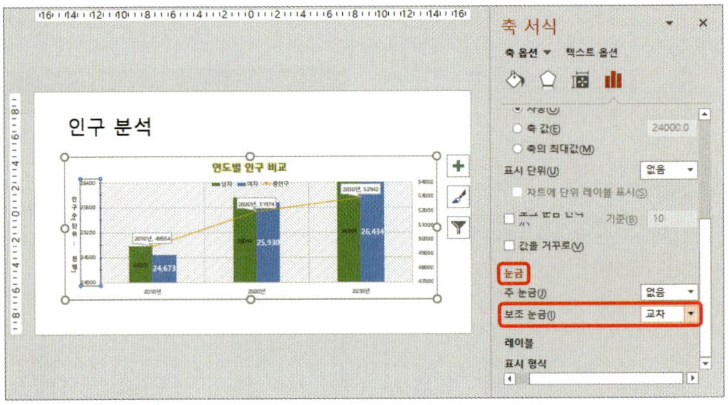

03 차트에서 [보조 세로 (값) 축]을 더블클릭한다. [축 서식] 작업 창의 [축 옵션]–[축 옵션] 탭–[축 옵션] 항목에서 [단위]의 [기본]을 *1500*, [보조]를 *300*으로 입력한다.

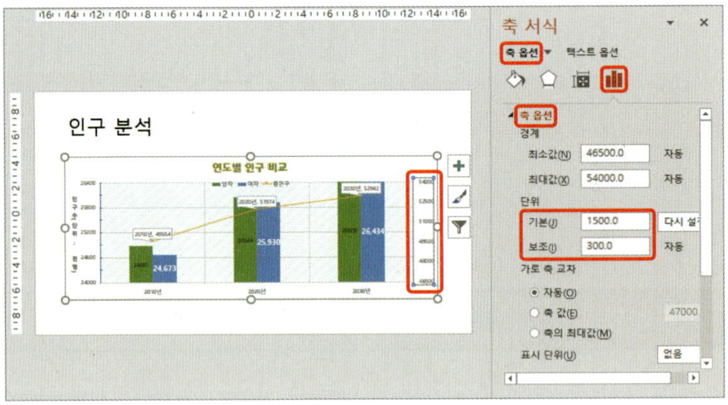

04 차트의 그림 영역에서 [계열 "남자" 요소 "2030년"] 막대를 더블클릭한다. [데이터 요소 서식] 작업 창의 [계열 옵션]-[채우기 및 선] 탭-[채우기] 항목에서 [그림 또는 질감 채우기]를 선택한다.

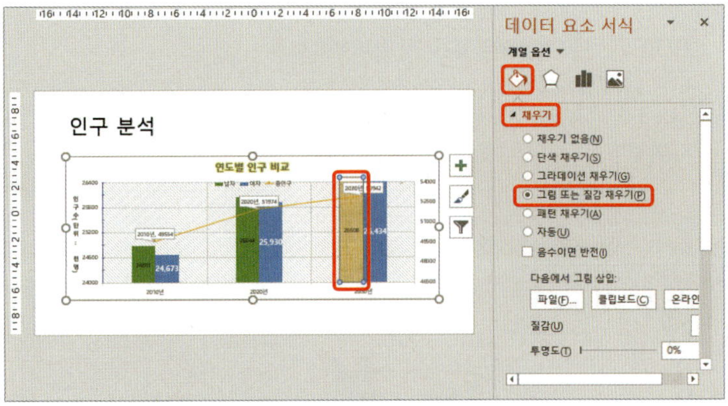

05 [채우기] 항목의 [다음에서 그림 삽입] 중 [온라인]을 클릭한다. 검색란에 *사람*을 입력한 뒤 원하는 그림을 선택해 [삽입]을 클릭한다.

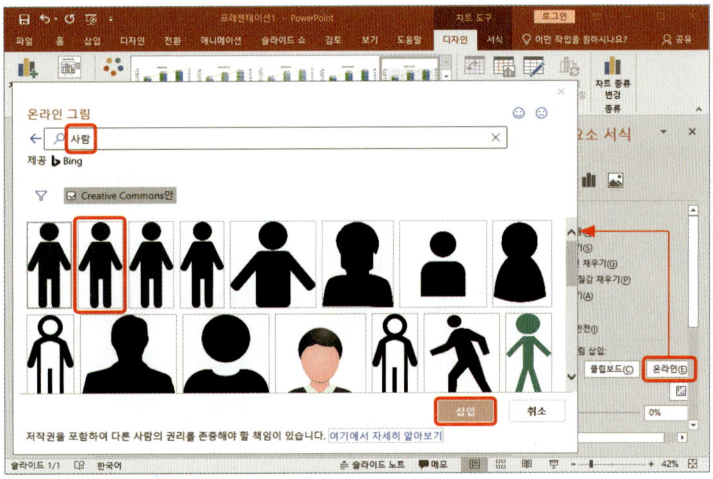

06 [채우기] 항목의 [다음 배율에 맞게 쌓기]를 선택하고 [Units/Picture]에 *600*을 입력한다. 차트를 보면 600 단위마다 데이터 막대에 그림이 하나씩 표시되어 있을 것이다.

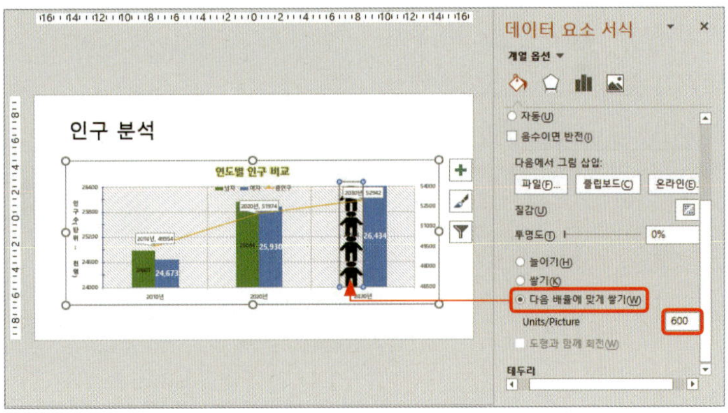

여기서 잠깐 **데이터 막대의 겹치기와 간격 너비 설정**

데이터 막대를 더블클릭해 [데이터 계열 서식] 작업 창을 연 뒤, [계열 옵션]–[계열 옵션] 탭–[계열 옵션] 항목의 [계열 겹치기]와 [간격 너비]를 조절하면 데이터 막대를 서로 겹치게 할 수도 있고 항목 간격을 조절해 막대의 너비를 변경할 수도 있다. [간격 너비]의 값이 작을수록 막대는 넓어진다.

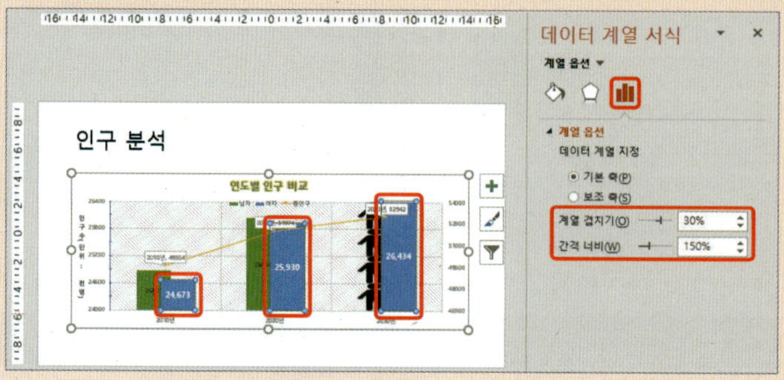

기본예제 7-7 꺾은선형 그래프 서식과 배경 서식 설정하기

꺾은선형 그래프의 선과 표식을 원하는 모양으로 설정하면 시간에 따른 값의 변화를 알아보기 쉬워 차트의 가독성을 높일 수 있다. 또, 차트 데이터에 어울리는 그림이나 색상을 배경으로 설정해 더 보기 좋게 만들 수도 있다.

01 차트에서 '총인구' 계열을 나타내는 꺾은선형 그래프를 더블클릭한다. [데이터 계열 서식] 작업 창의 [계열 옵션]–[채우기 및 선] 탭–[선]–[선] 항목에서 [너비]를 [8pt]로 설정한다.

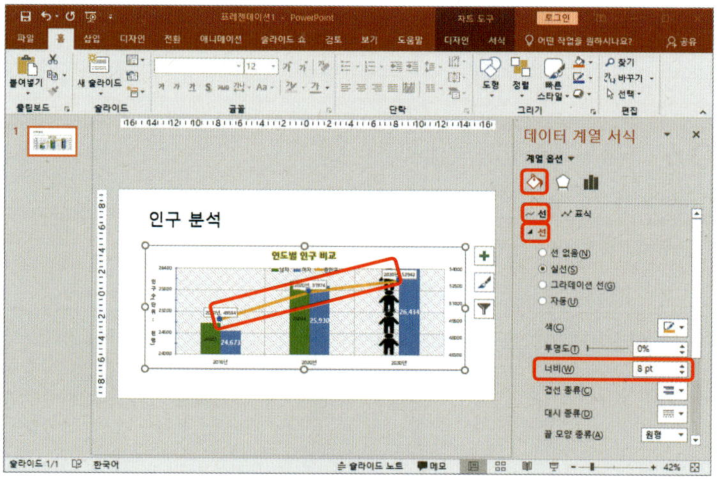

02 그다음 [계열 옵션]-[채우기 및 선] 탭에서 [표식]으로 들어가, [표식 옵션] 항목에서 [기본 제공]-[크기]-[20], [채우기] 항목에서 [그라데이션 채우기]를 설정한다.

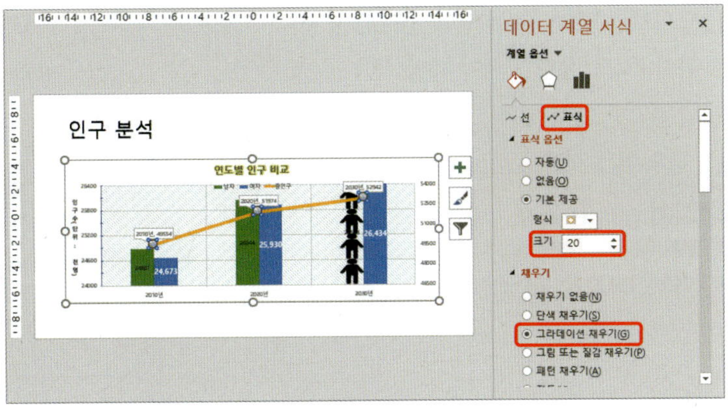

03 [표식]의 [테두리] 항목은 [색]을 [주황], [너비]를 [8pt]로 설정한다.

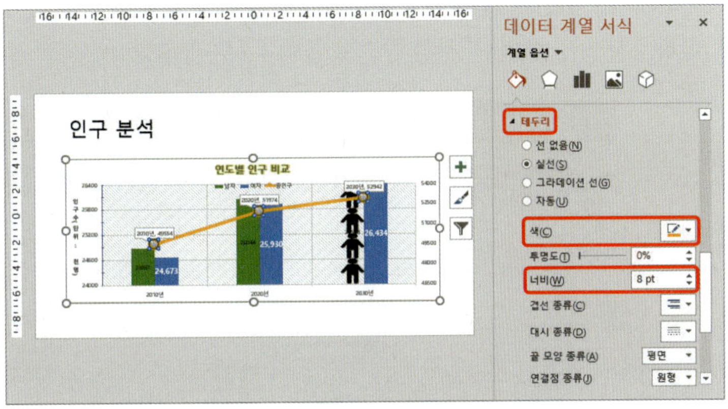

04 [데이터 계열 서식] 작업 창의 [계열 옵션] 옆 [▼ 옵션] 단추를 클릭하고 [차트 영역]을 선택한다.

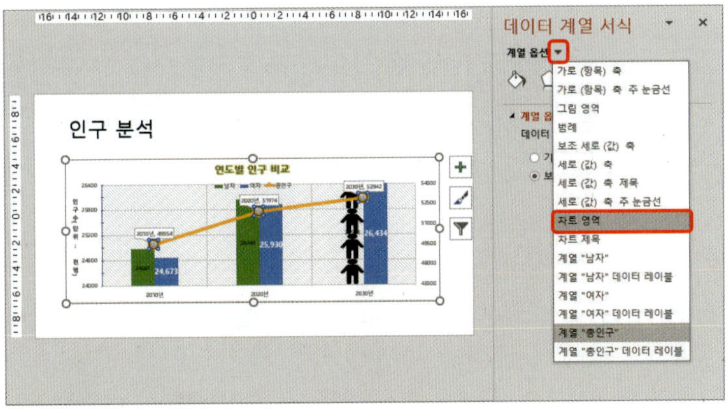

TIP 서식 작업 창의 [계열 옵션] 옆 [▼ 옵션] 단추를 클릭하면 차트 요소들을 선택할 수 있다.

05 [차트 영역 서식] 작업 창으로 바뀌면 [차트 옵션]–[채우기 및 선] 탭–[채우기] 항목에서 [그림 또는 질감 채우기]를 선택하고 [다음에서 그림 삽입]–[파일]을 클릭한다.

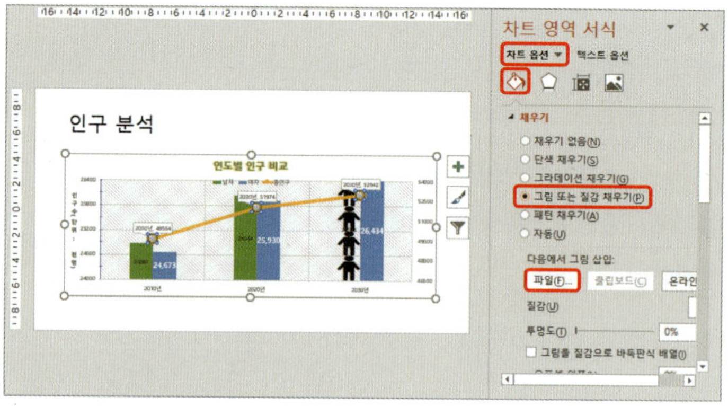

06 [그림 삽입] 대화상자가 나타나면 실습 자료로 제공되는 '인구.jpg' 파일을 선택하고 [열기]를 클릭한다. [차트 영역 서식] 작업 창으로 돌아와 [투명도]를 [85%]로 설정한다.

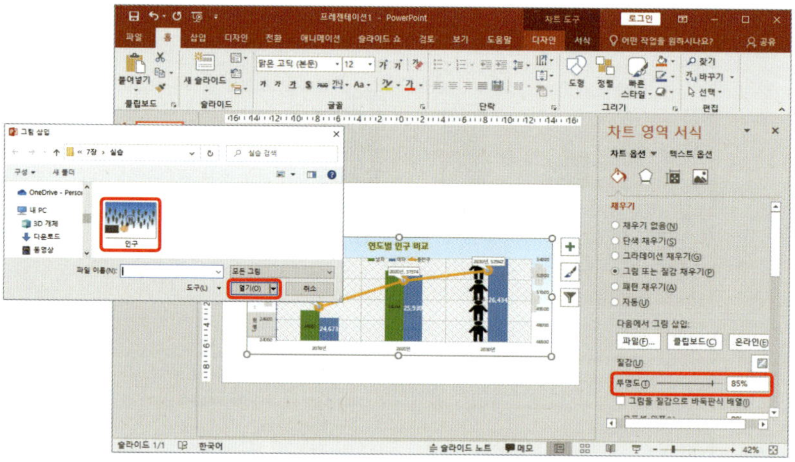

07 [차트 영역 서식] 작업 창에서 [차트 옵션] 옆의 [▼ 옵션] 단추를 클릭해 [그림 영역]을 선택한다. [그림 영역 서식] 작업 창으로 바뀌면 [그림 영역 옵션]–[채우기 및 선] 탭의 [채우기]–[채우기 없음], [테두리]–[선 없음]으로 설정한다.

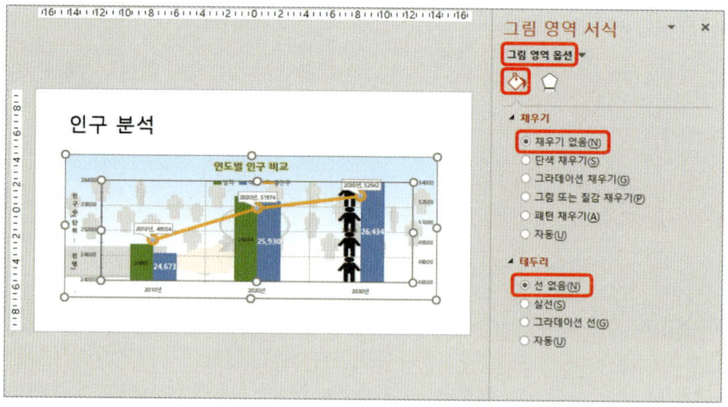

08 차트 왼쪽의 [세로 (값) 축]을 더블클릭해 [축 서식] 작업 창을 연다. [축 옵션]–[채우기 및 선] 탭의 [선]–[선 없음]으로 설정하면 배경 그림이 더 잘 표시된다.

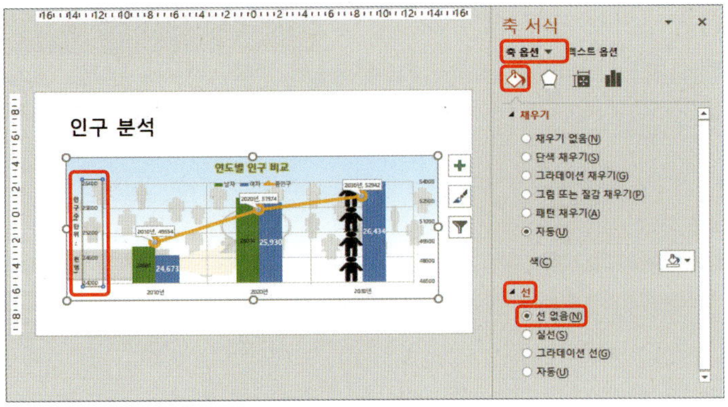

기본예제 7-8 3차원 차트의 서식 설정하기

3차원 차트를 활용하면 축이나 밑면, 옆면 등의 요소가 더 추가되고, 요소별로 3차원 회전을 적용하거나 깊이 등의 속성을 따로 설정할 수 있다. 지금까지 실습에 활용한 연도별 인구 비교 차트를 3차원 차트로 변경하고 서식을 설정해보자.

01 '연도별 인구 비교' 차트를 선택하고 [차트 도구]의 [디자인] 탭–[종류] 그룹–[차트 종류 변경]을 클릭한다. [차트 종류 변경] 대화상자가 나타나면 [가로 막대형] 형식에서 [3차원 누적 가로 막대형]을 선택한 후 [확인]을 클릭한다.

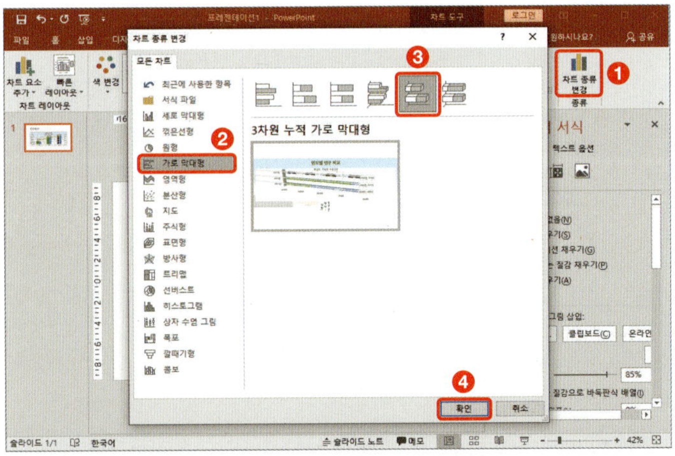

02 [차트 도구]의 [디자인] 탭–[데이터] 그룹–[데이터 선택]을 클릭하고 [데이터 원본 선택] 대화상자를 연다. [범례 항목(계열)]에서 '총인구'의 선택을 해제한 후 [확인]을 클릭하고 엑셀 창도 닫는다.

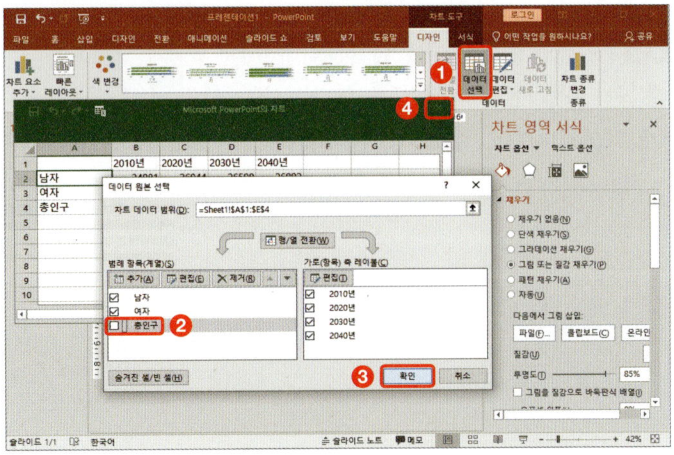

03 [차트 도구]의 [디자인] 탭–[차트 스타일] 그룹–[차트 스타일]–[스타일 1]을 설정한다.

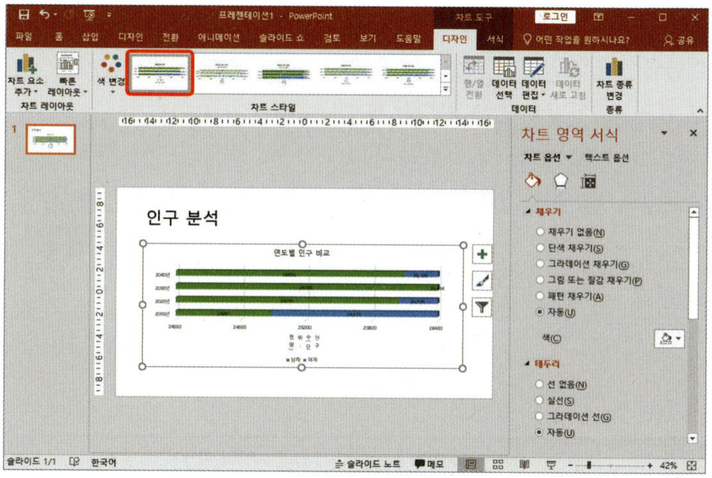

04 차트 그래프의 [가로 (값) 축]을 더블클릭한다. [축 서식] 작업 창을 연다. [축 옵션]–[축 옵션] 탭을 선택한 후, [축 옵션] 항목의 [경계]–[최소값], [최대값], [단위]–[기본], [보조] 옆의 [다시 설정]을 클릭해 모두 [자동]으로 설정한다.

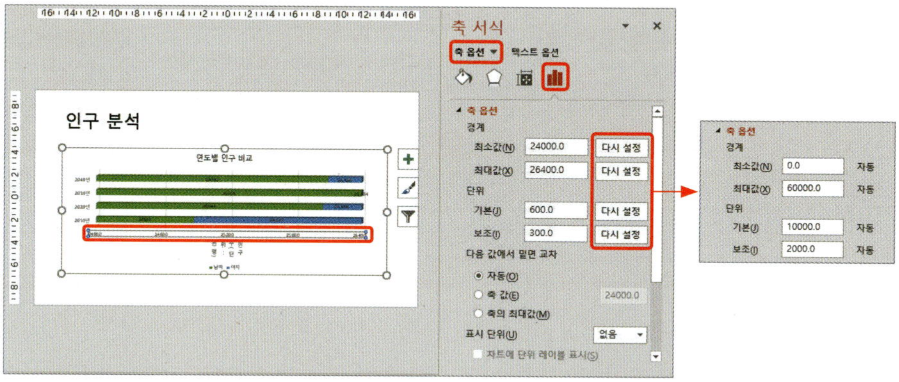

TIP 값을 자동으로 하지 않고 임의로 입력하면 [다시 설정] 단추가 다시 생긴다.

05 이번엔 [축 제목]을 더블클릭해 [축 제목 서식] 작업 창을 연다. [제목 옵션]–[크기 및 속성] 탭–[맞춤] 항목에서 [텍스트 방향]을 [가로]로 설정한다.

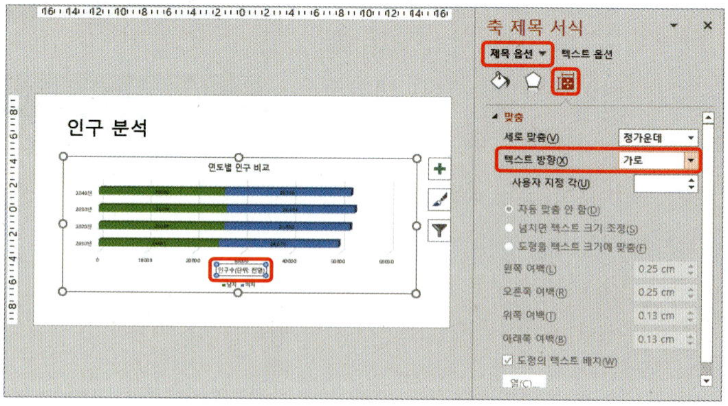

06 차트의 [세로 (항목) 축]을 더블클릭해 [축 서식] 작업 창을 연다. [축 옵션]–[축 옵션] 탭–[축 옵션] 항목의 [가로 축 교차]–[최대 항목]을 설정하면 가로축이 그래프 위쪽에 표시된다.

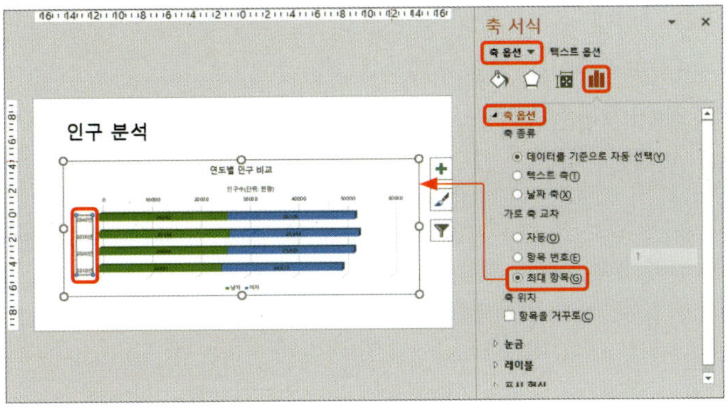

07 [그림 영역]을 더블클릭해 [그림 영역 서식] 작업 창을 연다. [그림 영역 옵션]–[효과] 탭–[3차원 회전] 항목에서 [직각으로 축 고정]의 선택을 먼저 해제하고 [원근감]을 [5°]로 설정한다.

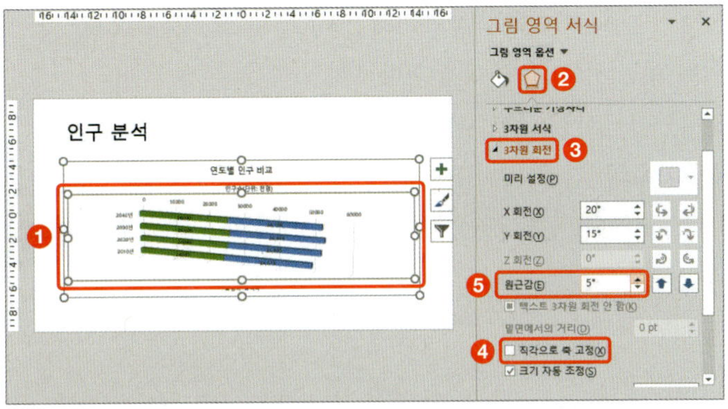

TIP [직각으로 축 고정]의 선택을 해제해야 [원근감]을 변경할 수 있다.

08 [그림 영역 서식] 작업 창의 [그림 영역 옵션] 옆 [▼ 옵션] 단추를 클릭하고 [밑면]을 선택한다.

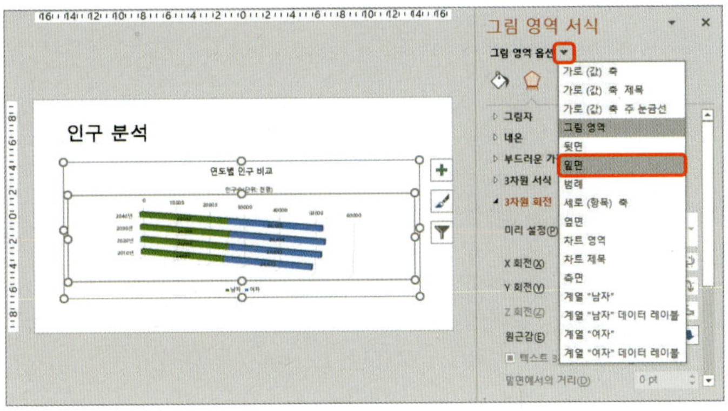

09 [밑면 서식] 작업 창으로 바꾸면 [밑면 옵션]–[채우기 및 선] 탭–[채우기] 항목에서 [단색 채우기]를 선택한다.

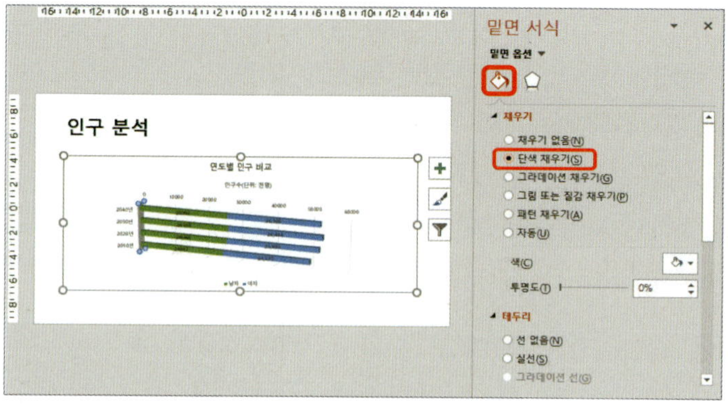

10 데이터 막대를 더블클릭해 [데이터 계열 서식] 작업 창을 연다. [계열 옵션]–[계열 옵션] 탭–[계열 옵션] 항목의 [간격 너비]를 [50%]로, [세로 막대 모양]을 [원통형]으로 설정한다.

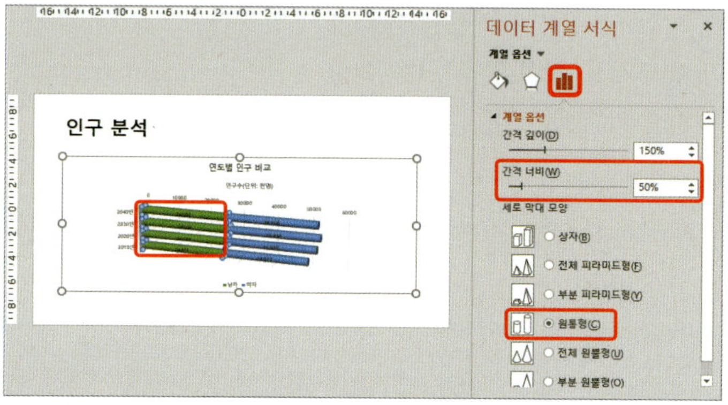

TIP 데이터 막대를 클릭할 때 [계열 "남자"]나 [계열 "여자"] 중 아무거나 눌러도 된다.

종합예제

파워포인트에는 기본적인 차트 외에도 트리맵, 선버스트, 상자 수염, 폭포, 깔때기, 지도 등의 다양한 차트들이 계속 추가되고 있으므로, 작업 시 데이터의 유형이나 용도에 따라 적절한 것을 선택하면 된다. 선버스트 차트는 대분류, 중분류, 소분류처럼 계층 수준이 구분된 데이터의 구조를 나타내기에 적합하다. 해당 계층의 값이 면적으로 표시되어 차트를 파악하기 용이하기 때문이다. 선버스트 차트와 데이터의 증감을 나타내기 좋은 폭포 차트를 슬라이드에 만들어보자.

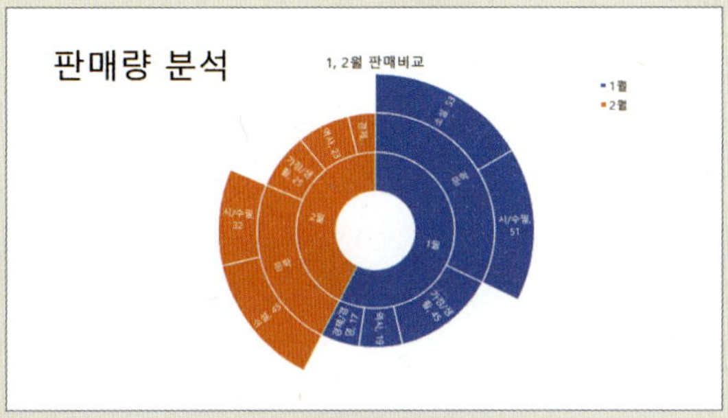

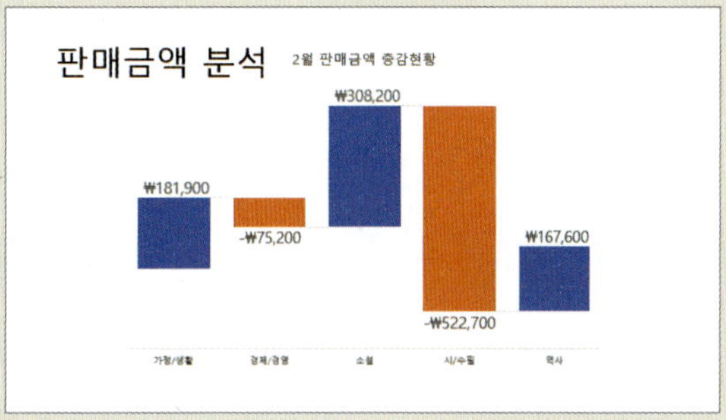

1 파워포인트를 실행하고 [새 프레젠테이션]을 선택한다. [홈] 탭–[슬라이드] 그룹–[슬라이드 레이아웃] 목록에서 [제목만]을 선택하고 제목 개체 틀에 *판매량 분석*을 입력한다.

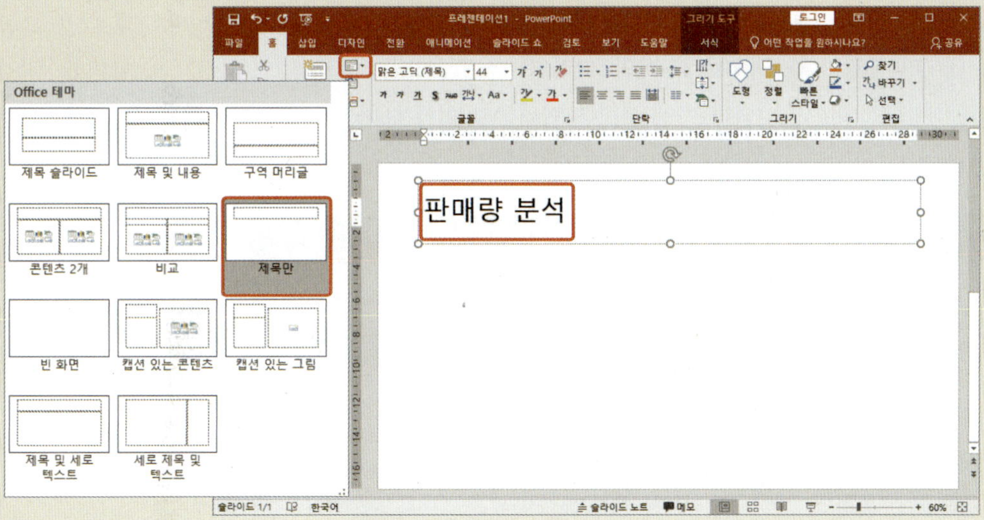

종합예제

2 [삽입] 탭-[일러스트레이션] 그룹-[차트]를 클릭해 [차트 삽입] 대화상자가 나타나면 [선버스트] 형식에서 [선버스트]를 선택하고 [확인]을 클릭한다.

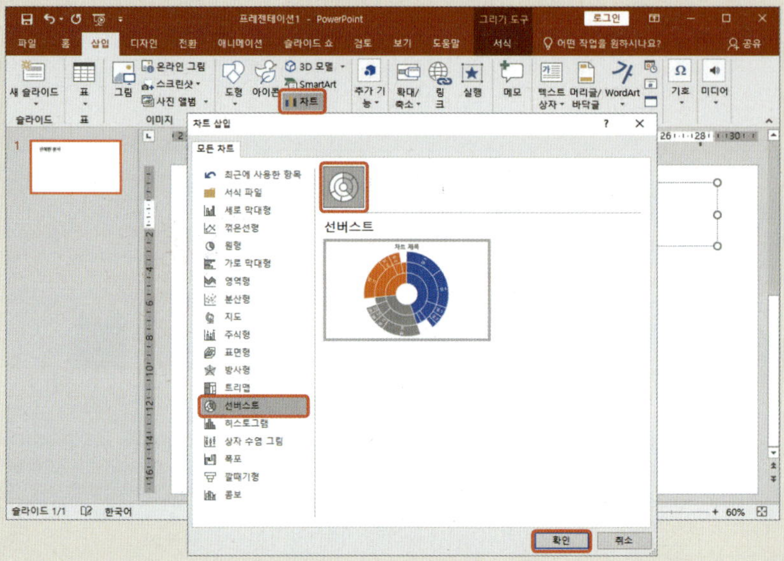

3 엑셀 창에서 단축키 Ctrl+A를 눌러 데이터를 모두 선택하고 Delete 키를 눌러 삭제한 후 다음 그림과 같이 데이터를 입력한다. [차트 도구]의 [디자인] 탭-[데이터] 그룹-[데이터 선택]을 클릭해 [데이터 원본 선택] 대화상자가 나타나면 엑셀 창에 입력한 데이터를 마우스로 드래그해 [차트 데이터 범위]로 설정한다. [확인]을 클릭한 뒤 엑셀 창도 닫는다.

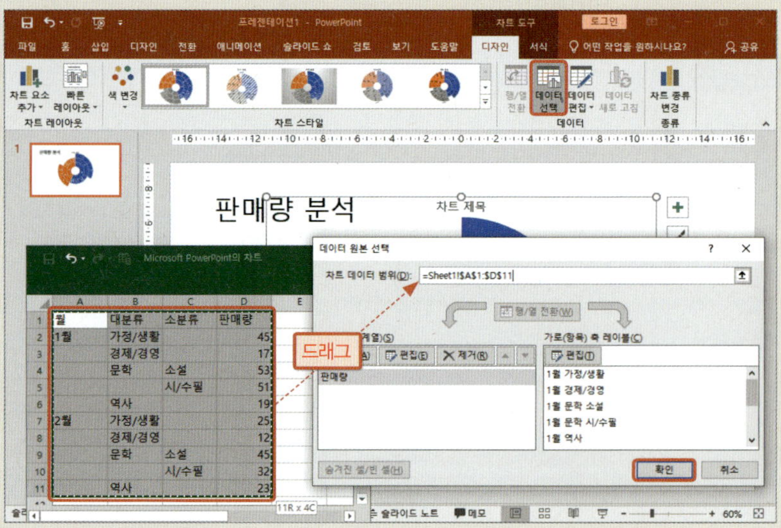

4 차트 제목에 *1, 2월 판매비교*라고 입력하고 차트를 클릭한다. 오른쪽에 나타나는 단추 목록 중 [+차트 요소] 단추를 선택하고 [데이터 레이블]과 [범례]를 선택한다.

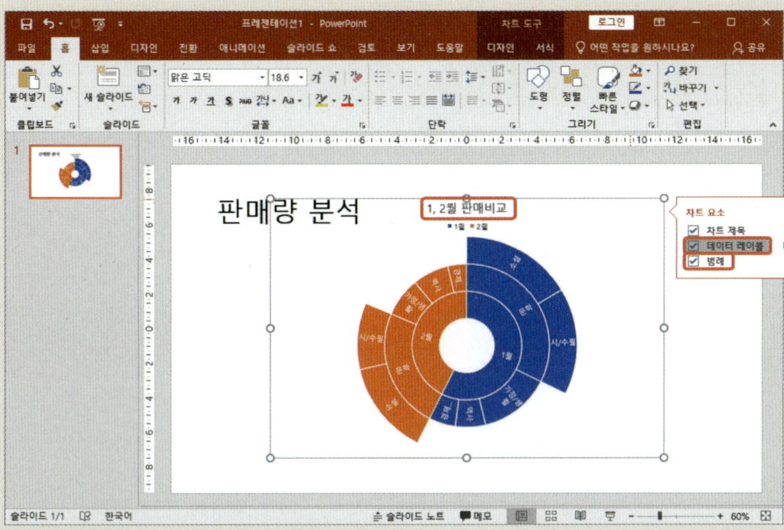

5 데이터 레이블을 더블클릭해 [데이터 레이블 서식] 작업 창을 연다. [레이블 옵션]–[레이블 옵션] 탭의 [레이블 옵션] 항목에서 [레이블 내용]의 [값]을 추가로 체크한다.

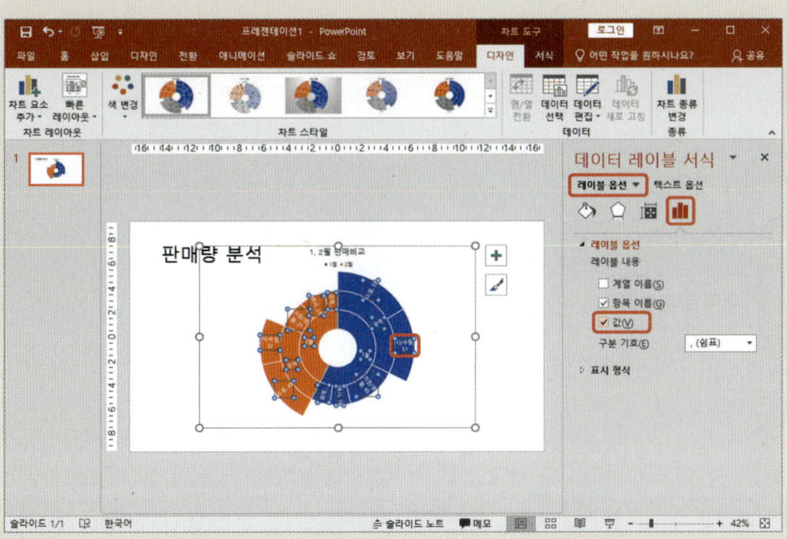

TIP '소설', '문학' 등의 데이터 레이블 중 하나를 아무거나 더블클릭하면 된다.

종합예제

6 차트의 범례를 더블클릭하고 [범례 서식] 작업 창을 연다. [범례 옵션]–[범례 옵션] 탭에서 [범례 옵션]–[범례 위치]는 [오른쪽 위]로 하고, [범례를 차트와 겹치지 않게 표시]에 체크되어 있는 것을 해제한다. [홈] 탭–[글꼴] 그룹–[글꼴 크기]를 [16]으로 설정해 가독성을 높인다.

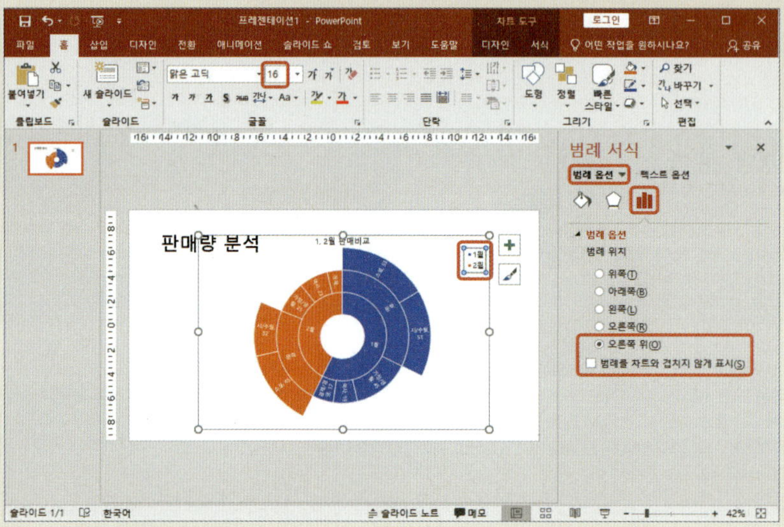

7 [홈] 탭–[슬라이드] 그룹–[새 슬라이드] 목록에서 [제목만]을 선택해 슬라이드를 추가하고, 제목은 *판매금액 분석*이라고 입력한다.

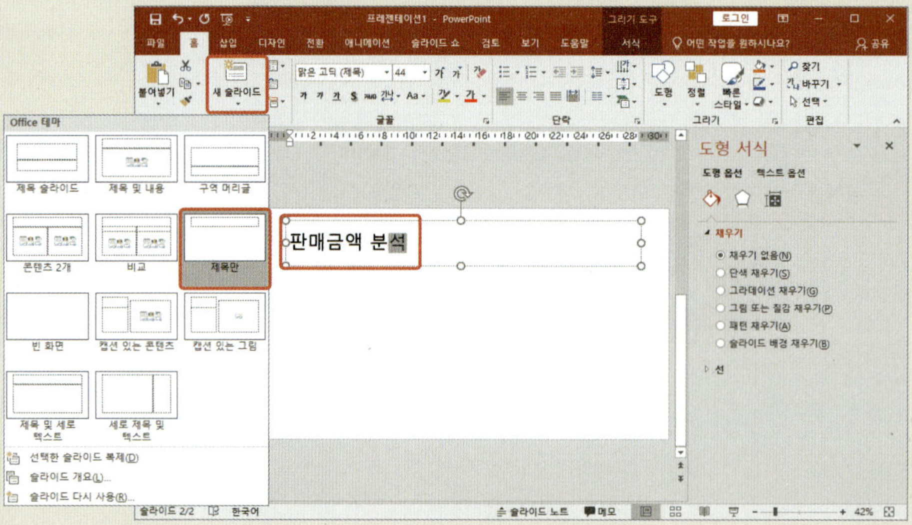

8 [삽입] 탭–[일러스트레이션] 그룹–[차트]를 클릭한다. [차트 삽입] 대화상자가 나타나면 [폭포] 형식에서 [폭포]를 선택하고 [확인]을 클릭한다.

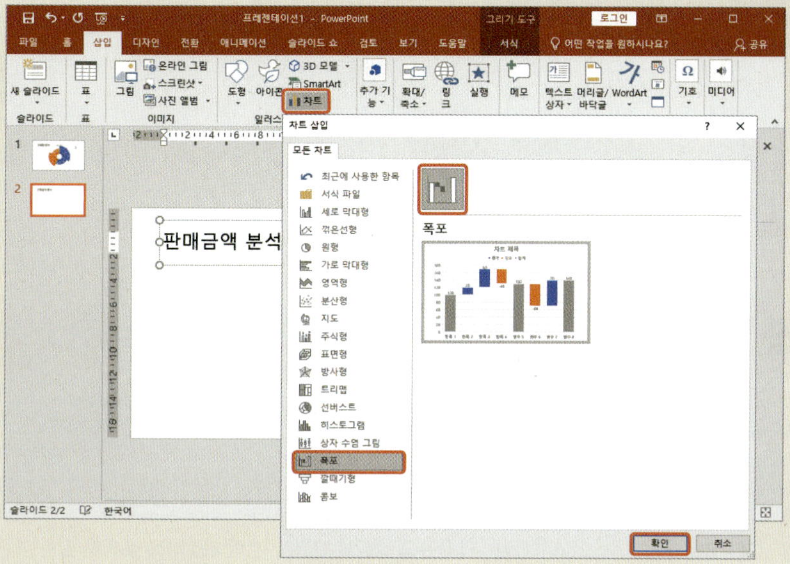

9 엑셀 창이 나타나면 단축키 Ctrl+A를 눌러 데이터를 모두 선택한 뒤 Delete 키를 눌러 삭제한다. 그리고 다음 그림과 같이 데이터를 입력한다. [차트 도구]의 [디자인] 탭–[데이터] 그룹–[데이터 선택]을 클릭해 [데이터 원본 선택] 대화상자를 연다. 엑셀 창에 입력한 데이터를 마우스로 드래그해 [차트 데이터 범위]로 설정한다. [확인]을 클릭하고 엑셀 창도 닫는다.

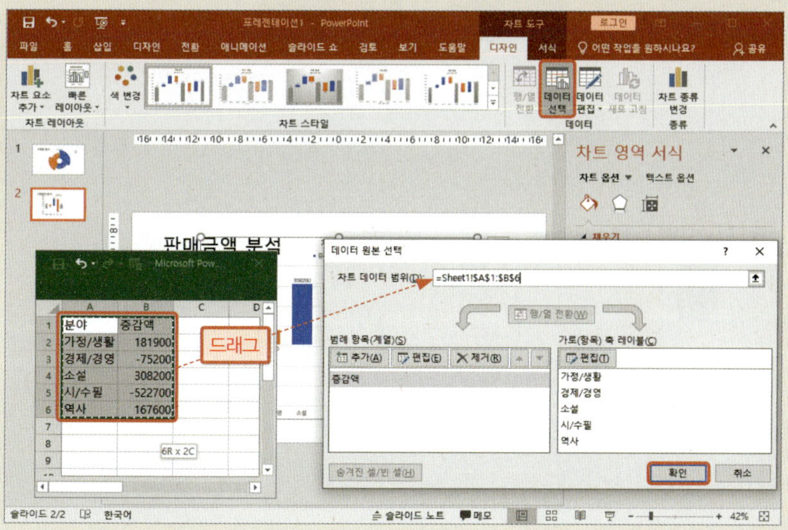

종합예제

10 차트 속 데이터 막대 중 하나를 더블클릭해 [데이터 계열 서식] 작업 창을 연다. [계열 옵션]-[계열 옵션] 탭의 [계열 옵션] 항목에서 [간격 너비]를 [30%]로 설정한다.

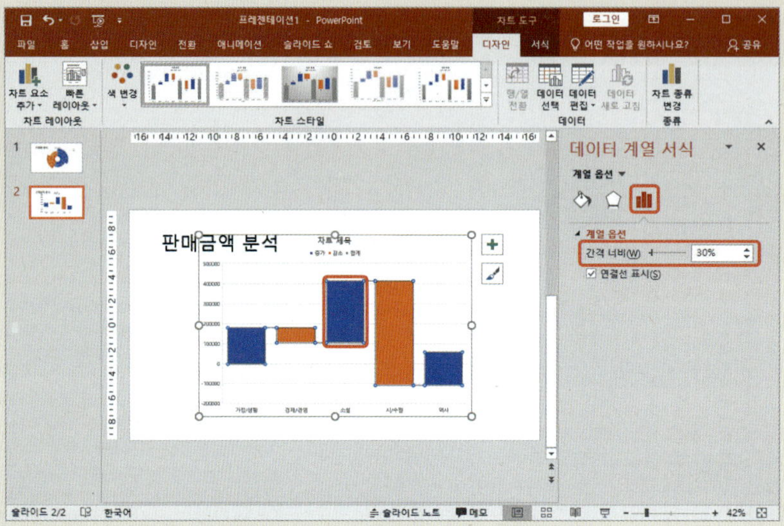

TIP 폭포 차트는 두 번째 막대부터 모두 부동 막대 모양이다. 양수와 음수의 색상을 다르게 한 막대를 바로 앞 막대에 연결하여 표시하는 형태로, 다리형 차트라고도 한다.

11 [차트 제목]에 *2월 판매금액 증감현황*이라고 입력하고 차트를 클릭해 오른쪽에 나타난 단추 목록에서 [+차트 요소] 단추를 선택한다. [축]-[기본 세로]와 [눈금선], [범례]에 체크되어 있는 것을 해제한다.

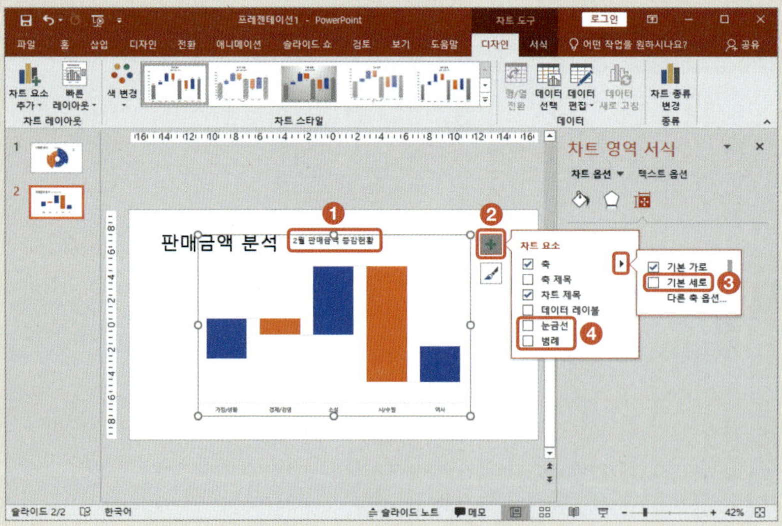

12 이번엔 [+ 차트 요소]의 [데이터 레이블]–[바깥쪽 끝에]를 선택한다.

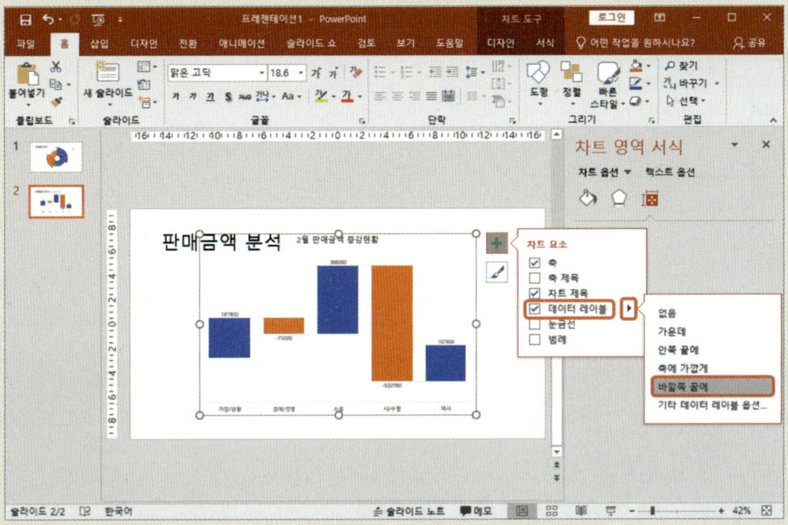

13 차트 내 데이터 레이블을 더블클릭하고 [데이터 레이블 서식] 작업 창을 연다. [홈] 탭–[글꼴] 그룹에서 [글꼴 크기]를 [20]으로 변경한다. [데이터 레이블 서식] 작업 창으로 돌아가, [레이블 옵션]–[레이블 옵션] 탭–[표시 형식] 항목의 [범주]를 [회계]로 설정한다.

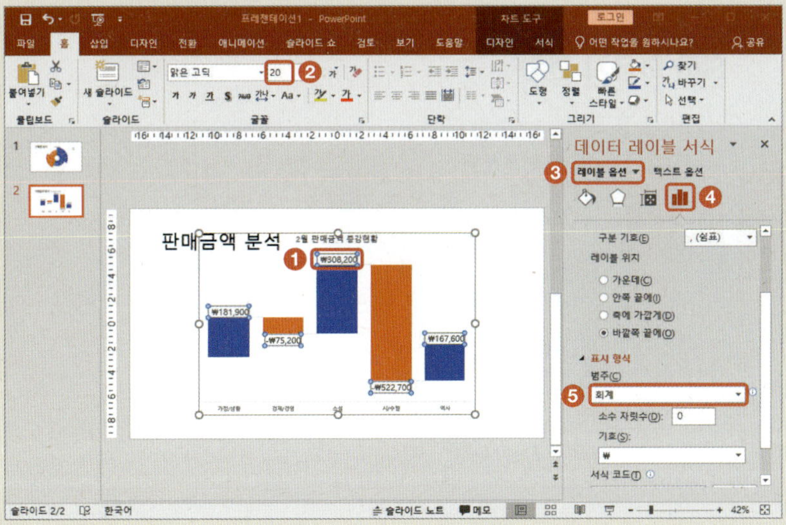

연습 문제

1 다음의 지시대로 슬라이드에 차트를 작성하시오.

❶ 슬라이드에 [3차원 세로 막대형] 차트를 삽입하고 다음과 같이 데이터를 입력하시오.

SNS	6월	12월
페이스북	354	320
인스타그램	250	345
밴드	206	195
카카오스토리	190	175

❷ 차트 제목을 그림과 같이 입력하고 [글꼴]은 [HY헤드라인M], [글꼴 크기]는 [32]로 설정하시오. 그리고 [차트 제목 서식] 작업 창을 열어 [텍스트 옵션]-[텍스트 효과] 탭-[반사] 항목에서 [근접 반사, 8pt 오프셋]으로 설정하시오.

❸ 차트 요소를 추가해 데이터 레이블을 표시("12월"의 값을 [빨강]으로 설정해 텍스트 채우기)하고, 범례는 차트 요소에서 제거하시오.

❹ [데이터 계열 서식] 작업 창에서 [세로 막대 모양]을 [원통형]으로 설정하시오.

❺ 옆면과 밑면의 [채우기]를 [그라데이션 채우기]로 설정하시오.

❻ [그림 영역 서식] 작업 창에서 [효과] 탭-[3차원 회전] 항목의 [직각으로 축 고정]은 선택을 해제하시오.

❼ [축 서식] 작업 창에서 [축 옵션]-[축 옵션] 탭-[축 옵션] 항목 중 [경계]와 [단위]를 그림과 같이 설정하시오.

❽ [축 서식] 작업 창에서 [축 옵션]-[축 옵션] 탭-[눈금] 항목 중 [주 눈금]과 [보조 눈금]을 그림과 같이 설정하시오.

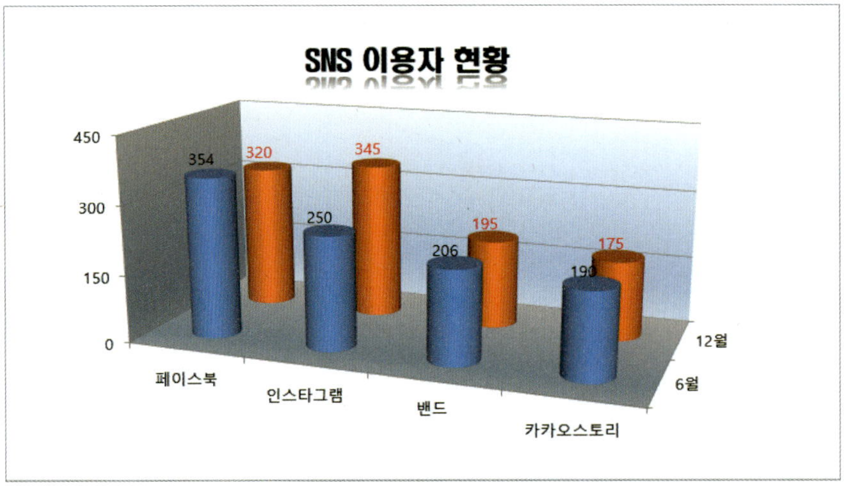

2 다음의 지시대로 슬라이드에 차트를 작성하시오.

❶ 슬라이드에 [원형 대 가로 막대형] 차트를 삽입하고 다음과 같이 데이터를 입력하시오.

평가종류	배점
중간고사	30
기말고사	35
출석	10
발표	10
리포트	10
퀴즈	5

❷ 범례 요소는 제거하고, 데이터 레이블과 차트 제목을 그림과 같이 설정하시오.

❸ 차트 영역 서식은 [패턴 채우기]를 선택해 임의의 패턴으로 설정하시오.

❹ 차트의 색은 [색상형]의 [다양한 색상표 4]로 변경하시오.

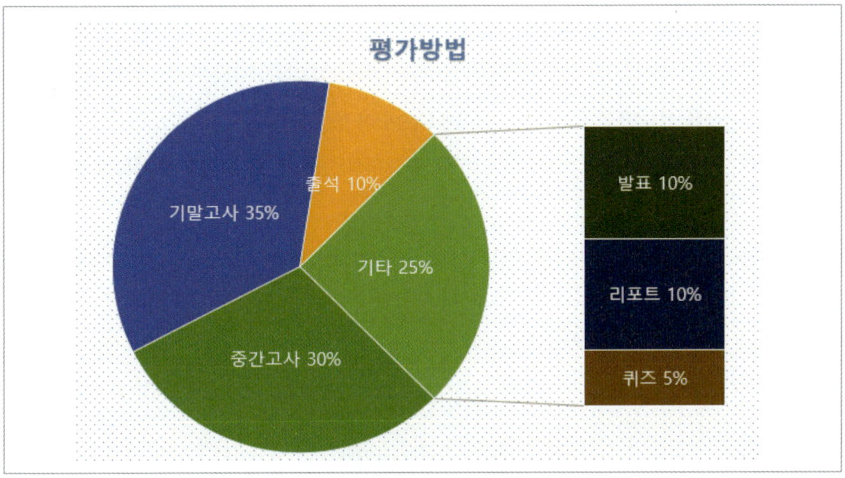

3 다음의 지시대로 슬라이드에 차트를 작성하시오(지도 차트는 파워포인트 2019에서만 가능).

❶ 슬라이드에 [등치 지역도] 차트를 삽입하고 다음과 같이 데이터를 입력하시오.

국가	국가별 GDP(단위: 십억 달러)
미국	22996
중국	17734
일본	4937
독일	4223
영국	3186
인도	3173
캐나다	1990
대한민국	1810
러시아	1775
브라질	1608
오스트레일리아	1542

❷ 차트 제목을 그림과 같이 입력하고 [글꼴 크기]–[28], [굵게]로 설정하시오.

❸ 범례 위치는 [왼쪽]으로 하고 [범례를 차트와 겹치지 않게 표시]에 체크되어 있는 것을 해제하시오. 범례의 [채우기]를 [단색 채우기]로 하고, [글꼴 크기]–[16], [굵게]로 설정하시오. 차트 영역 서식은 [패턴 채우기]를 선택해 임의의 패턴으로 설정하시오.

❹ [데이터 계열 서식] 작업 창에서 [계열 옵션]–[지도 레이블]을 [모두 표시]로 설정해 국가명이 지도에 표시되도록 하시오.

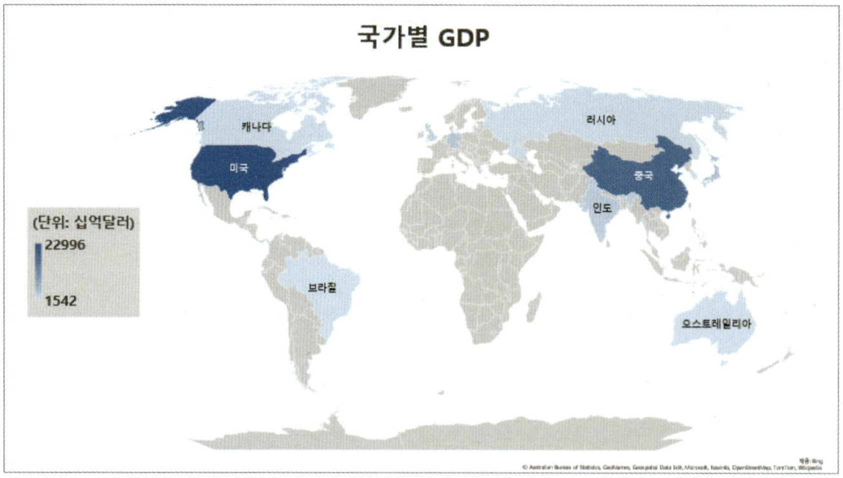

CHAPTER 08

그림 활용

01 그림 삽입과 편집하기

02 그림 활용하기

종합예제

연습문제

학습목표

- 그림을 삽입하고 그림 도구로 편집할 수 있다.
- 그림을 배경 서식으로 활용할 수 있다.

SECTION 01

그림 삽입과 편집하기

여러 문장으로 풀어내야 할 내용을 강렬한 인상의 그림이나 사진 한 장으로 대신하면 정보 전달력을 끌어올리는 효과를 줄 수 있다. 그래서 프레젠테이션에서는 텍스트 대신 이미지 정보를 종종 활용한다. 파워포인트에서는 손쉽게 그림을 삽입할 수 있을 뿐 아니라 다양한 도구가 제공되므로 그림을 자르거나 밝기와 선명도, 색조와 채도 등의 편집 작업도 쉽게 할 수 있다.

1.1 그림 삽입

슬라이드에 그림을 삽입하거나 복제하고 크기를 조절하거나 위치를 이동하는 작업은 도형이나 스마트아트 개체 작업과 동일하다. 그림을 삽입할 때는 컴퓨터에 저장된 그림 파일을 이용해도 되고, 온라인 검색이나 화면 캡처를 바로 사용할 수도 있다. 그림을 삽입하는 다양한 방법에 대해 알아보자.

기본예제 8-1 다양한 방법으로 그림 삽입하기

파워포인트에서는 그림을 간단하게 삽입하여 프레젠테이션의 시각화 효과를 높일 수 있다. 슬라이드에 필요한 그림을 삽입해보자.

01 파워포인트를 실행하고 [자르기] 서식 파일을 찾아 선택한 다음, [만들기]를 클릭한다.

02 슬라이드 제목에 *COFFEE*, 부제목에 *푸드 스토리*라고 입력한다. [그리기 도구]의 [서식] 탭–[WordArt 스타일] 그룹–[빠른 스타일] 목록에서 [무늬 채우기:밤색, 강조색 3, 좁은 수평선 무늬, 안쪽 그림자]를 선택한다.

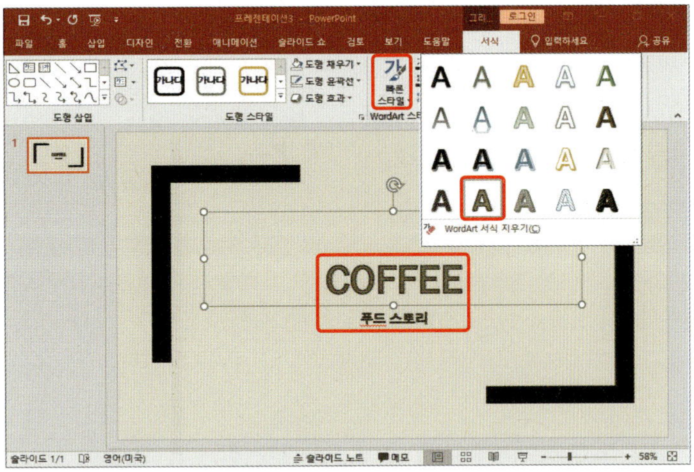

03 [삽입] 탭–[이미지] 그룹에서 [그림]을 클릭하면 [그림 삽입] 대화상자가 나타난다. 파일 목록에서 '커피.jpg' 파일을 선택하고 [삽입]을 클릭한다.

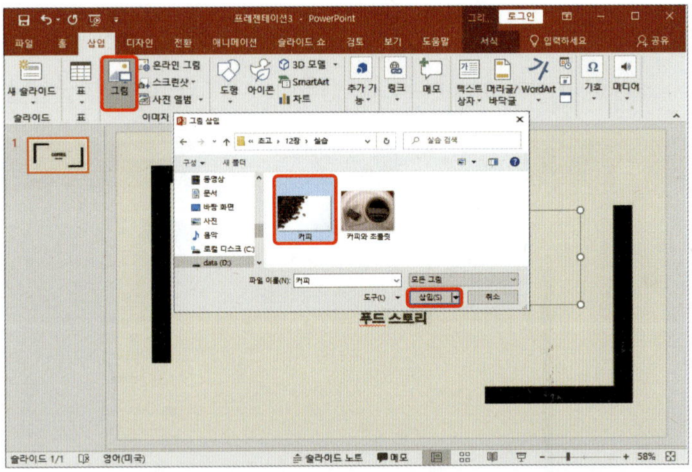

TIP '커피.jpg' 파일은 이 책의 실습 자료가 담긴 'source' 폴더에서 찾을 수 있다. 'source' 폴더를 내려받는 방법은 6쪽을 참고한다.

04 삽입된 그림을 마우스로 드래그해 위치를 이동시키고, 크기 조절점을 다시 마우스로 드래그해 크기도 조절한다. [그림 도구]의 [서식] 탭–[정렬] 그룹–[뒤로 보내기] 목록에서 [맨 뒤로 보내기]를 선택해 그림이 제목과 부제목을 가리지 않도록 한다.

05 [홈] 탭–[슬라이드] 그룹–[새 슬라이드] 목록에서 [제목만]을 선택해 슬라이드를 추가한다. 슬라이드 제목에 *커피 생산지*라고 입력한다.

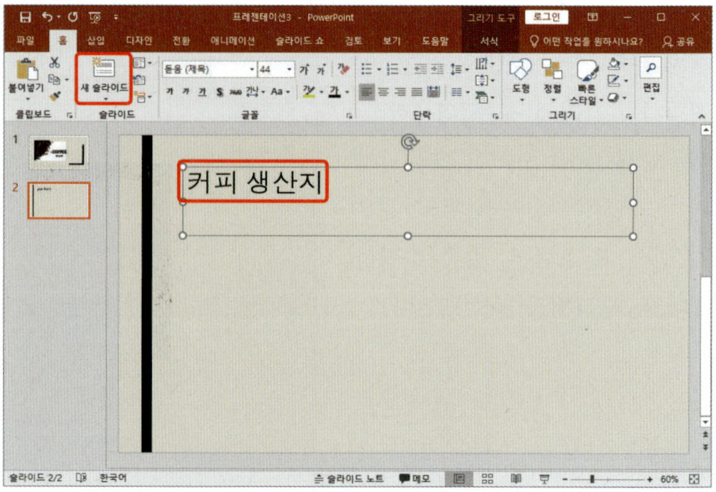

06 슬라이드에 그림을 삽입할 때 파일 탐색기를 이용해도 된다. 파일 탐색기에서 삽입할 그림('커피와 초콜릿.jpg')을 찾아 마우스로 슬라이드에 드래그한 뒤, 삽입된 그림의 크기와 위치를 조절한다.

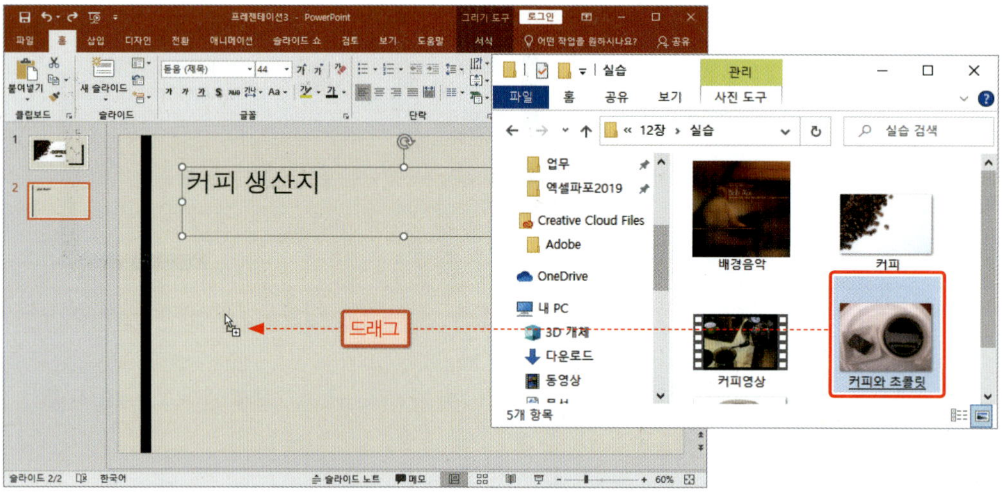

기본예제 8-2 온라인 검색과 스크린샷으로 그림 삽입하기

파워포인트에서 제공하는 온라인 그림 삽입 기능을 이용하면 인터넷에 있는 다양한 그림을 손쉽게 검색해서 슬라이드에 바로 삽입할 수 있다. 또 현재 실행 중인 프로그램 창이나 영역을 캡처하는 스크린샷 기능을 사용해 슬라이드에 그림을 삽입할 수도 있다.

01 크롬(Chrome)이나 엣지(Edge) 등 웹브라우저를 하나 실행하고, 검색 사이트에 접속해 *아라비카원두*를 검색한다.

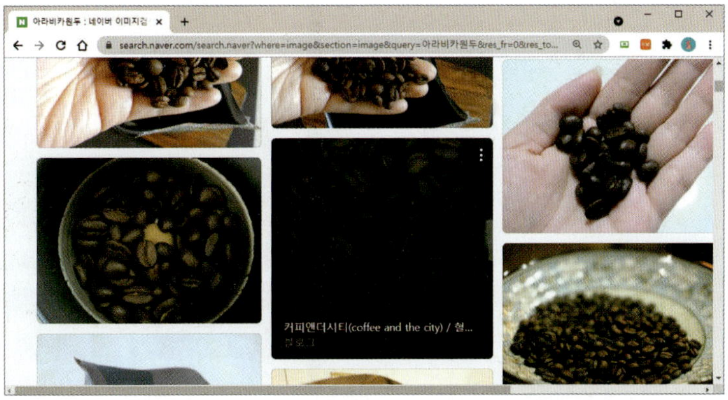

02 파워포인트 실행 화면의 [삽입] 탭–[이미지] 그룹–[스크린샷] 목록에서 [화면 캡처]를 선택한다.

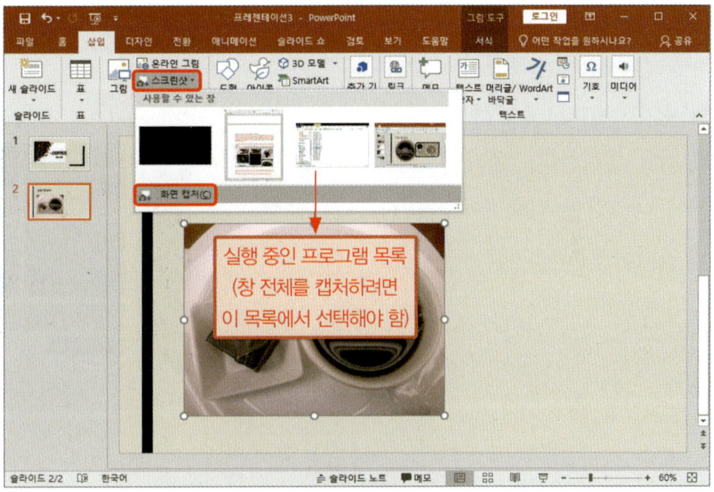

03 캡처할 영역을 마우스로 드래그하여 선택한다.

TIP 캡처할 화면이 있는 작업 창을 미리 스크린에 활성화시켜 놓아야 한다.

04 캡처한 영역이 슬라이드에 그림으로 추가되면 위치와 크기를 조절한다.

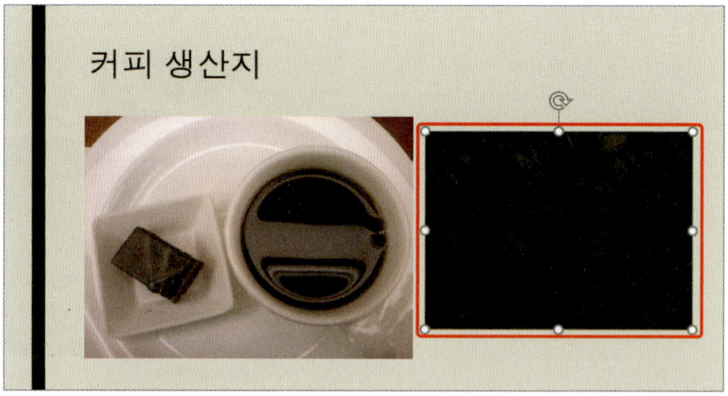

05 슬라이드 1을 선택하고 온라인 그림을 삽입해보자. [삽입] 탭-[이미지] 그룹에서 [온라인 그림]을 클릭한다. [온라인 그림] 창이 나타나면 검색란에 *커피잔*을 입력하고 Enter 키를 누른다.

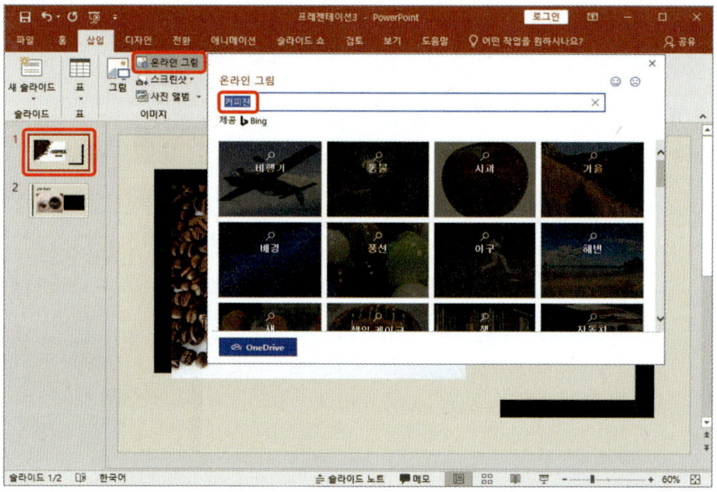

06 검색 결과가 표시되면 원하는 그림을 선택하고 [삽입]을 클릭한다. 슬라이드에 해당 그림이 삽입되면, 그림의 크기와 위치를 조정한다.

> **여기서 잠깐** 그림 검색 조건 설정
>
> 파워포인트의 [온라인 그림] 메뉴는 마이크로소프트에서 제공하는 빙(Bing) 검색엔진을 사용하는데, 검색 조건으로 크기, 유형, 색, 저작권 등을 필터링할 수 있다. 예를 들어, 배경이 투명하고 공유가 가능한 그림만 검색하려면 다음 그림과 같이 [투명]과 [Creative Commons만]을 필터 조건으로 설정하면 된다.
>
> 
>
>
> Creative Commons는 저작물 이용에 대한 사전 허락 표시라고 할 수 있는데, 저작물에 대한 이용 조건만 잘 따르면 자유롭게 사용할 수 있다.

1.2 그림 효과와 그림 편집

슬라이드에 삽입한 그림을 선택하면 화면 상단에 [그림 도구]가 표시되어, 그림을 편집할 수 있는 여러 가지 기능이 제공된다. 그림 배경 제거나 자르기, 선명도나 밝기 조절하기, 꾸밈 효과와 같은 다양한 그림 도구를 사용하는 방법에 대해 알아본다.

기본예제 8-3 그림 배경 제거와 투명한 색 설정하기

파워포인트에서는 배경 제거와 투명한 색 설정하기 기능을 이용해 배경이나 그림의 특정 영역을 제거할 수 있다. 슬라이드에 삽입한 그림의 불필요한 배경이나 색을 제거해보자.

01 슬라이드 1의 '커피' 그림을 선택하고 [그림 도구]의 [서식] 탭–[조정] 그룹–[배경 제거]를 클릭한다.

02 그림에서 붉은색으로 나타나는 부분이 제거할 배경이 된다. [배경 제거] 탭–[미세 조정] 그룹–[보관할 영역 표시]나 [제거할 영역 표시]를 선택하고 그림을 클릭하면 보관하거나 제거할 영역이 정해진다. 배경 제거 작업이 모두 끝나면 [변경 내용 유지]를 클릭한다.

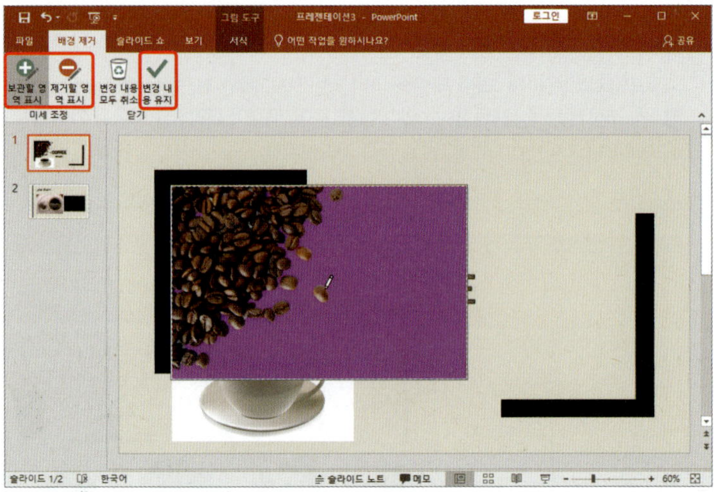

TIP 그림 바깥쪽 영역을 마우스로 클릭해도 배경 제거 작업이 종료된다.

03 이번엔 '커피잔' 그림을 선택하고 [그림 도구]의 [서식] 탭–[조정] 그룹–[색] 목록에서 [투명한 색 설정]을 선택한다.

04 마우스 포인터가 [ ]모양으로 변했을 때 그림의 배경 영역을 선택한다.

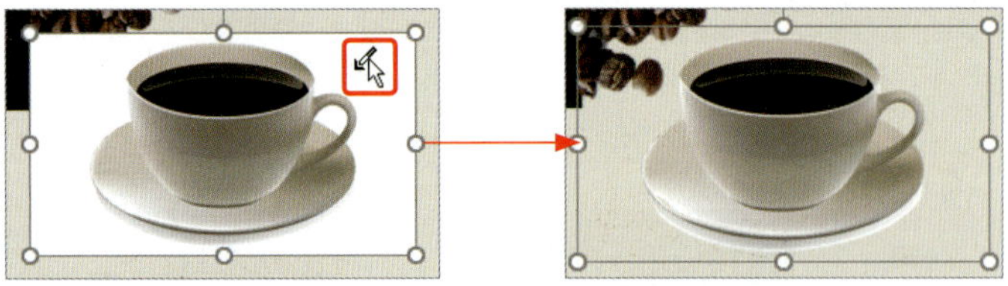

TIP 배경과 전경이 명확하게 구분되는 그림의 배경을 제거할 때는 [투명한 색 설정]이 더 간편하다.

기본예제 8-4 그림 수정과 색, 효과 설정하기

파워포인트에서도 포토샵과 같은 이미지 편집 프로그램에서 수행하는 선명도나 밝기/대비 조절, 색 채도나 색조 변경 등의 다양한 기능을 수행할 수 있다. 이미지 편집 프로그램의 필터 효과와 비슷한 꾸밈 효과를 그림에 적용할 수 있고, 정해진 그림 스타일로 테두리나 그림자 등을 간편하게 설정할 수도 있다. 그림에 다양한 효과를 적용해보자.

01 슬라이드 1의 '커피' 그림을 선택하고 [그림 도구]의 [서식] 탭–[조정] 그룹–[수정] 목록에서 [선명도 조절]의 [선명하게: 25%]를 선택한다.

여기서 잠깐 선명도 조절

선명도는 항목 가운데에 위치한 원본을 기준으로 25% 단위로 옵션이 달라진다. 슬라이드에 삽입한 그림의 화질이 낮을 때 선명도를 조금 높여 화질 개선 효과를 얻을 수 있다. 반대로 선명도를 낮춰 그림을 부드럽게 표현할 수도 있다.

02 이번엔 슬라이드 2의 '아라비카원두' 그림을 선택하고 밝기를 조정해보자. [그림 도구]의 [서식] 탭–[조정] 그룹–[수정] 목록에서 [밝기/대비] 중 그림이 잘 표현되는 단계를 선택한다.

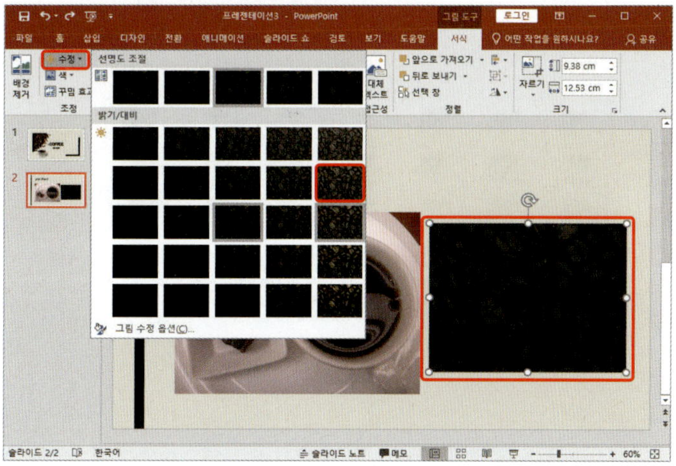

여기서 잠깐 **밝기/대비 조절**

밝기를 조절하면 그림을 밝게 또는 어둡게 수정할 수 있다. 대비는 밝은 부분과 어두운 부분의 차이를 의미하므로 대비를 높이면 밝은 부분과 어두운 부분에 경계가 생겨 그림이 또렷해지는 효과가 생긴다. 선명도와 밝기/대비를 더 세밀하게 변경하려면 [그림 보정 옵션]을 선택해 조정하면 된다.

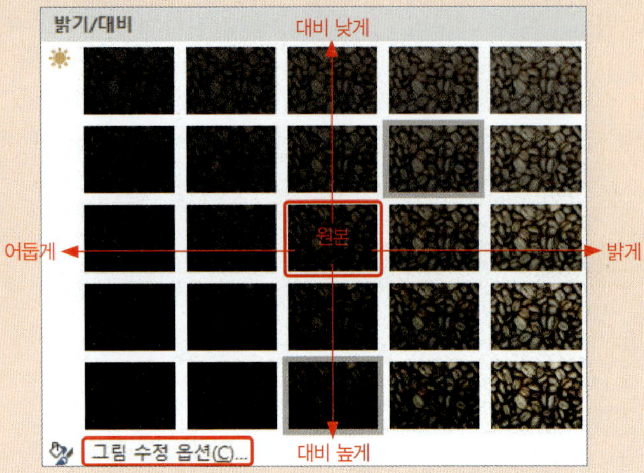

여기서 잠깐 **색 채도와 색조 조절**

그림 도구의 [조정] 그룹에 있는 [색]은 색 채도와 색조, 다시 칠하기 기능을 제공한다. 색 채도와 색조는 그림의 색 농도나 온도를 변경할 수 있는데, 색 채도가 높을수록 색이 강해지고 색조가 높을수록 따뜻한 느낌이 든다.

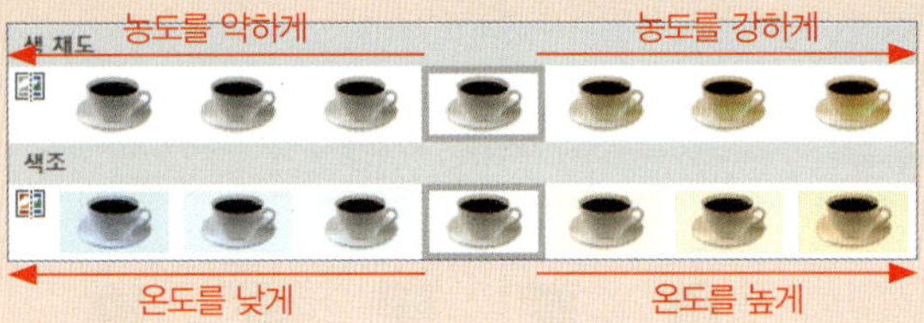

여기서 잠깐 **다시 칠하기**

그림의 전체적인 색상 톤을 변경하는 [다시 칠하기] 기능을 이용하면 원본 그림의 색을 흑백이나 다홍처럼 다른 색으로 바꿀 수 있다. 다시 칠하기 목록에 없는 색상으로 바꾸고 싶다면 [기타 변형]으로 들어가 색을 고르면 된다.

여기서 잠깐 **꾸밈 효과**

[꾸밈 효과]를 그림에 적용하면 파스텔이나 연필로 그린 것처럼 변형시킬 수도 있고, 카메라 필터 기능 등의 특수 효과를 낼 수도 있다. 적용을 취소하려면 항목 맨 윗줄의 원본 그림을 다시 선택하면 된다. 꾸밈 효과의 세부 속성은 [꾸밈 효과 옵션]을 통해 변경할 수 있다.

여기서 잠깐 **그림 조정 도구**

[그림 도구]의 [서식] 탭-[조정] 그룹에 있는 [그림 압축], [그림 바꾸기], [그림 원래대로]는 다음과 같은 목적으로 사용할 수 있다.

- **그림 압축**: 그림을 압축 저장해 전체 프레젠테이션 파일의 크기를 줄인다.
- **그림 바꾸기**: 선택한 그림의 서식과 크기를 유지한 채 다른 그림으로 변경한다.
- **그림 원래대로**: 선택한 그림에 설정했던 서식이나 크기 조정 작업을 취소하고 원본 그림으로 되돌린다.

03 슬라이드 2의 '아라비카원두' 그림을 다시 선택하고 [그림 도구]의 [서식] 탭-[그림 스타일] 목록에서 [부드러운 가장자리 타원]을 선택한다.

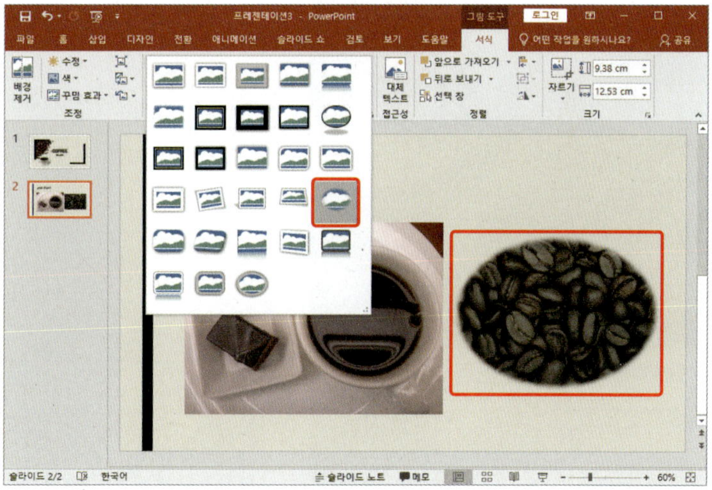

TIP [그림 스타일] 그룹의 [자세히] 단추를 클릭하면 미리 설정되어 있는 서식 스타일을 선택할 수 있다. 스타일에 따라 그림 테두리나 그림 효과가 빠르게 적용된다.

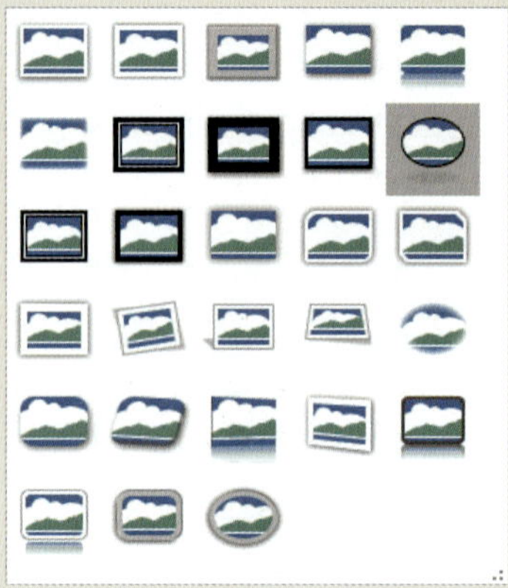

1.3 그림 크기 조정

도형이나 개체 틀에 그림을 삽입할 때 정해진 크기에 맞추려고 그림을 확대하거나 축소하면 가로, 세로 비율이 달라져 어색해질 수 있다. 이런 경우에는 이미지를 틀에 맞게 잘라 사용하는 것이 훨씬 보기 좋다. 파워포인트에서 제공하는 자르기 도구를 이용하면 이런 작업을 간편하게 수행할 수 있다.

▲ 원본 그림

▲ 그림 크기를 변경한 경우

▲ 그림 자르기를 사용한 경우

기본예제 8-5 개체 회전과 자르기

슬라이드 내 그림에서 필요한 부분만 자르거나 회전시켜보자.

01 슬라이드 2의 '커피와 초콜릿' 그림을 선택한다. [그림 도구]의 [서식] 탭–[크기] 그룹–[자르기] 목록에서 [도형에 맞춰 자르기]를 클릭하고 [기본 도형]–[타원]을 선택한다.

02 잘라낼 영역을 조정하기 위해 [그림 도구]의 [서식] 탭–[크기] 그룹–[자르기] 목록에서 [자르기]를 선택한다.

03 그림에 나타난 자르기 조정 핸들을 마우스로 드래그하거나 그림을 드래그하여 자르고 싶은 부분을 선택한다. 선명하게 표시되어 있는 부분이 슬라이드에 남는다. 자르기 작업을 끝내려면 그림 바깥쪽 영역을 클릭한다.

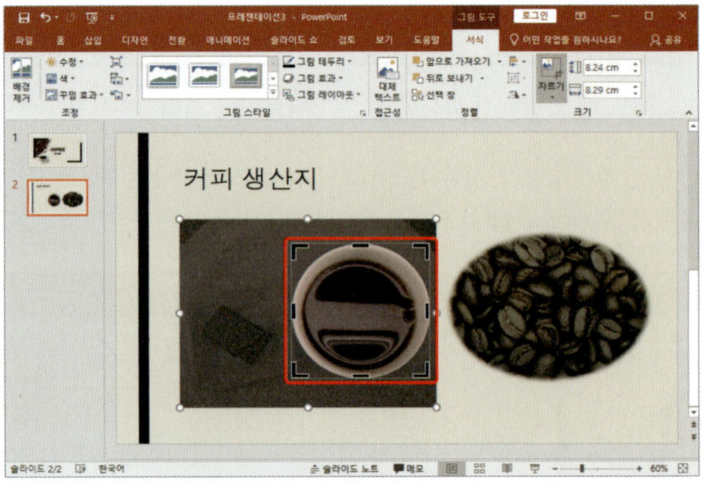

04 이번에는 '아라비카원두' 그림을 선택하고 [그림 도구]의 [서식] 탭–[크기] 그룹–[자르기] 목록에서 [도형에 맞춰 자르기]–[기본 도형]–[눈물 방울]을 선택한다.

05 자르기가 적용된 그림의 크기를 조정한 다음 [그림 도구]의 [서식] 탭–[정렬] 그룹–[개체 회전] 목록에서 [좌우 대칭]을 선택한다.

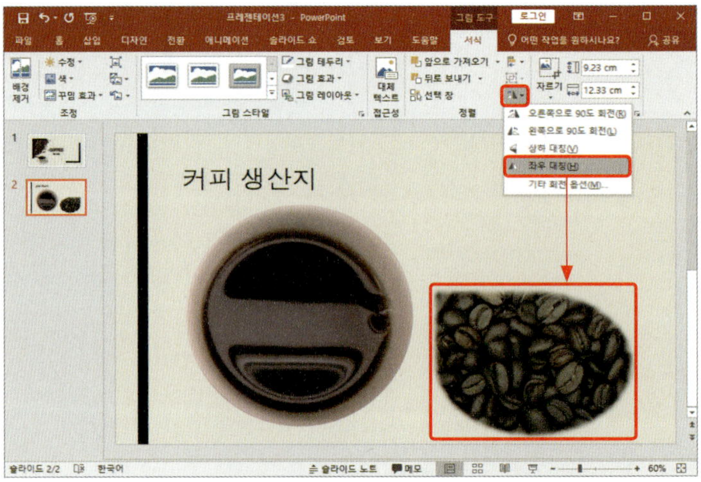

06 [삽입] 탭-[텍스트] 그룹의 [텍스트 상자]-[가로 텍스트 상자 그리기]를 클릭해 두 그림 위에 삽입하고, 텍스트를 입력한다.

여기서 잠깐 **설정한 서식 그대로 그림 수정**

슬라이드에 삽입한 그림을 자르거나 서식을 설정한 후 다른 그림으로 바꿔야 할 때, 그림을 지우고 다시 작업을 반복하지 않아도 된다. [그림 도구]의 [서식] 탭-[조정] 그룹-[그림 바꾸기]를 클릭하고 바꿀 그림을 찾아 선택하면 설정이 그대로 적용된 채 그림만 바뀐다.

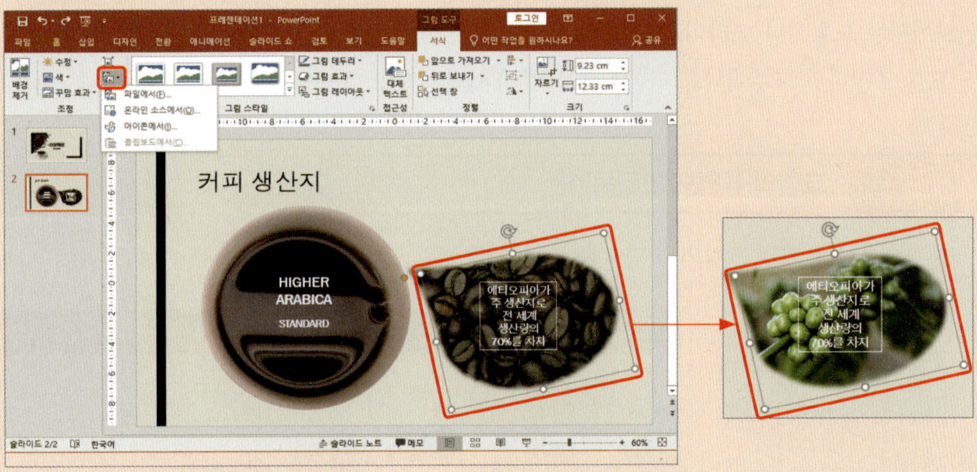

SECTION 02

그림 활용하기

프레젠테이션에서는 시각적 효과를 통해 전달력을 높이고자 할 때 그림을 사용하는데, 그림만 보여주는 경우 외에도 그림을 배경으로 한 텍스트를 보여주거나 그림과 텍스트를 함께 배치하기도 한다. 사용하는 그림 때문에 텍스트의 가독성이 떨어진다면 그림의 투명도를 조절하거나 그라데이션 효과를 적용해 가독성을 높일 수 있다.

2.1 투명도 효과

파워포인트에서는 도형이나 슬라이드 배경을 그림으로 채우는 경우 투명도를 조절할 수 있다. 배경 그림의 투명도를 조절하면 도형이나 슬라이드에 함께 표시되는 텍스트의 가독성을 높일 수 있다.

기본예제 8-6 그림의 투명도 조절하기

슬라이드 배경으로 사용되는 그림의 투명도를 조절해 텍스트의 가독성을 높여보자.

01 [홈] 탭-[슬라이드] 그룹-[새 슬라이드] 목록에서 [제목 및 내용]을 선택하여 슬라이드를 추가한다.

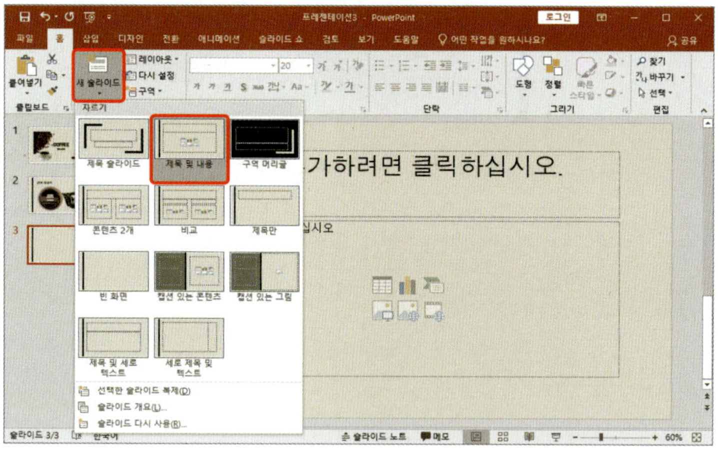

02 삽입한 슬라이드의 제목과 내용을 다음 그림과 같이 입력하고, 내용 개체 틀의 [글꼴]을 [돋움(본문)], [굵게], [글꼴 크기]는 [32], [줄 간격]은 [1.5]로 설정한다.

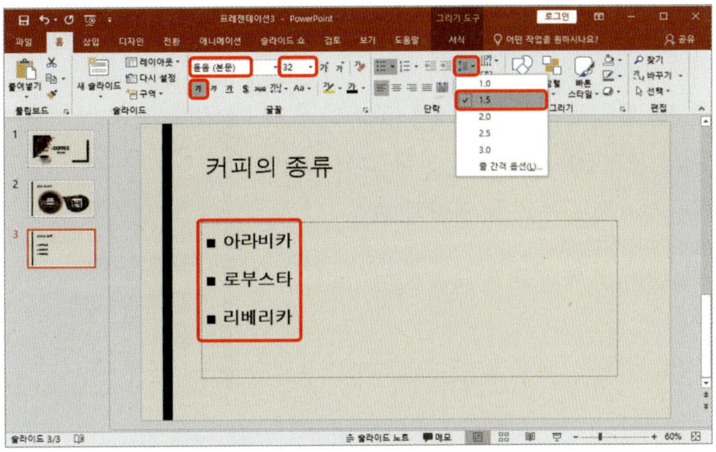

03 [디자인] 탭–[사용자 지정] 그룹에서 [배경 서식]을 클릭하면 [배경 서식] 작업 창이 오른쪽에 나타난다.

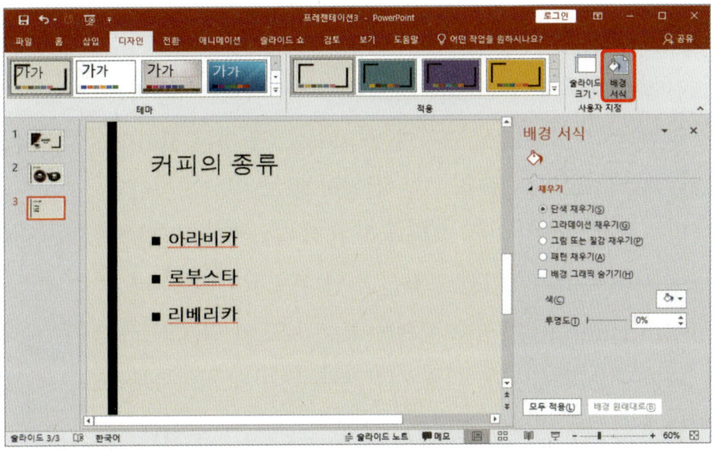

04 [배경 서식] 작업 창의 [채우기 및 선] 탭–[채우기] 항목에서 [그림 또는 질감 채우기]를 선택한다. [다음에서 그림 삽입]–[파일]을 클릭해 삽입할 그림을 찾고 [열기]를 클릭한다.

05 그림의 투명도를 조절하기 위해 [배경 서식] 작업 창의 [채우기 및 선] 탭-[채우기] 항목에서 [투명도]의 조절점을 마우스로 드래그하거나 [60%]로 숫자를 입력해 변경한다.

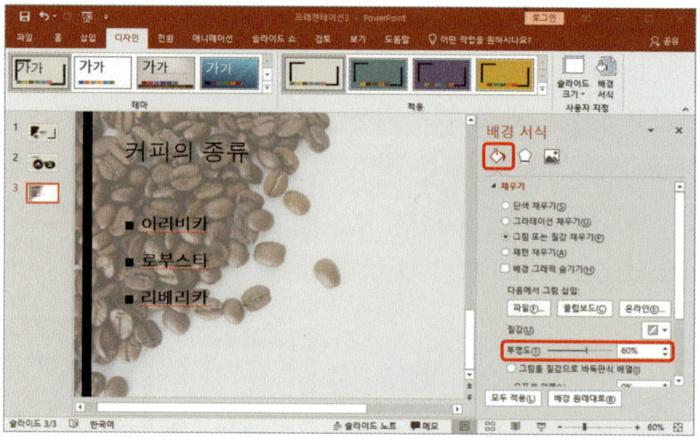

2.2 그라데이션 효과

그림 위에 배치된 텍스트를 잘 보이게 하는 간단한 방법은 [기본예제 8-6]과 같이 그림의 투명도를 조절하는 것이다. 그런데 텍스트와 그림을 모두 선명하게 보여주고 싶다면 어떻게 해야 할까? 다음 그림과 같이 배경이 될 그림과 텍스트 사이에 그라데이션 도형을 삽입하면 된다. 그라데이션(Gradation)이란 명도나 색상 혹은 채도에 단계적으로 변화를 주는 방식이다. 가령 시작 부분은 밝게, 끝 부분은 어둡게 설정해 명도에 변화를 주거나 한 색상에서 다른 색상으로 변화를 준다.

▲ 그라데이션 적용 과정

기본예제 8-7 그라데이션 효과 활용하기

도형의 투명도와 그라데이션을 조절해 텍스트의 가독성을 높여보자.

01 [기본예제 8-6]에서 만든 슬라이드를 단축키 Ctrl+D로 복제한다. 복제한 슬라이드의 [배경 서식] 작업 창에서 [채우기 및 선] 탭-[채우기] 항목의 [투명도]를 [0%]로 변경하여 그림을 선명하게 표시한다.

02 [그리기 도구]–[서식] 탭–[도형 삽입] 그룹 목록에서 [직사각형]을 선택한다. 직사각형의 높이는 슬라이드 높이로, 너비는 슬라이드의 약 2/3 정도로 하여 크기를 조절한다.

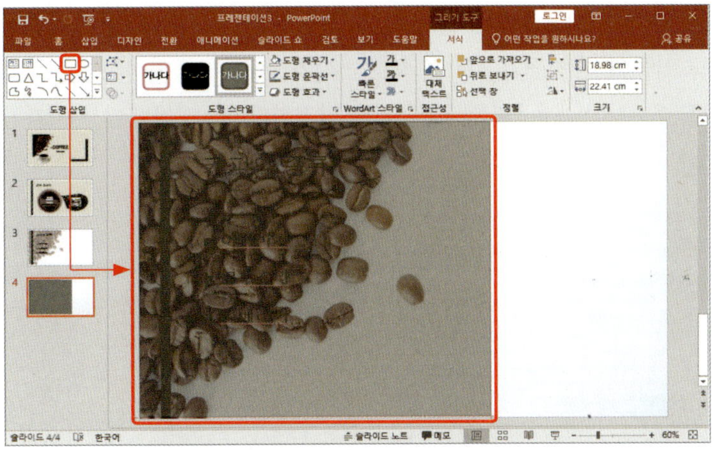

03 도형을 선택하고 [그리기 도구]–[서식] 탭의 [정렬] 그룹–[뒤로 보내기] 목록에서 [맨 뒤로 보내기]를 선택한다. [도형 서식] 작업 창을 열기 위해 [그리기 도구]–[서식] 탭–[도형 스타일] 그룹에서 [도형 서식] 단추를 클릭한다.

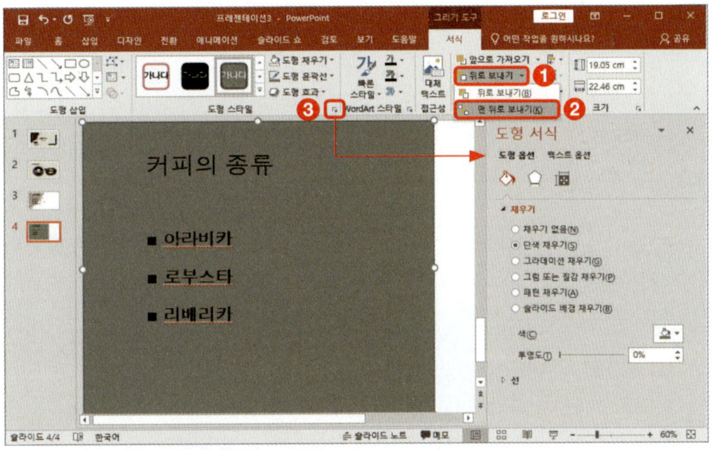

04 [도형 서식] 작업 창에서 [도형 옵션]–[채우기 및 선] 탭–[채우기] 항목의 [그라데이션 채우기]를 선택하고, [종류]는 [선형], [방향]은 [선형 오른쪽]으로 설정한다.

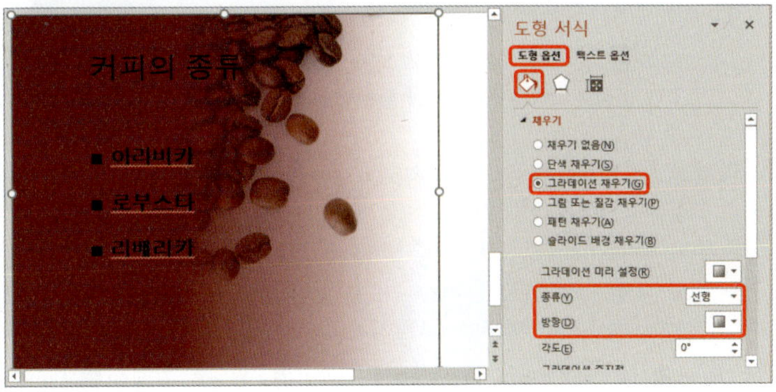

05 [도형 서식] 작업 창에서 [도형 옵션]–[채우기 및 선] 탭–[채우기] 항목의 [그라데이션 중지점]으로 이동해, 중지점을 3개 두고 첫 번째와 두 번째 중지점의 [색]은 [밤색, 강조 3, 50% 더 어둡게], 세 번째 중지점의 색은 [흰색, 배경 1]로 설정한다. 각 그라데이션 중지점의 [위치]와 [투명도], [밝기]는 다음 그림과 같이 설정한다.

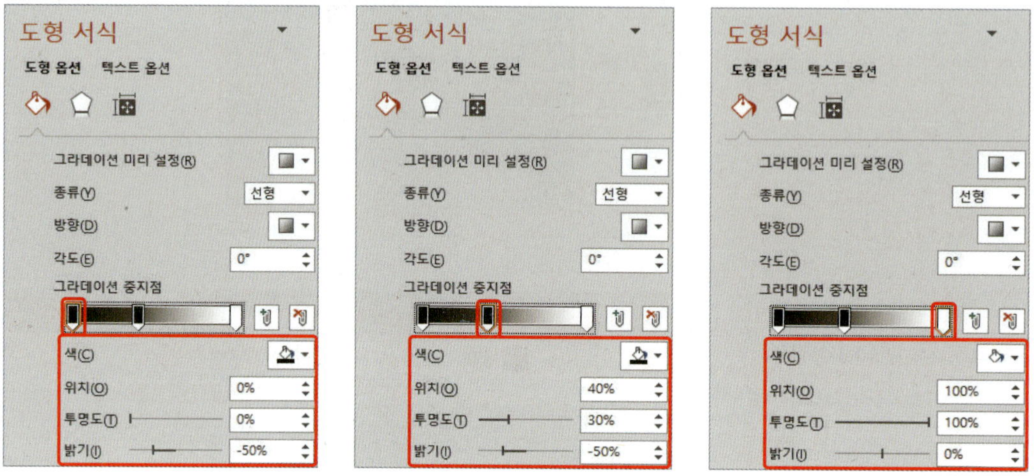

TIP 그라데이션 중지점 개수는 [그라데이션 중지점 추가] 단추나 [그라데이션 중지점 제거] 단추를 통해 조정할 수 있다.

여기서 잠깐 **그라데이션 더 알아보기**

파워포인트에서는 [그라데이션 미리 설정] 메뉴에서 특정 형태의 그라데이션을 제공하지만, 원하는 형태가 없다면 [종류], [방향], [각도], [그라데이션 중지점]의 개수, 색, 위치 등을 설정해 직접 만들 수 있다.

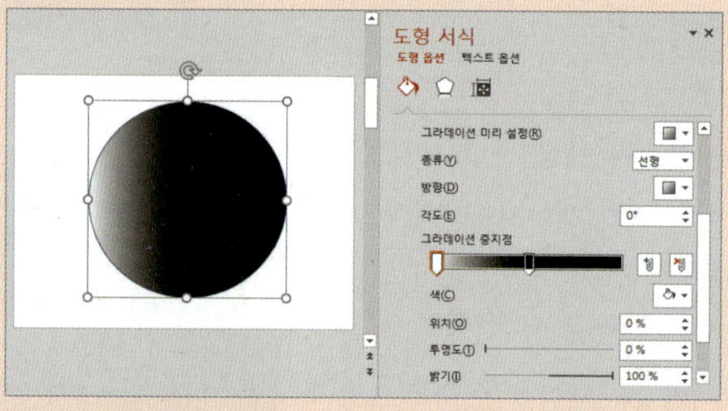

- **그라데이션 미리 설정:** 여섯 가지 색상을 기준으로 미리 설정된 그라데이션 스타일 중에서 선택할 수 있다.
- **종류:** [선형], [방사형], [사각형], [경로형] 중에서 그라데이션 형태를 선택할 수 있다.
- **방향:** 그라데이션을 진행할 방향을 선택할 수 있다.
- **각도:** [종류]를 [선형]으로 선택하면 각도를 설정할 수 있다. 각도는 방향과 연관된 값으로, [선형]에서는 다음 그림과 같이 시계 방향으로 각도가 정해지는데 사용자가 값을 입력해 원하는 각도를 설정할 수도 있다.

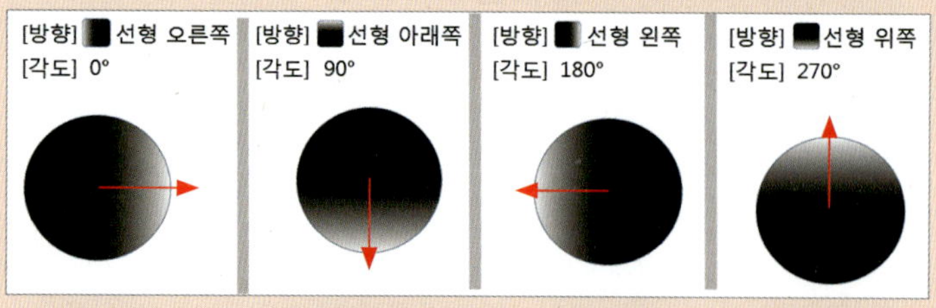

- **그라데이션 중지점:** 그라데이션에서 인접한 두 색상의 혼합이 끝나는 지점을 중지점이라고 하며, 2~10개를 설정할 수 있다. 각 중지점의 [색], [위치], [투명도], [밝기]를 따로따로 설정할 수 있다.

06 [도형 서식] 작업 창의 아래쪽에 위치한 [선] 항목에서 [선 없음]을 선택한다.

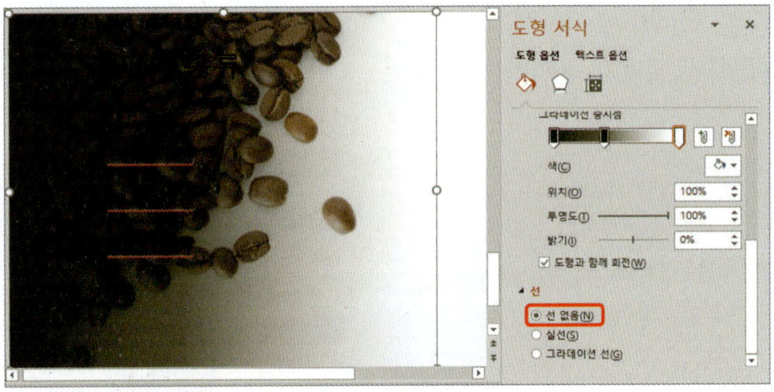

07 슬라이드 내 텍스트가 더 잘 보이도록, 제목과 내용이 적힌 텍스트 개체 틀을 선택하고 [홈] 탭-[글꼴] 그룹-[글꼴 색]에서 [흰색, 배경 1]을 선택한다.

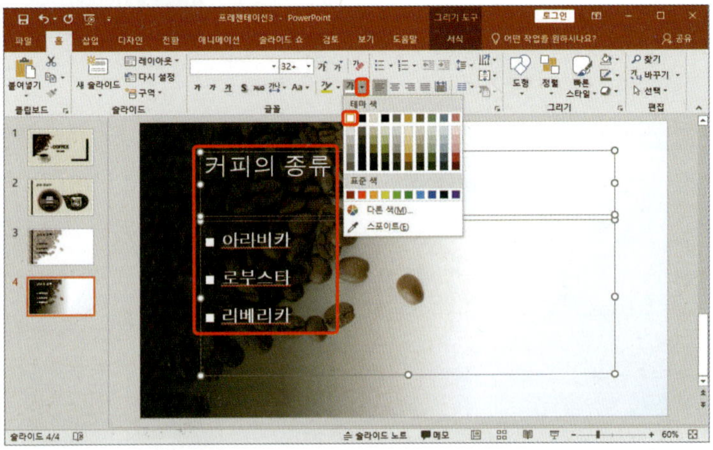

2.3 사진 앨범 제작

파워포인트에는 원하는 그림을 모아 빠르고 쉽게 앨범을 만들 수 있는 [사진 앨범] 기능이 있다. 앨범으로 만들 그림을 여러 개 선택하고 제목이나 캡션 등을 입력하거나 테마 또는 레이아웃을 설정해 간편하게 제작이 가능하다. 만들어진 사진 앨범은 프레젠테이션 형식으로 저장되는데, [내보내기] 기능을 이용해 비디오 형식으로 변환하거나 [공유] 기능으로 다른 사용자와 공유할 수도 있다.

기본예제 8-8 그림으로 사진 앨범 만들기

그림을 이용해 사진 앨범을 만들고 프레젠테이션 파일로 저장해보자.

01 [삽입] 탭-[이미지] 그룹의 [사진 앨범]을 클릭한다.

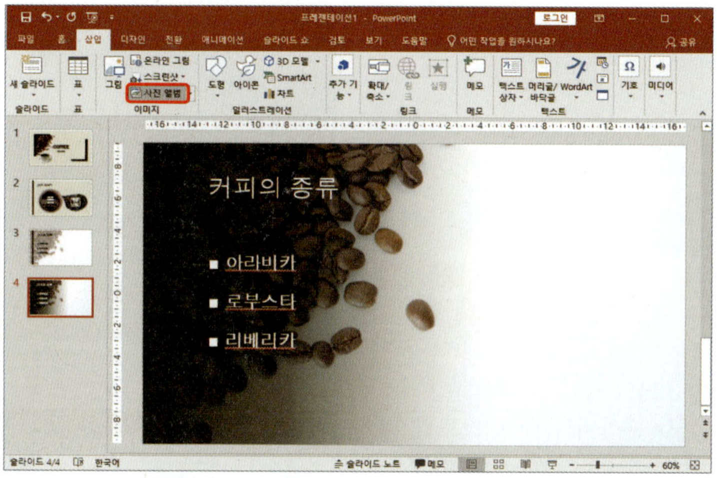

02 [사진 앨범] 대화상자에서 [그림 삽입]의 [파일/디스크]를 클릭한다. [새 그림 삽입] 대화상자가 열리면 그림이 저장된 폴더를 찾아 삽입할 파일을 선택하고 [삽입]을 클릭한다.

TIP 실습 자료로 제공하는 그림 파일을 다운로드해 사용하도록 한다. 단축키 Ctrl+A를 누르면 해당 폴더의 모든 파일을 선택할 수 있고, Ctrl 키나 Shift 키를 누른 상태에서 필요한 파일만 선택할 수도 있다.

03 [사진 앨범] 대화상자의 [앨범에서 그림 위치] 목록에서 편집할 그림을 선택한다. [위로] 또는 [아래로] 단추로 그림의 순서를 변경하거나 [제거] 단추로 그림을 삭제할 수 있다. [미리보기] 아래에 위치한 [회전], [대비], [밝기] 변경 단추로 그림을 수정해도 된다.

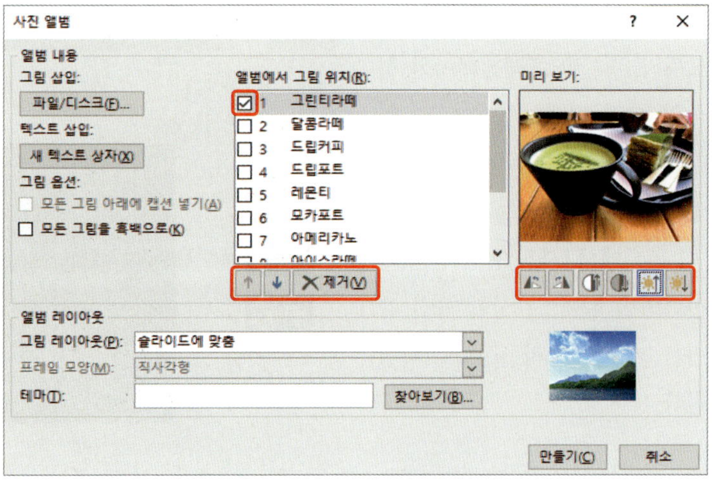

04 [앨범 레이아웃]에서 [그림 레이아웃]을 [그림 4개]로 선택하고 [프레임 모양]은 [모서리가 둥근 직사각형]으로 선택한다.

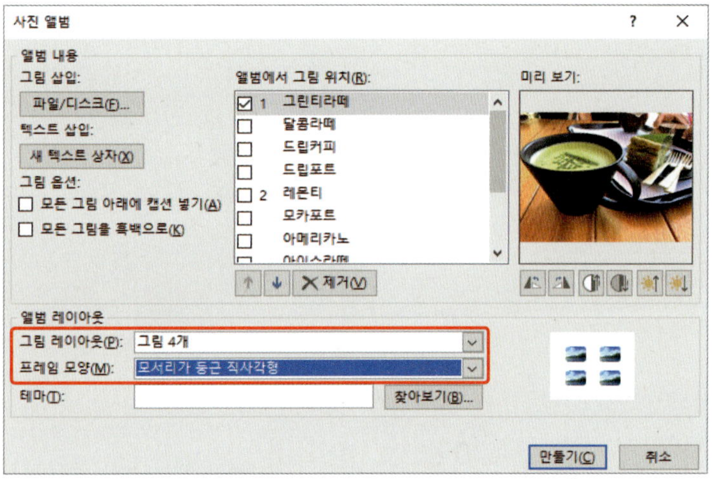

05 [그림 옵션]에서 [모든 그림 아래에 캡션 넣기]에 체크하고 [만들기]를 클릭한다.

TIP 기본적으로 파일 이름이 캡션으로 표시되는데, 프레젠테이션을 만든 후 기본 보기에서 수정할 수 있다.

06 파워포인트 화면을 보면 표지가 추가된 프레젠테이션 형식의 사진 앨범이 만들어져 있다. 사진 앨범을 수정하려면 [삽입] 탭–[이미지] 그룹–[사진 앨범] 목록에서 [사진 앨범 편집]을 선택하면 된다. 완성한 사진 앨범을 '커피 스토리.pptx'로 저장한다.

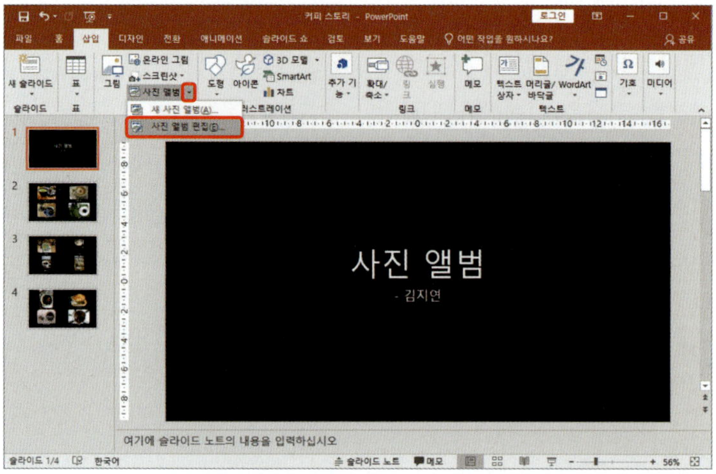

종합예제

그림을 활용해 다음과 같은 프레젠테이션을 만들어보자.

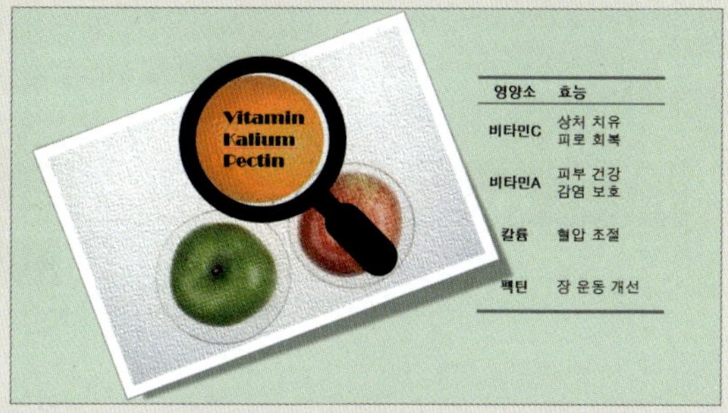

1 새 프레젠테이션을 하나 만들고 슬라이드의 레이아웃을 [빈 화면]으로 설정한다.

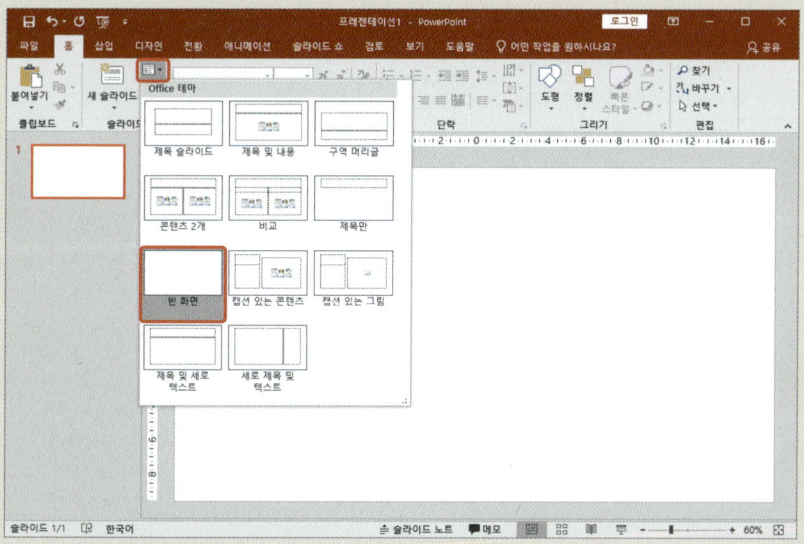

종합예제

2 [디자인] 탭–[사용자 지정] 그룹–[배경 서식]을 클릭해 [배경 서식] 작업 창을 연다. [채우기 및 선] 탭–[채우기] 항목에서 [그림 또는 질감 채우기]를 클릭한다. [다음 그림에서 그림 삽입]–[파일]을 클릭하고 [그림 삽입] 대화상자가 열리면 '과일.jpg' 파일을 선택한 뒤 [삽입]을 클릭한다.

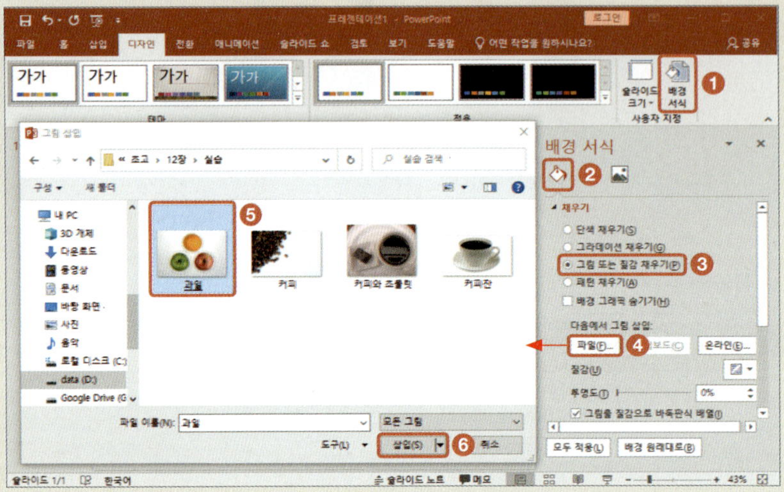

3 [배경 서식] 작업 창의 [채우기 및 선] 탭–[채우기] 항목에서 [오프셋 위쪽]은 [–6%], [오프셋 아래쪽]은 [–12%]로 변경한다.

TIP 그림으로 배경 서식을 채울 때 슬라이드 크기와 그림의 비율이 맞지 않으면 원본 그림이 그대로 표시되지 못해 필요한 부분이 잘릴 수도 있다. 하지만 배경으로 채운 그림은 위치를 이동시키거나 크기를 조절할 수 없다. 그러므로 그림이 표시되는 위치를 오프셋으로 조정해 슬라이드의 적절한 위치에 그림 영역이 표시되도록 해야 한다.

4 [배경 서식] 작업 창에서 [효과] 탭–[꾸밈 효과] 항목의 [꾸밈 효과] 종류를 [밝은 화면]으로 설정한다.

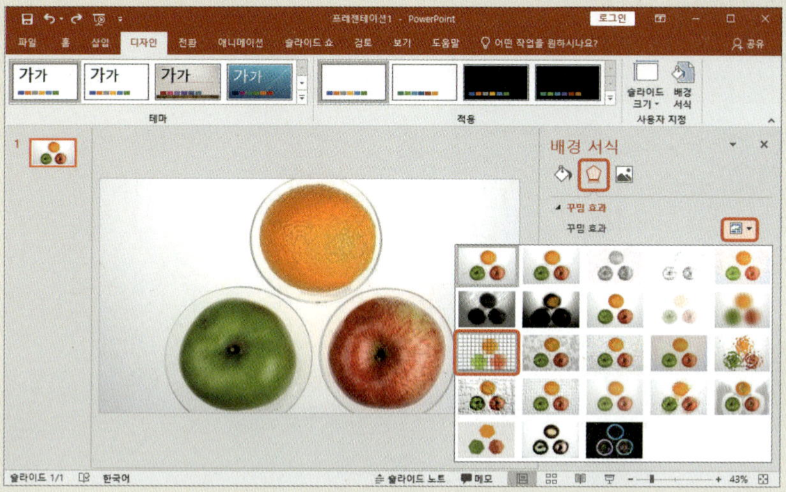

5 파워포인트 실행 화면에서 [삽입] 탭–[이미지] 그룹–[그림]을 클릭해 [그림 삽입] 대화상자를 연다. 배경 서식으로 설정한 '과일.jpg' 파일을 찾아 슬라이드에 삽입한다.

종합예제

6 삽입한 그림의 크기를 조정하고 [그림 도구]의 [서식] 탭–[크기] 그룹–[자르기] 목록에서 [도형에 맞춰 자르기]–[기본 도형]의 [타원]을 선택한다.

7 [그림 도구]의 [서식] 탭–[크기] 그룹–[자르기]를 클릭하면 자르기 조정 핸들이 나타난다. 마우스를 이용해 오렌지만 남겨두고 그림을 자른다. 자르기 작업을 끝내려면 그림 바깥쪽 영역을 클릭한다.

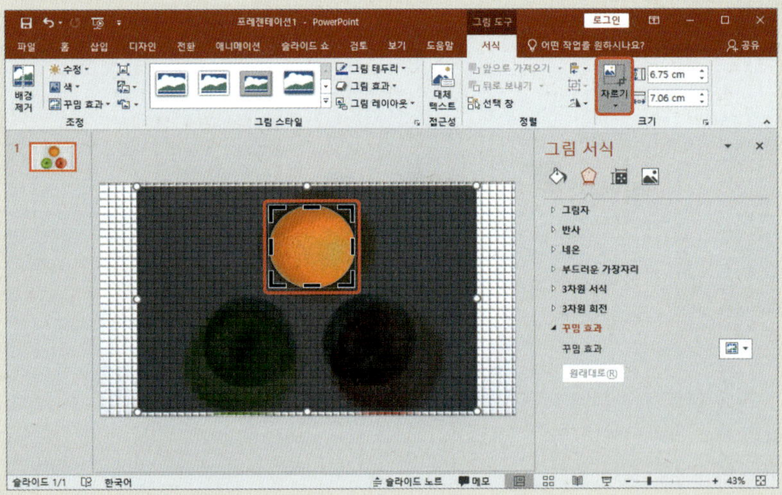

TIP 오렌지 그림은 색이 선명하게 나타나는 반면, 그 외의 전체 배경은 흐리게 표시된다. 꾸밈 효과를 설정한 배경 그림 위에 특정 부분만 잘라낸 똑같은 그림을 겹쳐 놓으면 사진 촬영의 아웃 포커스(Out of Focus) 같은 효과를 낼 수 있다.

8 [삽입] 탭–[일러스트레이션] 그룹–[도형] 목록에서 [직사각형]을 두 번 선택해 다음 그림과 같이 삽입한다. [도형 서식] 작업 창을 열어 [채우기]는 [그라데이션 채우기]로, [선]은 [선 없음]으로 설정한다.

TIP 직사각형 1과 직사각형 2의 그라데이션은 다음 표와 같이 설정한다.

그라데이션 설정	직사각형 1	직사각형 2
종류	선형	선형
방향	선형 오른쪽	선형 왼쪽
각도	0˚	180˚
중지점 1의 색	진한 녹색, 강조 6, 50% 더 어둡게	흰색, 배경 1, 50% 더 어둡게
중지점 1의 위치/투명도/밝기	0% / 0% / –50%	0% / 0% / –50%
중지점 2의 색	진한 녹색, 강조 6, 50% 더 어둡게	흰색, 배경 1, 50% 더 어둡게
중지점 2의 위치/투명도/밝기	50% / 25% / –50%	50% / 25% / –50%
중지점 3의 색	흰색, 배경 1	흰색, 배경 1
중지점 3의 위치/투명도/밝기	100% / 100% / 0%	100% / 100% / 0%

종합예제

9 [삽입] 탭–[텍스트] 그룹–[텍스트 상자] 목록에서 [가로 텍스트 상자]를 두 번 선택해 다음 그림과 같이 삽입하고 설정한다.

TIP 텍스트 1과 텍스트 2의 글꼴은 다음 표와 같이 설정한다.

텍스트 설정	텍스트 1	텍스트 2
글꼴	Broadway	Broadway
글꼴 크기	54	28
글꼴 색	흰색, 배경 1	검정, 텍스트 1

10 프레젠테이션에 [빈 화면] 슬라이드를 추가한다. 슬라이드 내에서 마우스 오른쪽을 클릭해 [배경 서식] 작업 창을 연다. [채우기 및 선] 탭–[채우기] 항목에서 [단색 채우기]를 선택한 다음 [색]–[녹색, 강조 6, 80% 더 밝게]를 선택한다.

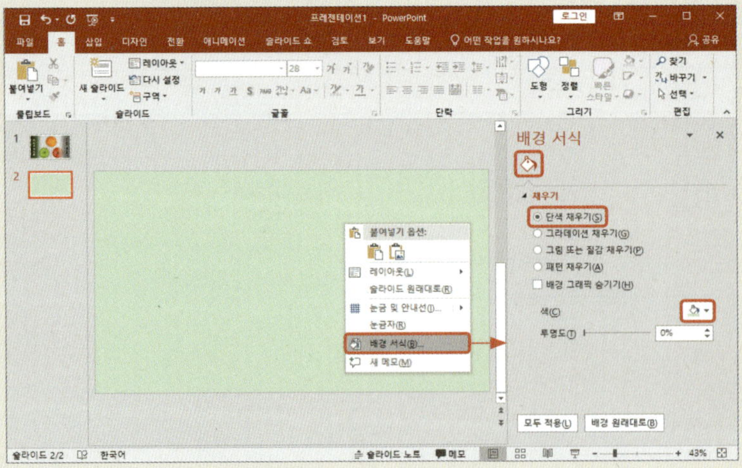

11 파워포인트 실행 화면의 [삽입] 탭–[이미지] 그룹–[그림]을 클릭하고 '과일.jpg' 파일을 찾아 슬라이드에 삽입한다.

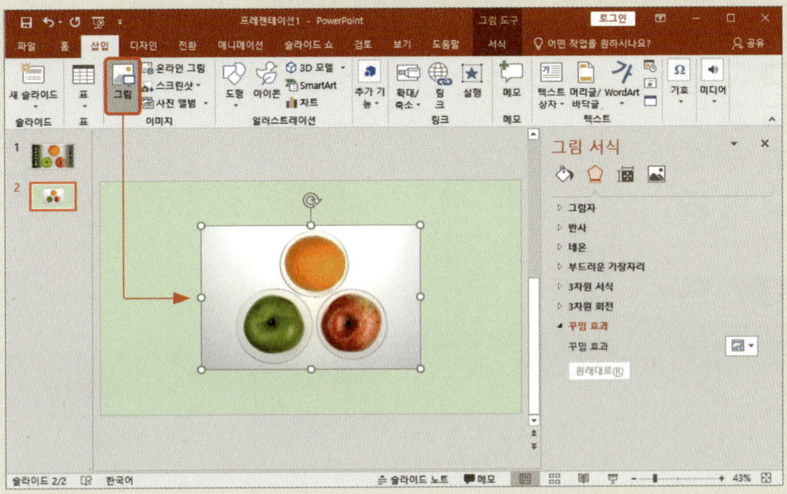

12 삽입된 그림을 더블클릭해 [그림 서식] 작업 창을 열고, [효과] 탭–[꾸밈 효과] 항목에서 종류를 [질감 표현]으로 설정한다.

종합예제

13 [그림 도구]의 [서식] 탭-[그림 스타일] 목록에서 [회전, 흰색]을 선택한다.

14 그림의 회전 조절 핸들과 크기 조절점을 마우스로 드래그해 회전 각도와 크기를 알맞게 설정한 다음, [삽입] 탭-[일러스트레이션] 그룹-[아이콘]을 클릭한다.

15 [아이콘 삽입] 창 검색란에 *돋보기*를 입력한다. 마음에 드는 아이콘을 선택하고 [삽입]을 클릭한다. 슬라이드에 삽입된 돋보기 그래픽의 크기와 위치를 조절한다.

16 단계 **7**에서 만든 슬라이드 1의 오렌지 그림을 복사해 돋보기 안에 붙여넣고, 텍스트 상자를 삽입해 다음 그림과 같이 텍스트를 입력한다. 그림 오른쪽에는 표를 삽입해 해당 내용을 추가한다.

TIP 돋보기 안 오렌지 그림에 삽입한 텍스트의 [글꼴]은 [Broadway], [글꼴 크기]는 [24], 표의 [글꼴]은 [HY중고딕], [글꼴 크기]는 [20]으로 설정한다.

연습문제

1 다음의 지시대로 그림을 활용한 슬라이드를 작성하시오.

❶ 소스로 제공하는 '자동차.jpg' 파일을 이용하거나 온라인에서 '자동차' 그림을 검색해 슬라이드의 배경으로 채우시오.

❷ 슬라이드에 [직사각형]을 삽입해 가운데 맞춤으로 설정하고, [단색 채우기]–[검정, 텍스트 1]과 [투명도]–[40%], [선 없음]으로 설정하시오.

❸ 텍스트 상자를 추가해 그림과 같이 내용을 입력하고 직사각형 위에 배치하시오. [글꼴]은 [휴먼엑스포], [글꼴 색]은 [흰색, 배경 1], [글꼴 크기]는 각각 [32], [24], [20]으로 설정하시오.

❹ 소스로 제공하는 '차트.jpg' 파일을 슬라이드에 그림으로 삽입하고 배경을 제거한 뒤, 크기를 조절해 직사각형 위에 배치하시오. 그림 도구의 [다시 칠하기]를 이용해 차트의 색을 [회색조]로 변경하시오.

2 다음의 지시대로 그림을 활용한 슬라이드를 작성하시오.

❶ 슬라이드에 [타원]을 삽입한 후 [밝은 회색, 배경 2]로 채우고 투명도를 [60%]로 설정하시오. 타원을 여러 개 복제하고 크기를 변경해 그림과 같이 배치하시오.

❷ 소스로 제공하는 '커피와 초콜릿.jpg', '커피.jpg' 파일을 슬라이드에 삽입하고 타원 모양으로 잘라 그림과 같이 배치하시오.

❸ [가로 텍스트 상자]를 삽입하여 텍스트를 입력하고 [글꼴]은 [휴먼둥근헤드라인], [글꼴 크기]는 [32]로 설정하시오.

❹ 텍스트 아래에는 [선]을 삽입하고 색은 [회색, 강조 3], 너비는 [1pt]로 설정하시오.

3 다음의 지시대로 그림을 활용한 슬라이드를 작성하시오.

❶ 소스로 제공하는 '바이크.jpg' 파일을 이용하거나 온라인에서 '바이크' 그림을 검색해 슬라이드의 배경으로 채우시오. 배경 서식에서 그림의 밝기는 [20%]로 변경하시오.

❷ [그라데이션 채우기]를 설정한 직사각형 도형을 슬라이드 전체에 삽입하시오. 그라데이션 방향을 [선형 오른쪽]으로 하고, 그라데이션 중지점의 색과 위치, 투명도를 알맞게 조절하여 그림의 왼쪽이 밝게 보이도록 설정하시오.

❸ 텍스트 상자를 추가해 그림과 같이 내용을 입력하고 배치하시오. 텍스트 상자의 [글꼴]은 [휴먼엑스포], [굵게]로 하고 350° 방향으로 회전시키시오.

PART

02

파워포인트 활용

POWERPOINT 2019

CHAPTER 09

멀티미디어 활용

01 오디오 활용하기

02 비디오 활용하기

종합예제

연습문제

학습목표

- 슬라이드에 오디오를 삽입하고 편집할 수 있다.
- 슬라이드에 비디오를 삽입하고 활용할 수 있다.
- 녹음과 녹화 기능을 이용해 필요한 오디오와 비디오를 만들 수 있다.

SECTION 01

오디오 활용하기

최근에는 프레젠테이션 자료를 만들 때 청중의 흥미를 유발하고 집중도를 높이기 위해 오디오나 비디오 같은 멀티미디어를 사용하는 경우가 늘고 있다. 파워포인트에서는 멀티미디어 파일을 슬라이드에 삽입하고 재생하는 기능 외에도 다양한 도구를 이용한 편집 기능을 지원한다. 오디오와 비디오를 활용하기 위한 파워포인트 도구의 종류와 사용법에 대해 알아본다.

1.1 오디오 삽입

파워포인트에서는 .mp3, .wav, .wma, .midi, .aiff, .au 등의 여러 오디오 파일 형식을 프레젠테이션에 사용할 수 있지만, 다른 컴퓨터에서도 오류 없이 재생되도록 하려면 .mp3나 .wav와 같이 호환성 높은 형식을 이용하는 것이 좋다. 슬라이드에 오디오가 추가될 때 나타나는 컨트롤 막대를 활용하면 오디오를 재생시키거나 멈추고 볼륨을 조절할 수 있다.

기본예제 9-1 슬라이드에 오디오 파일 삽입하기

슬라이드에 오디오 파일을 삽입하고 재생시켜보자.

01 예제로 제공되는 '9장-기본.pptx' 파일을 열고 슬라이드 1을 선택한다.

02 [삽입] 탭–[미디어] 그룹–[오디오] 목록에서 [내 PC의 오디오]를 선택한다.

03 [오디오 삽입] 대화상자가 나타나면 삽입할 오디오 파일을 찾아 선택하고 [삽입]을 클릭한다.

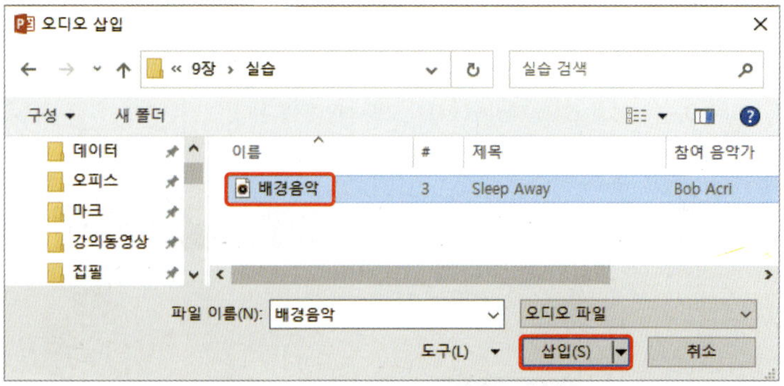

여기서 잠깐 **오디오 파일을 삽입하지 않고 연결하는 경우**

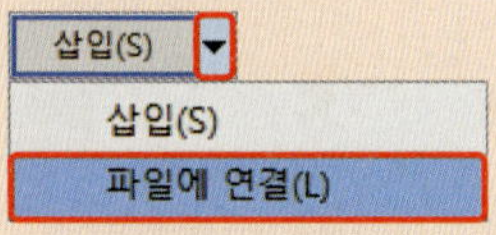

[오디오 삽입] 대화상자에서 [삽입]의 [▼ 목록] 단추를 클릭하면 [파일에 연결] 메뉴가 표시된다. 프레젠테이션에 오디오를 삽입하지 않고 파일을 연결해 재생하는 기능으로, 프레젠테이션 파일의 전체 크기를 줄일 수 있다는 장점이 있다. 하지만 이렇게 설정하면 프레젠테이션을 공유하거나 발표할 때 오디오 파일을 함께 배포하지 않는 이상 오디오 재생이 불가능하다. 그러니 곤란한 상황을 방지하기 위해 프레젠테이션 파일과 오디오 파일은 같은 폴더에 넣어 두는 것이 좋다.

04 슬라이드에 오디오 클립 아이콘이 만들어진다. 해당 아이콘에 마우스를 올려놓거나 클릭하면 오디오 컨트롤 막대가 나타난다. 재생 버튼을 클릭해 오디오를 재생한다.

여기서 잠깐 **오디오 녹음 기능**

파워포인트에는 오디오 녹음 기능이 있어, 오디오를 직접 만들어 사용할 수도 있다. 마이크가 컴퓨터에 연결된 경우 다음과 같이 녹음을 진행해 프레젠테이션에 오디오를 삽입하면 된다.

① [삽입] 탭–[미디어] 그룹에서 [오디오]–[오디오 녹음]을 선택한다.

② [소리 녹음] 대화상자에서 [● 녹음] 단추를 클릭해 녹음을 시작한다. 작업이 끝나면 [■ 중지] 단추를 클릭하고 [확인]을 선택한다. 녹음된 오디오 파일이 슬라이드에 삽입된다.

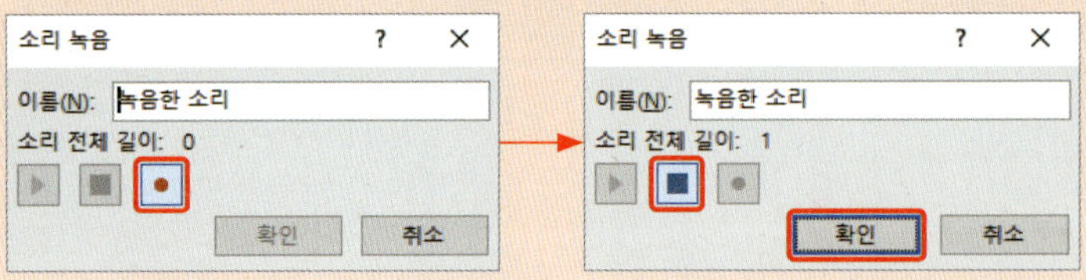

1.2 오디오 편집

파워포인트에서 제공하는 오디오 도구에는 재생과 볼륨 조절, 트리밍, 페이드 인/아웃 시간 지정과 같은 기능이 있어서 오디오를 필요한 형태로 편집해 사용할 수 있다. 또한 발표 도중 오디오 재생 버튼을 찾아 클릭하는 대신 슬라이드가 넘어가면 자동으로 오디오가 재생되거나 프레젠테이션 내내 계속 재생되도록 배경 음악으로 설정할 수도 있다. 오디오에도 도형이나 그림처럼 서식을 설정할 수 있는데, 오디오 단추의 테두리나 스타일을 따로 설정해 슬라이드에 표시되는 모양을 변경할 때 활용한다.

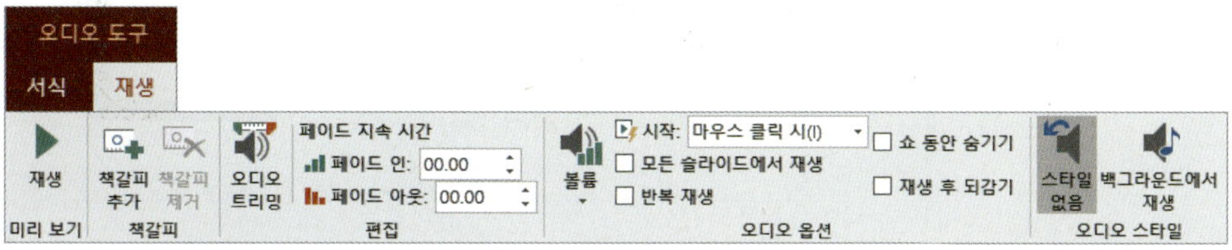

▲ 파워포인트 오디오 도구

기본예제 9-2 오디오 편집과 배경 음악 설정하기

슬라이드에 삽입한 오디오를 편집해 다양하게 활용해보자.

01 슬라이드 내에 있는 오디오 클립 아이콘을 선택하고 [오디오 도구]의 [재생] 탭–[미리 보기] 그룹–[재생]을 클릭한다. 오디오를 재생하다가 임의의 지점에서 [책갈피] 그룹–[책갈피 추가]를 클릭한다.

TIP 단축키 Alt+End를 사용하면 오디오 내 책갈피 지점으로 건너뛰어 재생시킬 수 있다. 이전 책갈피 부분으로 돌아가려면 단축키 Alt+Home을 누르면 된다.

02 [오디오 도구]의 [재생] 탭–[편집] 그룹에서 [오디오 트리밍]을 클릭한다.

03 [오디오 트리밍] 대화상자가 나타나면 [종료 시간]을 [00:40](40초)로 설정하고 [확인]을 클릭한다.

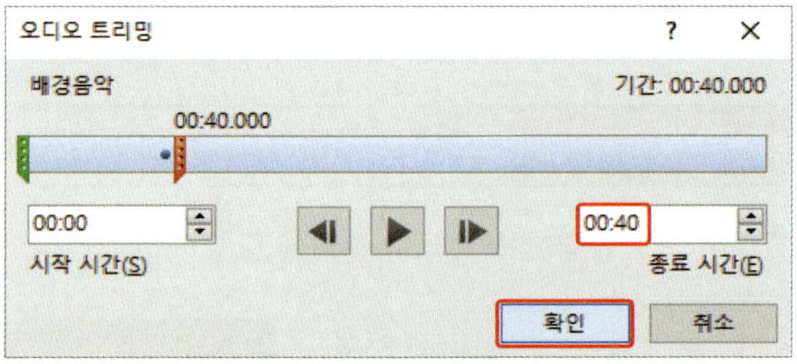

04 [오디오 도구]의 [재생] 탭–[편집] 그룹에서 [페이드 인]과 [페이드 아웃]을 각각 [02.00](2초)로 설정한다.

TIP 오디오 재생이 시작될 때 볼륨이 높아지는 구간(페이드 인)과 재생이 끝날 때 볼륨이 낮아지는 구간(페이드 아웃)을 각각 2초로 설정해 자연스럽게 오디오가 흐르도록 한다.

05 [오디오 도구]의 [재생] 탭–[오디오 옵션] 그룹에서 [시작]을 [자동 실행]으로 변경하고 [쇼 동안 숨기기]를 선택한다. 화면 하단의 [슬라이드 쇼] 단추를 클릭해 오디오 클립 아이콘이 슬라이드에 보이지 않는 상태에서 자동 재생되는 것을 확인한다.

TIP [자동 실행]으로 설정한 오디오는 다음 슬라이드로 넘어가면 정지된다. 오디오가 삽입된 슬라이드부터 마지막 슬라이드까지 계속 재생되게 하려면 [오디오 도구]의 [재생] 탭–[오디오 옵션]에서 [모든 슬라이드에서 재생]을 선택한다.

06 오디오를 배경 음악으로 설정하기 위해 [오디오 도구]의 [재생] 탭–[오디오 스타일] 그룹–[백그라운드에서 재생]을 클릭한다.

TIP [백그라운드에서 재생]을 설정하면 [오디오 옵션] 그룹의 [모든 슬라이드에서 재생]과 [반복 재생] 항목이 자동으로 선택된다. 이때 주의할 점은 배경 음악으로 사용할 오디오를 슬라이드 1에 삽입해야 프레젠테이션 전체에서 오디오를 재생시킬 수 있다는 것이다.

여기서 잠깐 **오디오 재생 슬라이드의 범위 설정**

모든 슬라이드가 아닌 제한된 범위에서만 오디오가 재생되도록 하려면 애니메이션 창을 이용해야 한다. 애니메이션에 관한 내용은 CHAPTER 10에서 다룰 것이므로 오디오 재생 범위를 설정하는 방법만 간략하게 설명한다.

① [애니메이션] 탭–[고급 애니메이션] 그룹–[애니메이션 창]을 클릭한다.

② [애니메이션 창] 작업 창에서 [배경음악]을 선택하면 나타나는 [▼ 목록] 단추를 클릭해 [효과 옵션]을 선택한다.

③ [오디오 재생] 대화상자에서 [재생 중지]의 [지금부터]를 [3 슬라이드 후]로 설정하고 [확인]을 클릭한다. 오디오가 슬라이드 1에 삽입된 경우라면 슬라이드 1~3까지만 오디오가 재생된다.

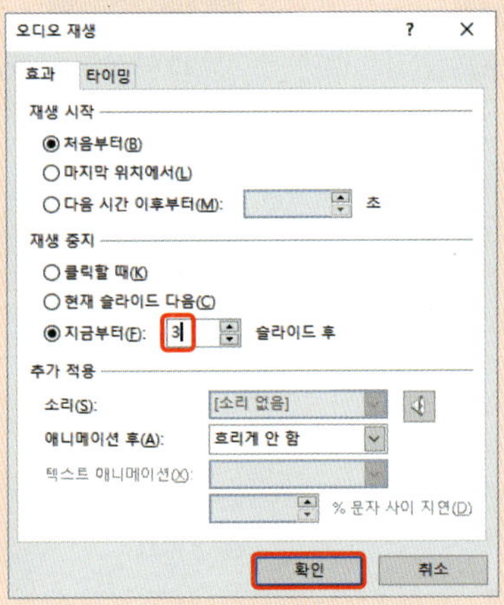

SECTION 02

비디오 활용하기

컴퓨터에 저장된 비디오 파일을 슬라이드에 삽입하거나 웹브라우저에서 검색한 비디오를 링크해 프레젠테이션에 활용할 수 있다. 오디오 도구와 마찬가지로 비디오 도구에도 다양한 재생 관련 기능과 서식 설정 도구들이 제공된다. 비디오 파일에 서식을 설정하면 비디오 표지를 만들거나 스타일을 바꿀 수 있고, 밝기나 색조 변경, 자르기 등을 활용해 편집할 수도 있다. 슬라이드에 비디오를 삽입하고 활용하는 방법을 알아본다.

2.1 비디오 삽입과 편집

파워포인트의 비디오 도구는 재생과 볼륨 조절, 트리밍, 페이드 시간 지정 등 오디오 도구와 비슷한 재생 기능을 지원한다. 파워포인트 2016부터는 비디오에 자막을 추가하는 캡션 삽입 기능도 사용할 수 있다. 또한 서식 도구로 비디오 화면의 색이나 테두리, 효과 및 스타일을 설정하여 재생 화면의 모양이나 색을 변경할 수 있다.

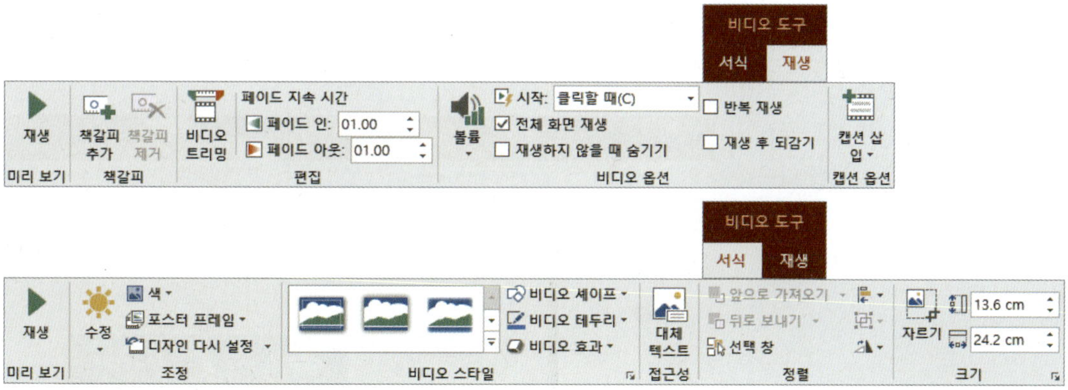

▲ 파워포인트 비디오 도구

TIP 파워포인트에서는 .wmv, .asf, .avi, .mp4, .mov, .mpeg 등 여러 비디오 파일 형식을 지원한다. 간혹 파일 크기나 저작권 문제 등으로 인해 프레젠테이션 시 웹 주소를 링크해 비디오를 보여주기도 하는데, 장소에 따라 통신 환경이 원활하지 않을 수도 있으니 꼭 미리 점검해야 한다.

기본예제 9-3 슬라이드에 비디오 파일 삽입하기

슬라이드에 비디오 파일을 삽입하고 재생시켜보자.

01 '9장-기본.pptx' 파일의 슬라이드 5를 선택하고 [삽입] 탭-[미디어] 그룹-[비디오] 목록에서 [내 PC의 비디오]를 클릭한다. [비디오 삽입] 대화상자가 열리면 '커피영상.mov' 파일을 찾아 선택하고 [삽입]을 클릭한다.

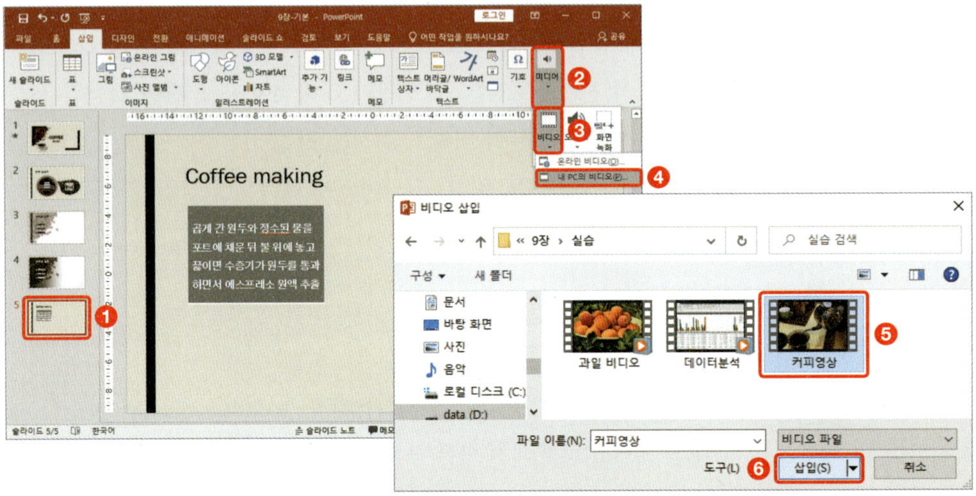

> **TIP** [비디오 삽입] 대화상자에서 [삽입]의 [▼목록] 단추를 클릭하면 [파일에 연결] 메뉴가 나온다. 비디오를 삽입하지 않고 파일을 연결하면 비디오가 슬라이드에 포함되지 않아 프레젠테이션 파일의 전체 크기를 줄일 수 있지만, 파일의 저장 위치가 바뀌면 재생할 수 없으므로 주의해야 한다.

02 슬라이드에 비디오 클립이 삽입되면 크기와 위치를 다음 그림과 같이 수정한다.

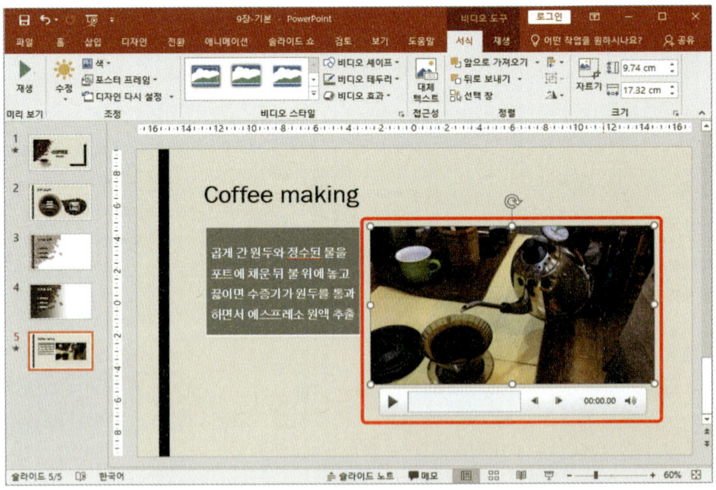

03 [비디오 도구]의 [재생] 탭–[편집] 그룹–[비디오 트리밍]을 클릭한다. [비디오 트리밍] 대화상자가 열리면 [시작 시간]은 [00:03](3초)로, [종료 시간]은 [00:15](15초)로 설정하고 [확인]을 클릭한다.

TIP 대화상자에 있는 초록색 바와 빨간색 바를 마우스로 드래그해도 재생 시간이 조절된다. 트리밍된 막대 바깥쪽에 위치한 영상은 재생되지 않는다.

04 [비디오 도구]의 [재생] 탭–[편집] 그룹에서 [페이드 인]과 [페이드 아웃]을 모두 [02.00](2초)로 설정한다.

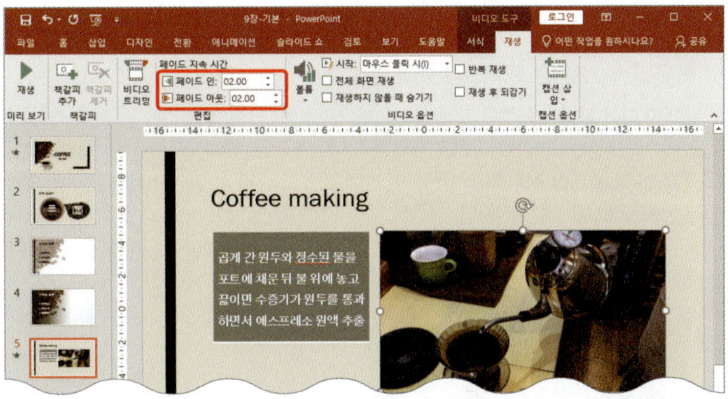

05 [비디오 도구]의 [재생] 탭–[비디오 옵션] 그룹–[볼륨] 목록에서 [음소거]를 선택하고 [전체 화면 재생]도 같이 선택한다.

TIP 프레젠테이션 배경 음악이 자동 재생되도록 오디오 클립을 설정하였으므로, 비디오의 볼륨을 [음소거]로 설정한다. 비디오를 전체 화면으로 재생하면 청중의 집중도를 높일 수 있다.

06 상태 표시줄의 [읽기용 보기]나 [슬라이드 쇼] 단추를 클릭해 프레젠테이션을 실행해보자. 비디오 화면을 클릭하면 전체 화면으로 재생된다.

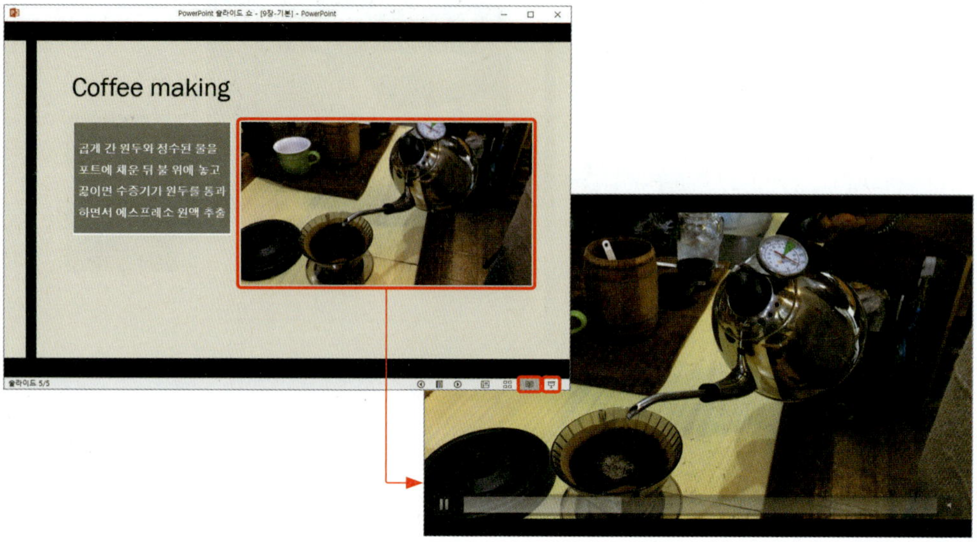

여기서 잠깐 **호환성 최적화와 미디어 압축**

멀티미디어 파일이 포함된 프레젠테이션은 [파일] 탭–[정보] 화면에 [호환성 최적화]와 [미디어 압축] 항목이 표시되어 있다. [호환성 최적화]는 프레젠테이션에 삽입된 미디어가 다른 장치에서 재생될 때 호환성 문제가 발생할 수 있는 형식이면 나타나는 옵션이다. [호환성 최적화]를 실행하면 파워포인트 버전이나 미디어 코덱 등으로 인한 문제를 진단하여 정보를 제공해주고, 최적화 프로세스를 진행시켜준다. 호환성 문제가 발생하지 않아 바로 공유 가능한 상태라면 이 옵션이 활성화되지 않는다. 또한 미디어가 포함된 프레젠테이션의 전체 크기가 너무 크다면 [미디어 압축]을 사용해 디스크 공간을 절약하고 재생 성능을 향상시킬 수 있다.

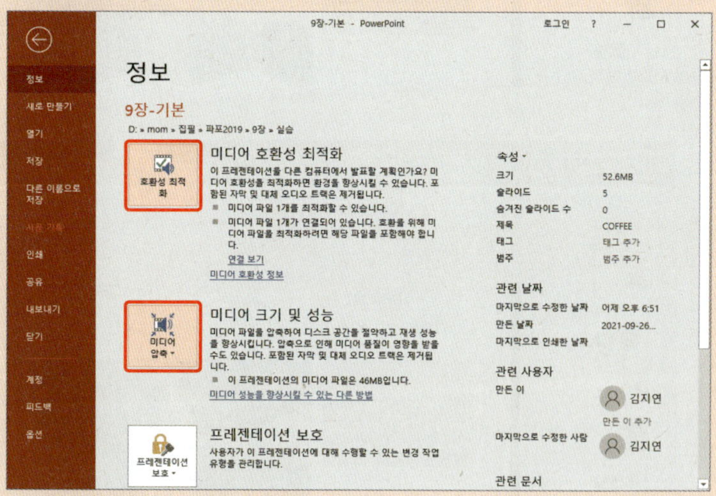

기본예제 9-4 비디오 캡션 삽입하기

자막은 비디오가 재생되는 동안 화면에 나타나는 텍스트이다. 파워포인트에는 비디오에 자막을 넣을 수 있는 캡션 삽입 기능이 있다. 프레젠테이션을 진행할 때 소리를 들을 수 없거나 비디오 내용에 관한 추가 정보를 전달해야 할 경우 사용하기 좋다.

01 '9장-기본.pptx' 파일의 슬라이드 5에 삽입한 비디오를 선택한다. [비디오 도구]의 [재생] 탭-[캡션 옵션] 그룹-[캡션 삽입]을 클릭한다.

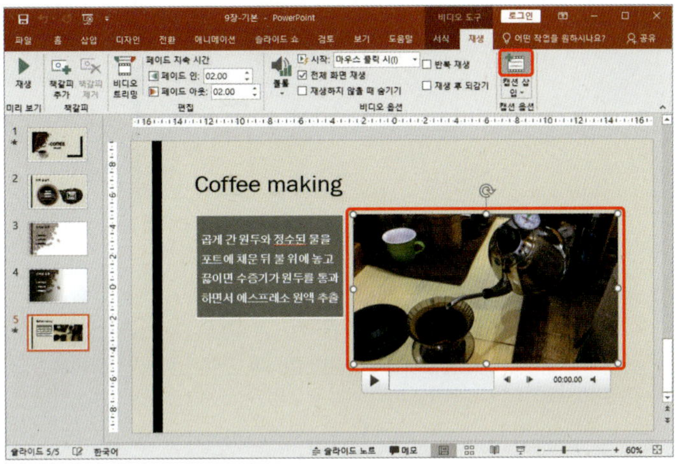

02 [캡션 삽입] 대화상자가 열리면 '비디오자막.vtt' 파일을 찾아 선택하고 [삽입]을 클릭한다.

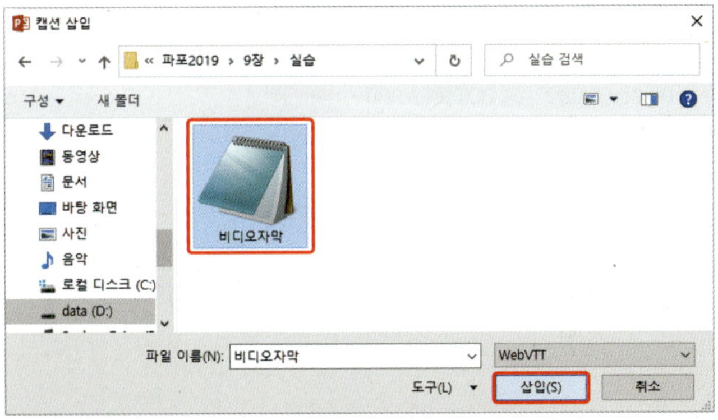

03 비디오 컨트롤 막대의 [자막] 단추를 클릭해 [비디오 자막]을 선택한다.

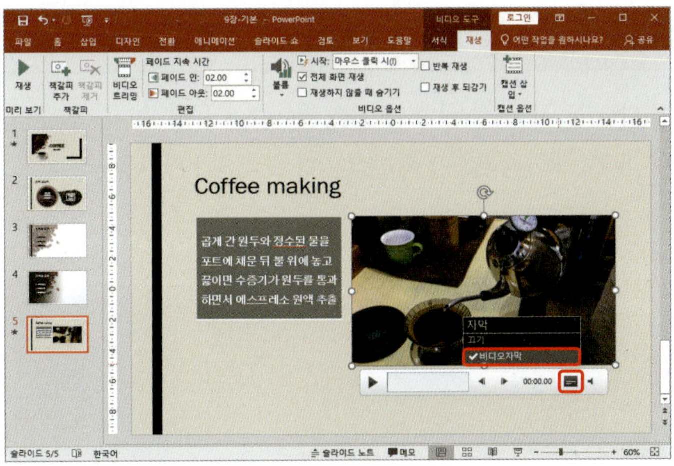

04 비디오 컨트롤 막대의 [▶ 재생] 단추를 클릭해 비디오를 재생해 보면 자막 파일에 기록된 시간에 따라 자막이 영상에 표시된다.

여기서 잠깐 **자막 파일(.vtt) 만드는 방법**

자막 파일에는 .srt, .smi, .sbv 등 다양한 형식이 있지만, 파워포인트에서는 .vtt 파일만 사용할 수 있다. Windows 메모장과 같은 텍스트 편집기에서 직접 자막 파일을 만들 수 있는데, 다음 그림과 같이 형식에 맞게 작성해야 한다.

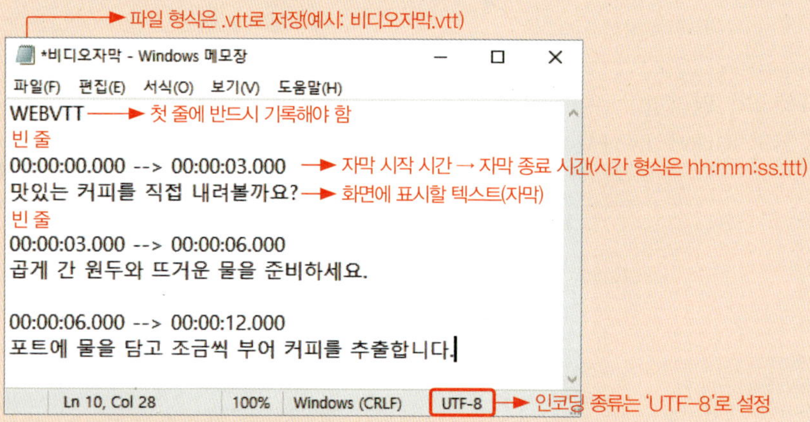

기본예제 9-5 비디오 편집하기

[비디오 도구]의 [서식] 탭에 있는 메뉴를 이용해 슬라이드에 삽입된 비디오의 밝기와 대비를 조절해보자. 또한, 비디오 표지가 되는 포스터 틀을 설정하고 3차원 도형 모양으로 비디오 스타일을 변경해보자.

01 슬라이드 5를 선택한 상태에서 [비디오 도구]의 [서식] 탭–[조정] 그룹–[수정] 목록에서 [밝기/대비]–[밝기 : +20% 대비 : +20%]를 선택한다.

02 이번엔 [비디오 도구]의 [서식] 탭–[조정] 그룹–[포스터 프레임]–[파일의 이미지]를 선택한다.

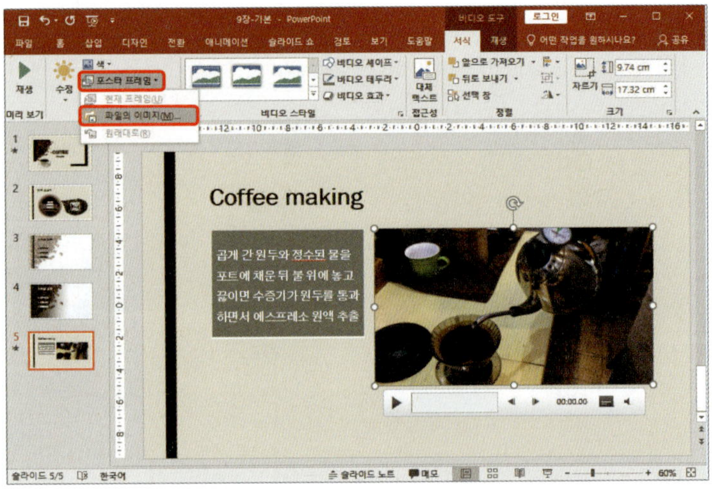

03 [그림 삽입] 창에서 [파일에서]를 클릭한다. [그림 삽입] 대화상자가 열리면 '비디오표지.jpg' 파일을 선택하고 [삽입]을 클릭한다.

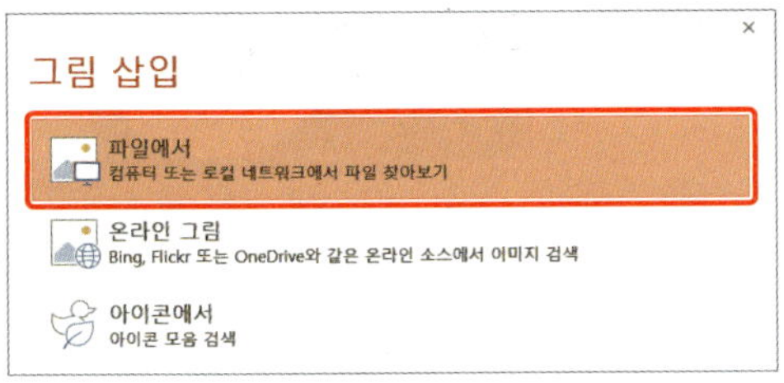

04 [비디오 도구]의 [서식] 탭 –[비디오 스타일] 그룹–[비디오 스타일] 목록에서 [자세히] 단추를 클릭해 [강함]의 [입체 원근감(왼쪽)]을 선택한다.

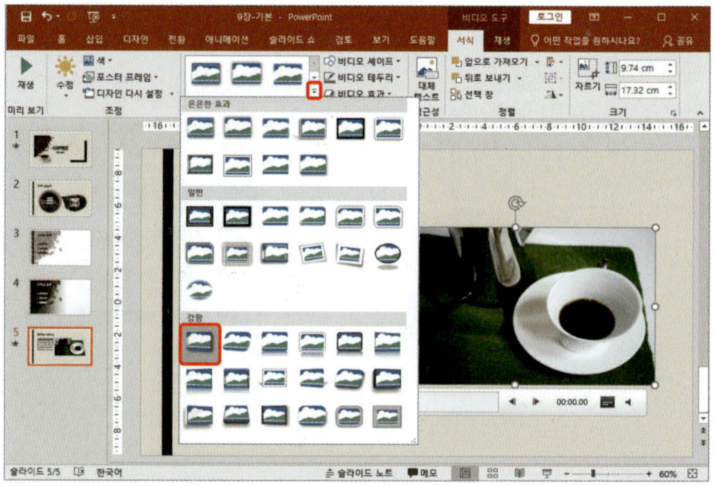

05 [비디오 도구]의 [서식] 탭 –[비디오 스타일] 그룹–[비디오 셰이프] 목록에서 [사각형]의 [모서리가 둥근 직사각형]을 선택한다.

06 슬라이드에 비디오 표지와 스타일이 설정한 대로 적용되어 있는지 확인하고, 비디오 컨트롤 막대의 [▶ 재생] 단추를 클릭해 재생해본다.

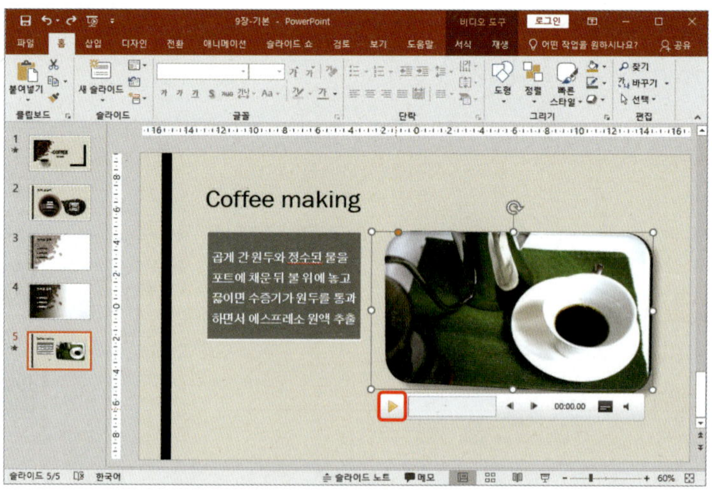

2.2 화면 녹화와 온라인 비디오 활용

파워포인트에는 오디오 녹음뿐 아니라 화면 녹화 기능도 있어서 필요한 미디어 파일을 직접 만들 수 있다. 마이크나 스피커가 컴퓨터에 연결되어 있으면 오디오 녹음이 가능하며, 유튜브와 같은 웹사이트에서 제공하는 영상을 검색해 프레젠테이션에 활용하는 경우도 많다. 화면 녹화와 온라인 비디오를 활용하는 방법에 대해 알아보자.

기본예제 9-6 화면 녹화하기

파워포인트의 화면 녹화 기능은 슬라이드 쇼나 실행 중인 프로그램 창, 혹은 직접 지정한 영역에서 스크린에 표시되는 동작을 녹화하는 방법이다. 화면 녹화 기능을 이용해 필요한 동영상을 만들어보자.

01 파워포인트에서 화면을 녹화하려면 녹화할 프로그램을 미리 실행해둬야 하는데, CHAPTER 08에서 만든 사진 앨범 프레젠테이션을 이용하기로 하자. '커피 스토리.pptx' 파일을 열고 화면 하단 작업 표시줄의 [읽기용 보기] 단추를 클릭한다.

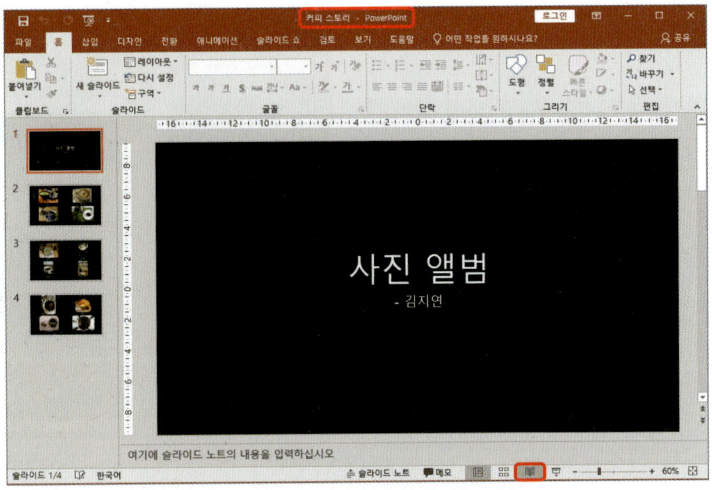

02 '9장-기본.pptx' 파일이 열려 있는 프레젠테이션에 [빈 화면] 레이아웃의 슬라이드를 하나 추가하고, [삽입] 탭-[미디어] 그룹-[화면 녹화]를 선택한다.

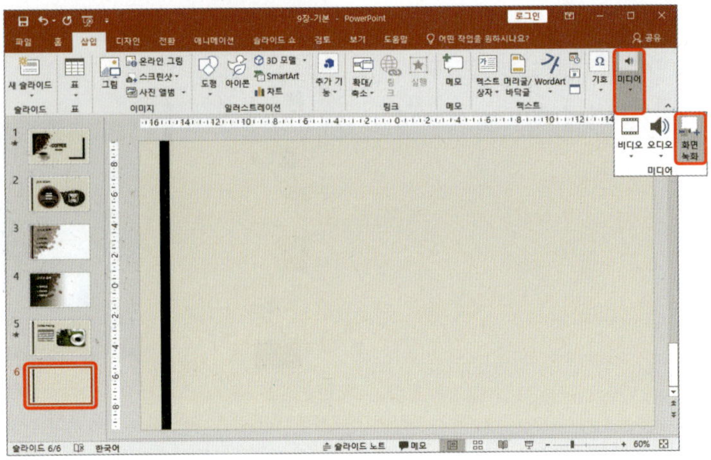

03 [화면 녹화] 메뉴 중 [영역 선택]을 클릭하고, 녹화할 화면 영역을 마우스로 드래그한다.

TIP 녹화 영역이 선택되면 화면의 나머지 부분은 흐리게 표시되고 선택한 영역만 선명하게 나타난다.

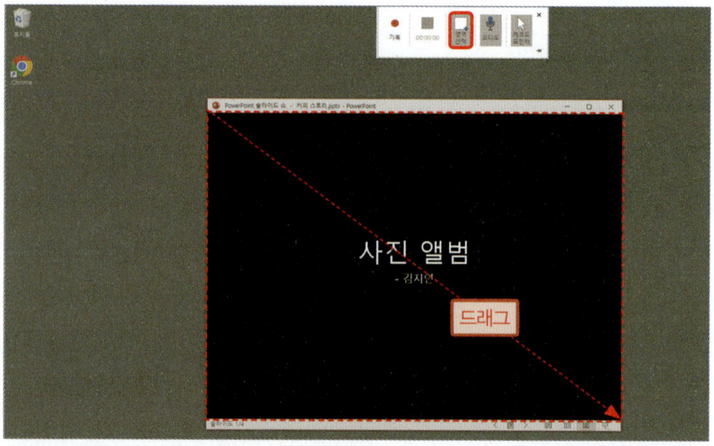

04 [화면 녹화] 메뉴에서 [기록]을 클릭한 후 3초가 지나면 녹화가 시작된다. 사진 앨범 프레젠테이션의 슬라이드 쇼를 진행시키다가 녹화를 끝내고 싶다면 단축키 ⊞+Shift+Q를 누른다.

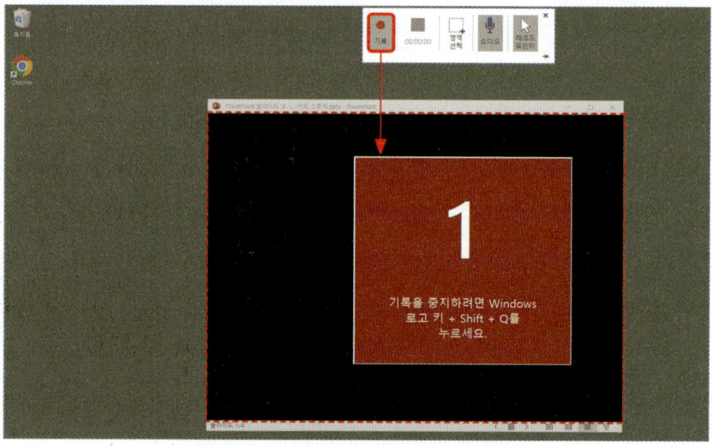

05 녹화가 종료되면 슬라이드 6에 비디오가 삽입된다. [▶ 재생] 단추를 클릭하면 녹화된 내용을 확인해볼 수 있다.

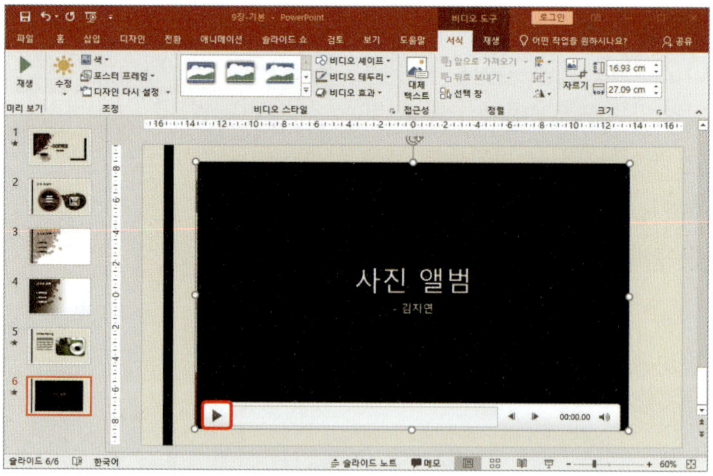

06 녹화된 비디오 화면을 마우스 오른쪽으로 클릭하고 [다른 이름으로 미디어 저장]을 선택하면 동영상 파일(.mp4)로 저장할 수 있다.

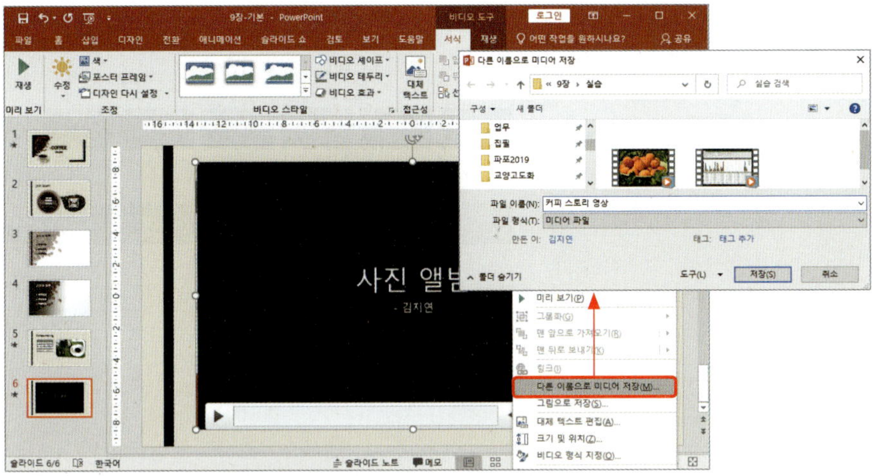

기본예제 9-7 온라인 비디오 활용하기

직접 만들거나 컴퓨터에 저장해둔 파일이 아니라 웹브라우저에서 검색한 영상을 슬라이드에 삽입하는 방법에 대해 알아본다.

> **TIP** 외부에서 가져온 비디오 파일을 슬라이드에 직접 삽입하는 기능은 파워포인트 2010부터 지원된다.

01 '9장-기본.pptx' 파일이 열려 있는 프레젠테이션에 [제목만] 레이아웃의 슬라이드를 추가한다. 제목에 *Latte Art*를 입력하고 [삽입] 탭–[미디어] 그룹–[비디오]–[온라인 비디오]를 선택한다.

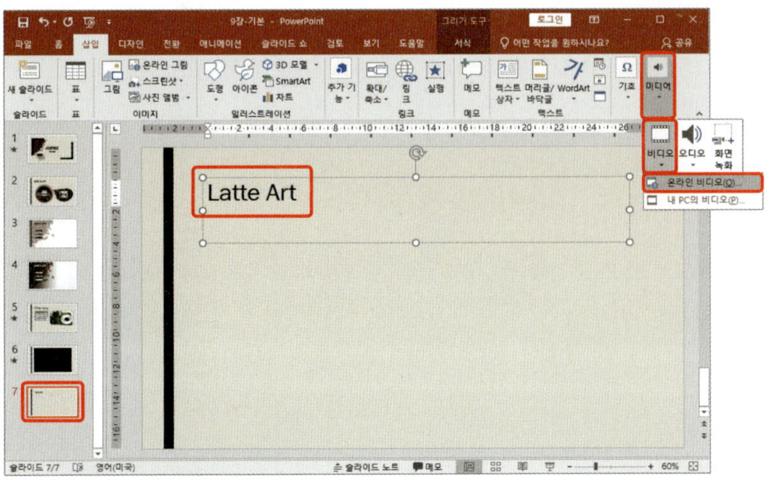

02 [비디오 삽입] 창의 [YouTube] 검색란에 *latte art*라고 입력하고 Enter 키를 누른다. 비디오 검색 결과가 나타나면 원하는 항목을 선택하고 [삽입]을 클릭한다.

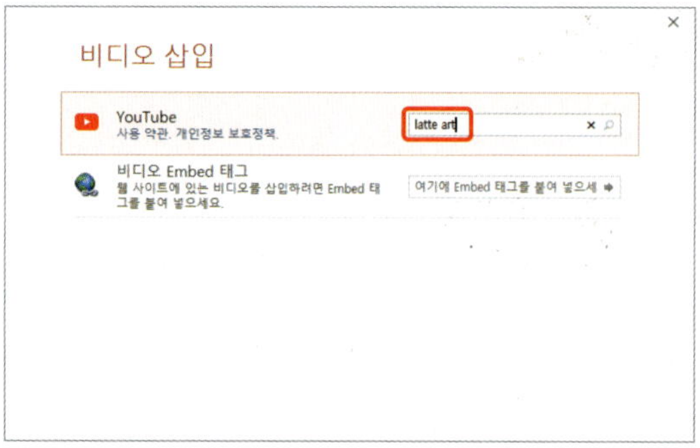

여기서 잠깐 **비디오 파일 주소 활용**

[비디오 삽입] 창의 검색란에 비디오 파일의 주소(URL, Uniform Resource Locator)를 직접 입력해도 된다. 웹브라우저로 유튜브에서 필요한 비디오를 검색하면 [공유] 메뉴가 있다. 이를 클릭하면 URL을 복사할 수 있고, 파워포인트로 돌아와 [비디오 삽입] 창의 [YouTube] 검색란에 붙여넣으면 된다.

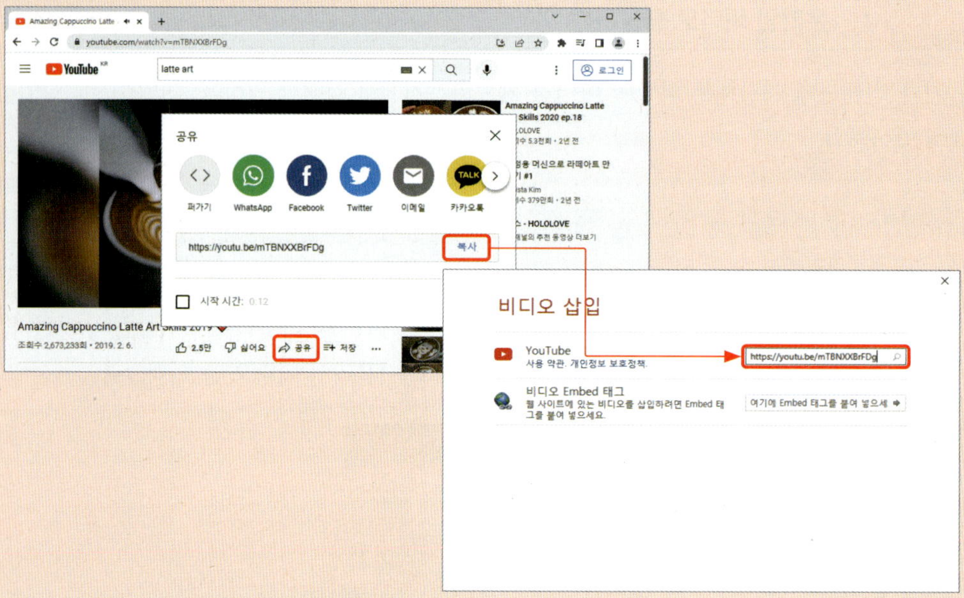

TIP Microsoft 365 버전에는 검색 키워드로 비디오를 검색하는 기능이 없다. 온라인 비디오 주소 입력란에 비디오 파일 주소(URL)를 입력해야 한다.

03 삽입된 비디오를 마우스로 드래그해 위치와 크기를 조절한다. [비디오 도구]의 [서식] 탭–[미리 보기] 그룹–[재생]을 클릭한다.

04 유튜브 영상에 연결되었을 때의 화면이 나타나고 [재생] 단추를 클릭하면 비디오가 실행된다.

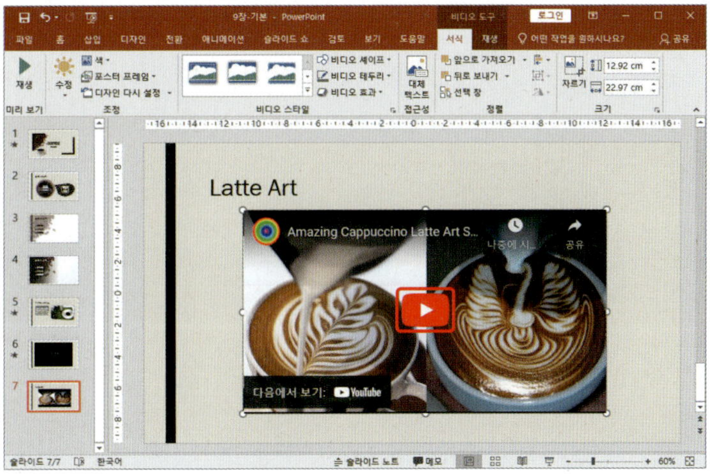

종합예제

파워포인트의 멀티미디어 도구를 활용해 프레젠테이션을 만들어보자. 예제에 사용되는 그림과 비디오 파일은 실습 자료로 제공되므로 다운로드해 사용하면 된다.

1 파워포인트를 실행하고 [새 프레젠테이션]을 선택한다. 슬라이드 1을 [홈] 탭–[슬라이드] 그룹–[레이아웃] 목록의 [빈 화면]으로 변경한다.

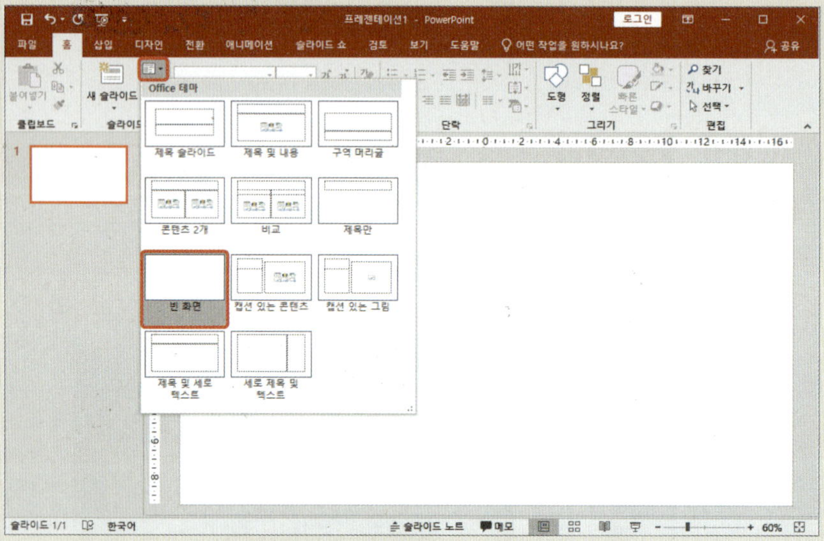

2 [디자인] 탭–[사용자 지정] 그룹–[슬라이드 크기]–[표준(4:3)]을 선택하고 대화상자가 열리면 [맞춤 확인]을 클릭한다.

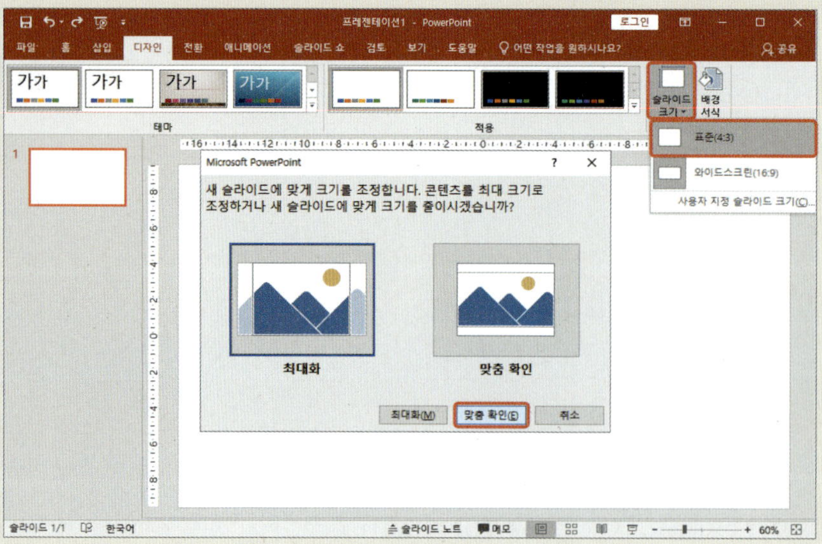

3 [디자인] 탭–[사용자 지정] 그룹–[배경 서식]을 선택한다. [배경 서식] 작업 창의 [채우기] 탭–[채우기]–[그림 또는 질감 채우기]를 선택하고 [다음에서 그림 삽입] 중 [온라인]을 클릭한다.

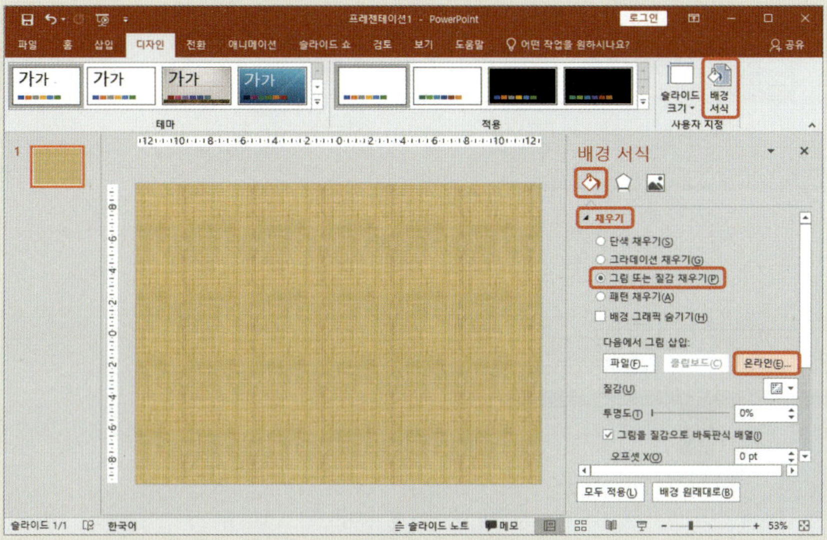

4 [온라인 그림] 창 검색란에 *모니터*라고 입력하고 Enter 키를 누른다. 원하는 그림을 선택한 후 [삽입]을 클릭한다.

종합예제

5 [배경 서식] 작업 창의 [채우기] 탭-[채우기]-[투명도]를 [40%]로 설정한다. [오프셋 왼쪽], [오프셋 오른쪽], [오프셋 위쪽], [오프셋 아래쪽]을 설정해 삽입한 그림 크기가 슬라이드에 맞도록 조정한다.

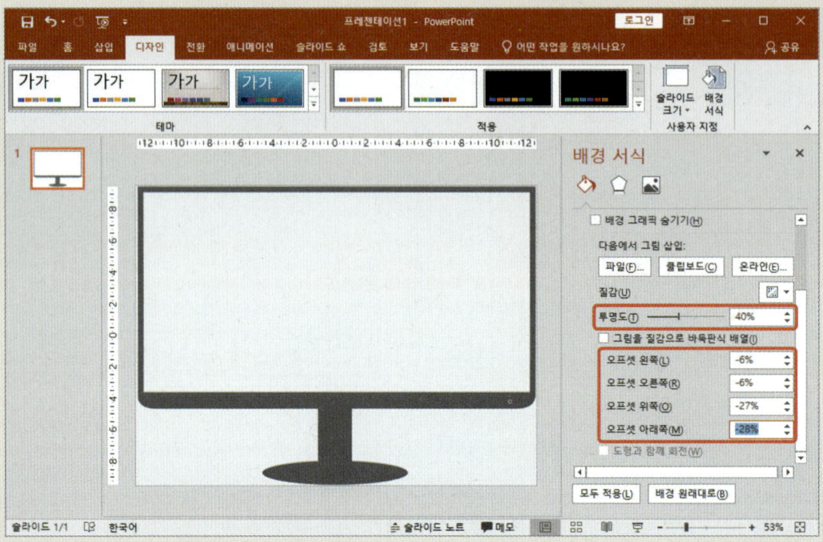

TIP 오프셋은 삽입한 그림에 따라 다르게 설정될 수 있다. 슬라이드에 그림이 꽉 차도록 오프셋을 조절한다.

6 [삽입] 탭-[미디어] 그룹-[비디오]-[내 PC의 비디오]를 선택한다. [비디오 삽입] 대화상자가 열리면 '시스템구축사례.mp4' 파일을 선택하고 [삽입]을 클릭한다.

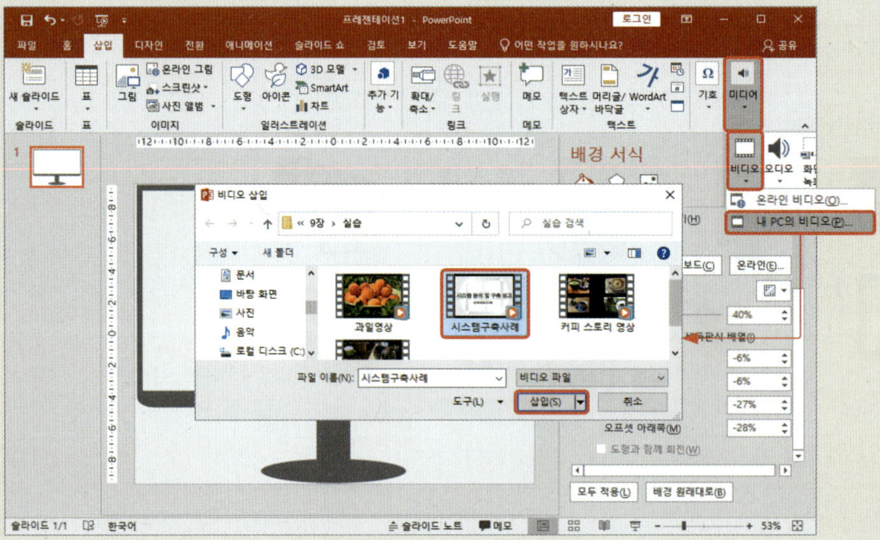

7 비디오의 크기와 위치를 모니터 그림에 맞게 마우스로 조절하고, [비디오 도구]의 [재생] 탭-[비디오 옵션] 그룹-[전체 화면 재생]을 클릭한다.

8 [비디오 형식 지정] 작업 창을 열어 [효과] 탭-[부드러운 가장자리] 항목의 [크기]를 [1pt]로 설정하고 작업 창을 닫는다.

TIP 비디오의 가장자리를 부드럽게 설정하면 화면이 확대되었을 때 배경으로 설정한 모니터 그림과 자연스럽게 어울리게 된다.

종합예제

9 비디오의 표지를 만들기 위해 [홈] 탭–[슬라이드] 그룹–[새 슬라이드] 목록에서 [제목 슬라이드]를 선택해 추가한다.

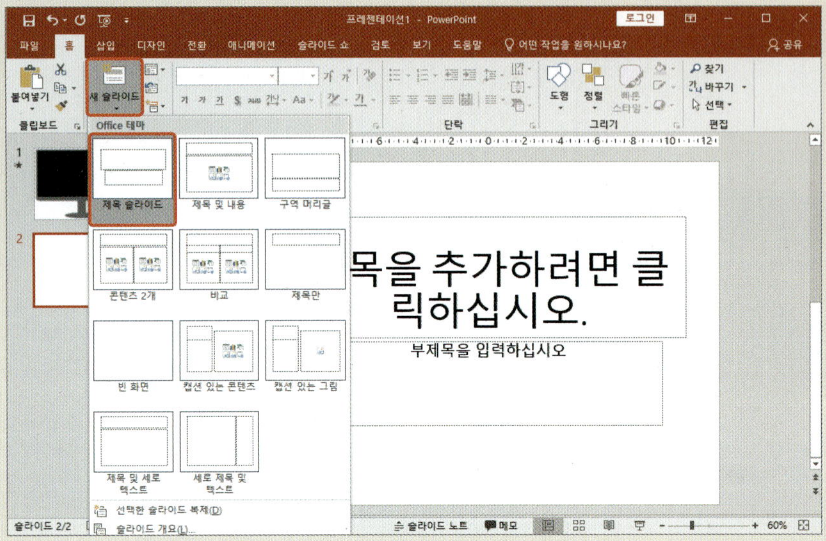

10 제목과 부제목을 각각 *시스템 구축 사례*, *화면을 클릭하고 동영상 보기*라고 입력하고 [디자인] 탭–[적용] 그룹의 세 번째 항목을 선택한다.

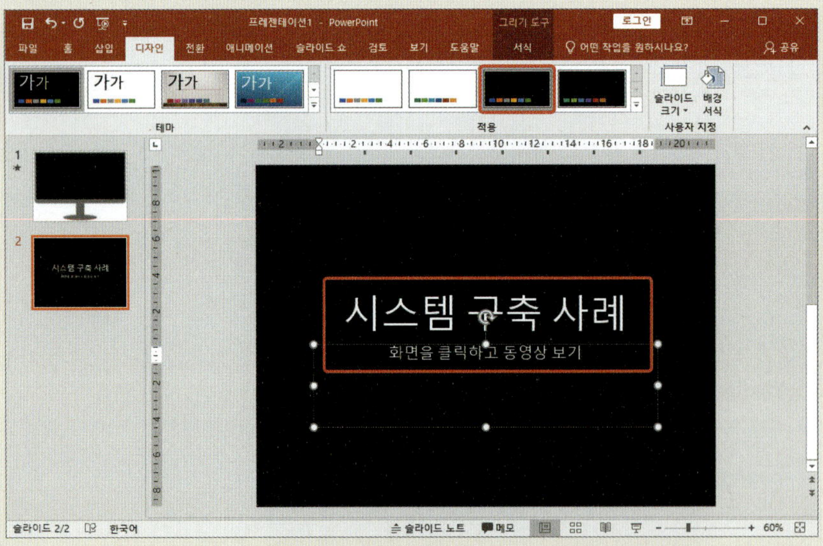

11 [파일] 탭–[내보내기]를 눌러 [파일 형식 변경]을 선택한다. 목록에서 [JPEG 파일 교환 형식]을 선택하고 [다른 이름으로 저장]을 클릭한다.

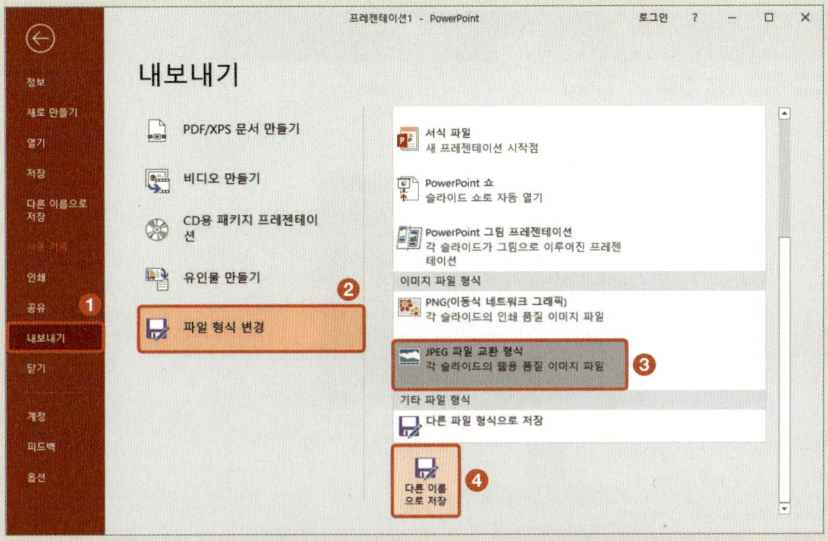

TIP [파일 형식]은 .png나 .gif처럼 다른 이미지 파일 형식을 사용해도 된다.

12 [다른 이름으로 저장] 대화상자가 열리면 [파일 이름]은 *영상표지*라고 입력하고 [저장]을 클릭한다. 내보낼 슬라이드를 선택하는 [Microsoft PowerPoint] 대화상자가 나타나면 [현재 슬라이드만]을 클릭한다.

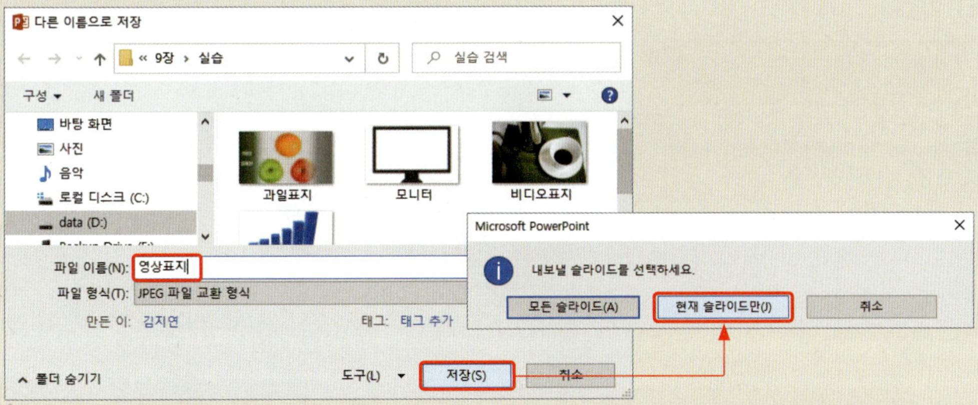

종합예제

13 슬라이드 1의 비디오를 선택하고 [비디오 도구]-[서식] 탭-[조정] 그룹-[포스터 프레임]-[파일의 이미지]를 선택한다.

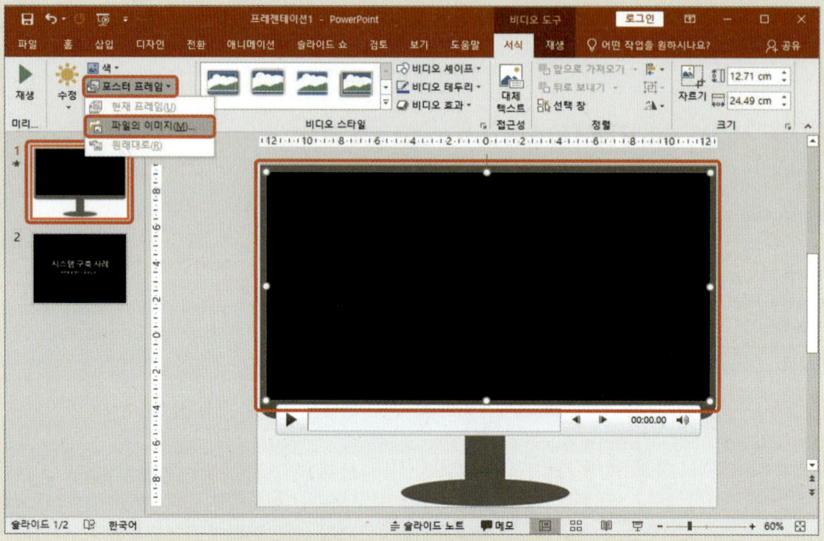

TIP 비디오 표지를 만들 때 사용한 슬라이드 2는 삭제해도 된다.

14 [그림 삽입] 창에서 [파일에서]를 클릭한다. [그림 삽입] 대화상자가 열리면 만들어 둔 '영상표지.jpg' 파일을 선택하고 [삽입]을 클릭한다.

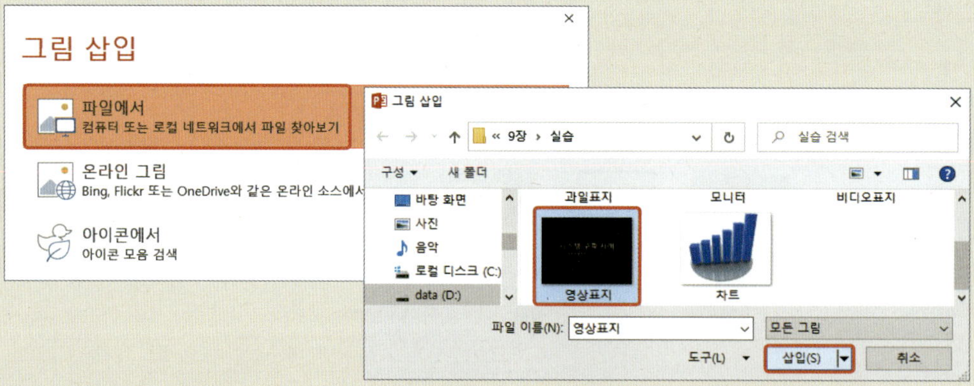

15 [파일] 탭-[정보]를 선택하고 [미디어 압축] 목록-[HD(720p)]를 선택한다. 압축 작업이 완료되면 [미디어 압축] 대화상자의 [닫기]를 클릭한다.

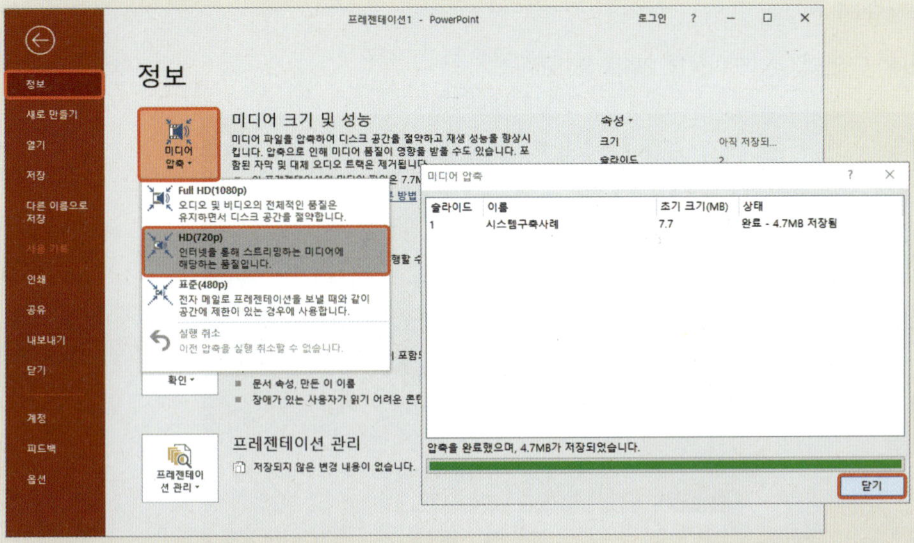

16 파워포인트 화면으로 돌아와 하단 작업 표시줄의 [읽기용 보기] 단추를 클릭한다. 슬라이드 쇼가 진행되면 표지를 클릭해 비디오가 재생되는 모습을 확인해본다.

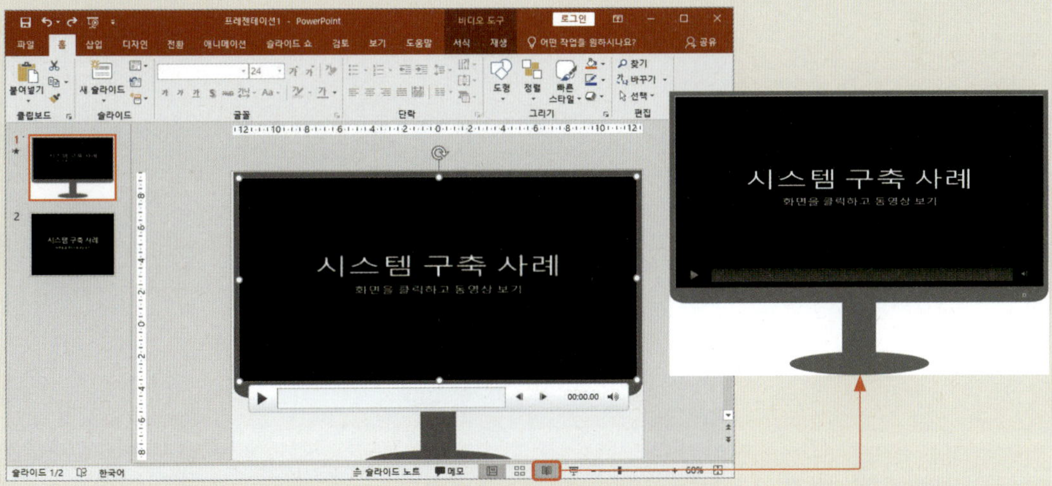

연습문제

1 '9장-연습.pptx' 파일을 이용해 다음의 지시대로 오디오를 설정하시오.

❶ 소스로 제공하는 '배경음악.mp3' 파일을 프레젠테이션 배경 음악으로 설정하여 프레젠테이션 시작부터 끝까지 자동으로 반복 재생되도록 하시오.

❷ 오디오의 [페이드 인]과 [페이드 아웃]을 2초로 설정하시오.

2 프레젠테이션 파일을 이용해 다음의 지시대로 비디오를 만드시오.

① 소스로 제공하는 '과일그림모음.pptx' 파일을 열고 [내보내기]를 이용해 비디오를 만드시오.

② 비디오의 품질은 [Full HD(1080p)]로 설정하시오.

③ [각 슬라이드에 걸린 시간(초)]는 3초로 설정하시오.

④ 만들어진 비디오는 '과일영상.mp4'로 저장하시오.

3 다음의 지시대로 비디오 파일을 만들어 슬라이드에 추가하시오.

❶ '9장-연습.pptx' 프레젠테이션에 슬라이드를 추가하고 비디오를 삽입하시오. 삽입할 비디오는 연습문제 **2**에서 만든 '과일영상.mp4' 파일을 이용하시오.

❷ 슬라이드 2를 이미지 파일 형식으로 내보내기('과일표지.png')하여 비디오의 포스터 프레임으로 설정하시오.

❸ 비디오 스타일을 [일반 입체 사각형]으로 설정하시오.

❹ 비디오의 [페이드 인]과 [페이드 아웃]을 모두 1초로 설정하고 자동 실행되도록 하시오.

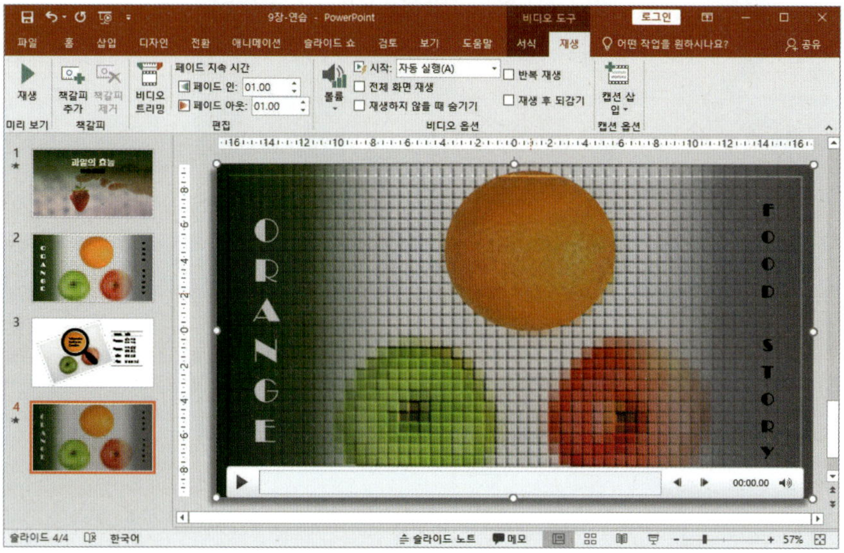

CHAPTER 10

애니메이션 활용

01 애니메이션 설정하기

02 애니메이션 활용하기

종합예제

연습문제

학습목표

- 애니메이션의 종류를 알고 효과를 설정할 수 있다.
- 애니메이션 옵션을 편집하고 활용할 수 있다.

SECTION 01

애니메이션 설정하기

텍스트, 도형, 스마트아트 등 슬라이드에 삽입되어 있는 개체에는 애니메이션 효과를 설정할 수 있다. 애니메이션을 활용하면 개체가 나타났다 사라지거나 이동하기도 하고 색이 바뀌는 등 프레젠테이션을 동적으로 구성해 청중의 이목을 집중시키고 분위기를 환기시킬 수 있다. 또한 슬라이드의 내용을 좀 더 쉽게 이해할 수 있도록 돕는 역할도 한다. 프레젠테이션의 목적과 상황에 잘 어울리는 애니메이션 효과에 대해 알아본다.

1.1 애니메이션의 종류와 설정

파워포인트에서 제공하는 다양한 애니메이션은 동작에 따라 나타내기, 끝내기, 강조, 이동 경로 네 가지로 구분할 수 있다. 각각 다음과 같은 특징이 있다.

종류	효과 설정 후 동작	
	동작 예시	효과 설명
나타내기	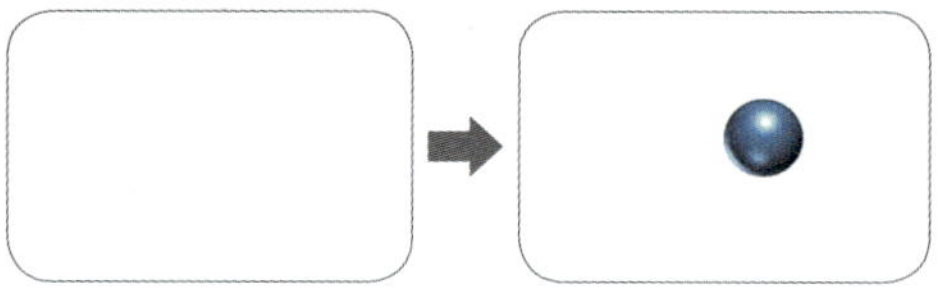	올라오기 등의 설정 효과로 슬라이드에 없던 개체가 나타난다.
끝내기	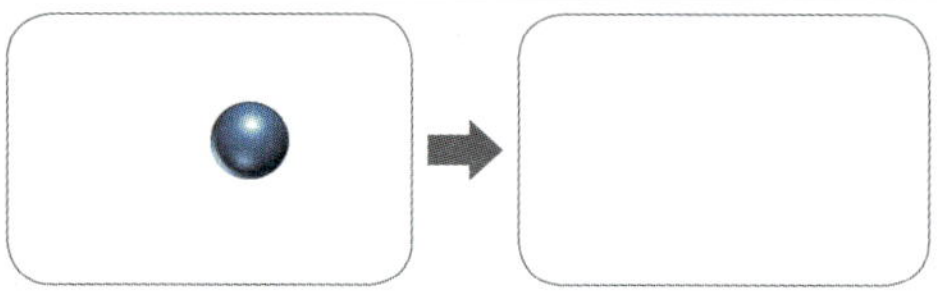	가라앉기 등의 효과로 슬라이드에 표시된 개체가 사라진다.
강조	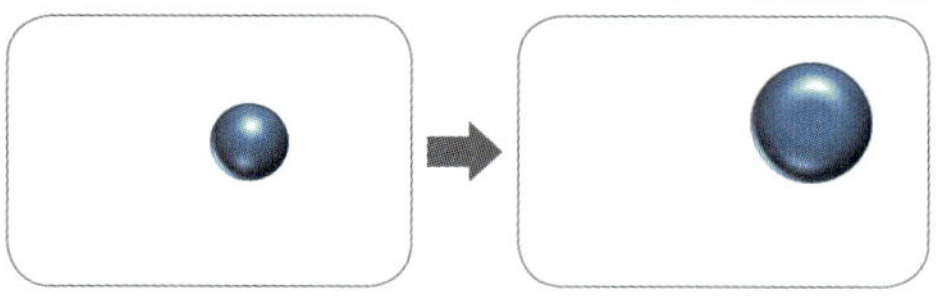	슬라이드에 있는 개체의 크기나 색 등이 변화하면서 강조된다.
이동 경로	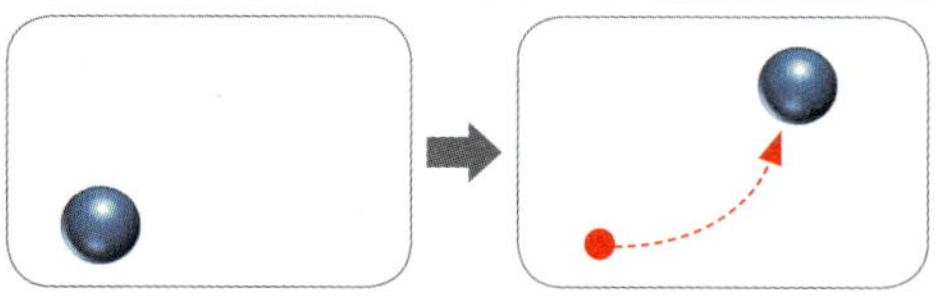	슬라이드에 있는 개체가 지정한 경로를 따라 이동한다.

▲ 애니메이션 종류와 특징

애니메이션은 슬라이드에 있는 제목이나 내용을 보여주는 텍스트 상자, 도형과 그림, 스마트아트 및 차트 등 모든 개체에 적용할 수 있다. 자주 사용하는 애니메이션 방식 몇 가지를 개체에 적용하고 효과 옵션이나 타이밍 등을 설정하는 방법에 대해 알아보자.

기본예제 10-1 애니메이션 설정하기와 지우기

애니메이션 종류를 선택하고 재생 시간을 변경하거나 설정한 애니메이션을 제거하는 기본적인 방법을 알아보자.

01 '10장-기본.pptx' 파일을 열고 슬라이드 2를 선택한다.

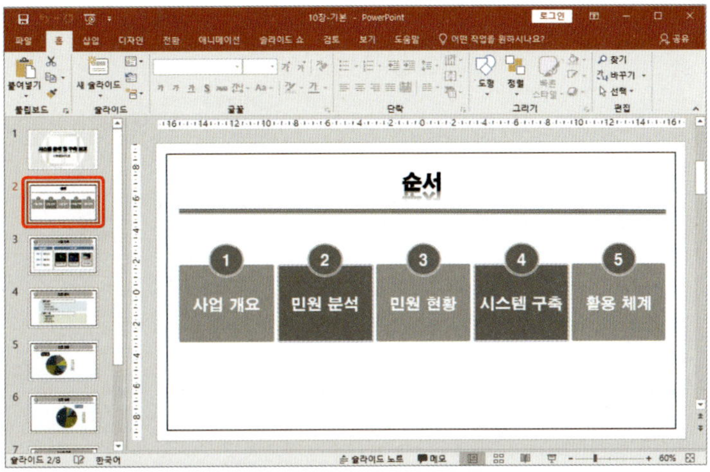

02 슬라이드 내에 '① 사업 개요'가 적힌 도형을 선택하고 [애니메이션] 탭–[애니메이션] 그룹의 목록에서 [밝기 변화]를 선택한다.

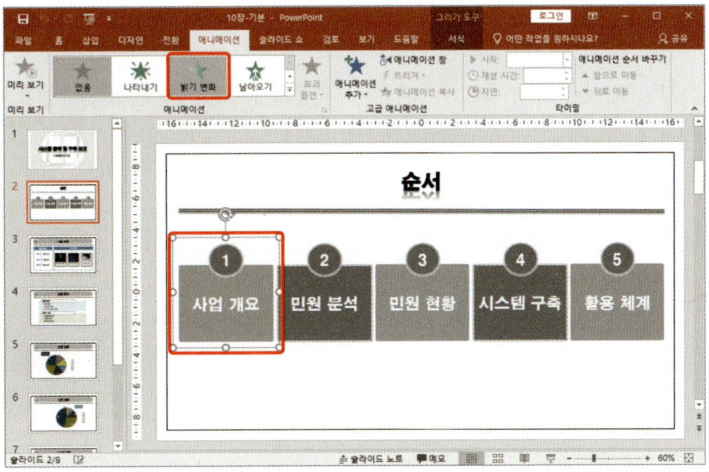

여기서 잠깐 ▶ 다양한 애니메이션 효과

[애니메이션] 그룹에 있는 [자세히] 단추를 클릭하면 유형별로 다양한 효과를 볼 수 있고, 목록 하단에는 추가 효과를 선택할 수 있는 메뉴도 있다. 가령 [추가 나타내기 효과]를 선택하면 [기본 효과], [은은한 효과], [온화한 효과], [화려한 효과]로 분류된 더 많은 나타내기 효과를 사용할 수 있다.

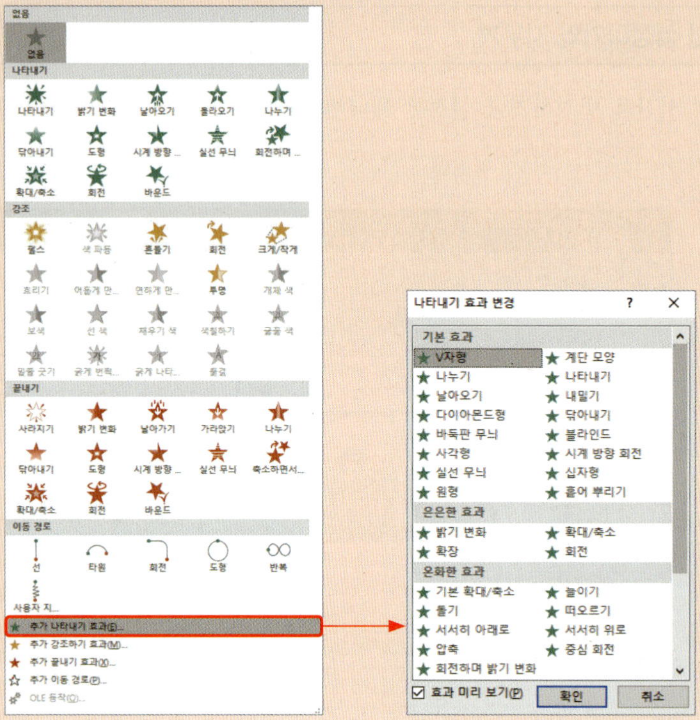

03 [애니메이션] 탭-[타이밍] 그룹에서 [재생 시간]을 [01.00](1초)로 변경하고 [미리 보기] 탭-[미리 보기]를 클릭해 설정한 애니메이션을 재생해본다.

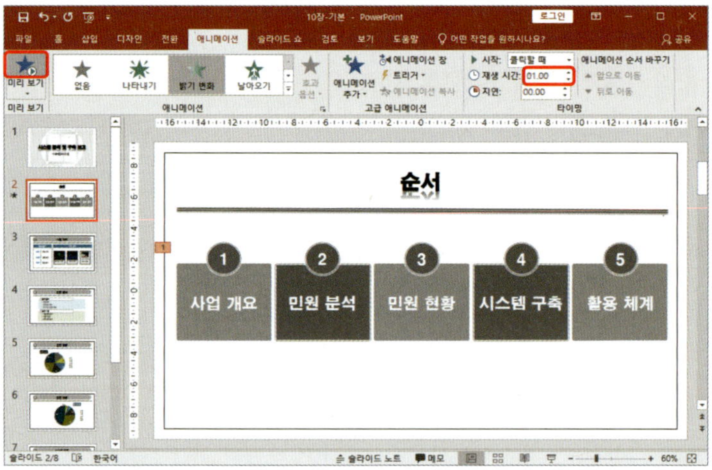

04 설정한 애니메이션을 제거하려면 해당 개체를 선택하고 [애니메이션] 탭–[애니메이션] 그룹에서 [없음]을 적용하면 된다.

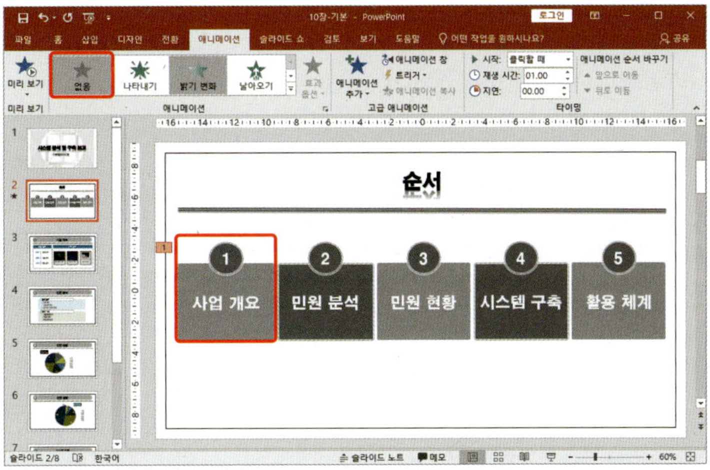

05 '② 민원 분석'이 적힌 도형을 선택하고 [애니메이션] 탭–[애니메이션] 그룹의 [자세히] 단추를 클릭해 [강조]의 [투명]을 선택한다.

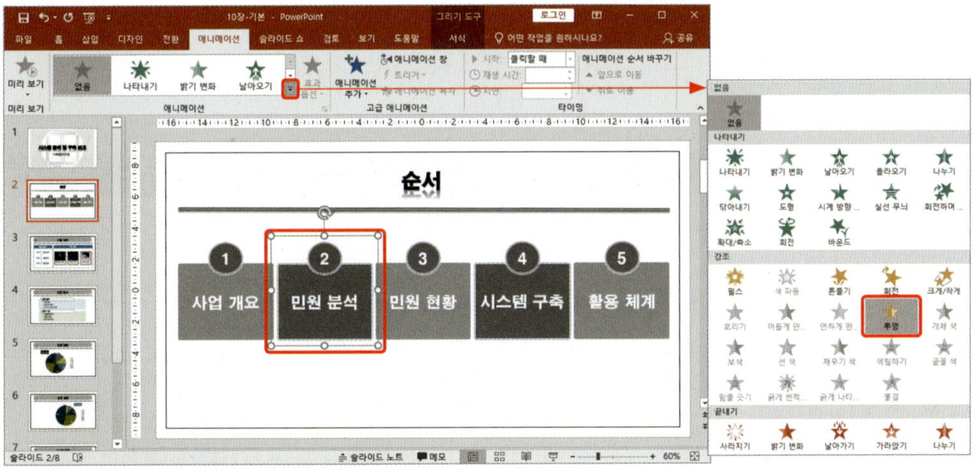

TIP [투명] 효과는 선택한 개체를 투명하게 만들어 다른 개체가 더 잘 보이도록 강조할 때 주로 사용한다.

TIP 현재 선택한 도형 개체가 그룹일 때 일부 강조 효과는 선택할 수 없다. 단일 개체가 아닐 때는 사용할 수 있는 애니메이션 효과 종류가 제한된다.

여기서 잠깐 **추가 강조하기 효과와 추가 끝내기 효과**

[애니메이션] 그룹에 있는 [▾ 자세히] 단추를 클릭해 [추가 강조하기 효과]를 선택하면 기본 효과 외에도 다양한 강조하기 효과를 선택할 수 있다. [크게/작게], [밑줄 긋기], [흔들기], [깜박이기] 등의 효과를 적용해 개체를 부각할 때 사용한다.

[추가 끝내기 효과]를 선택하면 프레젠테이션 중 슬라이드에서 숨기고 싶은 개체를 다양한 모양으로 사라지게 할 수 있다. 많이 사용하는 끝내기 효과로는 [나누기], [사라지기], [실선 무늬], [밝기 변화] 등이 있다.

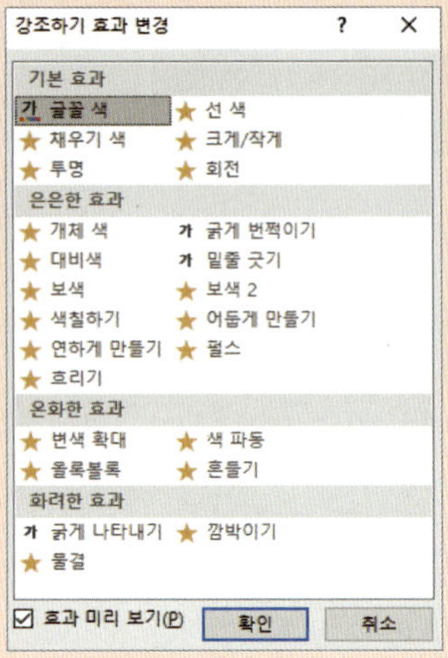

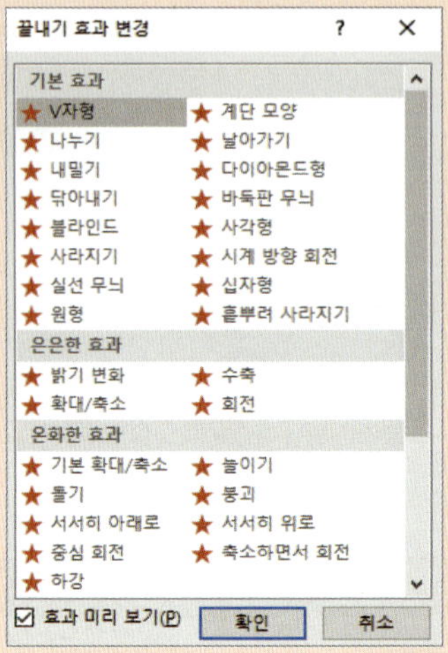

06 이번에는 '③ 민원 현황'이 적힌 도형을 선택하고 [애니메이션] 탭–[애니메이션] 그룹의 [▾ 자세히] 단추를 클릭해 [끝내기]의 [실선 무늬]를 선택한다.

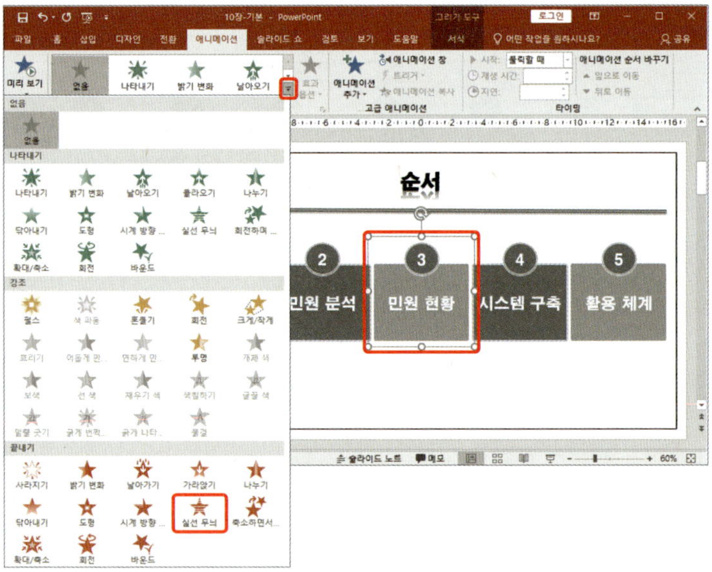

07 '④ 시스템 구축'이 적힌 도형을 선택하고 [애니메이션] 탭-[애니메이션] 그룹의 [자세히] 단추를 클릭해 [이동 경로]의 [선]을 선택한다.

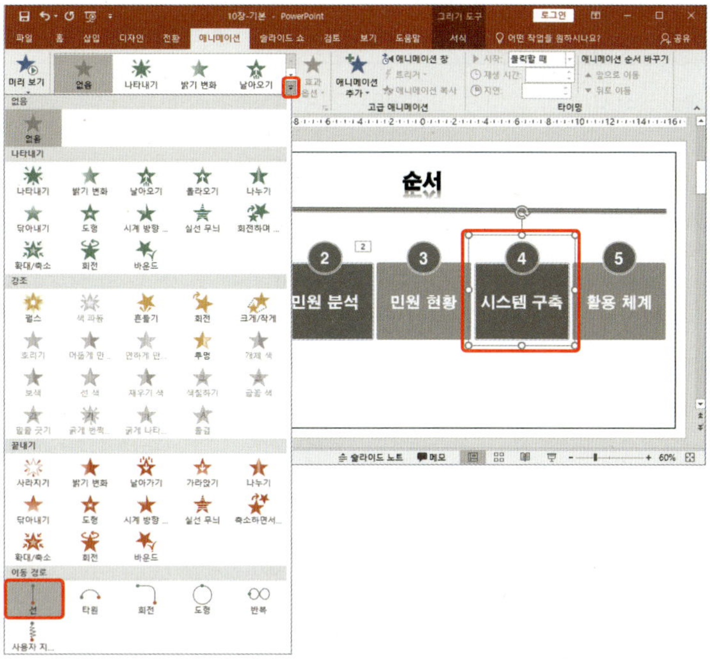

08 Shift 키를 누른 채 개체 앞에 표시된 애니메이션 순서 번호를 모두 선택한 후 Delete 키를 누르면 설정한 효과를 한꺼번에 제거할 수 있다.

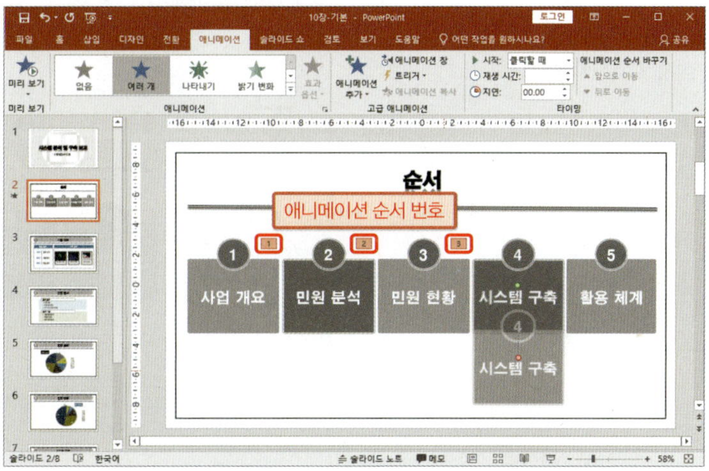

1.2 애니메이션 효과 옵션

텍스트나 스마트아트, 3D 모델과 같이 슬라이드에 삽입된 개체 종류에 따라 설정할 수 있는 애니메이션이 달라진다. 또, 설정한 애니메이션의 종류에 따라서도 각기 다른 효과 옵션이 제공된다. 가령 [나타내기] 효과 중 [밝기 변화]에서는 효과 옵션이 제공되지 않지만 [닦아내기]는 [아래에서], [왼쪽에서], [오른쪽에서], [위에서]와 같은 네 가지 효과 옵션을 선택할 수 있다. 다양한 효과 옵션을 활용해 애니메이션을 설정해보자.

기본예제 10-2 효과 옵션과 애니메이션 복사하기

애니메이션 효과 옵션을 설정하고, 설정한 애니메이션을 다른 개체에 복사해보자.

01 슬라이드 2의 '① 사업 개요'가 적힌 도형을 선택한다. [애니메이션] 탭–[애니메이션] 그룹의 [자세히] 단추를 클릭해 [나타내기] 목록에서 [닦아내기]를 선택한다.

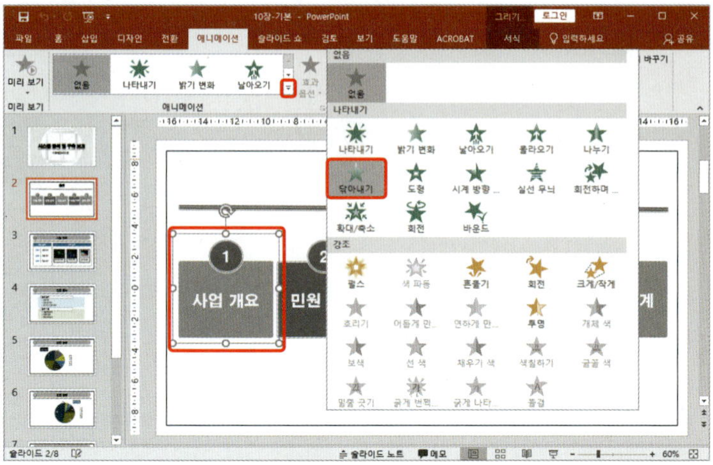

02 [애니메이션] 탭–[애니메이션] 그룹–[효과 옵션] 목록에서 [위에서]를 선택한다.

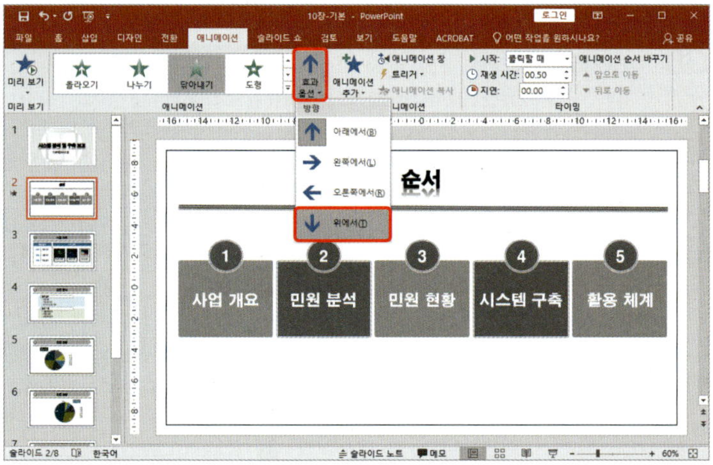

03 애니메이션이 설정된 도형을 다시 선택하고 [애니메이션] 탭–[고급 애니메이션] 그룹–[애니메이션 복사]를 클릭한다.

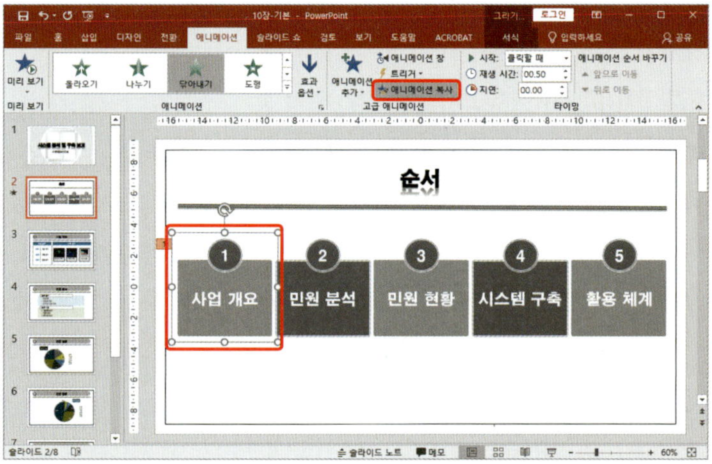

04 마우스가 [ ]모양으로 바뀌면 '② 민원 분석'이 적힌 도형을 클릭한다.

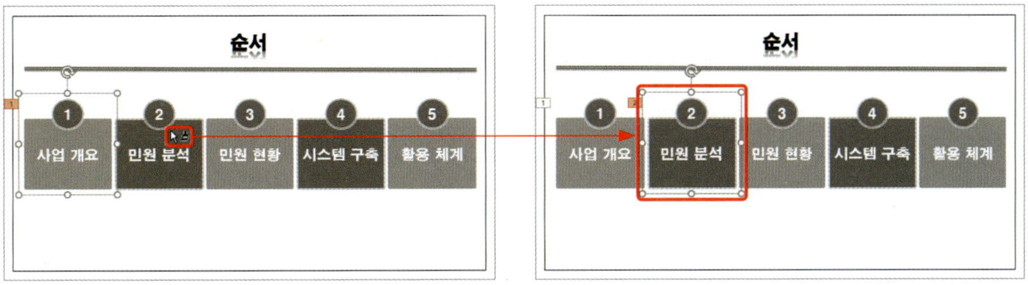

05 '③ 민원 현황', '④ 시스템 구축', '⑤ 활용 체계'가 적힌 도형을 모두 선택한다. [애니메이션] 탭–[애니메이션] 그룹의 목록에서 [나타내기]의 [나누기]를 선택하고, [효과 옵션]은 [가로 바깥쪽으로]를 설정한다.

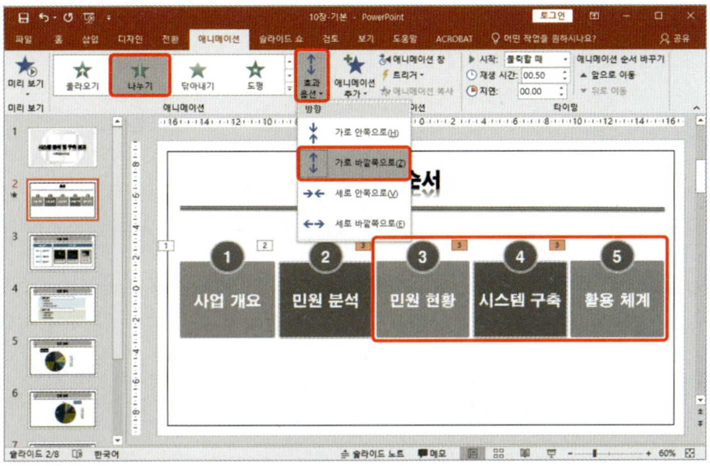

TIP 여러 개체를 한꺼번에 선택하고 애니메이션을 설정하면 하나의 개체처럼 동시에 같은 동작을 한다. 즉, 애니메이션을 복사했을 때와는 달리 애니메이션 순서 번호가 동일하다.

06 이번엔 슬라이드 3에서 '데이터 활용'이 적힌 3D 모델을 선택한 다음 [애니메이션] 탭–[애니메이션] 그룹 목록에서 [3D]–[스윙]을 선택한다. [효과 옵션]의 [강도]는 [강하게]로, [양]은 [두 번]으로 설정한다.

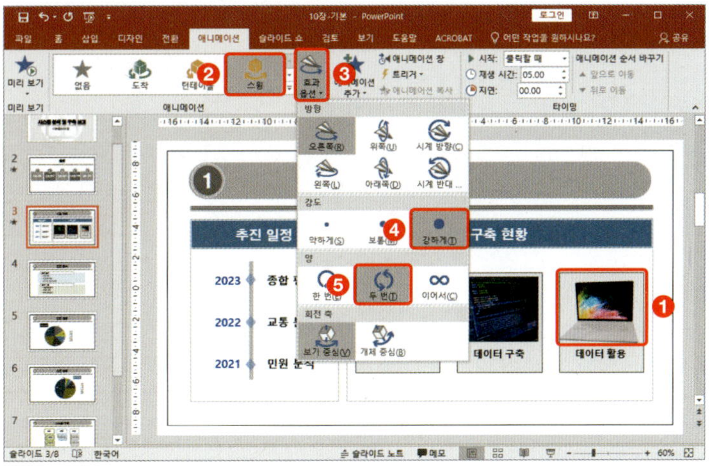

SECTION 02

애니메이션 활용하기

프레젠테이션에 애니메이션을 활용하면 청중의 집중도와 이해도를 높일 수 있지만, 진행에 지장을 미칠 만큼 과도하게 설정하는 것은 좋지 않다. 프레젠테이션의 목적과 상황에 어울리는 효과를 선택하고 재생 시간이나 순서, 소리나 반복 횟수 등의 효과 옵션을 적절하게 조정해야 좋은 자료를 만들 수 있다.

2.1 애니메이션 창

슬라이드에 애니메이션을 여러 개 설정할 때는 [애니메이션 창]을 이용하면 편리하다. 현재 슬라이드에 설정된 모든 애니메이션을 한눈에 볼 수 있어, 순서를 바꾸거나 추가 또는 삭제를 쉽게 할 수 있고 세부 효과 옵션이나 타이밍 메뉴도 바로 설정할 수 있다. [애니메이션 창]의 구성과 기능은 다음과 같다.

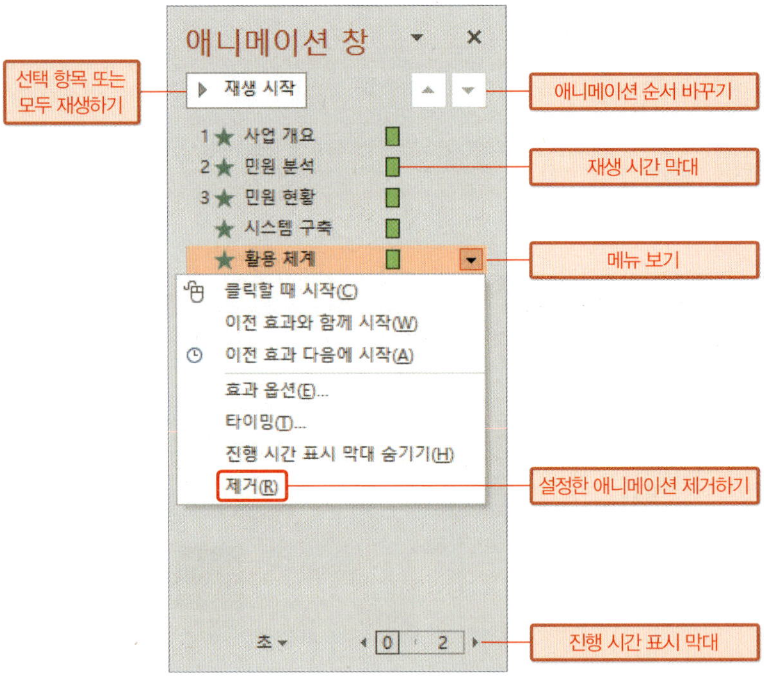

▲ 애니메이션 창 구성과 기능

TIP 애니메이션을 제거할 때 [제거] 메뉴를 클릭하는 대신 [애니메이션 창]에서 항목을 선택하고 Delete 키를 눌러도 된다.

기본예제 10-3 애니메이션 창에서 옵션 설정하기

[애니메이션 창]을 열어 설정된 애니메이션의 순서를 바꾸고 효과 옵션과 타이밍을 변경해보자.

01 '10장-기본.pptx' 파일의 슬라이드 2를 선택하고 [애니메이션] 탭–[고급 애니메이션] 그룹–[애니메이션 창]을 클릭한다.

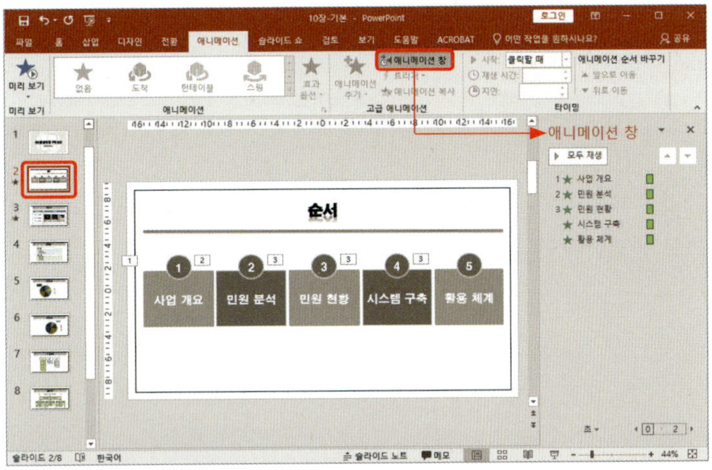

02 슬라이드 제목인 '순서' 텍스트 상자를 선택하고 [애니메이션] 탭–[애니메이션] 그룹의 [자세히] 단추를 클릭해 [강조]의 [흔들기]를 선택한다.

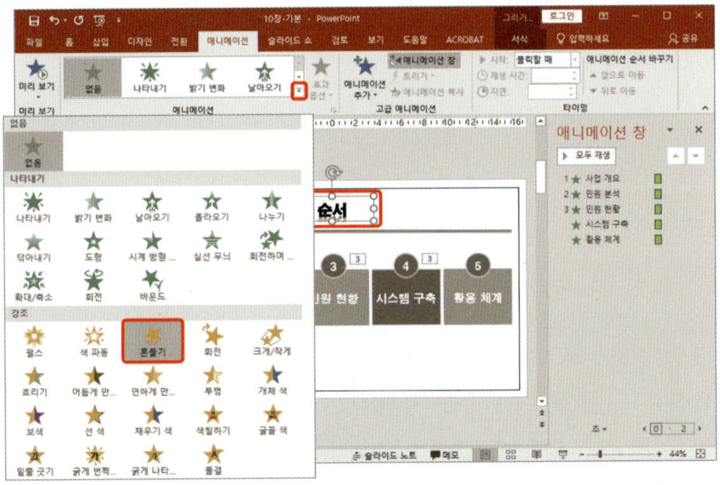

03 [애니메이션 창]에 추가된 '제목: 순서' 항목을 선택하고 [위로] 단추를 여러 번 클릭해 순서를 첫 번째로 변경한다.

TIP 항목을 선택한 뒤 마우스로 드래그하여 원하는 위치로 옮겨도 된다.

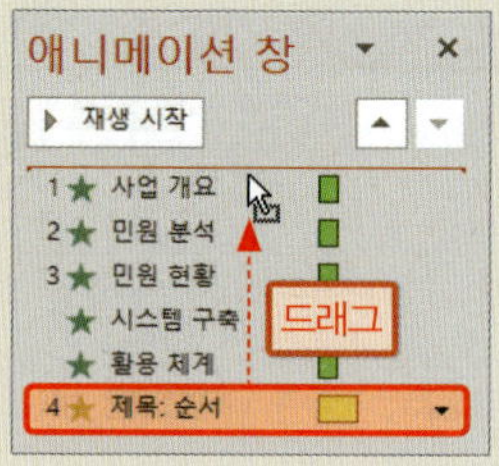

04 '제목: 순서' 항목의 재생 시간 막대를 마우스로 드래그하여 0.5초로 변경한다.

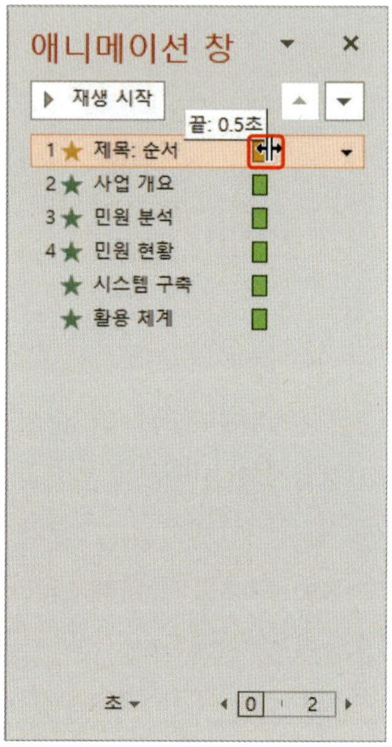

05 2번부터 4번 항목을 모두 선택하고 [▼ 목록] 단추를 클릭해 [이전 효과 다음에 시작]을 선택한다.

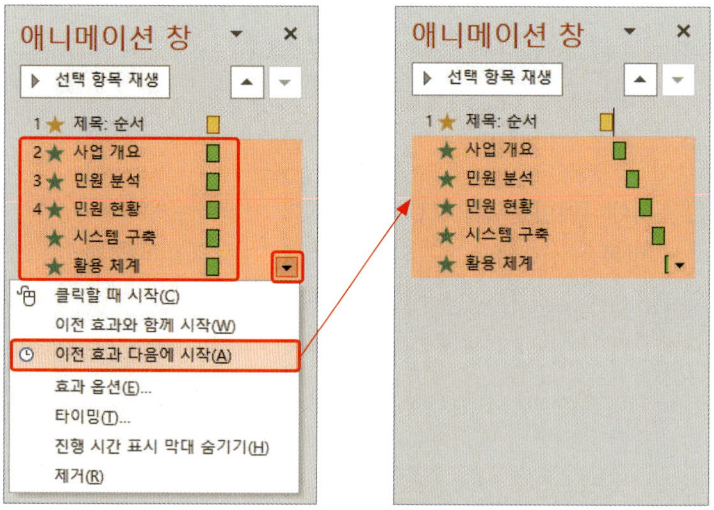

TIP 2번 항목을 선택하고 Shift 키를 누른 상태에서 마지막 항목을 클릭하면 해당 항목을 모두 선택할 수 있다.

기본예제 10-4 애니메이션 반복 재생과 색 변경하기

[애니메이션 창]에서는 애니메이션 종류에 따라 효과 옵션이나 소리 추가, 반복 재생 등을 세부적으로 설정할 수 있다. 제목 텍스트 상자에 설정한 애니메이션을 2번 반복하고, 애니메이션이 끝나면 글꼴 색이 변경되도록 설정해보자.

01 [애니메이션 창]에서 '제목: 순서'의 [▼ 목록] 단추를 클릭해 [효과 옵션]을 선택한다.

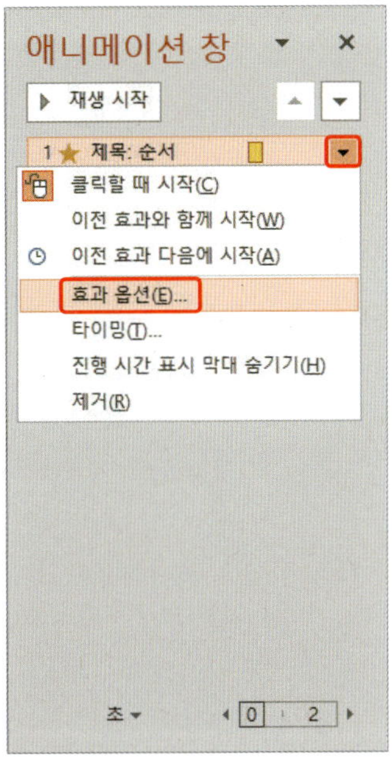

02 [흔들기] 대화상자가 나타나면 [효과] 탭에서 [애니메이션 후]의 [▼ 목록] 단추를 클릭하고 애니메이션이 끝나면 바뀔 글꼴 색을 그림과 같이 선택한다.

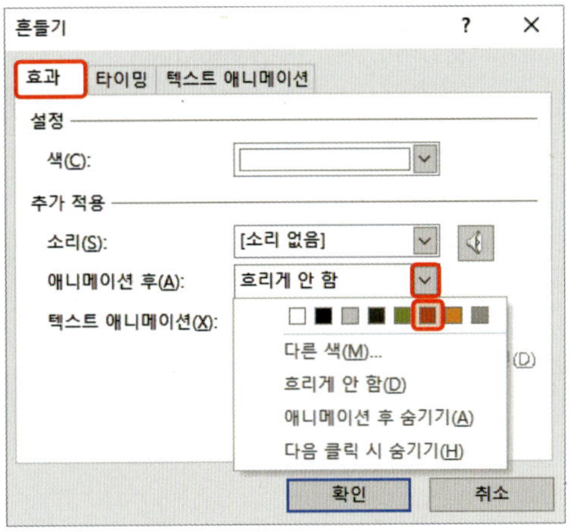

03 같은 탭에서 [텍스트 애니메이션] 목록으로 이동해 [단어 단위로]를 선택한다.

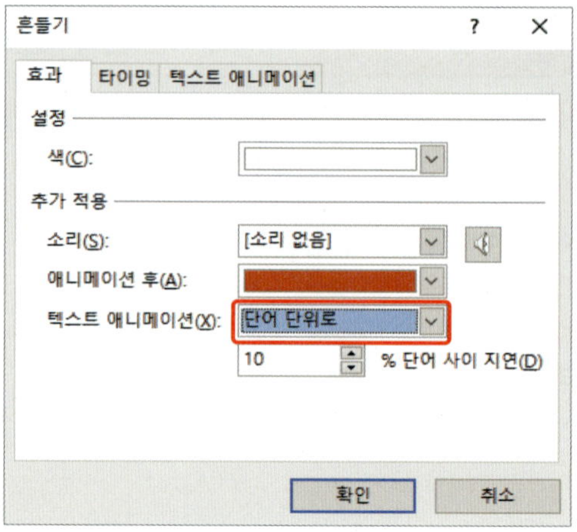

04 [타이밍] 탭으로 넘어가서 [반복]을 [2]로 설정하고 [확인]을 클릭한다.

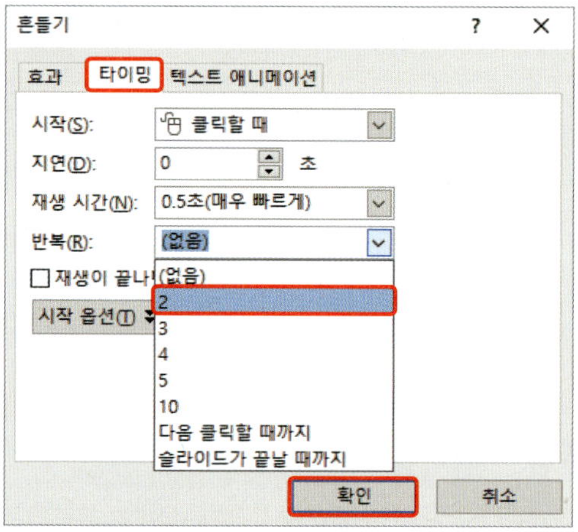

05 [애니메이션] 창의 [재생 시작]을 클릭해 효과 옵션과 타이밍 설정 결과를 확인해본다.

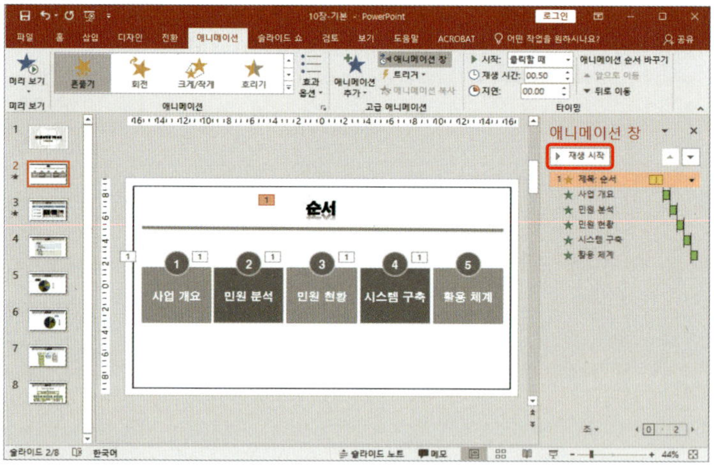

2.2 애니메이션 추가

슬라이드에 있는 개체에 하나 이상의 애니메이션 동작을 삽입하려면 애니메이션 추가 기능을 이용하면 된다. 가령, 텍스트를 흔들어 강조한 후 사라지게 하거나, 도형이 회전하며 지정된 경로로 이동하도록 설정할 수 있다.

기본예제 10-5 하나의 개체에 여러 애니메이션 설정하기

슬라이드에 있는 하나의 개체가 여러 동작을 수행하도록 애니메이션을 추가하는 방법에 대해 알아보자.

01 슬라이드 2의 '① 사업 개요'가 적힌 도형을 선택하고 [애니메이션] 탭–[고급 애니메이션] 그룹–[애니메이션 추가]를 클릭한다.

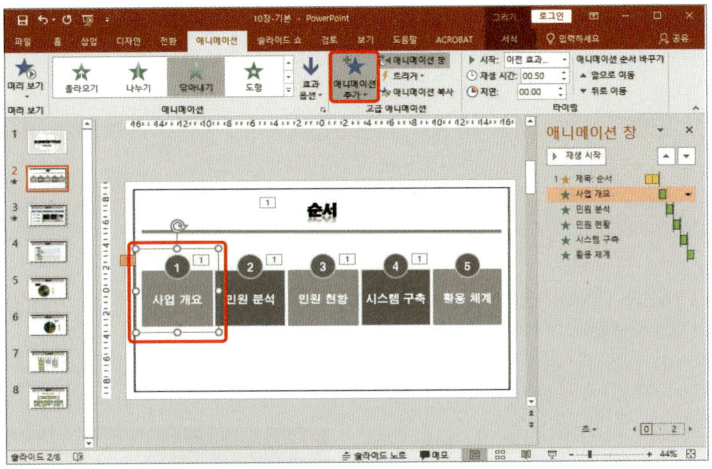

02 애니메이션 종류 중 [이동 경로]의 [선]을 선택한다.

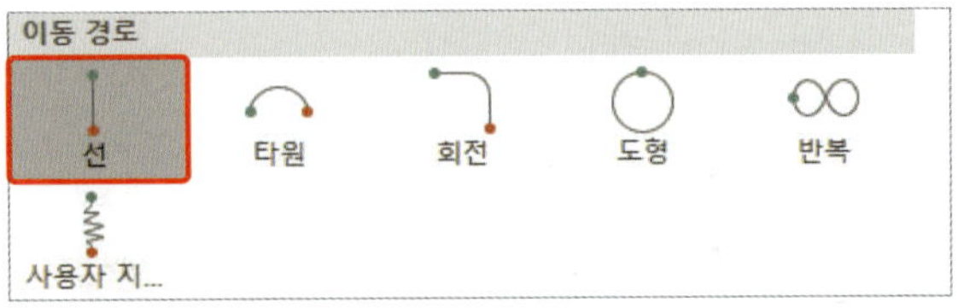

03 [애니메이션] 탭–[애니메이션] 그룹–[효과 옵션]을 클릭하고 [방향]에서 [오른쪽]을 선택한다.

TIP 효과 옵션의 [원본]–[잠금]을 선택하면 다른 사용자가 애니메이션을 변경하지 못하도록 설정할 수 있다. 또, [경로]의 [점 편집]과 [경로 방향 바꾸기]를 활용하면 이동 경로의 모양이나 방향을 직접 지정할 수 있다.

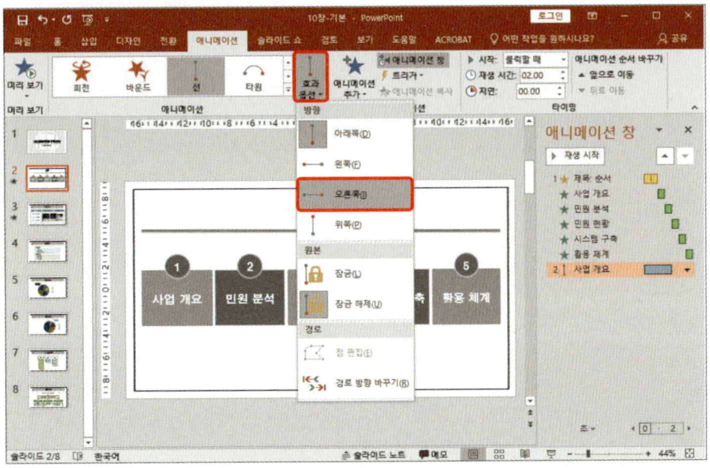

04 슬라이드에 이동 경로의 시작과 종료 지점을 연결하는 선이 표시된다.

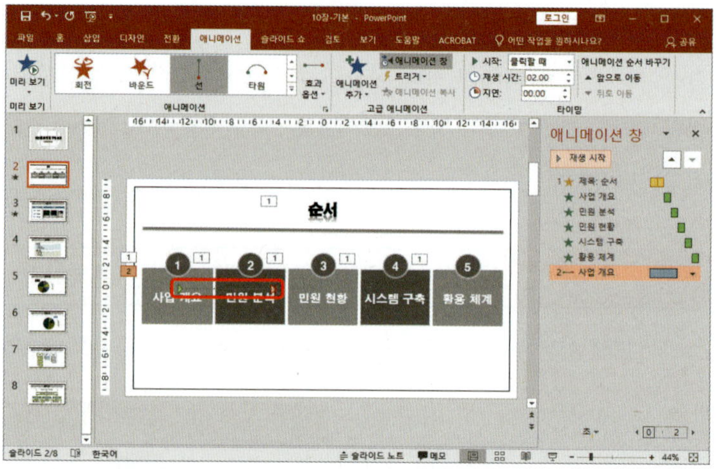

TIP 이동 경로의 시작과 종료 지점을 연결하는 선은 다음과 같은 모양이고, 시작과 종료 지점의 삼각형을 마우스로 드래그해 이동 경로를 조정할 수 있다.

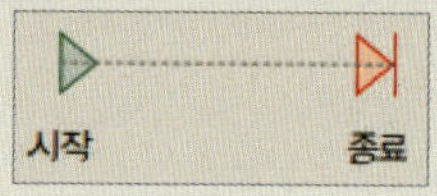

TIP [애니메이션] 탭-[미리 보기] 그룹에서 [미리 보기]를 선택하거나 [애니메이션 창]의 [재생 시작]을 클릭해 개체가 이동하는 모습을 확인할 수 있다.

05 '① 사업 개요'가 적힌 도형을 다시 선택한 상태에서 [애니메이션] 탭-[고급 애니메이션] 그룹-[애니메이션 추가]를 클릭하고, [강조]의 [크게/작게]를 선택한다.

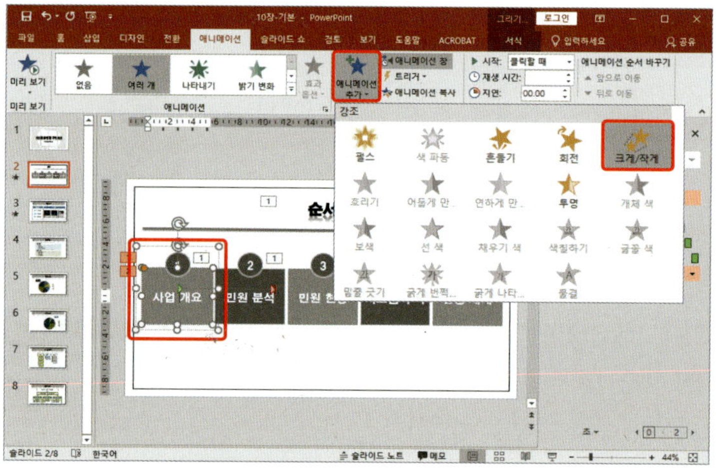

06 [애니메이션 창]에서 세 번째 항목인 '사업 개요'의 [▼ 목록] 단추를 클릭해, 시작 방법을 [이전 효과와 함께 시작]으로 설정한다. 세 번째 항목이 두 번째 그룹으로 합쳐진다. 재생 시간 막대를 마우스로 드래그하여 0.5초로 설정한다.

07 '② 민원 분석', '③ 민원 현황', '④ 시스템 구축', '⑤ 활용 체계'가 적힌 도형을 모두 선택한다. [애니메이션] 탭-[고급 애니메이션] 그룹-[애니메이션 추가]를 선택해 [끝내기]-[밝기 변화]를 클릭한다.

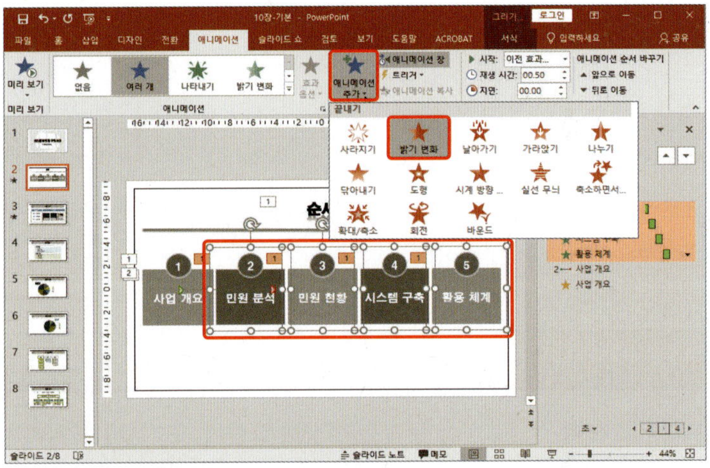

08 [애니메이션 창]에서 세 번째 그룹의 [▼ 목록] 단추를 클릭해 시작 방법을 [이전 효과와 함께 시작]으로 설정한다. 항목이 모두 두 번째 그룹에 포함된다.

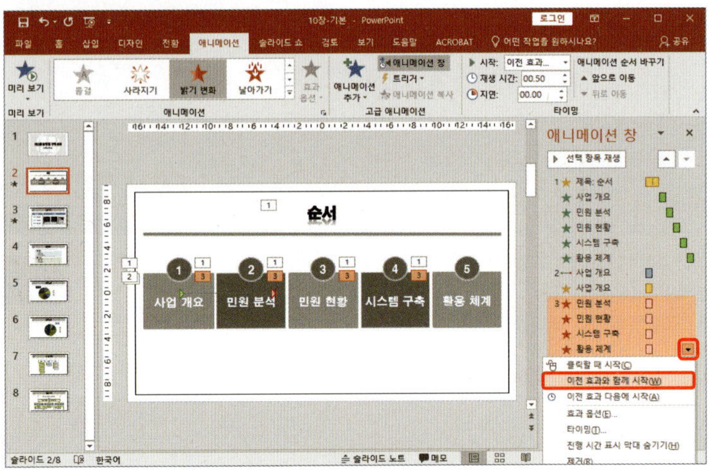

09 [애니메이션] 탭의 [미리 보기] 그룹–[미리 보기]를 클릭해 설정한 애니메이션을 재생시켜본다.

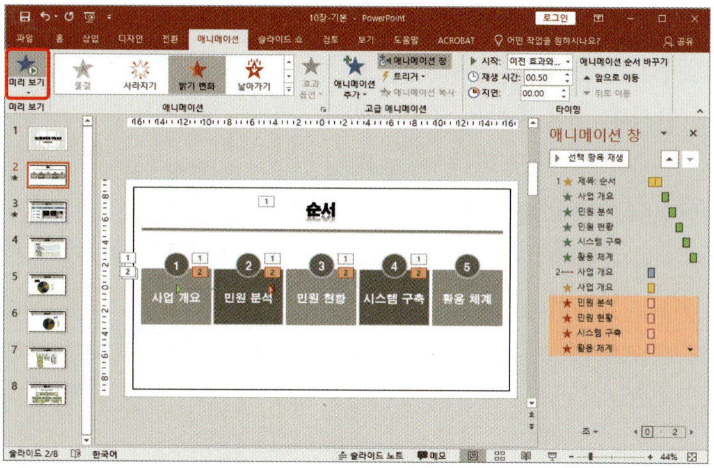

TIP '① 사업 개요' 텍스트를 강조하며 다른 항목들을 사라지게 함으로써 프레젠테이션 순서를 설명할 때 활용하기 좋다.

2.3 트리거 활용

애니메이션의 시작 옵션은 마우스를 클릭하거나 이전 효과와 함께 또는 이전 효과가 끝난 다음에 자동으로 동작하도록 설정할 수 있다. 또 다른 시작 옵션으로는 트리거가 있는데, 특정 개체를 클릭해 애니메이션을 실행하는 방법이다.

기본예제 10-6 트리거로 애니메이션 실행하기

트리거로 도형을 클릭하는 동작을 설정해 그림이 나타났다가 사라지는 애니메이션을 만들어보자.

01 '10장–기본.pptx' 파일의 슬라이드 3을 선택한다. [홈] 탭–[편집] 그룹에서 [선택]–[선택 창]을 클릭한다.

TIP [선택] 작업 창은 트리거로 사용할 도형과 애니메이션을 설정할 그림의 이름을 알기 쉽게 변경하기 위한 작업 창이다. 현재 슬라이드에 있는 모든 개체가 목록으로 표시되며 목록에서 개체를 선택해 이름을 변경하거나 슬라이드에서 숨길 수 있다.

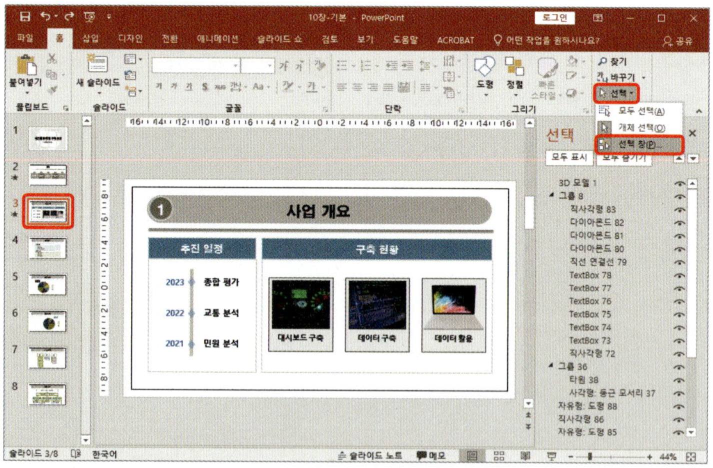

02 [삽입] 탭-[이미지] 그룹에서 [그림]을 클릭한다. [그림 삽입] 대화상자에서 '대시보드.jpg' 파일을 선택하고 [삽입]을 클릭한다.

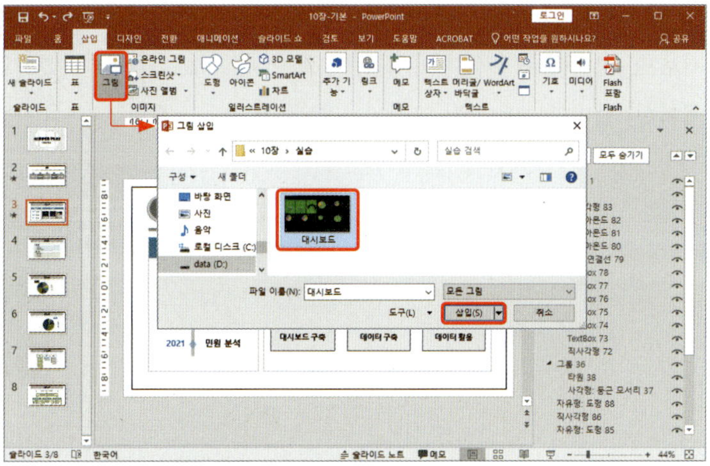

03 [선택] 작업 창에는 삽입한 그림의 이름이 다르게 들어가 있으므로, 해당 그림의 이름을 클릭해 *대시보드*라고 수정한다.

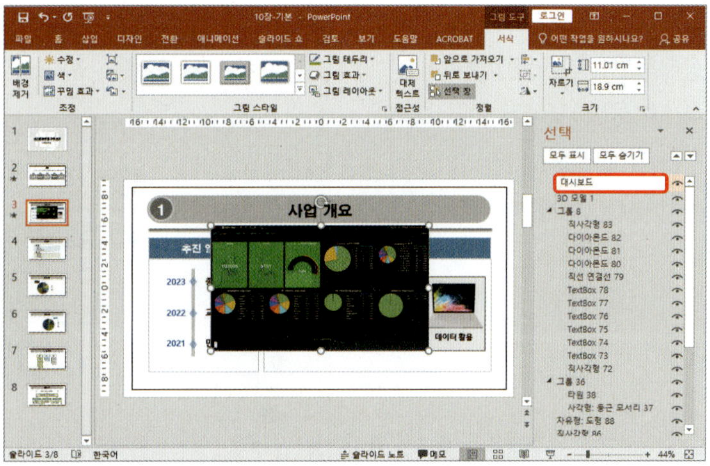

04 슬라이드 내에서 트리거로 사용할 '대시보드 구축' 도형 속 그림을 선택하고, [선택] 작업 창에서 이름을 *대시보드 트리거*로 수정한다.

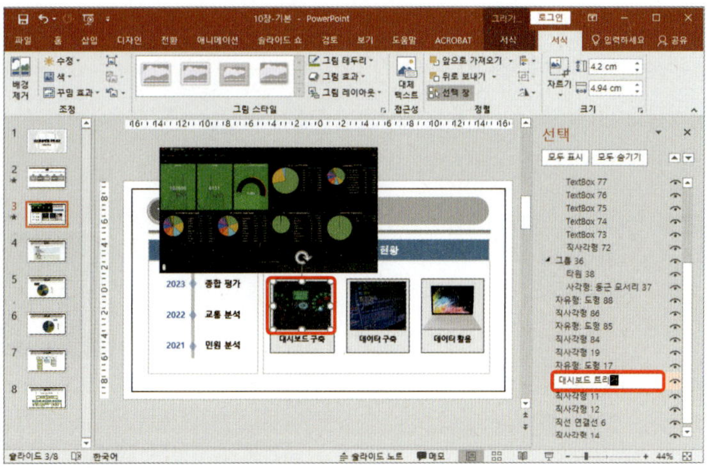

TIP '트리거'의 사전적 의미는 '방아쇠', '계기'로, 어떤 동작에 반응해 필요한 작업을 실행하는 기능을 일컫는다. 파워포인트에서 트리거는 특정 개체를 클릭했을 때 애니메이션이 실행되는 동작을 의미한다.

05 [선택] 작업 창을 닫고 '대시보드' 그림을 클릭한다. [애니메이션] 탭–[애니메이션] 그룹의 목록에서 [나타내기]의 [밝기 변화]를 선택한다.

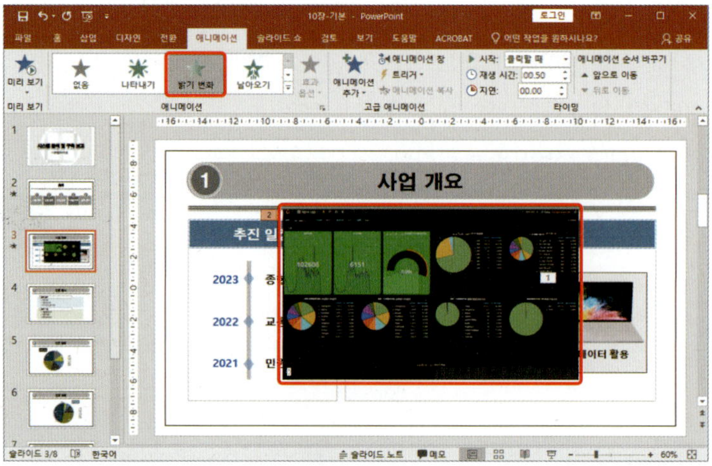

06 '대시보드' 그림을 선택한 상태로 [애니메이션] 탭–[고급 애니메이션] 그룹에서 [애니메이션 추가]를 클릭하고 [끝내기]의 [사라지기]를 선택한다.

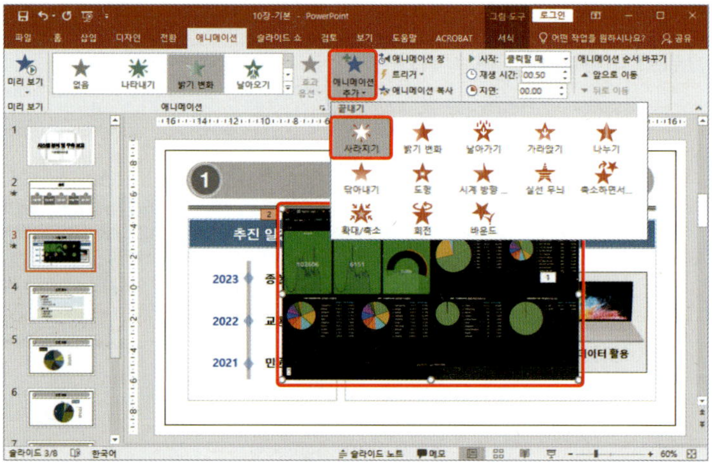

07 [애니메이션] 탭–[고급 애니메이션] 그룹–[애니메이션 창]을 클릭해 열고 두 번째와 세 번째 항목의 '대시보드'를 선택한다.

TIP [애니메이션 창]에서 Shift 키를 누른 채 두 항목을 클릭하거나, 슬라이드의 '대시보드' 그림을 클릭해도 된다.

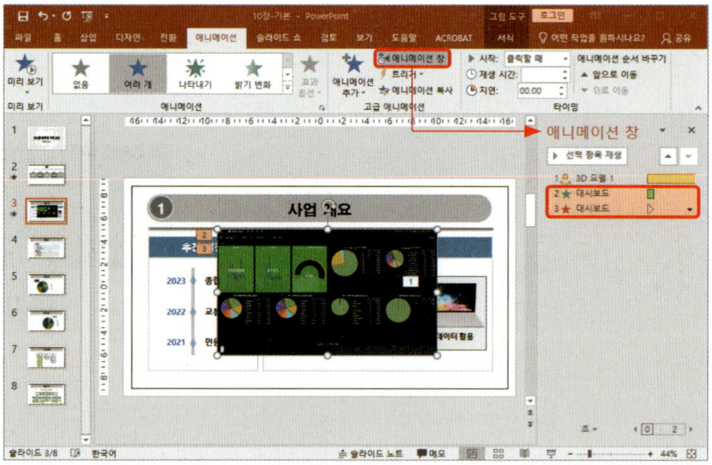

08 [애니메이션] 탭–[고급 애니메이션] 그룹에서 [트리거]를 클릭하고 [클릭할 때]–[대시보드 트리거]를 선택한다.

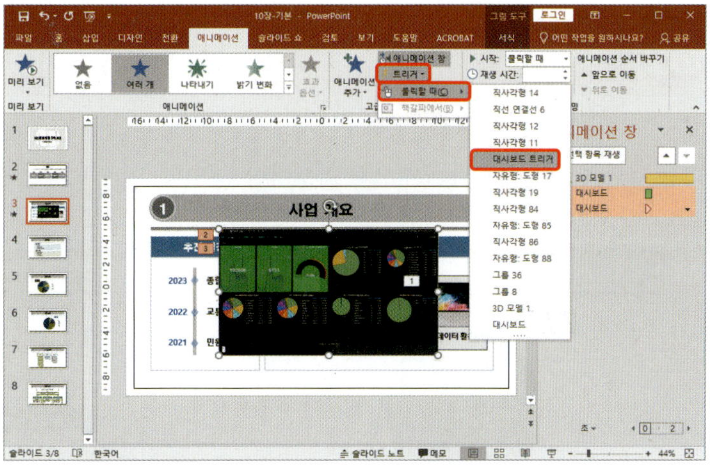

09 [애니메이션 창]에서 [시작 옵션: 대시보드 트리거]의 두 번째 '대시보드' 항목의 [▼ 목록] 단추를 클릭해 [이전 효과 다음에 시작]을 선택한다. [애니메이션] 탭–[타이밍] 그룹–[지연]을 [02.00](2초)로 설정한다.

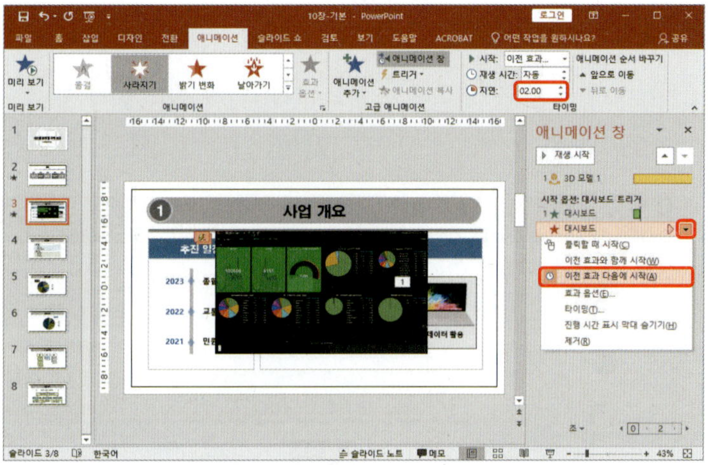

10 '대시보드' 그림 위치와 크기를 원하는 형태로 조정한다. [읽기용 보기]나 [슬라이드 쇼] 단추를 클릭해 재생한 상태에서 '대시보드 트리거' 직사각형 그림을 클릭해 그림이 2초간 나타났다 사라지는 것을 확인한다.

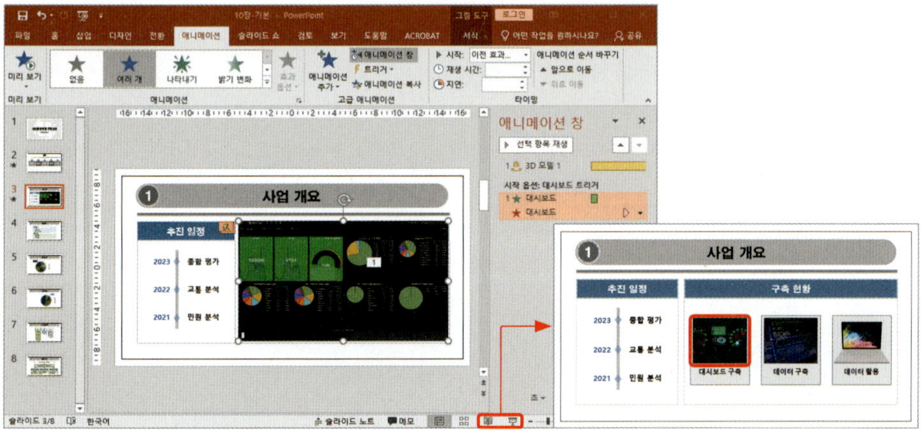

종합예제

다음 그림과 같이 차트와 도형으로 이루어진 슬라이드에 애니메이션을 적용해보자.

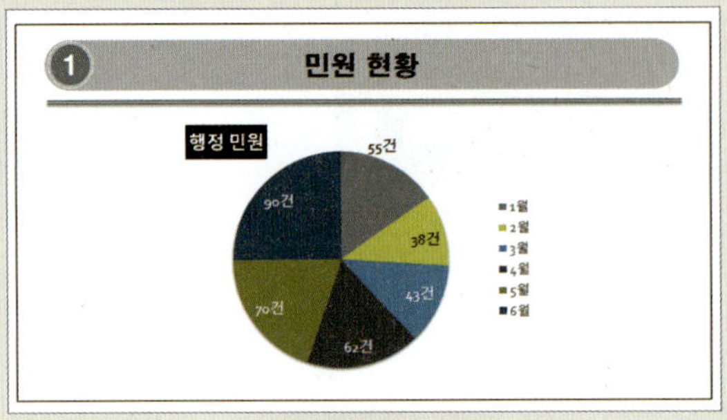

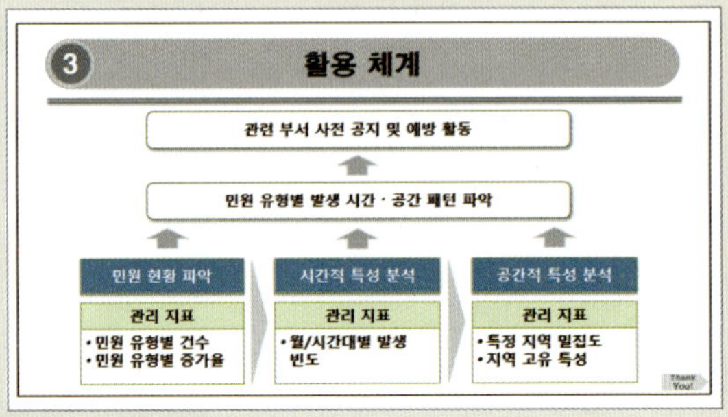

1 '10장–종합.pptx' 파일을 열고 슬라이드 1에 있는 원형 차트를 선택한다. [애니메이션] 탭–[애니메이션] 그룹의 [자세히] 단추를 클릭해 [나타내기]의 [시계 방향 회전]을 선택한다.

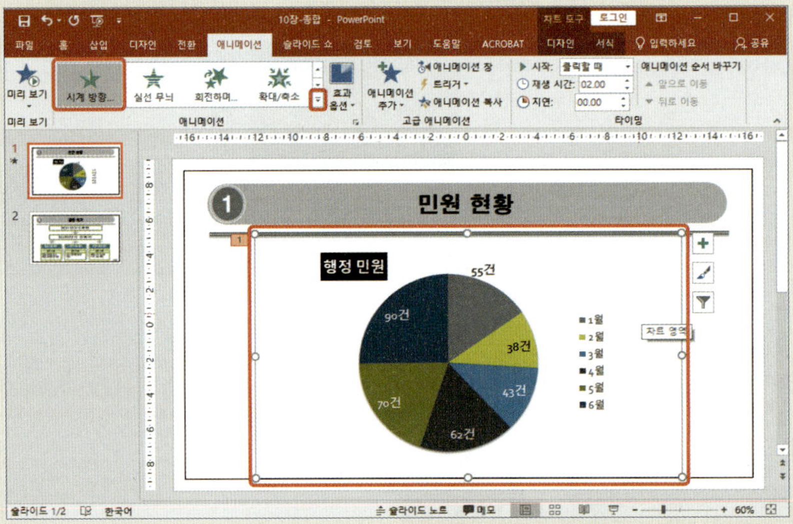

TIP 이 상태에서 [미리 보기]를 클릭해 애니메이션을 재생하면 회전의 중심이 원형 차트의 중심과 일치하지 않아 움직임이 부자연스럽게 보일 것이다.

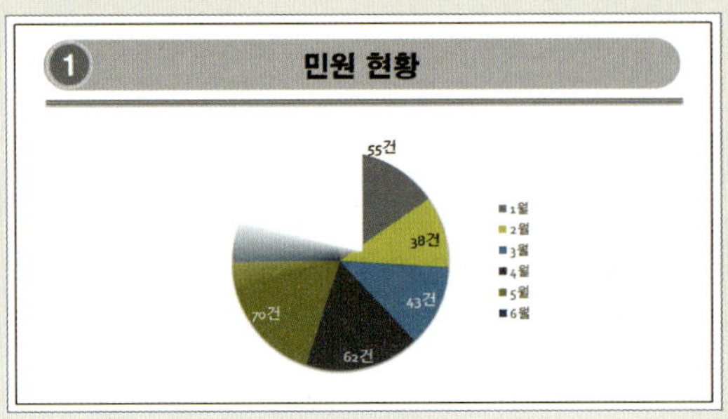

2 [애니메이션] 탭–[애니메이션] 그룹–[효과 옵션] 목록에서 [시퀀스]의 [항목별로]를 선택하고, [타이밍] 그룹–[시작]을 [이전 효과와 함께]로 설정한다. [미리보기]를 클릭해 차트가 나타나는 모양을 확인해 본다.

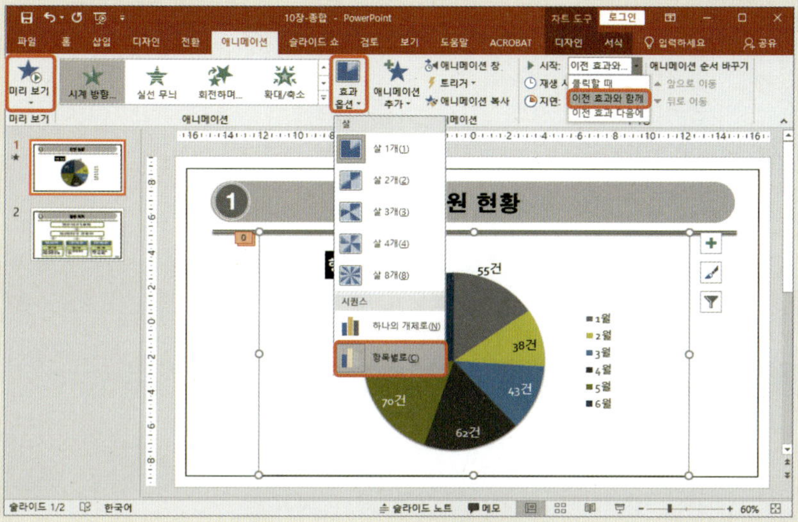

3 슬라이드 2를 클릭해 그룹화된 도형인 '그룹 1~3'을 모두 선택한다. [애니메이션] 탭–[애니메이션] 그룹의 [나타내기] 목록에서 [밝기 변화]를 선택한다.

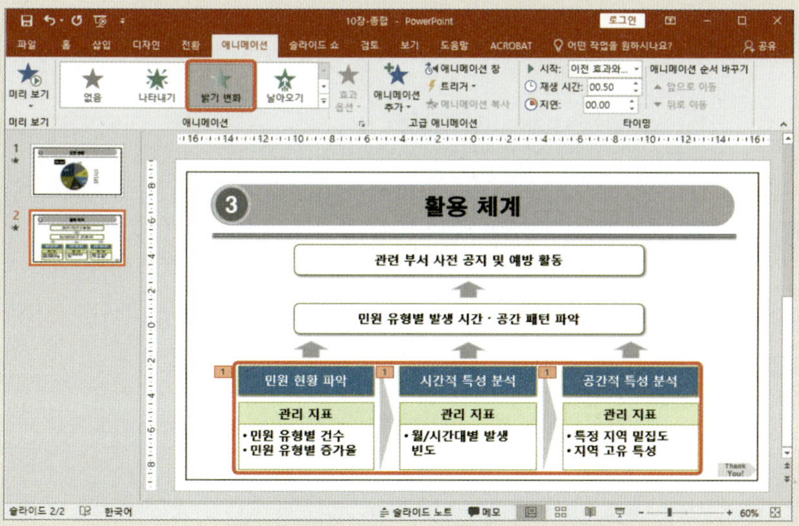

종합예제

4 슬라이드 2의 '오른쪽 화살표 1'과 '오른쪽 화살표 2' 도형을 모두 선택한다. [애니메이션] 탭-[애니메이션] 그룹의 [나타내기] 목록에서 [닦아내기]로 설정한 다음, [효과 옵션] 목록에서 [왼쪽에서]를 선택한다.

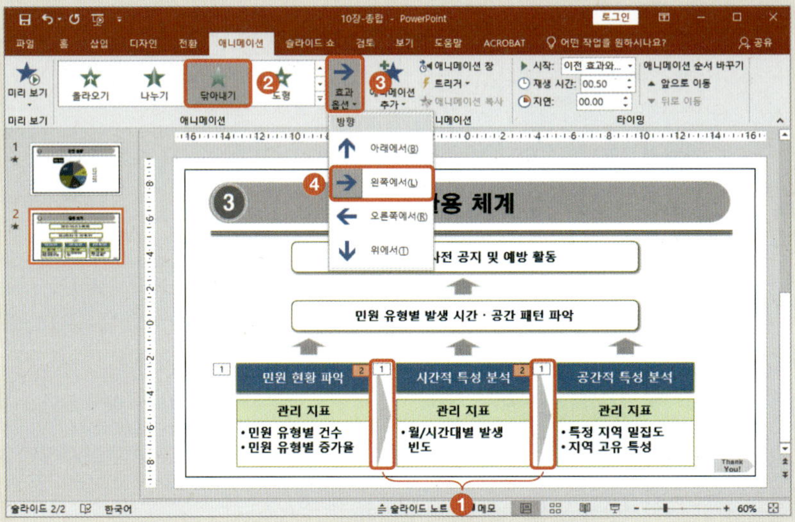

5 [애니메이션] 탭-[고급 애니메이션] 그룹-[애니메이션 창]을 클릭해 연다. 애니메이션 순서를 다음 그림과 같이 변경하고, [▼ 목록] 단추를 클릭해 시작 방법을 [이전 효과 다음에 시작]으로 설정한다.

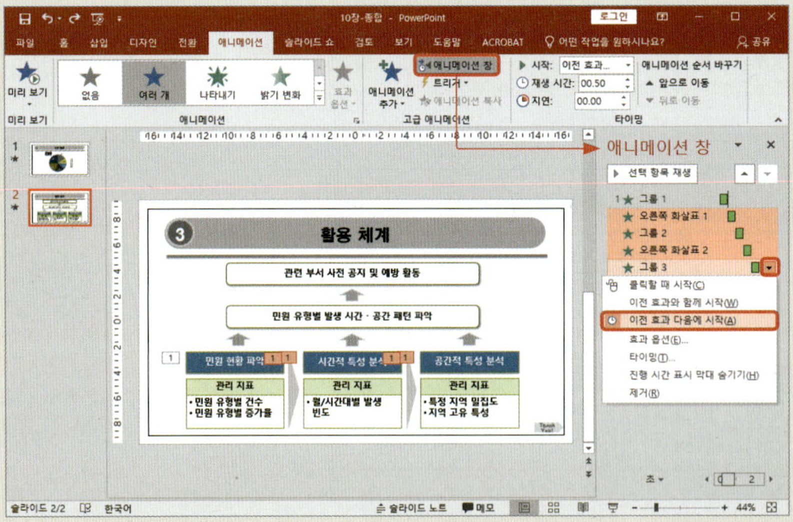

6 이번엔 '위쪽 화살표 1~4' 도형을 모두 선택하고 [애니메이션] 탭-[애니메이션] 그룹의 [나타내기] 목록에서 [닦아내기]를 선택한다.

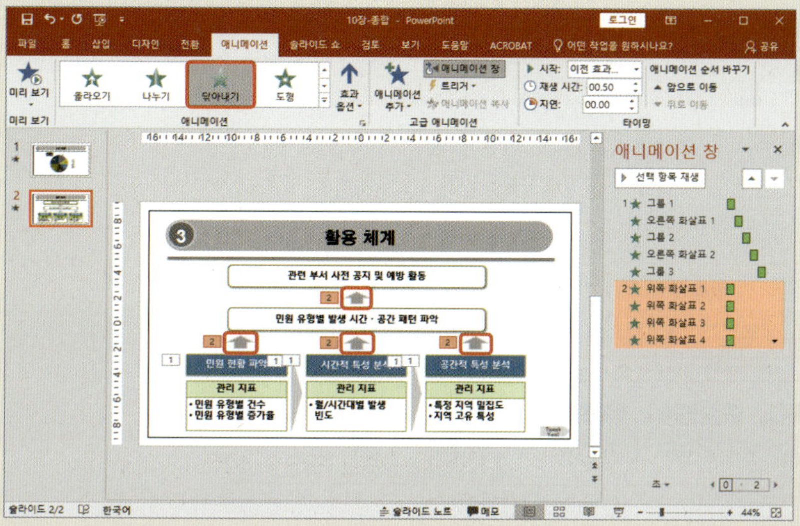

7 [애니메이션] 창에서 '위쪽 화살표 1'의 [▼ 목록] 단추를 클릭해 시작 방법을 [이전 효과 다음에 시작]으로 설정해 다음 그림과 같이 동작하도록 한다.

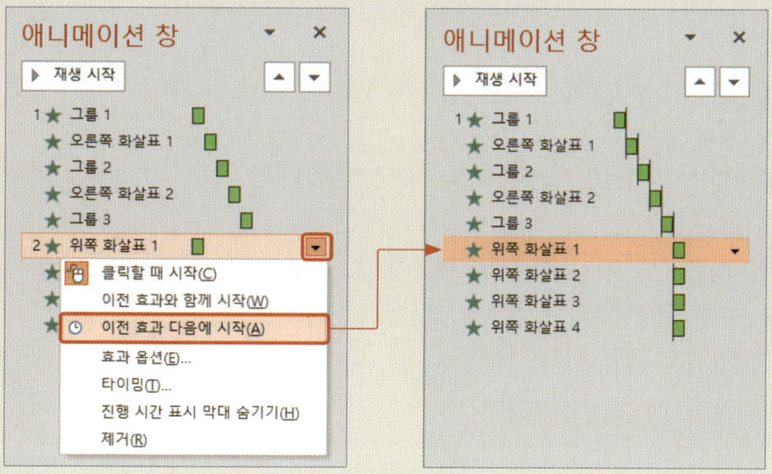

종합예제

8 '사각형 1'과 '사각형 2' 도형을 선택하고 [애니메이션] 탭–[애니메이션] 그룹의 [나타내기] 목록에서 [밝기 변화]를 클릭한다. [애니메이션 창]에서 '사각형 2'의 [▼ 목록] 단추를 클릭해 [이전 효과 다음에 시작]으로 설정한다.

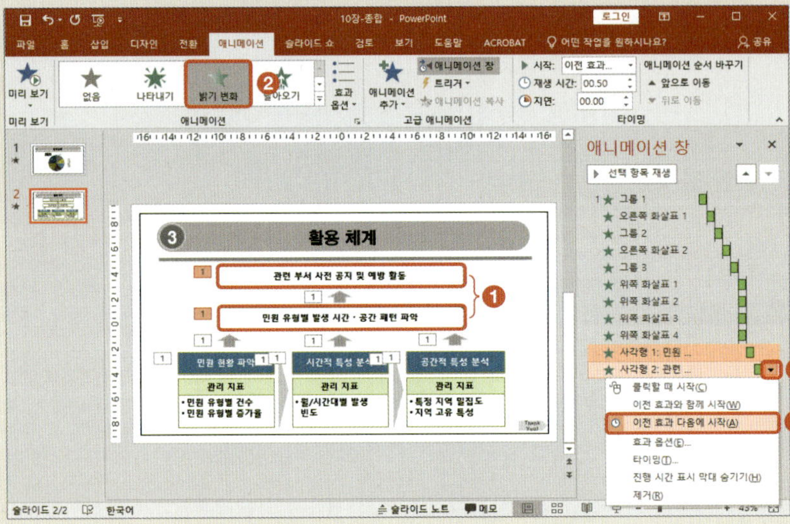

9 [애니메이션 창]에서 '위쪽 화살표 4'의 애니메이션 순서를 다음 그림과 같이 변경하고 [▼ 목록] 단추를 클릭해 [이전 효과 다음에 시작]으로 설정한다.

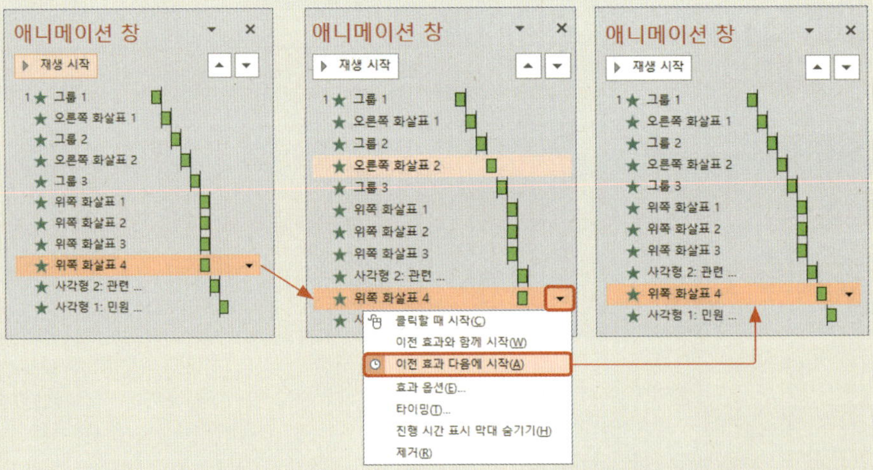

10 슬라이드 2의 '사각형 2' 도형을 선택하고 [애니메이션] 탭–[고급 애니메이션] 그룹–[애니메이션 추가]를 클릭해 [강조]의 [크게/작게]를 선택한다.

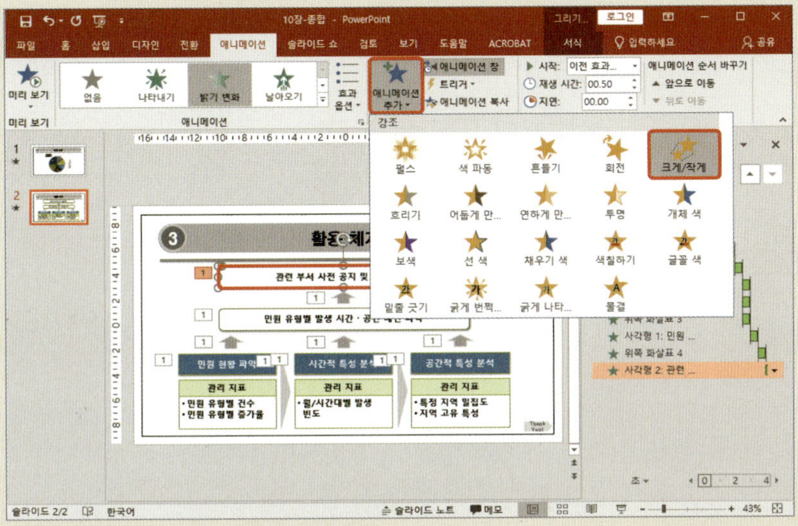

11 [애니메이션 창]에서 두 번째 항목의 '사각형 2'의 [▼ 목록] 단추를 클릭해 [효과 옵션]을 선택한다.

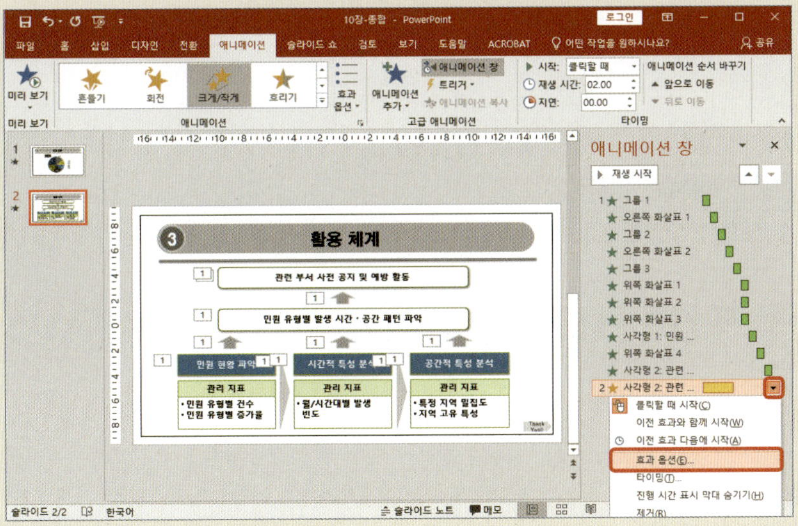

12 [크게/작게] 대화상자가 나타나면 [효과] 탭에서 [크기]의 [▼ 목록] 단추를 클릭해 [사용자 지정]을 [120%]로 변경한다. [타이밍] 탭으로 넘어가, [시작]은 [이전 효과 다음에]로, [재생 시간]은 [0.5초(매우 빠르게)]로 설정한 후 [확인]을 클릭한다.

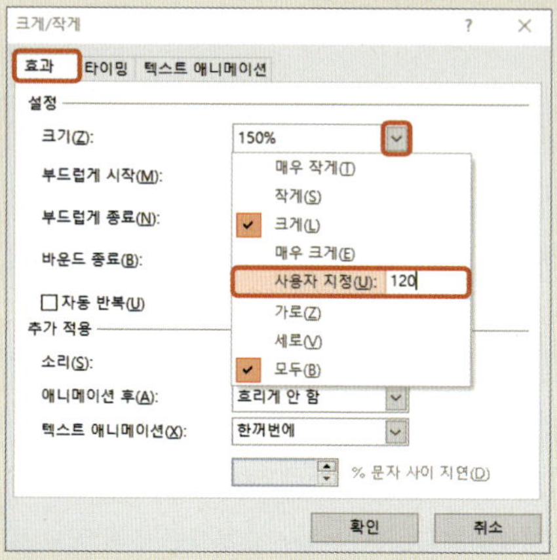

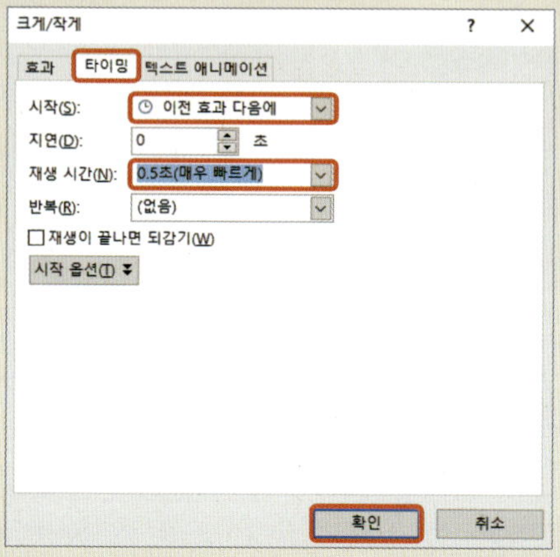

13 [애니메이션] 탭–[미리 보기] 그룹–[미리 보기]를 클릭해 설정한 애니메이션의 동작을 확인해본다.

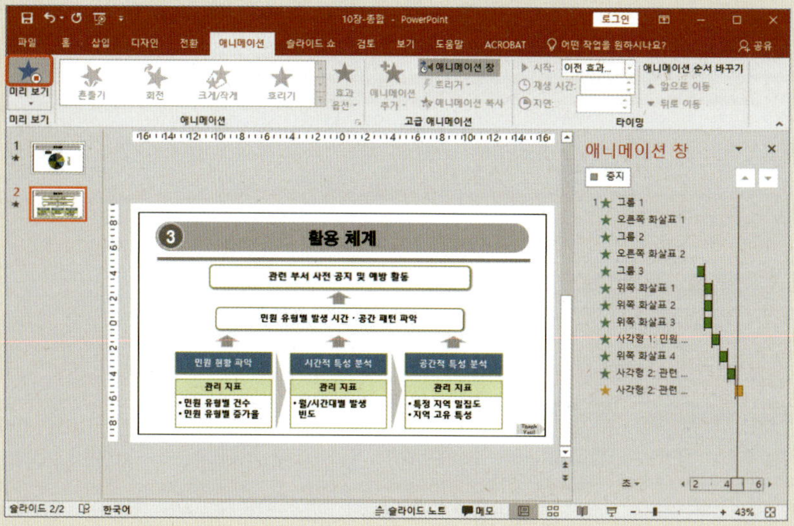

연습문제

1 '10장-연습.pptx' 파일의 슬라이드 1에 다음의 지시대로 애니메이션을 설정하시오.

❶ '추진 일정'에 있는 텍스트 상자가 아래쪽부터 차례대로 나타나도록 하시오. 애니메이션 효과는 [나누기], [효과 옵션]에서 나누기 방향은 [세로 바깥쪽으로], 시작 옵션은 [이전 효과 다음에], 재생 시간은 [0.5초]로 설정하시오.

❷ '추진 일정'의 도형 그룹(다이아몬드와 직선)을 ❶번에서 설정한 텍스트 상자와 함께 [닦아내기]로 나타나도록 하시오. 닦아내기 방향은 [아래에서], 재생 시간은 [0.5초]로 설정하시오.

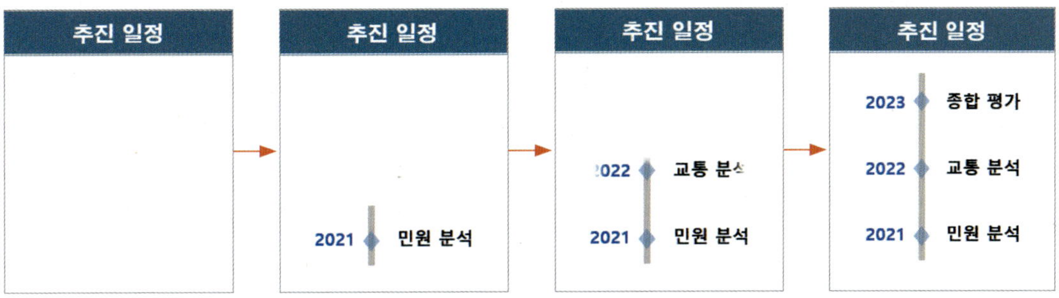

2 '10장-연습.pptx' 파일의 슬라이드 2에 다음의 지시대로 애니메이션을 설정하시오.

❶ 스마트아트가 슬라이드 가운데 지점으로 이동하며 130% 크기로 커지도록 하시오. 애니메이션 효과는 [이동 경로]-[선]과 [강조]-[크게/작게]를 이용하시오.

❷ 슬라이드 오른쪽 위에 있는 '돋보기' 그림을 클릭하면 ❶번에서 설정한 애니메이션이 동작하도록 하시오. 이때 트리거를 시작 옵션으로 활용하시오.

❸ 스마트아트가 커질 때 '제목' 그룹의 도형은 사라지도록 애니메이션을 설정하시오.

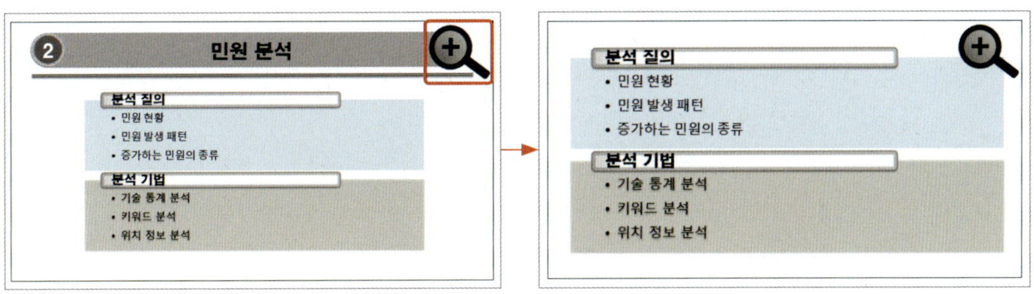

3 '10장-연습.pptx' 파일의 슬라이드 3에 다음의 지시대로 애니메이션을 설정하시오.

❶ 스마트아트를 선택하고 [애니메이션] 탭-[나타내기] 그룹의 [닦아내기]로 설정하시오.

❷ 애니메이션의 효과 옵션은 [위에서]와 [개별적으로]를 선택하고, 재생 시간은 [0.25초]로 설정하시오.

❸ 슬라이드 쇼를 진행할 때 한 번만 클릭하면 차례대로 스마트아트가 나타나도록 시작 옵션을 설정하시오.

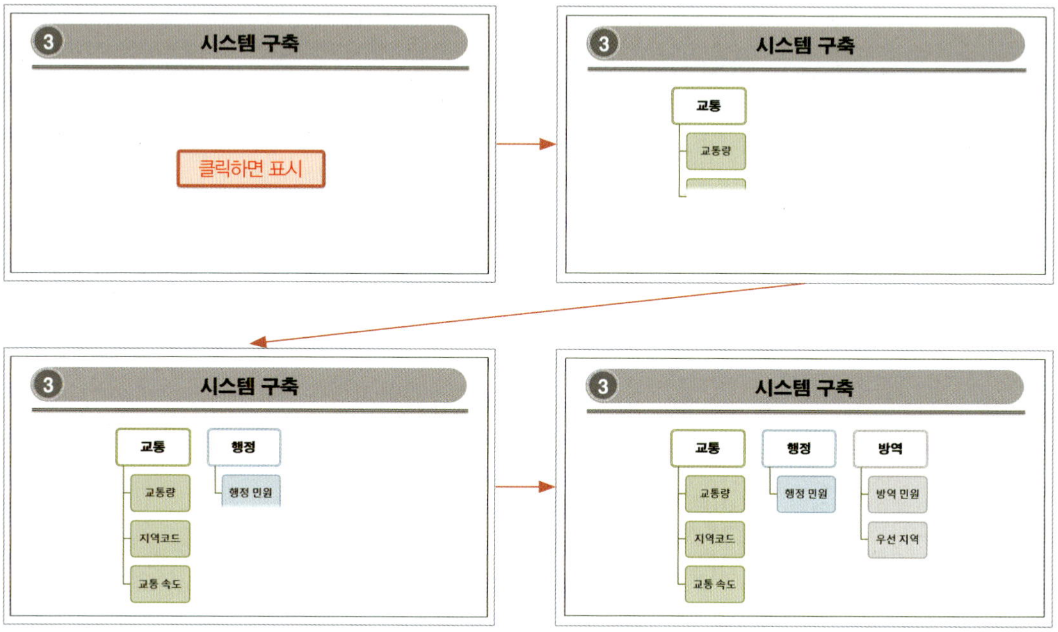

CHAPTER

11

링크와 화면 전환

01 링크 활용하기

02 화면 전환 활용하기

종합예제

연습문제

학습목표

- 링크와 확대/축소, 실행 도구를 활용할 수 있다.
- 슬라이드에 화면 전환 효과를 설정할 수 있다.

SECTION 01

링크 활용하기

인터넷에서 웹서비스를 이용할 때 연관된 다른 페이지를 연결해주는 하이퍼링크 기능을 파워포인트에서도 활용할 수 있다. 슬라이드에 있는 개체에 하이퍼링크를 설정하고 클릭하면 특정 웹사이트로 연결되거나 특정 파일 혹은 다른 슬라이드로 바로 이동할 수 있고 다른 프로그램을 실행할 수도 있다. 슬라이드 쇼 마침과 같은 특정 동작을 지정하는 실행 도구도 지원된다. 파워포인트 2019에서는 확대/축소 도구도 제공하고 있어, 슬라이드의 줌(Zoom) 효과를 간편하게 구현해 더욱 역동적인 프레젠테이션을 만들 수 있다.

1.1 하이퍼링크 활용

프레젠테이션을 진행하다 보면 설명하던 중간에 웹사이트나 다른 파일에 저장된 자료를 추가로 보여주거나 다른 슬라이드로 이동해야 할 때가 있다. 이때 하이퍼링크를 활용해 도형이나 텍스트를 클릭했을 때 다른 자료가 바로 보이도록 설정하면 웹사이트를 검색하거나 파일을 찾아야 하는 번거로움을 줄이고 제한된 발표 시간을 낭비하지 않을 수 있다.

하지만 하이퍼링크를 지나치게 많이 사용하면 발표자가 링크 순서를 기억하지 못하는 상황이 벌어질 수도 있으니 주의해야 한다. 실행 도구는 하이퍼링크 기능이 확장된 형태로, 링크 외에도 마지막으로 본 슬라이드로 이동하거나 슬라이드 쇼 마침 등의 동작 지정을 수행할 수 있다. 또한 링크할 때 마우스의 조작 방법, 소리, 색 등을 설정할 수 있다.

기본예제 11-1 하이퍼링크로 웹사이트 연결하기

슬라이드의 특정 개체를 클릭하면 지정한 웹사이트로 바로 이동하도록 설정해보자.

01 '11장-기본.pptx' 파일을 열고 슬라이드 1을 클릭한다. 슬라이드 내 원형 로고 그림을 선택하고 [삽입] 탭-[링크] 그룹-[링크]를 클릭한다.

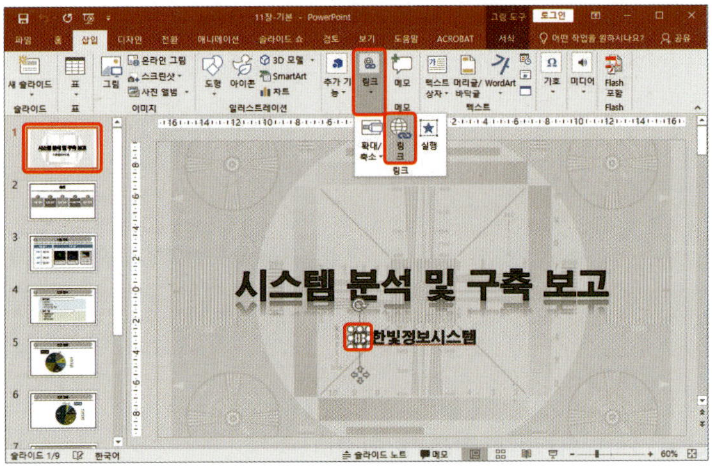

TIP 로고 그림을 마우스 오른쪽으로 클릭해 목록에서 [링크]를 선택해도 된다.

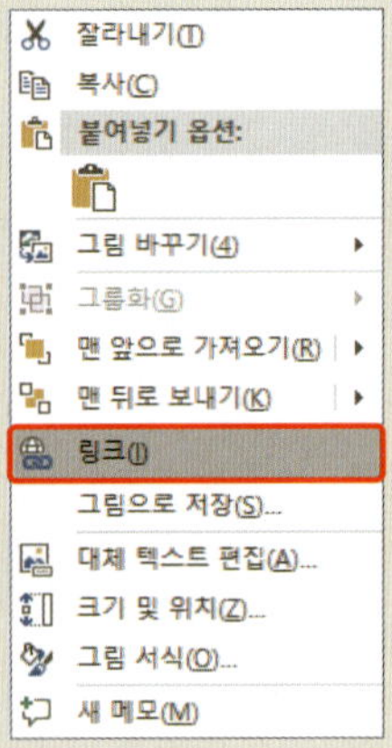

02 [하이퍼링크 삽입] 대화상자가 나타나면 [웹 찾아보기] 단추를 클릭해 웹브라우저를 실행한다. 검색한 페이지의 주소를 복사해 [하이퍼링크 삽입] 대화상자의 [주소]에 붙여넣는다.

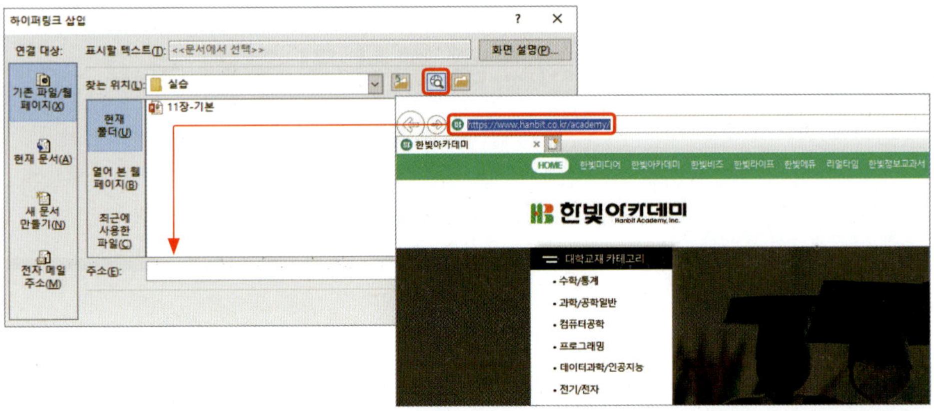

TIP [주소]에 웹사이트의 주소를 직접 입력해도 된다. 이때 주소의 'http://' 부분은 생략해도 자동으로 추가된다.

03 [하이퍼링크 삽입] 대화상자에서 [화면 설명]을 클릭한다.

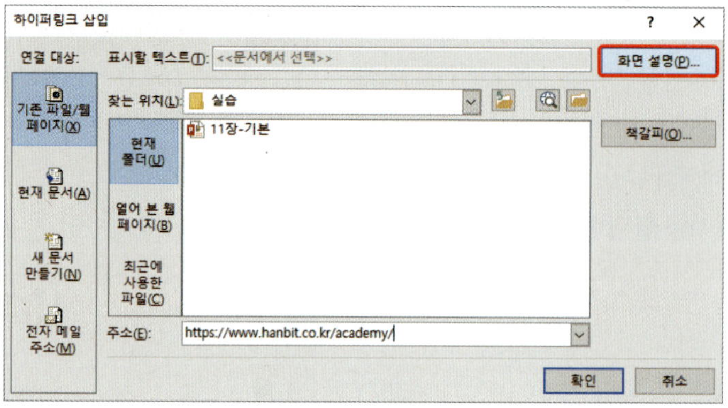

04 [하이퍼링크 화면 설명 설정] 창 [화면 설명 텍스트]에 *클릭하면 홈페이지로 이동*이라고 입력하고 [확인]을 클릭한다. [하이퍼링크 삽입] 대화상자도 [확인]을 클릭해 닫는다.

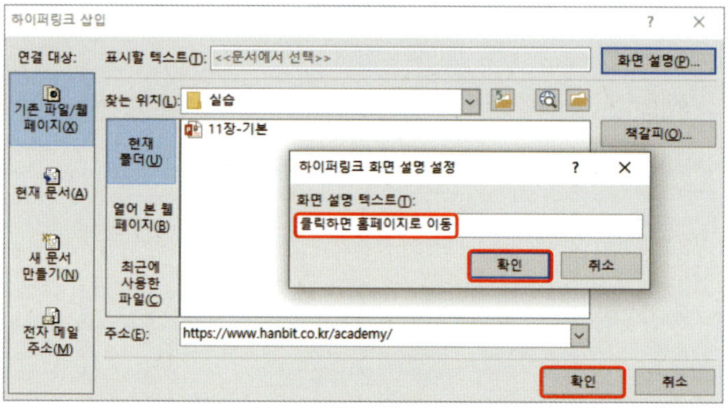

TIP 화면 설명을 설정하면 링크된 개체 위에 마우스를 올려놓았을 때 주소 대신 화면 설명 텍스트가 표시된다.

05 화면 하단의 작업 표시줄에서 [읽기용 보기]나 [슬라이드 쇼] 단추를 클릭해 슬라이드 쇼를 시작한다. 하이퍼링크가 설정된 그림에 마우스를 올리면 설명 텍스트가 보이고, 클릭하면 웹브라우저가 실행되면서 입력한 주소로 연결된다.

여기서 잠깐 **링크 제거와 편집**

설정된 링크를 제거하거나 편집하려면 개체를 마우스 오른쪽으로 클릭해 목록 중 [링크 제거] 또는 [링크 편집]을 선택하면 된다(❶). 또는 개체를 선택한 뒤 [삽입] 탭-[링크] 그룹-[링크]를 클릭해 [하이퍼링크 편집] 대화상자에서 [링크 제거]를 클릭하거나 내용을 수정한다(❷).

❶
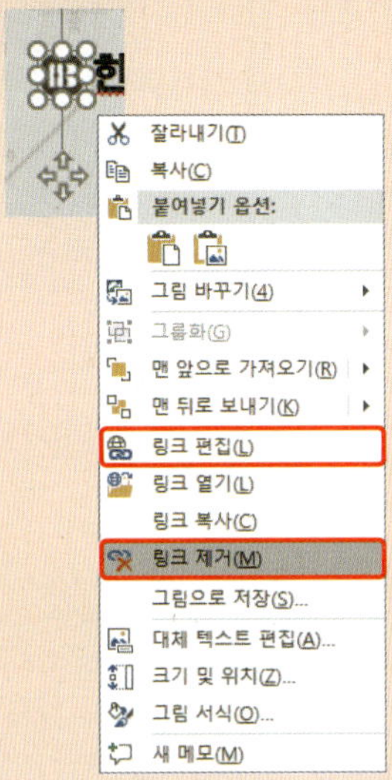

❷
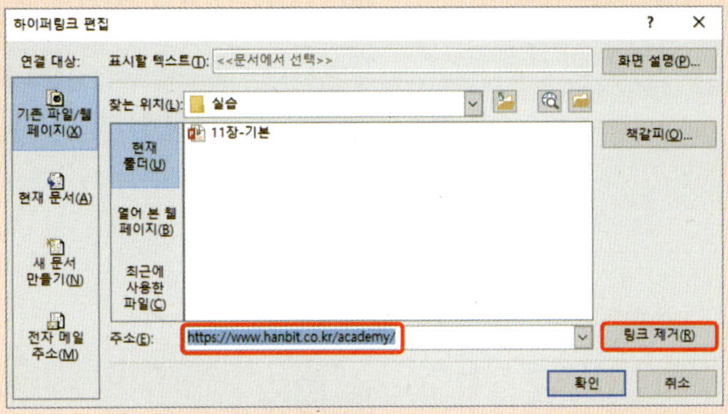

기본예제 11-2 하이퍼링크로 다른 문서 열기

하이퍼링크를 이용해 특정 개체를 클릭하면 관련 PDF 문서를 볼 수 있도록 만들어보자.

01 '11장-기본.pptx' 파일의 슬라이드 2에서 '민원 분석'이 적힌 도형을 선택하고 [삽입] 탭-[링크] 그룹-[링크]를 클릭한다.

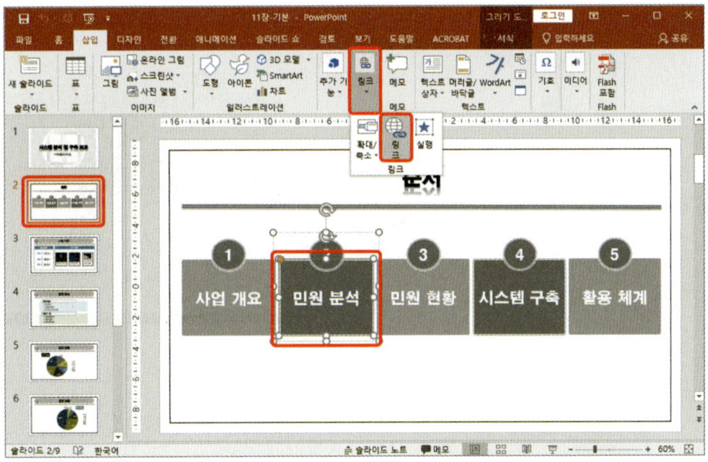

TIP 그룹화된 개체는 링크가 설정되지 않는다. 그룹화된 개체 중 특정 개체만 선택하고 싶다면 그룹을 먼저 클릭하고 선택하려는 개체를 한 번 더 클릭하면 된다.

02 [하이퍼링크 삽입] 대화상자가 열리면 [연결 대상]을 [기존 파일/웹 페이지]로 선택하고 [찾는 위치]에서 [목록] 단추를 클릭해 링크할 문서가 담긴 폴더를 검색한다.

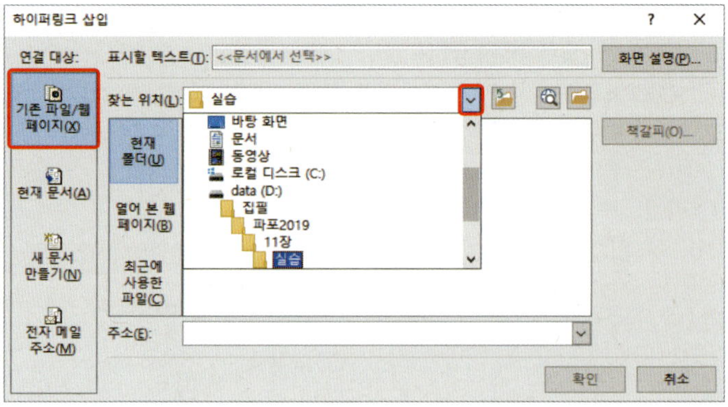

03 링크할 PDF 문서를 선택하고 [확인]을 클릭해 대화상자를 닫는다.

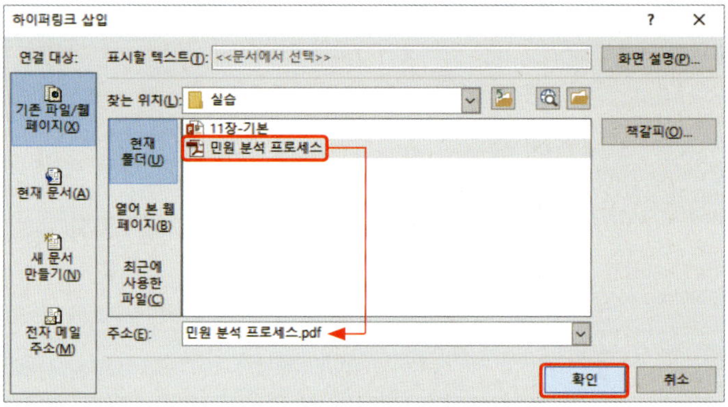

04 화면 하단 작업 표시줄에서 [읽기용 보기] 단추를 클릭해 프레젠테이션을 재생시킨다. 하이퍼링크가 설정된 도형을 클릭하면 PDF 문서를 볼 수 있다.

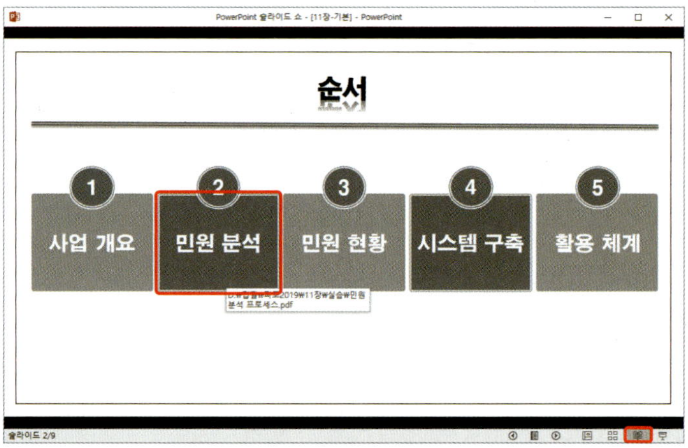

TIP 링크할 문서는 프레젠테이션 파일과 같은 폴더에 저장하는 것이 좋다. 링크 문서의 저장 위치가 달라지면 하이퍼링크를 사용할 수 없기 때문이다. 반드시 문서 저장 위치를 확인하고 위치가 변경되면 링크를 수정해야 한다.

기본예제 11-3 링크된 다른 슬라이드로 이동하기

이번에는 현재 프레젠테이션에 있는 다른 슬라이드로 바로 이동할 수 있도록 링크를 설정해보자.

01 슬라이드 2에서 '시스템 구축'이 적힌 도형을 클릭하고 [삽입] 탭-[링크] 그룹-[링크]를 클릭한다.

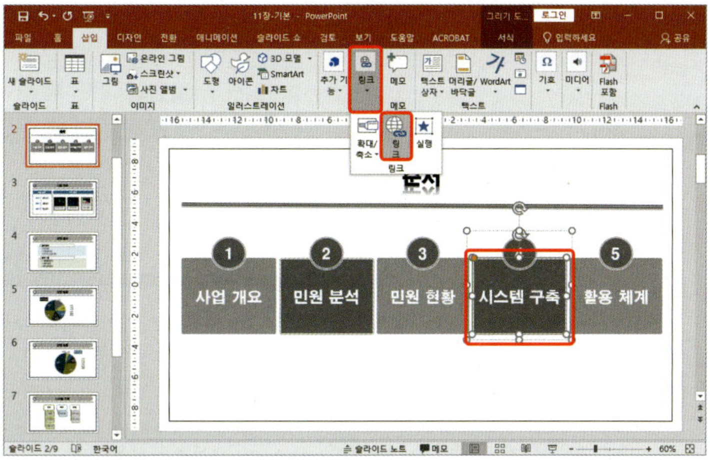

02 [하이퍼링크 삽입] 대화상자가 나타나면 [연결 대상]을 [현재 문서]로 선택한 후 [이 문서에서 위치 선택] 목록에서 '슬라이드 7'을 선택한다.

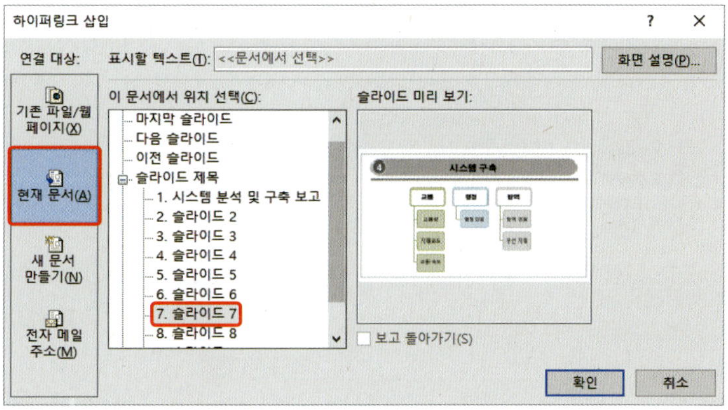

03 [하이퍼링크 삽입] 대화상자의 [화면 설명]을 클릭해 [하이퍼링크 화면 설명 설정] 대화상자가 나타나면 [화면 설명 텍스트]에 *시스템 구축도 보기*라고 입력한다. [확인]을 클릭해 대화상자 2개를 모두 닫는다.

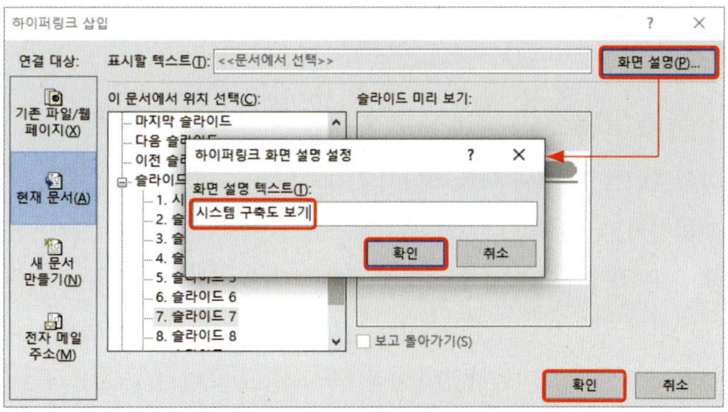

04 화면 하단 작업 표시줄에서 [읽기용 보기] 단추를 선택해 프레젠테이션을 재생시킨다. '시스템 구축'이 적힌 도형을 클릭하면 슬라이드 7로 바로 이동한다.

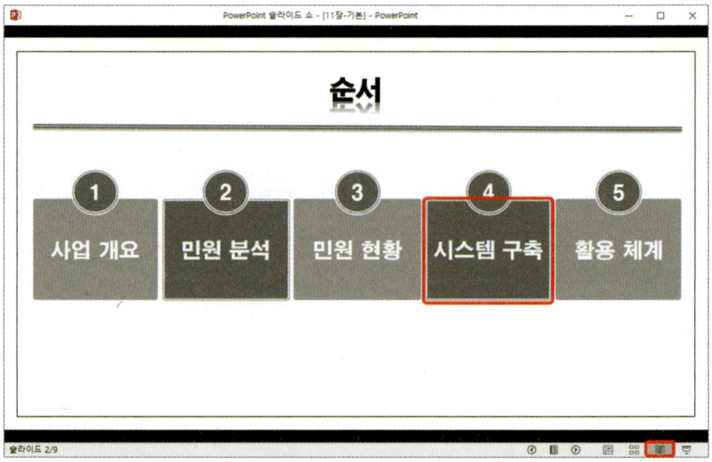

여기서 잠깐 **[보고 돌아가기] 옵션 활용**

[하이퍼링크 삽입] 대화상자에 있는 [보고 돌아가기] 옵션은 현재 문서의 다른 슬라이드를 링크했을 때 활용할 수 있는데, 슬라이드 이동 후 원래 슬라이드 위치로 다시 돌아오는 옵션이다. 이 옵션을 활용하려면 [재구성한 쇼] 항목이 필요한데, 슬라이드 쇼를 재구성해 하이퍼링크에서 이용하는 방법은 CHAPTER 12에서 다룰 예정이다.

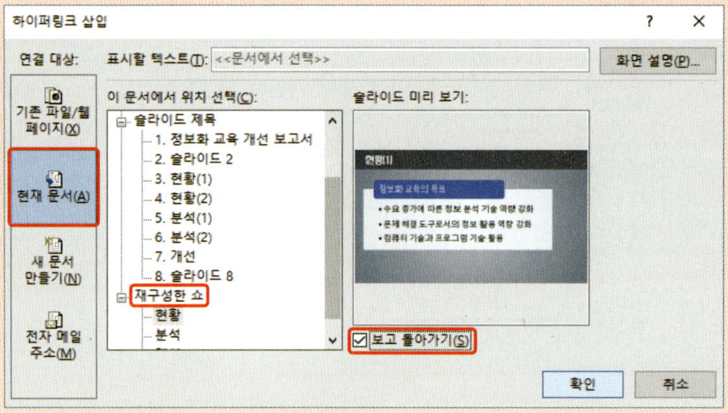

1.2 확대/축소와 실행 도구 활용

파워포인트 2019에 새로 추가된 확대/축소 도구는 프레지(Prezi)처럼 슬라이드를 확대하거나 축소하며 전환시키는 기능이다. 주요 슬라이드를 선택해 전체 프레젠테이션을 요약할 때 활용하거나, 강조할 구역 혹은 특정 슬라이드에 설정해 프레젠테이션의 동적 효과를 높일 수 있다. 파워포인트의 실행 도구는 하이퍼링크와 기능이 유사하며, 프레젠테이션 내에서 첫 번째 슬라이드나 마지막 슬라이드, 이전 또는 다음 슬라이드로 이동하거나 슬라이드 쇼를 종료하는 등의 동작을 지정할 수 있다.

기본예제 11-4 슬라이드에 확대/축소 설정하기

프레젠테이션을 진행하며 특정 슬라이드를 확대해 보여준 후 설명이 끝나면 원래대로 돌아오도록 확대/축소 기능을 활용해보자.

01 '11장-기본.pptx' 파일의 슬라이드 2를 선택하고 [삽입] 탭-[링크] 그룹-[확대/축소]를 선택한 후 [슬라이드 확대/축소]를 클릭한다.

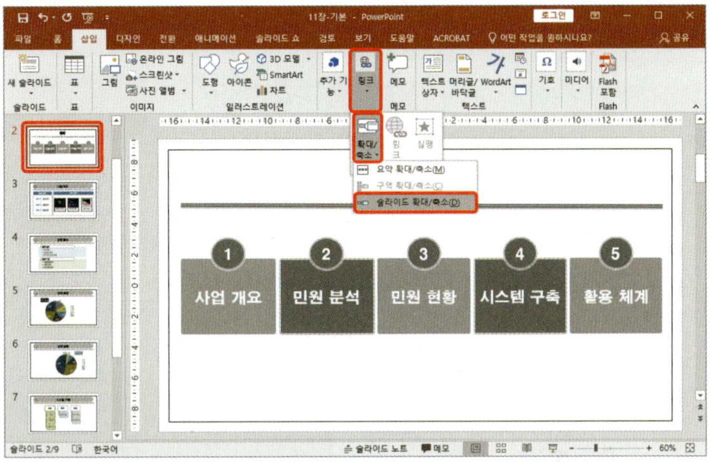

02 [슬라이드 확대/축소 삽입] 대화상자가 나타나면 [4. 슬라이드 4]를 선택하고 [삽입]을 클릭한다.

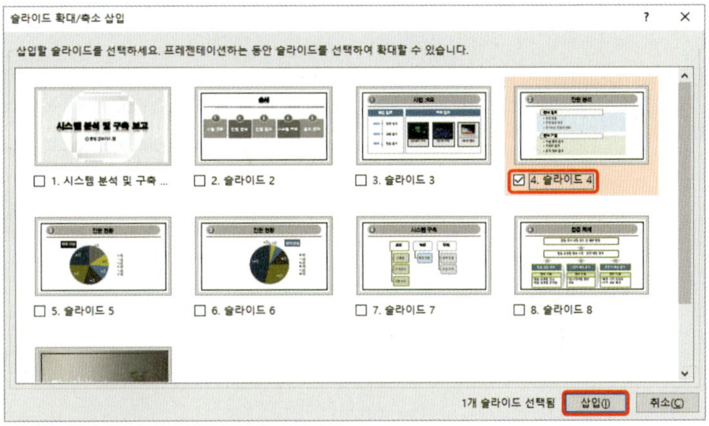

03 슬라이드 2에 슬라이드 4가 작게 삽입된다. 크기 조절점을 마우스로 드래그해 크기와 위치를 다음 그림과 같이 설정한다.

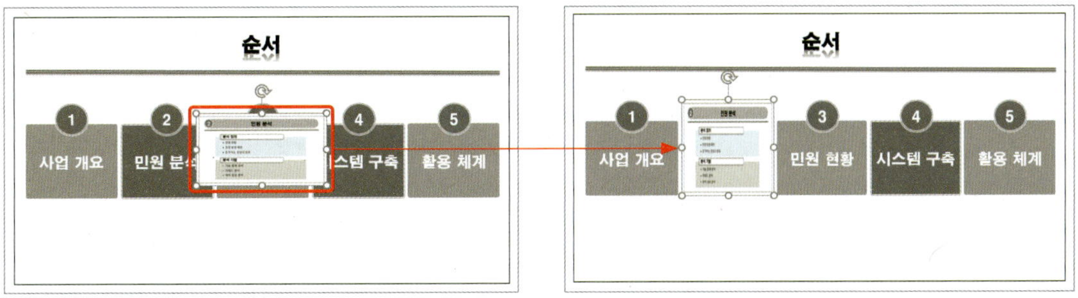

04 삽입한 확대/축소 개체를 선택한 상태에서 [확대/축소 도구]의 [서식] 탭-[확대/축소 옵션] 그룹-[확대/축소로 돌아가기]를 클릭하고 [기간]은 [02.00](2초)로 설정한다.

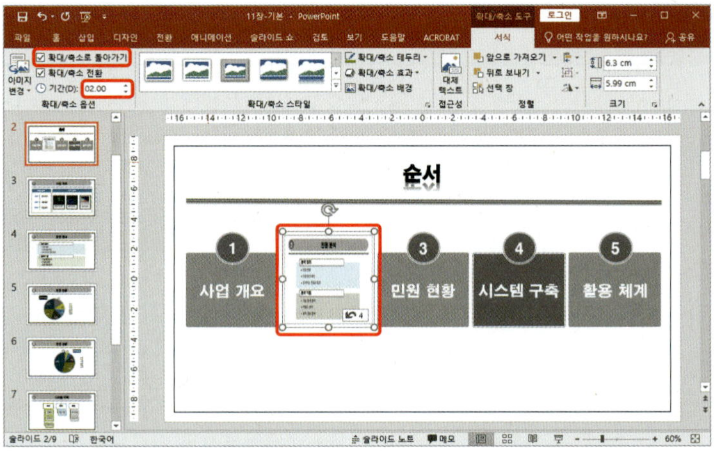

TIP [확대/축소로 돌아가기]를 클릭해 두면 프레젠테이션을 실행했을 때 슬라이드 4를 표시한 후 현재 슬라이드로 돌아오지만, 클릭해 두지 않으면 슬라이드 4를 표시한 후 슬라이드 5로 넘어간다.

05 [확대/축소 도구]의 [서식] 탭-[확대/축소 스타일] 그룹에 있는 [대화상자 표시] 단추를 클릭해 [슬라이드 확대/축소 서식 지정] 작업 창을 연다.

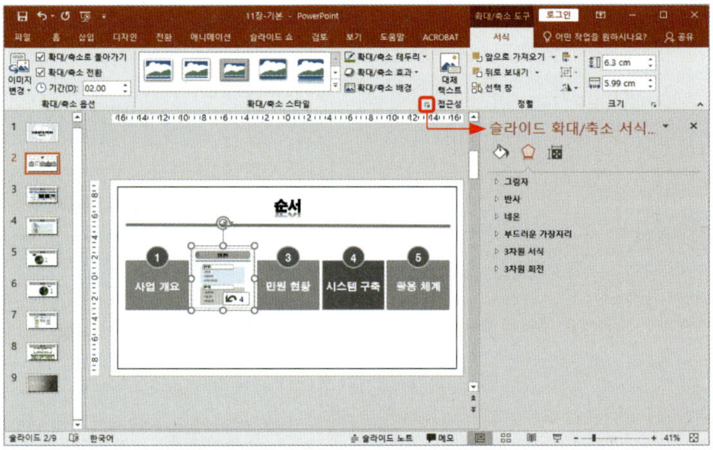

06 [슬라이드 확대/축소 서식 지정] 작업 창에서 [효과] 탭-[부드러운 가장자리] 항목의 [크기]를 [100pt]로 설정하면 확대/축소 개체가 투명해진다.

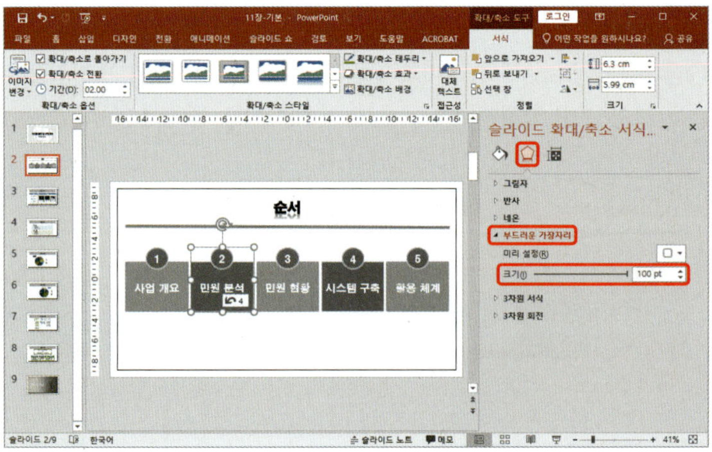

07 화면 하단 작업 표시줄에서 [읽기용 보기] 단추를 클릭하고 확대/축소 개체가 위치한 곳인 '민원 분석'이 적힌 도형을 클릭한다. 슬라이드 4가 확대 표시된 후 다시 클릭하면 현재 슬라이드로 돌아온다.

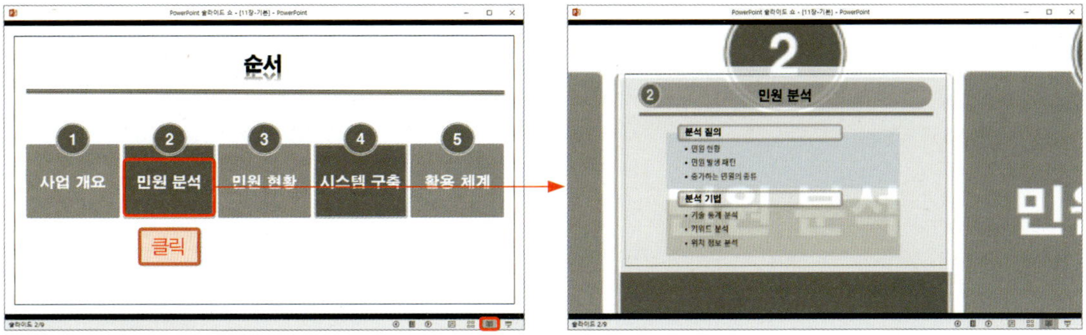

기본예제 11-5 실행 도구로 쇼 마침과 슬라이드 이동 설정하기

실행 도구는 하이퍼링크와 같이 슬라이드에 있는 개체를 이용할 수도 있고, 실행 단추를 만들어 동작을 지정할 수도 있다. 개체를 이용해 쇼 마침을 실행하는 방법과 실행 단추를 만들어 슬라이드 이동에 활용하는 방법을 알아보자.

01 '11장-기본.pptx' 파일의 슬라이드 9를 선택한다. 'Thank You!'가 적힌 텍스트 상자를 선택하고 [삽입] 탭-[링크] 그룹-[실행]을 클릭한다.

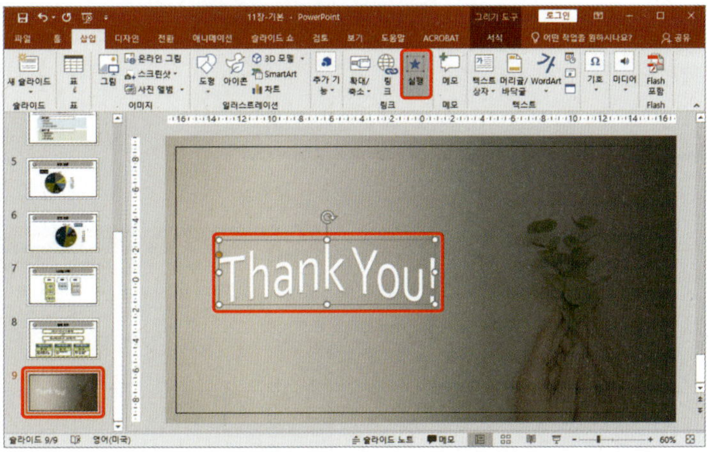

02 [실행 설정] 대화상자가 나타나면 [하이퍼링크]를 선택해 [⌄ 목록] 단추를 클릭한다. [쇼 마침]을 선택한 뒤 [확인]을 클릭한다.

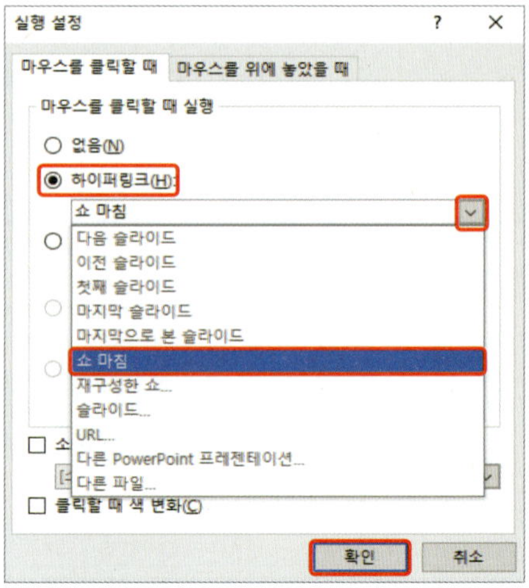

03 화면 하단 작업 표시줄에서 [읽기용 보기] 단추를 클릭해 프레젠테이션을 재생시킨다. 'Thank You!' 텍스트 상자를 클릭해 쇼 마침 동작이 실행되는지 확인해본다.

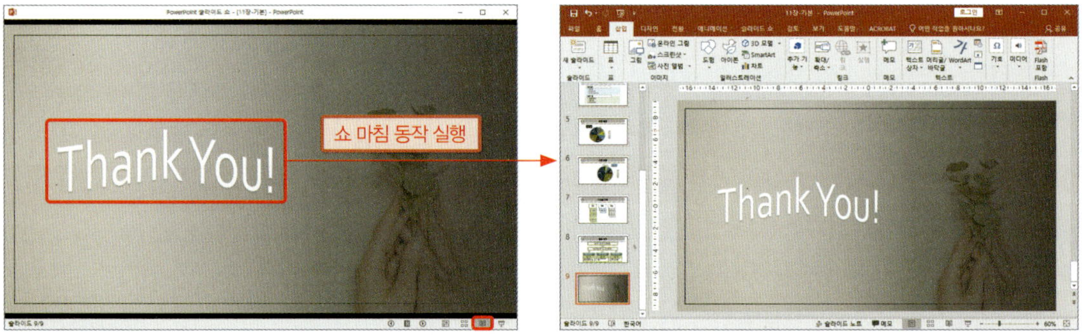

04 이번에는 슬라이드에 단추를 삽입해 실행할 동작을 지정해보자. [삽입] 탭–[일러스트레이션] 그룹–[도형] 목록에서 [실행 단추]의 [실행 단추: 홈으로 이동]을 선택한다.

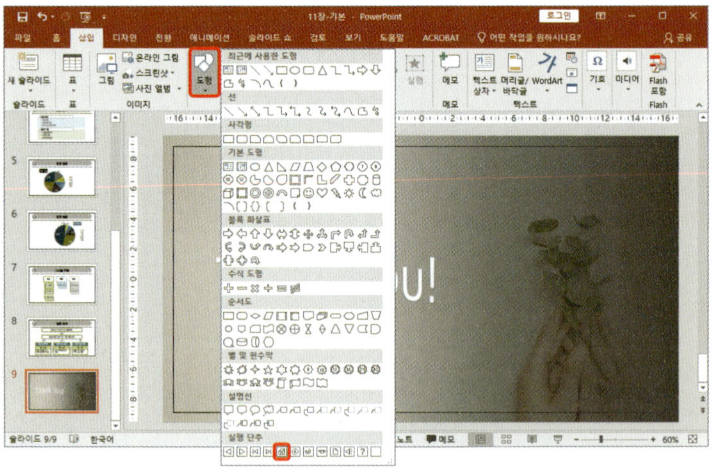

05 마우스 포인터가 [+] 모양으로 바뀌면 슬라이드의 원하는 위치에 마우스를 드래그하여 실행 단추를 삽입한다.

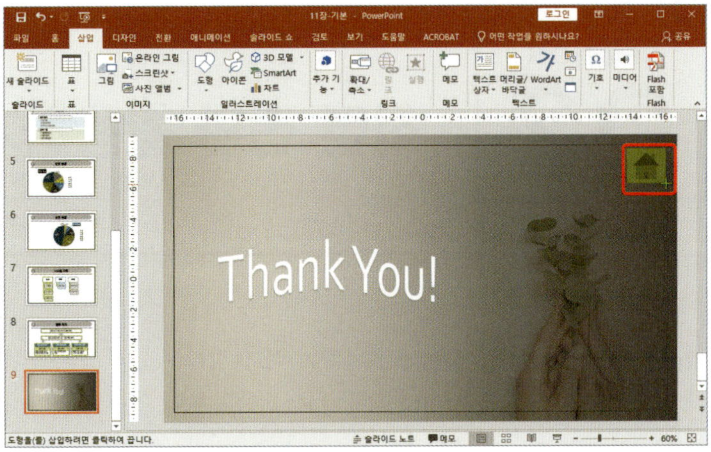

06 [실행 설정] 대화상자가 나타나면 [마우스를 위에 놓았을 때] 탭–[하이퍼링크]의 [첫째 슬라이드]를 선택하고 [확인]을 클릭한다.

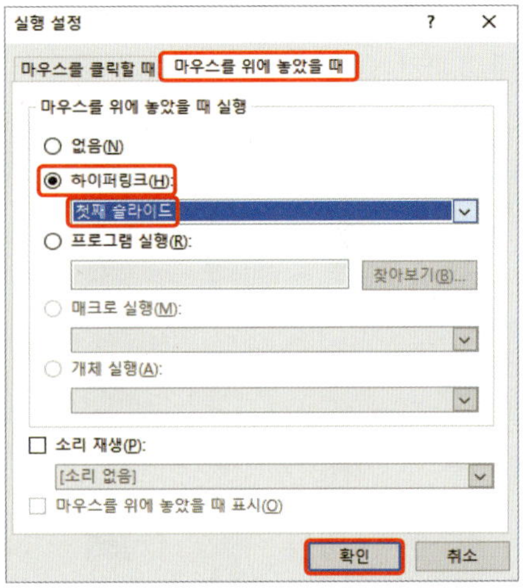

07 화면 하단 작업 표시줄에서 [읽기용 보기] 단추를 클릭해 프레젠테이션을 재생시킨다. 실행 단추에 마우스를 올렸을 때 동작이 실행되는지 확인해본다.

SECTION 02

화면 전환 활용하기

슬라이드 쇼 진행 중 슬라이드가 나타날 때 설정하는 동적 효과를 전환이라고 한다. 슬라이드 내에 있는 각 개체에 동적 효과를 설정하는 애니메이션과 달리, 전환은 슬라이드 단위로 동적 효과를 설정한다. 전환을 이용하면 슬라이드가 바뀔 때의 모양을 다양하게 설정할 수 있고, 애니메이션처럼 소리나 재생 시간을 적용할 수도 있다. 프레젠테이션 주제가 바뀔 때 청중의 이목을 집중시키거나 분위기를 환기하는 데 효과가 좋다.

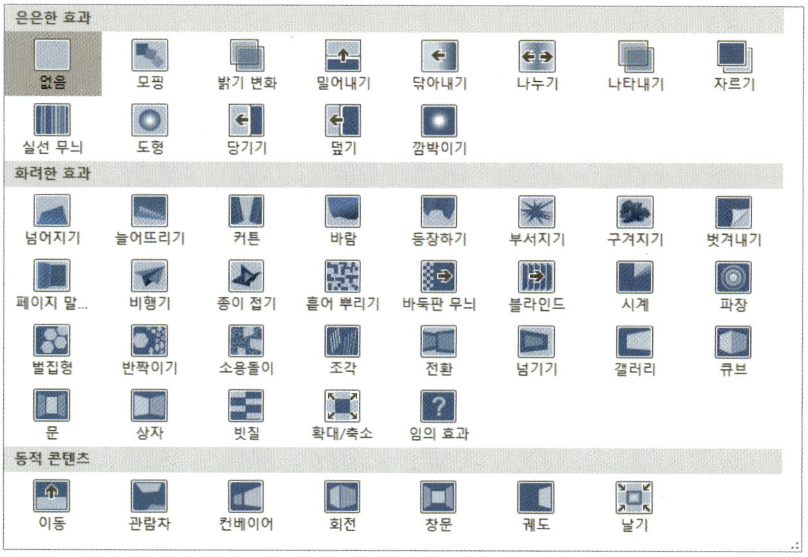

▲ 슬라이드 화면 전환 기능

2.1 전환 효과 설정

애니메이션의 경우 하나의 개체에 여러 가지 효과를 추가할 수 있지만, 전환은 슬라이드마다 한 가지 효과만 설정할 수 있다. 슬라이드 보기 창을 이용하거나 [여러 슬라이드] 단추를 클릭해 보기 모양을 바꾼 뒤 전환 효과를 설정할 슬라이드를 선택하면 편리하다.

기본예제 11-6 슬라이드에 전환 효과 설정하기

전환 효과를 이용하여 슬라이드가 나타날 때 실행될 동적 효과를 다양하게 설정해보자.

01 '11장-기본.pptx' 파일을 열고 [보기] 탭-[프레젠테이션 보기] 그룹-[여러 슬라이드]를 클릭한다.

TIP 화면 하단 작업 표시줄에서 [여러 슬라이드] 단추를 클릭해도 된다.

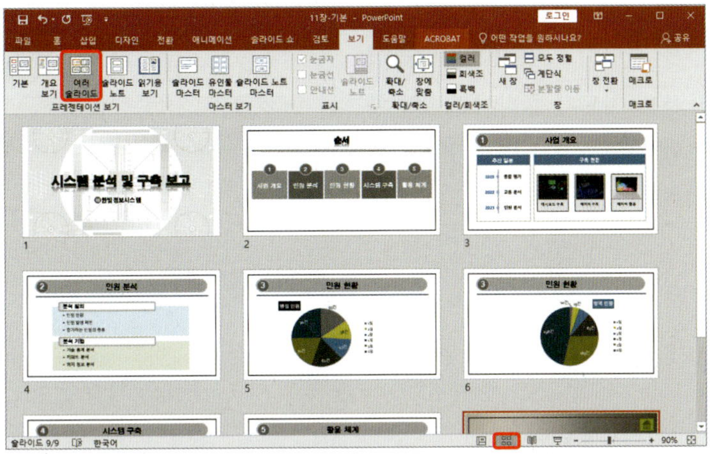

02 슬라이드 1을 선택하고 [전환] 탭-[슬라이드 화면 전환] 그룹에서 [자세히] 단추를 클릭해 [은은한 효과]의 [밀어내기]를 선택한다.

TIP 전환 효과를 선택하면 슬라이드 축소판 화면에 설정한 효과가 미리 보기로 나타난다.

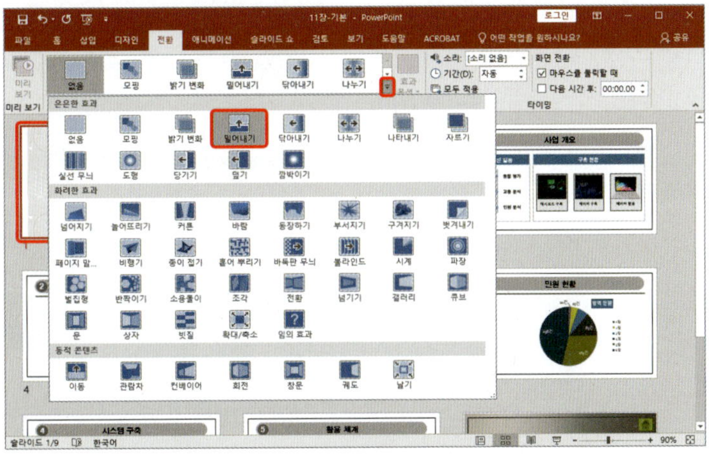

03 [전환] 탭-[타이밍] 그룹-[모두 적용]을 선택하면 모든 슬라이드에 동일한 효과가 적용된다.

TIP 슬라이드의 오른쪽 아래에 있는 ★ 표시는 애니메이션이나 전환 같은 동적 효과가 설정되어 있다는 표시이다.

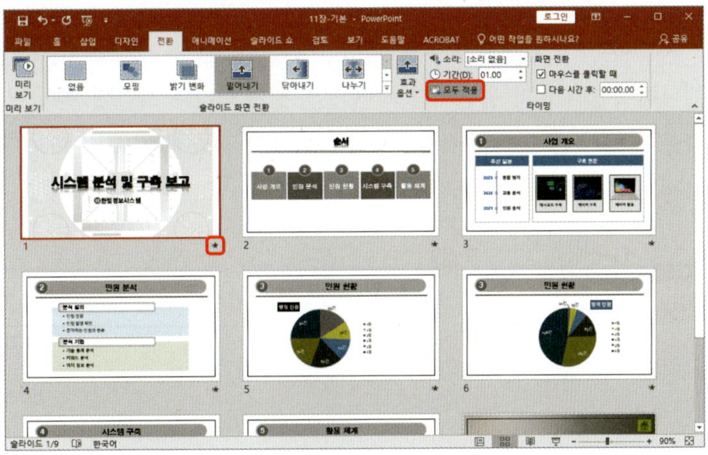

04 슬라이드 6을 선택하고 [전환] 탭–[슬라이드 화면 전환] 그룹에서 [은은한 효과]의 [모핑]을 선택한다. [📖 읽기용 보기] 단추를 클릭해 확인해보면 슬라이드 5의 차트가 슬라이드 6의 차트와 자연스럽게 연결되며 화면이 전환된다.

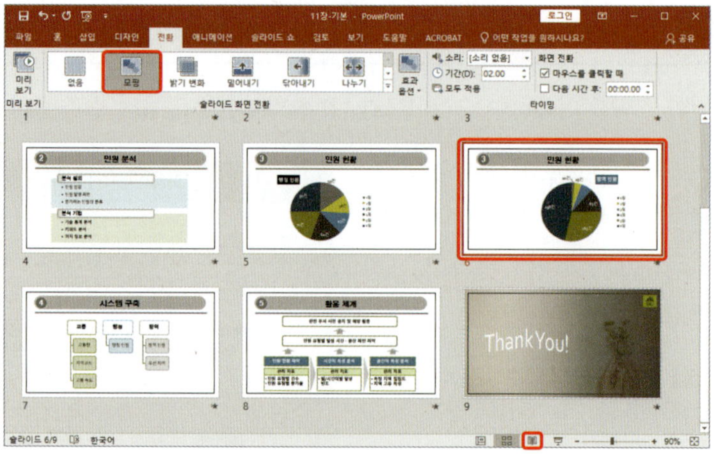

> **TIP** 모핑(Morphing)은 하나의 이미지가 다른 이미지로 서서히 변화하는 전환 기능이다. 서로 다른 슬라이드에 텍스트나 그림, 차트 등 공통된 개체가 삽입되어 있을 때 효과적으로 활용할 수 있다.

05 설정한 전환 효과를 제거하려면 해당 슬라이드를 선택하고 [전환] 탭–[슬라이드 화면 전환] 그룹의 목록에서 [없음]을 클릭하면 된다.

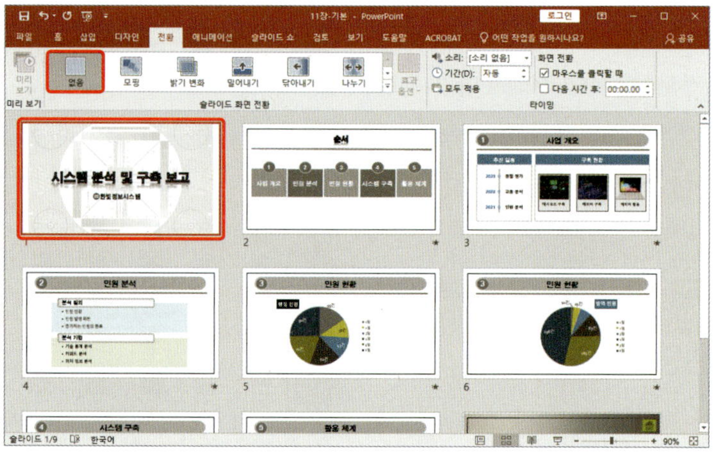

2.2 전환 효과 속성 변경

애니메이션의 효과 옵션처럼 화면 전환에도 소리나 시간에 관한 옵션을 설정할 수 있다. 애니메이션보다 복잡하지 않아 적절하게 사용하면 다채로운 전환 효과를 줄 수 있다. 화면 전환 효과의 속성을 변경하는 방법에 대해 알아본다.

기본예제 11-7 전환 효과 속성 변경하기

슬라이드에 적용한 효과의 속성을 변경해보자.

01 '11장-기본.pptx' 파일의 슬라이드 2를 선택하고 [전환] 탭-[슬라이드 화면 전환] 그룹-[효과 옵션] 목록에서 [왼쪽에서]를 선택한다.

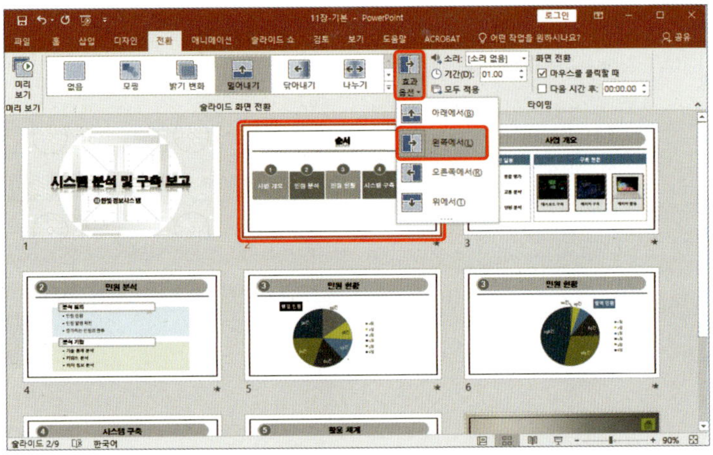

02 [전환] 탭-[타이밍] 그룹에서 [기간]을 [02.00](2초)로 설정한다.

TIP 슬라이드 2에서 [밀어내기] 효과가 재생되는 시간이 2초라는 의미이다.

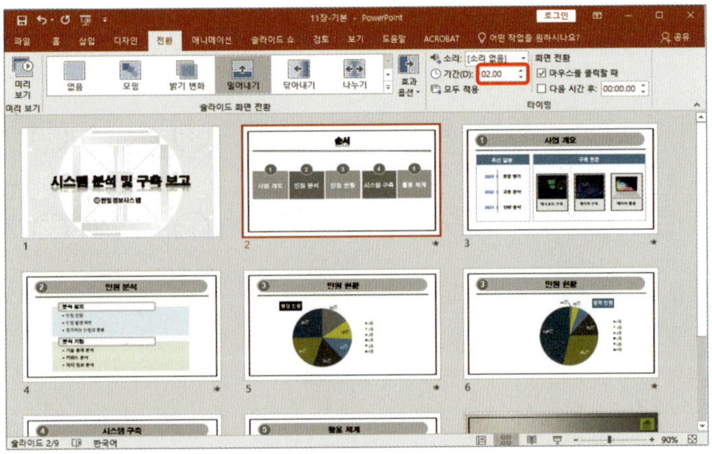

03 [전환] 탭-[타이밍] 그룹에서 [화면 전환]의 [다음 시간 후]를 선택하고 시간을 [00:05.00](5초)로 설정한다.

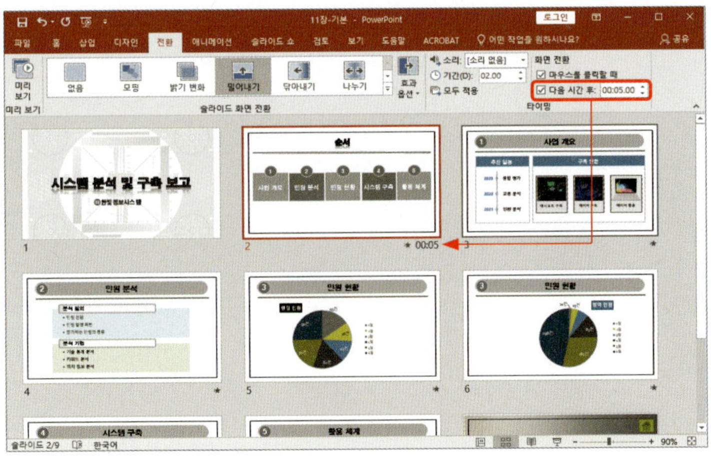

TIP 슬라이드 2 아래에 '00:05'로 시간이 표시된다. 5초가 지나면 자동으로 슬라이드 3으로 전환된다는 의미이다. [화면 전환]의 [마우스를 클릭할 때]가 함께 선택되어 있으면 5초가 안 지나도 마우스를 클릭해 다음 슬라이드로 전환할 수 있다.

04 [전환] 탭–[타이밍] 그룹–[모두 적용]을 클릭한다. [읽기용 보기]나 [슬라이드 쇼] 단추를 클릭해 재생해보면 전환 효과가 재생되는 시간(2초)과 다음 슬라이드로 바뀌는 시간(5초)을 확인할 수 있다.

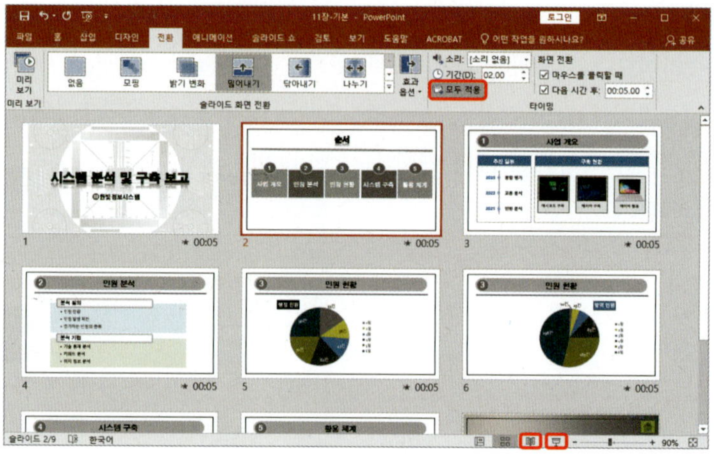

종합예제

하이퍼링크와 전환 도구를 이용해 다른 슬라이드나 엑셀 파일을 연결하고, 주제가 바뀌는 슬라이드에 전환 효과를 설정해보자.

1 '11장–종합.pptx' 파일을 열고 슬라이드 2의 '①' 도형을 선택한 후 [삽입] 탭–[링크] 그룹–[링크]를 클릭한다.

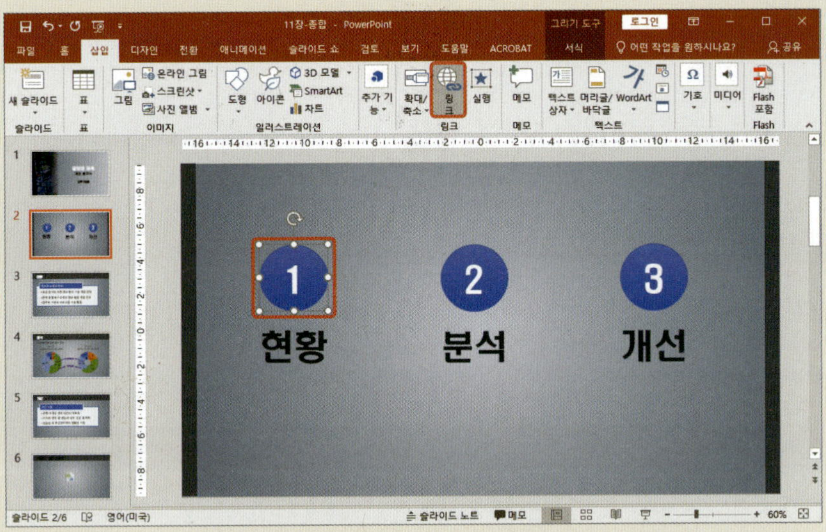

2 [하이퍼링크 삽입] 대화상자가 나타나면 [연결 대상]을 [현재 문서]로 선택한다. [이 문서에서 위치 선택] 목록에서 '3. 현황' 슬라이드를 선택한 후 [확인]을 클릭한다.

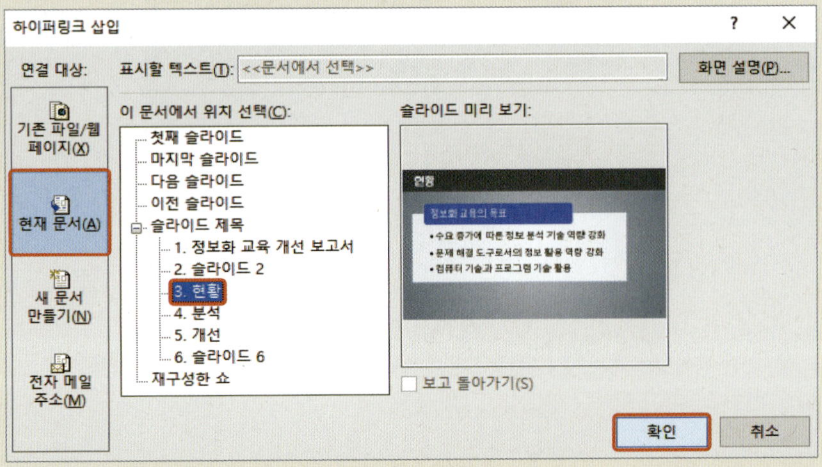

종합예제

3 단계 **1~2**와 같은 방법으로 '②' 도형에 '4. 분석' 슬라이드를 링크로 연결한다.

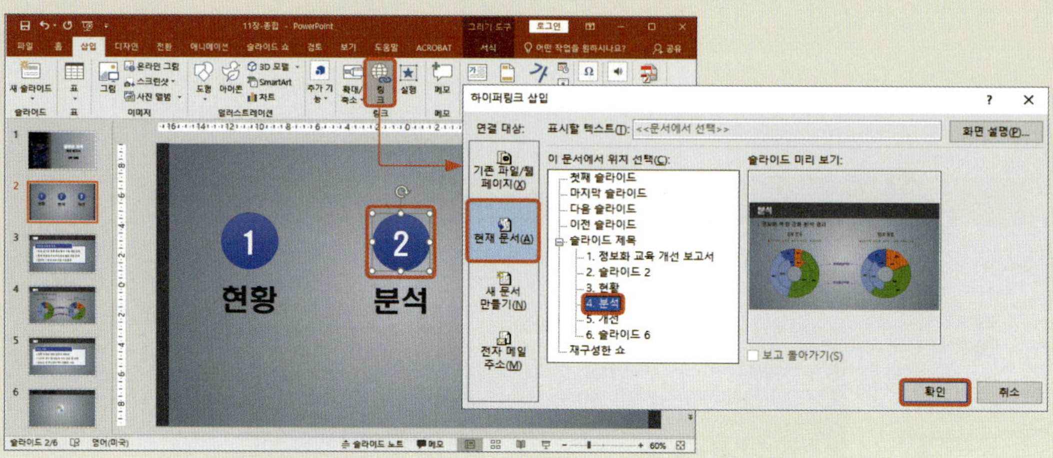

4 단계 **1~2**와 같은 방법으로 '③' 도형에 '5. 개선' 슬라이드를 링크로 연결한다.

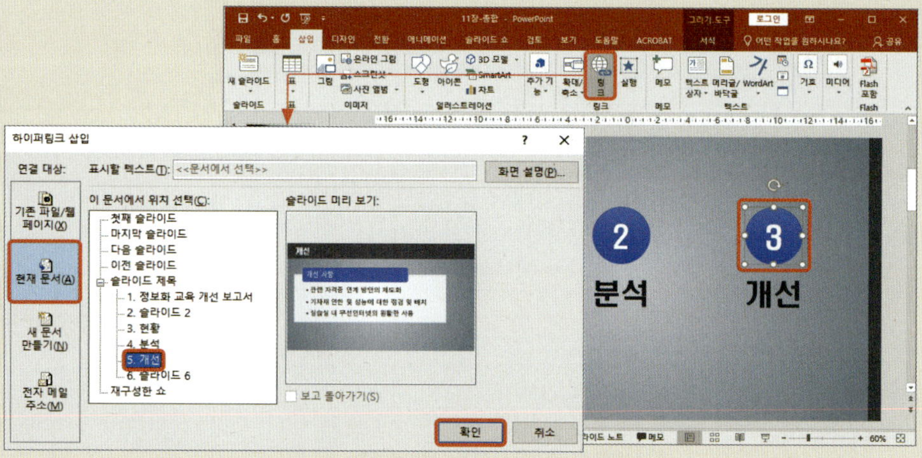

5 슬라이드 3을 선택하고 [삽입] 탭–[일러스트레이션] 그룹–[도형] 목록에서 [실행 단추]의 [실행 단추: 돌아가기]를 선택한다.

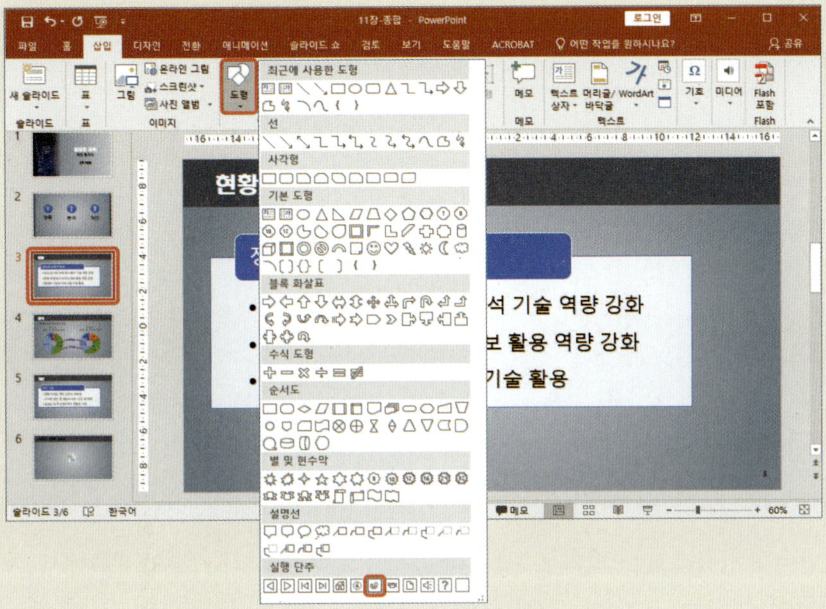

6 마우스 포인터가 [+] 모양으로 바뀌면 슬라이드의 원하는 위치에 마우스를 드래그하여 실행 단추를 삽입한다.

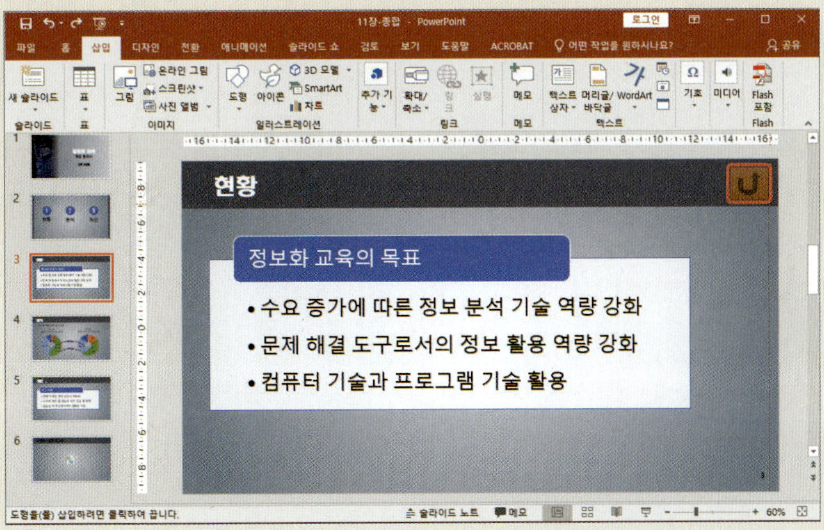

종합예제

7 [실행 설정] 대화상자가 나타나면 [마우스를 클릭할 때] 탭에서 [하이퍼링크]를 선택하고 목록에서 [마지막으로 본 슬라이드]를 선택한 후 [확인]을 클릭한다.

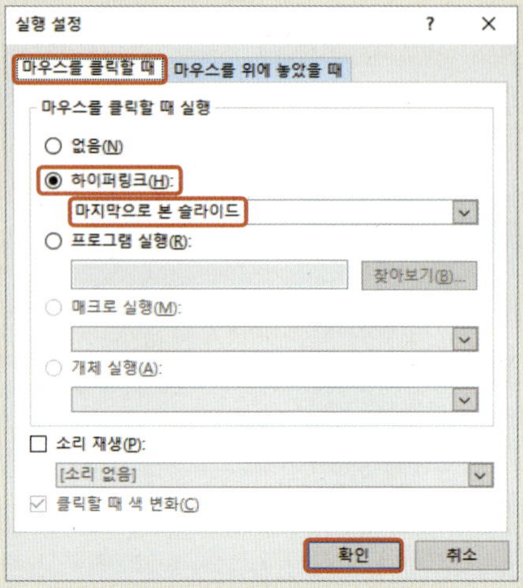

8 슬라이드에서 실행 단추를 선택하고 [그리기 도구]–[서식] 탭–[도형 스타일] 그룹의 목록에서 [보통 효과–회색, 강조 3]을 선택한다.

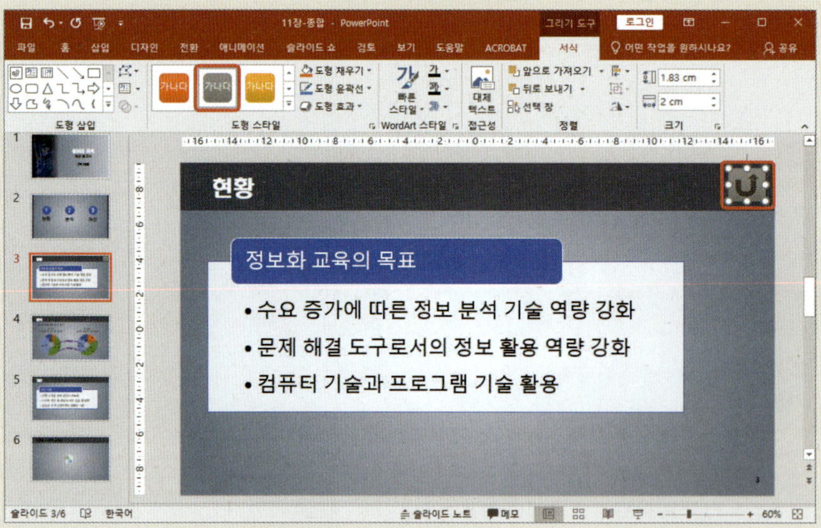

9 실행 단추를 마우스 오른쪽으로 클릭하고 [복사]를 선택하거나 단축키 Ctrl+C를 눌러 단추를 복사한다.

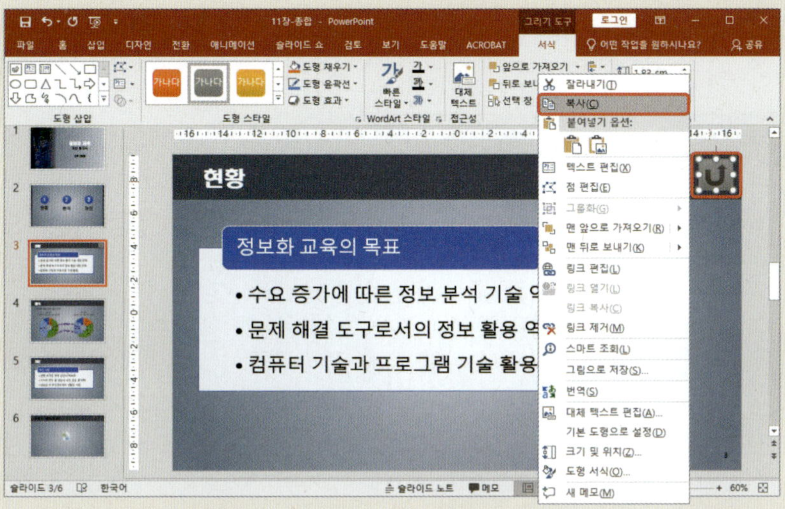

10 슬라이드 4와 슬라이드 5에 복사한 실행 단추를 각각 붙여넣기 한다. [홈] 탭–[클립보드] 그룹에서 [붙여넣기]를 클릭하거나 단축키 Ctrl+V를 누르면 된다.

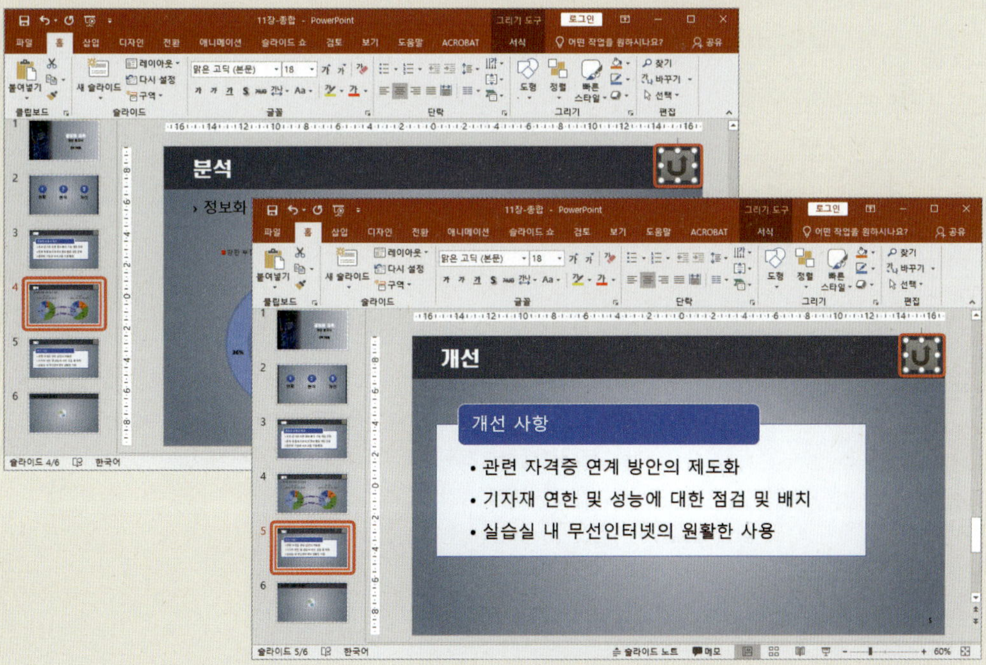

종합예제

11 슬라이드 6을 선택하고 그림을 마우스 오른쪽으로 클릭해 [링크]를 선택한다.

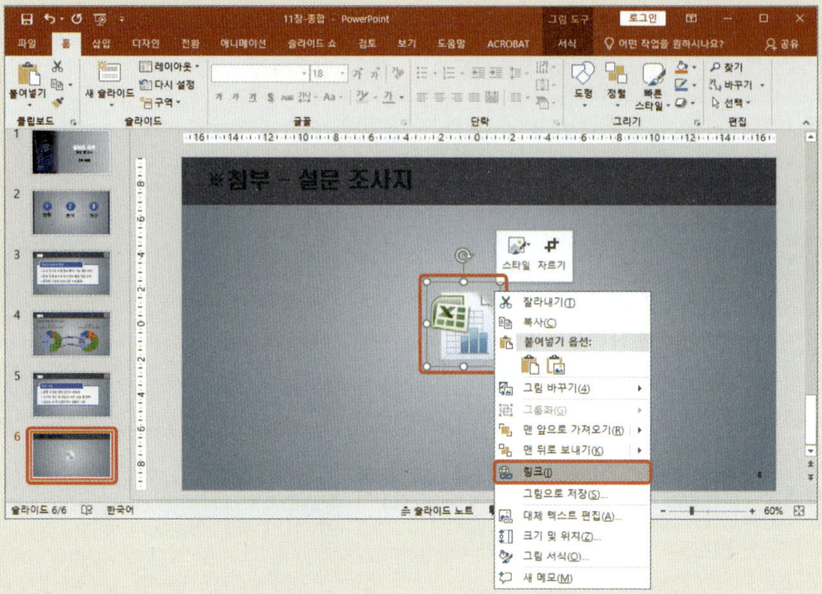

12 [하이퍼링크 삽입] 대화상자에서 [연결 대상]을 [기존 파일/웹페이지]로 선택하고 '설문지.xlsx' 파일을 찾아 선택한 후 [화면 설명]을 클릭한다.

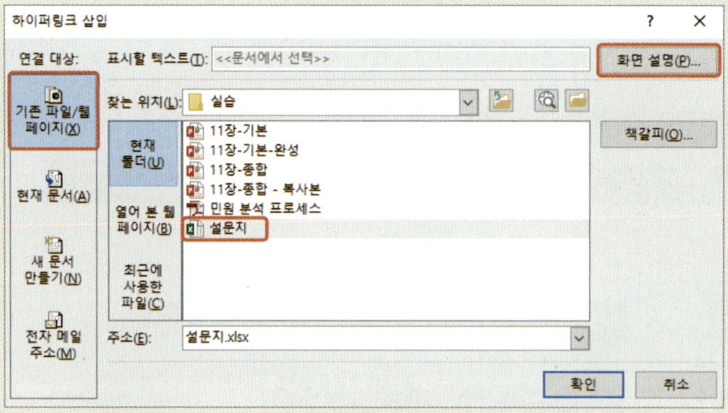

13 [하이퍼링크 화면 설명 설정] 대화상자가 열리면 [화면 설명 텍스트]에 *설문 내역 및 결과 보기*를 입력하고 [확인]을 클릭한다. [하이퍼링크 삽입] 대화상자에서도 [확인]을 클릭해 대화상자를 모두 닫는다.

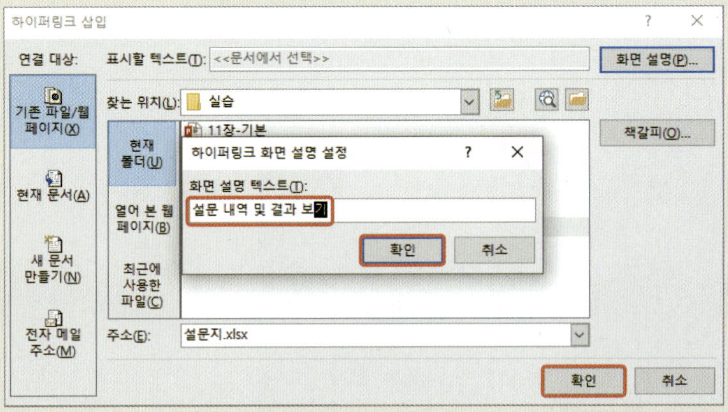

14 이번에는 슬라이드 2를 선택하고 [전환] 탭–[슬라이드 화면 전환] 그룹에서 [자세히] 단추를 클릭해 [은은한 효과]의 [나타내기]를 선택한다.

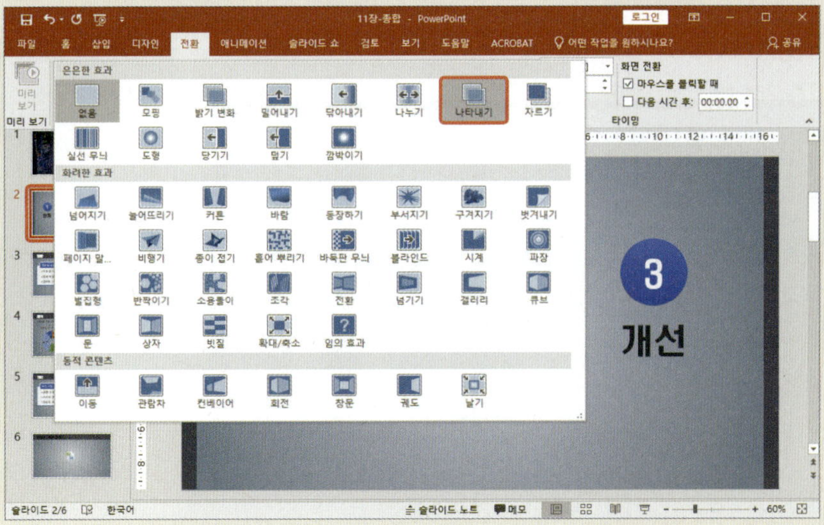

종합예제

15 [전환] 탭–[슬라이드 화면 전환] 그룹–[효과 옵션]에서 [왼쪽에서 부드럽게]를 선택하고 [타이밍] 그룹–[기간]을 [01.00](1초)로 설정한다.

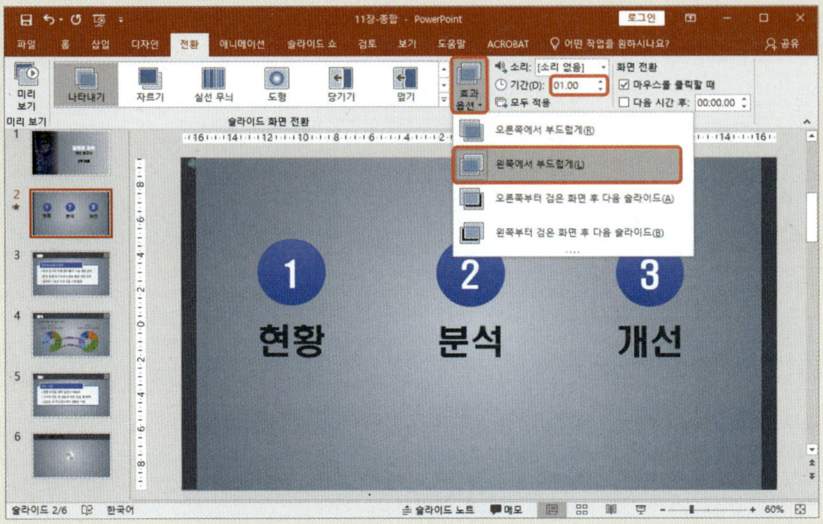

16 화면 하단 작업 표시줄의 [읽기용 보기]나 [슬라이드 쇼] 단추를 클릭해 설정된 하이퍼링크와 실행 및 전환 효과가 잘 재생되는지 확인한다.

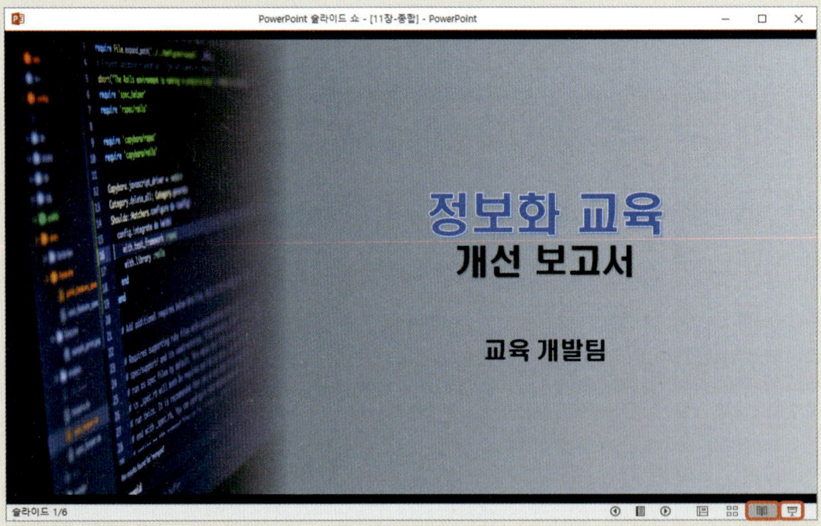

연습 문제

1 다음의 지시대로 슬라이드에 하이퍼링크와 실행 옵션을 설정하시오.

❶ '11장-연습.pptx' 파일을 열고 슬라이드 9에 그림과 같이 실행 단추를 만드시오. 마우스를 단추 위에 올려놓았을 때 슬라이드 2('순서')가 링크되도록 하시오.

❷ 실행 단추의 [도형 스타일]은 [투명, 색 윤곽선-회색, 강조 6]으로 설정하시오.

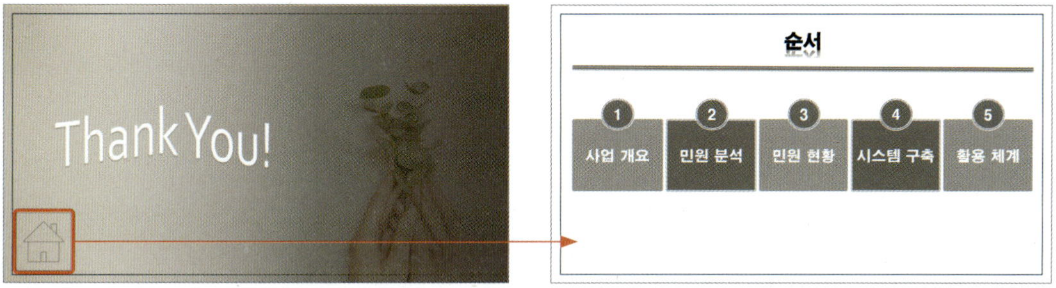

2 다음의 지시대로 슬라이드에 전환 기능을 설정하시오.

❶ '11장-연습.pptx' 파일을 열고 전환 효과 중 [밝기 변화]를 모든 슬라이드에 적용하시오. 전환이 재생되는 시간은 1초로 설정하시오.

❷ 슬라이드가 나타나고 5초가 지나면 다음 슬라이드로 자동 전환되도록 모든 슬라이드에 설정하시오.

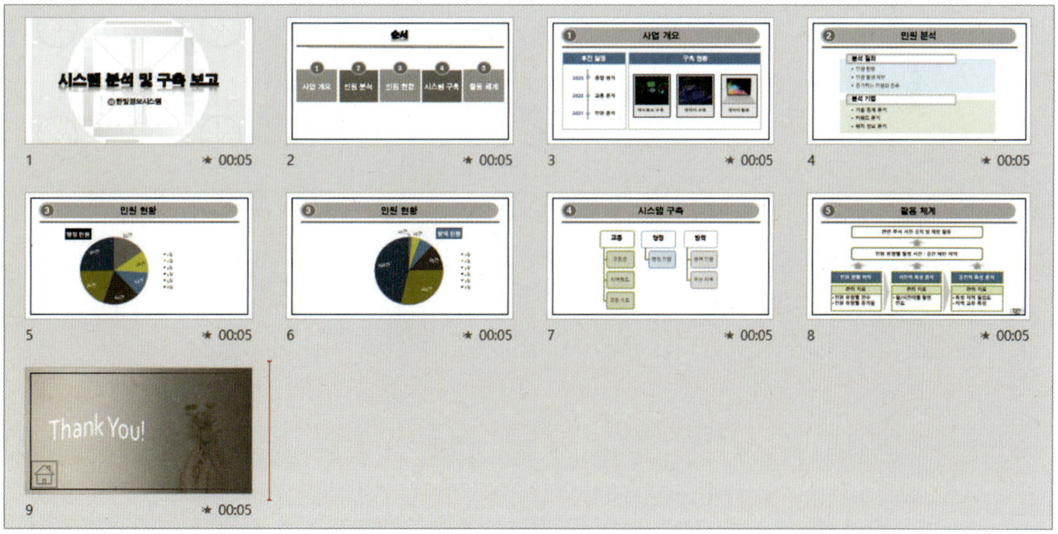

3 다음의 지시대로 슬라이드에 전환 기능을 설정하시오.

❶ '11장-연습.pptx' 파일을 열고 슬라이드 9에 전환 효과 중 [모핑]을 적용하시오. [효과 옵션]은 [문자]로 설정하시오.

❷ 슬라이드가 전환될 때 [박수] 소리가 나면서 5초 동안 효과가 재생되도록 설정하시오.

CHAPTER 12

슬라이드 쇼와 인쇄

01 슬라이드 쇼 진행하기

02 인쇄 옵션 설정하기

종합예제

연습문제

학습목표

- 슬라이드 쇼 진행을 위한 도구를 사용할 수 있다.
- 인쇄 옵션을 설정해 슬라이드를 인쇄할 수 있다.

SECTION 01

슬라이드 쇼 진행하기

공들여 만든 프레젠테이션 자료를 청중 앞에서 발표하는 시간은 어떤 작업보다도 중요하다. 프레젠테이션을 잘 만들기 위해 다양한 도구를 사용하듯이, 발표할 때도 다양한 슬라이드 쇼 도구 사용법을 제대로 익혀야 실수나 긴장을 줄이고 자신감을 가질 수 있다. 또한 예상치 못한 상황이 발생해도 유연하게 대처할 수 있다.

1.1 슬라이드 쇼 도구 활용

파워포인트의 [슬라이드 쇼] 탭에는 슬라이드 쇼 진행과 발표 연습을 할 때 필요한 도구와 슬라이드 쇼를 재구성하거나 자동 반복하는 등의 동작을 설정하는 도구들이 있다.

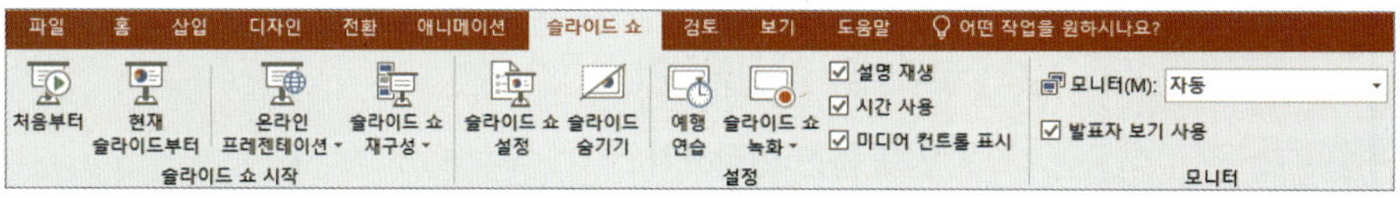

▲ 파워포인트 [슬라이드 쇼] 탭

슬라이드 쇼를 진행할 때 화면 하단에 마우스를 위치시키면 펜, 레이저 포인터, 형광펜 등 컨트롤 도구가 표시된다. 컨트롤 도구를 활용하면 발표 도중에 슬라이드 화면에 펜으로 글씨를 쓰거나 표시를 할 수 있고, 레이저 포인터로 특정 위치를 가리키거나 확대하는 등의 동작을 할 수도 있다.

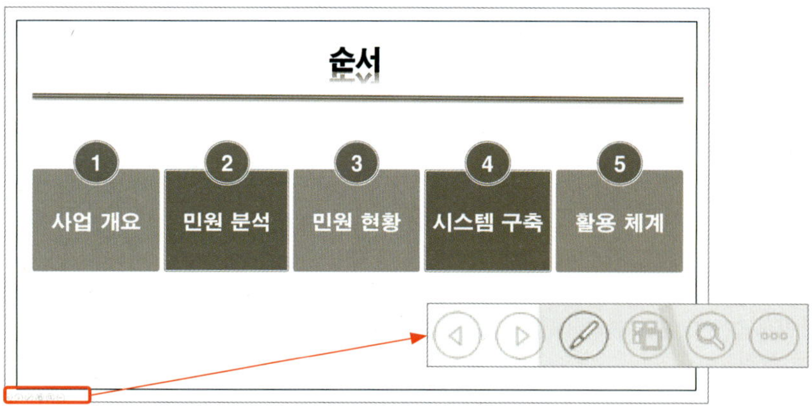

▲ 슬라이드 쇼에 사용할 수 있는 컨트롤 도구

기본예제 12-1 슬라이드 쇼 시작하기

슬라이드를 쇼를 시작하는 방법을 알아보고 슬라이드 쇼를 진행하면서 컨트롤 도구를 사용하는 방법도 알아보자.

01 '12장-기본.pptx' 파일을 열고 [슬라이드 쇼] 탭-[슬라이드 쇼 시작] 그룹-[처음부터]를 클릭한다.

TIP 첫 번째 슬라이드부터 쇼를 진행하려면 F5 키를 눌러도 된다.

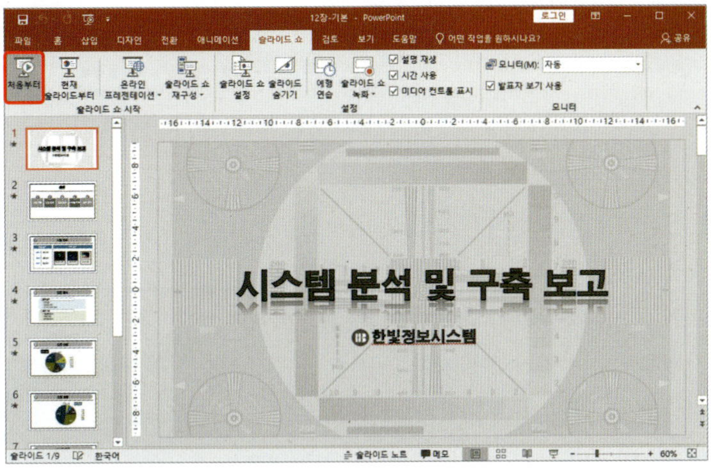

02 슬라이드 쇼가 진행된다. 쇼를 마치려면 화면 하단 컨트롤 도구에서 [더 보기] 단추를 클릭하고 [쇼 마침]을 선택한다.

TIP 화면에서 마우스 오른쪽을 클릭해 [쇼 마침] 메뉴를 선택하거나 Esc 키를 눌러도 된다.

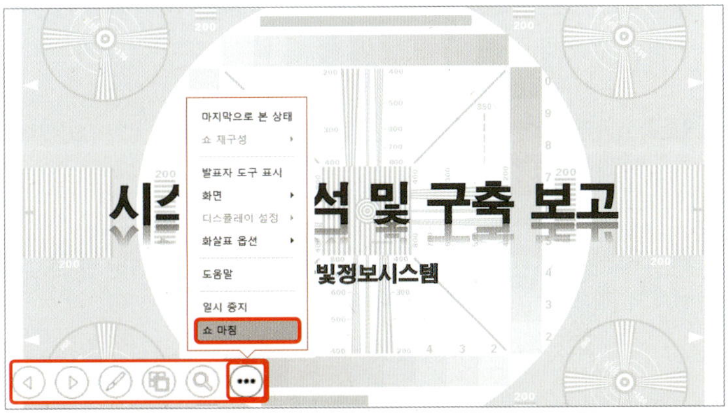

03 슬라이드 2를 선택하고 [슬라이드 쇼] 탭-[슬라이드 쇼 시작] 그룹-[현재 슬라이드부터]를 클릭하면 슬라이드 2부터 쇼가 진행된다.

TIP 단축키 Shift+F5를 누르거나, 작업 표시줄에서 [슬라이드 쇼] 단추를 클릭해도 현재 슬라이드부터 쇼가 진행된다.

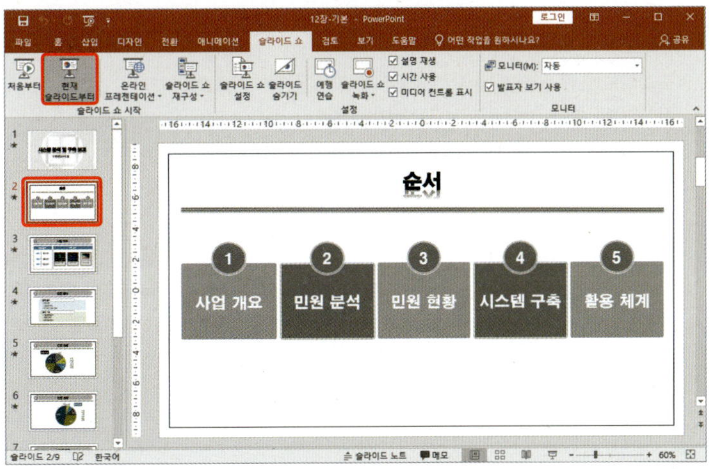

04 마우스를 화면 하단으로 가져가면 컨트롤 도구가 나타난다. [잉크] 단추를 클릭하고 [펜]을 선택한다.

TIP 화면에 직접 글씨를 쓰거나 표시할 때 사용하는 펜은 단축키 Ctrl+P를 누르면 나타난다.

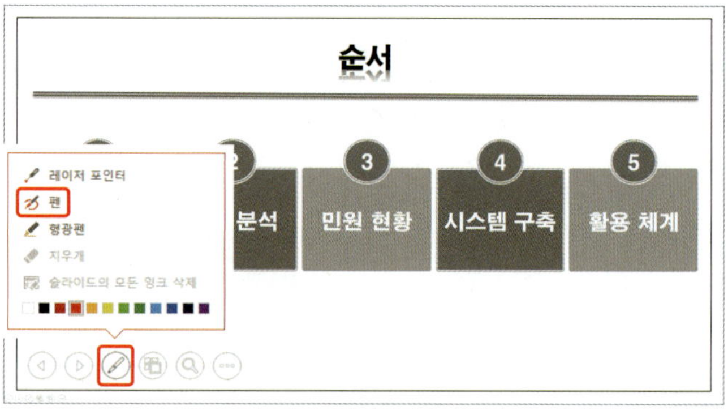

05 마우스 포인터가 빨간색 점으로 바뀌면 화면에 직접 글씨를 쓰거나 줄을 그어 표시할 수 있다. 단축키 Ctrl+E로 지우개( )를 불러와 필기한 내용을 클릭하면 한 획씩 지워진다. 컨트롤 도구의 [잉크] 단추를 클릭해 [펜]을 선택하거나 단축키 Ctrl+P를 눌러 다시 펜을 불러올 수 있다.

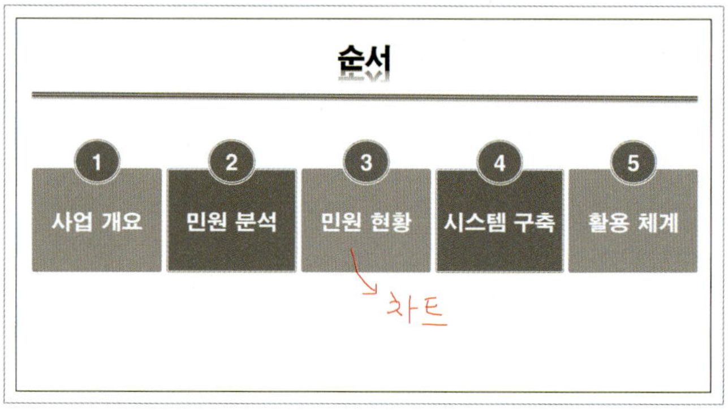

TIP 지우개를 불러오는 대신 영문 E 키를 누르면 필기 내용이 전부 지워진다. 키보드 입력 모드가 한글로 되어 있을 때는 동작하지 않으므로 유의한다.

TIP 슬라이드 쇼를 마칠 때 슬라이드에 필기한 내용을 프레젠테이션 파일에 포함해 저장할지 선택하는 대화상자가 나타난다.

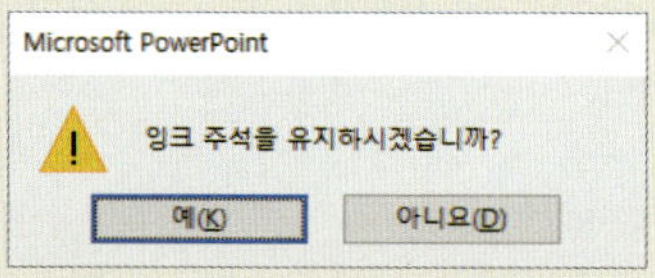

여기서 잠깐 **슬라이드 쇼 도움말**

슬라이드 쇼를 진행할 때 자주 사용하는 기능은 단축키를 알아두는 것이 좋다. 가령 레이저 포인터는 단축키 Ctrl+L, 형광펜은 단축키 Ctrl+I를 사용하면 된다. [슬라이드 쇼] 보기 화면에서 F1 키를 누르면 단축키 정보가 나타난다.

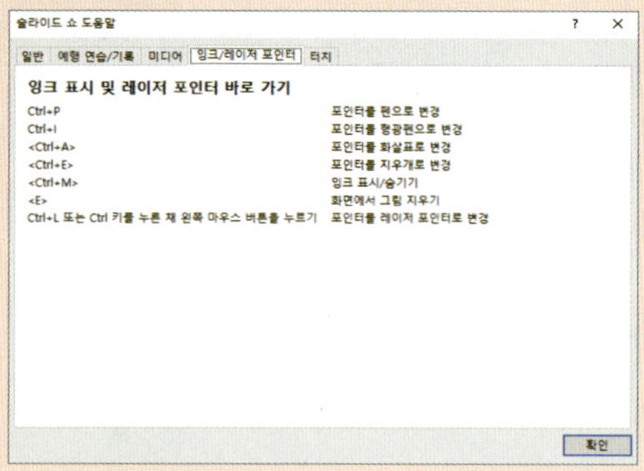

06 컨트롤 도구의 [모든 슬라이드] 단추를 클릭한 후 원하는 슬라이드를 선택하면 슬라이드를 이동한 상태에서 쇼를 계속 진행할 수 있다.

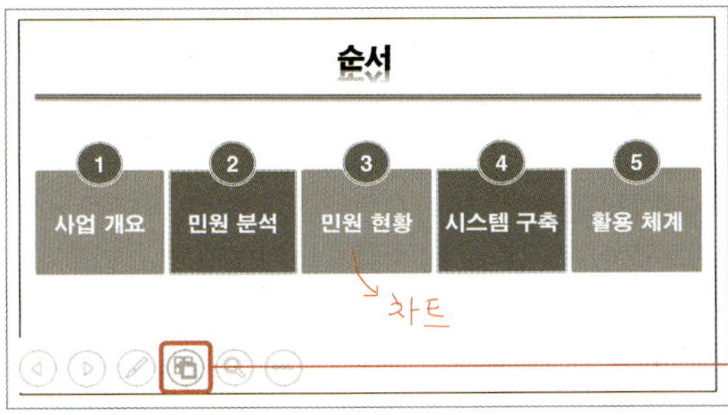

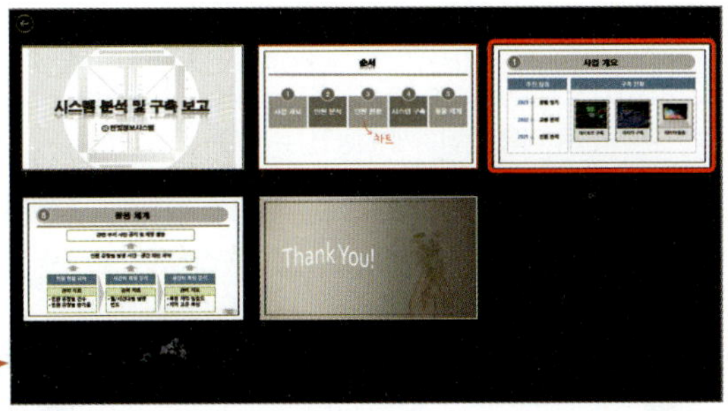

TIP 슬라이드 쇼 도중 슬라이드 번호(1, 2, …)를 누르고 Enter 키를 눌러도 슬라이드를 이동할 수 있다. 또한 Home 키를 누르면 첫 번째 슬라이드로, End 키를 누르면 마지막 슬라이드로 이동한다.

07 슬라이드의 내용 일부를 크게 보여주려면 컨트롤 도구의 [확대] 단추를 클릭하면 된다.

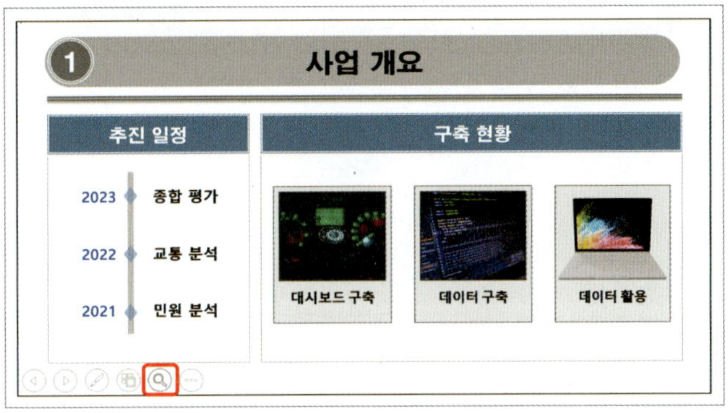

08 확대할 영역을 클릭하면 해당 영역이 전체 화면 크기로 커진다. Esc 키를 누르면 슬라이드가 원래 크기로 돌아간다.

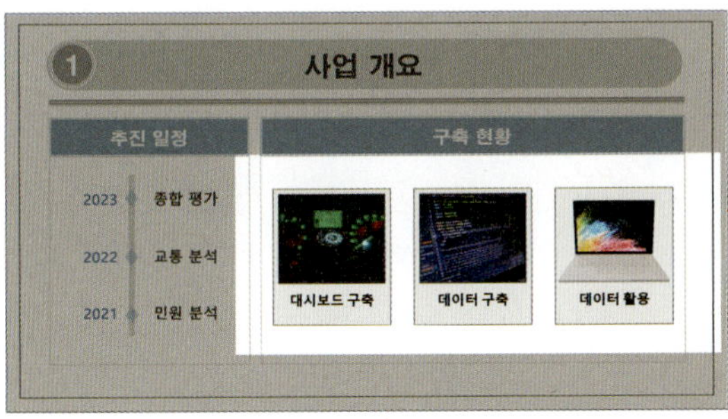

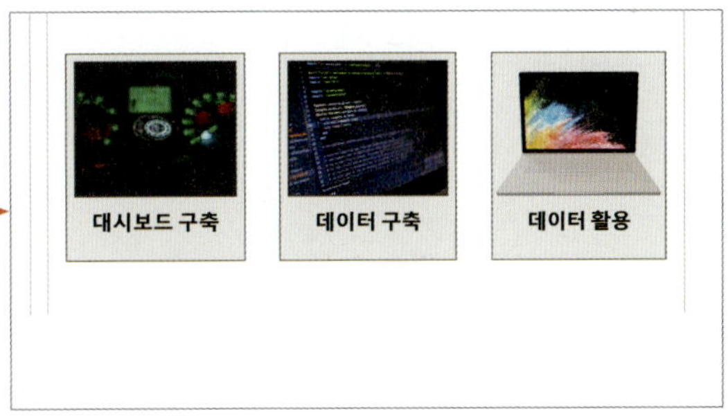

TIP Ctrl 키를 누른 채 화면을 스크롤해도 크기를 확대하거나 축소할 수 있다.

여기서 잠깐 발표자 보기 화면 표시

발표자 보기 기능을 사용하면 슬라이드 쇼를 진행할 때 청중에게 보이는 화면과 발표자용 슬라이드 노트 등을 함께 볼 수 있다. 발표자 보기 화면은 [슬라이드 쇼] 탭의 [모니터] 그룹-[발표자 보기 사용]을 선택하면 나타난다. 컴퓨터가 프로젝터에 연결되어 있으면 컴퓨터 화면에는 발표자 보기 화면이 표시되고 프로젝터 화면에는 슬라이드만 표시된다. 발표자 보기 화면에는 여러 가지 발표자 도구뿐 아니라 현재 슬라이드와 다음 슬라이드 및 발표자가 준비한 슬라이드 노트의 내용이 함께 나타나 프레젠테이션을 더욱 원활하게 진행할 수 있다.

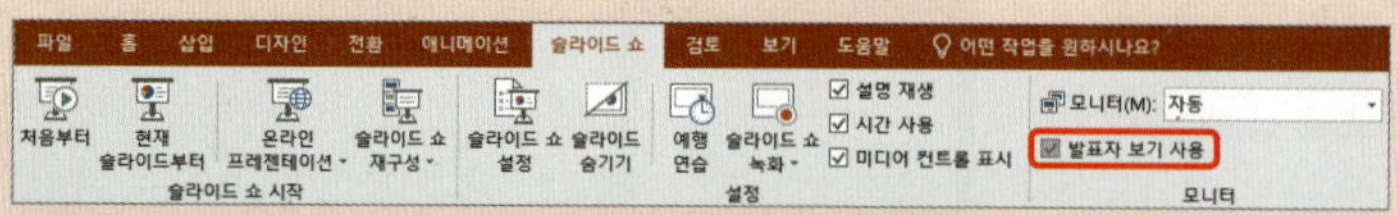

모니터가 2개인 경우 데스크톱 설정에서 [디스플레이]-[여러 디스플레이]-[디스플레이 확장] 방식을 선택해두면 발표자 보기 화면과 슬라이드 화면을 각각의 모니터에 따로 표시할 수 있다.

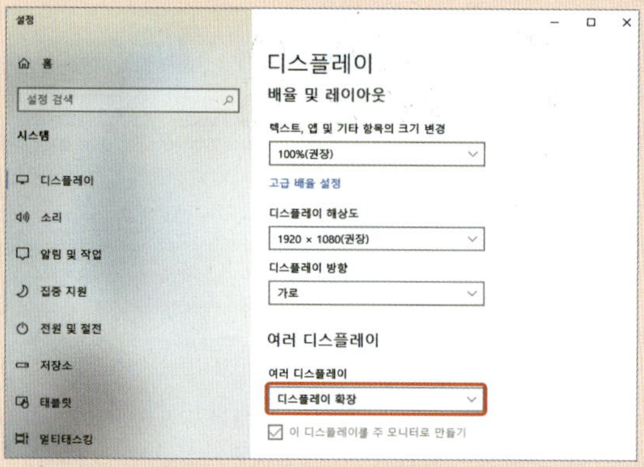

모니터가 1개일 때 발표자 보기 화면을 적용하려면 단축키 Alt+F5를 누르거나, 슬라이드 쇼 컨트롤 도구의 [더보기] 단추를 클릭하고 [발표자 도구 표시]를 선택하면 된다.

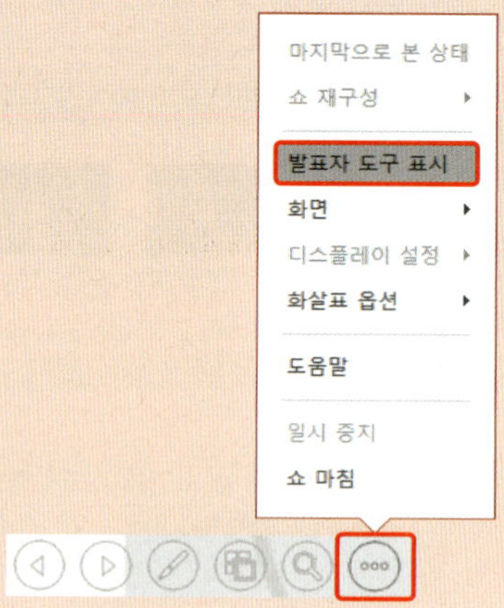

기본예제 12-2 예행 연습 활용하기

제한된 발표 시간 내에 프레젠테이션을 잘 마치려면 준비한 내용을 모두 설명할 수 있도록 충분히 연습해야 한다. 파워포인트의 예행 연습 기능을 활용하면 발표할 때 슬라이드별로 소요된 시간을 기록하면서 전체 발표 시간을 예측할 수 있다.

01 [슬라이드 쇼] 탭–[설정] 그룹–[예행 연습]을 클릭한다.

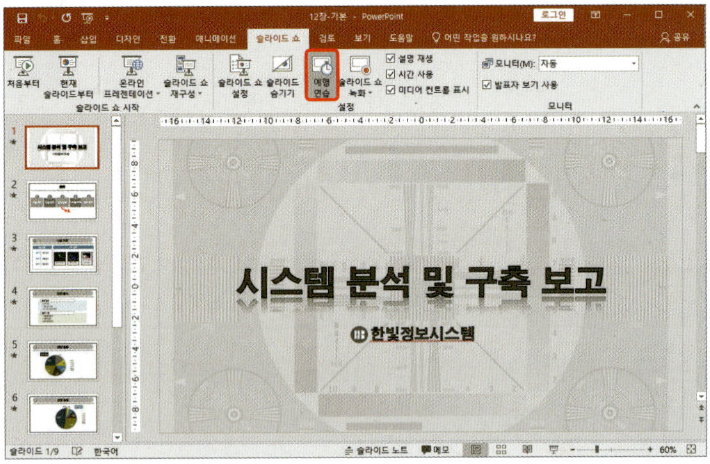

02 슬라이드 쇼 보기 화면이 되면서 [녹화] 대화상자가 나타난다. 슬라이드 화면을 클릭하거나 Enter 키를 눌러 슬라이드 쇼를 진행하면 각 슬라이드의 발표 시간과 전체 발표 시간이 기록된다.

03 슬라이드 쇼가 끝나면 슬라이드를 진행하는 데 걸린 시간을 저장할지 묻는 [Microsoft PowerPoint] 대화상자가 나타난다. [예]를 클릭해 기록된 시간을 저장한다.

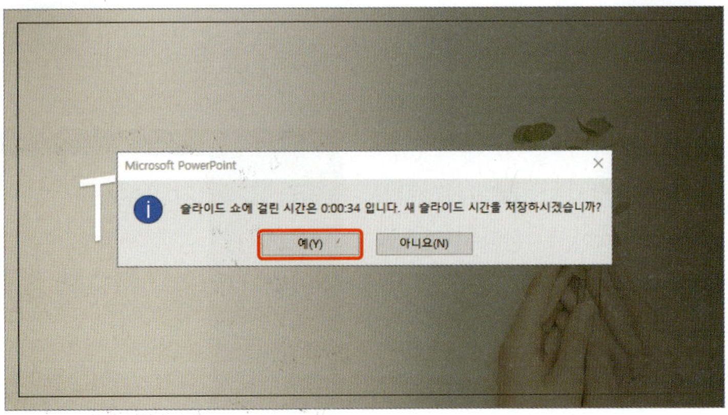

04 화면 하단 작업 표시줄의 [여러 슬라이드] 단추를 클릭하면 예행 연습을 하며 기록한 시간이 슬라이드 아래에 모두 표시되어 있다.

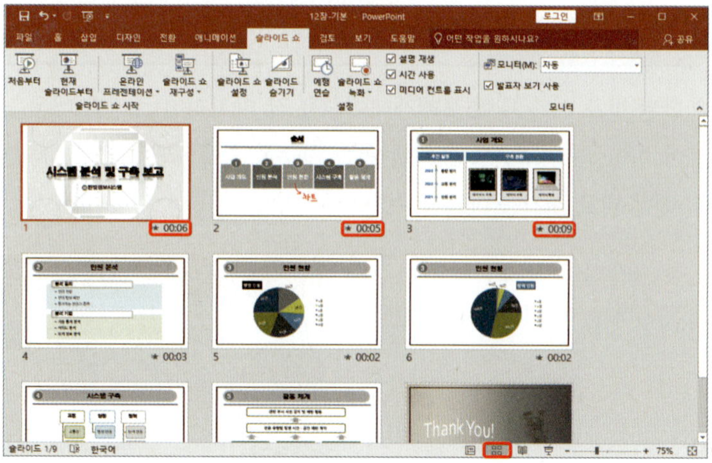

기본예제 12-3 슬라이드 쇼 녹화 활용하기

전시회나 박람회처럼 사람들의 이동이 잦은 곳에서는 비디오를 반복 재생하듯이 프레젠테이션 자료를 계속 보여주는 것도 좋은 방법이다. 슬라이드 쇼를 녹화한 후 반복 재생하도록 설정해보자.

01 [슬라이드 쇼] 탭-[설정] 그룹-[슬라이드 쇼 녹화] 목록에서 [처음부터 녹화]를 선택한다.

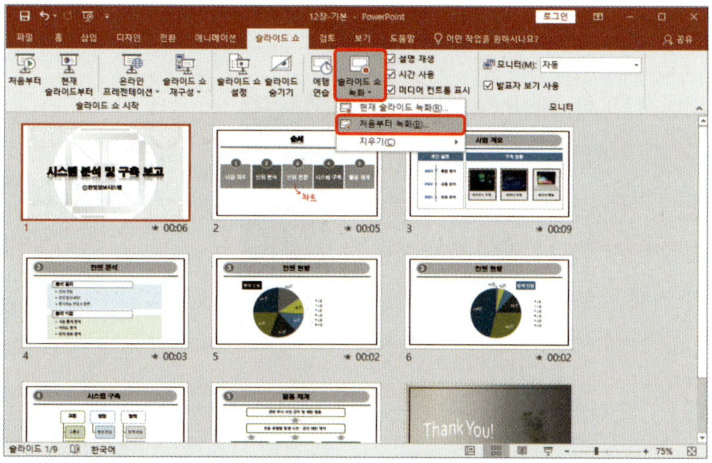

02 [슬라이드 쇼] 보기 녹화 화면으로 바뀌면 [녹음/녹화] 단추를 클릭한 뒤 슬라이드 쇼를 진행한다.

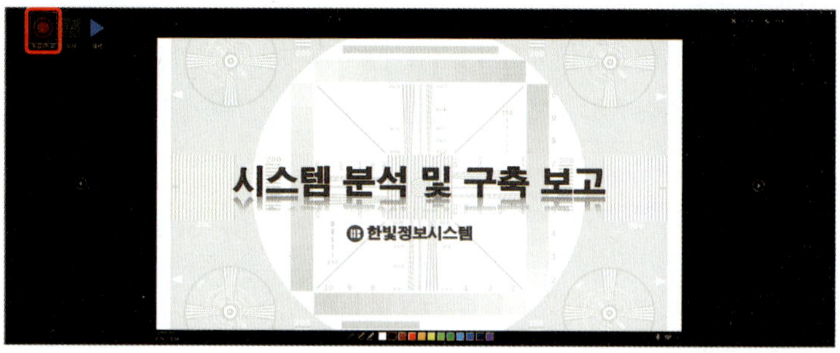

TIP 컴퓨터에 마이크와 카메라가 연결되어 있으면 [마이크 켜기]와 [카메라 켜기], [카메라 미리 보기 켜기] 항목 등을 활용해 발표자의 음성과 모습을 함께 녹화할 수 있다. 슬라이드 노트가 있는 경우 화면 상단에 텍스트로 표시되므로, 녹화할 때 텔레프롬프터처럼 사용하면 된다.

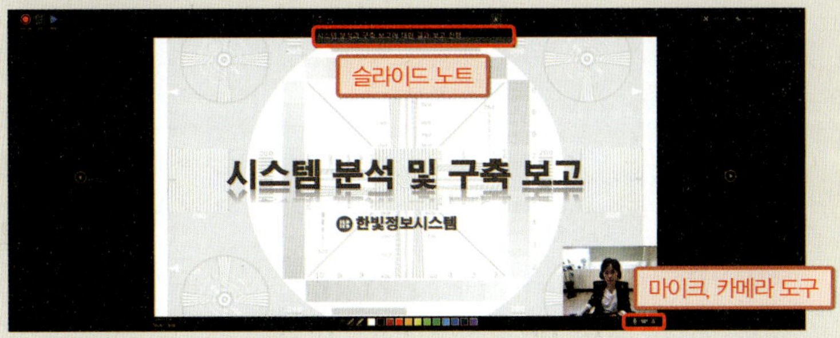

03 [□중지] 단추를 클릭하면 녹화가 중지되고 녹화된 내용과 함께 재생 시간이 저장된다. Esc 키를 눌러 녹화 화면을 빠져나오면 [여러 슬라이드] 보기 화면에서 저장된 내용을 확인할 수 있다.

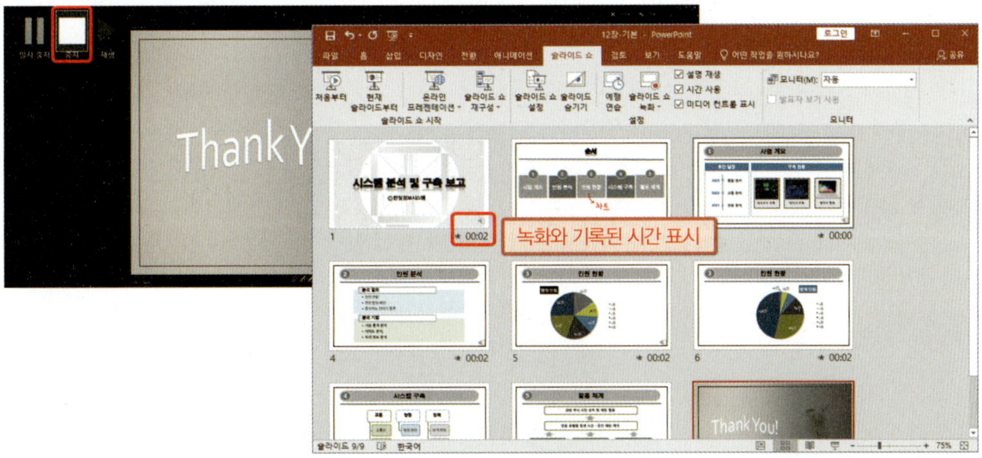

TIP [슬라이드 쇼] 탭–[설정] 그룹의 [설명 재생]과 [시간 사용]이 선택되어 있으면 슬라이드 쇼를 실행할 때 녹화된 내용이 기록된 시간에 따라 자동 재생된다. 슬라이드 쇼를 자동 재생하지 않고 발표자가 수동으로 진행하려면 이 항목의 선택을 해제하면 된다.

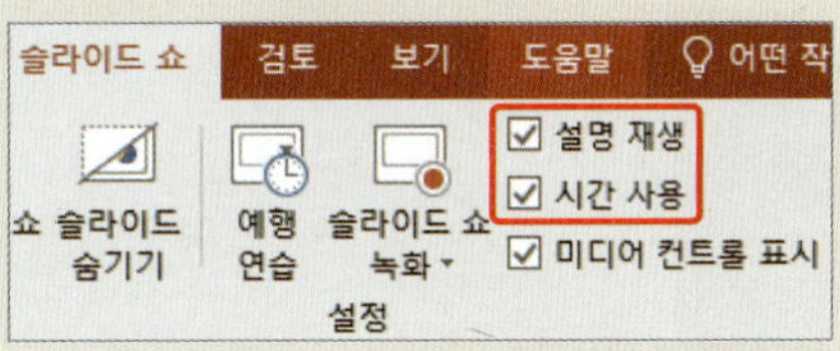

04 [슬라이드 쇼] 탭–[설정] 그룹–[슬라이드 쇼 설정]을 클릭한다. [쇼 설정] 대화상자가 나타나면 [보기 옵션]의 [〈Esc〉 키를 누를 때까지 계속 실행]을 선택하고, [화면 전환]은 [설정된 시간 사용]을 선택한 뒤 [확인]을 클릭한다. 이제 Esc 키를 누를 때까지 슬라이드 쇼가 반복 실행될 것이다.

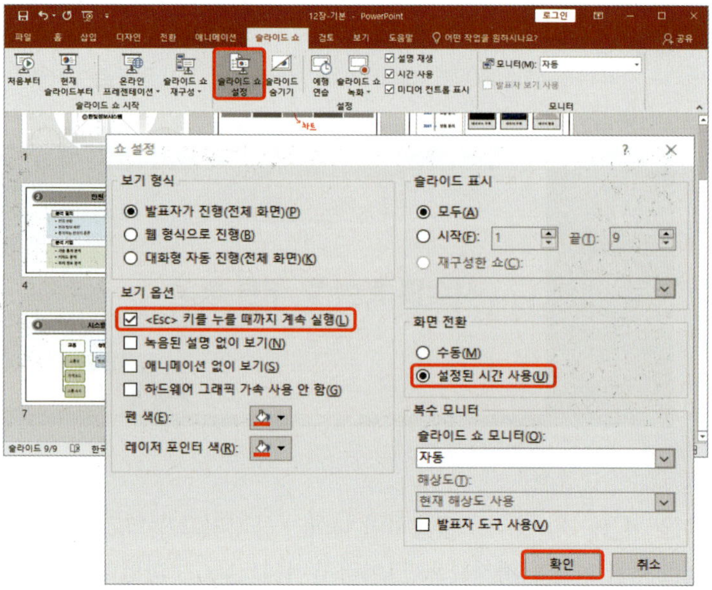

여기서 잠깐 **[쇼 설정] 대화상자의 [보기 형식]**

[쇼 설정] 대화상자의 [보기 형식] 옵션은 각각 다음과 같이 활용할 수 있다.

- **발표자가 진행(전체 화면)**: 슬라이드 쇼를 진행하는 사람이 슬라이드를 클릭해 전환할 수 있는 일반적인 발표에 사용한다.
- **웹 형식으로 진행**: 슬라이드 전환을 제어할 수 없는 상황에서 슬라이드 쇼를 발표하는 경우 활용하는 옵션으로, 모니터나 펜 색을 설정할 수 없다.
- **대화형 자동 진행(전체 화면)**: 키오스크와 같은 화면에서 슬라이드 쇼를 보여줄 때 활용할 수 있다. 슬라이드 쇼를 보는 사람이 Esc 키를 누를 때까지 무한 반복된다.

TIP 녹화한 슬라이드 쇼를 비디오 파일 형식으로 저장하려면 [파일] 탭–[내보내기]의 [비디오 만들기]를 클릭하고 [기록된 시간 및 설명 사용]을 선택하면 된다.

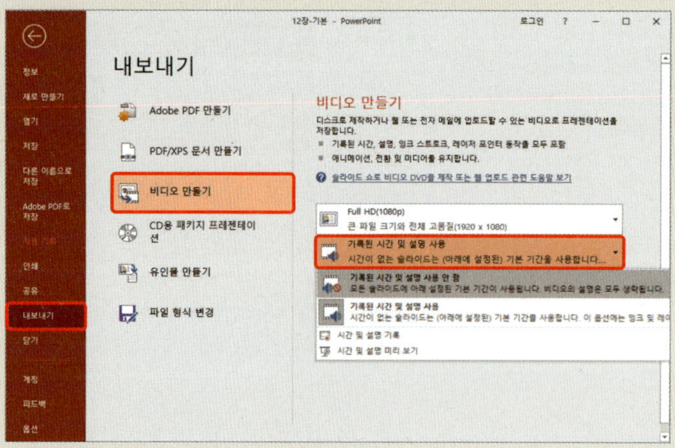

1.2 슬라이드 숨기기와 쇼 재구성

발표 시간에 제한이 있거나 발표 대상이 변경되는 등 상황이 여의치 않아 준비한 슬라이드를 모두 설명하지 못할 때가 있다. 이런 경우, 슬라이드를 삭제하지 않고도 특정 슬라이드가 보이지 않도록 슬라이드 쇼에서 숨겨 발표에서 제외할 수 있다. 또한 '10분 발표'나 '20분 발표' 혹은 '재학생 대상'이나 '졸업생 대상' 등 상황에 맞게 슬라이드 쇼를 재구성하여 미리 준비하는 방법도 있다.

기본예제 12-4 슬라이드 숨기기와 슬라이드 쇼 재구성하기

필요 없는 슬라이드를 숨기고 '10분 발표'용으로 슬라이드 쇼를 재구성해보자.

01 [여러 슬라이드] 보기 화면에서 슬라이드 5를 선택하고 [슬라이드 쇼] 탭-[설정] 그룹-[슬라이드 숨기기]를 클릭하면 슬라이드 쇼 실행 시 슬라이드 5는 제외된다.

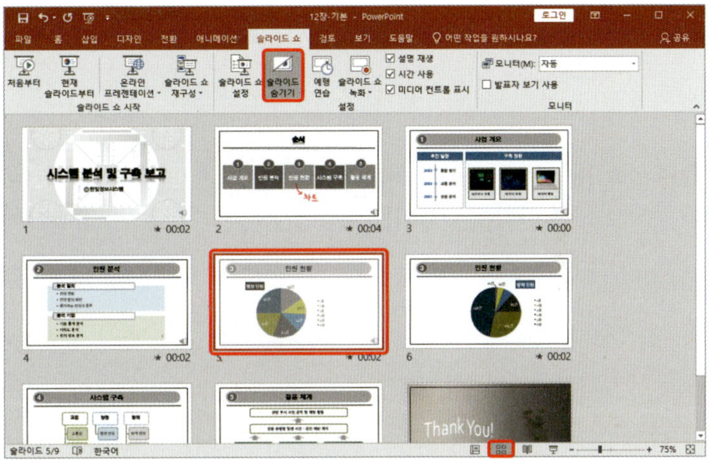

TIP 제외한 슬라이드를 다시 포함시키려면 [슬라이드 숨기기]를 한 번 더 클릭하면 된다.

02 [슬라이드 쇼] 탭-[슬라이드 쇼 시작] 그룹-[슬라이드 쇼 재구성]을 클릭하고 [쇼 재구성]을 선택한다. [쇼 재구성] 대화상자가 열리면 [새로 만들기]를 클릭한다.

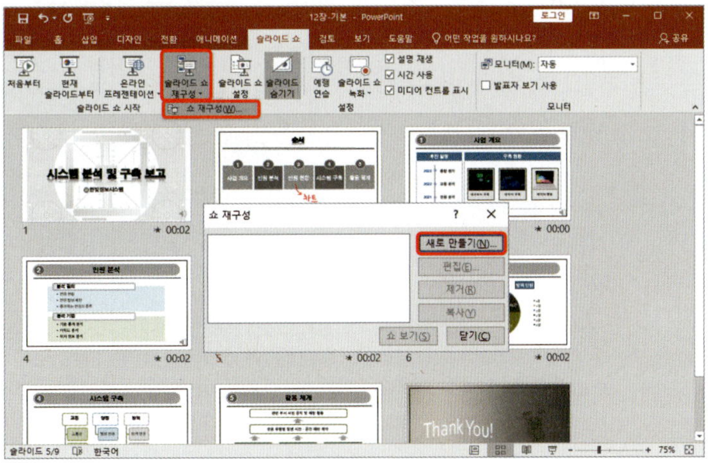

03 [쇼 재구성 하기] 대화상자가 나타나면 [슬라이드 쇼 이름]을 *10분 발표*로 바꾼다. [프레젠테이션에 있는 슬라이드] 목록 중 쇼에서 보여줄 슬라이드를 선택한 후 [추가]를 클릭해 [재구성한 쇼에 있는 슬라이드] 목록으로 이동시킨다. [확인]을 클릭해 [쇼 재구성 하기] 대화상자를 닫는다.

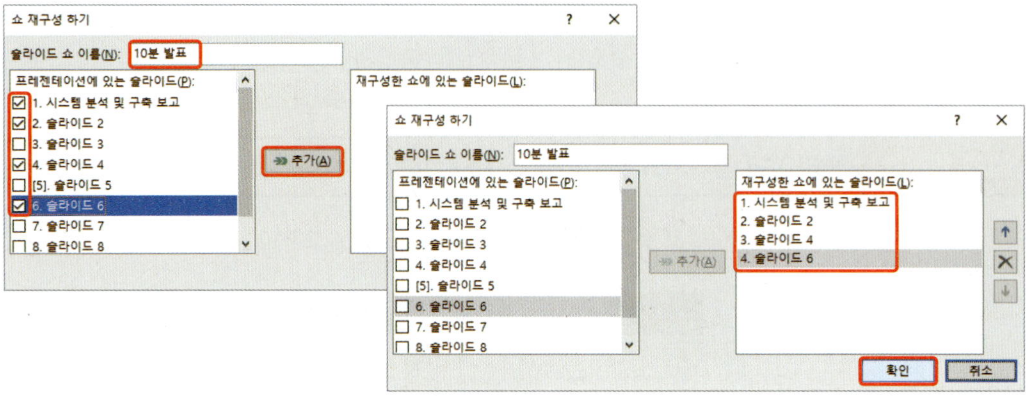

04 [쇼 재구성] 대화상자 목록에 '10분 발표'가 표시된다. [쇼 보기]를 클릭해 슬라이드 쇼를 실행해본다.

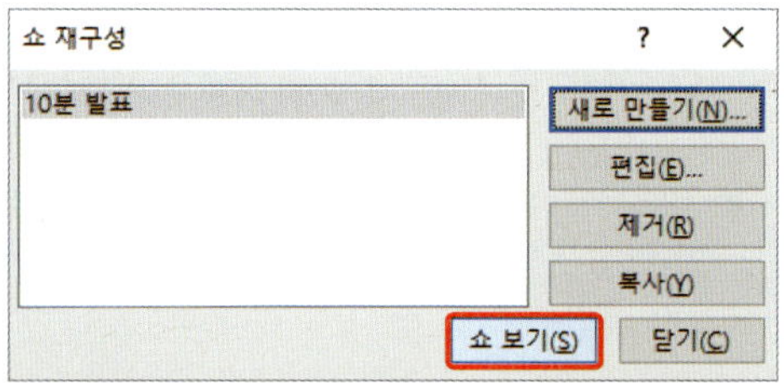

TIP [쇼 재구성] 대화상자에서 재구성한 쇼를 편집하거나 제거, 복사할 수 있다.

05 재구성한 쇼를 이용해 프레젠테이션을 진행하려면 [슬라이드 쇼] 탭–[슬라이드 쇼 시작] 그룹–[슬라이드 쇼 재구성] 목록에서 [10분 발표]를 선택하면 된다.

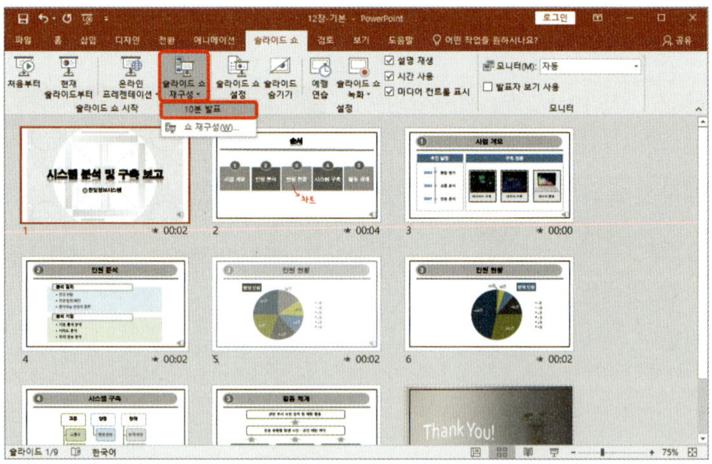

TIP [슬라이드 쇼] 탭-[슬라이드 쇼 시작] 그룹의 [처음부터]나 [현재 슬라이드부터]를 눌러 슬라이드 쇼를 시작하면 재구성한 쇼가 아닌 전체 슬라이드가 포함된 슬라이드 쇼가 진행된다. 재구성한 쇼를 기본으로 진행하려면 [쇼 설정] 대화상자에서 [슬라이드 표시]를 [재구성한 쇼]로 변경해야 한다.

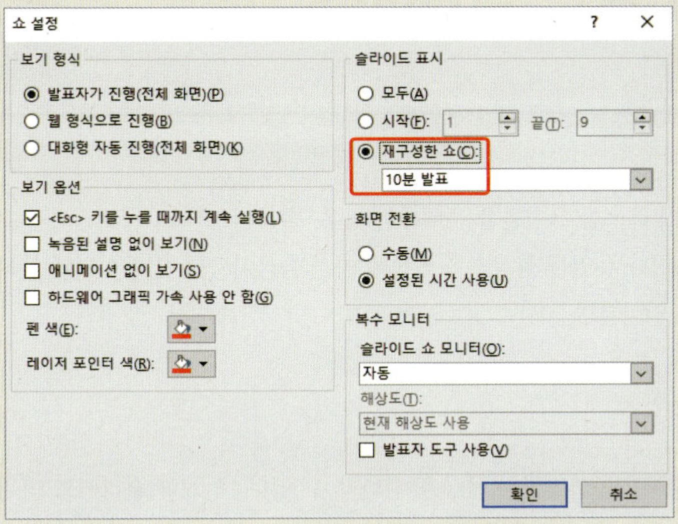

SECTION 02 인쇄 옵션 설정하기

프레젠테이션의 보조 자료로 청중에게 배포할 유인물을 준비하는 경우, 슬라이드를 그대로 인쇄해도 되지만 필요한 슬라이드만 골라 인쇄하거나 유인물 형식으로 설정해 여러 슬라이드를 한 페이지에 인쇄할 수 있다. 여러 가지 인쇄 옵션에 대해 알아본다.

2.1 인쇄 설정

[파일] 탭의 [인쇄]를 선택하면 인쇄 환경을 설정하는 옵션을 선택할 수 있다. 인쇄할 슬라이드 범위나 인쇄 부수, 흑백이나 회색조 인쇄, 머리글 및 바닥글 편집 등의 설정이 가능하고, 인쇄될 모양을 미리 보기로 확인할 수도 있다. [인쇄] 창 옵션 종류는 다음과 같다.

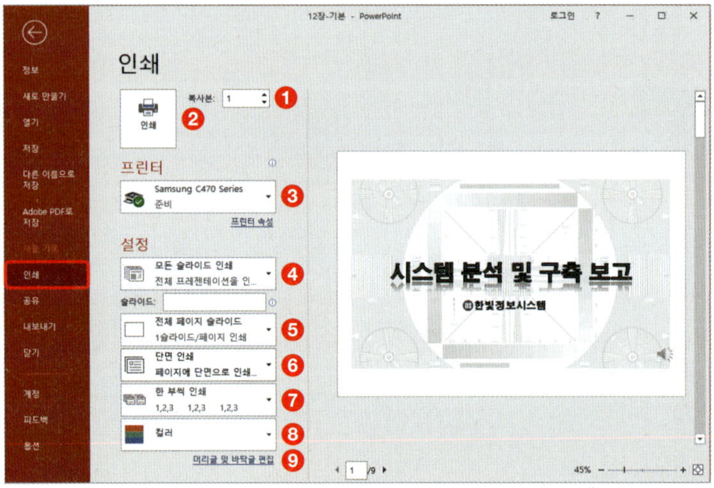

❶ 인쇄 부수
❷ 인쇄 실행
❸ 프린터 설정
❹ 슬라이드 범위 선택
❺ 인쇄 모양 선택
❻ 단면/양면 선택
❼ 인쇄 순서
❽ 인쇄 색상 선택
❾ 머리글/바닥글 모양 선택

기본예제 12-5 인쇄 옵션을 설정하고 미리 보기로 확인하기

용도에 따라 원하는 형태로 슬라이드를 인쇄하기 위해 옵션을 설정하고 미리 보기로 확인해보자.

01 인쇄할 파일을 열고 [파일] 탭-[인쇄]를 선택한다.

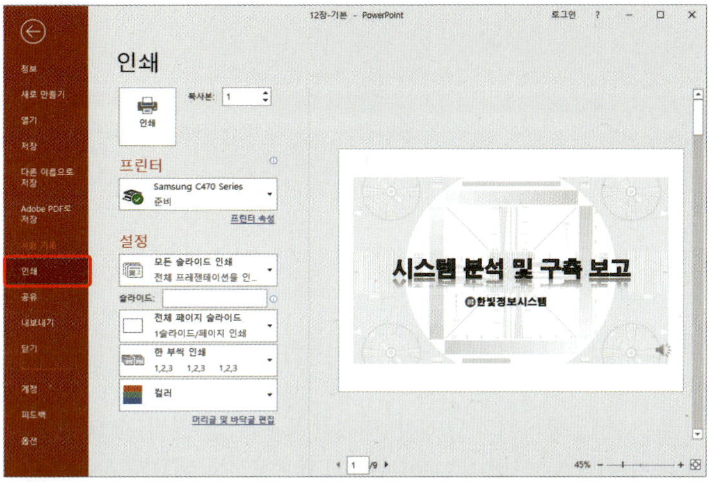

02 [설정]에서 [전체 페이지 슬라이드]를 클릭하고 [유인물] 목록 중 [3슬라이드]로 모양을 설정한다. [슬라이드 테두리]와 [용지에 맞게 크기 조정]은 선택을 해제한다.

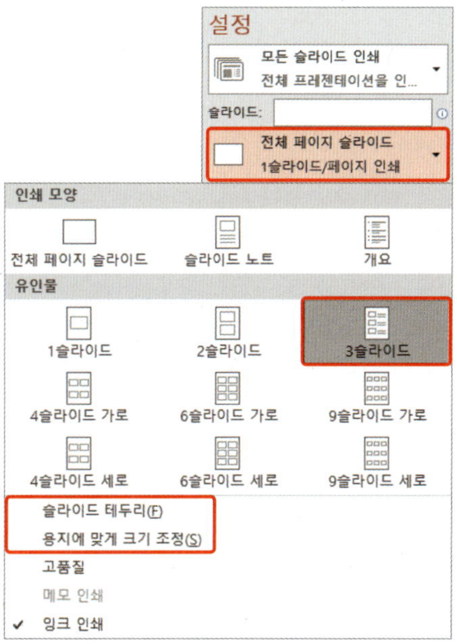

TIP [용지에 맞게 크기 조정]으로 인쇄 옵션을 설정하면 인쇄 용지의 여백이 좁아져 바닥글이 표시되지 않는 경우가 있다. 용지 여백을 줄이지 않고 인쇄하기 위해 옵션 설정을 해제한다.

03 [설정]에서 [컬러]를 클릭해 목록 중 [회색조]로 인쇄 색상을 변경한다.

TIP 흰색과 검정색으로만 표현되는 [흑백]보다 그림이 자연스럽게 인쇄되는 [회색조]를 많이 사용하는 편이다.

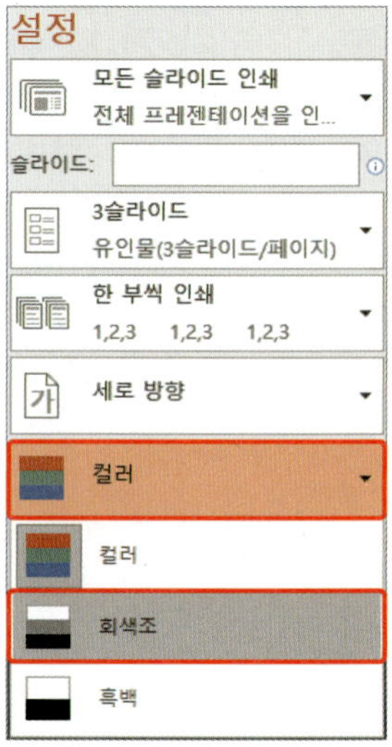

04 [설정] 항목의 하단에서 [머리글 및 바닥글 편집]을 클릭한다. [머리글/바닥글] 대화상자가 나타나면 [슬라이드 노트 및 유인물] 탭에서 [바닥글]을 체크하고 *시스템 분석 및 구축 보고*라고 입력한 후 [모두 적용]을 클릭한다.

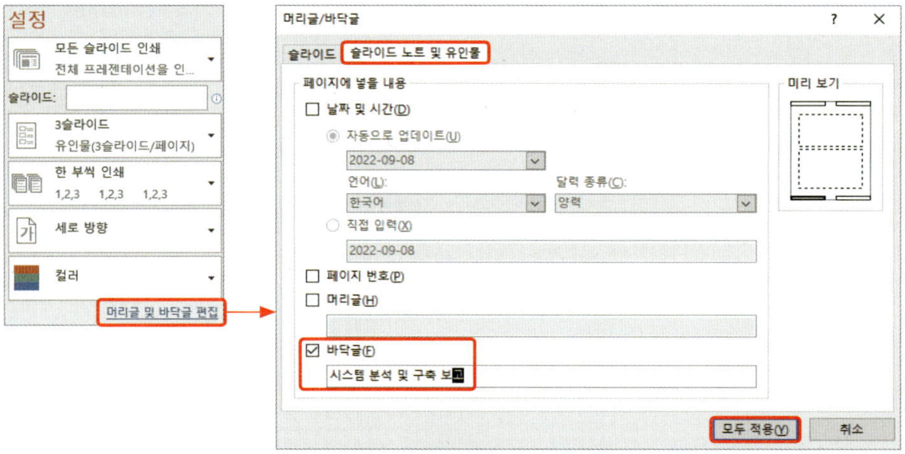

05 화면 오른쪽의 미리 보기 화면에서 인쇄될 모양을 확인한다. [복사본]에 인쇄 부수를 입력하고 [인쇄]를 클릭하면 설정한 모양대로 유인물이 인쇄된다.

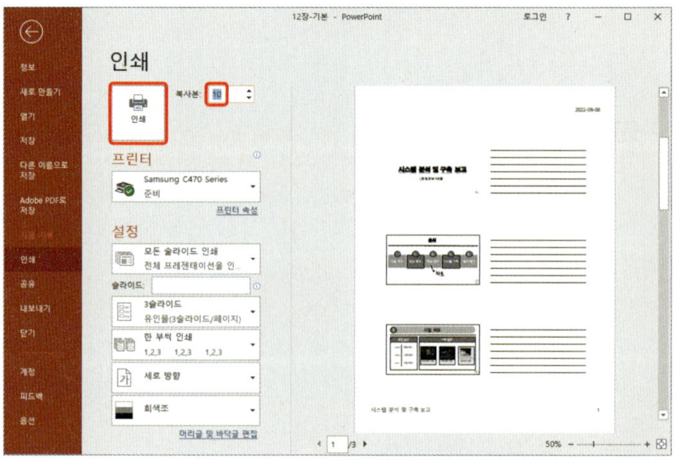

기본예제 12-6 원하는 범위의 슬라이드만 인쇄하기

필요한 슬라이드만 지정하거나 구역 단위로 설정해 인쇄해보자.

01 화면 하단 작업 표시줄에서 [여러 슬라이드] 단추를 클릭해 전체 슬라이드를 볼 수 있게 표시하고, Ctrl 키를 누른 상태에서 슬라이드 3, 4, 6을 선택한다.

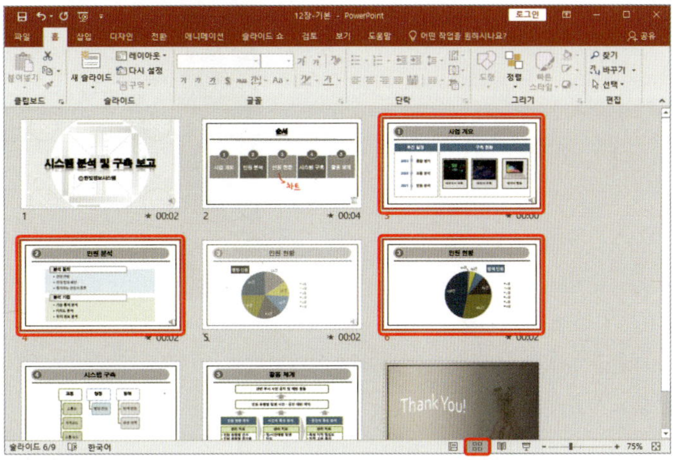

02 [파일] 탭–[인쇄]를 선택한다. [설정]에서 [모든 슬라이드 인쇄]를 클릭하고 목록 중 [선택 영역 인쇄]를 선택한다.

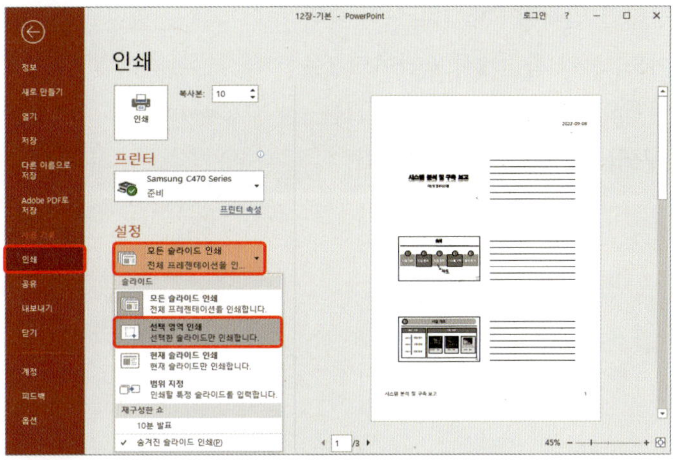

03 앞서 선택한 슬라이드 3개의 인쇄 모양을 미리 보기에서 확인한다. 이번에는 [선택 영역 인쇄]를 클릭하고 목록에서 [범위 지정]을 선택한다.

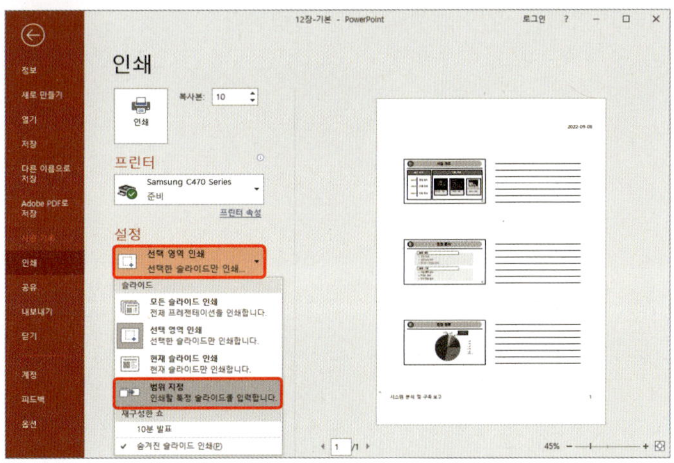

04 [슬라이드] 입력란에 *2, 5-7* 이라고 적고 미리 보기에서 슬라이드 범위를 확인한다.

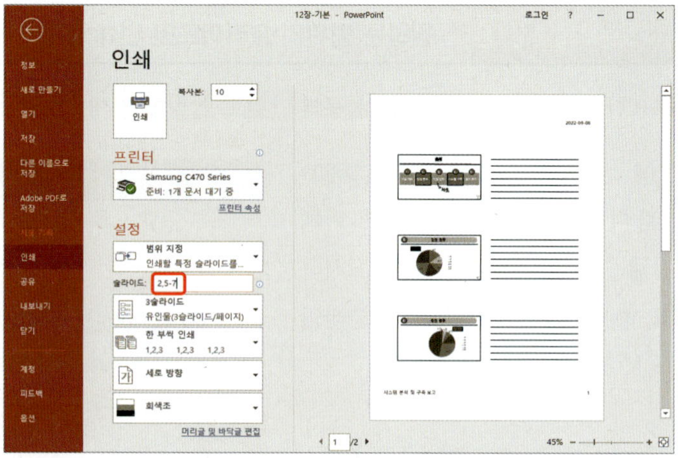

TIP 슬라이드 2와 5, 6, 7이 인쇄 범위로 설정된다.

05 이번에는 구역을 설정해 해당 구역만 인쇄해보자. [여러 슬라이드] 보기 화면에서 슬라이드 3을 선택하고 [홈] 탭–[슬라이드] 그룹–[구역]–[구역 추가]를 선택한다.

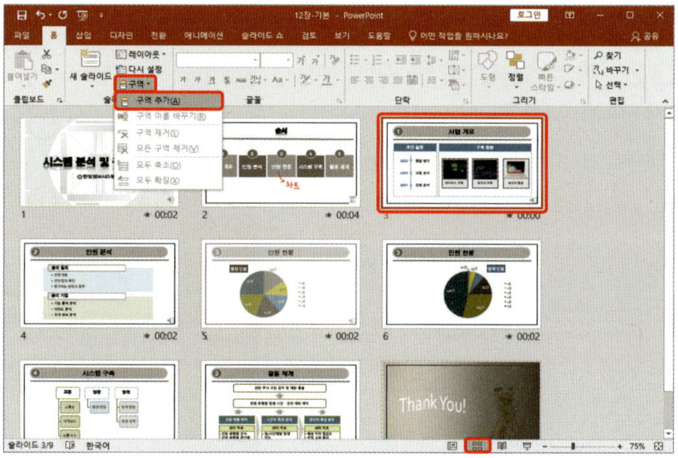

06 [구역 이름 바꾸기] 대화상자가 나타나면 [구역 이름]에 *본론* 이라고 입력한 후 [이름 바꾸기]를 클릭한다.

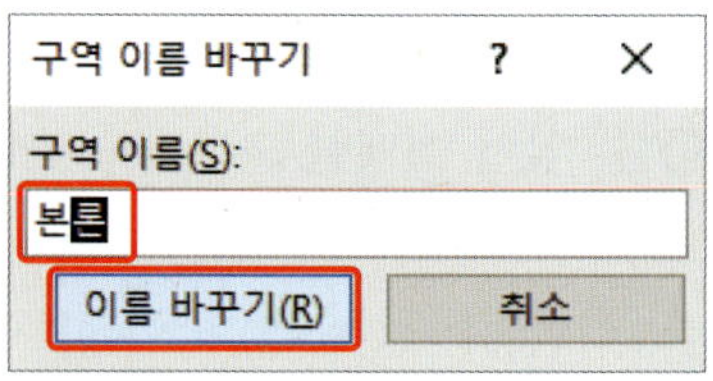

07 [파일] 탭-[인쇄]를 선택하고 [설정]의 [범위 지정] 목록에서 [구역]의 [본론]을 클릭한다.

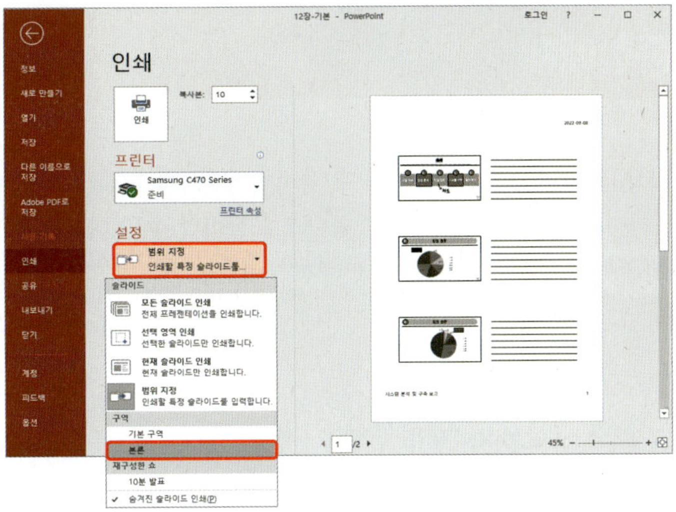

08 '본론' 구역이 인쇄 범위로 지정된다. 미리 보기에서 슬라이드의 모양을 확인할 수 있다.

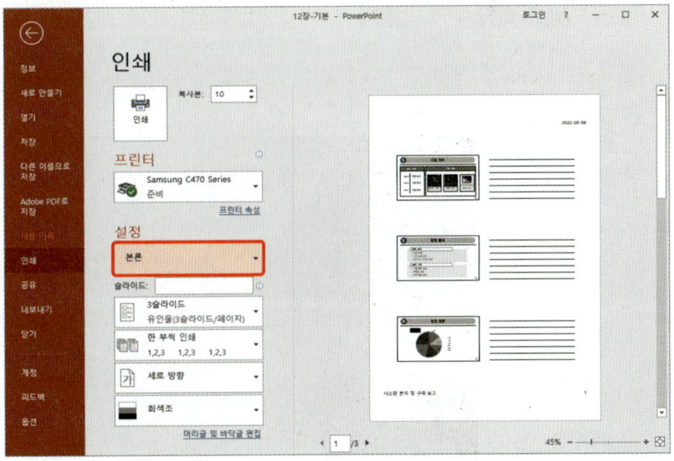

종합예제

CHAPTER 11에서 학습한 확대/축소 도구의 [확대/축소로 돌아가기]나 실행 단추를 이용하면 링크된 슬라이드로 이동한 후 이전 슬라이드로 돌아갈 수 있다. 그런데 슬라이드 쇼 재구성 기능을 이용하면 [확대/축소로 돌아가기]나 실행 단추를 별도로 만들지 않아도 발표할 스토리에 맞게 슬라이드 사이사이를 자유롭게 이동할 수 있다. 목차에 알맞게 슬라이드 쇼를 재구성해 두고, 목차 슬라이드에서 재구성한 쇼로 연결되도록 만들어보자.

1 '12장–종합.pptx' 파일을 열고 [슬라이드 쇼] 탭–[슬라이드 쇼 시작] 그룹–[슬라이드 쇼 재구성]–[쇼 재구성]을 선택한다.

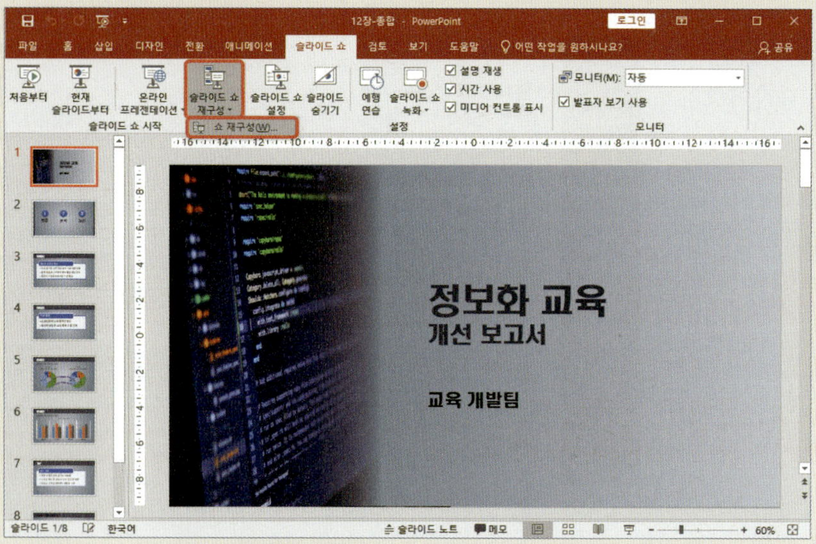

2 [쇼 재구성] 대화상자가 열리면 [새로 만들기]를 클릭한다.

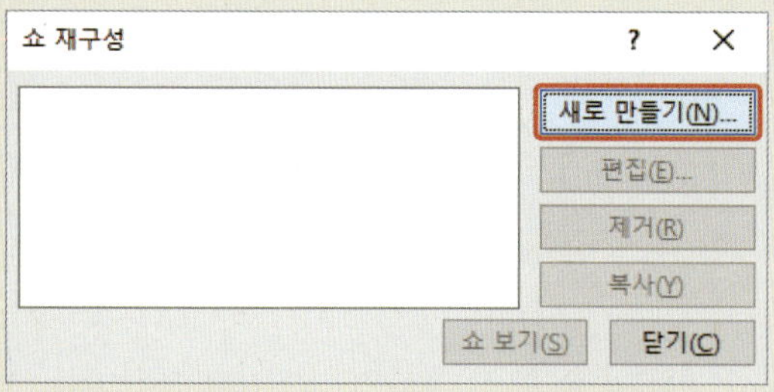

3 [쇼 재구성 하기] 대화상자가 열리면 [슬라이드 쇼 이름]에 *현황*이라고 입력한다. [프레젠테이션에 있는 슬라이드] 목록에서 '현황(1)' 슬라이드와 '현황(2)' 슬라이드를 선택하고 [추가]를 클릭해 [재구성한 쇼에 있는 슬라이드] 목록에 넣은 후 [확인]을 클릭한다.

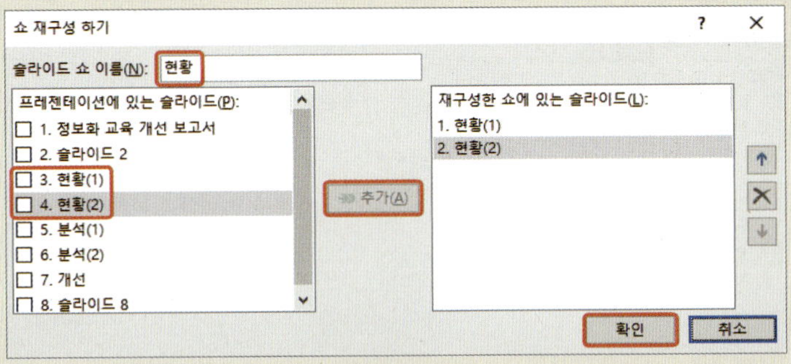

4 [쇼 재구성] 대화상자에서 다시 [새로 만들기]를 클릭한다. [쇼 재구성 하기] 대화상자가 나타나면 [슬라이드 쇼 이름]에 *분석*이라고 입력한다. [프레젠테이션에 있는 슬라이드] 목록에서 '분석(1)' 슬라이드와 '분석(2)' 슬라이드를 선택하고 [추가]를 클릭해 [재구성한 쇼에 있는 슬라이드] 목록에 넣은 후 [확인]을 클릭한다.

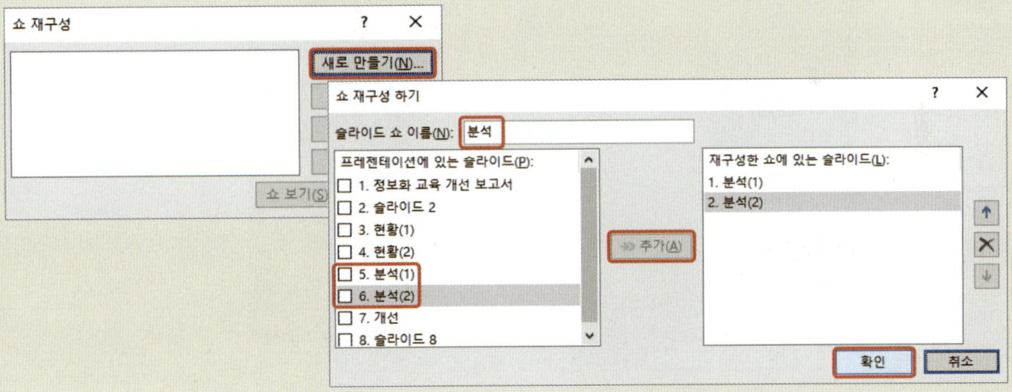

종합예제

5 단계 **4**와 같은 방법으로 '개선' 슬라이드를 목록에 추가해 '개선' 재구성 쇼를 만든다.

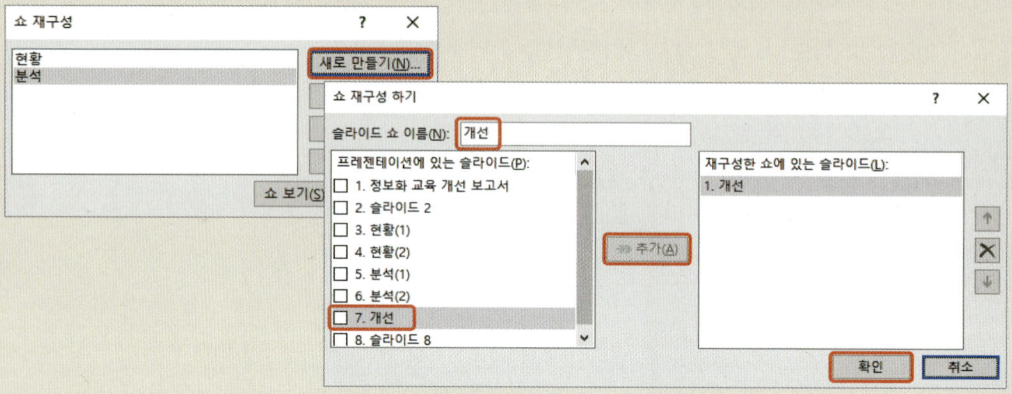

6 [쇼 재구성] 대화상자를 닫고 목차가 있는 슬라이드 2로 이동한다.

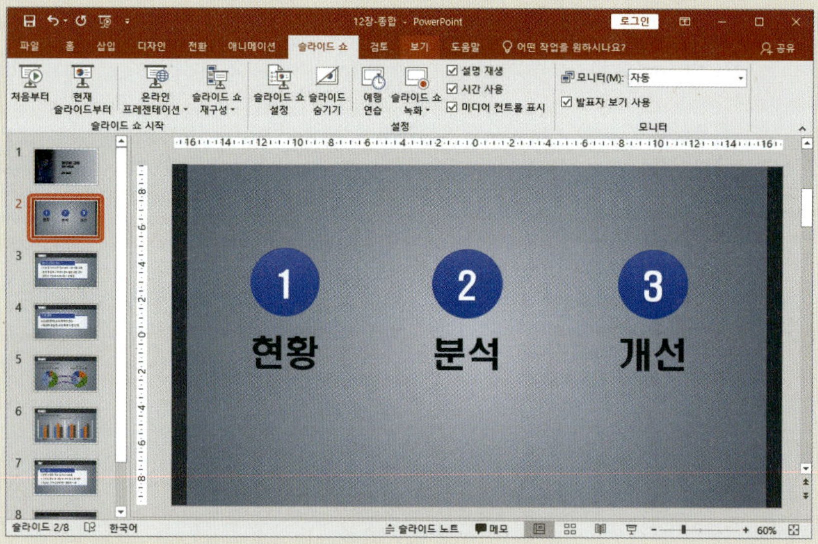

7 '①' 도형을 선택하고 [삽입] 탭–[링크] 그룹–[링크]를 클릭한다.

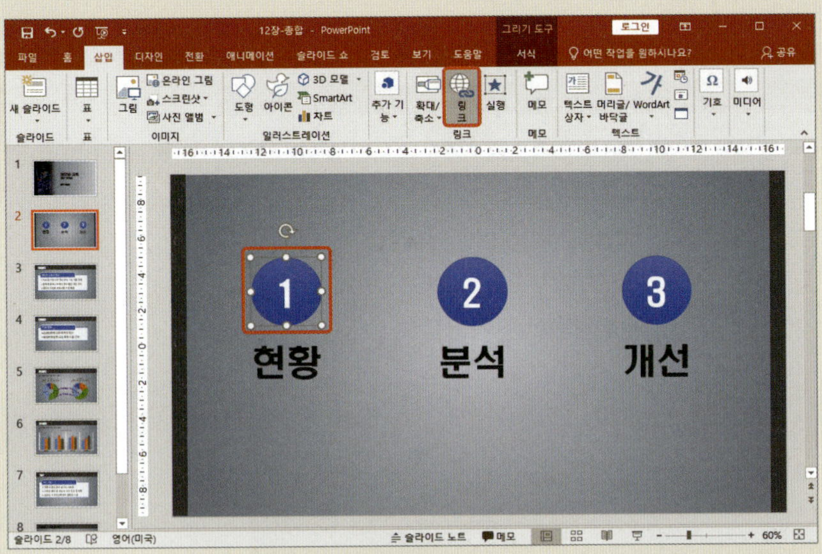

8 [하이퍼링크 삽입] 대화상자가 나타나면 [현재 문서]로 연결 대상을 선택하고 [이 문서에서 위치 선택] 중 [재구성한 쇼] 목록에서 '현황'을 클릭한다. [보고 돌아가기]에 체크한 후 [확인]을 클릭한다.

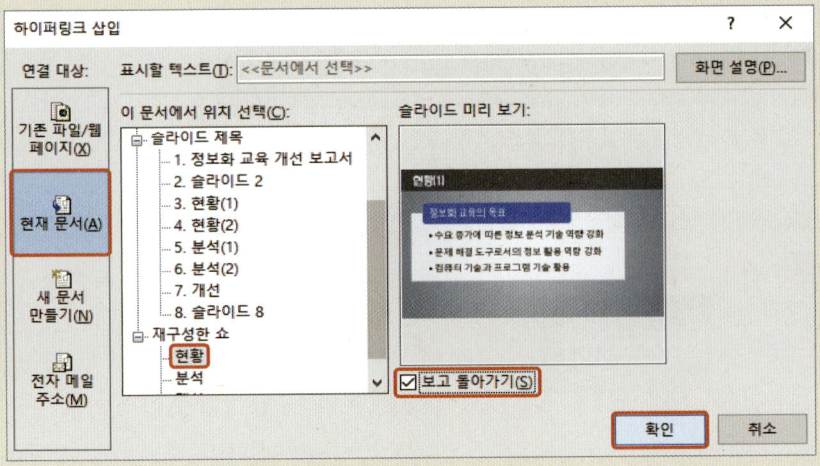

종합예제

9 단계 **7~8**과 같은 방법으로 슬라이드 2의 '②' 도형에 링크를 삽입한다. [재구성한 쇼] 목록의 '분석'을 선택하고 [보고 돌아가기]에 체크한다.

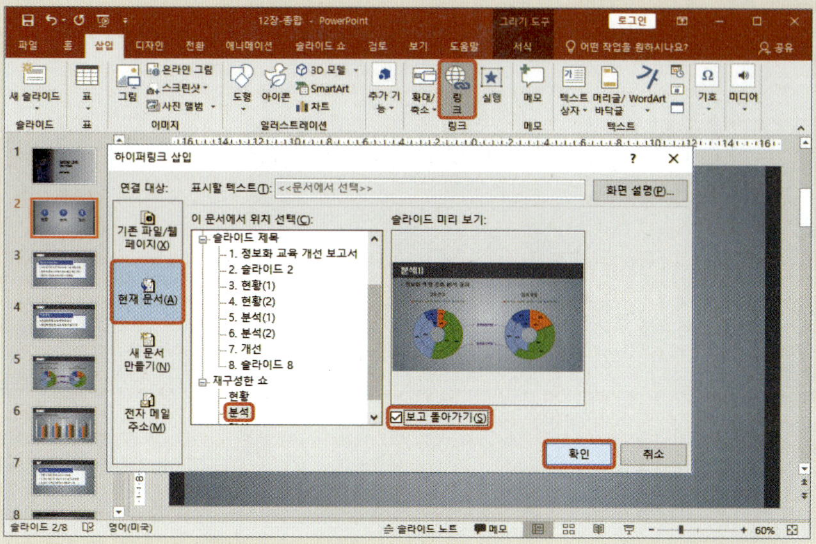

10 단계 **7~8**과 같은 방법으로 슬라이드 2의 '③' 도형에도 링크를 삽입한다. [재구성한 쇼] 목록의 '개선'을 선택하고 [보고 돌아가기]로 설정한다.

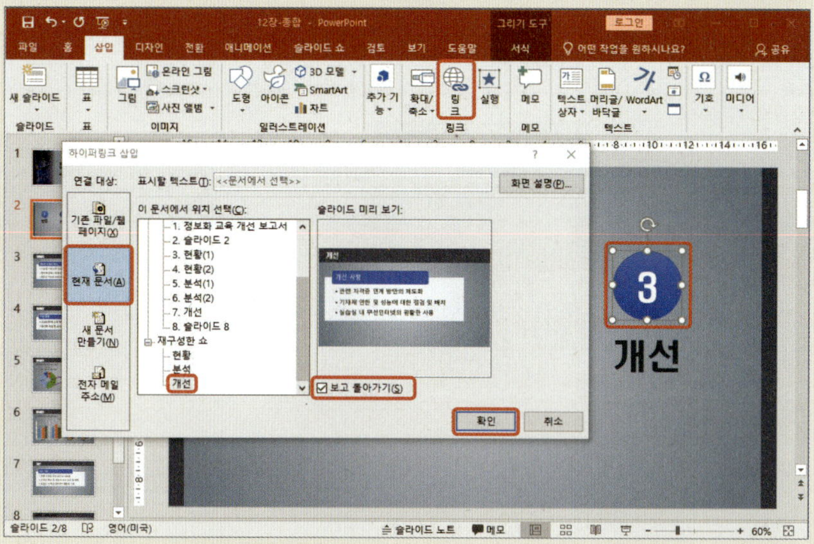

11 화면 하단 작업 표시줄에서 [읽기용 보기] 단추를 클릭해 슬라이드 쇼를 진행한다. 목차 슬라이드에서 링크가 설정된 도형을 클릭하면 관련된 슬라이드로 이동한 후 다시 목차로 돌아오는 것을 확인할 수 있다.

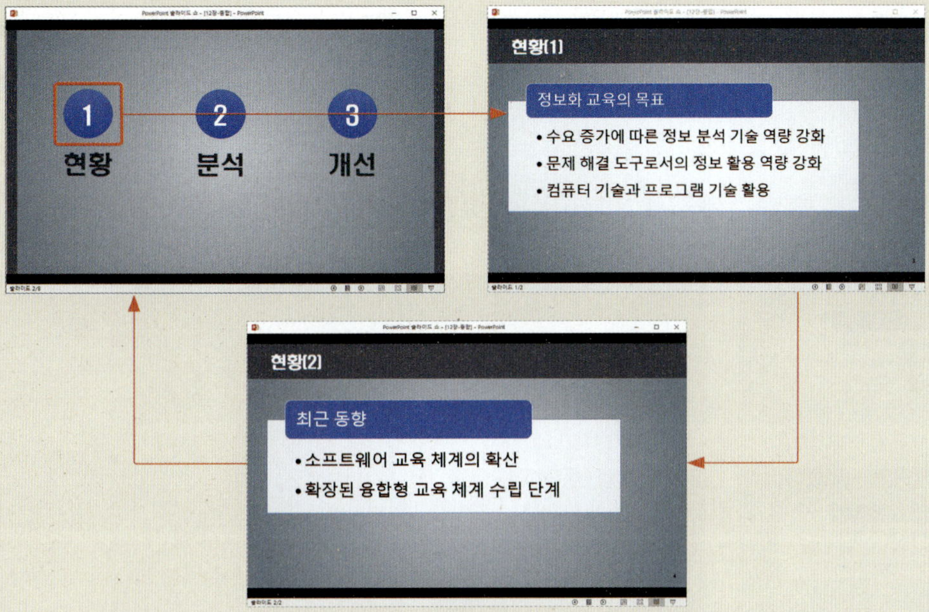

연습문제

1 다음의 지시대로 슬라이드 쇼를 설정하시오.

❶ '12장-연습.pptx' 파일을 열고 모든 슬라이드의 화면 전환 시간을 5초로 설정하시오. 설정된 시간을 사용해 Esc 키를 누를 때까지 계속 실행되도록 슬라이드 쇼의 옵션을 설정하시오.

❷ 슬라이드 쇼를 진행할 때 사용하는 펜 색은 [검정]으로, 레이저 포인터 색은 [녹색]으로 설정하시오.

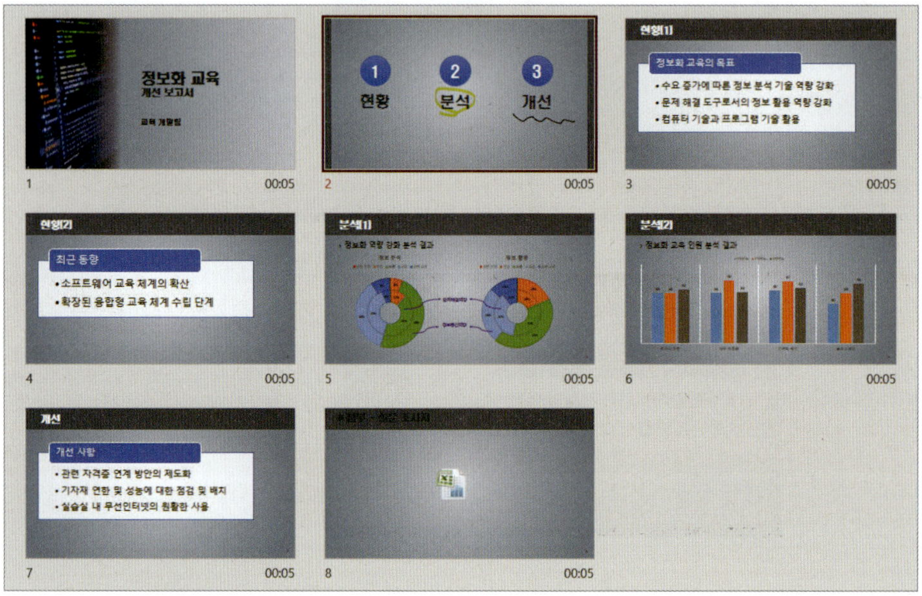

2 다음의 지시대로 슬라이드 쇼를 재구성하시오.

❶ '12장-연습.pptx' 파일을 열고 번호가 홀수인 슬라이드(슬라이드 1, 3, 5, 7)를 '요약 발표'라는 이름의 쇼로 재구성하시오.

❷ F5 키를 눌러 슬라이드 쇼를 진행하면 재구성한 쇼 '요약 발표'가 기본으로 재생되도록 설정하시오.

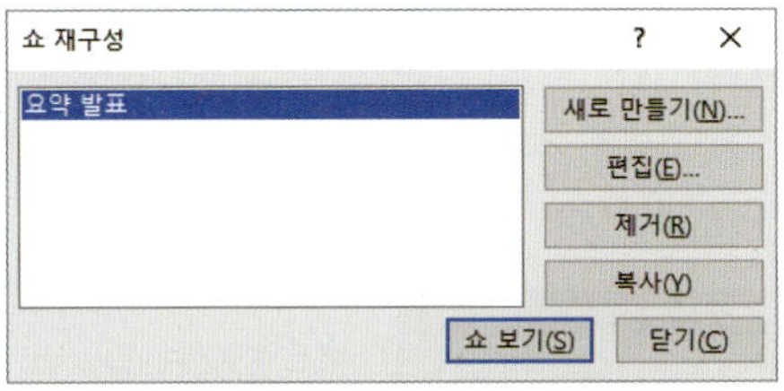

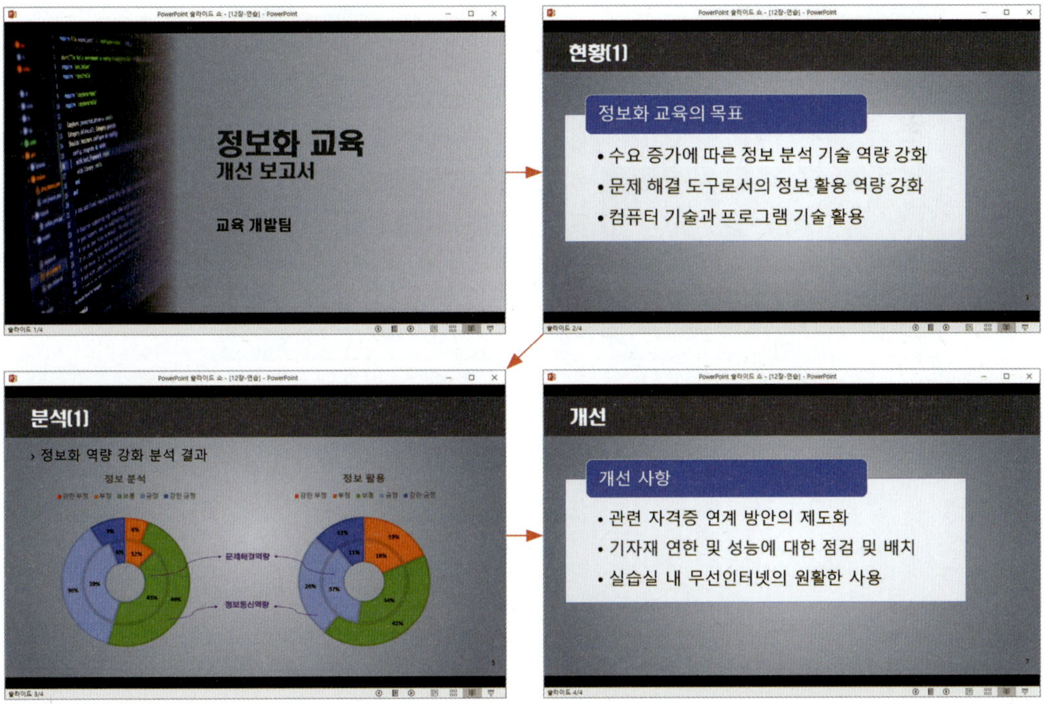

3 다음의 지시대로 슬라이드 인쇄 옵션을 설정하시오.

❶ '12장-연습.pptx' 파일을 열고 인쇄 옵션을 설정하시오. 슬라이드 1과 슬라이드 5~7까지를 인쇄 범위로 하고, 슬라이드 4개를 가로 방향으로 인쇄되도록 하시오.

❷ 각 페이지에는 날짜 및 시간, 페이지 번호가 표시되게 하고, 바닥글에는 개발 부서 이름('교육 개발팀')이 인쇄되도록 설정하시오.

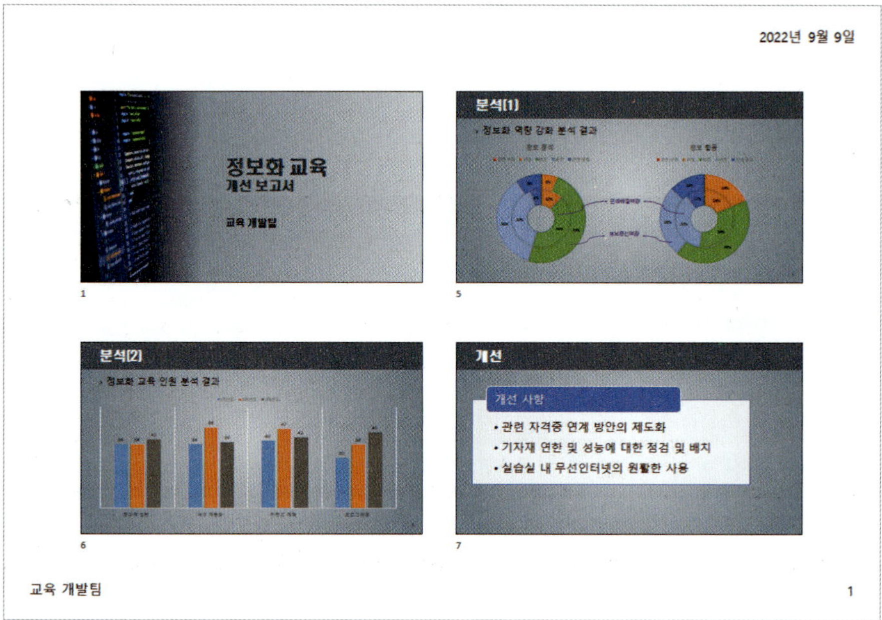

CHAPTER 13

마스터 활용

01 슬라이드 마스터 활용하기

02 유인물 마스터 활용하기

종합예제

연습문제

학습목표

- 슬라이드 마스터를 만들고 활용할 수 있다.
- 유인물 마스터를 활용해 원하는 모양으로 유인물을 인쇄할 수 있다.

SECTION 01 슬라이드 마스터 활용하기

슬라이드를 제작할 때 슬라이드마다 다르게 디자인을 하면 작업 시간이 오래 걸려 비효율적이고 일관성이 떨어져, 공들여 만들었음에도 역효과를 낼 수 있다. 많은 양의 슬라이드를 제작하거나 회사의 대표 색상 또는 로고를 프레젠테이션에 공통으로 사용해야 하는 경우, 슬라이드 마스터를 활용하면 작업의 효율성을 높이고 슬라이드를 일관성 있게 만들 수 있다.

1.1 슬라이드 마스터와 레이아웃

식빵을 구울 때 빵틀을 먼저 만들고 원하는 재료를 틀에 넣어 구우면 비슷한 모양으로 우유식빵, 곡물식빵, 초코식빵 등 여러 종류의 식빵을 만들 수 있다. 이렇게 일상에서 흔히 볼 수 있는 틀은 같은 모양으로 많은 양의 작업을 할 때 아주 유용하다.

슬라이드 마스터는 슬라이드를 같은 모양으로 만들 때 사용하는 틀이라고 할 수 있다. 슬라이드에 공통으로 사용할 제목이나 본문 텍스트, 도형 등을 필요한 위치에 미리 배치하고 글꼴이나 배경 서식 등의 속성도 미리 설정해 두면 내용만 바꾸어 여러 장의 슬라이드를 빠르게 만들 수 있다.

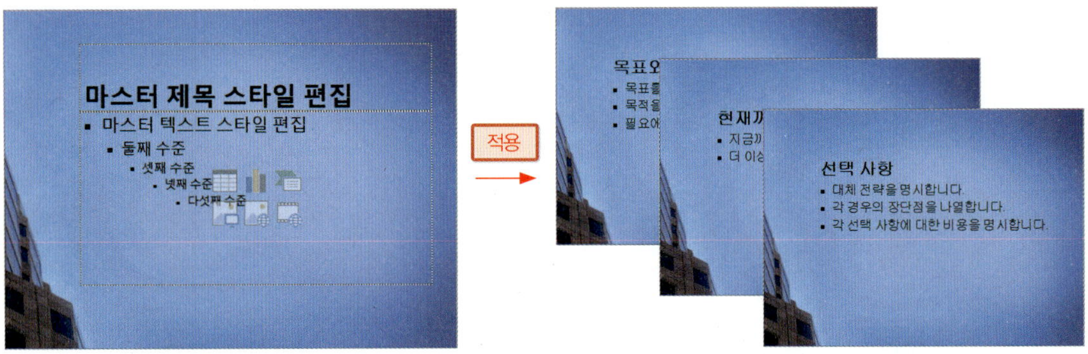

▲ 슬라이드 마스터

▲ 슬라이드 1, 슬라이드 2, 슬라이드 3

하나의 슬라이드 마스터는 여러 레이아웃으로 구성된다. 레이아웃에 제목 슬라이드, 제목 및 내용, 빈 화면, 간지처럼 이름을 붙이고 용도에 따라 배치나 서식을 다르게 설정해 슬라이드 마스터 하위에 만들어 두면 된다. 이는 역할이 다른 여러 명의 팀원이 한 팀으로 구성되는 것과 같다.

또한, 하나의 프레젠테이션 파일 안에서 여러 종류의 슬라이드 마스터를 사용할 수 있으며, 슬라이드 마스터를 테마 파일 형식으로 저장해 두면 새 프레젠테이션을 만들 때 파워포인트에서 제공하는 디자인 테마처럼 사용할 수 있다.

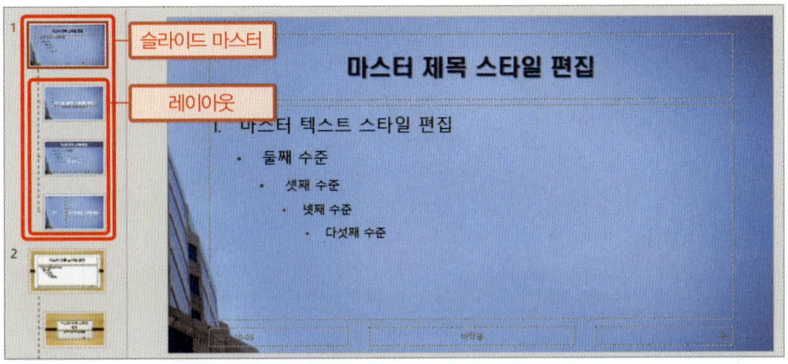

▲ 여러 슬라이드 마스터로 구성된 프레젠테이션

기본예제 13-1 레이아웃 추가하고 삭제하기

슬라이드 마스터 도구를 사용하여 슬라이드 마스터와 레이아웃을 만드는 방법을 알아보자.

01 파워포인트를 실행하고 새 프레젠테이션을 만든 다음 [보기] 탭–[마스터 보기] 그룹–[슬라이드 마스터]를 클릭한다.

TIP 화면 하단 작업 표시줄에서 [기본] 단추와 Shift 키를 함께 눌러도 [슬라이드 마스터] 보기 화면을 실행할 수 있다.

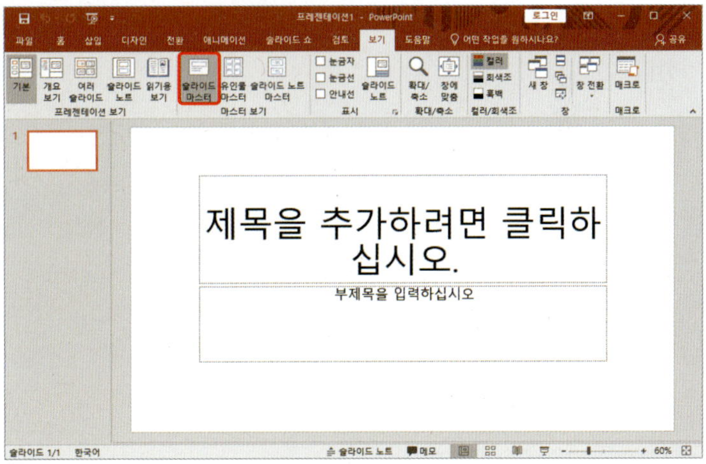

02 [제목 슬라이드] 레이아웃과 [제목 및 내용] 레이아웃을 제외한 나머지 레이아웃을 모두 선택하고 [슬라이드 마스터] 탭-[마스터 편집] 그룹-[삭제]를 클릭한다.

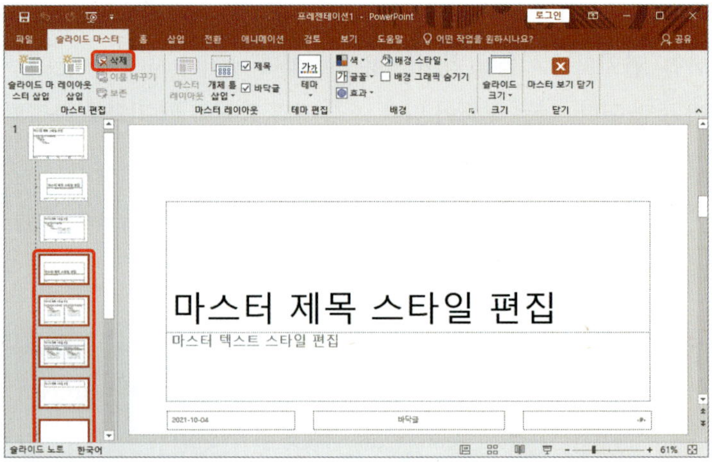

> **TIP** 기본으로 제공되는 'Office 테마' 슬라이드 마스터는 하위 레이아웃 11개로 구성되어 있다. 레이아웃에 마우스를 올려두면 레이아웃의 이름과 해당 레이아웃을 적용한 슬라이드 번호를 알 수 있다. 슬라이드에서 사용 중인 레이아웃은 삭제할 수 없다.

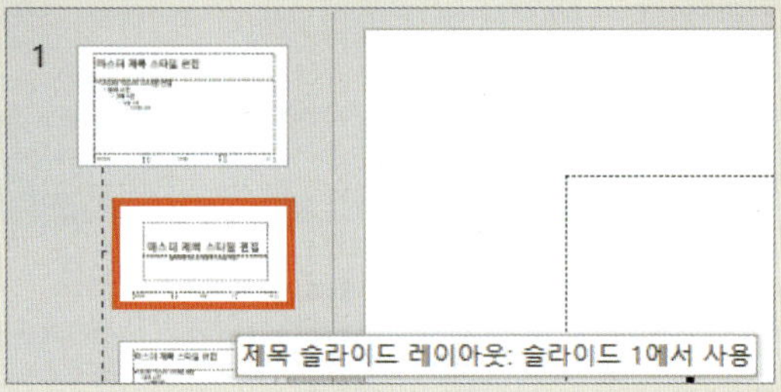

03 [슬라이드 마스터] 탭-[마스터 편집] 그룹-[레이아웃 삽입]을 클릭해 레이아웃을 하나 추가한다.

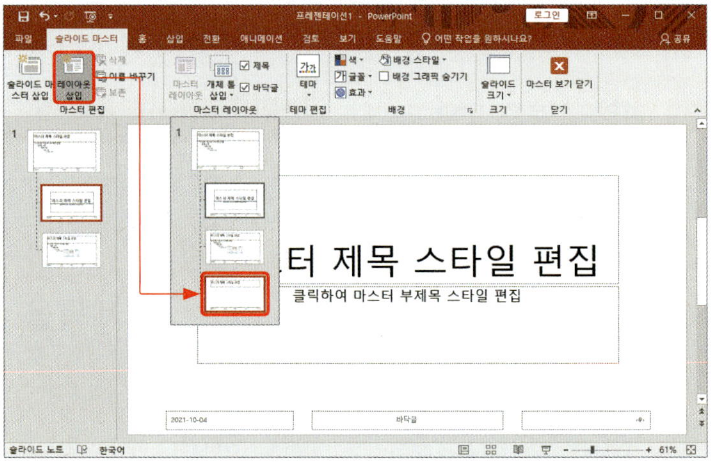

> **TIP** [슬라이드 마스터] 탭-[마스터 편집] 그룹-[슬라이드 마스터 삽입]을 클릭하면 새로운 슬라이드 마스터와 레이아웃 그룹이 만들어진다.

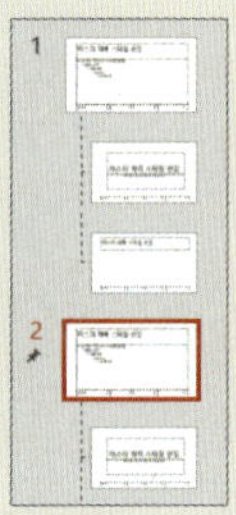

04 추가한 레이아웃을 선택하고 [슬라이드 마스터] 탭–[마스터 편집] 그룹–[이름 바꾸기]를 클릭한다. [레이아웃 이름 바꾸기] 대화상자의 [레이아웃 이름]에 *간지*라고 입력하고 [이름 바꾸기]를 클릭한다.

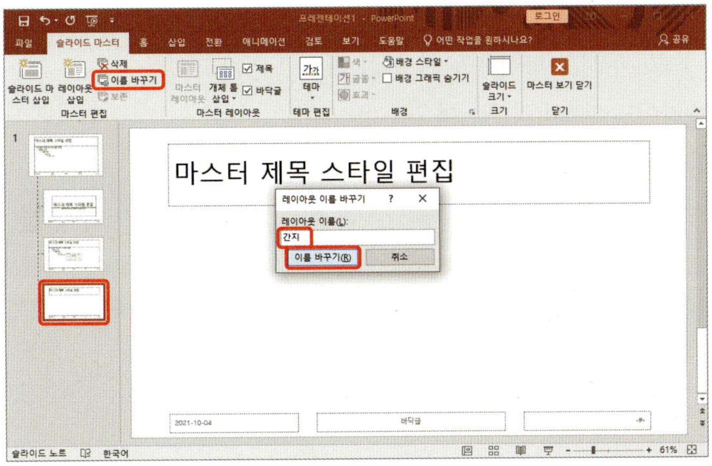

05 이번에는 가장 위에 있는 슬라이드 마스터를 선택하고 [슬라이드 마스터] 탭–[마스터 편집] 그룹–[이름 바꾸기]를 클릭한다. [레이아웃 이름 바꾸기] 대화상자의 [레이아웃 이름]을 *제안서*로 변경하고 [이름 바꾸기]를 클릭한다.

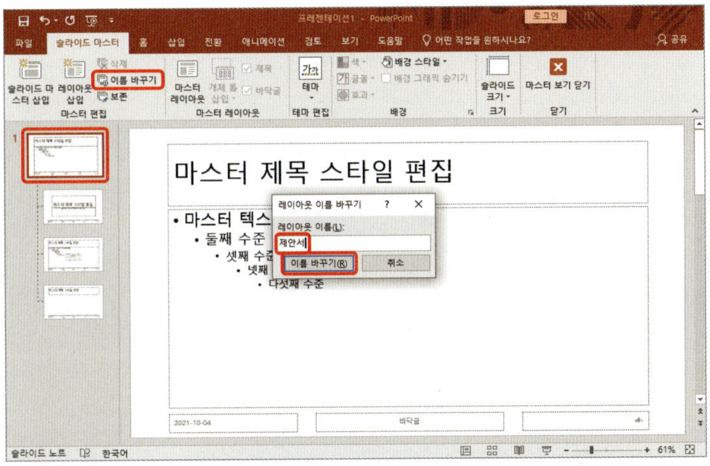

06 [슬라이드 마스터] 탭–[닫기] 그룹–[마스터 보기 닫기]를 클릭하면 기본 보기 화면으로 돌아간다.

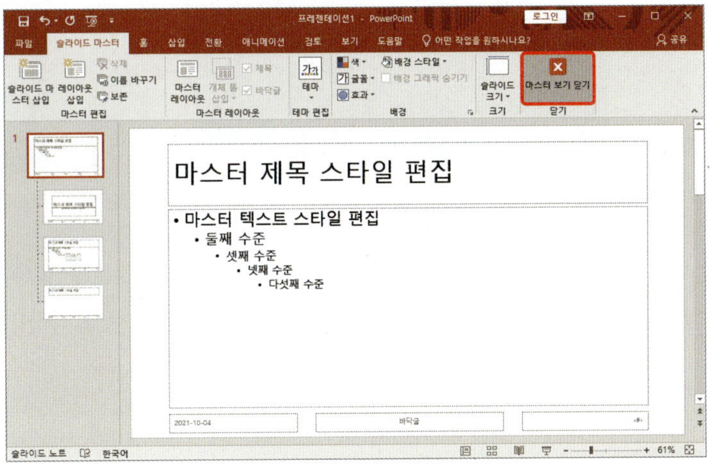

TIP 작업 표시줄에서 [기본] 단추를 클릭해도 된다.

07 [홈] 탭–[슬라이드] 그룹–[레이아웃]을 클릭하면 '제안서' 슬라이드 마스터의 레이아웃들이 표시되어 있다.

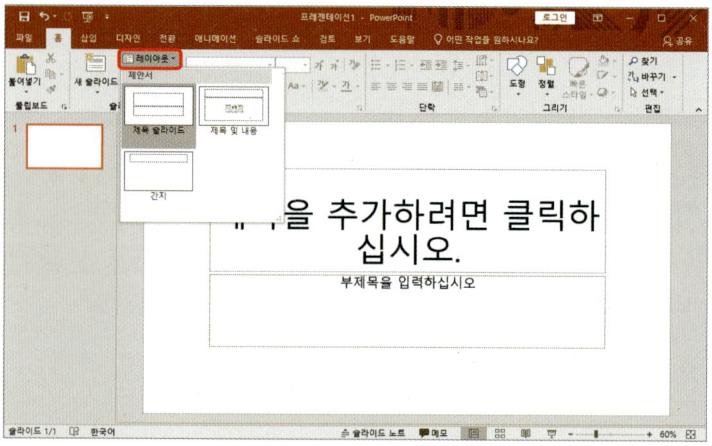

TIP 현재 프레젠테이션에서 슬라이드를 만들 때 어떤 레이아웃을 사용할 수 있는지 알 수 있다.

1.2 슬라이드 마스터와 레이아웃 편집

슬라이드 마스터를 구성하는 각각의 레이아웃에는 텍스트나 그림 등 개체 틀을 삽입할 수 있고, 개체 틀의 크기나 위치 또는 서식을 원하는 모양으로 설정할 수 있다. 마찬가지로 레이아웃 상위에 있는 슬라이드 마스터 자체도 개체 틀과 서식을 변경할 수 있다. 이때 상위의 슬라이드 마스터를 편집하면 하위의 모든 레이아웃에도 영향이 미친다.

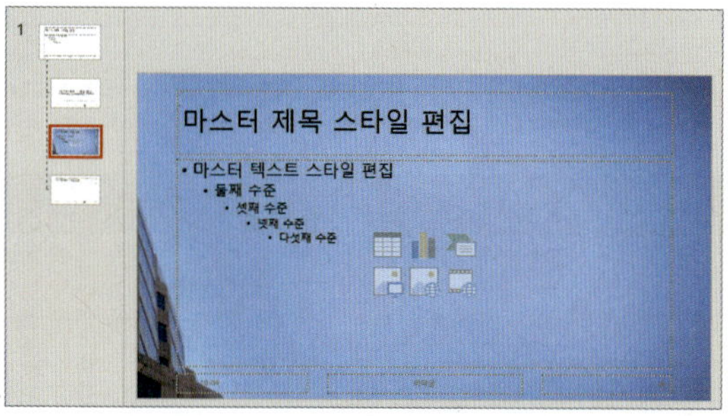

▲ [제목 및 내용] 레이아웃에 배경 서식을 설정한 경우

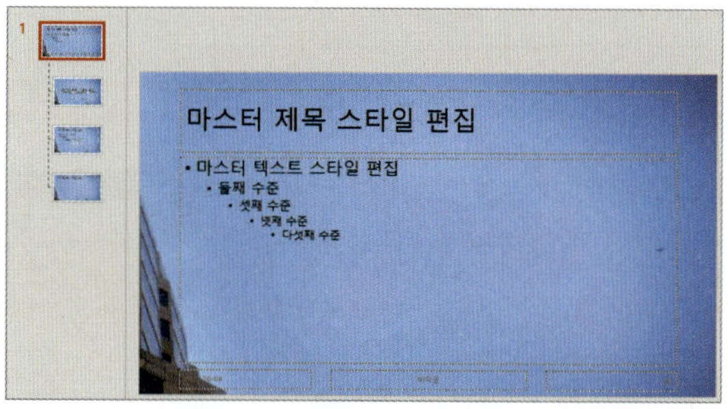

▲ [슬라이드 마스터]에 배경 서식을 설정한 경우

모든 레이아웃에 공통으로 사용하는 글꼴, 도형, 배경 서식 등이 있다면 상위의 슬라이드 마스터에서 편집하고, 그 외에는 해당 레이아웃을 선택한 뒤 개별적으로 설정하면 된다.

기본예제 13-2 슬라이드 마스터 편집하기

일반적인 슬라이드 편집과 같이, 슬라이드 마스터에도 배경이나 글꼴 등의 서식을 설정할 수 있다. 슬라이드 마스터를 이용하여 전체 레이아웃에 공통으로 사용할 모양을 만들어보자.

01 Shift 키를 누른 상태에서 작업 표시줄의 [기본] 단추를 클릭해 슬라이드 마스터 보기 화면으로 전환한다.

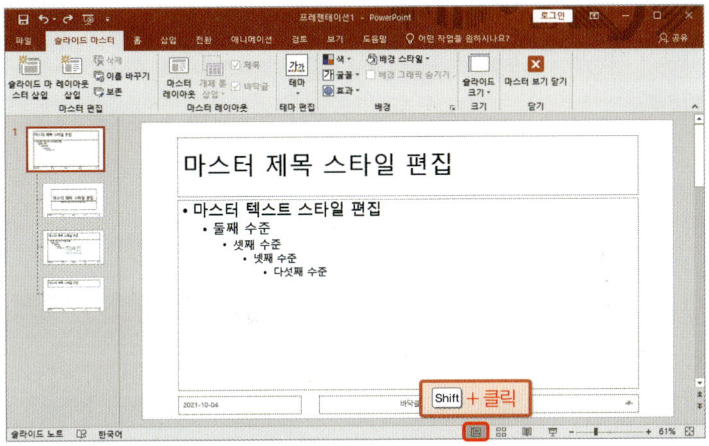

02 맨 위에 있는 상위 슬라이드 마스터를 마우스 오른쪽으로 클릭한 뒤 [배경 서식]을 선택해 [배경 서식] 작업 창을 연다.

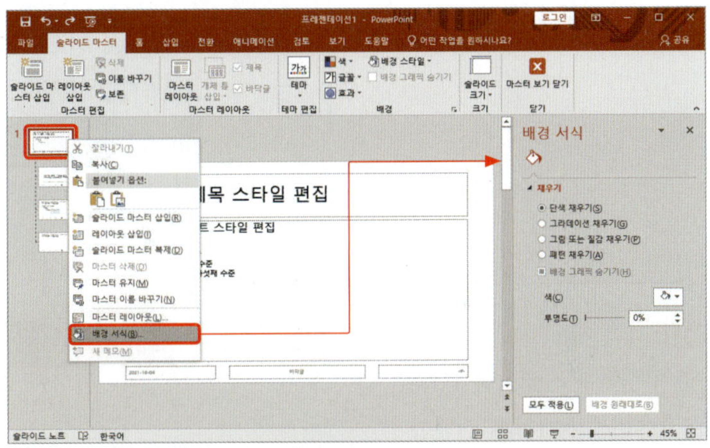

TIP [슬라이드 마스터] 탭의 [배경] 그룹–[배경 스타일] 목록에서 [배경 서식]을 선택해도 된다.

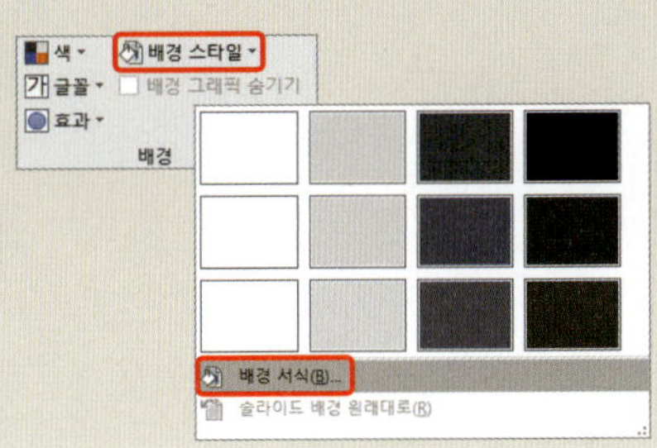

03 [배경 서식] 작업 창에서 [채우기 및 선] 탭–[채우기]–[그림 또는 질감 채우기]를 선택한다. [다음에서 그림 삽입]–[파일]을 클릭해 [그림 삽입] 대화상자가 열리면 '배경1.jpg' 파일을 선택한다.

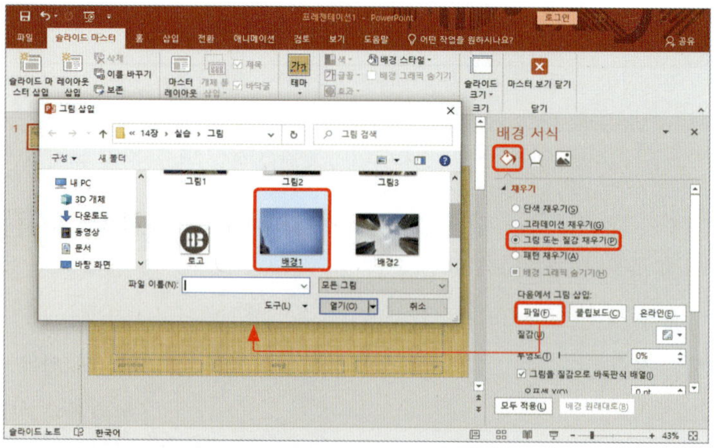

04 [배경 서식] 작업 창을 닫고 제목 개체 틀을 선택한다. [홈] 탭–[글꼴] 그룹에서 [글꼴]은 [HY헤드라인M]으로, [글꼴 크기]는 [40]으로 설정한다.

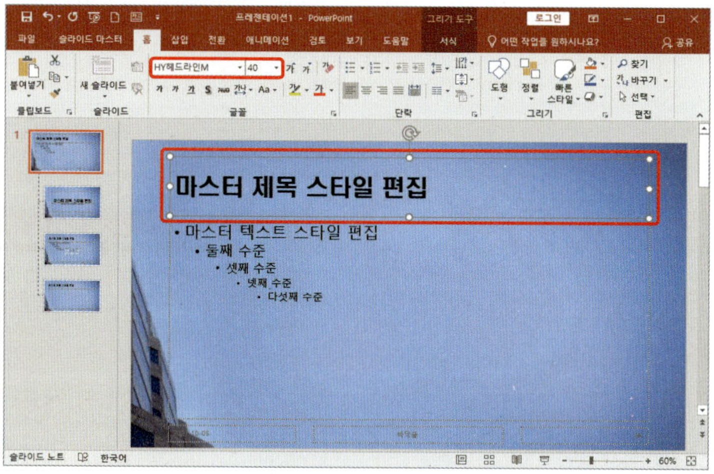

05 내용 개체 틀의 첫 번째 단락에 커서를 두고 [홈] 탭–[단락] 그룹–[번호 매기기]를 선택한다.

06 내용 개체 틀의 단락 전체를 마우스로 드래그해 선택하고 [홈] 탭–[단락] 그룹–[줄 간격]을 클릭해 목록에서 [1.5]를 선택한다.

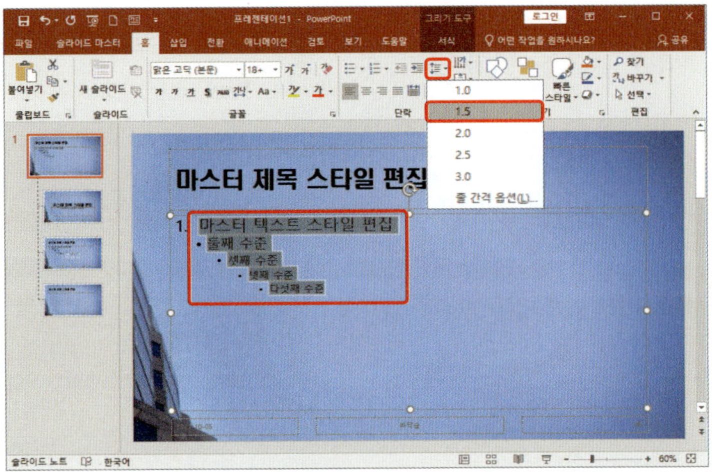

TIP 설정을 마치면 하위에 있는 다른 레이아웃에도 똑같이 적용되어 제목 글꼴이나 줄 간격 등이 바뀐다.

기본예제 13-3 레이아웃 편집과 개체 틀 삽입하기

슬라이드 마스터를 구성하는 개별 레이아웃에 서식을 설정하면 슬라이드 마스터와는 달리 다른 레이아웃에 영향을 주지 않고 해당 레이아웃에만 적용이 된다. 레이아웃에 개체 틀을 삽입하거나 서식을 설정해보자.

01 제목 슬라이드 레이아웃을 마우스 오른쪽으로 클릭한 뒤 목록에서 [배경 서식]을 선택한다.

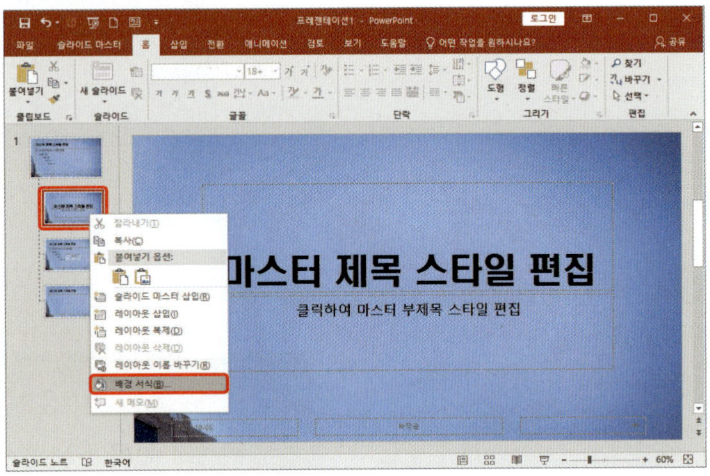

02 [배경 서식] 작업 창이 나타나면 [채우기 및 선] 탭-[채우기]-[그림 또는 질감 채우기]를 선택한다. [다음에서 그림 삽입]-[파일]을 클릭해 [그림 삽입] 대화상자에서 '배경2.jpg' 파일을 선택하고 [삽입]을 클릭한다.

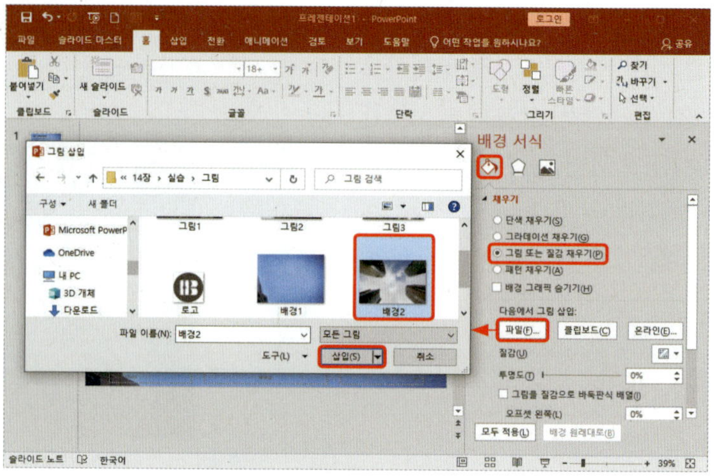

TIP [배경 서식] 작업 창 하단에 있는 [모두 적용]을 클릭하면 설정한 배경 서식을 모든 레이아웃에 적용할 수 있다. 그 옆의 [배경 원래대로]를 클릭하면 상위의 슬라이드 마스터에서 공통 양식으로 설정한 배경 서식이 다시 적용된다.

03 [삽입] 탭-[일러스트레이션] 그룹-[도형] 목록에서 [직사각형]을 선택해 슬라이드 크기로 삽입한다. 마우스 오른쪽을 클릭해 메뉴에서 [맨 뒤로 보내기]를 선택한다.

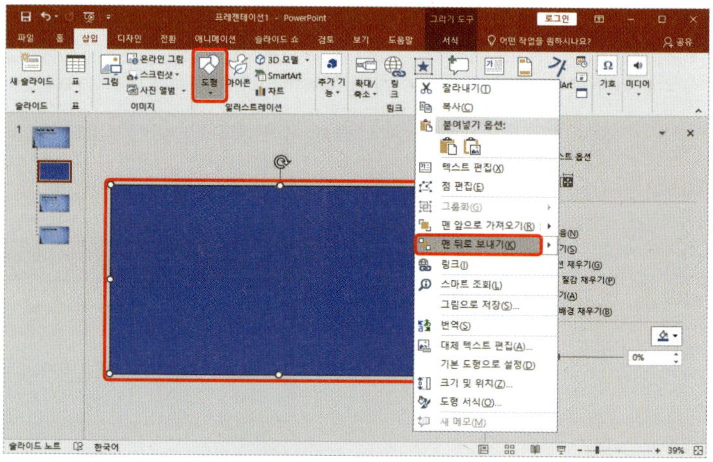

04 직사각형을 선택한 상태에서 [도형 서식] 작업 창의 [채우기 및 선] 탭-[채우기]-[색]은 [검정, 텍스트 1, 50% 더 밝게]로, [투명도]를 [50%]로 설정한다. [선] 항목에서는 [선 없음]으로 설정한다.

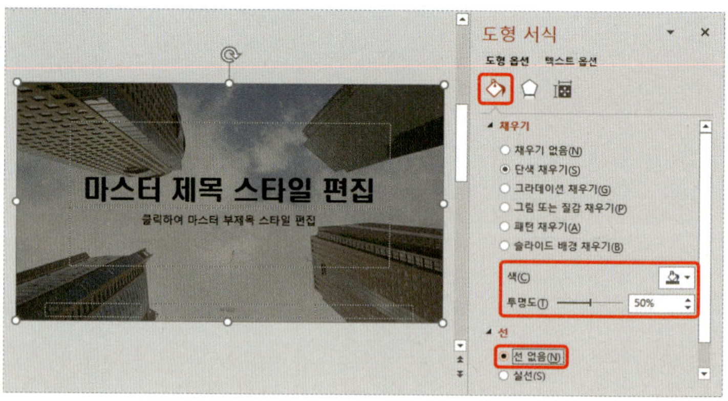

05 [슬라이드 마스터] 탭–[마스터 레이아웃] 그룹–[바닥글]을 클릭해 선택을 해제한다.

TIP 제목 슬라이드에는 날짜나 슬라이드 번호와 같은 바닥글을 표시하지 않는 것이 좋다.

06 제목과 부제목의 가독성을 높이기 위해 제목은 [홈] 탭–[글꼴] 그룹에서 [글꼴 색]–[흰색, 배경 1]로, 부제목은 [굵게]를 설정한다.

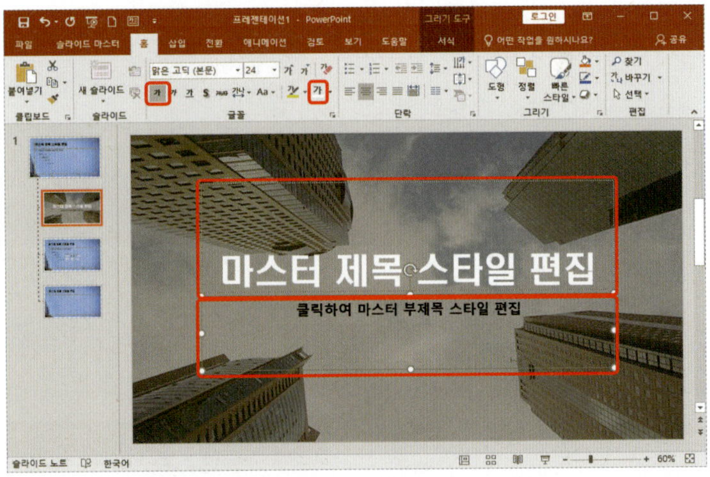

07 슬라이드 레이아웃 중 간지 레이아웃을 선택하고 [슬라이드 마스터] 탭–[마스터 레이아웃] 그룹에서 [바닥글] 선택을 해제한 다음 [개체 틀 삽입] 목록에서 [그림]을 선택한다.

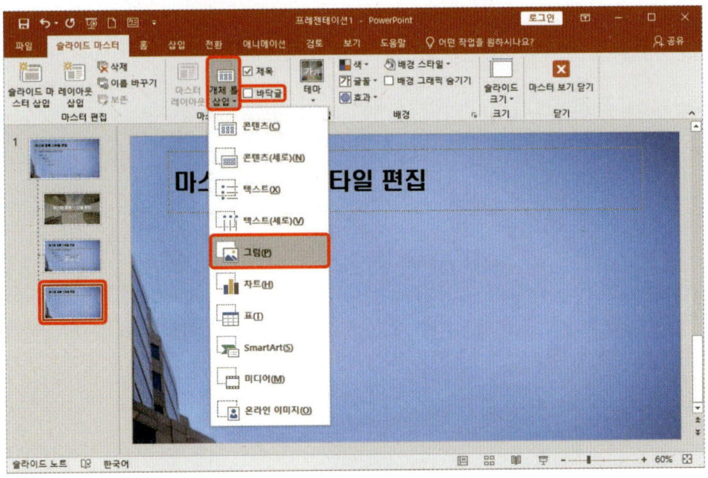

08 제목 개체 틀과 그림의 크기를 마우스로 조정해 다음 그림과 같이 배치한다. 제목은 [홈] 탭-[글꼴] 그룹에서 [글꼴 크기]-[48]로, [홈] 탭-[단락] 그룹에서 [☰ 가운데 맞춤]으로 설정한다.

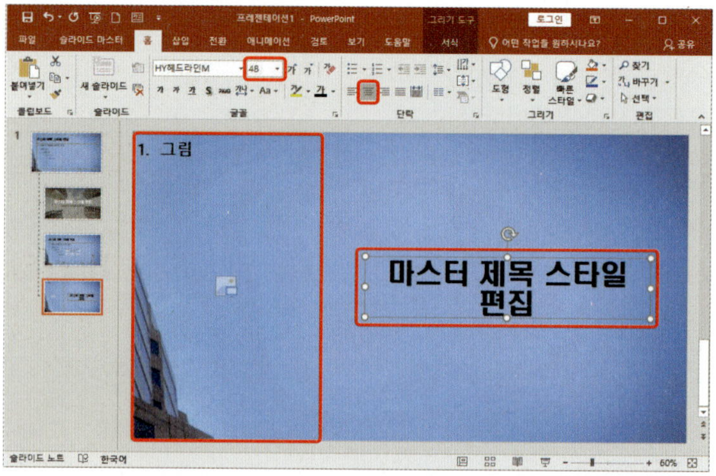

09 이번엔 제목 및 내용 레이아웃을 선택한다. 제목 개체 틀을 선택하고 [그리기 도구]의 [서식] 탭-[도형 스타일] 목록에서 [색 채우기-파랑, 강조 1, 윤곽선 없음]으로 설정한다.

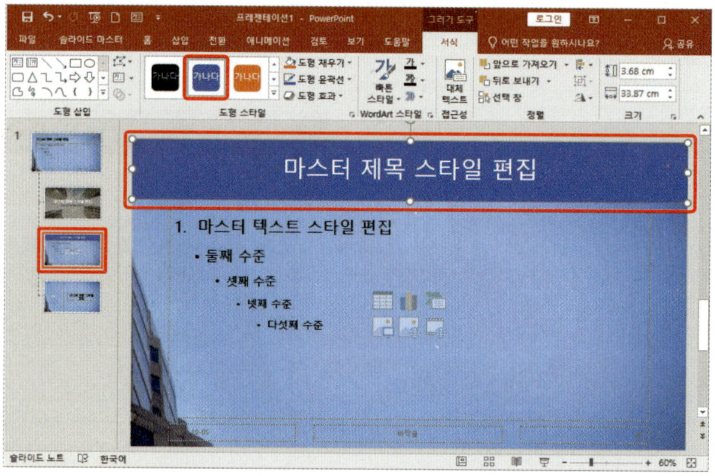

10 제목 개체 틀을 선택한 상태에서 [홈] 탭-[단락] 그룹-[☰ 가운데 맞춤]을 선택한다. 본문 개체 틀은 [홈] 탭-[글꼴] 그룹-[가̂ 글꼴 크기 크게]를 선택한다.

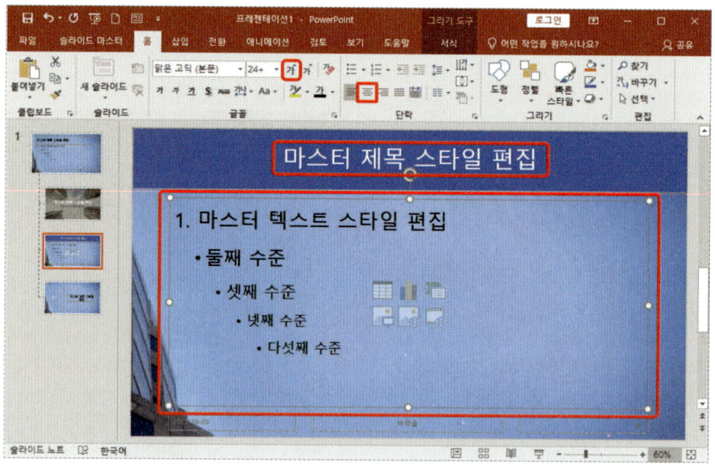

11 [슬라이드 마스터] 탭-[닫기] 그룹에서 [마스터 보기 닫기]를 클릭해 슬라이드 마스터 편집 작업을 끝낸다. 기본 보기 화면으로 전환되면 슬라이드에 제목과 부제목을 다음 그림과 같이 입력한다.

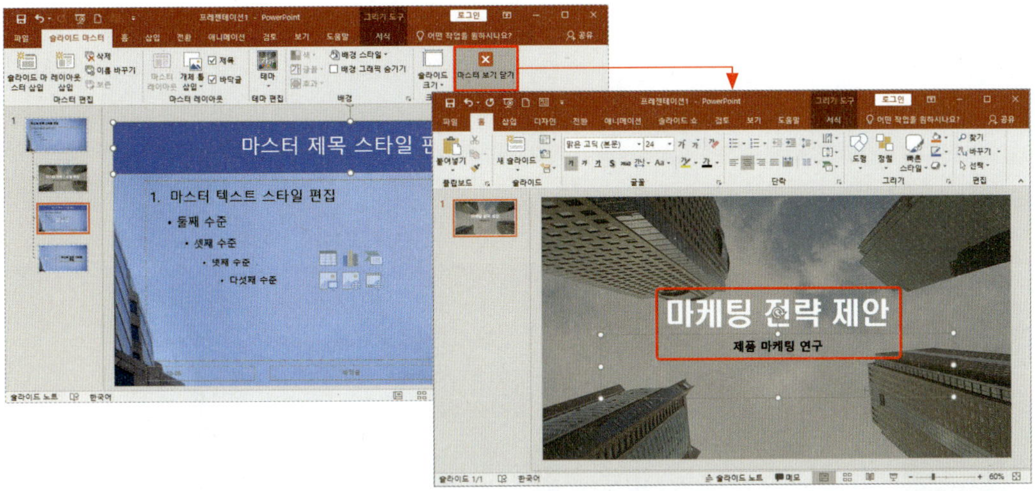

TIP [슬라이드 마스터] 보기 상태에서 텍스트 개체 틀에 내용을 입력하지 않도록 주의한다. 슬라이드 마스터에 있는 텍스트 개체 틀에 제목이나 내용을 입력하면 슬라이드에는 표시되지 않아 발표 자료로 사용할 수 없다.

12 [홈] 탭-[슬라이드] 그룹-[새 슬라이드] 목록에서 필요한 레이아웃을 선택해 슬라이드들을 추가하고 내용을 입력한다.

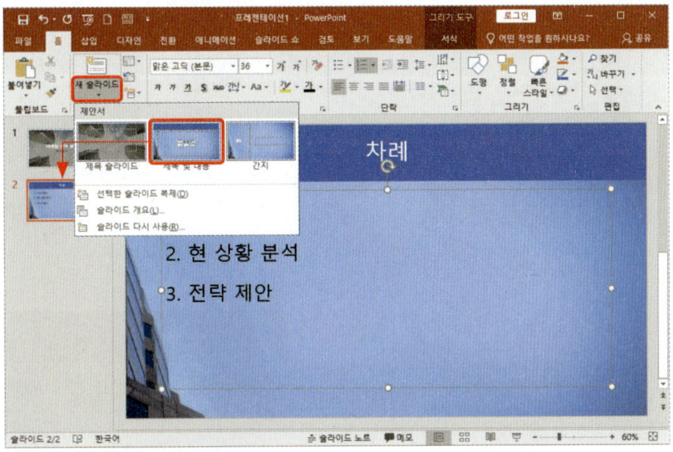

TIP 슬라이드 2~9의 레이아웃과 슬라이드에 입력할 내용은 다음과 같다.

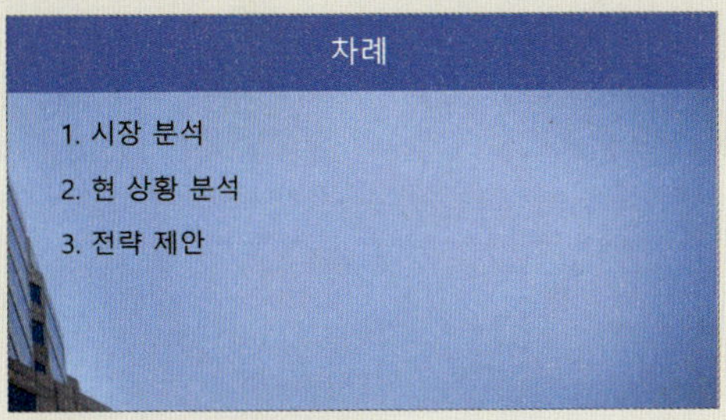

▲ 슬라이드 2 – 제목 및 내용

▲ 슬라이드 3 – 간지

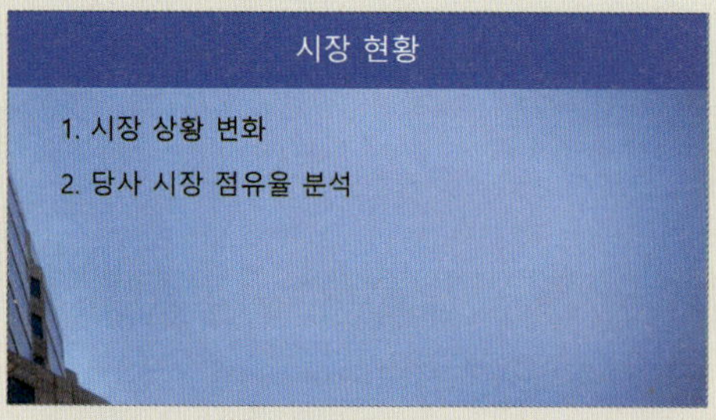

▲ 슬라이드 4 – 제목 및 내용

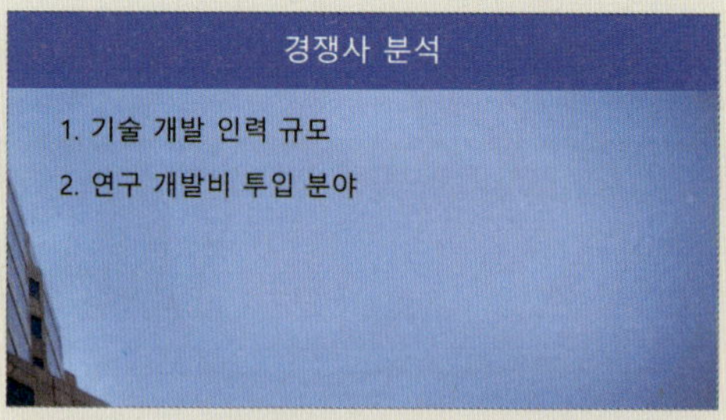

▲ 슬라이드 5 – 제목 및 내용

▲ 슬라이드 6 – 간지

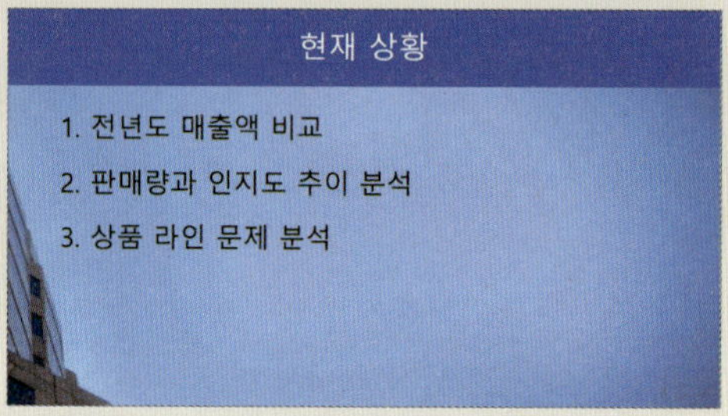

▲ 슬라이드 7 – 제목 및 내용

▲ 슬라이드 8 – 간지

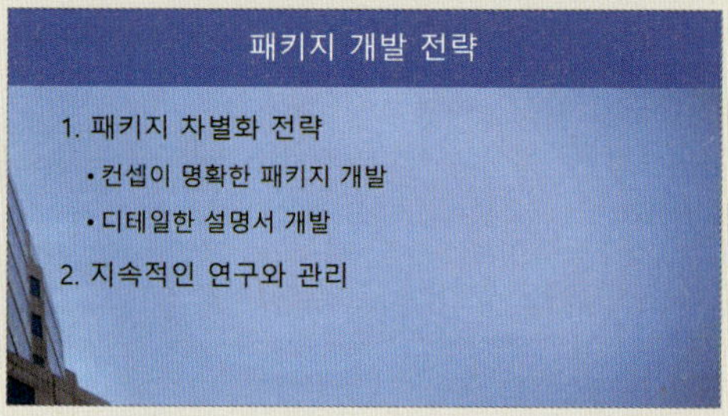

▲ 슬라이드 9 – 제목 및 내용

13 파일을 '마케팅 제안서.pptx' 이름으로 저장한다.

TIP 작성한 슬라이드 마스터를 테마로 저장해 두면 다른 발표 자료를 만들 때 양식으로 사용할 수 있다. 슬라이드 마스터를 테마로 저장하는 방법은 종합예제에서 실습할 예정이다.

SECTION 02

유인물 마스터 활용하기

유인물은 프레젠테이션의 전달 효과를 높이기 위해 청중에게 배포하는 인쇄물을 뜻한다. 화면에 표시되는 슬라이드를 그대로 출력할 수도 있지만, 여러 슬라이드를 한 면에 인쇄하면 용지 낭비를 줄일 수 있어 효율적이다. 또, 회사 로고나 발표자 정보, 날짜 등을 표시해 인쇄하면 프레젠테이션이 끝난 후 추가 자료로 활용하기에 좋다.

2.1 유인물 마스터 도구

유인물 마스터에서는 인쇄할 때의 용지 방향, 인쇄할 슬라이드 개수, 크기 등을 설정할 수 있다. 또, 머리글과 바닥글에 필요한 정보를 추가할 수 있고 날짜와 페이지 번호를 표시하거나 배경 스타일을 설정할 수도 있다.

기본예제 13-4 유인물 마스터로 인쇄 형식 설정하기

유인물을 효과적으로 인쇄하기 위해 유인물 마스터를 활용하는 방법에 대해 알아보자.

01 [기본예제 13-3]에서 작성한 '마케팅 제안서.pptx' 파일을 열고 [보기] 탭–[마스터 보기] 그룹–[유인물 마스터]를 선택한다.

02 [유인물 마스터] 탭-[페이지 설정] 그룹-[유인물 방향] 목록에서 [가로]를 선택한다.

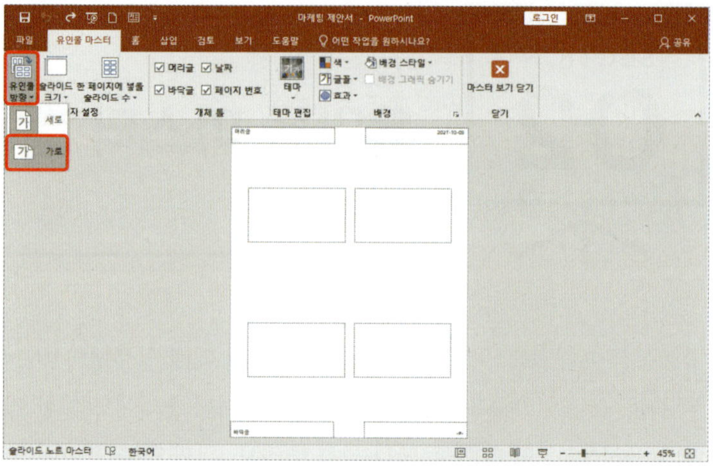

03 [유인물 마스터] 탭-[페이지 설정] 그룹-[한 페이지에 넣을 슬라이드 수] 목록에서 [4슬라이드]를 선택한다.

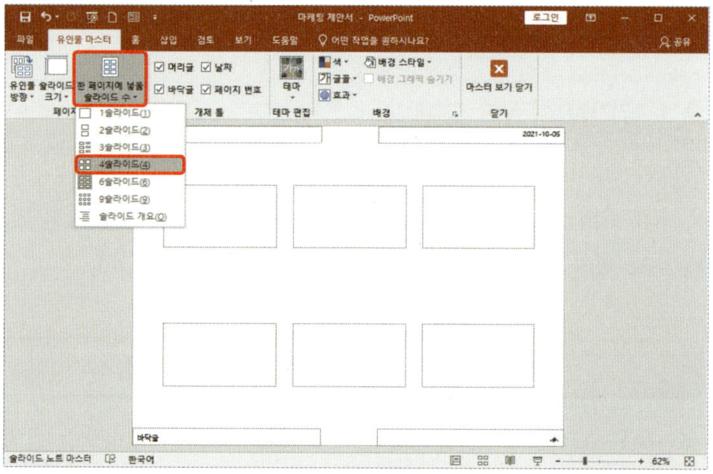

04 화면에 표시된 머리글 영역을 클릭해 *마케팅 전략 제안서*라고 입력하고 [홈] 탭-[글꼴] 그룹에서 [글꼴 크기]를 [16]으로 설정한다.

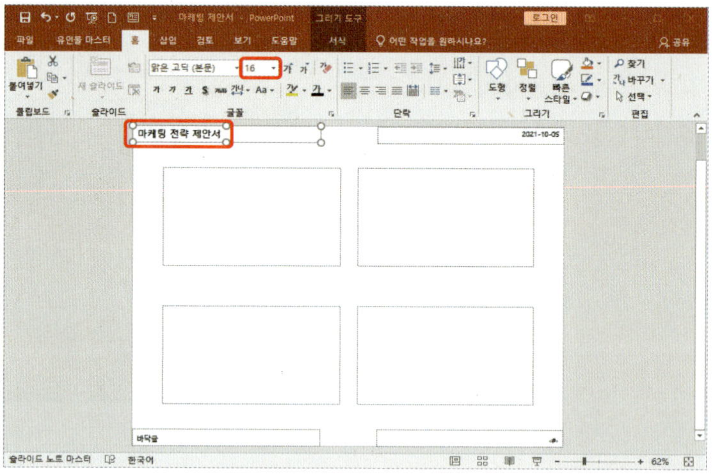

05 [삽입] 탭–[이미지] 그룹–[그림]을 클릭한다. [그림 삽입] 대화상자가 나타나면 '로고.png' 파일을 찾아 선택한 뒤 [삽입]을 클릭한다. 그림 크기를 작게 조정해 화면에 표시된 바닥글 영역에 위치시킨다.

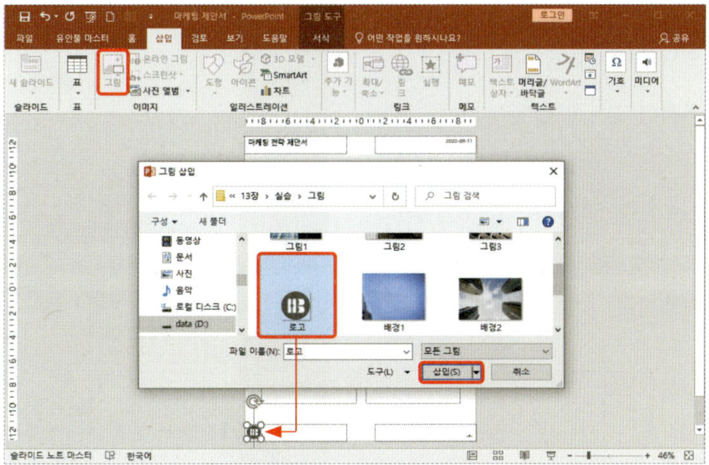

06 바닥글 영역을 클릭한 뒤 *한빛정보시스템*이라고 입력한다. 그다음 [홈] 탭–[글꼴] 그룹에서 바닥글과 날짜 및 시간, 페이지 번호 영역의 [글꼴 크기]를 [16]으로 설정한다.

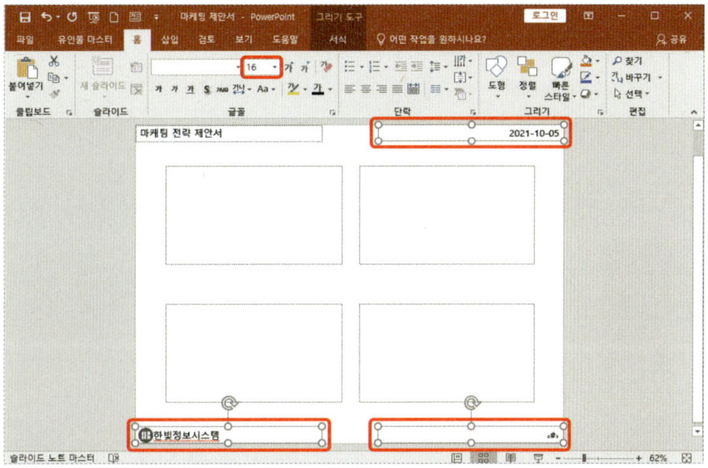

07 유인물 설정이 끝나면 [유인물 마스터] 탭–[닫기] 그룹–[마스터 보기 닫기]를 클릭한다.

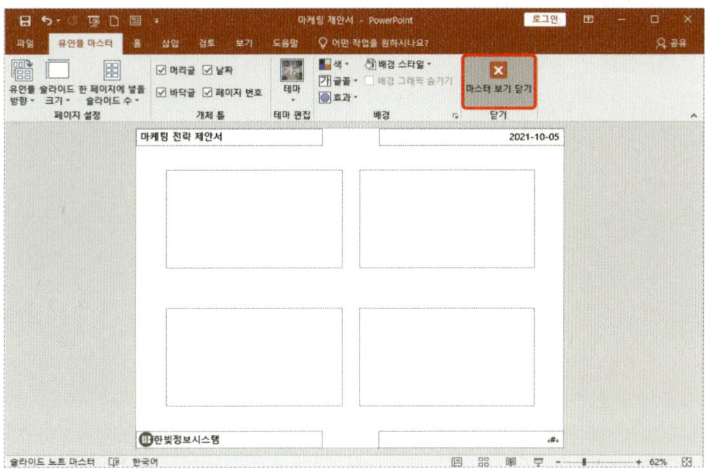

08 유인물의 인쇄 모양을 확인하기 위해 [파일] 탭-[인쇄]를 선택한다. [설정]에서 [전체 페이지 슬라이드]를 클릭해 [유인물]-[4슬라이드 가로]를 선택하고 [용지에 맞게 크기 조정] 선택은 해제한다.

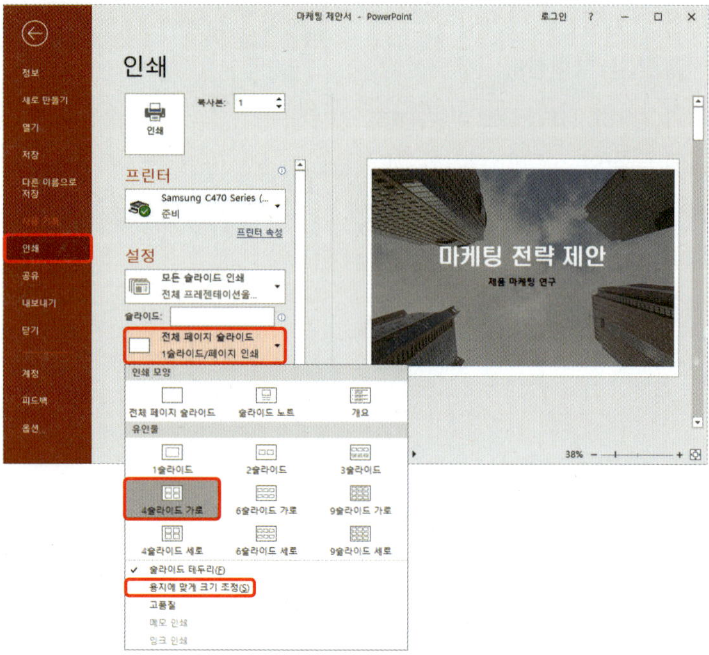

TIP 인쇄될 슬라이드 수를 다르게 선택해도 유인물 마스터에서 설정한 머리글이나 바닥글 모양은 그대로 적용된다.

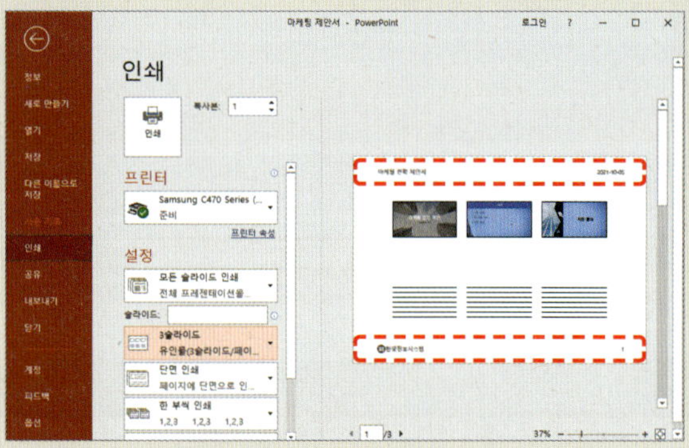

여기서 잠깐 ▶ 인쇄 용지에 꼭 맞는 슬라이드 인쇄

A3나 A4 크기의 인쇄 용지에 여백 없이 슬라이드를 인쇄하려면 [용지에 맞게 크기 조정]으로는 해결할 수 없고, 슬라이드 크기를 용지에 맞게 조절해야 한다.

[디자인] 탭–[사용자 지정] 그룹–[슬라이드 크기] 목록에서 [사용자 지정 슬라이드 크기]를 선택한다. [슬라이드 크기] 대화상자가 열리면 [슬라이드 크기] 목록에서 인쇄할 용지를 선택하면 된다.

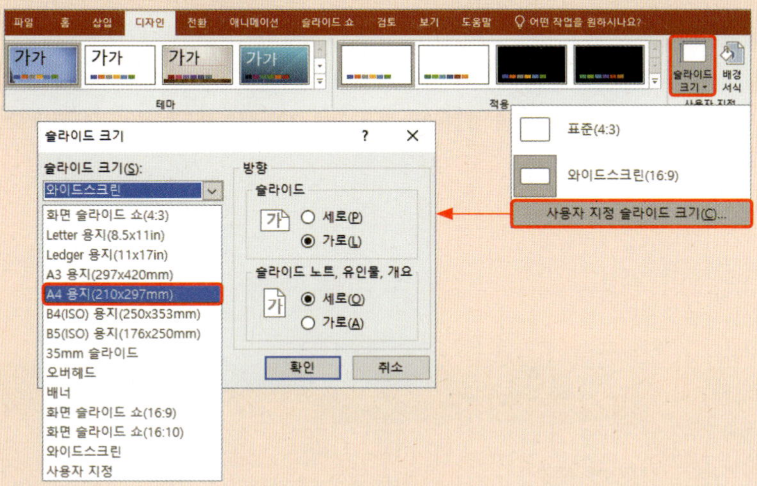

09 유인물 마스터에서 설정한 인쇄 모양을 미리 보기에서 확인할 수 있다.

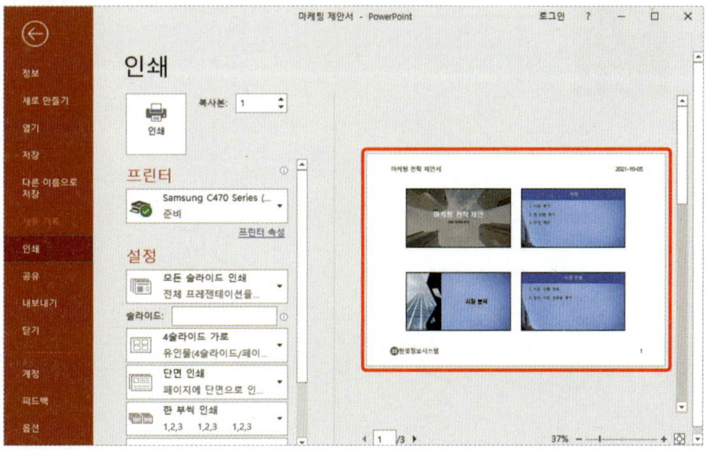

여기서 잠깐 **슬라이드 노트 마스터**

[보기] 탭-[마스터 보기] 그룹의 [슬라이드 노트 마스터]는 슬라이드 노트의 인쇄 형식을 지정하는 도구이다. 슬라이드 노트는 슬라이드에 대한 설명을 적는 곳으로, 발표자 보기 화면에서 주로 사용한다. 단축키 Alt+F5를 누르면 발표자 보기 화면을 볼 수 있다.

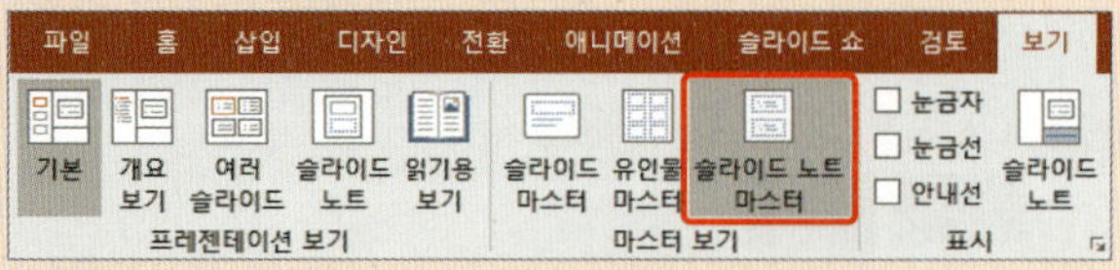

슬라이드 노트 마스터로 설정한 인쇄 형식은 [파일] 탭-[인쇄]의 [설정] 메뉴에서 인쇄 모양 선택 항목을 클릭하면 [인쇄 모양]-[슬라이드 노트]를 선택해 사용할 수 있다.

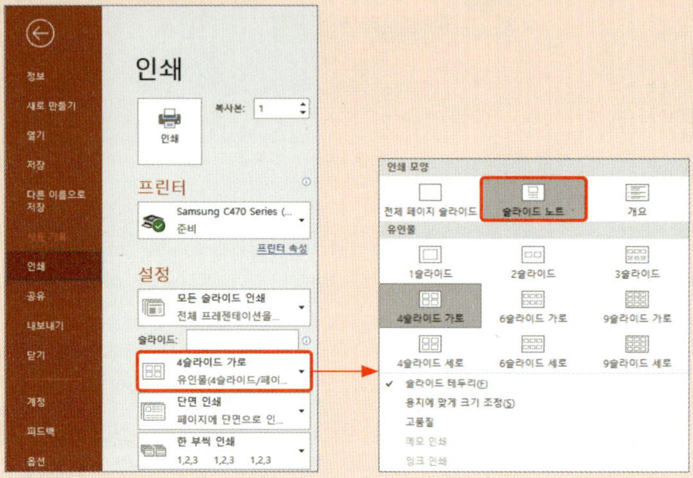

종합예제

슬라이드 마스터 도구로 다음과 같은 레이아웃을 만들어 프레젠테이션 제작에 양식으로 활용해보자.

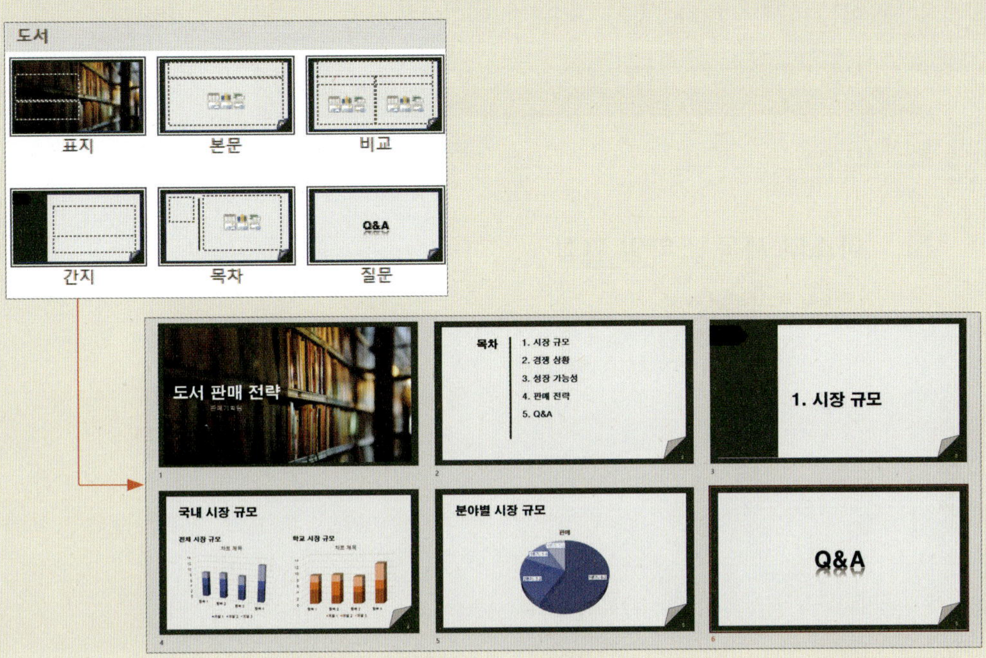

1 파워포인트를 열고 새 프레젠테이션을 만든다. [보기] 탭–[마스터 보기] 그룹–[슬라이드 마스터]를 클릭한다.

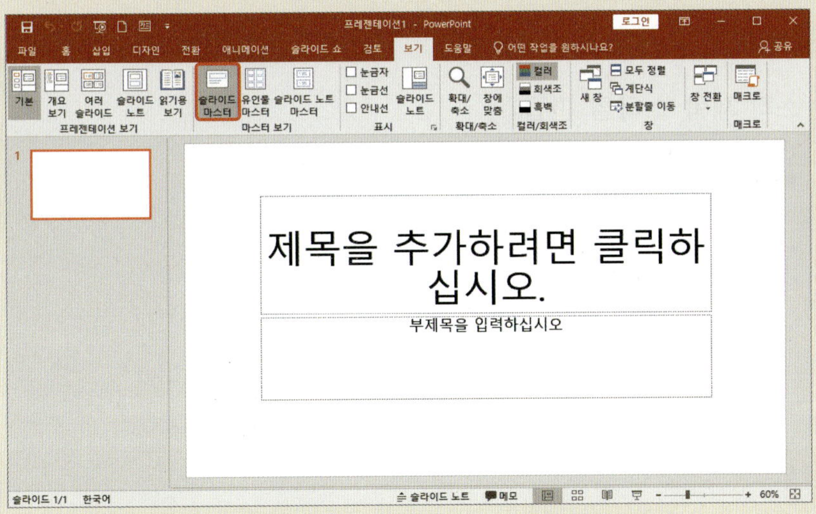

종합예제

2 상위의 슬라이드 마스터를 선택하고 [슬라이드 마스터] 탭-[마스터 편집] 그룹-[이름 바꾸기]를 클릭한다. [레이아웃 이름 바꾸기] 대화상자가 나타나면 [레이아웃 이름]을 '도서'로 변경한다.

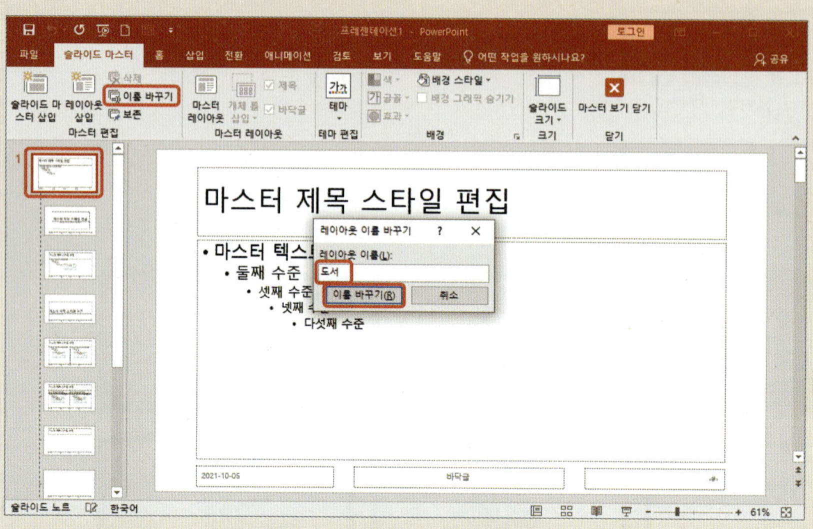

TIP 작성할 레이아웃마다 구분하기 쉽게 이름을 설정하기로 한다.

3 상위의 슬라이드 마스터를 마우스 오른쪽으로 클릭한 뒤 메뉴에서 [배경 서식]을 선택한다.

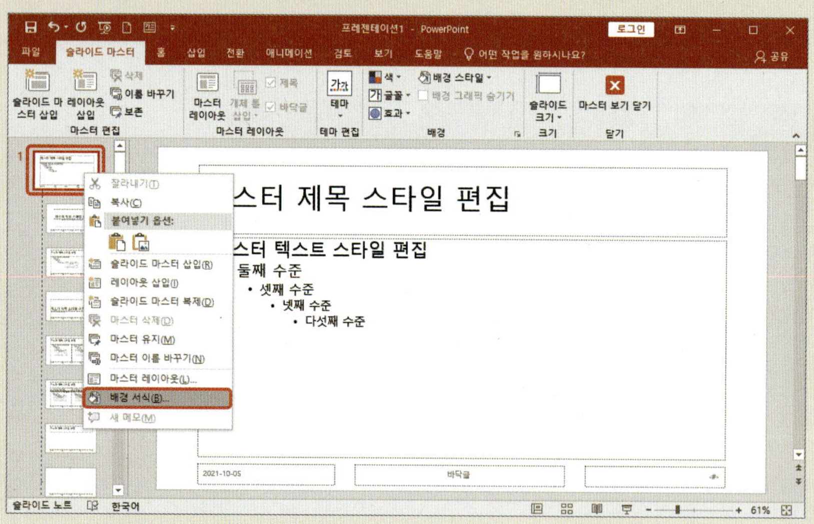

4 [배경 서식] 작업 창이 열리면 [채우기 및 선] 탭–[채우기] 항목의 [색]을 [녹색, 강조 6, 50% 더 어둡게]로 설정한다.

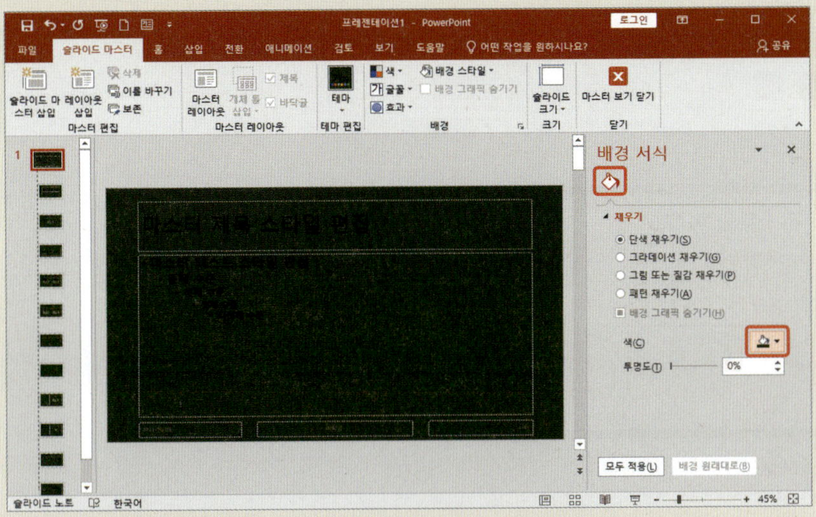

5 [삽입] 탭–[일러스트레이션] 그룹–[도형] 목록에서 [기본 도형]의 [사각형: 모서리가 접힌 도형]을 선택하여 다음 그림과 같이 슬라이드보다 조금 작은 크기로 삽입한다.

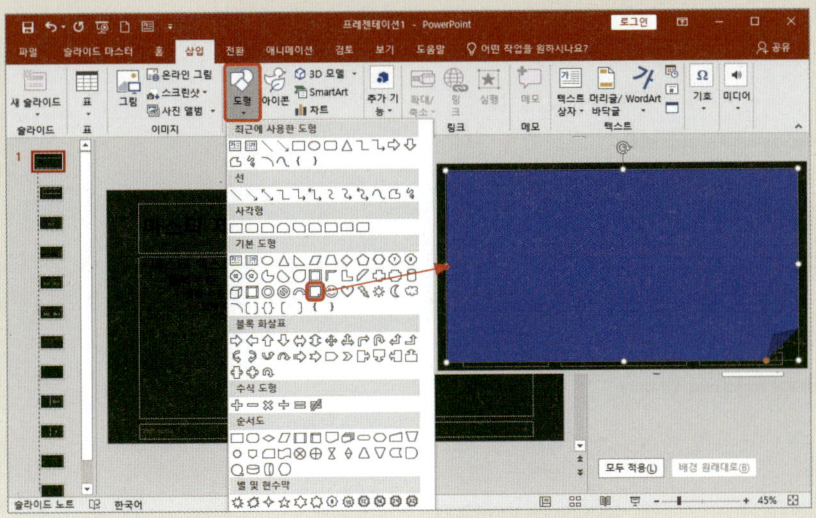

종합예제

6 [도형 서식] 작업 창을 열어 [도형 옵션]–[채우기 및 선] 탭–[채우기]–[색]을 [흰색, 배경 1, 5% 더 어둡게]로 설정하고, [그리기 도구]의 [정렬] 그룹–[뒤로 보내기] 목록에서 [맨 뒤로 보내기]를 선택한다.

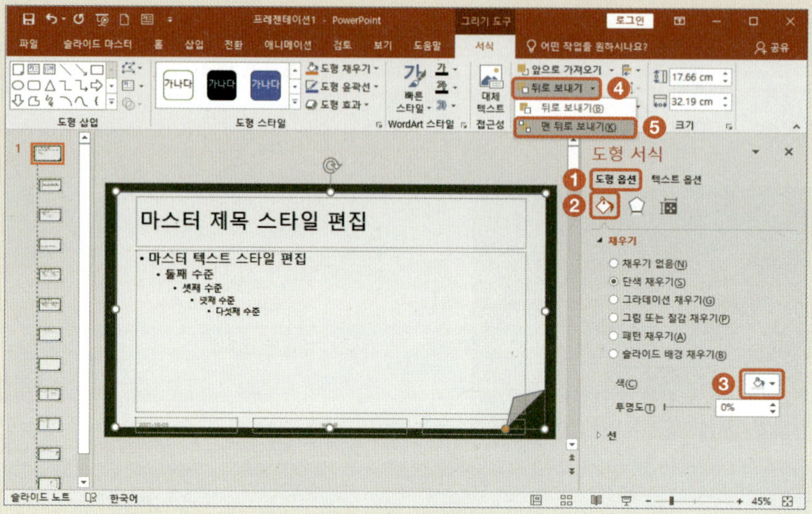

7 [슬라이드 마스터] 탭–[배경] 그룹–[글꼴] 목록에서 [글꼴 사용자 지정]을 선택한다.

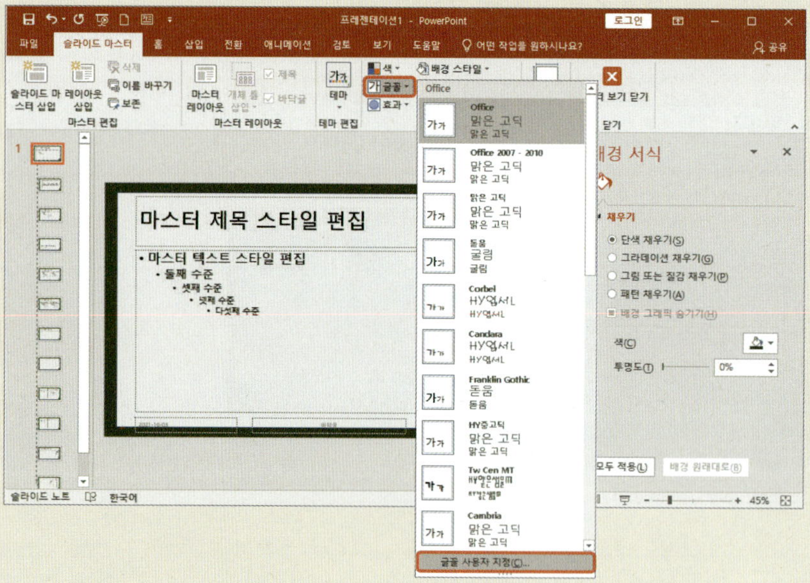

TIP 새 글꼴 집합을 선택해 슬라이드 마스터의 테마 글꼴로 지정할 수 있다.

8 [새 테마 글꼴 만들기] 대화상자가 열리면 다음 그림과 같이 글꼴을 설정하고, [이름]은 도서로 입력한 다음 [저장]을 클릭한다.

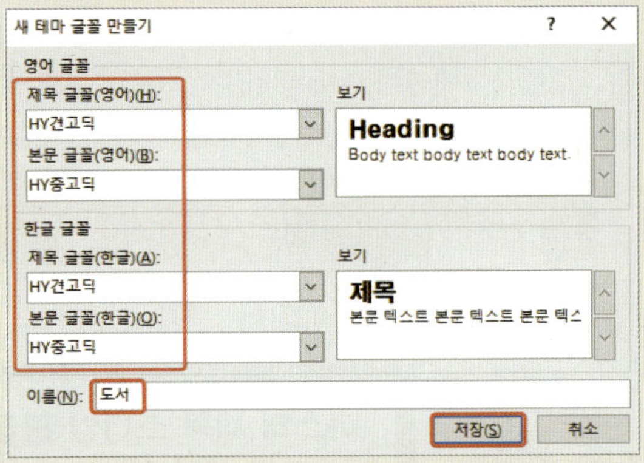

9 제목 슬라이드 레이아웃을 선택하고 '책.jpg' 파일과 직사각형 도형을 삽입한다. 제목과 부제목을 맨 앞으로 정렬해 텍스트 가독성을 높이고 [레이아웃 이름]을 '표지'로 변경한다.

TIP 단계 9는 다음의 순서대로 작성한다.

① '책.jpg' 파일을 삽입하고 크기를 조정한 후 [맨 뒤로 보내기]를 설정한다.
② [도형] 중 [직사각형]을 삽입하고 [도형 서식] 작업 창을 열어 [단색 채우기]를 [검정, 텍스트 1]로, [투명도]는 [50%], [선 없음]을 설정한다.
③ 제목과 부제목 개체 틀을 선택하여 [맨 앞으로 가져오기]로 정렬하고 [글꼴 색]은 [흰색, 배경 1]로 설정한다.
④ [슬라이드 마스터] 탭에서 [바닥글]은 숨기고, [이름 바꾸기]를 클릭해 레이아웃 이름을 변경한다.

▲ 그림 삽입

▲ 직사각형 삽입

▲ 텍스트 설정

종합예제

10 제목 및 내용 레이아웃을 선택하고 [슬라이드 마스터] 탭–[마스터 편집] 그룹–[이름 바꾸기]를 클릭한다. [레이아웃 이름 바꾸기] 대화상자가 나타나면 [레이아웃 이름]을 '본문'으로 변경하고 [이름 바꾸기]를 클릭한다.

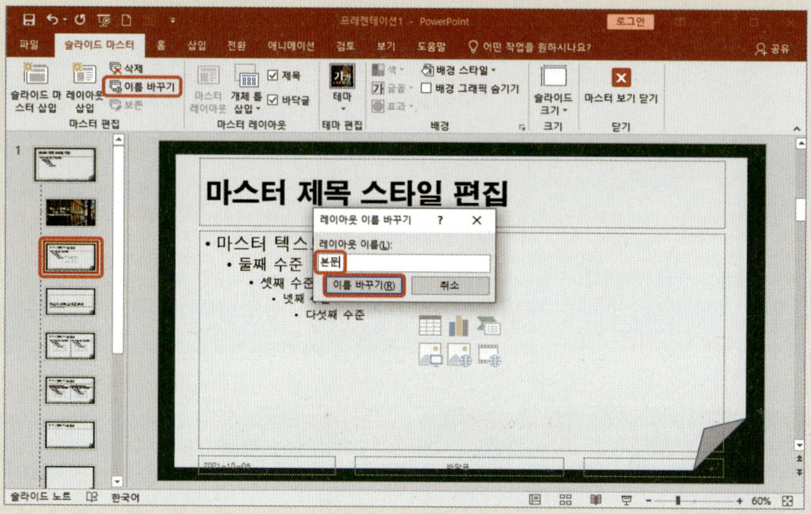

11 구역 머리글 레이아웃을 선택한다. 도형을 삽입하여 다음 그림과 같이 배치하고 [레이아웃 이름]을 '간지'로 변경한다.

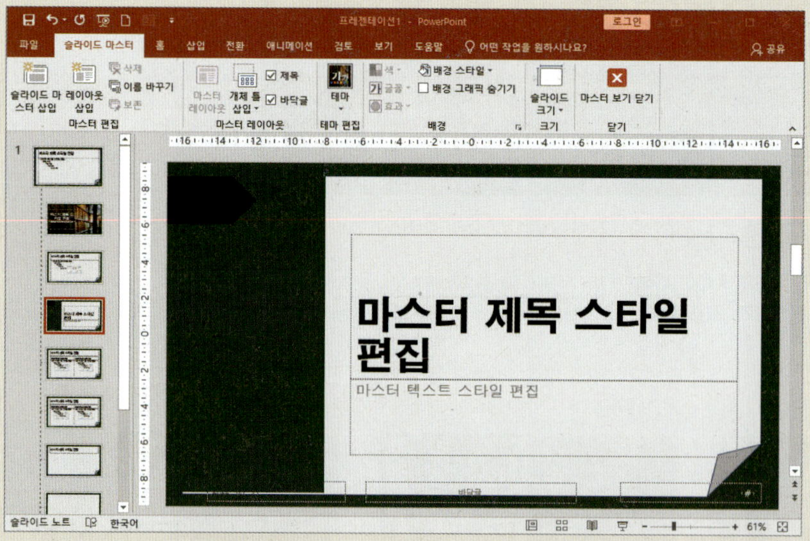

TIP 단계 11은 다음의 순서대로 작성한다.

① [도형] 중 [직사각형]을 선택해 슬라이드 너비의 1/4 크기로 삽입하고, [그리기 도구]의 [서식] 탭에서 [도형 채우기]는 [녹색, 강조 6, 50% 더 어둡게]로, [도형 윤곽선]은 [윤곽선 없음]으로 설정한다.

② [도형] 중 [블록 화살표]–[오각형]을 슬라이드 왼쪽 상단에 삽입한다. [그리기 도구]의 [서식] 탭에서 [도형 채우기]는 [검정, 텍스트 1]로, [도형 윤곽선]은 [윤곽선 없음]으로 설정한다.

③ 텍스트 개체 틀의 크기와 위치를 조정한다. [보기] 탭–[표시] 그룹–[눈금선]을 선택하면 조정하기 편리하다.

④ [슬라이드 마스터] 탭에서 [이름 바꾸기]를 클릭해 레이아웃 이름을 변경한다.

▲ 직사각형 삽입

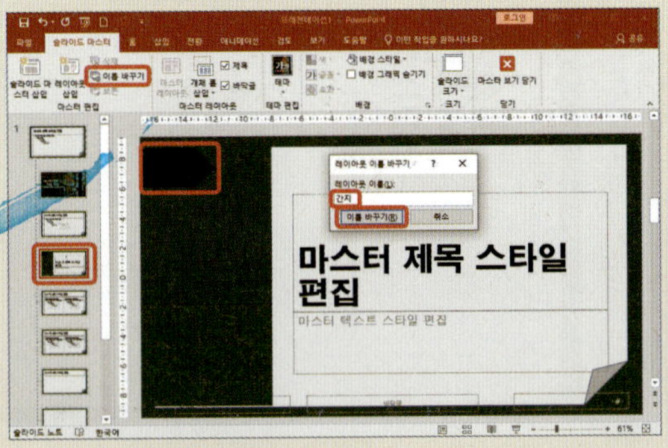

▲ 오각형 삽입과 레이아웃 이름 수정

12 비교 레이아웃을 선택하고 마우스로 드래그해 간지 레이아웃 앞으로 이동시킨다.

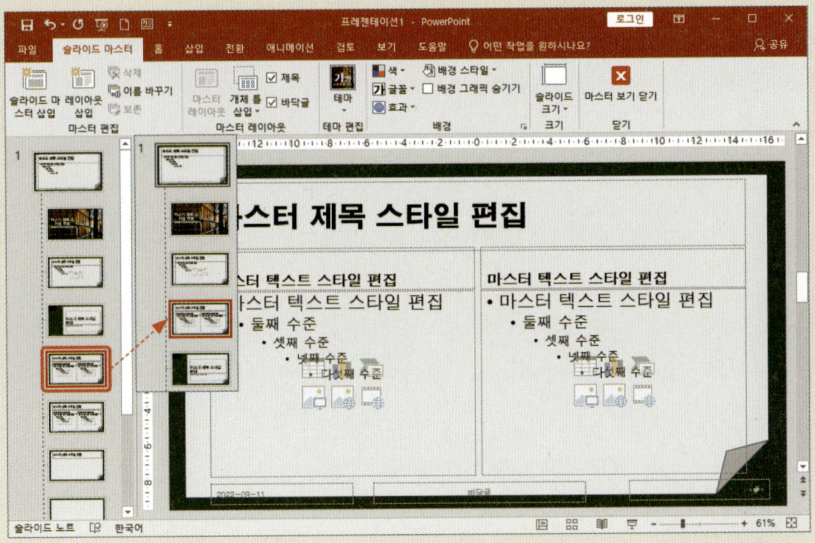

TIP 자주 사용되는 레이아웃을 앞쪽에 위치시키면 슬라이드를 제작할 때 더 편리하다.

종합예제

13 캡션 있는 콘텐츠 레이아웃을 선택하고 마우스로 드래그해 간지 레이아웃 아래로 이동시킨다. 다음 그림과 같이 배치를 수정하고 [레이아웃 이름]을 '목차'로 변경한다.

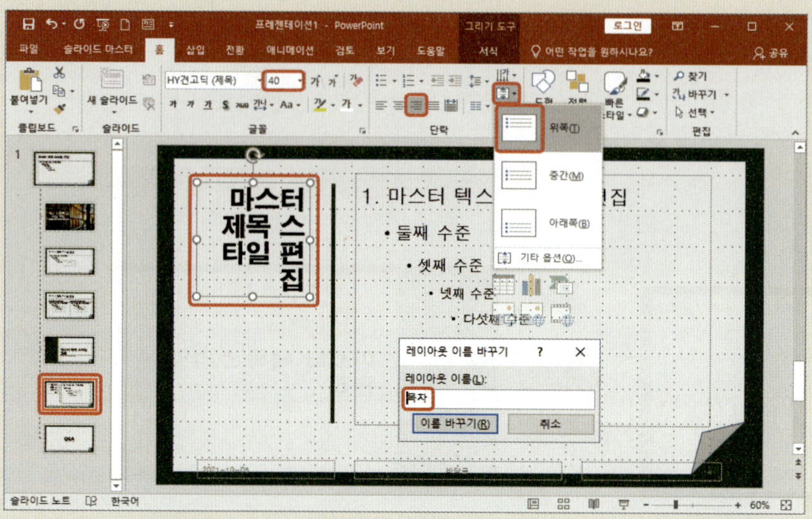

TIP 단계 13은 다음의 순서대로 작성한다.

① 제목 아래에 위치한 텍스트 상자는 삭제한다. 제목의 [글꼴 크기]는 [40], [오른쪽 맞춤]으로, [텍스트 맞춤]은 [위쪽]으로 설정하고, 개체 틀의 크기와 위치를 조정한다.

② [도형] 중 [선]을 세로로 길게 삽입하고 [색]은 [녹색, 강조 6, 50% 더 어둡게], [두께]는 [6pt]로 설정한다.

③ 본문 개체 틀의 '첫째 수준'을 [번호 매기기]로, [줄 간격]은 [1.5]로 변경하고, 개체 틀의 크기와 위치를 조정한다.

④ [슬라이드 마스터] 탭에서 [이름 바꾸기]를 클릭해 레이아웃 이름을 변경한다.

14 빈 화면 레이아웃을 선택한 뒤 마우스로 드래그해 목차 레이아웃 아래로 이동시킨다. [레이아웃 이름]을 '질문'으로 변경하고 다음 그림과 같이 설정한다.

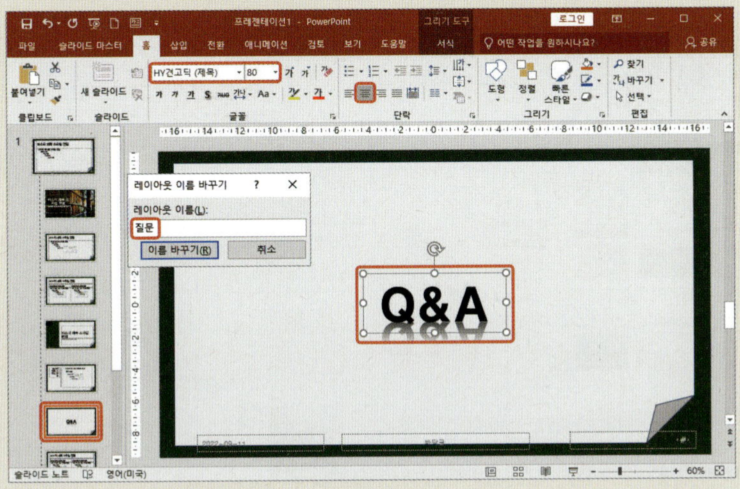

TIP 단계 14는 다음의 지시대로 작성한다.

① [슬라이드 마스터] 탭에서 [이름 바꾸기]를 클릭해 레이아웃 이름을 변경한다.

② [가로 텍스트 상자]를 삽입하고 'Q&A'라고 입력한 후, [글꼴]은 [HY견고딕], [글꼴 크기]는 [80]으로 설정한다. 슬라이드를 기준으로 [가운데 맞춤]이 되도록 설정한다.

③ 텍스트에 반사 효과를 주기 위해 [그리기 도구]의 [서식] 탭-[WordArt 스타일] 그룹-[텍스트 효과]에서 [반사]-[근접 반사, 터치]를 선택한다.

15 불필요한 나머지 레이아웃을 모두 선택하고 마우스 오른쪽을 클릭해 목록에서 [레이아웃 삭제]를 선택한다.

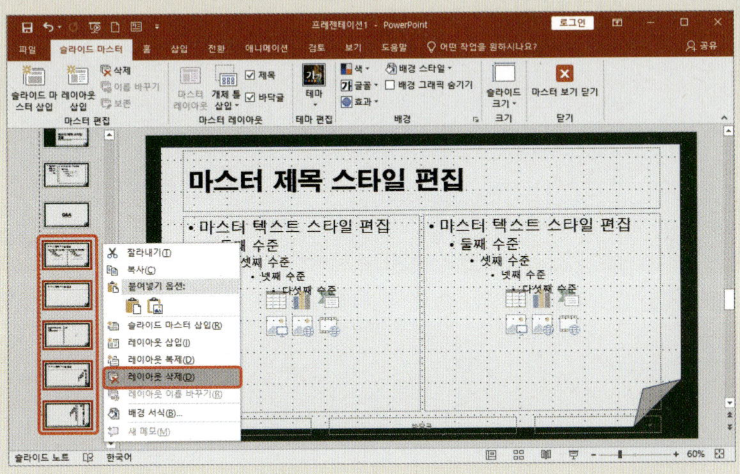

종합예제

16 [슬라이드 마스터] 탭–[테마 편집] 그룹–[테마] 목록에서 [현재 테마 저장]을 선택한다. [현재 테마 저장] 대화상자가 나타나면 [파일 이름]에 *도서*라고 입력한 다음 [저장]을 클릭한다.

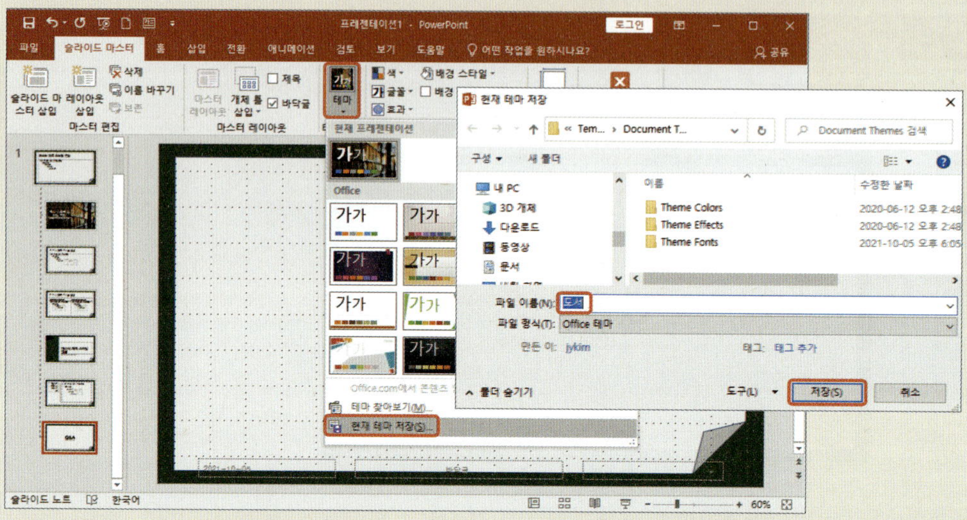

TIP 작성한 슬라이드 마스터 레이아웃을 테마로 저장하면 다른 프레젠테이션 파일에서 똑같이 사용할 수 있다. 저장한 '도서' 테마는 슬라이드 편집 화면의 [디자인] 탭–[테마] 그룹–[사용자 지정] 목록에서 선택할 수 있다.

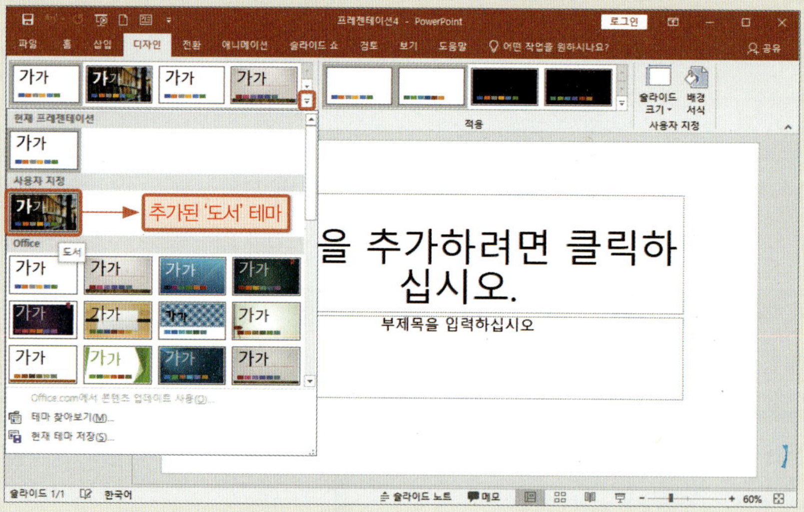

17 [슬라이드 마스터] 탭–[닫기] 그룹에서 [마스터 보기 닫기]를 클릭해 기본 보기 화면으로 전환한다. [홈] 탭–[슬라이드] 그룹–[새 슬라이드] 목록에서 표지와 목차 등 필요한 슬라이드를 선택해 프레젠테이션에 추가하고 내용을 입력한다.

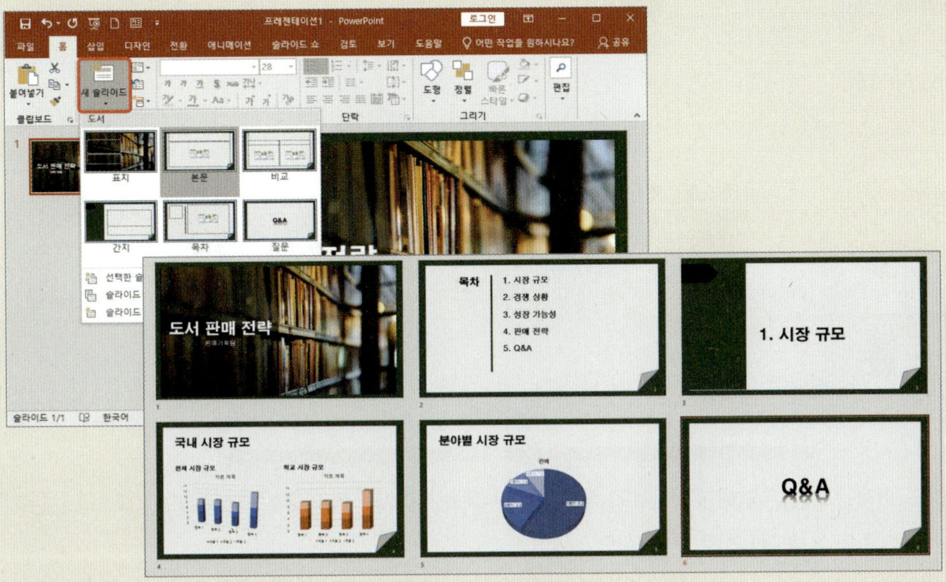

TIP 슬라이드 마스터에 배치된 바닥글을 슬라이드에 표시하려면 [삽입] 탭–[텍스트] 그룹–[머리글/바닥글]을 클릭해 [머리글/바닥글] 대화상자에서 필요한 항목을 선택하고 [모두 적용]을 클릭해야 한다. 가령, 표지를 제외한 모든 슬라이드에 번호를 붙이고 싶다면 다음의 그림처럼 설정하면 된다.

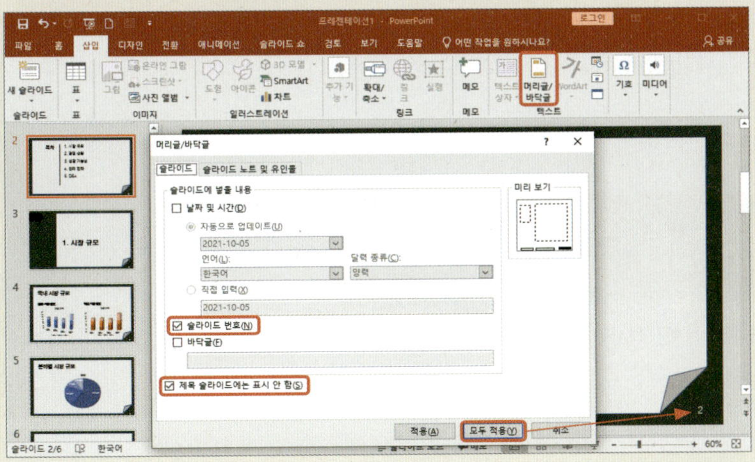

연습문제

1 다음의 지시대로 슬라이드 마스터를 제작하고 '연습 테마'로 테마를 저장하시오.

❶ 슬라이드 마스터

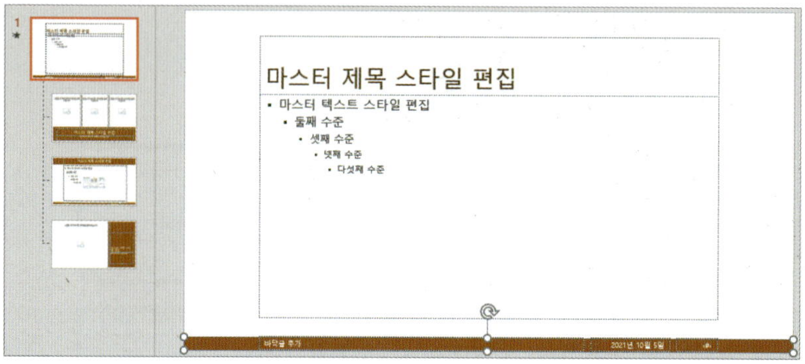

– 슬라이드 아래쪽에 직사각형을 추가하시오. 직사각형의 너비는 슬라이드 폭과 같게 하고, 높이는 [0.7cm], [채우기]는 [주황, 강조 2, 25% 더 어둡게]로 설정하시오.

❷ 표지 레이아웃

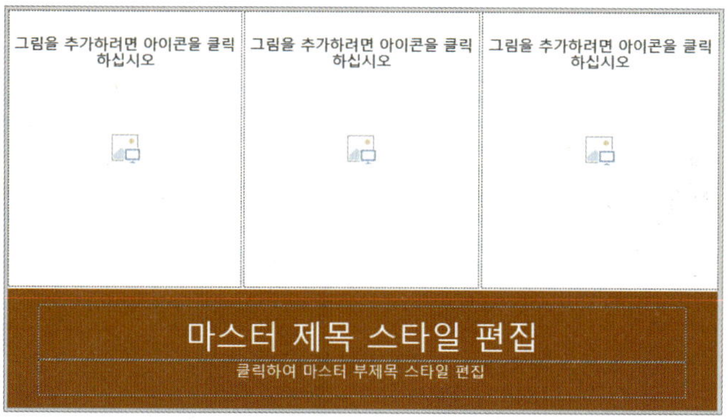

– 슬라이드 아래쪽에 높이가 [5.7cm]인 직사각형을 추가하시오. 너비는 슬라이드 폭과 같게 하고, [채우기]는 [주황, 강조 2, 25% 더 어둡게]로 설정하시오.

– 제목 텍스트의 [글꼴]은 [맑은 고딕], [글꼴 크기]는 [44]로 설정하시오.

– 부제목 텍스트의 [글꼴]은 [맑은 고딕], [글꼴 크기]는 [18]로 설정하시오.

– 슬라이드 위쪽에 그림 개체 틀을 3개 삽입하시오.

– [바닥글]은 표시되지 않도록 설정하시오.

❸ 제목 및 내용 레이아웃

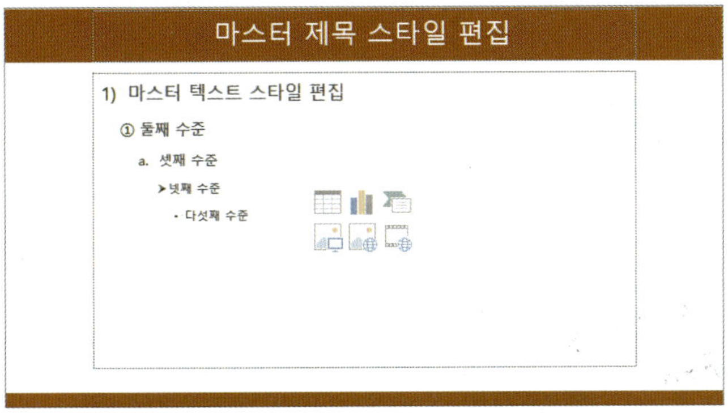

- 슬라이드 위쪽에 높이가 [2.6cm]인 직사각형을 추가하시오. 너비는 슬라이드 폭과 같게 하고, [채우기]는 [주황, 강조 5, 25% 더 어둡게]로 설정하시오.
- 제목 텍스트의 [글꼴]은 [맑은 고딕], [흰색, 배경 1], [글꼴 크기]는 [36], [가운데 맞춤]으로 설정하시오.
- 내용 개체 틀의 글머리 기호는 수준별로 [1)－①－a－➤－ ·] 모양이 되도록 설정하고 줄 간격은 [1.5]로 설정하시오.
- [바닥글]은 표시되지 않도록 설정하시오.

❹ 캡션 있는 그림 레이아웃

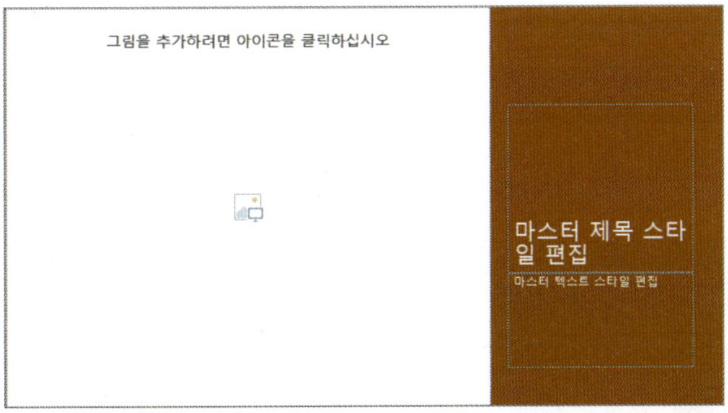

- 슬라이드 왼쪽에 그림 개체 틀을, 오른쪽에 제목과 텍스트 개체 틀을 배치하시오.
- 제목과 텍스트 개체 틀 뒤로 너비가 [11cm]인 직사각형을 추가하시오. 높이는 슬라이드 높이와 같게 하고, [채우기]는 [주황, 강조 5, 25% 더 어둡게]로 설정하시오.
- ❶번에서 삽입한 아래쪽 직사각형이 표시되지 않도록 [배경 그래픽 숨기기]를 설정하고, [바닥글]은 표시되지 않도록 하시오.

2 연습문제 **1**에서 작성한 '연습 테마'를 이용해 다음 그림과 같이 프레젠테이션 파일을 만드시오. 슬라이드의 그림과 내용은 임의로 적당히 입력하고 파일명은 '온난화 분석.pptx'로 하여 저장하시오.

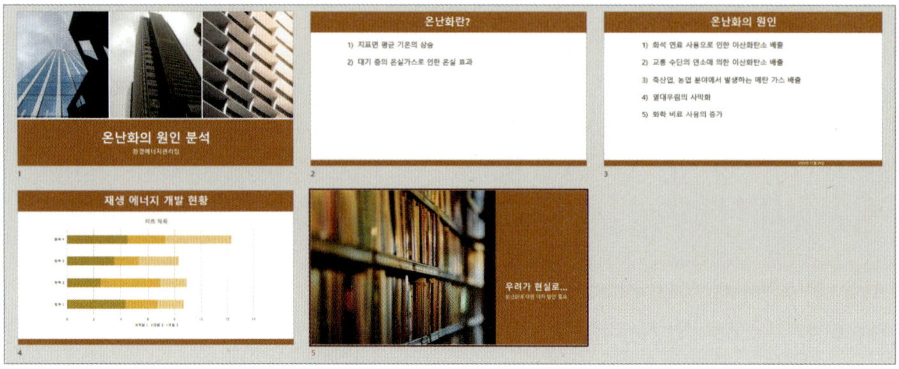

3 연습문제 **2**에서 작성한 '온난화 분석.pptx' 파일을 이용해 다음 그림과 같이 슬라이드가 인쇄되도록 유인물 마스터와 인쇄 옵션을 설정하시오.

❶ 유인물 마스터에서 [한 페이지에 넣을 슬라이드 수]를 [2슬라이드]로 설정하고, [머리글], [바닥글], [페이지 번호]를 선택하시오. 머리글에는 '온난화 원인 분석 보고서', 바닥글에는 '환경에너지관리팀'이라고 입력하시오.

❷ 인쇄 옵션에서 [용지에 맞게 크기 조정]을 이용해 유인물 마스터에서 설정한 [머리글], [바닥글], [페이지 번호]가 모두 표시되도록 하고, [회색조]로 인쇄되도록 설정하시오.

[기호/숫자/영문]

3D 모델 021, 130
3차원 서식 141
PDF/XPS 문서 만들기 052
PowerPoint 옵션 030, 062
SmartArt로 변환 159
SVG 021
YouTube 306

[한글]

ㄱ

개요 보기 040
개체 맞춤 132
개체 틀 084
구역 설정 073
그라데이션 268
그라데이션 중지점 270
그리기 잠금 모드 123
그림자 102
그룹 133
그림 삽입 252
글머리 기호 088
기본 보기 040, 067
기호 097
꾸밈 효과 261

ㄴ

눈금 설정 121

ㄷ

다시 칠하기 260
데이터 선택 222
도형 병합 127
도형 삽입 116
도형 서식 136
도형에 맞춰 자르기 264
뒤로 보내기 132
디스플레이 확장 382
디지털 펜 022

ㄹ

리본 메뉴 034
링크 제거 353

ㅁ

마스터 보기 닫기 409
머리글 및 바닥글 편집 392
모핑 021, 364
목록 수준 089
문서 검사 057
미디어 압축 298
미리 보기 322

ㅂ

발표자 보기 382
밝기/대비 259
배경 제거 257
백그라운드에서 재생 293
번호 매기기 087
벡터 그래픽 021
보고 돌아가기 356
붙여넣기 옵션 068
비디오 만들기 053
비디오 삽입 296
비디오 자막 299
비디오 컨트롤 막대 299
빠른 실행 도구 모음 033

ㅅ

사진 앨범 272
서식 복사 095
서식 파일 027
선명도 259
선택 영역 인쇄 393
색 채도 260
색조 260
셀 186
수식 도구 098
스마트 가이드 121
스마트아트 154
스크린샷 255
슬라이드 개요 039
슬라이드 노트 마스터 424
슬라이드 레이아웃 070
슬라이드 마스터 406
슬라이드 보기 창 034
슬라이드 쇼 293, 378
슬라이드 쇼 녹화 384
슬라이드 쇼 시작 379
슬라이드 쇼 재구성 387
슬라이드 창 034
슬라이드 크기 071
슬라이드 화면 전환 363
슬라이드 확대/축소 357
시간 및 설명 기록 054
시작 옵션 336
실행 단추 360
실행 취소 최대 횟수 064

ㅇ

아이콘 129
애니메이션 복사 326
애니메이션 창 328
언어 교정 063
여러 슬라이드 065
열 186
엑셀 창 220
예행 연습 383
오디오 녹음 290
오디오 삽입 288
오디오 컨트롤 막대 290
온라인 그림 256
온라인 비디오 305
워드아트 100
유인물 391
유인물 마스터 419
음소거 297
읽기용 보기 067

ㅈ

자동 복구 정보 저장 간격 064
자동 크기 조정 067
자르기 263
자유형 도형 126
작업 표시줄 034
저장 030
전체 화면 재생 297
제목 표시줄 033
제한된 보기 049
줄 간격 088
지우개 190

ㅊ

차트 216
차트 영역 224
차트 요소 228
차트 필터 221
책갈피 291
추천 검색어 027

ㅋ

컨트롤 도구 379
캡션 삽입 299
크기 조절점 120
클립보드 068
키노트 025

ㅌ

타이밍 322, 363
테마 041
테마 색 138
텍스트 상자 091
텍스트 효과 102
텍스트 형광펜 021
투명도 266

ㅍ

파일의 글꼴 포함 033
페이드 아웃 292, 297
페이드 인 292, 297
표 그리기 189
표 삽입 187
프레젠테이션 020
프레지 025

ㅎ

하이퍼링크 삽입 351
한/영 자동 고침 063
현재 슬라이드부터 379
행 186
호환성 최적화 298
화면 녹화 303
화면 설명 텍스트 352